박문각 경찰

특별판

2026

2판 NEW
전면개정 2판

브랜드 만족 1위
신뢰근거
후면표기

합격 까지 함께

더 강력해진 맞춤형 실전 코칭!!

New 경찰면접 평가방식 완벽 반영

구조화된 답변 기법 제시

상황별 3분 발표 완벽 대비

박용증·장민영 편저

코칭 경찰면접

이 글을 보시는 수험생 여러분께 진심 어린 축하의 말씀을 전합니다. 그동안 필기시험 공부하느라 고생 많았습니다. 긴 터널 같았던 1차 시험을 통과한 여러분의 노력과 인내에 깊은 경의를 표합니다. 지금까지 정말 잘해 오셨습니다. 지금까지 보여준 끈기와 의지로 마지막 결승선을 힘차게 통과하시길 바랍니다.

2025년 면접제도의 대변화

2025년부터 경찰면접은 완전히 새로운 모습으로 변화했습니다. 기존의 집단면접이 사라지고 개별면접으로만 25분간 진행되며, 무엇보다 3분 발표라는 새로운 평가 방식이 도입되었습니다. 중앙경찰학교가 면접을 주관하면서 질문의 성격과 깊이가 근본적으로 달라졌습니다.

과거에는 추상적이거나 경찰 정책에 관한 의견을 물었지만, 이제는 실제 현장에서 마주할 수 있는 구체적이고 실무적인 상황들이 주된 평가 기준이 되었습니다. 여러분은 아직 경찰업무를 직접 경험하지 못했음에도 면접관들은 현장의 복잡하고 다양한 상황 속에서 여러분이 무엇을 관찰하고, 어떤 기준으로 판단하며, 어떻게 행동할 것인지를 묻고 있습니다.

이러한 변화는 단순히 형식만 바뀐 것이 아니라 평가의 철학과 기준이 완전히 달라진 것입니다. 암기한 모범답안이나 일반적인 면접 기술만으로는 더 이상 충분하지 않습니다. 경찰관으로서의 사고방식과 문제해결 능력, 그리고 시민을 위해 봉사하겠다는 진정성 있는 마음가짐을 구체적으로 보여줄 수 있어야 합니다.

이 책의 특징

1. 구조화된 답변 기법 제시

이 책은 새롭게 변화된 면접 환경에서 여러분이 최단시간 내에 최적의 성과를 낼 수 있도록 설계된 실전 가이드입니다. 면접관의 질문 유형을 체계적으로 분석하여 크게 3가지 범주로 분류하고, 각각에 최적화된 답변 기법인 STAR 기법(상황별 경험 서술), PLAN 기법(문제해결 과정 제시), PREP 기법(논리적 의견 전개)을 제시합니다.

2. 완벽한 3분 발표 대비

2025년도 1·2차 면접에서 실제 출제된 모든 3분 발표 주제와 그에 대한 모범답안을 완전 수록하여, 여러분이 실전 감각을 기를 수 있도록 했습니다. 또한 향후 출제 가능성이 높은 면접 질문들을 주제별·상황별로 세분화하여 체계적으로 정리함으로써, 어떤 질문이 나와도 당황하지 않고 논리적인 답변을 할 수 있도록 지원합니다.

3. 현장 경험이 녹아든 실전서

이 책은 박용증 교수의 26년간 경찰 경험 및 서울경찰청 면접위원으로 활동했던 경력과 장민영 교수의 10여 년간 면접현장 및 교육경험을 바탕으로 집필되었습니다. 면접관의 시각에서 무엇을 중점적으로 보는지, 어떤 답변이 진정성 있게 전달되는지, 그리고 어떤 태도가 미래의 경찰관으로서 바람직한지에 대한 실질적인 조언을 담았습니다.

수험생 여러분께

면접은 여러분의 진정성과 열정을 평가하는 시험대입니다. 완벽한 모범답안보다는 진솔하고 성실한 마음가짐이 면접관들에게 더 깊은 감동을 줍니다. 자신감을 갖고 당당하게 임하시기 바랍니다.

마지막까지 건강 관리에 유의하시고, 지금까지 쌓아온 실력을 충분히 발휘하길 바랍니다. 여러분 모두가 국민의 안전을 책임지는 훌륭한 경찰관이 되기를 진심으로 응원합니다.

2026년 3월

박용증 · 장민영

※ **독자 지원 서비스**
이 책에 대한 질문이나 추가 자료, 정오표는 네이버 카페 「박용증(박문각) 경찰면접」(https://cafe.naver.com/policework)에서 지속적으로 업데이트됩니다. 궁금한 사항이 있으시면 언제든지 방문하여 도움을 받으시기 바랍니다.

이 책의 차례

PART 02 경찰면접의 실전

제1장 경험 질문

제2장 경찰 윤리

제3장 현장 대응

제4장　전문지식 및 시사

경찰면접의 기초

CHAPTER 01 경찰면접 개요

제1절 평가방식

1 합격자 결정

합격자 결정은 필기시험 성적 50%, 체력검사 성적 25%(순환식 체력검사 합격시 24점 + 무도 자격증 2·3단은 0.5점, 4단 이상은 1점), 면접시험 성적 25%의 비율로 합산한 성적의 순위에 따른다. 이외에 취업지원대상자 또는 의사상자 등에 대하여 별도의 가점을 부여한다. 면접시험 대상자는 최종 선발예정인원의 2배수 범위 안에서 정하되 선발예정인원이 5명 미만인 경우에는 15명 이하에서 정한다.

2 면접 평가 요소

	배점	평가 요소
발표 면접	20점	① 상황판단·문제해결 능력 ② 의사소통 능력
인성·경험 면접	30점	③ 경찰윤리의식(공정, 사명감, 청렴성, 준법성) ④ 성실성·책임감 ⑤ 협업 역량

각 평가요소별 10점씩 총 50점 만점이며, 총점이 20점 이하이거나 면접위원 과반수가 위 평가요소 중 어느 하나를 2점 이하로 평가한 경우에는 불합격으로 한다(경찰공무원 임용령 시행규칙 제36조).

3 면접 진행 절차

면접 준비		면접 실시		
응시자 교육	① 발표 준비(20분)	② 발표면접(10분)		③ 인성·경험면접 (15분)
		발표	질의·응답	질의·응답
	20분	3분	7분	15분

PART 01 경찰면접의 기초

제2절 경찰면접의 실제

① 면접 점수 등락폭

(1) 면접관이 4명인 경우

① **각 면접관은 평가항목별 10점씩 부여하며 5개 항목에 총 50점이 만점이다.** 전과 등 특별한 사유가 없다면 면접관은 총점의 40%에 해당하는 20점 미만으로 평가하지 않는 것이 일반적이다.

② 3분 발표 면접으로 상황판단·문제해결 능력 및 의사소통 능력을 20점 만점으로 평가하며, 인성·경험면접으로 나머지 30점을 평가한다.

③ 모든 면접관으로부터 최고점인 50점을 받는 경우와 사실상 최저점인 20점을 받는 경우(과락 제외) 사이에는 30점의 차이가 나며 이는 전체 100점 만점 환산점수로 15점에 해당한다.

(2) **면접 점수는 반드시 상대평가로 부여한다.** 예를 들면 45점 이상은 20%, 40 ~ 44점 20%, 35 ~ 39점 30%, 30 ~ 34점 20%, 30점 미만 10% 등으로 부여한다. 점수 배분은 시·도청별로 다르게 정해진다. 상대평가는 한 면접실 기준으로 오전과 오후에 같은 면접실에서 면접한 10여 명의 지원자 간에 비교 평가된다. 오전과 오후의 발표면접 주제와 인성·경험면접 질문 내용이 다르기에 질문의 난이도에 큰 차이가 있을 경우에는 억울함을 호소하는 경우가 발생하기도 한다.

(3) 전체 면접관들의 점수를 합산하여 평균할 경우 **지원자가 현실적으로 받게 되는 점수는 30점에서 48점** 정도가 되며, 이는 18점의 차이로서 환산점수로는 9점이다. 아래 표는 한 면접실에 10명의 지원자가 면접을 보았을 때 대략적인 등수에 따른 합격 가능한 환산점수이다. 지원자 10명 중에서 5등을 할 경우는 평균점을 받게 되므로 1배수인 사람도 합격이 가능하며, 1배수 대비 환산점이 −2인 경우는 최소한 10명 중에서 3등 이상은 해야 합격할 수 있다는 의미이다. 다만, 치명적인 실수를 하거나 준비가 부족한 경우 +5 이상도 합격을 장담할 수 없다.

합격 환산표

등수	1	2	3	4	5	6	7	8	9	10
환산	−4	−3	−2	−1	0	+1	+2	+3	+4	+5

② 인·적성 검사

(1) 인성검사 250문항(30분)과 적성검사 30문항(30분)으로 각각 진행된다. 채용시험 공고문에 '**인·적성검사 결과는 면접관에게 참고자료로만 제공된다**'고 명시되어 있다.

(2) **인성검사 결과에서 이상이 발견된 사람은 「관심대상」으로 분류되어 면접관에게 제공되며, 적성검사 결과는 1~5 등급으로 분류**되어 면접관에게 제공된다.

(3) 인성검사는 제한된 시간 내 250문항을 모두 응답해야 하므로 일부 문항을 완료하지 못할 수 있다. 25문항 (10%) 이상 미응답 할 경우 평가가 어려워 '관심대상'으로 분류될 수 있다. 문항의 난이도는 높지 않으므로 일관성을 유지하여 솔직하게 응답하도록 한다. '**관심대상'으로 분류될 경우 면접관에게 부정적인 선입견을 주게 된다.**

(4) 적성검사는 정답이 있는 문제로 구성되며 시간 내에 모든 문항을 풀기 어렵게 설계되어 있어서 대부분의 지원자는 30문항 중 20~25문항 정도를 풀게 된다. 대체로 3등급을 받기 때문에 상대평가인 면접에서 큰 영향을 미치지 않으나 5등급을 받을 경우 면접관에게 부정적인 인상을 줄 수 있다.

❸ 사전조사서

(1) 사전조사서는 체력시험 종료 후 지정된 날짜에 출석하여 작성한다. 인·적성 검사와 같은 날 실시하며 20분 동안 A4 한 장 분량을 작성한다. 사전조사서에 기재된 내용과 자기소개, 면접 중의 답변은 서로 일관성이 있어야 한다. 따라서 사전조사서를 제출한 후 그 내용을 잊지 않도록 반드시 복기해 두는 것이 필요하다.

(2) **사전조사서는 인성·경험 면접에서 활용된다.** 일부 면접관은 사전조사서를 간략히 검토하고 넘기지만 다수의 면접관은 면접 종료 시까지 이를 토대로 질문을 한다.

❹ 신원조사

(1) 지원자가 거주하는 지역의 관할 시·도경찰청 정보과에서 신원조사를 실시한다.

(2) 제출된 신원진술서를 토대로 사실관계, 전과 사항, 기타 정보 등을 종합적으로 수집 분석하여 전과 등 매우 특이한 부분에 한하여 면접관에게 통보된다.

(3) 전과는 죄명과 처벌 정도에 따라 감점 또는 과락 사유가 될 수 있다. 교통사고처리특례법 위반 등 경미한 과실범이나 가벼운 범죄경력은 약간의 감점 사유가 될 뿐이다. 범칙금을 납부하였거나 즉결심판을 받은 경력은 전과 사항에 해당하지 않아 조회되지 않으므로 면접관에게 통보되지 않는다. 경찰 조사 이력이 있는 경우에는 경찰서를 방문하여 본인에 대한 범죄경력과 수사경력자료를 조회하여 볼 필요가 있다. 일반적으로 기소유예 처분은 범죄경력이 아니므로 면접관에게 통보되지 않는다.

❺ 면접관의 구성과 면접 진행

(1) 면접관은 일반적으로 현직 경찰공무원 2명과 교수 등 외부 위원 2명으로 구성된다. 면접은 오전·오후로 나누어 진행되며 개인별 면접시간이 약 25분이므로 면접관들은 하루 평균 10명의 지원자를 평가한다.

(2) 면접은 블라인드 방식으로 진행되어 면접관에게 제공되는 자료는 상당히 제한적이다. 일반적으로 대상자의 나이, 병역, 전과, 학력, 전공, 필기나 체력점수 등은 면접관에게 제공되지 않는다. 다만 나이는 시·도청에 따라 제공되는 경우도 있는 것으로 보인다.

(3) 면접관에게는 '사전조사서'와 '인·적성검사 결과'가 제공되고 전과나 기타 신원조사에서 특이사항이 있는 경우는 「관심대상」 또는 「준법에 문제 있음」 등의 간단한 메모가 전달되는 것으로 알려진다. 따라서 본인에게 전과 사항이 있는 경우에는 면접 중에 적절히 소명하는 것이 바람직하다.

❻ 면접 당일

(1) 시험을 주관하는 중앙경찰학교는 당일 3분 발표 주제 및 인성·경험 면접 질문자료를 전국 공통으로 배부한다. 발표 주제 및 질문 내용은 오전과 오후가 다르며, 지원자는 면접실에 도착하면 휴대폰을 제출하므로 앞 사람이 어떤 내용으로 질문을 받았는지 알 수가 없다.

(2) 각 시·도청에서 선발하는 인원에 따라 면접실이 2~7개 정도 운영된다. 지원자들은 각 면접실에 나누어 순차적으로 입실한다. 앞 사람이 면접실에 들어갈 때 그다음 사람은 3분 발표 주제를 받아서 20분 동안 발표 초안을 작성한다. 시·도청에 따라서 작성 시간이 20분 이하로 주어지기도 하였다. 지원자는 본인이 작성한 초안지를 들고 면접실에 들어가며 이를 참고하여 발표할 수 있다.

(3) 면접실에 입장하면 가벼운 묵례 후 지정된 자리로 신속히 이동한다. 의자 앞이나 옆에서 "안녕하십니까. 수험번호 ○○○번 ○○○입니다."라고 인사하고 면접관이 앉으라고 하면 "감사합니다"라고 말하고 앉는다. 가끔은 인사를 하려는 순간 "인사하지 말고 앉으세요"라고 지시하는 경우가 있다. 이때는 망설이지 말고 가벼운 묵례와 함께 "네 감사합니다."라고 하면서 그대로 앉으면 된다. 앉을 때 의자에 바퀴가 달려 있는 경우 의자가 뒤로 밀릴 수 있으니 주의하여 착석한다. 책상은 대부분 있지만 없는 경우도 있다.

(4) 발표 시간은 최소한 2분 30초 이상 진행하도록 하며 지나치게 짧은 발표는 감점사유가 될 수 있다. 발표를 마치면 후속 질문이 3개 정도 주어지고, 이어서 인성·경험 질문이 시작된다. 3분 발표 답변에 특별한 문제점이 없으면 인성·경험 질문으로 빠르게 넘어가지만 다소 엉뚱한 답변을 한 경우는 그 답변의 의도를 확인하기 위해 후속 질문이 늘어나는 경향이 있다.

(5) 자기소개는 3분 발표 이전에 하거나 3분 발표 이후 인성·경험 면접을 시작할 때 하지만, 자기소개 기회를 주지 않는 경우도 많다. 면접의 마지막 순서로 '마지막 할 말' 기회를 대부분 제공하며, 통상 30초 내외이나 1분 정도 부여되는 경우도 있다.

(6) 인성·경험 면접은 주질문 3개에 각 질문에 대한 후속질문 2개 정도로 구성된다. 면접관은 시험 주관처에서 배포한 내용을 바탕으로 조금씩 변형하여 질문하며 몇 개의 추가 질문이 이어질 수 있다.

(7) 주의사항으로 면접 중 출신학교, 부모직업 등 개인의 신상과 관련된 발언을 하는 경우 감점을 받을 수 있다. 다만, 면접관의 구체적인 질문에 대한 답변과정에서 불가피하게 개인 신상과 관련된 내용이 포함되는 경우는 허용된다. 금지되는 개인 신상 발언이 어떤 것인지에 대한 명확한 기준은 없으며 시·도청별로 문서 또는 구두로 다르게 공지된다. 충남청은 25년 2차 공고문에 "면접 시 출신학교, 출생지역, 병역사항, 부모직업, 경력 중 기관명 등 가족·개인의 신상 관련 내용을 언급할 경우 불이익을 받을 수 있습니다."라고 명시하였다.

⑦ 3분 발표 주제 분석

⑴ 2025년 2차(총 35개 주제)

주취자	신고출동	절도	경미범죄	실종아동등	민원처리	협업
4	3	3	3	2	2	2
자살현장	교통사고	교통단속	구조현장	변사현장	이상동기	가정폭력
2	1	1	1	1	1	2
아동학대	스토킹	층간소음	불심검문	보이스피싱	장비사용	청소년범죄
1	1	1	1	1	1	1

⑵ 2025년 1차(총 26개 주제)

주취자	범죄예방	청소년범죄	절도	경미범죄	민원처리	협업
1	1	1	1	1	2	1
자살현장	교통사고	구조현장	이상동기	가정폭력	교제폭력	불심검문
2	1	2	2	3	1	1
보이스피싱	장비사용					
2	4					

CHAPTER 02 경찰의 이해

제1절 경찰의 상징 등

1 경찰의 상징

(1) 경찰 CI

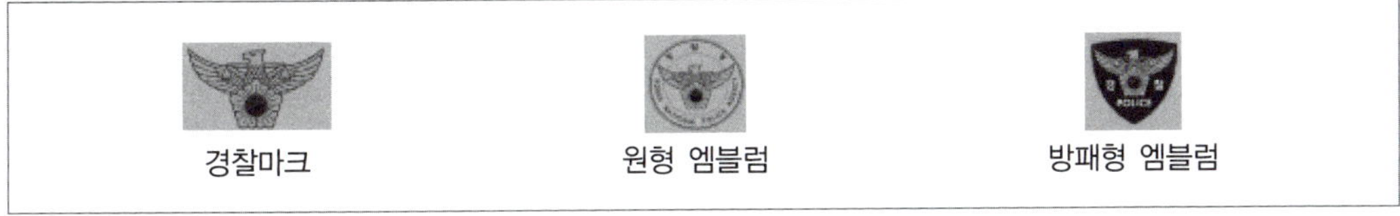

경찰마크 · 원형 엠블럼 · 방패형 엠블럼

(2) 표지장 : Emblems and Insignia

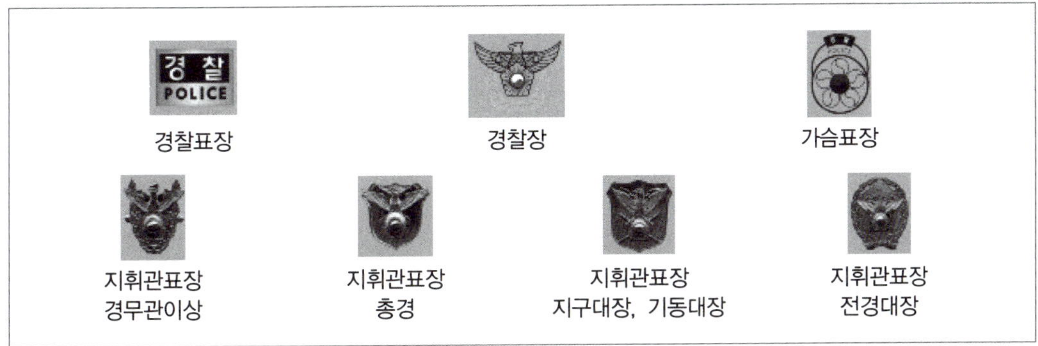

경찰표장 · 경찰장 · 가슴표장

지휘관표장 경무관이상 · 지휘관표장 총경 · 지휘관표장 지구대장, 기동대장 · 지휘관표장 전경대장

(3) 계급장

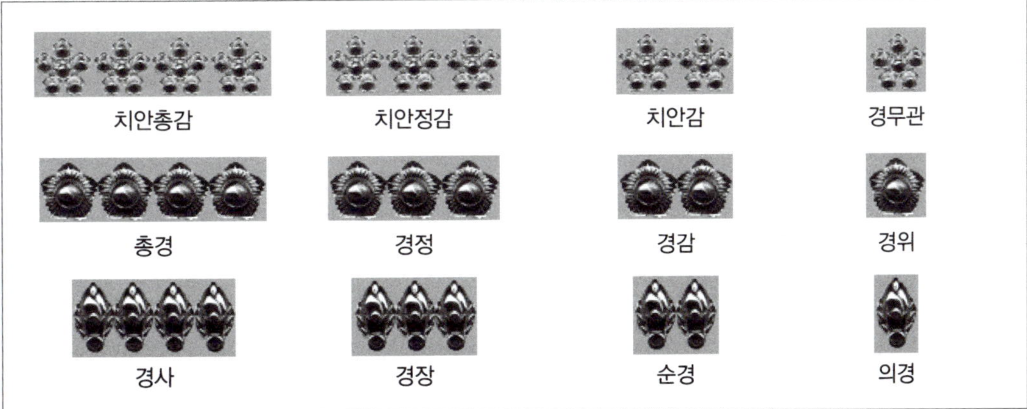

치안총감 · 치안정감 · 치안감 · 경무관

총경 · 경정 · 경감 · 경위

경사 · 경장 · 순경 · 의경

〈경찰백서 참조〉

② 경찰 CI 및 가슴표장에 담긴 의미

기관문양		참수리(경찰)가 무궁화(국가와 국민)를 잡고 하늘 높이 날아오르는 모습을 형상화한 것으로 경찰이 국가와 국민을 수호하는 동시에 "최상의 치안서비스"를 제공하여 선진 한국으로서의 도약을 이끄는 기수가 되겠다는 굳건한 의지를 표현한다.
참수리		부리 모양을 사실적으로 표현하여 강하고 용맹스러움을 강조하며, 눈은 크고 날카롭게 표현, 치안의 사각지대까지 세심하게 살피는 경찰의 예리한 통찰력을 나타낸다. 머리 위에는 깃털을 세워 언제나 날렵한 참수리의 이미지를 강조함으로써 국민의 요구에 언제나 신속히 대응하는 경찰의 준비된 자세를 표현한다.
저울		참수리 어깨 위에는 저울판과 저울대로 구성된 저울을 형상화하여 '형평과 공평'을 강조한다. 이는 경찰이 법집행기관으로서 어떠한 외압에도 흔들리지 않고, 공평무사한 법집행을 통해 '정의'를 실현하겠다는 굳건한 의지를 표현한다.
무궁화		무궁화 중심의 태극장은 만물의 근원으로서 '대한민국과 국민'을 상징하며, 이를 감싸는 무궁화의 꽃잎은 5장으로 각각 경찰이 지향하는 가치개념인 '忠,信,勇,義,仁'을 의미한다.
가슴표장		국가와 국민을 위해 태양과 달이 되어 밤낮없이 국민을 비추어 주고 국민의 재산과 생명을 보호하는 임무를 헌신적으로 수행하고 있는 경찰 본연의 임무와 이를 수행하는 강인한 경찰정신을 보여준다. 가슴표장의 전체 형태는 마패 모양으로 태양과 달을 뜻하는 두 개의 원을 겹치게 만들었으며, 태양을 뜻하는 앞쪽의 원에는 한 가운데에 태극을 배치하고 그 주위를 태극 5개로 둘러싸 무궁화를 형상화하며, 달을 뜻하는 원의 윗부분에는 부채모양으로 '경찰'을 표기하고 그 밑에는 'POLICE'를 표기하고 있다. ✎ 가슴표장은 경찰관 제복 착용시 좌측 가슴부위에 부착한다.

〈경찰청 홈페이지 참조〉

제2절 경찰서 부서별 업무 개관

① 지역경찰(지구대 · 파출소)

(1) 도시지역은 지구대가 지역경찰의 기본이고, 농촌지역은 파출소가 지역경찰의 기본이다. 대체로 지구대는 사건이 많은 지역을 담당하고 파출소는 사건이 비교적 적다. **최근에는 중심지역관서 제도를 도입하여** 지구대 · 파출소 등 지구대 · 파출소 두세 곳을 묶어 치안 수요가 많은 한 곳을 '중심관서'로 지정해 인력과 장비를 집중 배치하고 나머지는 관서장 1명 또는 소수 인원이 평일 주간에만 근무하는 '공동체관서'로 운영되기도 한다.

(2) 근무방식은 지역경찰의 근무 인원에 따라 3조 2교대, 4조 2교대, 5조 3교대 등으로 근무하며 지역경찰관서장(지구대장이나 파출소장) 및 관리반은 월요일부터 금요일까지 9시에서 18시까지 근무한다.

(3) 중앙경찰학교를 졸업한 신임 경찰은 의무적으로 최소 6개월 이상은 지역경찰에서 근무한 후에 다른 부서로 전출이 가능하다. 중앙경찰학교에서 예비수사경과를 취득한 경우에도 지역경찰에서 6개월 이상 근무하고 해당 경찰서 수사부서에 인력충원이 필요할 경우 선발된다. 신임 경찰은 처음 발령받은 지역경찰에서 1~2년을 근무하면 보통 기동대로 차출되어 2년간 근무를 하게 된다. 기동대 의무 복무를 마치면 원래 근무했던 경찰서로 복귀한다.

② 경찰서(본서) 부서별 업무(서울청 기준)

청문감사인권관		
		청문감사인권관이 '행동강령책임관' 역할을 한다. **경찰 면접에서 '행동강령책임관'이라는 용어를 사용할 경우, 경찰 출신 면접위원들은 일반적으로 누구를 지칭하는지 이해하지 못한다.** 실무에서는 '행동강령책임관'이란 용어를 사용하지 않는다. 지원자들은 '행동강령책임관'이 청문감사인권관이라는 사실을 모르는 경우가 많은데 이는 경찰업무에 대한 이해 부족으로 감점 사유가 될 수 있다. **경찰청 공무원 행동강령** **제23조(행동강령책임관의 지정)** ① 경찰청, 소속기관, 시 · 도경찰청, 경찰서에 이 규칙의 시행을 담당하는 행동강령책임관을 둔다. ② 경찰청에 감사관, 시 · 도경찰청에 청문감사인권담당관, <u>경찰서에 청문감사인권관을 행동강령책임관으로 한다</u>(소속기관 및 청문감사인권관제 미운영 관서는 감사 업무를 담당하는 부서장으로 한다).
	감사 · 감찰, 인권	① 경찰 업무 처리에 대한 감사를 실시하고, 경찰관 개인에 대한 비위 행위에 대한 신고를 받아 처리하거나 자체적으로 조사한다. 경찰관 징계 및 소청관련 업무, 모범 경찰관을 발굴하여 경찰서장에게 장려장 수여를 건의하기도 한다. ② 경찰관의 직무 수행 과정에서 발생할 수 있는 인권 침해(부당한 체포/구금, 강압 수사, 폭언 등) 신고를 접수 · 처리하고, 경찰관 인권 교육 및 사회적 약자 인권보호시책 등을 추진한다.
	민원봉사실	① 민원실은 청문감사인권관 소속이다. 민원실에서 경찰 업무 전반에 대한 상담뿐만 아니라 경찰관의 불친절, 부당한 업무 처리, 사건 처리 과정에서의 불만 등을 접수한다. ② 정보공개 청구를 접수하고, 각종 사실확인원 발급, 고소/고발/진정/탄원서 접수, 헤어진 가족 찾아주기 등을 한다.

경무과		경무과는 경찰서 운영의 핵심적인 행정지원 부서이자, 경찰관들의 인사, 복지, 교육 등 내부 살림을 총괄하는 부서로서 사기업체의 총무과에 해당한다. 경찰서에서 주관하는 대부분의 행사는 경무과에서 담당한다. 경찰서장 이하 과장들 중에서는 가장 선임과장으로서 경찰서장 휴가시 일반적으로 경무과장이 직무대리를 한다.
	경무계	① 경찰서 운영 총괄, 인사, 복무관리, 교육, 대외 협력, 홍보, 성과 관리 등의 업무를 한다. '홍보' 업무를 선호부서로 답변하는 경우가 종종 있는데 홍보 업무는 경무과 경무계에서 담당한다. ② 인사와 관련하여 지역경찰에 대한 전보발령은 범죄예방대응과에서 하며, 그 외 경찰서 인사는 경무계에서 담당한다. ③ 다른 부서에 비하여 수당이 적고 일이 많다는 이유로 비교적 기피 부서에 해당하지만, 경찰서 전체 업무를 총괄하는 핵심 부서로서 포상이나 근무평정에 유리한 편이다.
	경리계	경찰서 예산을 편성·집행하고, 각종 급여 및 수당을 지급하며 물품 구매, 시설관리 등의 업무를 한다.
	정보화장비계	무전기등 통신장비 관리, <u>경찰 내부 전산망(Pol-net이라 부름)</u> 및 PC 관리, 무기나 차량 등 경찰장비를 관리한다.
범죄예방 대응과	범죄예방계	① 범죄예방·진단을 위한 CPO 업무 : CPO는 범죄예방진단팀(Crime Prevention Officer)을 의미한다. CPO는 관할 지역의 범죄와 무질서에 대한 취약요인을 진단·분석하고 경찰 내·외부(민간이나 자치단체) 및 사회 각 분야와 협업을 통해 범죄취약요인을 개선하는 업무를 담당한다. 범죄취약요소를 발견하기 위하여 범죄통계, Pre-cas, Geo-pros 등 데이터 분석, 현장실사, 주민 인터뷰 등을 거치며, 이렇게 발견된 범죄취약요소를 개선하기 위하여 지역경찰 순찰 강화, 범죄예방캠페인, CPTED 사업 등을 추진한다. ② **지역경찰 업무** : 지역경찰 업무계획, 조정 및 지도·감독, 지역경찰관 인사, 성과평가 및 근무감독, 사건사례 분석, 112시스템 운영, 민원·정보공개 업무 등 ③ 기타 협력방범, 경비업 관련 지도·점검, CCTV통합관제센터 사항 등
	범죄예방 질서계	즉결심판, 유실물, 총포화약류 업무, 풍속영업 단속, 경범 통고처분, 경호 안전검측, 성매매 단속, 보호조치 업무 및 주취자 응급의료센터 협력 업무 등을 담당한다.
	112치안종합 상황실	112신고 접수·지령, 보고·전파·상황유지 등
여성 청소년과	여성청소년계	여성·아동·노인·장애인 대상 범죄 관련 업무, 가정폭력·성매매·아동학대 예방 및 피해자 보호, 청소년 비행방지, 학교폭력 예방대책 수립(SPO 운영) 등
	여성청소년 수사팀	강간, 가정폭력, 아동학대, 학교폭력, 가출인·실종아동 등 수사
	여성청소년 강력팀	피의자가 특정되지 않은 강간 등 성폭력범죄, 소재불명 신상대상자 추적, 10세 이상 주요 아동학대 사건 등 수사
수사과 (수사 1·2과)	수사지원팀	서무·예산관리, 압무물 관리, 사건접수 및 송치 등
	유치관리팀	유치인 관림 및 호송 업무
	수사팀	경제사범, 사이버범죄 등 수사
	지능범죄 수사팀	집회·시위 사범, 선거사범, 공무원 범죄 수사 등

형사과 (형사 1 · 2과)	형사지원팀	범죄단속 계획수립, 형사사건 관리 등
	형사(당직)팀	① 폭행, 공무집행방해, 변사 등 담당 ② 지역경찰에서 초동 조치한 사건을 인계받아 처리
	강력팀	① 살인, 강도, 절도, 방화 등 사건 담당 ② 강력범죄 관련 인지 · 첩보사건 수사 ③ 주요 112신고 사건 현장출동
	피싱팀	보이스피싱 등 각종 피싱사건 수사
	마약범죄 수사팀	마약류 관련 사건 수사, 마약류 관련 112신고시 현장 출동
	실종수사	실종 사건 추적, 수사, 112신고 사건 현장 출동
경비과	경비작전계	집회 · 시위 진압대책, 지역 내 다중운집행사 안전관리, 경호경비 등
교통과	교통관리계	교통법규 위반차량 행정처분, 면허 관련 업무 등
	교통조사팀	교통사고 조사, 음주 · 무면허 사건 등
	교통범죄 수사팀	인피 야기 도주(뺑소니) 사건 수사, 난폭 · 보복 운전, 폭주족 등
	교통안전계	교통 외근 업무, 교통 소통, 교통법규 위반자 단속, 교통안전시설 관리, 교통 순찰 차 운용 등
안보과	안보계	경호안전대책, 탈북민 신변보호, 보안관찰, 사이버안보 등
치안 정보과	치안정보계	집회 · 시위 관련 정보활동, 재해 · 재난 관련 정보활동 등

CHAPTER 03 경찰면접 준비

제1절 사전조사서 작성 요령

사전조사서는 발표 면접 이후 이어지는 인성·경험 면접의 자료로 활용된다. 블라인드 면접 특성상 지원자에 대한 특별한 배경 자료가 없기 때문에, 사전조사서가 부실하고 성의 없게 작성되어 있으면 면접관에게 안 좋은 이미지를 주게 된다. 사전조사서의 주제는 전국 공통으로 동일한 내용이 주어지며 20분 동안 A4 용지 한 장 분량을 작성한다. 시간이 충분하지 않아서 평소에 여러 유형에 대한 자신의 경험을 정리해 두어야 한다.

① 내용 면

(1) **어떤 주제가 제시되더라도 자신의 강점(장점)이 드러나도록 구성해야 한다.**

(2) **사전조사서는 인성·경험 면접에서 활용될 질문의 단서를 제공하는 자료이다.** 면접관들이 추가 질문을 할 수 있도록 핵심 경험과 의미를 분명하게 제시해야 한다.

(3) 핵심적인 내용은 구체적으로 제시하되 모든 세부 사항을 과도하게 설명하기보다는 면접관이 궁금증을 가지고 질문할 수 있도록 약간의 여지를 남긴다. 예상되는 후속 질문의 답변은 미리 준비해 둔다.

(4) 경험은 지원자만의 차별성이 드러나는 것이 좋다. 면접관의 입장에서 볼 때 지원자의 사전조사서의 70% 정도는 거의 같은 내용으로 보인다.

(5) 솔직하게 작성한다. 자신의 역량을 잘 드러내기 위한 전략적 포장은 필요하다. 다만 거짓된 경험을 작성하면 면접 과정 중 반드시 드러난다는 것을 명심해야 한다.

(6) 일상적인 경험이라도 조직·직무 역량과 연결될 수 있다면 충분히 활용할 수 있다.

② 형식 면

(1) **가독성이 좋아야 한다.** 한 문단은 3~4줄이 적당하며 문단 간 간격을 적절히 두어 가독성을 높인다.

(2) **깔끔한 느낌을 주어야 한다.** 수정테이프 사용은 제한되므로 글자가 보이도록 두 줄을 그어 정정한다. 경미한 오류는 과도하게 수정하지 않는 것이 좋다.

(3) 경험을 서술할 때 '첫째', '둘째'로 나누면 정리된 인상을 줄 수 있다. 나열식으로 서술할 때는 2~3개 이내가 적절하다.

(4) 전체 분량의 5분의 4 정도는 반드시 채워야 한다. 분량이 적으면 감점 사유가 될 수 있다. 예상하지 못한 주제가 제시될 경우 직업관이나 각오 등을 덧붙여 분량을 조절한다. 각오나 포부는 어떤 주제에도 활용할 수 있도록 미리 준비한다.

(5) 필요시 소제목이나 들여쓰기를 활용할 수 있으며 강조하고 싶은 키워드에는 " "를 사용할 수 있다.

❸ **서술 화법** : 자신의 경험을 바탕으로 서술하므로 후술하는 STAR 기법을 주로 사용한다.

> **💬 사전조사서 관련 후속질문 예시**
>
> • 선도부 부장을 하면서 학생들을 위해 모범을 보인 사례는?
> • 유능한 수사관이 되고 싶다고 하였는데, 어떤 사건을 담당해 보고 싶은가?
> • 전세 사기를 어떤 식으로 예방할 수 있겠는가?
> • 군 생활 당시 동료와 갈등이 있었다고 했는데 그 원인과 해결방법은?
> • 태권도 선수 생활을 했었는데 선수로 가지 않고 경찰을 지원한 이유는?
> • 군대와 경찰의 공통점은 무엇이라고 생각하는가?
> • 축구를 했다고 했는데 포지션은?
> • 수험생활 동안 무엇을 배우고 성장했나?
> • 사진 찍는 것을 좋아한다고 했는데 얼마나 했나?
> • 군대를 어디서 복무했는지? 분대장으로서 후임에게는 어떻게 대하였는가?
> • 가장 오랫동안 아르바이트를 한 곳은 어디인가?
> • 아르바이트를 할 때 진상손님은 어떤 사람들이고 이들에 대한 대응방법은?
> • 학생회에 참여하면서 힘들었던 일은?
> • 외국유학을 다녀왔다고 했는데, 그 곳에서 가장 힘들었던 일은?
> • 외국생활 경험이 경찰직업 결정에 어떤 영향을 미쳤는가?
> • 학생회 활동하면서 갈등 경험과 본인의 역할은?
> • 경찰행정학과 출신이니까 주변에 현직이 많을 것 같은데, 그들이 말하는 경찰의 문제점과 해결방안은?
> • 큰 조직에서 일한 경험이 있는데, 처음에 어떻게 적응하였나?

❹ 사전조사서 기출문제

> **💬 2025년 2차**
>
> • 어떤 불확실한 상황에서 중대한 의사결정을 한 경험을 서술하시오. 〈전국 공통〉
>
> **💬 2025년 1차**
>
> • 어떤 과업이나 목표를 가지고 일을 했는데, 본인이 예상한 것과 다른 결과가 나왔을 때 본인의 행동이나 대처했던 경험을 서술하시오. 〈전국 공통〉
>
> **💬 2024년 2차**
>
> • 경찰관으로서 책임자가 되었을 때 꼭 이루고 싶은 목표가 무엇인지 서술하시오. 〈서울, 강원 등〉
> • 본인이 수행했던 팀 프로젝트 중 가장 스트레스를 많이 받았던 팀 프로젝트는 무엇인지와 이를 수행하기 위해 팀에서 어떤 역할을 수행했는지 서술하시오. 〈경기남부, 경기북부 등〉
>
> **💬 2024년 1차**
>
> • 경찰관으로서 업무 중 예상되는 어려움과 그 어려움을 어떻게 극복할 것인가? 〈서울 등〉

📖 2023년 2차

- 사회생활을 하면서 리더십을 발휘한 경험은? 〈서울〉
- 무언가 꾸준히 노력해서 달성한 경험과 그 과정에서 얻은 교훈은? 〈경기남부〉
- 동료와의 협업에서 드러난 자신의 단점과 이를 극복했던 경험은? 〈경기북부〉
- 목표 추진 과정에서 예상치 못한 어려움을 극복했던 경험은? 〈인천, 세종, 충북〉
- 업무 역량이 부족한 동료에 대하여 어떻게 대처할 것인가? 〈강원, 대구, 경남, 부산〉
- 본인의 장점이 남에게 도움이 된 경험과 본인의 단점이 남에게 피해를 준 경험이 입직후 어떻게 활용될 것인가? 〈세종〉
- 경찰이 가져야 할 덕목이 무엇이라 생각하는가? 〈충남〉
- 경찰이 되었을 때 5년 뒤 10년 뒤 나의 모습은? 〈전북〉
- 단체 또는 조직 생활을 하며 성취감을 가져본 경험은? 〈광주〉
- 본인의 꿈을 이루기 위해 했던 노력은? 〈대구〉
- 본인의 성실함과 정의감을 바탕으로 경찰관이 되면 어떻게 직무를 수행할 것인가? 〈경북〉
- 어떤 새로운 조직이나 환경에서 적응하기 어려웠던 경험은? 〈제주〉

📖 2023년 1차

- 협업 과정에서 자신과 자주 갈등을 겪는 사람의 유형과 갈등의 원인 및 이를 극복하기 위해 했던 노력은? 〈서울〉
- 한국 경찰의 강점 3가지를 서술하시오. 〈경기남부〉
- 경찰관이 되는 것은 자신의 꿈을 이루는 데 어떤 도움이 되는가? 〈경기남부〉
- 예상치 못한 상황에서 책임감을 발휘했던 경험은? 〈경기남부, 경기북부〉
- 자신의 단점은 무엇이며 그 단점을 극복하기 위해 했던 노력은? 〈인천〉
- 경찰공무원으로서 필수적인 덕목은? 〈강원〉
- 뛰어난 리더라고 생각되는 사람과 협업했던 경험은? 〈강원〉
- 살면서 하기 싫은 일을 맡아서 했던 경험은? 〈충남〉
- 비능률적으로 일하는 상사와 함께 일하게 되었을 때 어떻게 할 것인가? 〈충북〉
- 살아오면서 겪었던 갈등과 그 해결 경험은? 〈전북〉
- 예기치 못한 상황이 벌어졌을 때 책임감 있게 해결했던 경험은? 〈경북〉
- 경찰조직의 문제점과 해결 방안은? 〈대구〉
- 이루고 싶은 꿈은 무엇인가? 〈부산〉
- 조직 문화가 자신이 살아온 방식과 맞지 않을 때 어떻게 할 것인가? 〈제주〉
- 경찰관으로서의 삶과 가정에서의 균형을 어떻게 맞출 것인가? 〈특공대〉
- 무언가를 꾸준히 노력해서 이루어 낸 경험은? 〈특공대〉

📖 2022년 2차

- 책임감이 있는 사람이라는 것을 증명할 수 있는 구체적인 사례는? 〈서울〉
- 본인이 면접관이라면 어떤 점을 평가하겠는가? 〈경기남부〉
- 살면서 힘들었던 경험과 후회되는 일은? 〈경기남부〉
- 목표 달성하는 중에 어려움이 생겼을 때 이를 극복했던 경험은? 〈경기북부〉
- 팀원들이 팀 규칙을 따라야 하는 이유와 좋은 팀을 위한 가장 중요한 규칙은? 〈인천〉
- 한국 경찰의 강점 3가지는? 〈강원, 전북〉
- 다른 사람에게 받은 피드백과 이를 고치기 위해 노력했던 점은? 〈강원, 전북〉

- 성공이나 실패한 경험을 통하여 얻었던 교훈은? 〈충남〉
- 회복적 경찰 활동의 의미는? 〈충북〉
- 조직 내에서 지속적으로 갈등을 일으키는 동료를 어떻게 할 것인가? 〈대전〉
- 팀을 하나로 뭉치기 위해 가장 필요한 것은? 〈전남〉
- 살면서 어려웠던 경험 그걸 극복했던 방법 〈전북, 경북〉
- 경찰관이 되었을 때 5년 후, 10년 후 본인의 계획은? 〈전북〉
- 좋은 팀이란 어떤 팀을 말하며, 그런 팀을 만들기 위한 본인의 노력은? 〈광주〉
- 집에 경조사가 생겼는데 경찰조직의 중요행사가 겹친다면 어떻게 할 것인가? 〈대구〉
- 본인이 생각하는 사명감은 무엇이고 이를 키울 수 있는 방법은? 〈대구〉
- 당신은 왜 경찰이 되어야 하는가? 〈경북〉
- 본인이 무언가를 성취하기 위해 노력한 경험과 그 경험을 통해 얻은 것은? 〈경남〉
- 팀워크를 발휘해서 목표를 성취했던 경험 〈부산〉
- 모임이나 모임에서 맡은 역할을 통해서 배운 점이나 느낀 점은? 〈제주〉

📽 2022년 1차

- 경찰관으로서 성공적인 삶이란 무엇이라 생각하는가? 〈서울〉
- 경찰에게 있어서 필요한 덕목은 무엇인가? 〈경기남부〉
- 수험생활 중 힘들었던 일과 경찰관이 되어 어떤 부서에서 근무하고 싶은가? 〈경기북부〉
- 살아오면서 가장 큰 성취감을 느낀 일은? 〈인천〉
- 학창시절 봤던 경찰은 어떤 모습이고 어떤 느낌이었는가? 〈인천〉
- 하기 싫은 일을 했던 경험과 입직 후 그 경험을 어떻게 활용할 것인가? 〈강원〉
- 본인이 생각하는 사회적 약자의 정의와 경찰의 사회적 약자에 대한 정책은? 〈충남〉
- 국민 중심 책임수사가 무엇이고 이를 위한 실천 방안은? 〈충북〉
- 범죄 수사와 예방을 위해 지역 경찰로서 할 수 있는 활동은? 〈전북〉
- 경찰관이 봉사활동을 하게 될 경우 가져야 할 자세는 무엇인가? 〈전북〉
- 국민들이 다른 공무원보다 경찰관에게 더 윤리적인 면을 강조하는 이유는? 〈전남〉
- 억울한 일을 당했던 경험을 경찰 업무에 어떻게 활용할 것인가? 〈경북〉
- 공권력 강화에 따른 긍정적인 측면과 부정적인 측면을 서술하시오. 〈울산〉
- 유모차를 끄는 할머니가 무단횡단을 한다면 어떻게 할 것인가? 〈경남〉
- 놀이터에서 농구하는 아이들에 대한 소음 신고에 어떻게 조치할 것인가? 〈경남〉
- 공직자로서 공정성, 책임감, 전문성 중 어느 덕목이 가장 중요한가? 〈부산〉
- 공직자의 SNS 사용 제한에 대해 어떻게 생각하는가? 〈제주〉

5 사전조사서 작성 예시

사 전 조 사 서

지원청		성 명		응시번호	

불확실한 상황에서 중대한 의사결정을 한 경험을 기술하시오. 〈25. 2차〉

저는 부상으로 선수 생활이 불가능해진 상황에서 경찰관의 길을 선택하는 중대한 결심을
했습니다. [도입부 : 요약]

어린 시절부터 프로 축구선수를 목표로 10년 이상 운동에 매진했습니다. 그러나 대학교
2학년 때 경기 중 무릎 십자인대가 파열되는 큰 부상을 입어 수술과 재활을 반복했지만,
결국 의료진으로부터 선수 생활 지속은 어렵다는 소견을 받았습니다. [Situation — 상황]

인생의 전부였던 꿈이 무너졌고 완전히 새로운 진로를 선택해야 하는 불확실한 미래에
직면했습니다. 고민 끝에 저는 현실을 받아들이고 새로운 목표를 설정하기로 결심했습니다.
[Task — 과제]

저의 선수 생활로 길러진 강인한 체력과 팀워크, 책임감 등은 경찰 직무에서도 반드시 필요한
자질이라 판단했습니다. 다만 학업 기반이 부족했기에 기초부터 시작해야 했습니다.
하지만 선수 시절 익힌 '끈기'로 하루 학습시간을 10시간으로 고정하고 오전에는 이론 학습,
오후에는 문제 풀이, 저녁에는 오답과 개념 노트를 정리하는 학습루틴을 만들었습니다. 또한
특정 요일을 정해 모의고사와 기출문제를 반복 점검하고 체력을 위해 주 3회 러닝과 근력운동을
하였습니다. [Action — 행동]

필기시험 합격의 경험은 위기상황에서도 스스로를 믿고 방향을 재정립하여 지속적으로 노력하는
태도 자체가 큰 의미를 지닌다는 것을 깨닫는 계기가 되었습니다. [Result — 결과 및 교훈]

비록 운동선수의 꿈은 내려놓았지만, 이제 경찰이라는 새로운 경기장에서 다시 뛰고 싶습니다.
선수 시절의 끈기와 공부하며 얻은 인내심으로, 어떤 현장에서도 끝까지 임무를 완수하는
경찰관이 되겠습니다. [마무리 : 경찰관으로서의 각오]

사 전 조 사 서

지원청		성 명		응시번호	

경찰관이 되어 맡은 업무의 책임자가 되었을 때 이루고 싶은 목표 〈24. 2차〉

저는 여성청소년과장이 되어 2차 피해 없는 피해자 중심의 전문적 수사 시스템을 구축

하고 동료들로부터 신뢰받는 책임감 있는 리더가 되고 싶습니다. [Point - 핵심 주장]

이러한 생각을 하게 된 계기는 대학교 2학년 때 친구가 교제폭력으로 도움을 요청했던 경험

때문입니다. 저는 친구와 함께 상담기관을 찾고 경찰 신고 및 수사 과정에 동행하며 피해자가

느끼는 불안과 두려움을 가까이에서 지켜보았습니다. 이 경험을 통해 전문성과 공감 능력을

갖춘 경찰의 역할이 얼마나 중요한지 깨달았습니다. [Reason - 이유/배경]

이후 피해자 보호시스템에 깊은 관심을 가지며 관련 역량을 갖추기 위해 구체적으로 준비했습니다.

우선 대학에서 형법, 형사소송법 그리고 범죄학 과목을 집중 공부하며 판례를 정리했습니다.

특히 여성·청소년 분야는 별도로 정리하였고, 피해자 보호제도를 이해하고자 성평등가족부와

경찰청 자료를 찾아서 정리하였습니다.

또한 주기적으로 지역상담센터에서 봉사활동을 하며 피해자의 심리와 어려움을 체감했습니다.

그 결과 법률적 이해뿐만 아니라 피해자 보호 관점에서 문제를 바라보는 시각을 갖추게

되었습니다. [Example - 사례/경험]

앞으로 현장에서 피해자의 목소리에 경청하고, 팀원들과 책임을 공유하며 전문성과 공정성을

갖춘 수사 책임자가 되겠습니다. 동료들이 신뢰하고 피해자가 안심할 수 있는 경찰관이 되도록

노력하겠습니다. [Point - 결론/다짐]

제2절 | 이미지 메이킹

1 면접의 특징

(1) 면접은 단순히 개인의 역량을 평가하는 것을 넘어 경찰 조직의 특수성을 이해하고 그 방향에 맞춰 함께 성장해 나갈 동료를 선발하는 과정이다. 경찰은 시민의 생명과 안전을 지키는 막중한 임무를 수행하며 때로는 공권력을 행사한다. 따라서 올바른 기준과 강한 사명감, 투철한 봉사정신을 갖춘 인재를 선별하는 것이 무엇보다 중요하다. 지원자는 경찰 조직이 진정으로 필요로 하는 인재상이 무엇인지 심도 깊게 고민하고, 이를 면접을 통해 효과적으로 보여줄 수 있어야 한다.

(2) 면접관은 지원자가 얼마나 자신을 깊이 이해하고 있는지를 통해 진정성 있는 자신만의 이야기를 듣기를 원한다. 예를 들어 특정 상황에서 어떤 기준으로 판단하고 어떤 행동으로 문제를 해결했는지 등 자신이 살아온 과정을 구체적으로 되짚어보고, 그 과정에서의 행동과 생각을 이끌어 내야한다.

(3) 또한 면접에서의 평가는 답변 내용뿐 아니라 비언어적 표현까지 다양한 요소가 복합적으로 작용한다. 긴장된 상황에서 드러나는 말투, 표정, 자세, 시선 처리 등은 지원자의 평소 습관과 인성을 보여주는 지표가 될 수 있다. 특히 공격적인 말투, 무표정, 불안한 손동작, 회피하는 눈빛, 질문에 대한 모호한 반응 등은 실수 이상의 부정적인 인상을 줄 수 있어 각별한 주의가 필요하다. 따라서 면접 준비 시에는 말하는 내용뿐 아니라 태도와 비언어적 표현까지 미리 점검하고 연습하여 표현의 습관화를 하는 것이 매우 중요하다. 이는 단순한 이미지 개선이 아닌 자신의 진정성과 신뢰감을 전달하는 기본 자세이다.

2 이미지의 중요성

(1) 첫인상은 단 3 ~ 7초 만에 결정된다고 알려져 있다. 이처럼 짧은 시간 안에 형성된 인상은 이후 평가에 지속적이고 강력한 영향을 미치며, 이를 '첫인상의 법칙'이라 한다.

(2) 한 번 형성된 첫인상을 바꾸기 위해서는 48시간 이상의 시간이 필요하다는 심리학 연구가 있다. 이는 짧은 면접 시간 안에 부정적인 첫 이미지를 회복하는 것이 매우 어렵다는 것을 의미한다. 신뢰감, 책임감, 배려 있는 태도 등을 드러내 이후 면접에 유리한 방향으로 이끌어가야 한다.

① 초두 효과(Primacy Effect) : 처음에 얻은 정보가 나중에 얻은 정보보다 기억에 더 강하게 남고, 이후 인식에 큰 영향을 미친다는 심리학 이론이다.

㉠ 고정관념 : 첫인상은 상대방에 대한 고정관념이나 편견을 형성할 수 있다. 긍정적인 첫인상은 이후의 행동이나 말도 긍정적으로 해석하게 만들지만 부정적인 첫인상은 그 반대의 결과를 초래할 수 있다.

㉡ 관계의 시작 : 면접, 비즈니스, 새로운 사람과의 만남 등 모든 관계의 시작점에서 첫인상은 상대방과의 관계를 지속해 나갈 것인지에 대한 결정적 동기가 된다.

❸ 시각적 이미지 '비언어적 요소'

(1) 복장 : Simple is Best

면접 복장은 '단정함'이 핵심이다. 무채색 계열의 단정한 스타일은 군더더기 없는 인상을 주어 첫 이미지를 긍정적으로 심어줄 수 있다. 복장은 면접에서 직접적인 평가 대상은 아니지만, 지원자에 대한 첫인상을 좌우하며 이후 면접관이 내용에 집중할 수 있도록 돕는 배려의 표현이기도 하다. 이미지 메이킹에서 자주 언급되는 TPO(Time, Place, Occasion)를 고려해 공식적이고 평가를 받는 상황에 어울리는 단정한 복장을 선택하도록 한다.

📖 이미지 메이킹 1

📖 남성 복장 가이드

구분	항목	착용 가이드	이미지 메이킹 포인트
상의	재킷	✔ 정장 재킷 착용(상/하의 컬러 및 소재 동일) ✔ 네이비, 블랙, 다크브라운 등의 컬러 가능 ✔ 일렬로 된 2버튼 재킷 추천 ✘ 과한 패턴, 4버튼 재킷, 니트·조끼·목폴라 불가	단정함과 신뢰감을 주는 기본 정장 스타일 유지
	셔츠	✔ 흰색 또는 연한 하늘색(화이트 계열) ✔ 깃 : 레귤러 카라(윙카라/버튼다운은 피함)	깔끔한 인상, 밝은 이미지를 주는 컬러 활용
	넥타이	✔ 스트라이프 또는 도트 무늬 ✔ 폭 7.5~8cm ✔ 네이비·스카이블루·와인·화이트 등 2~4가지 색상의 조화 ✔ 면접장 입실 전 넥타이가 흐트러지지 않았는지 반드시 점검할 것	신뢰감 + 성실한 이미지 연출
하의	바지	✔ 정장 바지 착용(상/하의 컬러 및 소재 동일) ✔ 발등을 살짝 덮는 기장 ✔ 일자핏, 9부 이상 ✘ 슬림핏·와이드핏 불가	정제된 실루엣으로 깔끔하고 안정감 있는 인상
신발	구두	✔ 무채색 또는 채도 낮은 단색 ✔ 깨끗하게 닦인 약간의 광택 있는 정장화 ✔ 가죽 외 다른 소재의 장식이 없는 것 ✔ 끈인 경우 풀리지 않도록 주의 ✘ 지나치게 높은 굽 지양	단정하고 성실한 느낌 부각, 활동성 고려

액세서리	시계/벨트/안경	✔ 무광 또는 저광택 소재 ✔ 브랜드 로고가 드러나지 않는 것 ✔ 시계는 간결한 아날로그 형태를 추천 ✔ 벨트와 시계의 스트랩은 블랙, 다크브라운 등의 가죽을 추천 ✔ 안경은 얇고 단정한 프레임 + 무색 투명 렌즈, 뿔테, 컬러렌즈 등 유행을 타는 스타일은 부적절하며 눈썹라인을 가리지 않는 것이 좋음 ✘ 지나친 광택소재, 행커치프, 넥타이핀 비추천 ✘ 시계는 캔버스 소재, 컬러 스트랩 등 캐주얼한 인상을 주는 것은 피할 것	• 불필요한 화려함 배제 ⇨ 신뢰감 있는 인상 • 안경 착용 시, 얼굴형에 맞지 않아 자주 흘러내리지 않도록 확인 필요 • 습관적으로 안경을 만지거나 고치는 행동은 피해야 함
기타	헤어/수염	✔ 이마가 1/3이상 보일 정도로 깔끔하게 드러낸 스타일 추천 ✔ 옆머리는 귀를 덮지 않고, 뒷머리도 셔츠 깃에 거슬리지 않도록 깔끔하게 정리 ✔ 앞머리가 눈썹을 덮거나 머리가 흘러내려 손으로 머리를 만져야 하는 스타일을 피할 것 ✔ 헤어제품(에센스, 오일 등)을 가볍게 발라 약간의 광택이 있는 것이 정돈된 인상을 줌 ✘ 수염은 반드시 제거	• 청결감, 단정하고 성실한 경찰 이미지 형성 • 자기관리능력으로 평가되기도 함

📖 **여성 복장 가이드**

구분	항목	착용 가이드	이미지 메이킹 포인트
상의	재킷	✔ 정장 재킷 착용(상/하의 컬러 및 소재 동일) ✔ 네이비, 블랙, 다크브라운 등의 컬러 가능 ✔ 일렬로 된 2버튼 재킷 추천 ✔ 재킷의 깃, 끝 선 등에서 부드러운 곡선보다는 직선을 추천함 ⇨ 활동적이고 적극적인 인상을 줌 ✘ 화려한 무늬의 패턴, 지나치게 몸매가 드러나는 슬림핏 등은 피할 것	단정하고 권위 있는 이미지 연출
	재킷 이너	✔ 블라우스나 이너탑의 경우 깊게 파이지 않도록 함 ✔ 화이트나 밝은 톤으로 깔끔한 이미지 연출 ✘ 화려한 무늬 지양, 속옷 비침 × ✘ 니트, 목폴라 등은 지양	단아하고 깔끔한 이미지, 청결감 전달
하의	치마	✔ 무릎 덮는 H라인 권장 ✔ 살색/커피색 1호 스타킹 착용 ✘ 미니/머메이드/랩스커트 불가	단정함, 안정감 있는 태도 표현
	바지	✔ 일자핏, 복숭아뼈 살짝 드러나는 기장 ✔ 길이감이 있는 판타롱 스타킹(긴목양말 기장 이상) 착용 ✘ 와이드 · 슬림핏, 나팔바지 불가	깔끔하고 정돈된 실루엣 강조
신발	구두	✔ 다크브라운, 블랙 등의 단색 ✔ 앞뒤 모두 막힌 정장용 구두 ✔ 자신의 키를 고려한 굽 3-7cm 내외 가능 ✘ 슬링백 · 샌들 · 플랫 불가	굽이 지나치게 높은 경우 자세가 무너질 수 있으니 주의 필요

액세서리	시계/ 귀걸이	✔ 작고 단정한 디자인 ✗ 크고 화려한 장식은 지양	겸손하고 신중한 이미지 강조
기타	헤어	✔ 이마와 귀가 보이게 정돈 ✔ 어깨선을 넘는 긴 머리의 경우 하나로 묶음 ✔ 자연 갈색 이하 톤, 염색은 자제 ✗ 머리 넘기기, 얼굴 가리기 지양	표정 전달력 ↑, 자신감 있고 깔끔한 인상
	화장/네일	✔ 깨끗하고 자연스러운 톤 메이크업 ✗ 진한 아이라인/립, 화려한 네일 금지	청결감, 성숙함, 공감력 있는 인상 유도

⑵ **자세 및 태도**: 면접에서 자세와 태도는 단순한 형식이 아닌 지원자의 평소 삶의 태도, 인성, 가치관을 비언어적으로 보여주는 핵심적인 요소이다. 예의 바른 인사, 경청하는 태도, 수용적이고 긍정적인 표정 등은 지원자의 성실성과 예의를 자연스럽게 드러내며, 짧은 면접 시간 안에 면접관에게 강한 신뢰감을 주는 데 중요한 역할을 한다. 특히 인성과 태도가 직무 수행에 직접적인 영향을 미치는 직종에서는 지원자의 언행 하나하나가 평가의 대상이 된다. 태도는 단순히 겉으로 보이는 모습이 아니라, 긴장되는 상황 속에서도 기본을 지키려는 내면의 태도와 준비성을 보여주는 지표가 된다.

① 선 자세와 인사 자세

　㉠ 무릎과 발 뒷꿈치를 붙이고, 발 앞부분은 5~10도 벌려 균형 있게 선다. 인사 시에도 이 자세를 유지하며 허리를 곧게 편 상태에서 30~45도 정도 상체를 숙인다. 일반적으로 30도를 보통례, 45도를 정중례라고 하며, 면접과 같은 공식석상에서는 정중례에 가까운 자세가 보다 예의 바르게 보인다.

　㉡ 주의사항

　　ⓐ 허리를 숙일 때 등이 굽지 않도록 주의하고, 얼굴과 턱의 각도도 몸의 중심축과 일직선을 이루어야 한다. 허리를 숙이면서 시선은 자연스럽게 한 걸음 앞 바닥을 향하게 한다.

　　ⓑ 인사 중 발이 벌어지거나 좌우로 흔들리는 경우 불안정한 인상을 줄 수 있으니, 발 모양과 균형 유지에 신경 쓰도록 한다.

② 앉은 자세: 의자에 앉을 때는 엉덩이를 의자 깊숙이 넣되, 등은 등받이에 기대지 않는다. 허리를 곧게 펴고 어깨와 팔에 불필요한 힘을 빼 단정하고 안정된 자세를 유지한다. 두 발은 바닥에 붙여 중심을 잡고, 전체적인 인상이 균형 잡히고 차분해 보이도록 한다.

📖 이미지 메이킹 2, 3

    ㉠ 남성

        ⓐ 무릎과 발은 어깨 너비 또는 골반 너비 정도로 벌린다.

        ⓑ 손은 살짝 주먹을 쥐거나 편 상태로 무릎 위에 자연스럽게 둔다.

        ⓒ 허리는 곧게 세우되 어깨나 팔에 힘이 들어가지 않도록 한다.

        ⓓ 두 발은 일직선상에 두고 발끝이 과도하게 벌어지거나 안으로 향하지 않도록 주의한다.

    ㉡ 여성

        ⓐ 무릎과 발뒤꿈치를 붙이고, 발 앞부분은 5~10도 정도 벌려 안정적인 자세로 앉는다.

        ⓑ 손은 스커트 라인 위에 공수자세로 포개거나 무릎 위에 가볍게 포개어 올린다.

        ⓒ 팔은 자연스럽게 펴고, 허리는 반듯하게 유지한다.

        ⓓ 치마 착용 시 무릎은 반드시 붙이고 다리 라인을 정돈해 단정함을 유지한다.

    ㉢ 주의사항

        ⓐ 다리를 꼬거나 의자 끝에 걸터앉는 자세는 금물이다.

        ⓑ 어깨나 팔에 힘이 들어간 경직된 자세는 긴장감과 불안정한 인상을 줄 수 있다.

        ⓒ 상체가 좌우로 기울거나 다리 위치가 흐트러지면 집중력이 부족해 보일 수 있다.

        ⓓ 발이 움직이거나 다리를 떠는 행동은 주의한다.

③ 답변 태도

항목	바람직한 모습	주의할 점
눈맞춤	• 면접관을 향해 자연스럽게 시선 유지 • 답변 시 전체 면접관에게 골고루 시선을 배분	• 눈을 피하거나 허공을 응시하지 않도록 주의 • 시선 이동 시 얼굴 정면도 함께 천천히 이동시킬 것
표정	밝은 표정, 자연스러운 미소 유지	무표정, 찡그린 표정, 비대칭의 표정은 억지 웃음으로 보일 수 있음
경청 태도	• 질문을 끝까지 듣고 고개를 끄덕이며 반응 • 상대의 말을 끊지 않음	질문 도중 고개 돌리기, 주변 두리번거림, 손 움직임 많음은 집중력 저하로 보임
기타 행동 주의	• 답변 시 손동작은 작고 단정하게, 필요시 강조용으로만 사용 • 한숨, 깊은 숨 들이쉬기, 헛기침 등은 자제 • 면접관 질문에 반문하거나 감정 실리는 반응은 절대 금물 • 얼굴 만지기, 머리 넘기기, 안경 자주 고치기, 다리 떨기 등 불필요한 반복행동은 긴장감 전달	

④ 청각적 이미지 '스피치'

(1) 면접에서 청각적 이미지는 지원자가 말할 때 드러나는 목소리의 높낮이, 속도, 크기, 발음, 억양 등 음성을 통해 형성되는 전반적인 인상을 의미한다. 이는 면접관이 지원자의 자신감, 진정성, 침착함, 감정 상태 등을 파악하고, 나아가 지원자의 인성과 직무 적합성을 판단하는 데 핵심적인 영향을 미친다.

① **내면과 표현력의 반영** : 짧은 시간 안에 지원자의 내면과 표현력을 효과적으로 드러낼 수 있는 강력한 수단이다. 목소리는 단순히 정보를 전달하는 것을 넘어, 지원자가 가진 생각과 감정을 면접관에게 전달한다.

② **신뢰감 형성** : 차분하고 신뢰감 있는 목소리, 명확한 발음, 자연스럽고 또렷한 전달력은 면접관에게 긍정적인 인상을 심어주고 신뢰감을 형성하는 데 필수적이다.

③ **직무 역량으로 인식** : 다양한 상황에서 시민과 동료에게 정확한 정보를 전달해야 하는 경우, 전달력은 곧 의사소통능력인 핵심 역량으로 인식된다. 명확한 발음과 적절한 크기의 목소리는 위기 상황에서의 침착함과 리더십을 보여줄 수 있다.

(2) 결론적으로, 면접에서 시각적 이미지("보는 인상")와 청각적 이미지("듣는 인상")는 상호 보완적인 관계에 있다. 두 요소가 조화를 이룰 때 면접관에게 신뢰감 있고 균형 잡힌 이미지를 전달할 수 있다. 따라서 면접 준비 시에는 답변 내용뿐만 아니라 목소리 톤, 발음, 속도 등을 꾸준히 연습하여 청각적 이미지 관리에 대한 대비가 필요하다. 이는 면접에서 성공적인 결과를 얻기 위한 필수적인 요소라고 할 수 있다.

① 음성의 요소

㉠ **목소리 톤(Tone)** : 안정감을 주는 중저음은 신뢰감을 형성하는 데 효과적이다. 너무 높거나 날카로운 톤은 불안정하게 들릴 수 있으며, 지나치게 낮은 톤은 답답하거나 자신감 없어 보일 수 있으니 주의해야 한다. 자신의 목소리 톤을 인지하고, 안정적이고 듣기 편안한 톤을 유지하기 위한 연습이 필요하다.

㉡ **목소리 크기(Volume)** : 또렷하면서도 지나치지 않은 적정 볼륨을 유지하는 것이 중요하다. 면접 공간의 크기와 면접관의 수를 고려하여 적절히 조절해야 한다. 너무 작으면 자신감이 없어 보이거나 잘 들리지 않을 수 있고, 너무 크면 부담스럽게 느껴질 수 있다. 특히 중요한 키워드나 핵심 내용을 전달할 때는 목소리 크기를 살짝 높여 강조하는 것도 효과적인 방법이다.

㉢ **속도(Speed)** : 약간 빠른 속도는 적극적이고 생기 있는 인상을 줄 수 있다. 하지만 너무 빠르면 면접관이 내용을 이해하기 어려워 전달력이 떨어질 수 있으니 유의해야 한다. 반대로 지나치게 느린 말 속도는 집중도를 떨어뜨리고 지루하게 만들 수 있다. 핵심 내용을 전달할 때는 속도를 조절하여 강조하고, 전반적으로는 자연스럽고 편안한 속도를 유지하는 것이 좋다.

㉣ **발음(Pronunciation)** : 정확하고 명확한 발음은 전달력을 높이는 가장 기본적인 요소이다. 부정확한 발음은 면접관에게 부정적인 인상을 주거나 내용을 오해하게 만들 수 있다. 특히 문장의 끝을 흐지부지하지 않고 명확하게 마무리하는 것이 중요하다. 발음하기 어려운 단어나 문장은 미리 연습하거나, 필요하다면 속도를 조절해 보도록 한다.

　　ⓜ 억양(Intonation) : 자연스러운 높낮이와 억양의 변화는 듣는 사람의 집중도를 높이고 내용을 더욱 생동감 있게 전달한다. 단조로운 억양은 지루하게 들릴 수 있으므로, 내용의 흐름에 따라 억양에 변화를 주는 것이 좋다. 이는 면접관과 감정적으로 교류하는 중요한 수단이 될 수 있다.

　　ⓗ 호흡(Breathing) : 안정된 호흡은 긴장된 상황에서 침착함을 유지하고 목소리에 안정감을 부여하는 데 필수적이다. 깊고 안정적인 복식 호흡은 발성에도 도움을 준다. 또한, 문장 또는 문단 사이의 적절한 텀 조절은 전달력을 높이고 안정감을 유지하는 데 도움을 준다.

② 청각적 이미지 훈련 방법

　㉠ 목소리 훈련(복식호흡, 모음 발성 등)

　　ⓐ 목표 : 안정된 호흡을 통해 흔들림 없는 발성 확보

　　ⓑ 준비 자세 : 등을 곧게 펴고 앉거나 서서 배에 손을 얹고 깊게 숨을 들이쉰 뒤 천천히 내쉼

　　ⓒ 연습 방법

　　　• 가슴이 아닌 배의 움직임을 느끼며 복식호흡 반복

　　　• 평소보다 낮은 중저음 톤으로 모음 발성 연습

　　　• 모음 : "아 - 어 - 오 - 우 - 으 - 이"를 길고 안정적으로 소리 냄

　㉡ 발음 훈련(명확한 전달력 확보)

　　ⓐ 목표 : 입을 크게 벌려 명료한 발음으로 말끝까지 또렷하게 전달

　　ⓑ 준비 자세 : 시나리오나 문장을 눈높이로 들고, 입모양을 의식하며 천천히 낭독

　　ⓒ 보조 도구 활용 팁

　　　• 연필을 가로로 물고 읽은 후 연필을 빼고 다시 읽기 ⇨ 혀, 입술, 턱의 움직임이 커지며 말음이 선명해짐

　　　• 입 앞에 휴지를 들고 말하기 ⇨ 발성과 호흡이 안정적인지 체크 가능(휴지가 일정하게 움직이면 OK)

　㉢ 말하기 리듬 훈련(발표형 질문 대비)

　　ⓐ 목표 : 핵심 단어에 강세를 주고 전달력을 높임

　　ⓑ 연습 방법

　　　• 전달할 문장에서 중요 키워드에 밑줄 또는 강조 표시

　　　• 강약, 볼륨 조절, 속도 변화, 끊어 읽기 등을 조합하여 리듬감 있게 말함

　㉣ 그 외 실전형 훈련

　　ⓐ 음성 체크리스트 작성 : 톤, 발음, 속도, 리듬 등을 항목별로 자가 점검

　　ⓑ 실전 질문 연습 : 실제 면접 질문을 가지고 답변을 반복 연습

　　ⓒ 녹음 후 피드백

　　　• 자신의 목소리를 녹음해 듣고 부족한 부분을 스스로 점검

　　　• 면접 파트너나 코치와 함께 분석하면 효과 2배

③ 주의해야 할 부정적 습관

　㉠ 말끝 흐리기, 어미 반복

　　ⓐ 문제점 : 말의 끝이 흐리면 자신감이 없어 보이고 주장이 명확하지 않다는 인상을 줌

　　　예 " ~ 했습니다…(작아짐)", " ~ 하긴 했는데요… 음… 뭐랄까…"

　　ⓑ 개선 방법 : 문장을 끝맺음할 때는 의식적으로 또박또박한 발음으로 평서형으로 마무리하기

　㉡ 군더더기 말 사용

　　ⓐ 문제점 : 불필요한 말버릇은 말의 흐름을 방해하고 준비되지 않은 인상을 줌

　　　예 "그냥… 노력은 했던 것 같고요… 음… 뭐… 어쨌든…"

　　ⓑ 개선 방법 : 답변 전 짧게 호흡하며 머릿속으로 정리한 뒤 말하는 습관 들이기

　㉢ 반감을 드러내는 부정적 표현

　　ⓐ 문제점 : 면접관의 말을 정면 반박하는 듯한 인상을 줄 수 있음

　　　예 "그게 아니고요, 제가 말한 건요…"

　　ⓑ 개선 방법 : 공감형 전환 표현 사용

　　　예 "말씀해주신 부분도 일리가 있다고 생각합니다. 저는 여기에 이런 관점을 더해보고 싶습니다."

　㉣ 추상적이고 불명확한 단어 선택

　　ⓐ 문제점 : 면접관이 답변의 구체적 의미를 파악하기 어려움

　　　예 "노력은 많이 했고요… 최대한 열심히 하려고 했습니다."

　　ⓑ 개선 방법 : 수치, 행동, 상황, 결과 등을 포함하여 구체적이고 명확한 언어 사용

　　　예 "하루 1시간씩 총 30일 동안 반복 연습했고, 그 결과 발표 평가에서 1등을 했습니다."

　㉤ 과도한 사투리 사용

　　ⓐ 문제점 : 말투가 거칠거나 가벼워 보일 수 있으며 특히 강한 억양은 진중한 이미지에 손상

　　ⓑ 개선 방법 : 억양과 말끝을 평어체에 가깝게 정리하여 완벽한 표준어보다 중립적 톤으로 유지

　㉥ 긴장 시 호흡 불규칙 ⇨ 떨리는 음성

　　ⓐ 문제점 : 호흡이 얕아지며 목소리가 떨리고 발음도 부정확해질 수 있음

　　ⓑ 개선 방법 : 면접 직전 복식호흡 3회 이상 및 말하기 전에 짧은 정리 시간 확보

　　　예 질문을 받은 후 "네, 그 부분에 대해 말씀드리겠습니다."처럼 시간을 확보하는 한 문장 말하기

🔖 이미지 Check List

이미지 Check List

성명			평가자	

평가요소		평가주안점	평가방법					평점
			탁월	우수	보통	부족	문제	
Body	고정 자세	정자세로 섰을 때 앞뒤/좌우 치우침이 없는가?	5	4	3	2	1	
		측면에서 봤을 때 곧은 자세인가?	5	4	3	2	1	
		기립 자세의 경우 무릎이 붙어 있는가?	5	4	3	2	1	
		고개의 기울임이 어색하지 않은가?	5	4	3	2	1	
	행동	위킹 시 자신감이 묻어나는가?	5	4	3	2	1	
		인사 시 허리를 굽히는 속도는 적절한가?	5	4	3	2	1	
		적절한 제스처를 사용하고 있는가?	5	4	3	2	1	
		의자에 앉는 자세가 흐트러지지 않은가?	5	4	3	2	1	
Face	인상	자연스러운 분위기를 연출하는가?	5	4	3	2	1	
		시각적 연출이 본인을 돋보이게 하는가?	5	4	3	2	1	
		습관적인 찡그림은 없는가?	5	4	3	2	1	
	표정	입꼬리가 대칭을 이루고 있는가?	5	4	3	2	1	
		대기와 대화 시의 표정이 동일한가?	5	4	3	2	1	
	시선	아이컨텍이 자연스럽게 이루어지고 있는가?	5	4	3	2	1	
		지나치게 부담스러운 시선을 유지하지 않는가?	5	4	3	2	1	
		시선 이동시 얼굴 전체가 함께 움직이는가?	5	4	3	2	1	
Make-up &Hair-do		피부톤 연출이 적절한가?	5	4	3	2	1	
		색조 화장이 지나치진 않은가?	5	4	3	2	1	
		복장 및 넥타이 색상이 피부톤과 어울리는가?	5	4	3	2	1	
		헤어스타일이 깔끔한 인상을 주고 있는가?	5	4	3	2	1	
평가자 의견								

🔹 스피치 평가 Check List

스피치 평가 Check List

성명		평가자	

평가요소		평가주안점	평가방법					평점
			탁월	우수	보통	부족	문제	
전반 표현력		안정감이 있는가?	5	4	3	2	1	
		흡입력이 있는가?	5	4	3	2	1	
		설득력이 있는가?	5	4	3	2	1	
		자신감이 있는가?	5	4	3	2	1	
		의도가 정확히 전달되고 있는가?	5	4	3	2	1	
		지속적인 관심과 호감을 이끌어내고 있는가?	5	4	3	2	1	
언어적 표현	음성	목소리 크기, 속도가 적절한가?	5	4	3	2	1	
		억양, 발음이 적절한가?	5	4	3	2	1	
		목소리의 적절한 변화로 청중을 집중시키고 있는가?	5	4	3	2	1	
		사투리가 지나치게 묻어나지 않는가?	5	4	3	2	1	
	메시지	올바른 표현법을 사용하는가?	5	4	3	2	1	
		구체적이고 명확한 메시지가 있는가?	5	4	3	2	1	
		메시지를 지지하는 근거가 있는가?	5	4	3	2	1	
		추상과 구체, 사례와 근거가 조화로운가?	5	4	3	2	1	
		불필요한 언어습관이 없는가?	5	4	3	2	1	
		지나치게 단호하거나 고집스러운 표현은 없는가?	5	4	3	2	1	
비언어적 표현		자연스러운 표정을 연출하는가?	5	4	3	2	1	
		잘못된 행동습관이나 버릇이 없는가?	5	4	3	2	1	
		질문자(면접관)와 아이컨텍이 이루어지고 있는가?	5	4	3	2	1	
		메시지에 맞는 행동이 연출되고 있는가?	5	4	3	2	1	
평가자 의견								

제3절 답변의 구조화

면접에서 답변의 구조화는 설득력을 높이는 말하기 전략이다. 면접에서 아무리 좋은 내용을 준비했더라도 전달 구조가 불분명하면 빠른 시간에 이해하기가 어렵고 이로 인해 평가자의 집중도를 떨어뜨릴 수 있다. 이는 지원자의 설득과 신뢰도까지 떨어뜨린다. 효과적인 의사소통은 내용을 명확하게 전달하고 면접관에게 긍정적인 인상을 심어주는 핵심 요소이다. 따라서 말을 효과적으로 전달하기 위해 구조화된 틀을 익히고, 이에 따라 말하는 습관을 들이는 것이 중요하다.

아래는 면접에서 활용 가능한 대표적인 말하기 구조이다. 각 구조의 특징과 활용법을 익혀 면접 질문 유형에 따라 유연하게 적용해 보도록 한다.

❶ 기본형(서론 – 본론 – 결론) 구조

가장 보편적이고 안정적인 말하기 구조로, 대부분의 답변에 적용 가능한 가장 기본적인 틀이다. 답변의 전체적인 흐름을 잡고 논리적으로 내용을 전개하는 데 유용하다.

(1) **서론(10~15%) : 답변의 핵심을 간결하게 제시**

질문에 대한 핵심 입장이나 답변의 결론을 서두에 명확하게 밝힌다. 이는 면접관이 답변의 방향을 미리 파악하고 집중할 수 있도록 돕는다. 길게 늘어지지 않도록 1~2문장 정도로 짧고 명료하게 말하고, 흥미를 유발하는 것도 좋은 방법이다. 다만 불필요한 서두는 오히려 집중도를 떨어뜨릴 수 있으니 주의한다.

(2) **본론(70~80%) : 구체적 근거와 사례로 뒷받침**

추상적인 이야기보다는 구체적인 근거, 경험, 사례를 들어 5W1H(육하원칙)에 따라 설명한다. 또한 서론에서 제시한 핵심 요지와 본론의 내용이 논리적으로 연결되어야 한다. 경험을 통해 무엇을 배우고 느꼈는지, 그리고 그것이 질문과 어떻게 연결되는지 명확히 보여줘야 하며, 가능하다면 본인의 경험이나 강점이 지원 직무와 어떻게 연결되고 기여할 수 있는지가 표현되는 것이 좋다.

(3) **결론(10~15%) : 요지 강조 및 포부로 마무리**

서론에서 제시했던 자신의 핵심 요지나 주장을 다시 한번 강조한다. 자신의 강점이나 경험이 지원 직무에 어떻게 기여할 수 있는지를 구체적으로 언급하거나, 입사 후 어떤 모습으로 성장하고 싶은지에 대한 포부를 밝혀 마무리한다. 말이 길게 늘어지지 않도록 짧고 간결하게 마무리하여 면접관에게 긍정적이고 기억에 남는 인상을 남긴다.

❷ 경험 답변에 적합한 STAR 기법

STAR 기법은 '과거 경험'을 기반으로 직무역량을 평가하는 구조화 면접에서 가장 많이 사용되는 응답 방식이다. 자신의 행동을 논리적이고 구체적으로 설명할 수 있어 면접관에게 신뢰감을 줄 수 있다.

(1) **S(Situation) : 어떤 상황이었는가?**

어떤 일을 하게 된 계기나 배경을 설명한다.

(2) **T(Task) : 어떤 과제를 맡았는가?**

상황을 간략히 설명한 후 본인에게 주어진 목표나 도전과제 또는 문제점에 대하여 서술한다. 그 상황에 직면한 과제의 난이도나 중요성을 함께 어필할 수 있다.

(3) A(Action) : 어떤 행동을 했는가?

가장 핵심적인 부분으로 주어진 과제나 문제점을 해결하기 위하여 노력한 것을 서술한다. 실제로 본인이 주도한 경험일수록 효과적이며 '내가 무엇을 했는지' 중심으로 행동을 상세히 설명한다. 전체 분량의 절반 이상을 차지하도록 한다.

(4) R(Result) : 어떤 결과를 얻었는가?

결과는 수치로 표현하거나 실질적 변화를 구체화하여 표현하는 것이 좋다. 상장이나 상금, 상품을 받은 일, 장학금을 받았거나 학점이 올라갔거나 판매 실적이 좋아졌다는 등의 내용이나 주변 동료들의 반응 등을 서술한다. 성공이나 실패의 원인 분석, 교훈 등을 작성하며 최대한 객관적인 증거를 제시한다.

답변예시

갈등 조정 능력

- **상황(S)** : 대학 조별 과제에서 의견 충돌로 팀원 간 심각한 갈등이 발생했습니다. 두 명의 팀원이 서로 다른 방향을 주장하며 양보하지 않았고 프로젝트 기한은 다가오고 있었습니다.
- **과제(T)** : 팀 리더로서 갈등을 해결하고 프로젝트를 기한 내에 완성해야 했습니다.
- **행동(A)** : 먼저 개별 면담을 통해 각자의 의견을 충분히 듣고 양측의 주장에서 가치있는 부분들을 정리했습니다. 그 후 전체 회의를 열어 각 의견의 장단점을 객관적으로 분석하고 두 의견을 통합한 절충안을 제시했습니다.
- **결과(R)** : 양측 모두 자신의 핵심 아이디어가 반영된 것에 만족했고 팀의 분위기가 회복되었습니다. 결과적으로 프로젝트는 기한 내 완성되어 학과 최고 평가를 받았습니다. 이 경험을 통해 중립적 입장에서 갈등을 조정하는 능력을 기를 수 있었습니다.

답변예시

문제해결 능력

- **상황(S)** : 주민센터 봉사활동 중 독거노인 가정방문 서비스에 참여했는데, 한 어르신이 갑자기 건강보험 서류와 관련해 복잡한 문제로 도움을 요청했습니다.
- **과제(T)** : 어르신이 이해하기 어려운 복잡한 행정 절차를 해결해 드려야 했습니다.
- **행동(A)** : 우선 어르신의 이야기를 경청하며 문제를 정확히 파악했습니다. 관련 정보를 찾기 위해 건강보험공단에 문의하고 필요한 서류를 확인했습니다. 어르신이 이해하기 쉽도록 절차를 간단히 정리해 설명드리고 직접 서류 작성을 도와드렸습니다.
- **결과(R)** : 어르신의 건강보험 문제가 해결되었고, 큰 감사를 표현하셨습니다. 이후 주민센터에서 독거노인 행정지원 매뉴얼을 만드는 데 기여했고, 복잡한 문제를 체계적으로 해결하는 능력을 기를 수 있었습니다.

③ 상황 대처 답변에 적합한 PLAN 기법

3분 발표면접과 같이 어떤 상황에서 '어떻게 대처할 것인가'에 대한 답변에 활용할 수 있다. 발표면접을 시작할 때 상황을 요약하고 목차를 말하면 정리된 느낌을 준다. 예를 들어 "가정폭력 사건의 피해자가 머리에 피를 흘리고 있음에도 처벌을 원치 않는 경우에, 출동한 경찰관의 현장조치 사항을 상황 분석, 법적 근거, 현장 대응, 후속 조치 순으로 발표하겠습니다."라고 시작한다.

⑴ **상황 판단 또는 문제 인식(Problem)** : 상황에서 직면한 문제, 위험요소, 우선순위를 명확히 파악하는 단계로 문제의 본질과 심각성을 정확히 인식하고 대응의 필요성을 보여준다.

⑵ **법적 근거 또는 원칙(Legal consideration)** : 상황 대응에 적용 가능한 법률, 규정, 매뉴얼 등을 검토하는 단계로서 원칙이 무엇인지 알고 있다는 것을 보여준다.

⑶ **현장 대응(Action steps)** : 문제해결을 위해 취할 구체적인 단계별 행동 계획으로서 최우선 조치, 순차적 행동 계획, 자원 활용 방안, 안전 확보 방법 등이다. 현장 대응의 세부 목차는 질문에 따라 다양하게 서술할 수 있지만, 범죄현장에서 대응은 기본적으로 ① **안전 확보**(경찰관·대상자·시민의 안전 확보), ② **보고**(112상황실 무전 보고, 지원요청), ③ **실행**(현장조치로서 **피해자·가해자** 조사, **증거 확보**)의 목차로 작성하면 조치사항을 빠뜨리지 않을 수 있다. 【안보실 - 피가증】

⑷ **후속 조치 또는 사후 조치(Next steps)** : 상황 해결 후 취해야 할 추가 조치와 예방 활동으로 보고 절차, 기록 작성, 피해자 지원, 재발 방지책, 평가와 개선 등이다.

답변예시

가정폭력 현장 대응 상황

- **상황 판단(P)** : 가정폭력 현장입니다. 가해자는 커터칼과 깨진 병으로 폭력을 행사했고 피해자는 머리에서 피를 흘리고 있습니다. 피해자가 처벌을 원치 않더라도 이는 심각한 위험 상황으로 적극 개입이 필요합니다.
- **법적 근거(L)** : 형법 및 가정폭력처벌법에 따라 피해자 의사와 관계없이 수사가 가능합니다. 위험 물건 사용 특수상해로 볼 수 있으며 현행범 체포와 긴급임시조치도 가능합니다.
- **현장 대응(A)** : 첫째, 가해자와 피해자를 분리하고 위험 물건을 확보합니다. 둘째, 피해자 부상 확인 및 119 구급대 지원을 요청합니다. 셋째, 가해자에게 법적 조치 안내하고 상황에 따라 체포합니다. 넷째, 증거 수집 및 기록합니다. 다섯째, 피해자에게 보호 조치와 지원 제도를 설명합니다.
- **후속 조치(N)** : 첫째, 피해자 보호시설 연계 및 안전 조치합니다. 둘째, 법률 및 의료지원을 연계합니다. 셋째, 가해자 상담 프로그램 연계합니다.

답변예시

음주운전 단속 상황

- **상황 판단(P)** : 음주단속 중 적발된 운전자가 고위 공무원임을 밝히며 '한 번만 봐달라'고 부탁하는 상황입니다. 이는 직무 수행의 공정성과 청렴성이 시험받는 상황입니다.
- **법적 근거(L)** : 도로교통법 제44조 및 제148조의2에 따라 음주운전은 형사처벌 대상이며, 혈중알코올농도에 따라 면허취소 또는 정지 행정처분이 이루어집니다. 형법 제129조(뇌물수수) 및 제130조(제3자 뇌물제공)에 해당할 수 있습니다.
- **현장 대응(A)** : 첫째, 정중하지만 단호하게 음주운전 단속 절차를 그대로 진행할 것임을 알리겠습니다. 둘째, 음주측정기로 정확한 혈중알코올농도를 측정하고 기록하겠습니다. 셋째, 측정 결과에 따라 면허취소 또는 정지 수준인 경우 대리운전 또는 대체 교통수단 이용을 안내하겠습니다. 넷째, 상대방의 신분이나 지위에 영향받지 않고 법규에 따라 처리하겠습니다. 다섯째, 상대방이 계속해서 특혜를 요구할 경우 이를 녹음하거나 기록하고 필요시 상사에게 보고하겠습니다.
- **후속 조치(N)** : 단속 후에는 첫째, 정확하고 상세한 단속 보고서를 작성하겠습니다. 둘째, 음주운전 단속 관련 증거(음주측정기 결과, 영상기록 등)를 철저히 보존하겠습니다. 셋째, 단속 과정에서 특혜 요구가 있었던 경우 이를 별도 보고하여 유사 사례 예방에 기여하겠습니다.

❹ 의견 답변에 적합한 PREP 기법

어떤 사건이나 정책에 대하여 '어떻게 생각하느냐'에 대한 답변에 활용할 수 있다. 전체 분량에서 이유(30%)와 예시(40%)에 중점을 두고 말하며, 예시에서 자신의 경험을 말할 때에는 앞서 설명한 STAR 기법을 활용할 수 있다.

(1) **요점(Point)** : 자신의 핵심 주장이나 견해를 간결하고 명확하게 제시한다. 듣는 사람이 즉시 이해할 수 있을 만큼 간결해야 하며 애매모호한 표현보다는 확신을 담은 어조를 사용한다.

(2) **이유(Reason)** : 왜 그런 주장을 하는지 논리적인 근거를 제시한다. "왜냐하면", "그 이유는" 등의 표현으로 시작하면 구조가 분명해진다.

(3) **예시(Example)** : 주장과 이유를 뒷받침하는 구체적인 사례나 증거를 제시한다. 추상적인 개념보다 구체적이고 생생한 예시가 설득력을 높인다.

(4) **요점(Point)** : 다시 한번 핵심 주장을 강조하며 마무리한다. "따라서", "결론적으로", "그러므로" 등의 표현으로 시작하면 효과적이다.

답변예시

지원자는 왜 경찰관이 되고자 하나요? 〈왜?가 들어가는 질문〉

- **요점(P)** : 저는 국민의 안전을 최우선으로 생각하며 약자를 보호하고 정의로운 사회 구현에 기여하고 싶어 경찰관을 지원하게 되었습니다.
- **이유(R)** : 그 이유는 크게 세 가지입니다. 첫째, 어린 시절부터 불의에 맞서고 타인을 돕는 일에 보람을 느껴 왔기 때문입니다. 둘째, 사회 문제를 관망하기보다 직접 현장에서 해결하는 적극적인 역할을 하고 싶기 때문입니다. 셋째, 제가 가진 소통 능력과 위기 대처 역량을 국민 안전을 위해 활용하고 싶기 때문입니다.
- **예시(E)** : 대학 시절 자율방범대 활동을 통해 지역 주민들의 안전을 위해 순찰 활동을 했던 경험이 있습니다. 특히 어느 겨울밤 홀로 계시던 노인분이 쓰러진 것을 발견하고 신속히 119에 신고한 후 응급 조치를 취해 위기 상황을 대처했던 순간, 누군가의 안전을 직접 지킨다는 것이 얼마나 값진 일인지 깊이 느꼈습니다. 또한 범죄피해자 지원센터에서 봉사하며 피해자분들의 아픔을 가까이서 체감하며 이분들을 제대로 보호하고 지원하는 경찰의 역할이 얼마나 중요한지 깨달았습니다.
- **요점(P)** : 따라서 저는 국민 안전의 최일선에서 약자를 보호하고 정의로운 사회를 구현하는 데 기여하는 진정한 '국민의 경찰'이 되고자 합니다.

답변예시

경찰관에게 가장 중요한 덕목은 무엇이라고 생각하는가?

- **요점(P)** : 저는 경찰관에게 가장 중요한 덕목은 청렴이라고 생각합니다.
- **이유(R)** : 왜냐하면 경찰관은 법 집행 과정에서 수많은 유혹에 노출될 수 있으며 작은 부정이라도 국민 전체의 신뢰를 잃게 만들 수 있기 때문입니다. 청렴은 공정한 법 집행의 기본 전제입니다.
- **예시(E)** : 제가 학창 시절 동아리 회계를 담당했을 때 작은 금액이라도 투명하게 관리하고 정기적으로 내역을 공개하여 구성원들의 신뢰를 얻었던 경험이 있습니다. 이를 통해 원칙을 지키는 청렴이 조직의 신뢰에 얼마나 중요한지 직접 느꼈습니다. 경찰 조직에서도 이러한 청렴의 가치는 더욱 중요할 것이라고 생각합니다.
- **요점(P)** : 따라서 국민의 신뢰를 바탕으로 공정한 법 집행을 수행해야 하는 경찰관에게 청렴은 다른 어떤 가치보다 우선되어야 할 핵심 덕목이라고 생각합니다.

제4절 | 면접 오프닝 & 클로징

❶ Ice-breaking

면접은 Ice-breaking부터 시작한다. 단순한 첫 만남의 인사처럼 보이지만 여러 가지 의도와 목적성을 띠고 있다. 이는 지원자의 긴장을 완화시켜 편안한 분위기에서 더욱 진솔한 답변을 유도할 수 있고 면접의 준비상태와 태도, 사회적 커뮤니케이션 능력도 함께 확인할 수 있다. 또한 자기관리 및 습관, 컨디션 조절, 인간관계 형성에 대한 태도 등 다양한 부분에서 평가되고 관찰될 수 있으므로 성의 있게 답변하도록 한다.

❷ 아침(점심) 식사는 잘 하고 왔나요?

"사실 긴장감 때문에 식사를 하지 못했습니다. 면접이 끝난 후 식사를 할 생각입니다."라고 답하는 경우를 종종 볼 수 있는데, 이러한 답변은 스스로 긴장하고 있다는 것과 식사를 하지 못할 정도로 자신감이 없다는 느낌을 준다. 반면 "바쁘게 오느라 식사를 걸렀습니다."는 준비성이 부족하고 다소 게으른 느낌을 줄 수 있으므로 피하는 것이 좋다.

> **답변예시**
>
> - 네, 든든하게 잘 먹고 왔습니다.
> - 네, 오늘은 좀 가볍게 챙겨 먹고 왔습니다.
> - 네, 어머니가 힘내라고 잘 챙겨주셔서 든든하게 먹고 왔습니다.
> - 네, 면접에 집중하기 위해서 잘 먹고 왔습니다.

❸ 여기까지 어떻게 왔어요(교통편)?

실제로 이용한 교통편을 구체적으로 언급하되 장황하게 설명하지 않는다. 지원자의 계획성, 시간 관리 능력, 그리고 문제해결 능력을 간접적으로 평가하는 질문이다. "길을 잘못 들어서 헤맸습니다.", "교통이 너무 막혀서 걱정했습니다." 등 부정적인 답변은 피한다.

> **답변예시**
>
> - 지하철과 버스로 왔습니다. 미리 여유 있게 출발해서 잘 찾아왔습니다.
> - 지하철을 타고 어렵지 않게 잘 찾아왔습니다.
> - 아버지가 출근길에 태워 주셨습니다.
> - 저는 지방에서 오느라 어제 미리 서울에 와서 근처 숙소에서 묵었습니다. 아침에 도보로 주변 환경을 둘러보면서 왔습니다.

❹ 자기 소개

⑴ 자기소개는 40초에서 1분 정도의 분량으로 자신의 강점 2 ~ 3개를 중심으로 구성한다.

⑵ 사전조사서에 이미 기재되었던 내용을 중복적으로 말해도 무방하다. 자기소개에 너무 많은 것을 담으려 하지 말고 후속질문을 받을 수 있도록 흥미를 유발할 수 있는 내용이 바람직하다.

⑶ 자기소개 기회를 주는 경우에는 미리 준비한 자신의 강점을 어필할 수 있지만, 자기소개 기회를 주지 않는 경우도 전체 면접의 절반을 차지하므로 이에 대한 대비가 필요하다. 인성·경험 면접이 시작되었음에도 자기소개를 아직 못 했다면, 면접관의 질문에 답변할 때 자기소개에서 미리 준비했던 자신의 강점을 적절히 녹여낼 수 있도록 타이밍을 잘 살펴야 한다. 만약 면접이 끝날 때까지도 말할 기회를 얻지 못한 경우에는 마지막 할 말에서라도 간단하게 어필할 수 있도록 준비한다.

> **답변예시**
>
> ⑴ 안녕하십니까? 국민의 안전을 책임질 준비된 지원자 ○○○입니다.
> ① 저는 2년간 경호업체에서 근무하며 실제 현장에서 위기 대응 능력과 탁월한 상황 판단력을 길렀습니다. VIP 경호와 행사 안전 관리 경험을 통해 예측 불가능한 돌발 상황에 침착하게 대처하고 팀원들과 유기적으로 협력하여 문제를 해결하는 노하우를 체득했습니다.
> ② 또한, 태권도 4단의 경력은 저에게 강인한 체력과 불굴의 정신력, 그리고 투철한 규율 의식을 선물했습니다. 오랜 수련 과정에서 어떠한 어려움에도 포기하지 않는 끈기를 배우며 경찰로서 갖춰야 할 중요한 덕목들을 내면화할 수 있었습니다.
> 경호업체에서 쌓은 실전적 경험과 태권도로 단련된 심신을 바탕으로 저는 국민의 생명과 재산을 수호하는 데 가장 앞장서는 경찰이 되겠습니다.
>
> ⑵ 안녕하십니까? 강한 책임감과 뛰어난 문제해결 능력을 겸비한 경찰관이 되고자 지원한 ○○○입니다.
> ① 저는 지난 4년간 육군 부사관으로 복무하며 팀원들을 이끄는 리더십과 어떠한 상황에서도 흔들리지 않는 책임감을 길렀습니다. 특히 소대장으로서 팀원들의 안전을 최우선으로 하며 임무를 완수했던 경험은 저에게 강한 위기 대응 능력과 조직 적응력을 심어주었습니다.
> ② 전역 후에는 2년간 소프트웨어 개발 회사에서 근무하며 논리적인 문제해결 능력과 분석적인 사고를 키웠습니다. 복잡한 시스템 오류를 분석하고 해결하며 고객의 불편을 해소했던 경험은 단순히 기술적인 역량뿐 아니라 끈기와 통찰력을 통해 실질적인 해결책을 찾는 능력을 향상시켰습니다.
> 육군 부사관으로서 체득한 강한 정신력과 리더십, 그리고 소프트웨어 개발 경험을 통해 얻은 논리적 사고와 문제해결 능력을 바탕으로 저는 변화하는 범죄에 효과적으로 대응하며 국민의 안전을 지키는 스마트하고 든든한 경찰이 되겠습니다.

⑤ 마지막 할 말

(1) 마지막 할 말은 자기소개와 달리 대부분 기회를 주는 편이다(일률적으로 주지 않은 경우도 있었음). 마지막으로 하는 말이므로 내용이 간결하고 명확해야 하며 면접관에게 새로운 궁금증을 유발하여 추가질문을 유도하는 것은 바람직하지 않다.

(2) 면접 중에 부족했던 답변을 보완하거나 면접 중의 답변과 연계하여 "자기소개 – 면접 중 답변 – 마지막 할 말"이 일관성 있게 연결되도록 사전에 준비한다.

(3) 분량은 30초 정도가 적절하지만 가끔 1분 정도를 주기도 하므로, 2~3개 서로 다른 버전을 준비하는 것이 필요하다. 30초 정도로 짧게 끝내는 버전, 자기소개를 시키지 않아서 강점을 미처 말하지 못한 경우에 간단하게라도 강점을 언급하며 마무리하는 버전, 1분짜리 버전 등으로 다양하게 준비한다. 특히, 전과가 있는 경우에 면접 중에 소명할 기회가 없었다면 다소 시간이 길어지더라도 마지막 할 말에서 이를 해소하는 것이 바람직하다.

> **답변예시**
>
> (1) 경찰 헌장에 "우리는 정의의 이름으로 진실을 추구하며 어떠한 불의나 불법과도 타협하지 않는 의로운 경찰이다."라는 말이 있습니다. 이 말을 가슴 깊이 새기면서 정의로운 경찰이 되기 위해 노력하겠습니다. 감사합니다.
>
> (2) 제가 유도를 할 때 '유능제강(柔能制剛)'이란 말이 있습니다. 부드러움이 단단한 것을 제압한다는 뜻으로, 따뜻하지만 때로는 강인하게 국민의 안전을 지키는 경찰관이 되겠습니다. 감사합니다.
>
> (3) 저는 10년 넘게 축구선수로 활동하며, 경기가 끝나는 휘슬이 울릴 때까지 단 한 순간도 포기하지 않는 법을 배웠습니다. 갑작스러운 부상으로 그라운드를 떠나야 했을 때, 저를 다시 일으켜 세운 것은 '누군가에게 힘이 되는 존재가 되고 싶다'는 경찰관으로서의 새로운 사명이었습니다. 제가 경찰 제복을 입게 된다면 운동선수 시절 익힌 강인한 체력으로 현장을 지키고, 제가 만난 친구를 돕던 마음으로 피해자에 공감하는 든든한 경찰관이 되겠습니다.

제5절 **자신의 경험 정리**

❶ 자신의 경험 중 어떤 경험을 선택할 것인가?

(1) **역량면접의 의미** : '역량'이란 지원하는 직무를 성공적으로 수행하기 위한 지식, 기술, 태도 등 종합적인 능력이다. '역량면접'이란 과거 경험을 통해 성실성, 소통능력, 책임감, 리더십 등을 평가하여 미래 업무수행 능력을 예측하는 면접 방식이다.

(2) **경험의 시기** : 면접관은 지원자의 자질을 최근의 경험으로 평가하기를 선호한다. 어릴 적 경험보다 최근의 경험을 준비한다.

(3) **경험의 분량** : 면접관은 지원자의 특성이 반복적으로 나타나는지 확인하려고 한다. 자질은 일회적인 특성이 아니라 반복적인 특성이기 때문이다. '본인이 책임감 있는 사람이라는 경험을 말해 보라'고 한 뒤 '그 경험 말고 다른 경험을 말해 보라'는 식이다. 따라서 핵심 역량별로 2개 이상 경험을 준비해야 한다.

(4) **행동의 수준** : 행동에도 수준이 있다. 동일한 업무가 주어진 상황에서 '수동적이고 단순 반복만 한 것'과 '적극적으로 임하고 업무 효율성을 높이기 위해 새로운 방안을 모색하는 것'은 직무역량과 업무태도 등에서 엄청난 차이를 보여준다. 자신의 높은 행동 수준이 드러나는 경험을 선택하고, 행동과 그에 따른 성과도 함께 정리한다. 아래 면접관의 역량평가 수준표를 참고하여 3단계 이상이 되도록 준비한다.

💬 면접관의 역량평가 수준

단계	업무수행	전문성	문제해결	갈등해결
1단계	지시된 사항만 충실히 수행	지식이나 기술 학습 (자격증 취득)	당면 문제해결(임시방편)	갈등상황 인식 및 화해 시도
2단계	매뉴얼 참고하여 지시되지 아니한 사항도 수행	학습한 내용을 업무에 적용하여 경험 축적	문제의 근본 원인 파악	경청 및 원인 파악
3단계	매뉴얼 외에 창의적인 방법(플러스 알파)을 수행	전문성 향상(성과 도출)	구조적 해결(개인의 역량이 아닌 시스템적 해결)	대안 제시 또는 실질적 해소
4단계	효과적인 방법 공유 (기존 매뉴얼 수정)	전문 지식 공유	재발방지책 공유 (매뉴얼화)	갈등 해결 사례 공유 (매뉴얼화)
5단계	새로운 업무방식 정착 (매뉴얼 재작성)	전문성 기준 수립(표준화)	문제 예측 및 선제적 대응	갈등 발생 전 소통 등 선제적 대응

❷ 자신의 경험을 어떻게 정리할 것인가?

(1) 자신의 경험을 토대로 아래와 같이 항목별로 정리해 둔다. 면접에서 "자신의 성실성을 나타낼 수 있는 경험을 말해 보라. 다른 사람을 위해서 희생해 본 경험을 말해 보라."는 등의 질문에 어떤 이야기를 가져올 것이지 곧바로 떠오를 수 있도록 준비한다.

(2) 경험에는 자신의 '구체적인 행동'이 드러나야 진정성이 전달된다. 꾸며낸 이야기가 아니라 실제 경험이라는 것을 나타낼 수 있도록 6하 원칙에 따라 디테일하게 정리하고 숫자(기간, 인원, 회수, 금액 등)를 활용하면 더 효과적이다.

(3) 모든 경험에서 핵심역량과 관련된 교훈을 도출하고 그 교훈이 경찰 직무(특히 지역경찰 또는 선호부서)에 어떻게 연결될 수 있는지를 정리한다. ≪**경험** ⇨ **교훈** ⇨ **직무역량**≫

PART 01 경찰면접의 기초

🔹 1년 동안 고깃집 식당에서 아르바이트를 한 경험

핵심역량	구체적 사례	교훈	경찰 직무 역량
성실성	1년간 아르바이트를 하며 매일 30분 일찍 출근해 제고 확인과 식자재 1차 손질을 매장 오픈 전에 미리 해두었다.	약속과 신뢰는 인간관계와 업무의 기본임	교대 근무 등 기본 근무에 충실한 태도
소통능력	어르신 고객들의 눈 높이에 맞춰 친절하게 메뉴를 설명하거나 키오스크 사용에 불편을 느끼면 먼저 다가가서 설명을 해드렸다.	눈높이를 맞추는 소통이 중요함을 깨달음	노약자·사회적 약자 보호 및 맞춤형 민원 응대
체력	무거운 불판과 숯불을 날랐으며 한 번도 사고를 낸 적 없었다. 피크타임 때 쉬지 않고 일을 했었다.	체력이 뒷받침되어야 안전하게 오랜 시간 일할 수 있음	주취자 보호, 체포 등 신체적으로 힘든 업무에 필요한 기본 체력
희생	함께 일하던 아르바이트생이 개인 사정으로 며칠 출근하지 못하게 되어, 자신의 근무시간을 조정하여 그 사람을 대신해서 일했다.	개인의 불편함보다 팀 전체의 원활한 운영이 우선임을 배움	동료 경찰관의 어려움을 나누고 조직의 공백을 메우는 헌신적 태도
책임감	근무시간이 끝났지만 매장내 손님들이 많아 자진하여 동료들을 마감시간까지 끝까지 도왔다.	내 업무의 끝은 '시간'이 아닌 '문제해결'임을 배움	근무시간과 관계없이 사건이 발생하면 끝까지 해결하려는 사명감
관찰력	손님들의 테이블을 지날 때마다 부족한 반찬이나 음식이 있는지 관찰해서 먼저 물어보았다.	말하지 않아도 필요한 것을 먼저 찾는 적극적 태도의 가치를 배움	순찰 중 이상 징후를 감지하고 범죄를 예방하는 순찰 능력
리더십	1년쯤 근무하여 경력자가 되었을 때, 신입 아르바이트생과 다른 종업원들이 잘 지내도록 챙겨주고, 손님들이 불만을 제기할 땐 먼저 나서서 해결하려는 등 솔선수범하였다.	먼저 나서서 행동으로 보여주는 것이 진정한 리더십임을 체득함	중간 관리자로서의 현장 지휘력 및 조직 융화력
정직성	자신의 실수로 손님들의 주문을 잘못 받았을 때 잘못을 솔직히 인정하고 사과드렸으며 점장님께 말씀드려 손님의 기분을 풀어드리기 위해 서비스를 제공하였다.	실수를 인정하는 정직함이 더 큰 사고를 막는다는 것을 깨달음	실수나 문제를 은폐하지 않고 정직하게 보고하여 투명한 보고 체계 준수
공정성	잘못 주문된 메뉴로 종업원들 간에 서로 책임을 미루며 다툴 때 최대한 공정하게 상황을 정확히 파악하여 서로 수긍하도록 하였다.	사실에 근거한 공정한 판단이 갈등 해결의 핵심임을 배움	중립적인 사건 조사 및 공정한 법 집행
상황대처 능력	손님들이 서로 싸워 난장판이 된 일이 있었는데, 손님들을 분리하여 진정시키고 더 큰 불상사가 일어나지 않도록 했다.	감정이 격앙된 상황일수록 침착함을 유지하는 것이 중요함을 배움	주취자 응대, 폭력 현장에서 가해자·피해자 분리 및 침착한 상황판단
협업	단체 손님이 많은 피크 타임에는 홀 서빙 담당, 주방·불판 담당, 정리·세팅 담당으로 나누어 각자 맡은 일을 하였다. 특정 업무가 밀리면 서로 소통하며 적극적으로 지원하였다.	각자의 역할을 존중하면서 서로 돕는 것이 팀워크임을 배움	동료와의 공조 수사 및 팀 단위 현장 출동에서 팀워크 발휘
순발력	손님이 나간 후 핸드폰을 두고 간 것을 발견하고 밖으로 나갔지만 보이지 않았다. 늦은 시간이었기에 대로변 쪽으로 갔을 것으로 생각해서 뛰어 가보니 택시를 잡기 위해 서 있는 손님을 발견할 수 있었다.	빠른 판단과 즉각적인 행동이 최선의 결과를 만들 수 있음을 깨달음	범인 추적이나 긴급 상황에서 빠르게 상황을 판단하고 즉시 행동하는 기동력

제6절 답변시 유의사항

① 부정적 표현 ⇨ 긍정적 표현으로!

말 습관으로 인해 부정적 표현이 자주 드러나는 경우가 있다. 면접관의 입장에서는 부정적 어휘가 책임감이나 유연성 부족, 소극적인 태도, 사회에 대한 부정적 인식 등으로 해석될 수 있으므로 주의가 필요하다.

> **답변예시**
>
> (1) 그 부분은 잘 모릅니다. ⇨ 부족하지만 배우고 개선하기 위해 노력하겠습니다.
> (2) 그 일은 제 책임이 아니었습니다. ⇨ 함께 해결해야 할 문제라고 여겨 구성원들과 해당 사안에 대해 논의를 이어 나갔습니다.

② 면접 질문이 부정적일 때

면접은 완벽한 성공스토리를 풀어내는 자리가 아니다. 지원자가 불완전한 상황을 개선하기 위해 적극적이고 책임감 있는 자세로 노력하는 사람인지를 확인하고자 한다. 부정적 상황이나 자신의 약점을 단순히 인정하는 것이 아니라 극복하고 성장하기 위한 구체적인 해결과정이 드러나야 한다.

③ 추상적 표현 ⇨ 구체적 표현으로!

면접장에서는 누구나 좋은 말만 한다. "열심히 하겠습니다.", "책임감 있게 임하겠습니다."라는 말만으로는 지원자의 실제 역량이나 문제해결 태도, 삶의 자세를 평가하기 어렵다. '무엇을, 어떻게' 했는지에 대한 구체적 경험과 설명이 반드시 필요하며 이는 설득력 있는 면접 답변의 핵심이다.

> **답변예시**
>
> (1) 책임감 있게 행동했습니다. ⇨ 야간 자율학습 도우미로 참여했을 때, 지각하는 학생이 많아 담당 선생님과 협의 후 출결 체크 시스템을 만들어 지속적으로 관리하였습니다.
> (2) 갈등을 잘 해결했습니다. ⇨ 봉사활동 중 의견이 충돌했던 팀원과 대화를 나누며 서로의 역할을 재조정하고 업무진행 확인을 위한 체크리스트를 활용하면서 이후 활동의 효율성이 크게 높아졌습니다.

④ 면접관은 '태도'보다 '근거'를 찾는다!

지원자의 답변 속에 '사실'임을 보여주는 구체적인 사례가 없다면 면접관은 신뢰하지 않는다. 추상적인 말만 늘어놓는 것은 자신만의 대처법이 없거나 경험이 없다는 반증이기도 하다. 따라서 단순히 "노력했다", "최선을 다했다"가 아닌, 언제, 어떤 상황에서, 무엇을, 어떻게 했는지(When - What - How)에 대한 자신의 역할이 드러날 수 있는 설명이 필수이다.

⑤ 문장이 과도하게 길어지지 않도록 주의!

면접에서 여러 개의 문장을 하나로 이어 말하는 경우 듣는 사람이 내용을 이해하기 어렵고 핵심 메시지가 흐려질 수 있다. 이는 면접관에게 논리적 사고력 부족, 전달력 미흡, 말의 구조화 부족으로 비춰질 수 있으며 답변 내용보다 표현 방식으로 인해 평가에 부정적인 영향을 줄 수 있다.

답변예시

당시 프로젝트의 난이도가 높아서 고학년 전공자들이 주도적으로 이끌 수밖에 없었고 타전공자들은 점점 소외되는 분위기가 형성되면서 일부 구성원들은 타전공자들이 책임감이 없다고 판단했고 또 그 과정에서 오해가 생기면서 갈등이 심화되었지만 실제로는 타전공자들도 돕고 싶었지만 내용을 잘 몰라서 미안한 마음에 점점 위축된 것이었습니다.

⇨ 당시 프로젝트는 난이도가 높아 고학년 전공자들이 주로 맡을 수밖에 없는 상황이었습니다. 자연스럽게 타전공자들의 참여는 제한되었고, 일부 구성원은 이를 책임감 부족으로 오해했습니다. 하지만 타전공자들 역시 돕고자 하는 의지가 있었으나 내용을 이해하지 못해 위축되었고, 이로 인해 소통이 단절되며 갈등이 심화된 것이었습니다.

⑥ 소극적 · 수동적 태도 NO!

겸손함과 소극적 · 수동적인 것은 엄연히 다르다. 면접장에서의 "시키시는 대로 열심히 하겠습니다.", "부족하지만 선배님의 도움을 받아 일을 도맡아 보겠습니다." 등의 표현은 오히려 의존적이고 수동적인 태도로 비춰질 수 있다. 경찰 직무 현장에서는 주도적인 판단, 적극적 대처, 책임 있는 행동 등이 중요한 만큼 소극적인 인상을 주는 표현은 직무역량에 대한 신뢰를 떨어뜨릴 수 있다. 단순히 시키는 대로 열심히 하겠다는 것보다는 "업무에 대해 빠르게 숙지하고 책임감 있게 수행하겠습니다."는 표현이 보다 적극적이다.

⑦ 감정적이거나 방어적 말투 NO!

면접은 자신의 생각과 태도를 논리적이고 침착하게 전달하는 자리다. 경험을 구체적으로 확인하거나, 의도적으로 다소 날카로운 질문을 통해 당황스러운 상황에서의 대처 방식을 확인하기도 한다. 이때 감정이 섞인 말투나 방어적인 표현이 드러나면, 면접관에게 감정 조절 능력이 부족하고 성숙하지 못한 태도로 비춰질 수 있다. 특히 경찰은 현장의 다양한 돌발상황과 위기상황에 차분하게 대응해야 하는 직무이므로 감정적으로 반응하는 태도는 현장 대응력뿐 아니라 인성 평가에서도 감점 요소가 된다.

8 지나친 자기 미화는 주의!

(1) 면접에서 자신을 잘 보여주기 위해 경험을 과장하거나 스스로를 지나치게 높이 평가하는 표현을 쓰는 경우가 있다. 그러나 경찰 면접은 겸손한 태도와 진정성을 중시하기에 과도한 자기 미화는 오히려 신뢰를 떨어뜨리고 평가에 부정적인 영향을 줄 수 있다.

(2) 특히, "저만이 할 수 있는 일이었습니다.", "팀의 모든 일들이 저를 중심으로 돌아갔습니다." 등 객관적 근거 없이 자신만을 부각시키는 표현은 면접관에게 실제 경험이 부족하거나 협업 능력이 떨어지는 사람으로 비춰질 수 있다.

(3) 경찰 조직은 팀워크와 겸손한 태도 그리고 구체적인 실천력을 더 높게 평가한다. 따라서 자신의 경험을 소개할 때는 사실을 기반으로 구체적이고 균형 있게 표현하는 것이 중요하다.

9 즉시 답변이 곤란할 때 사용할 수 있는 표현

(1) "잠시 생각할 시간을 주시겠습니까?"

예상치 못한 질문을 받았을 때 순간적으로 눈앞이 캄캄하고 어떠한 말도 생각나지 않을 때가 있다. 이럴 때 흔히 "잠시 생각할 시간을 주시겠습니까?"라는 질문을 하게 된다. 이 질문은 때론 긴장을 완화하고 답변을 정리할 시간을 확보하는 전략이 될 수 있지만, 반복될 경우 면접관에게 아래와 같은 부정적인 인상을 줄 수 있다.

① 준비성 부족: 동일한 질문을 받은 다른 지원자들과 비교되어 상대적으로 준비가 부족하다는 인식을 줄 수 있다. 특히 경찰 조직과 직무 그리고 상황 이해도 자체가 부족해 보일 수 있다.

② 순발력 부족: 경찰관은 예기치 못한 상황에서 유연하고 침착하게 대응해야 한다. 즉각적인 반응을 보여야 할 상황에서 반복적으로 생각할 시간을 요구하면 현장 대응력이 떨어지는 지원자로 비춰질 수 있다.

③ 배려심 부족: 지원자가 생각하는 동안 면접실에는 어색한 정적이 흐르게 되고 면접관은 말없이 기다리는 상황에 놓이게 된다. 이로 인해 면접의 흐름과 주도권이 무너지고 면접관이 배려받지 못하는 불편한 시간으로 인식될 수 있다.

(2) "죄송합니다. 이 부분에 대하여는 아직 숙지하지 못했습니다. 면접 후에 꼭 해당 부분을 숙지하도록 하겠습니다."

면접 중 받은 질문에 대하여 도저히 답변할 수 없다면 어설프게 추측하여 답변하는 것보다는 위와 같은 멘트로 자신이 모른다는 것을 시인하는 것이 낫다. 괜히 잘 알지도 못하면서 엉뚱하게 답변했다가 자칫 큰 감점사유가 될 수도 있다. 다만 "질문하신 부분에 대하여는 잘 모르지만(이와 유사한) ○○에 대하여는 알고 있습니다."라고 하면서 유사한 다른 답변을 하거나 "구체적인 절차는 정확히 알지 못하지만, '국민의 생명·신체·재산 보호'를 최우선하는 자세로 업무를 처리하겠습니다."라는 식으로 원론적인 답변을 할 수도 있다. 면접에서 중요한 것은 적극적인 자세를 보여주는 것이다.

(3) "죄송합니다. 제대로 이해하지 못했습니다. 다시 한 번만 말씀해 주시겠습니까?"

면접관의 말을 제대로 듣지 못했거나 무슨 말인지 제대로 이해하지 못한 경우에는 면접관에게 다시 한번 질문해 달라고 요청할 수 있다.

(4) "완전히 같은 상황은 아니지만, 군 복무 중에 비슷한 상황에서 이렇게 대처했던 경험이 있습니다."

어떤 경험에 대하여 말해보라고 하였을 때 생각이 나지 않거나 그런 경험을 전혀 해본 적이 없어서 단순히 "그런 경험을 한 적 없습니다."라고 하는 것보다는 유사한 다른 경험이라도 말을 하거나 "죄송합니다. 해당 경험을 제가 직접 겪은 적은 없습니다. 다만 최근 언론보도에 의하면~" 등으로 언론보도로 접한 기사라도 이야기하는 것이 바람직하다.

⑩ 기타 피해야 할 표현들

피해야 할 표현	문제점	바람직한 표현
앞서 말씀드린 것처럼~	면접관이 비슷한 질문을 다시 하는 것은 다른 측면의 이야기나 앞선 답변에 대한 보충 기회를 주는 것인데, "아까 말했는데 기억 못 하세요?"라는 부정적인 뉘앙스로 전달될 수 있다.	• 다른 각도에서 말씀드리면~ • 추가로 말씀드리면~ • 비슷한 맥락에서 다른 경험을 말씀드리면~
그게 아니라~	면접관의 압박 질문에 본능적으로 억울함을 느껴 이런 말을 하는 경우 "당신이 내 말을 틀리게 이해했다"며 공격적인 태도로 보이거나 소통이 안 되고 자기 고집만 피우는 사람으로 보일 수 있다.	• 네 맞습니다. 다만, 현행법상 ○○ 내용도 함께 고려해야 한다고 생각합니다. • 충분히 그렇게 생각하실 수 있지만, 제 의도는 ~였습니다. • 제가 설명이 좀 부족했던 것 같습니다. 좀 더 구체적으로 말씀드리면~
~때문에	"때문에" 프레임을 사용하면 부정적, 수동적, 책임 회피하는 사람으로 보이며, 같은 상황이라도 "덕분에, ~로 인해" 등의 프레임으로 바라보면 긍정적, 능동적, 감사하는 사람으로 보인다.	• 부상 때문에 축구 선수를 포기하게 ~ ⇨ 부상 덕분에 경찰이라는 새로운 길을~ • 기초가 없었기 때문에 남들보다 오래 공부 ~ ⇨ 기초부터 다진 시간들 덕분에 법 지식을 더욱 탄탄하게 ~
~하다 보니	자신의 노력을 우연으로 바꿔버리는 표현으로 목표 의식이 없어 보인다. "목표를 세우고", "~를 통해", "결심하여", "배웠고" 등이 자신감 있는 표현이다.	• 공부를 하다 보니 여청과에 관심이 ~ ⇨ 공부를 하며 피해자 보호의 중요성을 깨달았고, 이를 계기로 ~ • 일하다보니 소통의 중요성을 알게 ~ ⇨ 어르신 고객과의 소통 경험을 통해 눈높이 맞춤 대화의 중요성을 깨달았습니다.

코칭 경찰면접

PART 02

경찰면접의 실전

CHAPTER 01 경험 질문

제1절 필수 질문(장·단점, 희망부서, 지원동기)

❶ 본인의 장점(강점)은 무엇인가요?

합격코칭

자신의 장점이나 강점은 희망부서와 연결된다. 1분 자기소개와 연계하여 준비해야 하며, 각 장점은 사례를 통해 근거를 제시할 수 있도록 한다. 최소한 3개 정도의 장점(강점)은 필요하며 추가 질문에 대비하여 5개 정도는 준비한다. 장점은 인성이나 성격에 대한 것이고 강점은 실력이나 능력(직무 역량)에 대한 것이다. 면접에서 장점과 강점은 혼용되어 사용되지만, '장점을 말해보라'고 할 경우 자신의 장점을 말한 뒤 그것이 업무에 어떻게 도움이 될지를 언급하는 것이 바람직하다.

① 한가지 질문에서 너무 많은 장점을 나열할 경우, 어떠한 역량에도 집중되지 않을 수도 있으니, 질문을 받았을 땐 질문 요지에 적합한 2개 내외로 답변할 것을 추천한다.

② 답변은 1분 ~ 1분 30초가 적절하다.

③ 하나의 답변에서 하나의 사례를 다루는 것이 바람직하다. 제한된 답변 시간 내에 지원자의 판단 과정과 행동이 명확하게 드러나야 하므로 여러 사례를 나열하는 방식을 피해야 한다. 하나의 상황 속에서 문제해결력, 책임감, 협업 등 다양한 역량이 드러나도록 구성하는 연습이 필요하다.

👤 〈답변〉

저의 가장 큰 장점은 뛰어난 공감 능력과 강한 책임감입니다.

이러한 장점들은 편의점 아르바이트와 봉사활동 경험을 통해 더욱 확고해졌습니다. 편의점 아르바이트를 하던 당시 지갑을 잃어버려 당황해하시는 어르신 고객님이 계셨습니다. 먼저 진정을 하시도록 따뜻한 차를 건네며 잠시 호흡을 가다듬을 수 있도록 도와드렸습니다. 편의점을 오시기 전 동선에 대해 여쭈어 보고 분실물 신고 방법 등 절차도 함께 전달드렸습니다. 가까운 주변은 함께 찾아보고 다른 고객분들께도 여쭤보며 잃어버렸을 수 있는 장소를 좁혀 나갔습니다. 다행히 얼마 후 지갑을 찾아 그 고객님께 진심으로 감사 인사를 받았을 때, 저는 타인의 어려움을 이해하고 공감하는 저의 행동이 누군가에게 실질적인 도움과 위안을 줄 수 있다는 것을 깨달았습니다. 이러한 경험을 통해 시민들의 고통에 공감하고 진정으로 그들을 돕는 경찰관이 되고 싶다는 마음을 더욱 키울 수 있었습니다.

👤 〈답변〉

저는 맡은 일에 강한 책임감을 가지고 끝까지 완수하는 성격입니다.

대학교 시절 참여했던 장애인 복지관 봉사활동에서 저는 학습 지원 멘토링을 담당했습니다. 처음에는 학습 진도가 더딘 학생을 보며 학생의 눈높이에 맞는 다양한 학습 방법을 고민하고 적용했습니다. 먼저, 매주 꾸준히 학생과 만나 부족한 부분을 파악하고 개별 맞춤형 학습 계획을 세워 지도했습니다. 게임을 접목하여 수업에 대한 관심과 집중도를 높였고, 멘토와 멘티의 역할을 바꾸어 봄으로써 학생은 스스로 충분한 이해를 바탕으로 설명할 수 있게 되어 자신감이 높아졌습니다. 때로는 예상보다 더 많은 시간과 노력이 필요하기도

했지만 학생의 성장을 지켜보며 큰 보람을 느꼈고, 결국 학생의 학업 능력 향상이라는 긍정적인 결과를 이끌어낼 수 있었습니다. 이 경험을 통해 저는 어려운 목표에도 끈기 있게 도전하고 책임감을 가지고 끝까지 완수하는 저의 강점을 확인할 수 있었습니다. 경찰관이 된다면 어떠한 어려운 사건이나 힘든 업무에 직면하더라도 포기하지 않고, 강한 책임감을 바탕으로 끝까지 해결해 나가는 믿음직한 경찰이 되겠습니다.

후속질문

✦ 주변인들로부터 어떤 사람이라는 평가를 받나요? 〈25. 2차〉

합격코칭

이 질문은 본인이 생각하는 자신의 장·단점이 아니라 타인의 시선으로 자신을 평가하는 '자기 객관화'를 해보라는 의도이다. 기본적으로 장·단점의 틀을 활용하되 구체적 사례를 통하여 다른 사람이 나에 대하여 어떻게 말했는지, 대인관계나 신뢰도가 어떠한지를 나타내도록 한다. 답변에서는 경험 과정 속에서 나오는 대화를 그대로 활용하는 것보다 다시 한번 정리된 키워드로 표현하는 것을 추천한다. 본인의 노력과 행동의 결과는 객관적 수치로 표현되었을 때 신뢰도가 더욱 높아진다.

식당에서 아르바이트를 할 때 점장님과 동료들로부터 '눈치 빠른 사람'이라는 평가를 받았습니다.
한 번은 흰 와이셔츠를 입고 육개장을 주문하신 손님을 본 적이 있습니다. 손님이 요청하시기 전에 국물이 튈 것을 미리 예상하고 앞치마를 챙겨드려 손님께서 매우 만족해 하셨던 경험이 있습니다. 또한 비오는 날은 우산으로 인해 여러 불편함이 발생되고 특히 미끄러움으로 인한 안전상의 우려로 고객님의 우산을 매장 입구에서 먼저 받아 정리해 드렸습니다. 이후 매장에서는 밝은 옷을 입은 손님에겐 먼저 앞치마를 제공하고 우산은 매장입구에서 정리해 드리는 것으로 응대 매뉴얼이 수정되었습니다. 이후 매장의 친절 만족도와 함께 매출이 30% 이상 증가하였습니다.
대인 관계에서 눈치는 '관심과 배려'라고 생각합니다. 나중에 경찰관이 되어 현장에 나갔을 때, 피해자가 충격으로 인해 피해 사실을 제대로 진술하지 못하거나 보복이 두려워 사실과 다르게 말하더라도 저는 표정이나 말투 등 비언어적 신호를 잘 포착하여 피해자에게 실질적으로 필요한 조치를 실행하는 센스 있고 눈치 빠른 경찰관이 되겠습니다.

② 본인의 단점(약점)은 무엇인가요?

합격코칭

자신의 단점이 무엇인지 인식하고 이를 개선하기 위해 어떤 노력을 해왔는지에 중점을 두어야 한다. 또한, 경찰 직무에 직접적인 영향을 줄 수 있거나, 부정적인 선입견을 유발할 수 있는 단점은 피하는 것이 바람직하다. 예를 들어 '감정 기복이 심하다', '책임감이 약하다' 등의 표현은 현장 대응력이나 공공성과 직결되는 요소이므로 주의가 필요하다. 또한, 단점이 지나치게 부각되지 않도록 한다. 자기객관화를 통한 변화와 성장을 위한 노력으로 표현하고, 노력은 구체적인 행동과 결과로 드러나도록 한다.

 **답변**

저의 단점은 완벽주의적인 성향으로 인해 업무 속도가 더딜 때가 있습니다.

편의점 아르바이트를 하면서 물품 정리나 매장 관리를 할 때 사소한 부분까지 완벽하게 처리하려고 하다 보니 정해진 시간보다 더 많은 시간을 할애하는 경우가 있었습니다. 혼자서 매장을 관리해야 하는 상황에서 특정 업무로 인한 시간 지체는 다른 업무에도 지장을 줄 수 있기에 일의 효율성을 높이기 위해 노력하였습니다. 먼저 시급성과 중요도를 고려하여 우선순위를 설정하고 비슷한 특성의 업무나 동선이 겹치는 경우에는 그 일들을 함께 처리할 수 있도록 업무를 분류하였습니다. 익숙한 일들은 속도감을 높였고 보이는 곳에 업무 프로세스와 체크리스트를 부착하여 누락없이 업무를 수행하였습니다. 시급한 상황에서는 적절한 선에서 업무를 처리하고 이후 다시한번 재점검함으로써 완벽함도 겸비하려 노력하고 있습니다.

경찰 업무는 신속한 판단과 대처가 중요한 만큼 이러한 노력을 통해 유연한 대처와 함께 완벽함과 효율성이 극대화 될 수 있도록 균형을 갖춘 경찰관이 되도록 하겠습니다.

합격코칭

장점과 단점 작성 요령

(1) 장점

① 면접에서 표현되어야 하는 자신의 역량(장/강점)에도 우선순위가 있다.

② 장/강점을 선택할 땐 조직과 직무에 도움이 되는 역량인지 재점검해야 한다.

(예 요리를 잘한다, 피아노를 잘친다 등 ⇨ 조직의 직무관련성 없음)

③ 행동을 표현할 땐 구체적이고 경쟁력 있는 의미있는 행동으로 표현한다.

(예 "주어진 일을 하였습니다.(X)" 당연히 해야 하는 본인의 역할로 전달될 수 있음 ⇨ "A 업무를 수행하던 중 생산과정의 문제점을 발견하였습니다. 이 문제를 개선하고자~")

④ 생각보단 행동 중심의 표현으로 해야 한다.

(예 "누군가를 돕는 것은 의미있고 보람있는 일이라 생각해서 최선을 다해서 도왔다." ⇨ "그들을 돕기 위해 먼저 안전한 장소로 이동시켰다. 또한 외상 여부를 확인하여~")

(2) 단점

① 본인에게 치명적인 단점이 될 수 있는 것은 언급조차 할 필요가 없다.

② 면접관이 "장점 같은 단점 말고 정말 자신의 단점을 말해 보라"고 하더라도 어차피 면접은 자신의 장점을 부각시키는 시간이므로 장점 같은 단점을 말해도 무방하다. 다만 이런 경우를 대비해서 최소한 두 개 정도의 단점을 생각해 둘 필요는 있다.

③ **자신의 장점이나 현재도 꾸준히 하고 있는 일을 먼저 선정한 후** 이렇게 하게 된 것은 나의 이런 약점 (단점) 때문이었다는 식으로 역으로 생각하면 단점을 찾기 쉬워진다.

노래를 잘 부르는 경우	남들 앞에 나서는 것이 두렵고 낯을 많이 가렸다 ⇨ 이것을 극복하기 위해서 혼자서 코인 노래방에 갈 정도로 노래 연습을 많이 했다. 노래에 자신이 생기니까 모임이 있을 때 누가 노래를 부르라고 하면 제일 먼저 불렀다. 다른 사람들이 내 노래에 환호하는 모습을 보며 자신감이 많이 생겼다.
유도 4단인 경우	어렸을 적 작은 체구 때문에 친구들로부터 놀림을 많이 당했다. ⇨ 초등학교 4학년 때부터 중학교 졸업할 때까지 꾸준히 유도 도장을 다니며 4단을 취득했다.

③ 경찰관이 되었을 때 어떤 부서에서 근무를 해보고 싶은가요?(희망부서)

합격코칭

이 질문은 경찰 업무에 대하여 얼만큼 이해하고 있는가를 평가하는 것이다. 지구대·파출소(지역경찰)·경찰 기동대는 경찰관이라면 대부분 의무적으로 근무해야 하므로 단순히 "지구대·파출소에서 근무를 해보고 싶습니다."라고 말하는 것은 적절하지 않다. 자신의 강점역량을 발휘할 수 있는 부서나 다양한 부서에서의 경험 후 지역경찰관으로서의 책임을 다하겠다는 메시지가 설득력이 높아진다. 예를 들어 "지역경찰은 종합적인 능력이 필요하기에 교통이나 수사부서 등 다양한 부서에서 충분한 경험을 쌓고, 최종적으로 지역경찰로 돌아와서 주민에게 직접 봉사할 수 있는 친근하고 유능한 지역경찰관이 되고 싶다."라고 하는 것은 공감할 수 있는 답변이다. 한편, 체력에 자신 있는 응시생은 대부분 형사과 강력팀을 지원하겠다고 하는 경우가 많은데, 강력팀에서 필요한 자질 중 체력은 30% 정도에 불과하고 나머지는 형사법적 지식이나 팀워크, 책임감, 소통능력 등이다. 체력만 지나치게 강조되지 않도록 유의한다.

답변

저는 수사과에서 근무하며 유능한 수사관이 되고 싶습니다.

대학교 3학년 때 친구가 보이스피싱 사기를 당해 학자금 대출금 전액을 잃는 일을 목격했습니다. 당시 친구는 경제적 타격뿐만 아니라 심리적으로도 큰 상처를 입었습니다. 이 과정에서 저는 친구를 도와 증거를 수집하고 경찰서에 동행하면서 범죄 피해자의 심정과 정의 회복의 중요성을 깊이 느꼈습니다.

특히 담당 형사님이 꼼꼼하게 증거를 수집하고 친구의 진술을 경청하는 모습에 큰 감명을 받았습니다. 몇 개월 후 그 형사님의 노력으로 범인이 검거되었고 친구는 일부 금액을 돌려받을 수 있었습니다. 이 경험을 통해 수사관의 세심한 노력이 피해자의 상처를 치유하고 정의를 실현하는 데 얼마나 중요한지 깨달았습니다.

수사 업무는 체력적, 정신적으로 쉽지 않은 도전이라는 것을 알고 있습니다. 하지만 피해자들의 억울함을 풀어주고, 우리 사회의 법질서를 바로 세우는 데 기여하고 싶다는 마음이 강합니다. 제가 가진 꼼꼼한 성격, 논리적 사고력 그리고 피해자의 아픔에 공감하는 능력을 바탕으로 수사과에서 역량을 발휘하고 싶습니다.

합격코칭

위 답변은 수사과에 관심이 생기게 된 계기는 되었으나, 본인의 강점을 발휘한 것을 구체적으로 드러나지 않았다. 다른 질문답변에서 자신의 역량발휘가 충분히 드러났다면 무난한 답변이지만 다른 질문에서조차 자신의 노력 행동과 성과가 드러나지 않았다면 위 답변 방향성은 고려해 볼 필요가 있다. 수사관이 되기 위해 어떤 분야에 관심을 갖고 역량을 쌓고 있는지를 표현되면 적극성과 성장 가능성을 어필할 수 있다.

답변

저는 여성청소년과에서 근무하며 사회적 약자인 여성과 청소년들의 권리를 보호하고 안전한 환경을 조성하는 데 기여하고 싶습니다.

대학 시절 2년간 지역 청소년 상담센터에서 또래 상담사로 활동했습니다. 학교폭력, 가정폭력, 진로 고민 등 다양한 문제로 힘들어하는 청소년들을 만나며 그들이 얼마나 취약한 환경에 놓여있는지 깊이 이해하게 되었습니다. 특히 한 학생이 지속적인 또래 괴롭힘으로 극단적 선택을 고민했다가 상담을 통해 새로운 희망을 찾았던 경험은 적시에 제공되는 보호와 상담이 얼마나 중요한지 일깨워 주었습니다.

또한 저는 대학에서 성폭력 예방 서포터즈로 활동하며, 캠퍼스 내 안전한 문화 조성을 위한 교육과 캠페인을 진행했습니다. 이 과정에서 디지털 성범죄, 데이트 폭력 등 여성 대상 범죄의 심각성과 예방의 중요성을 배웠습니다. 특히 제가 기획한 '디지털 성범죄 예방' 워크숍은 200명 이상의 학생들에게 실질적인 대응 방법을 교육하는 성과를 거두었습니다.

여성청소년과는 사회적으로 가장 취약한 계층을 보호하는 중요한 부서라고 생각합니다. 이러한 저의 경험과 공감 능력을 바탕으로 여성청소년과에서 역량을 발휘하고 싶습니다.

합격코칭

다양한 경험을 나열하는 경우 추가질문을 통해 그 경험 속에서 본인이 맡았던 역할, 노력, 과정 중에서 발생한 어려움, 구체적 성과 등을 확인할 수 있으며 후속 질문에 대비하도록 한다.

후속질문

✦ **유능한 수사관의 자질에 대하여 말해보세요. 본인의 어떠한 점이 수사관으로서 적합하다고 생각하나요?**

유능한 수사관은 법률 지식만이 아니라 정의감과 책임감을 바탕으로 사건의 진실을 끈기 있게 파헤치고 피해자의 아픔에 공감하며 인권을 존중한다고 생각합니다.

저는 대학에서 법학을 전공하며 다양한 판례와 사례를 분석하는 과정에서 논리적 사고력을 길렀습니다. 특히 형사법 관련 모의재판 대회에 참가했을 때, 복잡한 사건의 증거들을 체계적으로 분석하고 흩어진 정보들 사이의 연관성을 찾아내는 능력을 인정받았습니다.

또한 편의점 아르바이트를 하면서 물품 도난 사건이 발생하였을 때 관리하던 물품이 사라진 것에 대해 책임감을 느끼고 CCTV 영상을 꼼꼼히 확인한 결과 범인을 특정하여 경찰 수사에 도움을 준 적이 있습니다. 이러한 경험을 통해 작은 일이라도 끝까지 포기하지 않고 해결하려는 끈기와 책임감이 중요하다는 것을 깨달았습니다.

✦ **본인이 형사과 강력팀을 지원하려는데 가족이 위험하다는 등의 이유로 반대하면 어떻게 할 것인가요?**

⑴ **가족의 걱정에 대한 공감 및 이해 표명**

　① **공감과 존중**: 먼저 가족들이 저의 안전을 염려하여 강력팀 지원을 반대하시는 마음은 충분히 이해합니다. 세상 그 누구보다 저를 아끼고 사랑하시기 때문에 당연히 하실 수 있는 걱정이라고 생각합니다.

　② **현실 인식**: 강력팀 업무가 다른 부서에 비해 위험에 노출될 가능성이 높다는 점은 저 역시 잘 알고 있으며 가족들의 걱정이 단순한 기우가 아님을 인지하고 있습니다.

⑵ **강력팀 지원에 대한 확고한 의지와 소명 의식 전달**

　① **명확한 지원 동기 및 포부**: 하지만 저는 [강력팀 지원 이유 − **예**, 사회 정의 실현에 대한 강한 열망, 흉악 범죄로부터 시민을 보호하고자 하는 사명감, 피해자의 아픔을 외면할 수 없다는 마음, 도전적인 업무를 통해 경찰로서 전문성을 키우고 싶은 포부 등] 때문에 강력팀에서 근무하기를 강력히 희망합니다.

　② **진정성 및 준비성**: 경찰관으로서 제가 가장 기여하고 싶은 분야가 강력 범죄 수사 분야라고 오랫동안 생각해왔고 이를 위해 [관련 노력 − **예**, 체력 단련, 관련 법률 공부, 형사 판례 연구 등]도 꾸준히 해왔습니다.

⑶ **가족을 안심시키기 위한 구체적인 노력 및 설득 계획**

　① **충분한 소통** : 가족들과 충분한 시간을 갖고 대화하며 저의 확고한 의지와 소명 의식을 진솔하게 설명 드리겠습니다. 이 일이 얼마나 중요하고 반드시 해야 하는지에 대한 저의 입장과 의견을 전하겠습니다.

　② **안전 교육 및 시스템 강조** : 동시에 경찰 조직 내에 마련된 체계적인 안전 교육 시스템, 첨단 보호 장비, 동료들과의 긴밀한 협력 체계 등 저의 안전을 지키기 위한 다양한 제도적 장치가 있음을 구체적으로 설명드려 막연한 불안감을 덜어드리겠습니다.

　③ **안전에 대한 약속** : 또한 안전 수칙을 철저히 준수하고 끊임없는 훈련을 통해 어떠한 상황에서도 안전 하게 대처할 수 있는 능력을 키워나가겠다고 약속드리겠습니다.

　④ **점진적인 이해 구하기** : 단번에 모든 걱정을 해소시켜 드릴 수는 없겠지만, 꾸준히 대화하고 제가 안전 하게 근무하는 모습을 보여드리면서 점차 이해와 신뢰를 얻을 수 있도록 노력하겠습니다.

⑷ **책임감 있는 자세 및 최종 의지 표명** : 가족들의 걱정을 안고 갈 책임감을 느끼며 제 꿈을 향해 나아가고 싶습니다. 가족들의 지지와 응원 속에서 근무할 수 있다면 더할 나위 없이 좋겠지만 설령 그렇지 못하더 라도 제 소명을 포기하지는 않겠습니다. 오히려 가족들의 걱정을 항상 기억하며 더욱 안전에 유의하고 제가 선택한 길에 책임을 다하는 자랑스러운 경찰관이 되어 그 우려를 기대로 바꿀 수 있도록 최선을 다하겠습니다.

❹ 경찰의 어떤 업무에서 본인의 강점이 발휘될 수 있을 것 같은가?(희망부서-강점)

답변

저의 강점은 '다양한 사람들과 소통하고 공감하는 능력'입니다.

대학 시절 학생회에서 2년간 일하면서 20여 건의 민원을 처리하였습니다. 특히 학과 MT에서 발생한 성희롱 사건을 처리하면서 관련 피해 학생, 가해자, 목격자 등 여러 사람을 면담하였습니다. 피해자에게는 충분한 경청과 공감을 바탕으로 신뢰관계를 형성하여 피해 사실을 확인했고 가해자에게는 행위의 심각성을 인식시 켜 피해자에게 진심으로 사과할 수 있도록 하여 사건을 원만하게 해결한 적이 있습니다.

이러한 역량은 특히 '여성·청소년' 업무에서 발휘될 수 있다고 생각합니다. 여성청소년과에서 다루는 청소 년 범죄, 가정폭력 사건, 아동학대 사건, 스토킹 사건들은 단순히 법적 잣대만으로는 해결되지 않는 복잡한 심리적, 환경적 요인이 얽혀 있습니다. 피해자에게는 심리적 안정을 돕는 세심한 소통으로 2차 피해를 방지 하고, 위기 청소년들은 일상으로 복귀할 수 있도록 선도하겠습니다. 또한 가해자가 상담이나 선도 프로그램 에 자발적으로 참여하도록 설득하여 범죄의 재발을 막도록 하겠습니다. 실제 사건 현장은 학교에서보다 훨 씬 복잡하겠지만, 입직 후 선배님들의 노하우와 전문성을 빠르게 배워 여성·청소년 분야 전문 경찰관이 되도록 노력하겠습니다.

5 경찰관이 되었을 때 어떤 부서에서 근무하면 힘들 것 같은가요?(기피부서)

합격코칭

"저는 어떠한 부서에서도 근무할 수 있습니다. 특별히 기피하는 부서는 없습니다."라고 답변하자, 면접관이 "그래도 가기 싫은 부서가 있을 것 아닌가? 한 군데만 말해보세요.", "그런 부서는 없습니다. 어디서든 열심히 근무하겠습니다." 라고 하면서 면접관의 질문에 정확한 답변을 하지 않고 계속 자신의 입장만 고집하는 경우가 있다. 이런 답변은 경찰업무에 대한 이해가 부족한 것으로 보여지며 면접관의 질문을 회피하는 듯한 인상을 준다. 어떤 부서에 배치되더라도 열심히 맡은 일을 수행하겠지만 특정 부서는 역량이 충분히 갖추어지기 전에는 어려움을 겪을 것 같다는 식으로 답변하는 것이 적절하다.

답변

저는 어느 부서에 배치되더라도 최선을 다해 임무를 수행하겠습니다.

다만, 사이버수사팀과 같은 특수 기술이 필요한 부서는 초임 경찰관으로서 즉시 높은 성과를 내기 어려울 수 있다고 생각합니다. 컴퓨터 공학이나 디지털 포렌식에 대한 전문 지식이 부족하기 때문입니다.

만약 사이버수사팀에 배치된다면 관련 교육과 훈련에 더욱 열정적으로 참여하고, 필요한 자격증과 기술을 습득하기 위해 개인 시간을 투자해 부족한 역량을 보완하겠습니다. 어떠한 부서에 배치되더라도 그곳에서 경험을 쌓고 성장할 수 있는 기회로 삼아 끊임없는 학습과 선배님들의 조언을 통해 성장하겠습니다.

6 왜 경찰관이 되려고 하나요?(지원동기)

합격코칭

자신의 「장점(강점) - 지원동기 - 희망부서 - 역량발휘」가 한 세트처럼 일관성을 갖도록 구성한다. 지원동기와 희망부서 등은 과거 경험을 토대로 표현할 수 있지만 향후 실천계획으로 답변하는 것 또한 가능하다. 과거 행동을 통해 어떻게 극복하였는지, 역량을 성장시켰는지 등을 표현한다면, 미래 실천계획을 통해서는 직무와 조직에 대한 이해도, 자신의 역량을 활용하여 어떠한 성과를 이끌어 낼 수 있는지에 대한 잠재력을 어필할 수 있다. 지원동기는 크게 두가지로 나눌 수 있다. 첫째 조직을 선택한 이유, 둘째 직무를 선택한 이유이다. 경찰조직은 특수성을 지는 조직으로써 그 조직만이 수행할 수 있는 직무이기에 지원동기를 구분하기보다 자신의 직업관, 직무역량 등이 경찰 조직에 적합하다는 것으로 표현한다. 특히 이를 위해 구체적인 경험과 어떠한 노력을 하였는지 등을 통해 강점과 함께 경찰관이 되고자 하는 간절함을 함께 드러낼 수 있다.

답변

어린 시절, 부모님께서 사기 사건으로 인해 재산상의 큰 피해를 입은 적이 있습니다. 성실하게 살아오시던 부모님이 범죄로 인해 큰 충격과 무력감에 빠지는 모습을 보며 한 가정과 개인에게 남기는 상처를 체감하게 되었습니다. 이 경험을 계기로 사회의 어두운 면과 약자를 노리는 범죄에 대해 깊이 고민하게 되었고, 피해가 발생되었을 때 실질적인 회복을 돕는 경찰관을 꿈꾸게 되었습니다. 특히 수사 분야에서 역할을 수행하고자 최근 일어나고 있는 경제사기, 사이버 범죄, 마약범죄 등 사회적 파급력이 큰 범죄 유형을 중심으로 사건의 특징 분석하고 사례와 판례들을 지속적으로 스크랩하고 있습니다. 또한 AI 활용을 높이기 위해 코딩 등 배우고 있습니다. 이러한 준비를 바탕으로 수사과에서 전문성과 책임감을 갖춘 경찰관으로 성장하고 싶습니다.

후속질문

✦ 잘 다니던 소프트웨어 개발회사를 그만두고 경찰관이 되려고 하는 이유는 무엇인가요?

합격코칭

자칫 변덕스러워 보일 수 있어 주의가 필요하다. 기존의 경험과 역량이 경찰조직에서 어떻게 활용될 것인가에 대해 직접적인 도움으로 표현하는 것이 바람직하다. 이전 직장에 대한 불만을 이야기하는 것보다는 이전 직장에서 좋은 점이나 배운 점도 있었지만 경찰 업무의 어떠한 특성이나 개인적인 선호 때문에 경찰로 이직하게 되었다는 방향이 적절하다. 전 직장에서 쌓은 경험, 노하우 활용, 자신의 직업관이나 가치 등을 표현함으로써 보다 간절함을 어필할 수 있는 기회로 활용하는 것을 추천한다.

개발자로 일하면서 기술적 성취감은 있었지만 점점 매너리즘에 빠지는 느낌이었습니다. 매일 비슷한 업무를 반복하면서 더 이상 성장하지 못하는 것 같아 새로운 도전을 하였습니다.

그것은 바로 지역 경찰서에서 진행하는 사이버 범죄 예방 캠페인의 자원봉사였습니다. 경찰관들이 다양한 업무를 처리하면서도 시민들과 소통하는 모습에 깊은 인상을 받았습니다. 단순히 기술만으로는 해결할 수 없는 복잡한 사회 문제들을 다루는 경찰관의 역할에 매력을 느꼈습니다.

개발자로서 쌓은 분석력과 체계적 사고는 수사 업무에 도움이 될 것이고, IT 기술 지식은 점점 중요해지는 디지털 치안 분야에서 활용할 수 있을 것입니다. 더 다양하고 의미 있는 일을 통해 사회에 기여하고 싶습니다.

✦ 국민에게 봉사하고 싶었다면 일반공무원이나 소방도 가능한데, 굳이 경찰을 선택한 이유는?

일반 공무원이나 소방관분들도 훌륭하게 국민에게 봉사하는 직업이라고 생각합니다. 하지만 저는 '사회 질서 유지'와 '법 집행'이라는 경찰의 고유한 역할에 강한 매력을 느꼈습니다.

저는 학창 시절 경비회사에서 아르바이트를 하며 현장에서 직접 질서를 유지하고, 돌발 상황에 대처하는 경험을 했습니다. 당시 저는 단순히 시설을 관리하는 것을 넘어, 때로는 분쟁을 중재하고, 위험 상황을 인지하여 적절히 보고하는 등 안전을 위한 능동적인 역할의 중요성을 체감했습니다. 이 경험을 통해 저는 문제해결 능력과 위기 대처 능력, 그리고 책임감이 얼마나 중요한지 깨달았고, 이러한 저의 강점이 범죄로부터 시민들을 보호하고, 공정한 법 집행을 통해 사회의 안정과 평화를 지키는 경찰 업무에 가장 잘 발휘될 수 있다고 생각했습니다.

경비 업무가 한정된 공간에서의 질서 유지였다면, 경찰은 더 넓은 사회 전반의 안전을 책임지고 법의 테두리 안에서 정의를 실현하는 직업입니다. 직접적으로 불의에 맞서고, 국민들이 안심하고 살아갈 수 있는 환경을 조성하는 데 기여하고 싶다는 열망이 가장 컸기에 경찰을 선택하게 되었습니다.

✦ 경찰 직업이 힘들다고 하는데, 어떤 점이 매력적인가? 〈25. 2차〉

합격코칭

이 질문의 취지는 경찰의 고충을 알면서도 이를 버틸 수 있는 확고한 동기가 있는지를 물어보는 것이다. 먼저 경찰 업무의 고충을 제대로 인식하고 있다는 것을 보여주는 것이 필요하고, 그럼에도 불구하고 경찰 직업을 선택하게 된 이유를 경험과 연결시켜 구체적으로 답변한다. 다만 공무원이 가져다주는 직업적 안정감이라는 요소는 사명감에 대한 오해의 요소가 될 수 있으므로 피하는 것이 좋다.

경찰 직업이 힘들다는 것을 잘 알고 있습니다. 위험한 현장에 늘 노출되어 있고, 민원인들의 폭언과 위협에도 참아야 하며, 교대 근무로 생체리듬이 깨지고, 남들이 쉬는 휴일이나 명절에도 출근을 해야 하는 등 워라밸을 지키기 어려운 직업입니다.

하지만 저에게는 세 가지가 매력적입니다. 먼저 경찰관으로서 하는 일은 <u>사회적으로 가치 있고 보람있는 일</u>이라고 생각합니다. 사람들이 가장 두렵고 급박하고 필요로 하는 순간에 제가 달려가서 그 사람들에게 도움을 주거나 제가 공부한 지식과 양심으로 사회적 정의를 지킬 수 있다는 것이 직업으로서 가장 큰 매력입니다. 경찰 직업이 결코 편하지는 않지만 가치 있는 일이기 때문에 선택하게 되었습니다.

두 번째로 경찰은 매일 다른 사건, 다른 사람을 만나며 <u>끊임없이 배우고 성장할 수 있는 전문직</u>입니다. 회사에서 단순 반복적인 일을 했을 때는 기계의 부품으로 느껴지고 제가 성장하기보다는 소모되는 느낌이었습니다. 경찰관으로서 현장에서 매일 새로운 일을 해결하는 것이 어려움일 수도 있지만 동시에 저 스스로 발전할 수 있는 소중한 시간이 될 것이라고 확신합니다.

세 번째는 사무실보다 발로 뛰며 일하는 <u>현장성</u>입니다. 저는 하루 종일 책상에 앉아 있는 것보다 현장을 다니며 사람들을 직접 만나고 문제를 해결하는 일이 제 적성에 맞습니다. 지역경찰, 수사, 경비, 교통, 정보 등 다양한 부서에서 활동적으로 근무하며 제 적성에 맞는 능력과 전문성을 키우고 싶습니다.

제2절 | 다른 사람과의 갈등 극복

① 다른 사람의 의견과 충돌해 본 경험이 있나요? 〈25. 2차〉

👤 〈답변〉

(1) **상황(Situation)**: 아르바이트를 할 때 동료와 업무 처리 방식에 대해 의견이 달랐던 경험이 있습니다. 저는 매뉴얼에 따라 원칙대로 업무를 처리하는 것을 중요하게 생각했지만, 동료는 효율성을 위해 일부 과정을 생략하거나 다르게 처리하는 것이 낫다고 주장했습니다(원칙 vs 효율성).

(2) **과제(Task)**: 서로 다른 업무 방식에 대한 의견 충돌을 해결하고 최적의 업무 처리 방안을 찾아내야 했습니다.

(3) **행동(Action)**: 처음에는 서로의 방식이 옳다고 생각하여 갈등이 있었지만 저는 동료의 방식이 왜 더 효율적이라고 생각하는지 구체적인 이유를 물어보며 경청했습니다. 그리고 저는 매뉴얼을 준수해야 하는 이유, 즉 혹시 모를 문제 발생 시의 책임 소재나 일관성 유지의 중요성에 대해 설명했습니다. 결론적으로, 저희는 단순히 효율성만을 쫓기보다는 매뉴얼의 기본 원칙을 지키되 불필요하거나 개선이 필요한 부분은 상사에게 정식으로 건의하여 합리적인 개선 방안을 모색하기로 합의했습니다.

(4) **결과(Result)**: 이 경험을 통해 저는 원칙을 지키는 중요성과 함께 더 나은 방법을 위해 소통하고 함께 개선 방안을 찾아나가는 협업의 가치를 깨달았습니다. 경찰로서 법과 원칙을 준수하는 것은 기본이지만 현장의 다양한 상황 속에서 동료들과의 원활한 소통을 통해 최선의 판단을 내리는 데 이 경험이 큰 자산이 될 것이라고 생각합니다.

② 어떤 조직에서 본인의 의견이 거절당한 경험이 있나요? 〈25. 2차〉

합격코칭

자신의 의견이 거절당했을 때 그 거절을 어떻게 받아들였는지와 조직의 목표를 위해 어떻게 협력했는지가 중요하다. 거절당했을 때 감정적으로 대응하지 않고 이성적으로 상황을 분석하여 자신의 부족함을 인정하고 조직의 의견을 따르는 성숙한 태도가 필요하다. '고집이 센 사람' 또는 '거절당했을 때 사기가 꺾이는 사람'으로 보이지 않아야 한다. 위법·부당한 일이 아니라면 본인의 의견과 다르게 결정되더라도 책임감을 갖고 최선을 다하는 모습이 필요하며, 주어진 환경 내에서 창의적으로 문제를 해결할 수 있는 대안을 제시하는 자세가 필요하다.

답변

(1) **상황(Situation)** : 고깃집에서 1년 동안 아르바이트를 할 때 동료 한 명이 갑작스러운 사정으로 1주일 동안 출근하지 못하게 된 적이 있습니다.

(2) **과제(Task)** : 저는 사장님께 단기 아르바이트생을 새로 뽑자고 건의드렸습니다. 하지만 사장님은 숙련되지 않은 사람이 오면 손님들에 대한 서비스 질이 떨어질 수 있다는 이유로 거절하였습니다.

(3) **행동(Action)** : 저는 사장님의 거절이 당장의 효율성보다는 손님들께 더욱 정성을 다하려는 마음이라는 것을 이해하였습니다. 그래서 현실적인 대안을 찾았습니다. 우선 예전에 그 집에서 일했던 직원에게 연락하여 며칠간 일해줄 수 있는지 확인하여 사장님의 승인을 받았고 나머지 공백은 저와 다른 동료들이 근무 시간을 조금씩 연장하여 분담하기로 하였습니다.

(4) **결과(Result)** : 덕분에 손님들에 대한 서비스는 그대로 유지하면서도 인력 공백을 무사히 메울 수 있었습니다. 사장님께서도 개인 시간을 조정하여 추가 근무해 준 직원들에게 고맙다고 하면서 보너스를 주셨습니다. 이 경험을 통해 인력이 부족한 상황에서도 아이디어를 내고 자신의 편의를 조금씩 양보하면 얼마든지 업무를 잘 해낼 수 있다는 것을 배웠습니다.

③ 누군가의 부탁을 거절해 본 경험은?

답변

(1) **상황(Situation)** : 대학교 학생회 재무부 활동 중 선배가 급한 개인 용도로 학생회비를 잠시 빌려달라고 부탁했습니다. 학생회비는 공적 자금으로 개인 사용은 규정 위반이었습니다.

(2) **과제(Task)** : 친한 선배의 부당한 부탁을 단호하게 거절하고 학생회 재정 규정을 지키면서도 선배와의 관계를 최대한 해치지 않아야 했습니다.

(3) **행동(Action)** : 저는 선배의 어려운 상황에 공감을 표하며 "선배, 힘드신 건 이해합니다."라고 말했습니다. 하지만 곧바로 "학생회비는 규정상 개인 용도로 빌려드릴 수 없습니다."라고 단호하고 명확히 거절했습니다. 규정의 투명성과 공정성을 강조하며 필요하다면 교내 다른 지원 방법을 찾아보라고 간접적으로 제안했습니다.

(4) **결과(Result)** : 저의 단호하지만 합리적인 설명에 선배는 부탁을 철회하고 저의 입장을 이해했습니다. 이후에도 관계는 유지되었습니다. 이 경험을 통해 저는 공적인 자리에서 원칙을 바탕으로 부당한 부탁을 단호하게 거절하되 상대방을 배려하며 대안을 제시하는 능력이 중요함을 깨달았습니다.

❹ 처음에는 사이가 좋았지만 지내면서 사이가 나빠졌던 경험이 있나요? 〈25. 2차〉

👤〈답변〉

(1) **상황(Situation)** : 고깃집에서 1년 정도 일하며 형, 동생처럼 가깝게 지내던 동료가 있었습니다. 서로 고민을 나눌 정도로 신뢰하는 사이였으나, 어느 날 그 동료가 제 지인들에게 저에 대한 근거 없는 비난과 허위 사실을 퍼뜨리고 다닌다는 이야기를 듣게 되었습니다.

(2) **과제(Task)** : 믿었던 동료였기에 처음에는 큰 배신감과 당혹감을 느꼈습니다. 하지만 감정적으로 대응하여 매장에서 소란을 피우거나 맞대응하는 것은 함께 일하는 다른 동료들과 사장님께 피해를 주는 일이라고 생각했습니다. 저는 화를 가라앉히고 사실관계를 명확히 확인하여 문제를 조용히 해결해야겠다고 다짐했습니다.

(3) **행동(Action)** : 먼저 저에게 그 말을 전해준 지인을 통해 정확히 어떤 이야기가 오갔는지 객관적인 사실을 파악했습니다. 이후 해당 동료와 조용한 장소에서 마주 앉아 대화를 시도했습니다. 비난하기보다는 '이런 이야기를 들었는데, 혹시 나에게 서운한 점이 있었는지'를 차분히 물었습니다. 동료는 당황하며 명확한 대답을 하지 못했고 저는 제 입장을 명확히 전달한 뒤 사과를 받았습니다. 이후 억지로 예전처럼 지내려 하기보다 업무적인 협력은 하지만 사적인 관계는 자연스럽게 거리를 두며 제 할 일에만 집중했습니다.

(4) **결과(Result)** : 사장님께서도 나중에 이 일을 알게 되신 후에 "둘이 싸웠으면 가게 분위기 망칠 뻔했는데, 네가 어른스럽게 참고 넘어가 줘서 고맙다"라고 저에게 말씀하셨습니다. 그 동료와는 예전처럼 친형제같이 지낼 수는 없었지만, 일을 그만둘 때까지 업무적인 부분만큼은 서로 확실하게 소통하며 마무리를 잘했습니다.

후속질문

✦ **사과를 받았는데도 왜 다시 예전처럼 친하게 지내지는 않았나요?**

사과를 받아들임으로써 감정적인 앙금은 풀었지만, 한 번 깨진 신뢰를 억지로 되돌리려 하는 것이 쉽지 않았습니다. 대신 사적인 감정과 별개로 공적인 동료로서의 예의와 협력은 끝까지 철저히 지켰습니다.

✦ **동료가 끝까지 발뺌했다면 어떻게 하였을 건가요?**

명확한 근거가 있음에도 부인한다면 억지로 자백을 받아내려 싸우지는 않았을 것입니다. 다만, 사실이 아닌 소문으로 인해 매장 업무에 차질이 생기지 않도록 제 입장을 사장님이나 주변에 담백하게 밝히고, 묵묵히 제 할 일에만 더 집중했을 것입니다.

✦ **아예 만나지 않거나 연락도 안 하는 사이가 된 경우도 있나요?**

'상대방의 잘못'이나 '감정적인 싸움' 때문에 일부러 단절한 적은 없습니다. 예전에 함께 아르바이트 했던 동료들 중에 제가 경찰 시험 준비를 하면서 자연스럽게 연락이 뜸해진 경우가 있습니다.

❺ 다른 사람과의 갈등을 중재해 본 경험이 있나요? 〈25. 2차〉

👤〈답변〉

(1) **상황(Situation)** : 대학교 동아리 활동 중 다음 학기 행사 기획 방향을 두고 두 명의 동아리 부원 간에 의견 충돌이 발생했습니다. 한 부원은 새로운 시도를 통해 신선함을 강조해야 한다고 주장했고 다른 부원은 기존의 성공적인 방식을 유지하여 안정성을 추구해야 한다고 주장했습니다.

⑵ **과제(Task)** : 두 부원의 의견 차이를 좁히고 동아리 전체가 만족할 수 있는 합리적인 행사 기획 방향을 도출하여 갈등을 중재하는 것이 저의 과제였습니다.

⑶ **행동(Action)** : 저는 먼저 두 부원의 이야기를 각각 충분히 경청했습니다. 각자의 주장이 어떤 의도와 근거를 가지고 있는지 파악하는 데 집중했습니다. 그 후, 두 사람을 한자리에 모아 각자의 의견을 다시 한번 이야기할 기회를 주었습니다. 저는 중립적인 입장에서 각자의 장점과 단점을 객관적으로 분석하고 서로의 의견에서 공통점을 찾으려고 노력했습니다. 예를 들어 '신선함'과 '안정성'이라는 두 가지 가치를 모두 살릴 수 있는 방안으로 즉 기존 방식의 장점을 유지하면서도 부분적으로 새로운 요소를 도입하는 '절충안'을 제시했습니다. 또한 서로의 입장을 이해하고 존중하는 분위기를 조성하기 위해 노력했습니다.

⑷ **결과(Result)** : 저의 중재 노력 덕분에 두 부원은 서로의 의견을 이해하고, 기존 방식의 안정성과 새로운 시도의 신선함을 결합한 형태의 기획안에 합의할 수 있었습니다. 이 경험을 통해 저는 갈등 상황에서 중립적인 입장을 유지하며 경청하고 각자의 입장을 객관적으로 분석하여 합리적인 대안을 제시하는 능력의 중요성을 깨달았습니다. 경찰로서 다양한 이해관계자들의 갈등을 중재하고 원만하게 해결해야 하는 상황이 있을 때 이러한 경험이 도움이 될 것이라고 생각합니다.

❻ 다른 사람과의 갈등을 중재하였는데 실패했던 경험은?

👤 답변

⑴ **상황(Situation)** : 대학교에서 팀 프로젝트를 진행할 때였습니다. 조원 두 명이 프로젝트의 핵심 아이디어 방향을 두고 강하게 대립했습니다. 한 조원은 독창성과 혁신성을 강조하는 파격적인 아이디어를 주장했고 다른 조원은 현실적인 구현 가능성과 안정성을 중시하며 보수적인 아이디어를 고수했습니다. 각자의 주장이 너무 강해서 토론이 진전되지 않고 감정적인 언쟁으로 번지기 시작했습니다.

⑵ **과제(Task)** : 저는 팀의 리더로서 두 조원의 갈등을 중재하고 합의점을 찾아 프로젝트의 방향을 결정해야 하는 과제에 직면했습니다. 목표는 모두가 납득할 만한 최선의 해결책을 찾는 것이었습니다.

⑶ **행동(Action)** : 저는 먼저 두 조원에게 각자의 아이디어를 충분히 설명할 시간을 주었습니다. 그리고 제가 중재자로서 각 아이디어의 장단점을 정리하여 객관적으로 제시했습니다. 저는 그들에게 서로의 의견을 비난하기보다 아이디어 자체의 장단점을 냉철하게 평가하고, 팀의 최종 목표 달성에 어떤 아이디어가 더 효과적일지 고민해 보자고 제안했습니다. 또한 두 아이디어의 강점을 결합한 '절충안'을 여러 차례 제시하며 설득을 시도했습니다.

⑷ **결과(Result)** : 안타깝게도 두 조원 모두 자신의 아이디어가 옳다는 신념이 너무 강해서 결국 합의점을 찾지 못했습니다. 저는 최선을 다해 중재했지만 최종적으로는 다수결의 원칙을 적용하여 프로젝트의 방향을 결정할 수밖에 없었습니다. 이 과정에서 한 조원은 결과에 대해 불만을 가졌고, 이는 팀 전체의 사기에 부정적인 영향을 미쳤습니다. <u>이 경험을 통해 저는 아무리 노력해도 모든 갈등을 완벽하게 중재할 수는 없다는 현실을 깨달았습니다. 또한 갈등이 심화되기 전에 초기 단계에서부터 적극적으로 개입하여 대화의 장을 마련하고 제3의 객관적인 의견을 수용하는 것이 중요하다는 교훈을 얻었습니다.</u>

제3절 | 팀워크를 발휘한 경험

1 동료와 협업하여 효율성을 높인 경험은?

답변

(1) **상황(Situation)** : 대학교 동아리에서 매년 진행하는 정기 공연 준비를 할 때였습니다. 기존에는 특정 인원에게만 업무가 집중되어 번아웃이 심했고 정보 공유도 제대로 되지 않아 비효율적으로 진행되는 문제가 있었습니다.

(2) **과제(Task)** : 분산된 업무를 체계화하고 동아리원들의 참여를 독려하며 정보 공유 시스템을 개선하여 정기 공연 준비의 효율성을 높이는 것이 저의 과제였습니다.

(3) **행동(Action)** : 저는 먼저 동아리원 전체 회의를 열어 각자의 희망 업무와 재능을 파악했습니다. 이후 공연 준비에 필요한 모든 업무를 세분화하여 각 동아리원에게 책임과 권한을 명확히 부여하고, '총괄', '홍보', '무대', '섭외' 등으로 팀을 나누어 담당자를 지정했습니다. 또한 모든 공지사항과 진행 상황을 공유할 수 있는 온라인 협업 툴을 도입하여 실시간으로 정보가 공유되도록 했습니다. 매주 정기 회의를 통해 각 팀의 진행 상황을 점검하고 어려운 점은 함께 해결 방안을 모색하며 피드백 시스템을 구축했습니다.

(4) **결과(Result)** : 저의 노력 덕분에 업무 분담이 체계화되고 정보 공유가 원활해지면서 동아리원들의 불필요한 야근이 줄고 피로도가 현저히 감소했습니다. 각자 맡은 업무에 대한 책임감이 높아져 업무 처리 속도와 정확성이 향상되었고 덕분에 정기 공연은 역대급으로 성공적으로 마무리될 수 있었습니다.

2 협업 과정에서 예상치 못한 어려움을 겪었을 때 극복했던 경험은?

답변

(1) **상황(Situation)** : 제가 주말에 대형 카페에서 아르바이트를 할 때였습니다. 어느 날 갑자기 결제 시스템에 오류가 발생하여 주문 처리가 지연되고, 이로 인해 고객들의 컴플레인이 폭주하는 예상치 못한 상황에 직면했습니다. 계산대 앞에는 긴 줄이 늘어섰고 매장 분위기는 매우 혼란스러웠습니다.

(2) **과제(Task)** : 폭주하는 고객 컴플레인을 효과적으로 관리하고 시스템 오류 속에서도 최대한 신속하게 주문을 처리하며 매장 운영의 혼란을 최소화해야 했습니다.

(3) **행동(Action)** : 저는 먼저 매니저에게 상황을 보고하고 지원을 요청하는 동시에, 현장에서 제가 할 수 있는 최선을 다했습니다. 고객들에게 다가가 "시스템 오류로 인해 불편을 드려 정말 죄송합니다. 최대한 빨리 처리해 드리겠습니다."라고 정중하게 사과하며 상황을 설명했습니다. 이어서 모든 주문을 수기로 받아 주방에 전달하고, 음료는 준비되는 대로 먼저 제공하는 등 단계별로 업무를 분리하여 처리 속도를 높였습니다. 특히 불만을 제기하는 고객에게는 먼저 경청하고 공감하며, "오래 기다리시게 해서 정말 죄송합니다. 혹시 급하신 음료가 있으시면 먼저 준비해 드릴까요?"와 같이 개별적인 배려를 제공하여 불만을 완화시키려 노력했습니다.

(4) **결과(Result)** : 시스템 오류라는 예상치 못한 어려움 속에서도 저의 침착하고 적극적인 대응 덕분에 고객들의 불만을 최소화하고 혼란스러운 상황을 비교적 빠르게 수습할 수 있었습니다. 이 경험을 통해 저는 예측 불가능한 위기 상황에서 침착하게 대처하고 유연한 사고와 신속한 실행력으로 문제를 해결했으며 고객의 불만을 효과적으로 관리하며 시스템 개선을 위해 능동적으로 움직이는 태도를 기를 수 있었습니다.

③ 조직을 위해 손해를 감수하고 행동했던 경험은? 〈25. 2차〉

👤〔답변〕

(1) **상황(Situation)** : 대학교 2학년 때 카페 아르바이트를 하고 있었습니다. 당시 매장은 직원 4명이 교대로 근무했는데 기말고사 기간 중에 한 동료 직원이 가족의 긴급한 사정으로 2주간 휴직을 요청했고, 다른 직원도 취업 면접 일정이 잡혀 있어서 인력부족 문제가 심각하였습니다.

(2) **과제(Task)** : 저 역시 기말고사 4개를 앞두고 있어 시험 준비가 절실한 상황이었지만 매니저님이 대체 인력을 구하기 어렵다며 고민하시는 모습을 보며 제가 추가 근무를 맡지 않으면 매장 운영에 차질이 생기고 남은 직원들의 부담이 커질 것이 분명했습니다.

(3) **행동(Action)** : 고민 끝에 매니저님께 제가 2주간 주 3일에서 주 5일 근무로 늘리겠다고 제안했습니다. 대신 공부시간 확보를 위하여 아침에 좀 더 일찍 일어나서 공부를 하고 11시 퇴근 후에도 1–2시간 추가 학습 시간을 확보했습니다. 또한 출퇴근 시간에 강의 녹음을 들으며 이동 시간을 활용했고, 매장이 한산한 시간에는 허락을 받아 틈틈이 공부를 했습니다.

(4) **결과(Result)** : 결과적으로 2주간 매장이 정상 운영되었고 매출 손실 없이 연말 성수기를 잘 마무리했습니다. 기말고사 성적도 다른 때와 큰 차이 없었습니다. 그 일 이후로 팀원들과의 관계가 정말 좋아졌습니다. 서로 신뢰가 생기니까 나중에 제가 어려울 때 동료들이 흔쾌히 도와주는 일도 있었습니다. 이 경험을 통해서 개인적인 손해를 감수하더라도 서로를 신뢰하고 팀을 우선하는 것이 결국은 더 큰 가치를 만든다는 것을 배웠습니다.

④ 조직에서 떨어진 사기를 올리기 위해 노력한 경험은? 〈25. 2차〉

👤〔답변〕

(1) **상황(Situation)** : 경호업체에서 아르바이트를 할 때 대형 지역 축제의 외곽 경호 업무를 맡았을 때의 일입니다. 당시 예상보다 훨씬 많은 인파가 몰린 데다, 갑작스러운 폭염과 소음 속에서 10시간 넘게 교대 없이 서 있어야 하는 상황이었습니다.

(2) **과제(Task)** : 팀원들은 육체적인 한계에 다다랐고, 일부 관람객의 거친 항의까지 겹치면서 팀 내 분위기는 예민해지고 사기는 급격히 떨어져 있었습니다.

(3) **행동(Action)** : 저는 팀의 활력을 불어넣기 위해서 두 가지를 행동했습니다.

① **무전으로 소통** : 무전으로 현재 상황을 공유하고 서로의 노고를 구체적으로 인정해 주었습니다. 예를 들면 "현재 입구 쪽 상황이 정리되고 있으니 조금만 더 힘냅시다.", "방금 전 취객 대응 정말 잘했습니다." 등으로 서로 힘이 되는 말을 주고 받으려 하였습니다.

② **솔선수범과 배려** : 가장 민원이 많고 햇빛이 강한 취약 지점에 제가 자원하여 근무하였습니다. 또한, 교대 시간이 되었을 때 지친 동료에게 먼저 물을 건네거나 "잠시 앉아서 다리 좀 풀고 오라"며 작은 배려를 실천했습니다. 제가 먼저 에너지를 내며 움직이자 동료들도 힘을 내고 파이팅하기 시작했습니다.

(4) **결과(Result)** : 팀원들 사이에 다시 활기가 돌기 시작했고 결과적으로 단 한 건의 안전사고나 불만 민원 없이 행사를 성공적으로 마쳤습니다. 업체 팀장님으로부터 더운 날씨에 모두가 한 마음으로 열심히 맡은 일을 해줘서 고맙다는 말을 들었습니다.

    ✎ 사기 양양 방안 : 칭찬, 수평적 소통, 비공식적 유대 강화(티타임, 회식 등), 업무 프로세스 효율화(불필요한 행정 절차 간소화), 공정한 보상과 기회, 솔선수범, 사회적 기여도 확인(공조직의 경우)

후속질문

✦ **경찰조직에서 한 팀원이 전체 사기를 떨어뜨리고 있다면 어떻게 할 것인가?**

(1) **이유 파악** : 우선 그 팀원이 왜 사기를 떨어뜨리는 행동을 하는지 그 원인을 파악하겠습니다. 단순히 태만의 문제인지, 개인적인 고충이나 업무 적응의 어려움 때문인지 대화를 통해 먼저 확인하겠습니다.

(2) **소통** : 만약 개인적인 사정이나 무력감 때문이라면 동료로서 진심 어린 공감을 전하겠습니다. 동시에 우리의 업무가 시민의 안전과 직결되어 있다는 점을 상기시키며, 그 팀원의 역할이 우리 팀에 얼마나 중요한지 구체적인 장점을 들어 인정해 주겠습니다.

(3) **솔선수범** : 말로만 독려하기보다 제가 먼저 활기차게 업무에 임하는 모습을 보이겠습니다. 팀원이 힘들어하는 부분을 제가 조금 더 분담하거나, 작은 성과에도 함께 기뻐하는 분위기를 만들어 그 팀원이 자연스럽게 조직의 긍정적인 에너지에 동화되도록 돕겠습니다.

(4) **상사 보고** : 그럼에도 불구하고 지속적으로 조직의 기강을 해치거나 안전에 위해를 줄 정도라면, 팀장님께 보고하여 공식적인 절차를 통해 문제를 해결하겠습니다. 개인의 감정도 중요하지만 국민의 안전을 책임지는 경찰 조직의 목표가 최우선이기 때문입니다.

❺ 어떤 조직에서 협력을 거부하는 사람을 대응해 본 경험은? ⟨25. 2차⟩

합격코칭

(1) **이유 파악** : 협력을 거부하는 데는 이유가 있으므로 1:1 면담을 한다. 거부하는 이유로는 업무 과부하, 불투명한 목표(협력의 필요성 또는 본인에게 어떤 이득이 있는지 모르는 경우), 심리적 저항(과거 실패 경험, 특정 인물에 대한 반감, 변화에 대한 두려움) 등이 있다.

(2) **이익과 책임 한계 제시** : 협력하지 않을 때 불이익보다 협력했을 때 이익을 구체적으로 제시하고, '내가 어디까지 해야 할지 모른다'는 불안감이 있을 경우 역할과 책임 한계를 명확히 설정하고 작은 것부터 시작하도록 한다.

(3) **공식 창구 활용** : 개인적 감정싸움이 되지 않도록 조직의 시스템을 활용한다. 회의록을 작성하여 각자 할 일을 공식화하거나 상사나 인사 부서 등 제3자의 중재자에게 요청할 수 있다.

👤 **답변**

(1) **상황(Situation)** : 대학교 3학년 마케팅 수업에서 4명이 한 팀으로 신제품 출시 전략을 수립하는 과제를 진행했습니다.

(2) **과제(Task)** : 그런데 한 팀원이 회의 때마다 자신의 의견을 전혀 내지 않는 등 소극적이었고 발표 일주일 전까지도 그 팀원은 자료를 하나도 준비하지 않았다는 것을 알게 됐습니다. 다른 팀원들은 '교수님께 말해서 그 사람 이름만 빼자'고 했지만, 저는 팀 전체의 학점도 중요하고 그 친구를 그냥 포기하기엔 뭔가 이유가 있을 것 같았습니다.

(3) **행동(Action)** : 먼저 개별 면담을 시도했습니다. 그 친구를 따로 만나서 대화를 해보니 심한 불안장애 증세가 있는 것을 알게 되었습니다. '내가 한 게 형편없으면 어쩌지', '다들 내 의견을 무시하면 어쩌지' 하는 두려움에 아예 시작을 못 하고 있었던 겁니다. 상담센터를 다니고 있지만 팀원들에게 말을 못하고 있었던 것입니다. 그래서 저는 '완벽하지 않아도 괜찮다. 우리가 같이 하자'고 말하고, 그 친구의 파트를 작은 단위로 쪼개어 하루에 슬라이드 1장씩만 만들게 했습니다. 그리고 다른 팀원들에게 상황을 설명하고 이해를 구했습니다.

(4) **결과(Result)** : 그 친구는 5일 만에 자기 파트를 완성했습니다. 발표에도 함께 참여했여 프로젝트는 A 학점을 받았습니다. 나중에 그 친구가 찾아와서 '그때 포기하지 않아줘서 학교를 계속 다닐 수 있었다. 정말 고맙다'라고 말했습니다. 이 경험을 통해 겉으로 보이는 비협조가 사실은 정신적 어려움의 신호일 수 있다는 것을 배웠습니다.

6 본인은 리더형인가 팔로워형인가? 〈25. 1 · 2차〉

합격코칭

리더형은 주도적으로 계획을 세우고, 문제해결 능력과 목표 달성을 위한 명확한 전략을 세울 수 있으며 결단력 있게 팀을 이끌어갈 수 있는 능력이 있는 사람을 말하며, 팔로워형은 리더의 지시에 따라 팀의 목표를 이루기 위해 자신에게 주어진 역할을 충실히 이행하는 사람을 의미한다. 상황에 따라 리더를 할 수도 있고 팔로워를 할 수도 있다.

(1) **리더형** : 지나치게 이끌어가는 것에 중점을 두면 구성원을 행한 배려가 부족해 보일 수 있다. 조직의 방향, 공동의 목표를 이루기 위해 희생과 헌신, 의견 조율 등 '서번트 리더십(구성원의 성장과 복지를 먼저 생각하고 솔선수범하는 리더십)'으로 접근하는 것이 좋다.

(2) **팔로워형** : 팔로워십은 '리더와 조화를 이루며 자기주도적으로 일을 수행하는 태도와 능력'이라고 할 수 있다. 많은 지원자들이 자신을 리더형으로 소개하지만, 경찰 조직은 계급 구조가 명확하고, 초임인 순경은 리더보다는 '신뢰할 수 있는 팔로워' 역할이 더 요구된다. 자신을 팔로워형으로 소개하는 것은 결코 리더보다 부족하다는 뜻이 아니며, 오히려 현실적이고 겸손한 인식, 조직에 대한 이해도를 보여주는 방식이 될 수 있다. 다만, 팔로워형이라고 할 때는 수동적으로 지시만 따르는 태도가 아니라 능동적이고 책임감 있는 협업자로서의 태도를 강조해야 한다.

답변

(1) **리더형**

① **요점(Point)** : 저는 상황에 따라 리더십과 팔로워십을 모두 발휘할 수 있는 상황적응형이라고 생각하지만 보다 적극적으로는 리더형에 가깝다고 생각합니다.

② **이유(Reason)** : 이렇게 생각하는 이유는 첫째, 문제 상황에서 먼저 나서서 해결책을 제시하는 성향이 강하기 때문입니다. 어려운 일이 생겼을 때 누군가 지시하기를 기다리기보다는 능동적으로 대안을 모색하는 편입니다.

둘째, 팀의 목표 달성을 위해 구성원들을 조율하고 이끄는 것에 보람을 느끼기 때문입니다. 개인적 성취보다는 팀 전체의 성공에서 더 큰 만족감을 얻습니다.

③ **예시(Example)**: 동아리 캠프에서 등산을 하다가 응급상황이 발생한 일이 있었습니다. 후배가 등산 중 미끄러져 부상을 당해 움직일 수 없는 상황이 되었는데 모두들 당황하여 적절한 판단을 내리지 못하고 있었습니다. 이때 제가 먼저 나서서 상황을 정리했습니다. 119에 신고하고 부상자를 안전한 곳으로 이동시키며 다른 후배들에게 역할을 분담했습니다. 또한 구조대가 올 때까지 응급처치를 실시하고 119에서 저희 위치를 빠르게 찾을 수 있도록 하였습니다.

④ **요점(Point)**: 경찰조직에서는 리더십과 팔로워십이 모두 중요하다고 생각합니다. 상황에 맞는 적절한 역할 수행을 통해 시민의 안전을 지키는 경찰관이 되겠습니다.

⑵ **팔로워형**

① **요점(Point)**: 저는 상황에 따라 리더십과 팔로워십을 모두 발휘할 수 있지만 기본적으로는 팔로워형에 가깝다고 생각합니다.

② **이유(Reason)**: 제가 팔로워형이라고 생각하는 이유는 개인의 성취보다는 팀 전체의 성공을 위해 묵묵히 기여하는 것에 만족감과 보람을 느끼기 때문입니다. 스포트라이트를 받기보다는 뒤에서 성실하게 역할을 다하는 것이 저의 성향에 맞습니다. 좋은 리더로 성장하기 위해서는 좋은 팔로워가 먼저 되어야 한다고 생각합니다.

③ **예시(Example)**: 대학교 동아리에서 총무부장으로 활동했을 때의 경험입니다. 동아리 회장은 비전과 기획력이 뛰어난 리더였습니다. 저는 동아리 회장의 업무를 뒷받침하며 예산 확보, 일정 조율 등 모든 실무를 담당했습니다. 때로는 계획의 문제점을 발견하면 조심스럽게 개선안을 제안하기도 했지만, 기본적으로는 회장의 의도를 최대한 반영하려고 노력했습니다. 결과적으로 그 해 각종 동아리 행사를 성공적으로 수행하였고, 신입회원도 전 해에 비하여 2배로 늘어나는 성과를 거두었습니다. 저는 표면에 드러나지 않았지만, 뛰어난 리더를 보좌하여 좋은 결과를 만들어낸 것에 큰 만족감을 느꼈습니다.

④ **요점(Point)**: 경찰조직에서는 무엇보다 팀워크와 조직력이 중요하다고 생각합니다. 뛰어난 지휘관을 보좌하고 동료들과 협력하여 시민의 안전을 지키는 신뢰받는 팔로워이자 필요한 순간에는 주저하지 않고 리더십을 발휘할 수 있는 경찰관이 되겠습니다.

7 좋은 리더는 어떤 자질이 필요하다고 생각하는가? ⟨25. 2차⟩

👤 답변

⑴ **솔선수범**: 리더는 말로 지시하는 사람이 아니라 행동으로 방향을 제시하는 사람이라고 생각합니다. 위험하고 힘든 현장에 먼저 나서고 남들이 기피하는 업무에 먼저 움직일 때 하급자는 리더를 신뢰하고 따르게 됩니다. 이는 권위에 의한 복종이 아닌 존경에 기반한 자발적 협력을 이끌어냅니다.

⑵ **경청과 공감**: 팀원 개개인의 역량과 고충을 파악하고, 적재적소에 역할을 부여하는 능력입니다. 사기가 떨어진 동료의 목소리에 귀를 기울이고, 동료의 마음을 어루만질 줄 아는 리더는 팀 내 갈등을 사전에 예방하고 위기 상황에서도 무너지지 않는 원팀(One-Team)을 만들 수 있습니다.

⑶ **결과에 대한 책임감**: 영광은 팀원에게 돌리고, 위기 시에는 모든 책임을 지는 자세입니다. 성공했을 때는 팀원들의 공로를 치하하고, 실패하거나 비판받는 상황에서는 팀원 뒤에 숨지 않고 가장 앞에서 방패 역할을 합니다.

⑷ **비전 제시와 동기 부여**: "우리가 왜 이 일을 하는가"를 명확히 제시하고 개인의 성장과 팀의 목표를 연결시킬 수 있어야 합니다.

⑧ 리더십이 뛰어난 사람과 협업했던 경험으로 배운 점은?

👤 답변

(1) **상황(Situation)** : 군대에서 야간 상황병으로 근무하던 중 새벽에 예측하지 못한 장비 오작동으로 인해 시스템에 오류가 발생한 비상 상황이었습니다. 야간 근무 특성상 제한된 인원으로 신속한 초기 대응이 필요하였습니다.

(2) **과제(Task)** : 당시 저는 오류 상황을 정확히 파악해 신속하게 보고하여 당직사관의 지시에 따라 조치를 수행해 시스템을 조속히 정상화하는 것이었습니다.

(3) **행동(Action)** : 저는 발생한 문제의 핵심 내용을 정리하여 당직사관님께 즉시 보고했습니다. 당직사관님은 제 보고를 끝까지 듣고, 오류 발생 시점과 증상에 대해 핵심 질문만 짧게 던지며 상황을 정리해 주셨습니다. 이 과정에서 우선순위를 명확히 제시하며 '지금은 원인을 찾기보다 매뉴얼에 따라 대응하자'고 방향을 잡아주셨습니다. 저는 현장 장비 점검과 매뉴얼 확인을 담당하고, 사관님은 상급 부대 보고와 전체 상황 통제를 맡겠다는 역할 구분과 함께 구체적인 행동 지침을 명확히 알려주셨습니다. 특히 사관님은 조치 중간중간 "지금 단계까지는 정확하다", "다음 단계로 진행해도 된다"와 같이 확인형 피드백을 주셨고 이는 제가 침착함을 유지하며 실수를 줄이는 데 큰 도움이 되었습니다.

(4) **결과(Result)** : 당직사관님의 신속하고 정확한 판단력과 저의 충실한 팔로워십 덕분에 시스템 오류는 예상보다 훨씬 빨리 복구되었고 상급 부대에도 적시에 보고가 완료되었습니다. 이 경험을 통해 저는 위기 상황에서 리더의 판단력과 명확한 지시가 구성원이 자신의 역할에 집중할 수 있는 환경을 만들어 준다는 것을 배웠습니다. 향후 경찰 조직에서도 상급자의 지시를 정확히 이해하고 실행하며, 현장 상황을 명확히 공유함으로써 리더의 판단이 현장에서 효과적으로 작동하도록 돕는 구성원이 되겠습니다.

제4절 | 힘들었던 경험(좌절 · 포기 · 후회 · 싫었던 경험)

1 살아오면서 가장 힘들었던 점과 이를 극복한 사례는?

답변

(1) **상황(Situation)** : 초등학교 때부터 대학교까지 축구선수로 활동하며 선수 생활을 이어왔습니다. 하지만 대학교 3학년 훈련 중 무릎에 심각한 부상을 입었고, 장시간 재활치료에도 불구하고 선수 생활을 지속하기 어렵다는 진단을 받게 되었습니다. 오랜 기간 목표로 삼아왔던 축구를 그만두어야 하는 상황이었습니다.

(2) **과제(Task)** : 선수 생활 중단으로 인한 상실감과 혼란을 극복하고, 그동안 쌓아온 경험과 역량을 살려 새로운 진로를 탐색하며 미래를 재설정하는 것이 저의 가장 큰 과제였습니다.

(3) **행동(Action)** : 좌절감에 머물러 있지 않기 위해 먼저 저의 감정을 솔직하게 받아들이고 가족과 주변 사람들로부터 심리적인 지지를 얻고, 스스로를 객관화하며 축구선수로서의 경험이 강한 체력과 정신력, 위기 상황에서의 판단력 등 다양한 역량을 길러주었다는 것을 깨달았습니다. 이러한 역량을 바탕으로 '사회 질서를 유지하고 약자를 보호하며 팀원들과 협력하여 공동의 목표를 달성하는' 경찰이라는 직업에 큰 매력을 느끼며 진로 재설정을 위해 행동하였습니다. 먼저 축구선수 시절의 길러온 역량과 경찰관에게 요구되는 필요역량을 정리하며 비교 · 분석 하였습니다. 둘째, 체력은 기존의 운동경험을 토대로 기초체력을 꾸준히 높이되 체력검정 기준에 맞는 훈련방식으로 전환하였습니다. 셋째, 과목별 학습계획을 세워 매일 일정 분량을 반복학습하고 기록 노트를 통해 목표와 진행상황을 점검하며 경찰 시험준비에 매진하였습니다.

(4) **결과(Result)** : 그 결과 예상치 못한 좌절과 시련 속에서도 감정에 휘둘리지 않고 문제를 분석하고 행동으로 전환하는 태도를 갖추게 되었습니다. 경찰로서 어떠한 어려움과 난관에 부딪히더라도 이 경험을 통해 얻은 강한 의지와 긍정적인 태도로 모든 임무를 완수하고 시민들에게 봉사할 것입니다. 축구장에서 팀원들과 함께 승리하기 위해 노력했던 것처럼 사회라는 더 큰 경기장에서 시민들의 안전과 행복을 위해 헌신하겠습니다.

후속질문

✦ **개인적으로 중요한 결정을 할 때 가장 먼저 고려하는 것은 무엇인가?** 〈25. 2차〉

합격코칭

이 질문은 단순한 개인 성향을 묻는 것이 아니라, 중요한 결정을 내릴 때의 판단 기준, 절차적 사고력, 그리고 조직 적합성을 확인하기 위한 질문이다. 특히 경찰 조직에서 요구되는 감정이 아닌 사실·정보 기반 판단 태도를 갖추고 있는지를 평가한다.

저는 중요한 결정을 할 때 현재 확보한 정보가 정확하고, 판단하기에 충분한 수준인지를 가장 먼저 점검합니다. 특히 정보는 잘못된 판단을 피하기 위한 최소한의 요건이자 불필요한 혼선을 줄이는 판단 기준이 되기 때문입니다.

고등학교 3학년 때 대학 진학을 앞두고 행정학과와 법학과 중 선택해야 했습니다. 담임선생님은 법학과를 추천하셨고, 부모님은 공무원 진로를 고려해 행정학과가 더 적합하다고 조언하셨으며, 친구들 역시 각자의 의견을 제시했습니다. 다양한 의견 속에서 각자의 관점에서 나오는 누군가의 말에 의존해 결정하는 것은 위험하다고 생각해 정보의 객관성을 확보하기 위해 노력하였습니다.

먼저 두 학과에 재학 중인 선배들을 직접 만나 실제 수업 내용, 진로 선택의 폭, 학업 부담에 대해 구체적으로 질문했고 학과 커리큘럼과 졸업생 진로 통계를 공식 자료를 중심으로 비교·정리했습니다. 이렇게 출처가 분명하고 서로 교차 확인 가능한 정보를 바탕으로, 제 적성과 장기적인 진로 목표에 더 부합하는 선택이 행정학과라는 결론에 도달했습니다.

이 경험을 통해 저는 중요한 결정일수록 정확하고 충분한 정보 확보, 비교와 검토, 그리고 판단을 통해 필요한 최소 요건이 충족되었는지를 먼저 점검해야 한다는 기준을 갖게 되었습니다. 향후 경찰 조직에서도 사건·민원·현장 판단 시 단편적인 정보나 추측에 의존하지 않고, 사실관계가 충분히 확인된 상태에서 판단하는 경찰관으로서 신뢰받는 역할을 수행하겠습니다.

② 실패하였던 경험은? 〈25. 1차〉

합격코칭

실패한 경험이나 후회하는 경험 등 본인에게 좋지 않은 경험은 이를 극복하려는 노력과 교훈에 더 많은 분량을 할애하여 답변해야 한다. 실패의 원인을 다른 사람이나 환경에 돌리기보다 자신의 부족함을 인식해야 한다. 예를 들어 부상으로 운동을 그만두었다고 하기보다는 선수로서 자기관리를 잘못했다는 것을 인정해야 하고, 동료의 잘못으로 일이 실패한 것이 아니라 동료를 설득하지 못한 자신에게 잘못이 있음을 인식해야 하며, 코로나19라는 환경 때문이 아니라 그러한 돌발적 상황에 대한 대비가 부족했다는 점을 깨닫는 등 자신의 부족함을 인정하고 개선하는 방향으로 나아가야 한다. 특별한 사건이 기억나지 않는다고 해서 실패한 적이 없다는 답변은 자기성찰이 부족하여 실패를 인식조차 못하는 사람이거나 앞으로 그런 상황에서 대처 능력이 없어 보이는 사람으로 평가될 수 있다.

🧑 답변

(1) **상황(Situation)** : 3년 전, 2년간 준비했던 경찰시험에서 최종 불합격한 경험이 있습니다. 장기간 준비했던 만큼 결과를 받아들이기가 쉽지 않았고 그럼에도 준비 방식 전반을 다시 재점검해야 하는 상황이었습니다.

(2) **과제(Task)** : 단순히 다시 도전하는 것이 아니라, 왜 실패했는지 원인을 명확히 분석하고, 같은 실패를 반복하지 않도록 준비 방식을 근본적으로 바꾸는 것이 가장 중요한 과제였습니다.

(3) **행동(Action)** : 먼저 감정적으로 매몰되지 않기 위해 시험 준비를 잠시 중단하고 사회 경험을 쌓기로 선택했습니다. 청원경찰로 약 1년간 은행에서 근무하며 현장의 경험과 학업의 밸런스를 맞추기 위해 노력하였습니다. 현장에서는 민원 응대, 시설 안전 관리, 긴급 상황 대응 보조 업무를 맡으며 책임감과 판단력을 체득했습니다. 근무 후에는 하루 업무 중 부족했던 대응을 기록하며, 상황별 대처 방식을 정리했습니다. 동시에 이전 시험 실패 원인을 문서로 정리하며 경찰의 역할에 대한 이해 부족과 과목별 약점에 대한 대비가 미흡하다는 것을 확인하였습니다. 이를 보완하기 위해 경찰 직무 관련 서적, 판례, 경찰 관련 뉴스를 매일 정리하며 직무 이해도를 높였습니다. 또한 현직 경찰관 및 선배 수험생에게 조언을 구해 실제 근무에서 요구되는 태도와 역량을 정리했습니다. 학습 측면에서도 과목별 약점을 분석해 주 단위 학습 계획표를 작성하고 점검하며 준비 과정을 관리했습니다. 이전처럼 막연한 노력 대신, 원인을 보완하는 방향으로 행동을 수정했습니다.

(4) **결과(Result)** : 이 경험을 통해 실패 원인을 분석하여 시험 준비 방법을 개선하게 되었습니다.
또한 현장에서의 민원인과의 소통, 사고 예방을 위한 철저한 점검과 관리, 돌발상황 대처 등의 경험을 통해 경찰이라는 직업의 역할과 책임, 진로에 대한 판단 기준도 명확해졌습니다. 이제는 결과에만 집중하는 수험생이 아니라, 과정을 점검하고 스스로를 관리할 수 있는 준비된 지원자로 성장했다고 생각합니다. 이 경험은 향후 경찰 업무에서도 같은 실수를 반복하지 않고, 상황을 분석하며 책임 있게 대응하는 데 큰 기반이 될 것이라고 생각합니다.

❸ 냉정하고 객관적이지 않았던 경험은?

🧑 답변

(1) **상황(Situation)** : 대학교에서 팀 프로젝트를 진행하던 중 팀원 한 명이 개인적인 사정으로 인해 맡은 역할을 제대로 수행할 수 없는 상황이었습니다. 마감일은 다가오는데 그의 파트가 전혀 진행되지 않아 팀 전체의 부담이 커지고 있었습니다.

(2) **과제(Task)** : 당시 저의 과제는 팀원 간의 불만을 조율하고, 프로젝트를 기한 내에 완수할 수 있도록 협업 환경을 유지하는 것이었습니다. 그러나 저는 상황 자체보다 팀원에 대한 실망감과 마감 압박에 먼저 반응하며 냉정한 판단을 유지하지 못했습니다.

(3) **행동(Action)** : 저는 그 팀원의 사정을 충분히 확인하기보다 먼저 감정적으로 대응했습니다. 회의 자리에서 책임을 강조하며 질책했고, 이후에도 반복적으로 진행 상황을 확인하며 압박을 주었습니다. 그 과정에서 문제해결보다는 감정 해소에 가까운 태도를 보였고, 이는 팀원들에게 부담으로 작용했습니다. 이후 팀 분위기가 위축되고 소통이 줄어드는 모습을 보며, 제 대응 방식에 문제가 있음을 인식했습니다. 그래서 프로젝트 후반부부터는 태도를 바꾸기 위해 개인적으로 해당 팀원과 따로 만나 상황을 다시 확인했고 역할 분담을 현실적으로 조정하며, 마감 기한을 기준으로 가능한 대안과 보완 방안을 논의했습니다. 비록 이미 초반 대응으로 인한 부담은 남아 있었지만, 이후에는 감정 표현을 자제하고 사실과 일정 중심으로 소통하려 노력했습니다.

(4) **결과(Result)** : 프로젝트는 가까스로 기한 내에 완료했지만, 초반의 감정적인 대응으로 팀원 간 신뢰가 약화되었다는 점에서 아쉬움이 남았습니다. 이 경험을 통해 저는 문제 상황에서 감정이 앞서면 오히려 해결이 늦어질 수 있다는 점을 명확히 깨달았습니다. 이후 비슷한 상황을 반복하지 않기 위해 갈등 상황에서는 먼저 사실 관계와 업무 범위를 분리해 정리하고, 개인 평가나 감정 표현은 배제하고 해결 가능한 선택지부터 제시하는 방식을 저만의 기준으로 삼게 되었습니다. 타인을 이해하는 공감능력과 건설적인 피드백의 중요성을 배우는 계기가 되었습니다.

❹ 싫어하는 사람과 어쩔 수 없이 함께 일을 했던 경험은?

답변

(1) **상황(Situation)** : 대학교 3학년 마케팅 수업 중 이전 과제 과정에서 다른 학우들과 반복적으로 의견 충돌을 겪던 학우와 함께 조별 과제를 수행하게 되었습니다. 그 과정에서 저 역시 그 학우에 대해 협업이 쉽지 않을 것이라는 선입견을 갖고 있었습니다. 기업 분석 보고서를 완성해야 하는 과제가 주어졌고, 해당 학우와 함께 핵심 역할을 나눠 협업해야 하는 상황이었습니다.

(2) **과제(Task)** : 한 달이라는 제한된 기간 안에 5명이 협력해 보고서를 완성해야 했기 때문에, 개인적인 오해나 감정을 넘어서 협업이 가능하도록 팀 내 갈등을 조율하고 프로젝트를 끝까지 완수하는 것이 저의 과제였습니다.

(3) **행동(Action)** : 초기 회의 과정에서 예상대로 업무 접근 방식의 차이가 드러났습니다. 저는 일정과 절차를 먼저 정리하는 방식이었고, 해당 학우는 즉흥적인 아이디어를 제시하며 유연하게 접근하는 스타일이었습니다. 이 차이로 인해 소통이 원활하지 않다는 느낌을 받았고, 그로 인해 저 역시 상대방에 대한 오해가 커지고 있음을 인식했습니다. 이 상태로는 협업이 어렵다고 판단해, 먼저 오해를 풀기 위한 대화를 시도했습니다. 회의 외에 따로 시간을 내어 서로의 업무 방식과 불편했던 점을 공유하며 프로젝트 완수를 위한 진행 방식에 대해 이야기했습니다. 그 과정에서 상대방의 방식이 무계획이 아닌 아이디어를 충분히 넓힌 뒤 정리하는 접근법이라는 점을 이해하게 되었습니다. 이후 역할을 조정해 저는 전체 일정 관리와 자료 정리를 맡고 해당 학우는 아이디어 발굴과 사례 분석을 담당하도록 합의했습니다. 또한 갈등이 반복되지 않도록 주 1회 회의를 통해 서로의 작업을 점검했고 의견 차이가 있을 때는 개인 감정보다 자료와 근거 중심으로 조율했습니다. 개인적인 감정보다 '과제를 완성한다'는 공동 목표에 집중하며 끝까지 역할을 수행했습니다.

(4) **결과(Result)** : 결과적으로 체계적인 계획과 창의적 아이디어가 결합된 우수한 보고서를 완성해 좋은 평가를 받았습니다. 무엇보다 이 경험을 통해 저는 싫어하는 감정의 상당 부분이 성향 차이에서 비롯된 오해일 수 있다는 점, 다양한 사고와 업무방식의 사람들이 모였을 때 오히려 더 큰 시너지를 만들 수 있다는 것을 깨닫게 되었습니다. 차이를 받아들이고 조율하며 조직의 목표를 달성하는 소중한 경험이었습니다.

제5절 가장 성취감을 느꼈던 경험

❶ 가장 행복했던 순간은 언제였나요?

합격코칭

지나치게 사적이거나 개인적 감정에만 치중한 경험보다는 함께 성장하거나 의미 있는 일을 한 경험, 건전하고 긍정적인 관계의 모습 또는 경찰관의 가치와 연결될 수 있는 경험이 바람직하다.

답변

제가 가장 행복했던 순간은 누군가의 절실한 어려움에 도움을 주고 고맙다는 말을 들었을 때입니다.

(1) **상황(Situation)** : 제 여자친구의 할머니께서 갑작스럽게 입원하시게 되어 병원비와 간병 문제로 여자친구 가족분들이 어려움을 겪고 있었습니다.

(2) **과제(Task)** : 여자친구는 학업과 아르바이트로 바쁜 상황이었고 가족들도 각자 사정이 있어서 간병을 교대로 하기 어려운 상황이었습니다. 저는 여자친구 가족의 어려움을 덜어주고 여자친구가 학업에 집중할 수 있도록 도와주고 싶었습니다.

(3) **행동(Action)** : 저는 자발적으로 간병에 참여하겠다고 제안했습니다. 수업이 없는 시간에는 병원에 가서 할머니를 돌봐드리고 여자친구가 학업에 집중할 수 있도록 도왔습니다. 또한 아르바이트로 모은 돈의 일부를 병원비에 보태며 실질적인 도움을 드리려 노력했습니다.

(4) **결과(Result)** : 할머니께서 회복되셔서 퇴원하실 때 제 손을 꼭 잡으시며 "정말 고마웠다. 우리 손녀가 좋은 사람을 만났구나"라고 말씀해 주셨을 때가 가장 행복했습니다. 사랑한다는 것이 단순히 좋은 시간만 함께 하는 것이 아니라 어려운 순간에도 함께 할 수 있다는 것임을 깨달았습니다. 나중에 경찰관이 되어서도 현장에서 피해자의 아픔에 공감하고 문제를 해결하기 위해 적극적으로 노력하는 자세로 누군가의 삶에 소중한 도움이 되는 경찰관이 되겠습니다.

❷ 지금까지 가장 크게 성과를 내거나 성취감을 느꼈던 경험은? ⟨25. 2차⟩

답변

(1) **상황(Situation)** : 대학교 3학년 때 학과 대표로서 학과 축제를 총괄 기획했습니다. 이전 축제는 학생 참여 저조와 단조로운 프로그램으로 불만이 많았습니다.

(2) **과제(Task)** : 학생 의견을 반영하여 창의적이고 참여도를 높이는 프로그램을 기획해 축제 분위기를 활성화시켜 학생 만족도를 높이는 것이 저의 과제였습니다. 하지만 한정된 예산과 시간 제약도 있었습니다.

(3) **행동(Action)** : 저는 먼저 익명 설문조사와 간담회로 학생들의 요구사항을 파악했습니다. 이를 바탕으로 '참여형 부스'와 '학과 특성 살린 프로그램' 같은 새로운 아이디어를 기획했습니다. 팀원 각자의 강점을 고려해 역할을 명확히 분담하고 예산을 효율적으로 관리했습니다. 정기 회의로 진행 상황을 점검하고, 돌발 상황에 대비한 시나리오를 마련해 현장을 총괄했습니다.

(4) **결과(Result)** : 저의 노력과 팀원들의 헌신 덕분에 축제는 역대급 참여율과 높은 호응을 얻었습니다. 축제 후 설문조사에서 '가장 만족스러운 학과 행사'라는 평가를 받았을 때 학과 대표로서 학과에 긍정적인 활력을 불어넣었다는 큰 성취감을 느꼈습니다. 이 경험을 통해 기획력, 문제해결 능력, 리더십과 실행 능력을 기를 수 있었습니다.

❸ 어떤 결과나 보상은 충분치 않았지만 성취감이나 만족감을 위해 노력했던 경험은?

답변

(1) **상황(Situation)** : 대학교 2학년 여름방학 동안 강원도 평창에서 진행된 농촌 봉사활동에 참여한 경험이 있습니다. 해당 활동은 학점이나 별도의 보상이 없는 순수 봉사활동이었고, 참가비와 개인 장비 구입비 등 약 50만 원을 전액 개인 부담해야 했으며 방학 중 아르바이트도 포기해야 하는 상황이었습니다.

(2) **과제(Task)** : 1주일간 매일 8시간 이상 농사일과 독거노인 어르신 생활 지원을 성실히 수행하며 중도 포기 없이 봉사활동을 끝까지 완수하는 것이 저의 과제였습니다.

(3) **행동(Action)** : 봉사 기간 동안 새벽 5시 30분에 기상해 고추 수확, 벼 베기, 농기구 정리 등 체력이 많이 소모되는 작업에 참여했습니다. 폭염 속 장시간 노동으로 인해 초반에는 극심한 근육통과 피로로 쉬고 싶다는 생각도 들었습니다. 그럼에도 불구하고 저는 스스로 '내가 맡은 하루의 역할만큼은 끝까지 책임지자'는 기준을 세웠습니다. 이를 위해 작업 전날에는 다음 날 할 일을 미리 확인해 필요한 장비를 준비했고 체력 소모를 줄이기 위해 작업 중간중간 스트레칭과 수분 섭취 시간을 스스로 관리했습니다. 또한 농사일 외에도 독거노인 어르신들의 말벗이 되어드리며 하루 일과가 끝난 뒤에는 어르신들의 불편 사항을 정리해 다음 날 봉사자들에게 공유하는 역할도 자발적으로 맡았습니다.

(4) **결과(Result)** : 봉사활동 마지막 날, 78세의 박 할머니께서 "평생 이런 대접 받아본 적 없다"라며 눈물 흘리시는 모습을 보며 진정한 보람과 벅찬 성취감을 느꼈습니다. 타인의 삶에 긍정적인 영향을 미치는 일이 얼마나 큰 가치있는 일이라는 것을 깨달았습니다. 향후 경찰 조직에서도 눈에 보이는 성과나 보상이 없더라도, 시민의 안전과 신뢰를 위해 묵묵히 책임을 다하는 경찰관으로 근무하겠습니다.

> **📖 스티브 잡스의 한 마디**
>
> 인생에 있어서 긴 목표를 세우고 그것을 향해서 한 걸음씩 나아가는 것이 효과적일 것 같지만, 실제로는 지금 관심을 가진 것에 완전히 집중하는 순간이 더 중요하다. 정말로 좋아하는 것을 하게 되면 그러한 경험들이 어느 순간 다른 무언가와 이어지게 된다. 뒤를 돌아보면 그렇게 보낸 시간들과 그 많은 노력들이 마치 무엇인가를 위해 의도한 것처럼 하나의 선으로 연결된다는 것을 깨닫게 된다.

제6절 준법성

❶ 살아오면서 법을 위반했던 경험은?

👤 〈답변〉

(1) **상황(Situation)**: 대학교 신입생 시절, 친구들과 번화가 술집에서 술을 마신 후였습니다. 지하철 막차 시간이 다가오고, 술기운에 화장실을 참기 어려운 상황에서 주변에 공중화장실이 보이지 않았습니다. 급한 마음에 인적이 드문 골목길로 들어서서 노상방뇨를 하게 되었습니다. 그런데 그 골목에 있던 가게의 주인 아주머니께서 마침 문밖으로 나오셨다가 저의 모습을 보게 되셨습니다.

(2) **과제(Task)**: 잘못된 행동이 발각된 상황에서 어떻게 대응할지 결정해야 했습니다. 변명을 하거나 도망갈 수도 있었지만 솔직하게 잘못을 인정하고 사과하는 것이 올바른 선택이라고 생각했습니다.

(3) **행동(Action)**: 아주머니께서 저를 보시고 큰 소리로 "아니, 젊은 사람이 여기서 이러면 어떡해! 여기가 화장실이야?"라고 꾸짖으셨습니다. 저는 너무 당황스럽고 부끄러웠지만 변명하거나 상황을 모면하려 하지 않았습니다. 저의 잘못이 명백했기 때문에 곧바로 고개를 숙여 "아주머니, 정말 죄송합니다. 제가 너무 급해서 그만 실수를 저질렀습니다."라고 솔직하게 사과드렸습니다.

(4) **결과(Result)**: 아주머니의 꾸짖음과 저의 즉각적인 사과 덕분에 상황은 더 커지지 않고 마무리되었습니다. 당시의 부끄러움은 저에게 사소해 보이는 행동이라도 공공질서와 타인에게 불쾌감을 줄 수 있다는 강력한 교훈이 되었습니다.

유사질문

✦ 비도덕적이거나 비윤리적인 행동을 한 경험이 있나요? 〈25. 2차〉

✦ 본인이 타인의 비윤리적인 행동 목격하고 지적해 본 경험이 있는가? 반대로 타인으로부터 본인의 비윤리적인 행동을 지적당한 경험이 있는가? 〈25. 2차〉

❷ 사소한 규칙을 어겨서 이득을 본 경험은?

👤 〈답변〉

(1) **상황(Situation)**: 대학교 과제를 위해 논문 자료가 필요했는데 유료 논문 사이트 이용료가 학생 신분으로는 조금 부담스러운 상황이었습니다.

(2) **과제(Task)**: 중요한 리포트 마감이 다가왔는데 필요한 논문들이 모두 유료 사이트에만 있었고 학생으로서는 비용 부담이 컸습니다.

(3) **행동(Action)**: 아는 선배의 대학원생 계정을 빌려 논문을 다운로드했습니다. 개인 이용 목적이고 상업적 이용이 아니라고 생각했지만 이는 엄밀히 말하면 사이트의 이용약관을 위반한 행동이었습니다.

(4) **결과(Result)**: 과제는 성공적으로 제출할 수 있었지만 나중에 되돌아보니 이는 명백히 규칙을 어긴 행동이었습니다. 이 경험을 통해 설령 작은 규칙이라도 정당한 절차를 거쳐야 한다는 것을 깨달았습니다.

③ 윤리적인 행동으로 무언가 손해를 본 경험은? 〈25. 2차〉

👤 〈답변〉

(1) **상황(Situation)** : 고등학교 시절부터 10년 넘게 우정을 쌓아온 가장 친한 친구의 생일 모임 때였습니다. 기분 좋게 술자리를 마친 후, 주인공이었던 친구가 가까운 거리라며 직접 운전대를 잡으려 했습니다. 주변의 다른 친구들은 생일 분위기를 망치고 싶지 않아 "집이 바로 앞이니 조심해서 가라"며 묵인하는 분위기였습니다.

(2) **과제(Task)** : 제가 나서서 막는다면 축하 분위기는 차갑게 식을 것이고, 주인공이었던 친구와 관계가 틀어질 것이 분명했습니다. 하지만 잠재적인 범죄이자 사고인 음주운전을 '우정'이라는 이름으로 방관할 수는 없었습니다.

(3) **행동(Action)** : 저는 친구의 차 키를 뺏어 들고 끝까지 돌려주지 않았습니다. 친구는 "생일인데 왜 잘난 척하며 기분을 망치느냐"며 사람들 앞에서 저에게 모욕적인 언사를 했고, 다른 친구들조차 "너만 유난이다"라며 저를 비난했습니다. 결국 저는 축하의 자리에서 홀로 소외된 채 귀가해야 했고, 한동안 친구들 사이에서 '분위기를 깨는 사람'으로 낙인찍히게 되었습니다.

(4) **결과(Result)** : 당시에는 10년 우정을 잃었다는 상실감이 컸고, 제 선택이 너무 과했던 것은 아닌지 자책하기도 했습니다. 하지만 며칠 뒤 친구가 먼저 연락해 와 "그때 네가 막지 않았다면 평생 후회할 범죄자가 되었을 것"이라며 진심으로 사과했습니다. 이 경험을 통해 원칙을 지키는 길은 때로 외롭고 단기적인 손해를 동반하지만, 결국 그것이 나 자신과 타인을 지키는 가장 확실한 방법임을 깨달았습니다.

제7절 청렴성 등

① 〈청렴〉 본인이 청렴하다는 것을 나타낼 수 있는 경험은?

답변

(1) **상황(Situation)**: 대학교 학생회에서 재무부 활동을 하던 중이었습니다. 학과 행사를 준비하며 예산을 관리했는데 행사 후 잔액이 일부 남았습니다. 관행상 남은 잔액을 팀원들끼리 회식비로 사용하는 경우가 있었지만 이는 정해진 예산 사용 규정에 어긋나는 일이었습니다.

(2) **과제(Task)**: 관행이라는 유혹 속에서도 남은 학생회비를 개인적인 용도로 사용하지 않고 공적인 자금을 투명하게 규정대로 처리하여 재무부의 청렴성을 지키는 것이 저의 과제였습니다.

(3) **행동(Action)**: 저는 남은 학생회비를 회식비로 사용하자는 일부 팀원의 의견에도 불구하고 학과 재정 규정을 명확히 제시하며 반대 의견을 피력했습니다. "학생회비는 학생들의 등록금에서 나온 소중한 공적 자금이며 남은 돈은 반드시 학과 회계로 반납해야 한다"고 강조했습니다. 팀원들을 설득하여 잔액을 모두 학과 계좌로 반납 처리했고 그 내역을 상세하게 기록하여 모든 팀원들이 확인할 수 있도록 공개했습니다.

(4) **결과(Result)**: 저의 원칙 준수 덕분에 남은 학생회비는 투명하게 처리되었고 학과 재정의 청렴성을 지킬 수 있었습니다. 이후 팀원들도 저의 청렴한 태도와 원칙 준수에 대해 신뢰를 보냈습니다. 이 경험을 통해 저는 어떠한 상황에서도 공과 사를 명확히 구분하고 규정과 원칙에 따라 투명하게 업무를 처리하는 것이 개인과 조직의 신뢰를 쌓는 데 가장 중요함을 깨달았습니다.

유사질문

✦ 현실과 타협하지 않고 원칙을 지켰던 경험은? 〈25. 2차〉

② 〈청렴〉 다른 사람의 부정을 눈감아 준 경험이 있는가?

답변

(1) **상황(Situation)**: 대학교 전공 시험 시간 중이었습니다. 시험 도중 제 바로 옆자리에 앉은 학생이 휴대폰을 이용해 컨닝을 하는 것을 우연히 보게 되었습니다. 감독관이 주변을 살피고 있었지만 그 순간에는 저만 그 사실을 인지할 수 있는 상황이었습니다.

(2) **과제(Task)**: 시험이라는 중요한 상황에서 동료 학생의 부정행위를 목격했을 때 학업의 공정성과 저의 양심을 지키기 위해 이를 고발할 것인지 아니면 불필요한 마찰을 피할 것인지 결정해야 하는 과제에 직면했습니다.

(3) **행동(Action)**: 저는 컨닝 장면을 목격한 순간 매우 당황했습니다. '지금 당장 감독관에게 말해야 할까?', '하지만 괜히 말했다가 저 학생과 관계가 틀어지거나 나중에 불이익을 받을 수도 있지 않을까?' 하는 수많은 고민과 갈등을 했습니다. 결국 저는 그 순간 직접적으로 감독관에게 제보하지 못했습니다. 대신 그 학생 쪽으로는 더 이상 눈길을 주지 않고 제 시험에만 집중하려 노력했습니다. 시험이 끝난 후에도 이 사실을 외부에 알리지 않았습니다.

(4) **결과(Result)** : 시험을 마친 후에도 저의 마음은 매우 불편했습니다. 저의 묵인이 그 학생의 부정행위를 용인하고 다른 열심히 공부한 학생들의 노력을 훼손하는 결과로 이어졌을 것이라는 생각에 깊은 반성을 했습니다. 이 경험을 통해 저는 어떤 상황에서도 옳고 그름을 명확히 판단하고 불의에 대해 단호하게 행동하는 용기가 얼마나 중요한지 깨달았습니다.

❸ 〈공정〉 공정하지 않은 일을 당한 경험은? 〈25. 1차〉

👤〔답변〕

(1) **상황(Situation)** : 제가 학원에서 아르바이트를 할 때였습니다. 학원 원장님께서 여성 아르바이트생들에게는 주로 편한 행정 업무나 상담 업무를 맡기는 반면 저(남자)에게는 무거운 교재 운반, 시설 청소 등 육체적으로 힘든 업무를 주로 지시하는 경우가 많았습니다. 업무 분담에서 성별에 따른 차별을 느꼈습니다.

(2) **과제(Task)** : 성별에 따른 불합리한 업무 지시로 인해 불공정함을 느꼈지만 원장님과의 마찰을 피하면서도 업무 분담의 공정성을 확보해야 하는 과제에 직면했습니다.

(3) **행동(Action)** : 저는 먼저 원장님께 정중하게 면담을 요청했습니다. 감정적으로 불만을 터뜨리기보다, "원장님, 제가 학원에 도움이 되고자 다양한 업무를 하고 싶은데 혹시 제가 맡을 수 있는 다른 업무(**예** 상담 업무 보조, 교재 편집 등)는 없을까요?"라고 적극적으로 다른 업무에 대한 의지를 보였습니다. 동시에 "저는 어떤 일이든 열심히 배우고 싶다. 특히 저의 강점은 꼼꼼함과 문서 작업 능력에도 있다."라고 저의 다른 역량을 어필했습니다. 육체적으로 힘든 업무를 피하려는 것이 아니라 저의 다양한 역량을 학원에 더 효과적으로 기여하며 상담이나 행정업무를 배우고 싶다는 뜻을 전달하려 노력했습니다.

(4) **결과(Result)** : 저의 요청을 들은 원장님은 저의 다른 역량과 업무 의지를 인지하게 되셨고 이후 저에게 행정 업무나 교재 편집 보조 등 다양한 업무를 배분하기 시작했습니다. 육체적으로 힘든 업무는 여전히 있었지만, 업무 분담이 훨씬 공정해졌다고 느꼈습니다. 이 경험을 통해 저는 불공정한 상황에 대해 직접적으로 불만을 표출하기보다, 저의 강점과 다른 업무에 대한 의지를 어필하며 상황을 긍정적으로 개선해 나가는 유연한 대처 능력이 필요하다는 것을 배웠습니다.

❹ 〈책임〉 자신이 책임감 있는 사람이라는 것을 증명할 수 있는 구체적인 사례는?

👤〔답변〕

(1) **상황(Situation)** : 대학교 동아리에서 재무 담당을 맡았을 때였습니다. 동아리 회비는 학생들의 자발적인 참여로 조성되었지만 기존에는 회비 사용 내역이 명확하게 공개되지 않아 일부 동아리원들이 불만을 가지고 있었습니다.

(2) **과제(Task)** : 동아리 회비 사용의 투명성을 확보하고, 모든 동아리원들이 회비 사용 내역을 신뢰할 수 있도록 체계적인 재정 관리 시스템을 구축하는 것이 저의 과제였습니다.

(3) **행동(Action)** : 저는 재무 담당으로서 회비 관리에 대한 막중한 책임감을 느꼈습니다. 먼저 모든 수입과 지출 내역을 엑셀 파일에 날짜, 항목, 금액, 사용 목적 등으로 나누어 상세하게 기록했습니다. 영수증은 하나도 빠짐없이 보관하여 증빙 자료로 활용했습니다. 매달 정기 회의에서 회비 사용 내역을 요약하여 발표하고, 동아리 게시판에 영수증 사본과 함께 모든 내역을 투명하게 공개했습니다. 궁금한 점이 있는 동아리원에게는 언제든지 자세히 설명해 주고, 불필요한 오해가 생기지 않도록 노력했습니다.

(4) **결과(Result)** : 저의 투명하고 책임감 있는 재정 관리 덕분에 동아리원들의 불신은 해소되었고 회비 사용에 대한 신뢰가 크게 높아졌습니다. 다음 해에는 자발적인 회비 납부율도 증가했습니다. 이 경험을 통해 저는 어떠한 금전적인 문제에 있어서도 공과 사를 명확히 구분하고, 투명하고 원칙적으로 처리하여 신뢰를 구축하는 책임감을 길렀습니다.

❺ 〈창의〉 본인의 창의성으로 문제를 해결해 본 경험은?

👤〈답변〉

(1) **상황(Situation)** : 대학교 학과 대표로 활동하며 학과 전용 소규모 도서관의 저조한 이용률 문제에 직면했습니다. 좋은 시설과 전문 서적을 갖추고 있음에도 학생들이 거의 이용하지 않아 예산 삭감 위기에 처한 상황이었습니다.

(2) **과제(Task)** : 도서관 이용률이 낮은 근본 원인을 파악하고 기존의 '조용한 도서관' 개념을 탈피하여 학생들의 참여를 유도하는 창의적인 해결책을 마련해 도서관을 활성화하는 것이 저의 과제였습니다.

(3) **행동(Action)** : 먼저 문제 원인 파악을 위해 설문조사를 실시했습니다. 그 결과 '너무 조용해서 부담스럽고 혼자 공부하기 외로우며 어떤 책이 있는지 모른다'는 의견이 많았습니다. 이에 저는 '소통하는 학습 공간'으로의 재구성이라는 창의적인 아이디어를 제안했습니다.
구체적으로 도서관을 '집중 학습 구역', '토론 가능 구역', '휴식 및 간담 구역' 세 곳으로 나누어 운영했습니다. 특히 '책 큐레이션 서비스'를 도입해 매주 특정 주제의 추천 도서를 선정하여 전시했고 '학습 동반자 매칭 시스템'을 통해 같은 관심사를 가진 학생들끼리 스터디 그룹을 형성하도록 도왔습니다.

(4) **결과(Result)** : 저의 창의적인 노력 덕분에 도서관 이용률이 3개월 만에 400% 증가했으며, 학생들의 만족도도 크게 향상되었습니다. 이 성공 사례는 다른 과에서도 벤치마킹하여 학교 전체로 확산되었습니다. 이 경험을 통해 저는 문제의 근본 원인을 파악하고 고정관념을 깨는 창의적인 아이디어로 실질적인 해결책을 제시하며 이를 통해 조직의 성과와 구성원의 만족도를 동시에 높이는 능력을 길렀습니다.

❻ 〈성실〉 자신의 성실성을 나타낼 수 있는 경험은?

👤〈답변〉

(1) **상황(Situation)** : 저는 3년 동안 주말마다 한 베이커리 카페에서 서빙 아르바이트를 했습니다. 주말에는 항상 손님이 많아 매우 바빴고 다양한 고객들의 요구사항과 불만사항을 처리해야 했습니다.

(2) **과제(Task)** : 바쁜 주말에도 항상 밝은 미소와 친절한 태도로 손님들을 응대하고 신속하고 정확한 서빙을 통해 매장의 얼굴 역할을 성실히 수행하는 것이 저의 과제였습니다.

(3) **행동(Action)** : 저는 3년이라는 긴 시간 동안 한 번도 지각이나 결근 없이 성실하게 근무했습니다. 매주 주말 아르바이트를 나갈 때마다 '오늘도 최고의 서비스로 손님들을 만족시키겠다'는 다짐을 했습니다. 손님들이 많아 정신이 없을 때도 주문을 꼼꼼히 확인하고, 음식을 나를 때 항상 웃는 얼굴로 "맛있게 드세요"라고 먼저 인사를 건넸습니다. 손님의 불만이 발생하면 즉시 다가가 경청하고, 죄송하다는 말씀과 함께 매니저에게 신속히 보고하여 해결을 도왔습니다.

(4) **결과(Result)** : 저의 꾸준한 성실함과 친절함 덕분에 많은 손님들이 저를 기억하고 "이 아르바이트생은 항상 친절하다"며 칭찬해 주셨습니다. 매니저님께서는 "네가 우리 카페의 분위기를 밝게 만들고 손님들에게 좋은 인상을 줬다"고 칭찬을 해주셨습니다.

7 〈희생〉 다른 사람을 위해 희생했던 경험은?

답변

(1) **상황(Situation)** : 주말 오후, 제가 자주 가던 동네 공원에서 산책을 하고 있었습니다. 주변을 살펴보니 대여섯 살 정도로 보이는 아이가 울면서 혼자 걸어가고 있는 모습이 보였습니다. 부모님은 주변에 보이지 않고 아이는 겁에 질려 울기만 할 뿐 말도 제대로 하지 못하는 상황이었습니다.

(2) **과제(Task)** : 저는 길을 잃은 아이를 안심시키고 부모님을 찾아줘야 한다고 생각했습니다.

(3) **행동(Action)** : 저는 먼저 아이에게 "괜찮아, 엄마 찾아줄게."라며 안심을 시켰습니다. 아이에게 부모님 연락처를 물어보았지만 아이는 제대로 대답하지 못했습니다. 저는 아이가 더 불안해하지 않도록 손을 잡고 공원 내에서 부모님을 찾아다녔습니다. 그러다가 공원 관리소를 발견하고 들어가서 아이의 상황을 알렸고 공원 관리소에서는 부모님을 찾는 방송을 하였습니다.

(4) **결과(Result)** : 약 30분가량 지났을 때 아이를 애타게 찾고 있던 부모님이 공원 관리소로 왔습니다. 부모님께서는 아이를 보자마자 달려와 꼭 안아주셨고 저에게 연신 고맙다는 말씀을 하시며 눈물을 보이셨습니다. 아이가 다시 부모님 품으로 돌아가는 모습을 보았을 때 저의 작은 희생으로 아이가 조금이라도 빨리 부모님께 돌아갈 수 있게 되었다는 뿌듯함을 느꼈습니다.

8 〈희생〉 타인의 실수를 본인이 감수한 경험은?

답변

(1) **상황(Situation)** : 대학교 축구동아리 주장으로 활동하면서 타 대학과의 친선경기에서 일어난 일입니다. 경기 중반에 저희 팀 수비수가 상대방 공격수를 막다가 과도한 태클로 상대방을 부상 입히는 상황이 발생했습니다. 명백한 반칙이었고 상대팀은 매우 격분하며 경기 중단까지 요구했습니다. 자칫하면 동아리 간 관계가 악화되고 앞으로의 교류에도 문제가 생길 수 있었습니다.

(2) **과제(Task)** : 팀원의 명백한 실수로 인한 위기 상황에서 상대팀의 격분을 진정시키고 동아리 간 관계 악화를 막는 동시에 팀원의 잘못을 인정하고 재발 방지 대책까지 마련해야 하는 것이 저의 과제였습니다.

(3) **행동(Action)** : 저는 주장으로서 즉시 상대팀 주장과 감독에게 찾아가 정중히 사과했습니다. 이는 팀원 개인의 실수라기보다는 제가 평소 팀 훈련에서 페어플레이 정신을 충분히 강조하지 못한 저의 책임이라고 먼저 인정했습니다. 부상 당한 선수의 치료비는 저희 팀에서 모두 부담하겠다고 약속했습니다. 또한 경기 후에는 우리 팀 전체가 상대팀에게 정식으로 사과하는 시간을 가졌습니다.

(4) **결과(Result)** : 상대팀에서도 저희의 진정성 있는 사과를 받아들여 주었고 부상당한 선수도 큰 문제 없이 회복되었습니다. 이 사건 이후 우리 동아리에서는 기술 훈련뿐만 아니라 스포츠 정신과 페어플레이에 대한 교육도 정기적으로 실시하게 되었습니다. 이 경험을 통해 리더는 팀원의 실수에 대해 개인을 비난하기보다는 팀 전체의 책임으로 받아들이고 재발 방지를 위한 시스템을 만들며 이를 통해 위기를 극복하고 관계를 개선하는 책임감과 리더십이 중요하다는 것을 배웠습니다.

제8절 | 가치관 · 인생관 · 꿈

1 MBTI에서 P와 J가 있는데 본인은 어느 쪽인가? ⟨25. 2차⟩

답변

저는 계획을 세우고 이를 체계적으로 실행하는 것을 선호하는 J(계획형) 성향에 가깝습니다. 제가 경호업체 아르바이트를 할 때, 행사 전 배치도와 비상 연락망, 인근 취약 지점을 미리 숙지하고 현장에 나갔습니다. 철저한 사전 계획이 뒷받침되었을 때, 현장에서 발생하는 돌발 상황에도 당황하지 않고 침착하게 대응할 수 있었습니다. 계획이 틀어졌을 때는 미리 세워둔 '플랜 B'를 즉각 실행에 옮기는 유연한 계획형입니다.

MBTI 성향 분석

MBTI 유형		특징
에너지 방향	외향(Extraversion)	폭 넓은 대인관계, 사교적 활동적
	내향(Introversion)	깊이 있는 대인관계, 신중함, 집중력
정보수집 방식	감각(Sensing)	실제 경험 중시, 정확하고 철저한 일처리
	직관(N, Intuition)	직관에 의존, 신속, 비약적
의사결정 방식	사고(Thinking)	진실과 사실에 관심, 논리적, 분석적
	감정(Feeling)	사람, 관계에 관심, 상황적, 포괄적
생활 방식	판단(Judging)	분명한 목적, 방향, 철저한 사전 계획
	인식(Perceiving)	상황에 맞는 변화, 융통성과 적응

2 존경하는 사람은 누구인가?

답변

⑴ **요점(Point)** : 저는 고등학교 때 담임선생님을 가장 존경합니다.

⑵ **이유(Reason)** : 그 선생님을 존경하는 이유는 세 가지입니다.

 ① 첫째, 절대 포기하지 않는 교육 철학을 갖고 계셨기 때문입니다. 어떤 학생이든 가능성을 믿고 끝까지 지도하려는 의지를 보여주셨습니다.

 ② 둘째, 진정한 배려심을 실천하셨기 때문입니다. 도움이 필요한 학생들을 돕되 그들의 자존심까지 세심하게 배려하는 모습이 감동적이었습니다.

 ③ 셋째, 말보다는 행동으로 사랑을 보여주셨기 때문입니다. 학생들에게 훈계하기보다는 직접 모범을 보이며 감화시키는 교육 방식을 사용하셨습니다.

⑶ **예시(Example)** : 저 역시 고등학교 2학년 때 진로에 대한 고민과 성적 부진으로 많이 방황했던 시기가 있었습니다. 수업에 집중하지 못하는 저에게 오히려 가능성에 대해 높이 평가해 주셨습니다. 이후에도 개별 상담시간을 통해 끊임없이 저를 지지하고 응원해 주셨습니다. 그로 인해 저의 장점도 발견하고 학습의 목표도 명확해졌습니다.

⑷ **요점(Point)** : 선생님께서 학생 한 명 한 명을 소중히 여기셨듯이, 저도 만나는 모든 시민을 소중한 존재로 여기고 봉사하는 경찰관이 되겠습니다.

유사질문

✦ 주변에 청렴한 사람으로서 롤 모델이 있는가? ⟨25. 2차⟩

✦ 부모님을 제외하고 본인에게 큰 도움을 준 사람은? ⟨25. 1차⟩

③ 본인의 가치관에 대하여 말해보세요.

답변

(1) **요점(Point)** : 저는 책임감과 정직성을 가장 중요한 가치관으로 삼고 있습니다.

(2) **이유(Reason)** : 책임감은 국민 안전과 직결된 경찰 업무의 기본 신뢰 요소이며 저의 행동이 누군가의 생명에 영향을 줄 수 있기 때문입니다. 정직성은 법을 집행하는 경찰관에게 공정하고 투명한 판단을 위한 필수적인 기준이며 국민의 신뢰를 얻는 근간이라고 믿습니다.

(3) **예시(Example)** : 저는 이전에 편의점에서 아르바이트를 한 경험이 있습니다. 어느 날 마감 근무 중 계산 착오로 인해 고객에게 거스름돈을 더 많이 드린 사실을 뒤늦게 알게 되었습니다. 금액이 크지 않았고 마감 시간이라 그냥 넘어갈 수도 있었지만, 저는 책임감을 느끼고 다음 날 출근하자마자 매니저님께 이 사실을 정직하게 보고했습니다. 이 경험을 통해 작은 실수라도 책임감을 가지고 정직하게 대처하는 것이 얼마나 중요한지 다시 한번 깨달았습니다.

(4) **요점(Point)** : 이러한 책임감과 정직성이라는 가치관은 경찰관으로서 국민의 생명과 재산을 보호하고, 공정하게 법을 집행하여 국민의 신뢰를 얻는 데 중요하다고 생각합니다.

④ 경찰관이 되겠다는 꿈 이외에 다른 꿈을 위해서 노력했던 경험은?

답변

(1) **요점(Point)** : 경찰관이 되겠다는 꿈을 꾸기 전 저는 운동을 너무 좋아해서 전문 트레이너가 되는 것을 목표로 삼고 노력했습니다.

(2) **이유(Reason)** : 저는 어릴 때부터 몸을 움직이는 것을 좋아했고, 운동을 통해 스스로의 한계를 극복하며 성취감을 느끼는 데 큰 보람을 느꼈습니다. 특히 다른 사람들에게 올바른 운동 방법을 알려주고 그들의 건강한 변화를 돕는 트레이너의 역할에 매력을 느꼈습니다.

(3) **예시(Example)** : 트레이너가 되겠다는 목표를 가지고 헬스장에서 아르바이트를 한 적이 있습니다. 당시 운동에 흥미를 느끼지 못하고 힘들어하는 회원분께 제가 배운 지식을 바탕으로 운동 방법을 알려드리고 자신만의 운동 루틴을 만들 수 있도록 도움을 드렸습니다. 또한 꾸준히 컨디션과 운동량을 체크해 드린 결과 조금씩 변화를 보이기 시작했고 결국 목표로 했던 건강 상태를 회복하며 운동에 대한 흥미까지 얻게 되었습니다.

(4) **요점(Point)** : 이 경험은 체력뿐 아니라 한 사람 한 사람의 목소리에 귀 기울이며 각자의 상황에 맞는 도움을 고민하는 태도를 길러주었습니다. 또한 작은 변화를 꾸준히 만들어가는 과정에서 근성과 책임감을 배웠습니다. 이 역량을 바탕으로 현장에서 시민을 세심하게 보호하고 끝까지 책임을 다하는 경찰관이 되겠습니다.

✦ 수험생활을 제외하고 꾸준히 했거나 가장 시간을 들여 노력한 것은? 〈25. 2차〉
 − 그 경험을 통해서 무엇을 얻었나?
 − 그 경험을 경찰 조직에서 어떻게 활용할 수 있나?

❺ 10년 후, 20년 후, 30년 후 경찰관으로서의 목표는? 〈25. 2차〉

답변

(1) **10년 후 목표(현장 전문가)**: 경찰서 수사과에서 인정받는 전문 수사관이 되고 싶습니다. 다양한 사건을 경험하며 수사 기법과 현장 대응 능력을 완벽하게 습득하겠습니다. 특히 사이버범죄나 금융범죄 등 전문 분야의 수사 역량을 키워 동료들이 어려운 사건에서 조언을 구하는 신뢰받는 수사관이 되고 싶습니다.

(2) **20년 후 목표(팀장)**: 경찰서 팀장이나 계장급으로서 후배들을 이끄는 중간 리더가 되고 싶습니다. 현장에서 쌓은 경험을 바탕으로 효율적인 조직 운영과 부하 직원들의 역량 개발에 힘쓰겠습니다. 항상 솔선수범하는 팀장이 되고 싶습니다.

(3) **30년 후 목표(부서 책임자)**: 후배들로부터 존경받는 경찰서 수사과장이나 형사과장을 하고 싶습니다. 30년간의 수사 경험과 리더십을 바탕으로 관내 강력사건과 주요 사건들을 총괄 지휘하며 완벽하게 사건을 해결하고 싶습니다. 특히 과학수사 시스템과 디지털 포렌식 기술을 적극 활용하여 첨단 범죄에 효과적으로 대응하는 과장이 되고 싶습니다.

✦ **목표를 어떤 방식으로 설정하는가?**
목표를 설정할 때는 최종목표, 중간목표(1년 단위), 단기목표(월·주 단위)로 나누고 구체적인 최종목표를 먼저 설정한 후 중간목표를 세우고 오늘 당장 실천할 수 있는 구체적인 실행 목표를 단기목표로 설정합니다. 목표를 세울 때는 구체적으로, 측정이 가능하며, 행동 위주로, 실현 가능하며, 마감 기한을 설정합니다.

✦ **중간목표를 달성하지 못했을 때는 어떻게 할 것이냐?**
중간목표 달성에 실패했다면 실패의 원인을 분석하고 계획을 재설정하는 기회로 삼겠습니다. 먼저 목표 미달의 원인이 '노력의 부족'이었는지, 아니면 '방법의 오류'였는지 냉정하게 분석하겠습니다. 그 다음 분석 결과를 바탕으로 시행착오를 개선하거나 목표를 현실적으로 수정하여 다시 도전하겠습니다. 이 과정에서 필요하다면 선배님이나 동료들에게 조언을 구하겠습니다.

✦ **최종목표를 현실적으로 잡는 편인가 아니면 좀 더 크게 잡는 편인가?**
목표를 세울 때 '이 정도면 무난히 달성할 수 있겠다' 싶은 쉬운 목표보다는 조금 더 어려운 목표를 세우는 편입니다. 목표가 너무 쉬우면 동기부여가 약할 수 있고, 새로운 것을 배우는 등 도전할 열정이 생기지 않습니다. 너무 비현실적으로 어려운 목표는 사기 저하를 부를 수 있지만, 적당히 어려운 목표를 설정하면 그 과정에서 성장의 기회가 더 클 것으로 생각합니다. 예를 들어 작년에 토익 800점을 목표로 잡았는데, 700점 목표였다면 시도하지 않았을 노력을 하여 결과적으로 770점을 받았습니다. 목표를 조금 높게 잡으면 목표를 100% 달성하지 못해도 도전하는 과정에서 얻는 게 많다고 생각합니다.

제9절 수험생활 등

1 면접학원 다녔나?

이 질문은 겉보기에는 단순한 확인처럼 들리지만 실제로는 지원자가 '인위적으로 만들어진 답변'을 하고 있는지, 진정성과 자기 언어에 대해 판단하기 위한 질문이다.

"학원을 다녔는지 여부" 자체가 아니라 답변이 너무 정형화되어 있거나 진정성이 느껴지지 않을 때 "이 답변은 어디서 배운 건가?"라는 의문에서 나오는 질문이다.

면접학원을 다녔다면 솔직하게 인정하되 단순히 외워서 말하는 것이 아니라 "연습을 통해 부족한 점을 보완하고 나만의 말로 표현하기 위한 시간이었습니다"라고 답변을 확장하는 것이 바람직하다.

반대로 학원을 다니지 않았다면 "혼자서 준비하며 주변의 피드백을 많이 받았고 실제 경험을 토대로 정리해 보았습니다." 식으로 자기주도적인 준비 과정을 어필하는 것이 좋다.

답변

(1) 면접학원을 다닌 경우

저는 경찰 면접에 대한 체계적인 준비를 위해 한 달 정도 면접학원에 다녔습니다. 학원에서는 경찰 직무에 대한 이해를 높이고 모의 면접을 통해 저의 답변을 객관적으로 점검받을 수 있었습니다. 하지만 어떤 내용으로 답변할 것인지는 결국 제 스스로 찾아야만 했습니다. 그동안 필기시험을 준비하면서 공부했던 헌법, 형법, 형사소송법, 경찰학 지식을 바탕으로 경찰 관련 서적과 뉴스를 꾸준히 찾아보며 시사 이슈와 경찰 정책에 대한 이해를 심화시켰습니다. 특히 학원 수강생들로 구성된 스터디 그룹을 통하여 자신의 생각을 조리 있게 표현하는 연습을 많이 했었습니다.

후속질문

✦ 학원에서는 어떤 내용을 가르치는가?

제가 학원에서 도움을 받았던 부분은 기본적인 면접 태도와 말하는 방법입니다. 그동안 객관식 필기시험에 맞추어서 공부를 하다보니까 말하는 것이 서툴렀는데 학원에서 다른 학생들과 함께 공부하면서 조리 있게 표현하는 방법을 많이 터득하게 되었습니다. 특히 모의 면접이나 강사의 피드백을 통해서 저의 태도나 표현하는 방법을 개선할 수 있었습니다.

답변

(2) 면접학원을 다니지 않은 경우

저는 면접학원을 다니지 않았습니다. 대신 경찰관 선배님과 면담, 경찰 관련 서적 읽기 그리고 다른 학생들과 스터디그룹 등을 통하여 공부하였습니다. 특히 현직 경찰관들로부터 현장의 생생한 이야기를 들었던 것이 면접 준비에 큰 도움이 되었습니다.

후속질문

✦ 왜 학원에 안 갔나?

학원에서 정형화된 답변을 배우기보다는 제 자신의 경험과 생각을 솔직하게 전달하는 것이 더 중요하다고 생각했습니다.

② 경찰면접을 보는 이유가 무엇이라고 생각하는가?

🧑〈답변〉

경찰 면접은 지원자가 경찰 공무원으로서 갖춰야 할 기본적인 자질과 가치관을 보유하고 있는지, 그리고 조직 문화에 잘 적응하고 기여할 수 있는 인재인지를 종합적으로 평가하기 위함이라고 생각합니다. 또한 다양한 현장 상황에 있어서 상황판단 및 문제해결 능력 그리고 의사소통 능력을 평가하기 위함이라고 생각합니다. 결국 면접은 단순히 지식을 평가하는 것이 아니라 시민의 안전을 책임질 수 있는 신뢰할 만한 사람인지를 종합적으로 판단하는 과정이라고 생각합니다.

③ 필기시험에 계속 떨어졌던 이유는 무엇이라고 생각하는가?

🧑〈답변〉

필기시험에 계속 떨어졌던 가장 큰 이유는 저의 학습 전략이 부족했기 때문이라고 생각합니다. 처음에는 단순히 많은 문제를 풀면 된다고 생각해서 양 위주의 학습을 했습니다. 하지만 반복되는 실패를 통해 각 과목의 출제 경향을 면밀히 분석하고 저의 취약점을 정확히 파악하는 것이 더 중요하다는 것을 깨달았습니다. 이후에는 오답 노트를 체계적으로 활용하고 시간 배분 연습에 집중하며 문제해결 능력을 높이는 데 주력했습니다. 특히 법 과목에서는 개념 이해와 함께 실제 적용 사례를 함께 공부하며 실수를 줄여나갔습니다. 이러한 자기 성찰과 개선 노력을 통해 결국 이번에 합격할 수 있었습니다.

④ 지난번 면접시험에서 떨어졌던 이유가 무엇이라고 생각하는가?

🧑〈답변〉

지난번 면접시험에서 최선을 다했지만, 필기성적이 좋지 않아서 체력시험이나 면접시험으로 그 차이를 극복하기는 어려웠던 것 같습니다. 또한 면접에서도 경찰 직무에 대한 깊이 있는 이해와 저의 경험을 연결하는 논리적인 설명이 다소 미흡했던 것 같습니다. 이러한 점을 보완해서 이번 시험에서는 필기와 체력시험에서 안정적인 점수를 얻었을 수 있었고 경찰 직무에 대하여도 보다 심층적으로 공부하였습니다.

⑤ 이번 시험에서도 떨어진다면 계속 공부할 생각인가?

🧑〈답변〉

이번 시험에 아쉽게 떨어진다고 해도 저는 경찰관의 꿈을 절대 포기하지 않을 것입니다. 경찰은 제가 오랫동안 진심으로 바라왔던 길입니다. 만약 불합격한다면 그 이유를 철저히 분석하고 저의 부족한 점을 확실히 개선하여 다음 시험에 다시 도전하겠습니다.

6 **오랫동안 공부하면서 가장 힘들었던 것은 무엇인가?**

답변

오랫동안 경찰 시험을 준비하면서 가장 힘들었던 점은 반복되는 실패 속에서 찾아오는 심리적인 불안감과 좌절감이었습니다. 특히 필기시험에서 여러 번 고배를 마셨을 때 '과연 내가 할 수 있을까?' 하는 회의감이 들기도 했습니다. 하지만 저는 이러한 감정에 휩쓸리지 않기 위해 노력했습니다. 먼저 실패의 원인을 냉정하게 분석하고 구체적인 학습 계획을 다시 세웠습니다. 그리고 힘들 때마다 저의 확고한 목표와 초심을 되새기며 마음을 다잡았습니다. 또한, 규칙적인 운동과 함께 공부하는 다른 친구들과의 긍정적인 교류를 통해 스트레스를 관리하고 서로에게 힘이 되어 주었습니다.

7 **스트레스를 어떤 식으로 해소하는가?** 〈25. 2차〉

답변

저는 주로 규칙적인 운동과 함께 공부했던 학원 친구들과의 솔직한 대화를 통해 스트레스를 해소하였습니다. 우선 헬스장에서 땀 흘리며 운동을 하면 복잡했던 머릿속이 정리되고 몸과 마음이 상쾌해지는 것을 느낍니다. 열심히 운동한 후에는 성취감도 얻을 수 있어 스트레스 해소에 매우 효과적입니다. 또한 같은 목표를 가진 친구들과 서로의 어려움을 공유하고 진솔하게 대화하는 시간도 큰 도움이 되었습니다. 서로 공감하고 격려하면서 혼자서는 감당하기 어려운 심리적 부담감을 덜어낼 수 있었습니다.

CHAPTER 02 경찰 윤리

제1절 공직 가치

1 공권력과 인권 중 어느 것이 중요한가?

> **합격코칭**
>
> 이 질문은 지원자의 민주주의와 법치주의에 대한 이해도, 가치관, 그리고 경찰관으로서 가져야 할 균형 감각을 평가하기 위한 고전적이면서도 중요한 질문이다. 어느 한쪽을 선택하기보다는 두 가치의 관계와 조화를 강조하며, 궁극적으로 인권의 중요성을 기반으로 답변하는 것이 바람직하다. 단순히 "공권력이 더 중요합니다. 질서가 우선입니다."라고 하는 것은 권위주의적이고 인권을 고려하지 않는 발언이며 "인권이 무조건 더 중요합니다. 공권력은 최소화해야 합니다."라고 하는 것은 경찰의 질서유지 책임을 간과하고 공권력의 순기능을 인식하지 못하는 답변이다.

답변

(1) **상호 관계**: 공권력과 인권 중 어느 하나가 절대적으로 더 중요하다고 단정하기는 매우 어렵습니다. 두 가치는 서로 대립하기보다는 조화를 이루어야 하는 관계에 있다고 생각합니다.

(2) **각 가치의 중요성**

① **공권력의 중요성**: 공권력은 사회의 질서를 유지하고 법을 집행하며, 다수의 국민의 생명과 안전 그리고 권리를 보호하기 위해 반드시 필요합니다. 정당하고 효과적인 공권력 없이는 사회는 혼란에 빠지고 오히려 힘없는 개인의 인권이 더욱 쉽게 침해될 수 있는 무법 상태가 될 수도 있습니다.

② **인권의 중요성**: 하지만 동시에 인권은 인간이라면 누구나 존엄하게 누려야 할 가장 기본적인 권리이며, 모든 국가 권력의 존재 이유이자 행사의 궁극적인 목적이 되어야 합니다. 민주주의 사회에서 공권력의 정당성은 바로 이러한 인권을 존중하고 보호하는 데서 비롯된다고 생각합니다.

(3) **조화와 균형점 강조**

① 따라서 중요한 것은 이 두 가치 사이의 균형점을 찾는 것입니다. 공권력은 인권을 침해하기 위해서가 아니라, 인권을 보호하고 실현하기 위한 수단으로서 존재해야 합니다.

② 경찰관으로서 법을 집행하고 질서를 유지하는 공권력을 행사할 때에도, 그 과정은 항상 헌법과 법률이 보장하는 국민의 기본적 인권을 최우선으로 존중하는 테두리 안에서 이루어져야 합니다. 즉, 공권력 행사는 필요 최소한의 범위 내에서 적법절차를 반드시 준수하며 이루어져야 합니다.

(4) **결론(인권의 근본적 중요성 재확인)**: 결론적으로 사회 질서 유지를 위해 공권력은 필수 불가결하지만, 그 공권력이 정당성을 얻고 궁극적으로 지향해야 하는 목표는 인권의 보호와 실현에 있습니다. 따라서 가장 근본적이고 우선적인 가치는 인권에 있다고 생각하며, 공권력은 이 인권을 지키기 위한 중요한 수단으로서 기능해야 합니다.

❷ 본인이 가장 중요하게 생각하는 공직가치(덕목)는? 〈25. 1·2차〉

👤〈답변〉

저는 '책임감'이 가장 중요한 공직가치라고 생각합니다.

(1) **책임감의 정의 및 중요성** : 책임감이란 자신이 맡은 임무와 역할의 중요성을 깊이 인식하고, 그 결과를 끝까지 책임지려는 마음가짐이자 태도입니다. 국민으로부터 권한을 위임받아 공익을 위해 봉사하는 공직자, 특히 법 집행과 국민의 안전이라는 막중한 임무를 수행하는 경찰관에게 책임감은 다른 어떤 가치보다 우선되어야 할 기본이라고 생각합니다.

(2) **경찰 직무와의 연관성** : 강력한 책임감은 경찰관이 어려운 상황에서도 맡은 바 임무를 회피하지 않고 완수하도록 이끄는 원동력이 됩니다. 사건 현장에 가장 먼저 달려가고 피해자를 보호하며, 범인을 검거하고 맡은 수사를 끝까지 마무리 짓는 모든 과정에는 투철한 책임감이 밑받침되어야 합니다. 또한 자신의 공권력 행사에 따르는 결과에 대해 책임을 질 줄 아는 자세야말로 국민의 신뢰를 얻는 기본이라고 생각합니다.

(3) **타 가치와의 관계** : 책임감이 투철하다면 성실하게 직무에 임하게 되고(성실성) 법과 원칙을 지키려 노력하며(준법성, 공정성) 잘못이 있다면 인정하고 개선하려 할 것(투명성)입니다. 즉 책임감은 다른 많은 중요한 공직가치를 실현하는 근간이 된다고 생각합니다."

  ✎ 다른 가치 선택 시에도 위와 같은 구조로 이유를 설명할 수 있음(**예** 청렴성, 공정성, 봉사 정신 등)

후속질문

✦ **경찰 헌장을 알고 있는가? 경찰 헌장에서 가장 중요한 가치를 무엇이라고 생각하는가?**

> 📖 경찰헌장 주요 내용
> 1. 우리는 모든 사람의 인격을 존중하고 누구에게나 따뜻하게 봉사하는 <u>친절한</u> 경찰이다.
> 1. 우리는 정의의 이름으로 진실을 추구하며, 어떠한 불의나 불법과도 타협하지 않는 <u>의로운</u> 경찰이다.
> 1. 우리는 국민의 신뢰를 바탕으로 오직 양심에 따라 법을 집행하는 <u>공정한</u> 경찰이다.
> 1. 우리는 건전한 상식 위에 전문지식을 갈고 닦아 맡은 일을 성실하게 수행하는 <u>근면한</u> 경찰이다.
> 1. 우리는 화합과 단결 속에 항상 규율을 지키며, 검소하게 생활하는 <u>깨끗한</u> 경찰이다.

❸ 정의와 법은 어떤 연관성이 있다고 생각하나요?

👤〈답변〉

(1) **정의(Justice)와 법(Law)의 의미** : 제가 생각하는 정의란 '사회 구성원 간의 올바른 관계를 실현하는 도덕적 가치'이며, 법이란 '국가가 제정한 강제력 있는 사회규범으로서 모두의 안전과 질서를 위하여 지켜야 할 최소한의 규칙'이라고 생각합니다.

(2) **정의와 법의 연관성**

  ① 이상적 관계(법은 정의의 도구) : 법은 사회가 추구하는 정의로운 가치를 실현하기 위한 구체적인 수단이자 도구라고 할 수 있습니다. 즉 정의라는 추상적인 이상을 법이라는 현실적인 제도를 통해 구현하고자 하는 것입니다.

② **현실적 간극(법 ≠ 정의)**: 하지만 현실에서는 법이 항상 정의와 완벽하게 일치하는 것은 아니라고 생각합니다. 때로는 법 자체가 특정 시대나 상황의 한계를 반영하여 정의롭지 못하게 느껴질 수도 있고 (악법 논란 등) 혹은 법 자체는 정의롭지만 그 법을 해석하고 적용하는 과정에서 불공정한 결과(오판, 집행 오류 등)가 발생할 수도 있습니다. 법은 정의를 지향하지만 인간이 만든 제도이기에 불완전할 수 있습니다.

③ **경찰의 역할**: 경찰관은 법을 집행하는 최일선에 서게 됩니다. 단순히 법 조항을 기계적으로 적용하는 것을 넘어 그 법이 추구하는 정의의 정신과 가치를 항상 염두에 두어야 합니다. 법 집행 과정에서 절차적 정의를 철저히 준수하고 법의 테두리 안에서 최대한 공정하고 불편부당하게 행동함으로써 실질적인 정의 실현에 기여하는 것이 경찰의 중요한 역할이라고 생각합니다.

결론적으로 법은 정의를 실현하기 위한 중요한 도구이지만 완벽하지는 않으며 정의는 법이 나아가야 할 방향을 제시하는 근본적인 가치입니다. 이 둘의 조화로운 관계 속에서 경찰은 법을 통해 정의를 실현하고 정의의 가치를 통해 법 집행의 정당성을 확보해야 한다고 생각합니다.

❹ '악법도 법이다'는 말에 대하여 어떻게 생각하는가?

합격코칭

법의 궁극적인 목적은 정의 실현에 있음을 분명히 하고 현실에서는 법이 항상 정의롭지 않을 수 있으며 심각한 '악법'이 존재할 가능성과 그 문제점을 인식하고 있음을 보여준다. 악법에 대한 대처는 개인적인 불복종이나 실력 행사가 아니라 민주 사회의 틀 안에서 합법적이고 민주적인 절차(입법, 법 개정 운동, 헌법소원, 선거 등)를 통해 개선하고 바로잡아야 한다는 점을 강조한다.

답변예시 | 피해야 할 답변

① "법은 무조건 지켜야 합니다. 내용이 어떻든 경찰은 그저 집행할 뿐입니다.": 무조건적인 복종만을 강조하는 답변(맹목적 법실증주의)
② "제가 생각하기에 정의롭지 않은 법은 경찰이라도 따를 필요가 없습니다." / "악법은 법이 아니므로 당연히 지키지 않아도 됩니다.": 법치주의의 근간인 법적 안정성을 심각하게 훼손할 수 있는 위험한 생각이다. 특히 법 집행자인 경찰관이 개인의 주관적 판단에 따라 법 집행을 거부하거나 선택하겠다는 태도는 바람직하지 않다.

답변

'악법'은 정의롭지 못한 법을 의미합니다. 그러한 악법도 적법한 절차에 의하여 만들어졌다면 사회 구성원들이 따라야 한다는 의미로 생각됩니다. 즉, 법의 내용(정의로운가)과 법의 형식(적법한 절차로 만들어졌는가)을 분리하여 보는 관점으로서 그 내용이 정의롭지 못하다고 하더라도 합법적 절차를 통해 제정된 법은 형식적으로는 유효한 법으로 인정해야 한다는 의미로 생각합니다. "악법도 법이다"라는 말은 법치주의의 안정성과 법이 추구해야 할 정의라는 가치 사이의 고민을 담고 있는 질문이라고 생각합니다.

⑴ **법치주의와 법적 안정성의 중요성** : 만약 개개인이 자신의 주관적인 판단에 따라 법을 지키거나 지키지 않기로 결정한다면, 사회는 큰 혼란에 빠질 것이고 법적 안정성은 심각하게 훼손될 것입니다. 이런 관점에서 볼 때, 설령 특정 법이 부당하거나 불합리하게 느껴지더라도 민주적이고 합법적인 절차에 따라 제정된 법이라면 원칙적으로는 존중하고 따라야 한다는 입장에 무게를 두어야 한다고 생각합니다. 특히 법을 집행하는 경찰관의 입장에서는 개인적인 가치 판단을 앞세워 법 집행을 자의적으로 거부하거나 선택할 수는 없습니다. 이는 법치주의의 근간을 흔드는 행위가 될 수 있기 때문입니다.

⑵ **법의 목적은 '정의' 실현** : 하지만 법의 궁극적인 목적은 '정의'를 실현하는 데 있습니다. 만약 어떤 법이 인간의 존엄성이나 기본적인 인권을 심각하게 침해하는 등 정의의 관점에서 도저히 용납될 수 없는 명백한 '악법'이라면, 그 법의 정당성에 대해서는 심각한 의문을 제기할 수밖에 없습니다. 역사를 돌이켜 볼 때도, 노예제법이나 나치의 인종차별법처럼 당시에는 합법이었으나 명백히 반인륜적이었던 법들이 존재했습니다. 이러한 극단적인 경우에는, 단순히 절차적 정당성만 갖췄다고 해서 그 법에 대한 복종이 항상 정당화될 수는 없을 것입니다.

⑶ **균형과 해결 노력의 중요성** : 따라서 저는 "악법도 법이다"라는 명제를 절대적인 진리로 받아들이기보다는, 법적 안정성과 정의라는 두 가치 사이의 긴장 관계 속에서 이해해야 한다고 생각합니다.

① 원칙 : 민주적 절차를 거친 법은 존중되어야 하며 법 집행은 일관성과 공정성을 유지해야 합니다.

② 성찰 : 동시에 우리는 법이 항상 정의로운지 끊임없이 성찰해야 합니다.

③ 개선 : 만약 법이 정의롭지 못하다면, 그것을 무시하거나 불복종하기보다는 합법적인 절차(입법 청원, 개정 운동, 헌법소원 등)를 통해 개선하고 바꾸려는 노력이 민주 사회에서는 더욱 중요합니다.

⑷ **경찰관으로서의 자세** : 경찰관으로서 저는 현행법을 존중하고 주어진 직무 내에서 성실히 법을 집행할 것입니다. 하지만 동시에 법 집행 과정에서 법의 정신과 목적, 정의를 구현하기 위해 노력할 것입니다. 만약 제가 집행하는 법이 사회 정의에 반한다는 심각한 문제의식을 느끼게 된다면 개인적인 불복종보다는 동료 및 상사와 논의하고 시민으로서 합법적인 절차를 통해 법 개정을 위해 목소리를 내는 등 건설적인 방법으로 문제해결에 기여하는 자세를 갖겠습니다.

⑤ 시위 현장에서 민주주의와 법치주의가 '충돌'하는 상황이 발생한다. 이에 대한 생각은?

답변

민주주의와 법치주의의 충돌 특히 시위와 관련하여 발생하는 긴장 관계는 '충돌'이 아닌 '조화'와 '균형'의 관점에서 접근해야 한다고 생각합니다. 핵심은 합법적이고 평화적인 집회·시위는 최대한 보장하되, 법의 테두리를 벗어나는 불법 행위에 대해서는 법과 원칙에 따라 엄정하게 대응하는 것입니다.

⑴ **민주주의와 집회·시위의 자유의 중요성** : 먼저, 민주주의 사회에서 집회 및 시위의 자유는 국민이 자신의 의견과 주장을 자유롭게 표현하고, 사회 문제에 참여하며, 국가 권력을 감시하고 견제하는 핵심적인 기본권입니다. 민주주의가 발전할수록 다양한 가치관과 이해관계가 표출되고, 이를 평화적으로 표현하려는 집회와 시위가 늘어나는 것은 자연스럽고 당연한 현상입니다. 이러한 표현의 자유가 보장될 때 민주주의는 더욱 건강하게 발전할 수 있다고 생각합니다.

(2) **법치주의의 중요성** : 동시에, 법치주의는 민주주의 사회를 지탱하는 근간입니다. 법은 사회 구성원 모두가 합의한 최소한의 약속이자 질서 유지의 기준이며 개인의 자유와 권리를 보호하고 예측 가능한 사회를 만드는 데 필수적입니다. 모든 개인과 집단은 법의 테두리 안에서 자신의 권리를 행사해야 하며 법이 제대로 지켜지지 않으면 사회는 혼란에 빠지고 결국 다수의 자유와 안전이 위협받게 됩니다.

(3) **'충돌'의 본질 · 권리와 한계의 문제** : 민주주의와 법치주의가 '충돌'하는 것처럼 보이는 지점은 주로 집회 · 시위의 자유라는 기본권 행사가 법이 정한 한계를 넘어서거나, 다른 시민의 기본권(**예** 통행의 자유, 재산권, 평온하게 생활할 권리) 또는 공공의 안녕질서와 부딪힐 때 발생합니다. 즉, 두 가치 자체가 본질적으로 충돌한다기보다는, 기본권 행사의 '방법'과 '한계'를 둘러싼 갈등이라고 생각합니다. 집회 · 시위의 자유 역시 무제한적인 권리가 아니며, 법률에 따라 공공복리나 타인의 권리 보호를 위해 필요한 경우 제한될 수 있습니다.

> **헌법**
> **제37조** ② 국민의 모든 자유와 권리는 국가안전보장 · 질서유지 또는 공공복리를 위하여 필요한 경우에 한하여 법률로써 제한할 수 있으며, 제한하는 경우에도 자유와 권리의 본질적인 내용을 침해할 수 없다.

(4) **균형과 조화의 필요성** : 따라서 이 문제는 어느 한쪽의 가치를 우선시하기보다는 두 가치 사이의 '균형'과 '조화'를 찾는 것이 중요하다고 생각합니다. 합법적이고 평화적인 집회 · 시위는 최대한 보장되어야 하지만 폭력, 기물 파손, 심각한 공공 불편 초래 등 명백히 법의 한계를 넘어서는 불법 행위에 대해서는 법치주의 원칙에 따라 엄정하게 대응해야 한다고 생각합니다.

⑥ 국민이 바라보는 경찰에 대한 인식은 어떻다고 생각하는가? 〈25. 2차〉

👤 〔답변〕

(1) **인식의 복합성** : 국민이 경찰을 바라보는 인식은 단일하다기보다는 매우 다양하고 복합적이라고 생각합니다. 긍정적인 시각과 비판적인 시각이 공존한다고 봅니다.

(2) **긍정적인 인식**

  ① **24시간 국민 안전 지킴이** : 도움이 필요할 때 112를 누르면 언제 어디서든 수 분 내에 달려온다는 신속함과 편의성에 대한 신뢰가 강합니다.

  ② **인권 보호와 친절한 서비스** : 과거의 강압적인 이미지에서 벗어나 수사 과정에서 인권을 보호하고, 민원인에게 친절하게 응대하려는 노력이 긍정적인 변화로 받아들여지고 있습니다.

  ③ **디지털 · 과학수사의 전문성** : 한국 경찰의 범인 검거율은 세계 최고 수준이며, 특히 증거물 분석이나 사이버 범죄 수사 역량에 대해 국민은 매우 높은 자부심과 신뢰를 보입니다.

(3) **부정적인 인식 및 개선 과제**

  ① **현장 대응 부실 및 소극적 대처** : 층간소음 흉기 난동 사건이나 데이트 폭력 대응 등 일부 현장에서 보여준 미흡한 초동 조치는 치안 불안감을 조성합니다.

  ② **수사 전문성 및 청렴도 문제** : 수사권 조정 이후 경찰의 업무 부하가 늘어나면서 수사 지연에 대한 불만이 커졌고, 드물게 발생하는 경찰관의 유흥업소 유착이나 금품 수수 소식은 조직 전체의 도덕성에 큰 타격을 줍니다.

③ **강압적 혹은 불친절한 태도**: 민원 처리 과정에서 고압적인 말투나 고압적인 태도를 보일 때 국민은 경찰을 '권위주의적 조직'으로 느끼며 거리감을 둡니다.

> **📖 한국 경찰의 신뢰도**
>
> 2023년도 OECD 평균 경찰 신뢰도는 62.87%, 법원·사법 시스템은 54.09%에 달했지만, 우리나라의 경우(2023. 9.20 ~ 12.12까지 한국인 2,016명 조사) 각각 42.05%(경찰), 33.48%(법원·사법 시스템)로 20%포인트 넘게 차이가 났다. 가장 낮은 신뢰를 받는 공공 분야는 국회와 정당(19.54%), 언론(30.20%)이었다. 〈한국일보 24.9.20. 참조〉

❼ 수사관으로서 가져야 할 덕목 또는 자질은?

👤 답변

수사관은 실체적 진실을 발견하여 억울한 사람이 없도록 하고 범죄로부터 공동체를 보호하는 역할을 수행합니다.

(1) **공정성과 객관성**: 수사관은 어떠한 선입견이나 편견 없이 오직 증거에 입각하여 사건을 바라보고 판단해야 합니다. 피해자와 피의자 어느 한쪽에 치우치지 않고 수집된 증거와 사실관계를 바탕으로 실체적 진실에 접근하려는 공정하고 객관적인 자세가 가장 중요합니다.

(2) **책임감과 사명감**: 자신이 맡은 사건을 끝까지 파헤쳐 진실을 규명하겠다는 강한 책임감과 사명감이 필요합니다. 수사 과정의 어려움 속에서도 포기하지 않고 국민의 안전과 정의 실현을 위해 헌신하는 마음가짐이 중요합니다.

(3) **집요함과 끈기**: 범죄는 점점 더 지능화되고 증거는 쉽게 인멸될 수 있습니다. 작은 단서 하나라도 놓치지 않고 어려운 상황에서도 포기하지 않고 끈질기게 파고들어 숨겨진 진실을 찾아내려는 집요함이 요구됩니다.

(4) **청렴성과 윤리의식**: 수사 과정에서 수많은 유혹과 압력이 있을 수 있습니다. 어떠한 외압에도 흔들리지 않고 법과 원칙, 그리고 양심에 따라 행동하는 높은 수준의 청렴성과 윤리의식이 필수적입니다.

(5) **통찰력과 분석력**: 복잡하게 얽힌 사건 관계 속에서 단서들을 연결하고 의미를 파악하며 논리적으로 사실관계를 재구성하는 통찰력과 분석력 또한 중요한 덕목입니다.

이러한 덕목들을 바탕으로 법과 절차를 준수하며 인권을 존중하는 수사를 통해 국민에게 신뢰받는 수사관이 되도록 노력하겠습니다.

8 **한국 경찰의 강점(좋은 점) 3가지를 말해보시오.**

답변

(1) **첨단 IT 기반의 신속한 대응 능력** : 한국 경찰은 매우 체계적이고 안정적인 112 신고 시스템, CCTV 통합 관제센터 활용(운영은 자치단체), 지리적 프로파일링 시스템 등 첨단 IT 기술을 치안 활동에 매우 적극적으로 활용하고 있습니다. 특히 다양한 신고 채널(음성, 문자, 112신고 앱), 112종합상황실의 전문성(실시간 신고자 위치파악, 긴급성에 따른 코드분류, 지속적 모니터링), 신속출동 시스템(위치기반 활동 인접 순찰차 실시간 파악, 무전 및 시스템 단말기로 출동지령, 보이는 112 활용)을 통해 사건 발생 시 신고 접수부터 현장 출동, 상황 전파 및 대응까지의 과정이 매우 신속하고 효율적으로 이루어집니다.

(2) **전국 단위의 지역 경찰 네트워크** : 전국 곳곳에 지구대와 파출소가 촘촘하게 설치되어 있어 국민들이 어디서든 비교적 쉽게 경찰의 도움을 받을 수 있는 높은 접근성을 가지고 있습니다. 이는 지역 주민들과 가장 가까운 곳에서 범죄 예방 활동을 펼치고, 주민들의 다양한 치안 요구에 신속하게 대응할 수 있는 기반이 됩니다. 이러한 지역 밀착형 치안 네트워크는 한국 치안의 중요한 강점입니다.

(3) **과학수사(CSI) 역량** : 한국 경찰은 지문, DNA 분석, 디지털 포렌식, 각종 감식 기법 등 과학수사 분야에 꾸준히 투자하고 전문성을 발전시켜 왔습니다. 이를 통해 과거 미제 사건을 해결하는 성과를 거두기도 했으며 증거에 기반한 객관적이고 공정한 수사를 진행하여 범죄 해결 능력을 높이고 수사의 신뢰성을 확보하는 데 중요한 역할을 하고 있습니다. 이는 지능화, 고도화되는 현대 범죄에 효과적으로 대응하는 데 필수적인 강점입니다.

9 **일반 공무원과 경찰 공무원의 직무상 차이는 무엇인가? (경찰 공무원의 특성)**

답변

경찰 공무원은 국민의 생명·신체·재산 보호 및 범죄 예방·진압·수사, 공공질서 유지 등 '치안 서비스' 제공을 핵심 직무로 하는 특정직 공무원인 반면, 일반 공무원은 정부의 다양한 행정 업무(정책 수립·집행, 민원 처리, 예산 관리 등)를 담당한다는 점에서 가장 큰 직무상 차이가 있습니다. 특히 경찰 공무원은 법 집행을 위한 직접적인 실력 행사(체포, 무기 사용 등) 권한을 갖는다는 점이 일반 공무원과의 두드러진 차이점입니다.

(1) **주요 임무 및 목표**

① **경찰 공무원** : 국민의 안전 확보, 범죄로부터의 보호, 법질서 유지 등 공공의 안녕과 질서 유지에 직접적으로 기여하는 것이 최우선 목표입니다. 현장에서 발생하는 긴급하고 위험한 상황에 즉각적으로 대응하는 역할을 수행합니다.

② **일반 공무원** : 소속 부처의 정책 목표 달성, 효율적인 행정 서비스 제공, 국가 운영 지원 등 보다 광범위한 행정 분야에서 정책을 집행하고 관리하는 역할을 합니다.

(2) **직무 범위 및 내용**

① **경찰 공무원** : 순찰, 범죄 수사, 교통 단속 및 관리, 정보 수집 및 분석, 집회 시위 관리, 대테러 활동 등 치안 및 질서 유지와 관련된 특정 분야에 집중되며, 외근 및 현장 활동, 교대 근무가 잦습니다.

② **일반 공무원** : 담당 분야가 매우 다양하며 주로 내근 업무 비중이 높습니다.

(3) 권한 및 강제력

① **경찰 공무원**: 법률에 근거하여 국민의 자유와 권리를 일부 제한할 수 있는 강한 권한(체포, 구금, 압수·수색, 무기 사용 등)을 부여받습니다.

② **일반 공무원**: 대부분의 일반 공무원은 경찰과 같은 직접적인 물리적 강제력이나 신체의 자유를 제한하는 권한을 가지지 않습니다(단, 세무, 환경, 노동 등 일부 분야에서는 조사권, 과태료 부과 등 제한적인 행정 강제 권한을 가집니다.).

(4) 근무 환경 및 위험성

① **경찰 공무원**: 범죄 현장, 재난 상황, 시위 현장 등 위험하고 예측 불가능한 환경에 노출될 가능성이 높으며, 이로 인한 신체적·정신적 위험 부담이 큽니다.

② **일반 공무원**: 대부분 사무실 환경에서 근무하며, 경찰에 비해 신체적 위험 노출은 적은 편입니다(물론 민원 응대 과정에서의 갈등이나 특정 직렬의 현장 업무 위험성은 존재합니다.).

제2절 ┃ 의사소통(상사의 지시 등)

❶ 상사가 위법하거나 부당한 지시를 내릴 때 어떻게 할 것인가? 〈25. 2차〉

합격코칭

위법·부당한 지시에 대한 일반적인 대응 절차

(1) 위법·부당한 지시의 정확한 인식

(2) 단계적 대응
① 상사와 개별 면담으로 위법·부당함을 소명
② 내부 공식절차 활용(지시한 상사의 상사에게 보고 ⇨ 청문감사인권관실 상담)

(3) 바람직하지 않은 답변
① 개인의 업무를 부탁하거나 지나치게 과도한 업무를 지시하는 경우에는 감찰 부서에 사실 그대로를 보고하겠다.
  ⇨ 위법과 부당함을 구분할 필요가 있다. 부당함을 자신의 손해로 인식하여 지나치게 예민하게 반응하여 감찰에 곧바로 보고하기보다는 내부 절차를 먼저 거치는 것이 바람직하다.
② 무조건적인 수용
  ㉠ 경험 많으신 상사가 그렇게 지시하신 데는 이유가 있을 것으로 생각한다. 부당하다는 생각이 들더라도 참고 지시한 대로 하겠다.
  ㉡ 신임 순경 입장에서 모르는 것이 많기 때문에 다소 부당하다는 생각이 들더라도 배운다고 생각하고 일단 참고 일을 하겠다.
    ⇨ 무조건 본인이 참겠다는 것은 바람직하지 않다. 위법·부당한 지시는 국민들의 피해로 이어질 수 있으며, 어떻게 처리할 것인지에 대한 해결책이 드러나야 한다.

🧑 〈답변〉

상사의 지시가 위법·부당하다는 생각이 들 때는 단계적으로 대처해야 한다고 생각합니다.

(1) **상황 파악**: 우선 해당 지시가 실제로 위법·부당한 지시에 해당하는지 여부에 대한 판단이 필요합니다. 관련 법령이나 내부지침 등을 확인하고 필요할 경우 다른 동료와도 상의하여 위법·부당한 지시에 해당하는지 확인하겠습니다.

(2) **소통(수용, 거부, 대안제시)**: 상사의 지시가 위법·부당하다는 판단이 들면 그 상사분께 정중한 태도로 개별 면담을 요청하여 우려 사항을 전달하겠습니다. 그 지시사항이 어떤 법률 위반 소지가 있다거나 합리적이지 않은 부분을 구체적인 근거를 들어 설명을 하겠습니다. 가능하다면 대안도 제시하며 의견을 묻겠습니다.

(3) **공식 보고**: 지시하신 상사분과 개별 면담으로도 해결되지 않을 경우 지시를 하신 상사의 직속 상사님께 관련 사항을 보고하고 의견을 듣겠습니다. 내부 절차로도 해결되지 않는 경우에는 「경찰청 공무원 행동강령」에 따라 경찰서 청문감사인권관(행동강령책임관)과 상담을 하거나 또는 고충처리제도를 활용하여 문제를 해결하도록 노력하겠습니다.

경찰은 법 집행자로서 스스로 법을 준수해야 하며 위법·부당한 지시에 대해 용기 있게 대처하여 원칙과 절차를 지키도록 하되 조직 내 갈등을 최소화하는 방식으로 접근하겠습니다.

답변예시 │ 다른 답변

상사의 위법·부당한 지시에 대해서는 상황의 성격에 따라 대처방안을 달리하겠습니다. 우선, 상사의 지시가 <u>명백하게 위법한 경우에는</u> 복종할 의무가 없으며 이를 거부해야 합니다. 다만, <u>위법 여부가 불분명한 부당한 지시의 경우에는</u> 그 영향 범위를 고려하겠습니다. 저에게만 부당한 지시라면 조직의 화합을 위해 때로는 개인적 희생을 감수할 수도 있습니다. 그러나 여러 사람에게 부당한 영향을 미치는 지시라면 정중히 의견을 제시하겠습니다. 어떤 경우든 독단적으로 행동하기보다는 제가 신임하는 상급자나 청문감사관실 등 내부 채널의 도움을 구하여 조직의 신뢰와 화합을 해치지 않는 방향으로 문제를 해결하도록 노력하겠습니다.

유사질문

✦ 본인이 작성 중인 서류를 상사가 부당한 내용으로 수정하라고 하면? 〈25. 2차〉
　- '지금까지 관행인데 왜 너만 못하겠다고 하나?'라고 말한다면?
　- 지시를 거부했더니 승진기회 박탈 등 불이익을 준다면?

② 업소를 단속하여 수사하고 있는데 직속 상사가 수사 중단 지시를 하면 어떻게 할 것인가?

🧑 〈답변〉

직속 상사의 업소 단속 수사 중단 지시에 대하여 단계적으로 대처해야 한다고 생각합니다.

(1) **상황 파악**: 우선 직속 상사의 수사 중단 지시에 대해 그 이유와 배경을 정확히 파악하겠습니다. 수사 중단 지시가 단순히 수사 방향의 전환이나 상급 기관의 지시에 따른 것인지 혹은 다른 이유가 있는지 명확히 이해하는 것이 중요하다고 생각합니다.

⑵ **소통(수용, 거부, 대안제시)** : 합리적인 사유가 있다면 당연히 지시를 따르겠지만 만약 수사 중단 지시가 명백히 부당하거나 불법적인 목적(**예** 청탁, 압력, 뇌물 등)에 의한 것으로 의심된다면 먼저 상사와의 개별 면담을 통해 저의 우려를 정중하게 전달하겠습니다.

⑶ **공식 보고** : 그래도 해결되지 않으면 지시하신 상사의 직속 상사님께 보고를 하겠으며 필요하다면 청문감사인권관실과도 상담을 하겠습니다.

마지막으로, 모든 과정에서 조직의 위계질서를 존중하되 법과 원칙에 따른 판단을 중시하겠습니다. 형사소송법과 경찰관 직무집행법에 따라 범죄 수사는 경찰의 기본 의무이므로, 명백히 위법한 지시라면 따를 수 없습니다. 수사 중단과 관련된 모든 지시와 대화 내용은 문서화하여 기록으로 남기도록 하겠습니다. 다만, 이 모든 과정에서 상사와의 관계 악화를 최소화하고 조직의 화합을 해치지 않는 선에서 해결하려고 최선을 다하겠습니다.

> **국가경찰과 자치경찰의 조직 및 운영에 관한 법률**
> **제6조(직무수행)** ② 경찰공무원은 구체적 사건수사와 관련된 제1항의 지휘·감독의 적법성 또는 정당성에 대하여 이견이 있을 때에는 <u>이의를 제기할 수 있다</u>.

> **경찰청 공무원 행동강령**
> **제4조(공정한 직무수행을 해치는 지시에 대한 처리)** ① 공무원은 상급자가 자기 또는 타인의 부당한 이익을 위하여 공정한 직무수행을 현저하게 해치는 지시를 하였을 때에는 별지 제1호 서식 또는 전자우편 등의 방법으로 그 사유를 <u>상급자에게 소명하고 지시에 따르지 아니하거나</u>, 별지 제2호 서식 또는 전자우편 등의 방법으로 제23조에 따라 지정된 <u>행동강령에 관한 업무를 담당하는 공무원과 상담할 수 있다</u>.

❸ 상사가 본인이 담당하는 사건을 다른 사람에게 넘기라고 지시한다. 어떻게 할 것인가?

👤〔답변〕

⑴ **상황 파악** : 상사의 지시에 따라 사건을 이관하기 전에 먼저 그 이유를 정중히 여쭤보겠습니다. 업무 분담의 효율성이나 특별한 사유가 있을 수 있기 때문입니다.

⑵ **소통(수용, 거부, 대안제시)** : 현재 제가 진행 중인 수사 상황을 객관적으로 보고하겠습니다. 예를 들어 증거 수집이 얼마나 진행되었는지, 피의자 및 참고인 조사가 어디까지 이루어졌는지 등을 설명하고 사건 이관 시 발생할 수 있는 수사 지연 가능성에 대해 말씀드리겠습니다. 만약 특별한 이유 없이 단순한 업무 재분배라면, 현재 진행 중인 사건은 제가 마무리하고 새로운 사건부터 재분배하거나 또는 원활한 인수인계를 위해 일정 기간 공동 수사를 진행하는 방안을 제시하여 보겠습니다.

⑶ **상사 지시 존중** : 그러나 최종적으로는 사건배당에 관한 권한은 상사에게 있으므로 상사의 결정을 존중하고 따르는 것이 조직 내 질서를 유지하는 방법이라고 생각합니다.

④ 상사가 자기 담당 업무를 본인에게 주면 어떻게 대처할 것인가?

답변

상사가 자신의 담당 업무를 저에게 맡긴다면,

(1) **상황 파악** : 우선 그 업무의 성격과 목적을 명확히 파악하겠습니다. 교육 목적인지, 긴급 상황인지 또는 단순 업무 분담인지에 따라 접근 방식이 달라질 수 있기 때문입니다.

(2) **소통(수용, 거부, 대안제시)** : 합리적인 사유가 있다면 적극적으로 협력하겠습니다. 예를 들어 상사가 응급상황으로 부재중이거나 제 역량 개발을 위한 기회라면 기꺼이 맡아서 최선을 다해 처리하겠습니다. 이런 경우에는 조직의 업무 공백을 방지하고, 개인적으로도 새로운 경험을 쌓을 수 있는 좋은 기회라고 생각합니다. 하지만 만약 특별한 사유 없이 상사의 개인적 편의를 위한 지시라면, 정중하지만 명확하게 의견을 표명하겠습니다. '과장님, 현재 제가 담당하고 있는 ○○ 사건과 △△ 업무가 마감이 촉박한 상황입니다. 과장님 업무까지 맡게 되면 둘 다 제대로 처리하기 어려울 것 같은데, 우선순위를 정해주시거나 다른 팀원들과 분담하는 방안은 어떻겠습니까?'라고 건설적인 대안을 제시하겠습니다.

(3) **공식 보고** : 그래도 해결되지 않는다면 업무 분장의 공정성과 조직 효율성 측면에서 지시하신 상사님의 직속 상사님께 상황을 보고하고 지도를 받겠습니다. 이때도 지시하신 상사와의 관계 악화를 최소화하면서 조직 전체의 이익을 우선으로 하는 해결책을 찾으려고 노력하겠습니다.

> **답변예시** | 다른 답변
>
> 상사가 자신의 담당 업무를 저에게 주는 상황이라면, 우선 그 상황의 맥락과 이유를 정확히 파악하는 것이 중요하다고 생각합니다. 먼저 이것이 단순한 업무 분담인지, 상사의 개인적인 이유로 업무를 회피하는 것인지, 아니면 제게 새로운 경험을 쌓게 하려는 교육적 의도가 있는지를 파악하겠습니다. 경찰 조직에서는 다양한 상황 대처 능력과 업무 숙련도가 중요하므로, 다양한 업무 경험이 제 성장에 도움이 될 수 있다고 생각합니다. 상사의 업무를 단순히 '떠넘기는 것'이 아닌 '협력과 성장의 기회'로 인식하고 적극적인 태도로 임하되 필요한 경우 합리적인 조정을 요청하도록 하겠습니다.

⑤ 팀장이 한 달 정도 걸릴 것 같은 일을 일주일 안에 하라고 지시하면 어떻게 할 것인가?

답변

팀장님이 한 달 걸릴 업무를 일주일 내에 완료하라고 지시하신다면,

(1) **상황 파악** : 우선 업무의 시급성과 배경을 파악하겠습니다.

(2) **소통(현실적 상황 설명, 대안제시)** : 그 다음 현재 업무량과 해당 업무의 단계별 소요 시간을 객관적으로 설명드리되 단순히 어렵다고만 말하기보다는 구체적인 근거를 제시하겠습니다. 만약 기한이 반드시 지켜져야 하는 상황이라면, 우선순위를 설정하여 핵심 업무부터 처리하는 방안, 다른 팀원들과의 협업 가능성, 업무 간소화 방법 등의 대안을 제시하겠습니다.

(3) **실행** : 최종적으로는 팀장님과 합의점을 찾아서 주어진 시간 내에서 최대한의 성과를 내도록 최선을 다하겠습니다. 필요하다면 야근이나 주말 근무도 감수하고 효율적인 업무 방식을 적용해서 단 한 시간도 낭비하지 않겠습니다. 동시에 진행 상황을 매일 보고드려서 중간에 방향 조정이 필요하면 즉시 대응하겠습니다.

❻ 직속 상사인 팀장과 과장의 지시가 다르다면 누구의 지시를 따를 것인가?

🧑 답변

직속 상사인 팀장과 과장의 지시가 서로 다른 상황이라면 이는 단순히 한쪽의 지시만 따르는 문제가 아니라 조직 내 의사소통과 업무 효율성에 관한 문제라고 생각합니다.

(1) **상황 파악**: 먼저 두 분의 지시 내용을 정확히 파악하고 어떤 부분에서 어떻게 다른지 명확히 확인하겠습니다. 각 지시의 배경과 목적, 긴급도와 중요도도 함께 파악해서 상황을 정확히 이해하는 것이 우선입니다.

(2) **원칙 확인**: 경찰 조직의 공식적인 지휘체계를 고려할 때, 일반적으로 직속 상관인 팀장님의 지시를 우선적으로 따르는 것이 원칙입니다.

(3) **소통**

① 이런 상황은 두 상관 사이의 소통 부재로 인한 혼선일 가능성이 높으므로 먼저 팀장님에게 과장님의 지시를 말씀드리고 어떻게 진행하는 것이 좋을지 조언을 구하겠습니다.

② 만약 팀장님이 여전히 자신의 지시를 고수한다면 '과장님께서는 다른 방향으로 지시하셨는데 과장님께 확인을 한번 받아보는 것은 어떨까요'라며 조심스럽게 건의하겠습니다.

③ 상황이 긴급하여 즉각적인 결정이 필요한 경우에는 일단 직속 상관인 팀장님의 지시를 따르되, 추후 과장님에게도 상황을 적절히 보고하는 것이 업무의 일관성을 위하여 필요할 것 같습니다.

(4) **공식 보고**: 만약 팀장님의 지시가 명백하게 과장님의 지시사항을 벗어난다면 이는 단순한 업무 방향의 차이를 넘어 조직 내 지휘체계와 의사결정 과정에 혼선이 생길 수 있기 때문에 이 경우에는 사전에 과장님께 보고하는 것이 필요하다고 생각합니다. 또한 「경찰청 공무원 행동강령」 '공정한 직무수행을 해치는 지시에 대한 처리' 절차에 따라서 팀장님께 먼저 그 사유를 소명하고, 필요시 공식적 절차를 통해 대응하겠습니다.

경찰 조직 내에서 명확한 의사소통과 지휘체계 확립은 매우 중요합니다. 이러한 상황은 개인의 판단보다는 조직의 효율성과 시민 안전이라는 관점에서 접근해야 한다고 생각합니다.

답변예시 | 바람직하지 않은 답변

- 무조건 직속 상사인 팀장의 지시를 따르겠다.
  ⇨ 직속 상사인 팀장의 지시를 따르는 것이 원칙이지만 무조건은 아니다. 팀장의 지시도 과장이나 상사의 지시 범위 안에서 이루어져야 한다. 그렇지 않을 경우 팀장을 포함하여 전체 팀원이 징계 대상이 될 수 있다.
- 청장과 직속 상사의 의견이 다를 경우에도 무조건 직속상사의 의견을 따르겠다.
  ⇨ 원칙적으로 직속 상사의 의견을 따라야 하지만, 직속 상사의 지시가 위법·부당할 수 있고, 위법·부당한 수준이 아니라고 하더라도 청장의 지시 범위를 벗어나는 지시는 전체 팀원이 징계를 받을 수 있는 위험에 처하게 한다.

❼ 상관이 자신의 책상을 닦아달라고 하거나, 커피 심부름을 시키면 어떻게 할 것인가?

👤〈답변〉

경찰 조직은 위계질서가 있고 팀워크가 중요한 조직이라고 생각합니다. 상관이 책상을 닦아달라거나 커피 심부름을 시킨다면 상황에 따라 적절하게 대응하겠습니다.

⑴ **공적 요청**: 상관이 중요한 업무에 집중해야 하거나 팀 회의를 앞두고 참석자들을 위한 커피 심부름을 시킨다면 조직의 일환으로서 기꺼이 제가 하겠습니다.

⑵ **사적 요청**: 만약, 개인적인 부탁이더라도 일회적이거나 특별한 상황에서의 부탁이라면, 조직 내 원활한 관계 형성을 위하여 기꺼이 제가 할 수 있지만, 그러한 요청이 반복되어 제 업무에 지장을 초래하거나 다른 경찰관들에게는 요구하지 않는 차별적인 대우라면 적절한 방식으로 대화를 시도하고 이후에도 상황이 개선되지 않는다면 내부 공식절차(상사에 보고 후 청문감사관실 상담)로 보고할 것을 고려하겠습니다.

경찰 조직에서 계급을 이용한 부당한 지시가 있을 수 있습니다. 그럴 때마다 상관과 부딪히기보다는 적절한 유머와 재치로 상대방의 기분을 상하게 하지 않으면서도 상황의 부적절함을 인지시키는 것이 좋을 것으로 생각됩니다. 조직 내부에서 상·하간에 존중하는 문화가 형성될 때 건전한 팀워크가 생길 수 있다고 생각합니다.

❽ 근무시간 외 카카오톡 업무 연락에 대해서 어떻게 생각하는가?

👤〈답변〉

근무시간 외 카카오톡 연락은 조직의 업무 효율성과 개인의 휴식권이 충돌하는 문제로서 두 가지 측면을 균형 있게 고려해야 한다고 생각합니다.

⑴ **긍정적 측면**

① 경찰 업무는 24시간 근무체체로서 긴급 상황이나 중요 사안 발생 시 신속한 의사소통이 필요합니다. 제가 쉬고 있는 동안에도 동료들은 근무를 하고 있기 때문에 카카오톡과 같은 메신저는 이러한 긴급 상황에서 빠르게 정보를 공유하고 대응할 수 있는 효율적인 수단이라고 생각합니다.

② 팀원 간 업무 협조나 인수인계 과정에서 필요한 정보를 적시에 공유함으로써 업무의 연속성을 유지할 수 있습니다.

⑵ **부정적 측면**: 지나친 근무시간 외 업무 연락은 「근로기준법」에서 보장하는 근로자의 휴식권을 침해할 수 있으며 이는 '연결되지 않을 권리'라는 개념과도 관련됩니다. 지속적인 업무 메시지는 업무 스트레스를 가중시키고 일과 삶의 균형을 무너뜨려 장기적으로는 조직 전체의 사기와 역량에도 부정적 영향을 미칠 수 있습니다.

⑶ **균형 잡힌 접근법**: 따라서 저는 균형 잡힌 접근이 필요하다고 생각하며 몇 가지 대안을 제시하겠습니다.

① **명확한 가이드라인 설정**: 어떤 상황에서 근무시간 외 연락이 허용되는지 명확한 가이드라인을 마련하는 것이 남용을 방지할 수 있을 것 같습니다.

② **대체 연락 체계 구축**: 긴급 상황을 위한 공식적인 비상 연락망이나 당직 체계를 활용할 수 있습니다.

③ **조직 문화 개선**: '퇴근 후에는 급한 일이 아니면 연락하지 않는' 조직 문화를 형성하고 상사와 부하 간 상호 존중하는 소통 방식이 필요합니다. 가급적 근무시간 중에 소통으로 근무 외 시간 연락은 과도하지 않아야 한다고 생각합니다.

결론적으로 경찰 조직의 특수성을 고려하여 카카오톡 단톡방을 활용한 업무 공유가 필요하지만 구성원 개인의 휴식권과 개인 사생활도 존중하는 합리적인 균형점을 찾는 것이 중요하다고 생각합니다.

❾ 다른 사람과 정보를 공유할 때 상황별로 어떤 툴을 이용하는가? 〈25. 2차〉

▲ 답변

(1) **실시간 전파**: 전화, 무전기(아르바이트 식당, 경호업체 등), 문자, 카톡 단톡, 오픈채팅, 메신저

(2) **자료배포**: 이메일, 인터넷카페 공지, 전체 공유방(구글 드라이버 등)

(3) **시각자료**: 줌, 유튜브, 링크 발송, 영상통화, 화이트보드, 포스터

후속질문

✦ 정보를 공유받을 때 중점을 두는 것은 무엇인가?

(1) **배경**: 정보가 공유되는 이유 및 배경 파악, 전후 맥락 파악

(2) **정확성과 출처**: 가짜뉴스가 아닌가? 데이터 검증, 출처 확인, 댓글 확인, 6하 원칙 등

(3) **시급성 및 중요도**: 어느 정도로 중요하고 긴급하게 처리해야 하는가? 우선순위 파악

(4) **필요성**: 나에게 필요한 정보인가? 정보의 홍수시대이므로 이 정보로 무엇을 할 수 있는가?

(5) **후속조치**: 내가 무엇을 해야 하는가? 이 정보를 누구에게 전달하여 주어야 하는가?

(6) **소통채널**: 정보에 대하여 질문할 때 누구와 소통해야 하는가?

✦ 정보를 받을 때 정보 공유자가 어떻게 전달해 주면 좋겠는가?

(1) **적절한 툴 사용**: 상황별로 정보의 성격에 맞는 적절한 툴을 사용한다.

(2) **두괄식으로 전달**(핵심 메시지를 먼저, 세부사항(부연설명)은 나중에)

(3) **우선순위와 데드라인이 분명하게 전달**

(4) **배경 설명**: 왜 이 일을 해야 하는지에 대한 설명이 있으면 보다 능동적으로 더 나은 방법 검색 가능

(5) **구조화 및 시각화**: 번호 매기기 및 중요단어에 밑줄이나 볼드(굵게) 처리

(6) **'나의 할 일'을 명확히 정의**: 단순 '참고'인지 '의견' 또는 '결정'을 요구하는지 등이 명확해야 한다.

(7) **출처 명시**: 정보의 출처가 명확해야 신뢰할 수 있고 원문을 직접 참고할 수도 있다.

⑩ 본인은 원칙을 고수하는 사람인가 아니면 융통성 있는 사람인가? 반대 성향의 동료와 의견이 충돌되면 어떻게 조정할 것인가? 〈25. 2차〉

답변

저는 기본적으로 원칙을 우선합니다. 경찰의 법 집행은 누구에게나 평등해야 하며 원칙이 흔들리면 공정성이나 조직의 신뢰가 무너진다고 생각합니다. 하지만 경찰 업무에서 원칙을 너무 강조하면 일처리가 경직될 수 있고 현장에서는 유연한 사고가 필요합니다. 상황에 따라서 원칙의 범위 안에서 적절한 융통성을 발휘하는 것도 필요하다고 생각합니다. 원칙이 강조되는 영역은 인권보호, 청렴성, 수사절차 등이고 융통성이 필요한 영역은 업무 방식이나 훈방할 수 있는 경미한 법규위반 사항 등입니다.

반대 성향의 동료와 의견이 충돌될 경우 먼저 동료의 의견을 충분히 경청하여 제가 지나치게 원칙을 고수하여 상황의 특수성을 간과한 것은 아닌지 스스로 점검해 보겠습니다. 그다음에는 양자의 의견이 방식의 차이일 뿐 공동의 목표를 추구하고 있다면 법적 테두리 내에서 절충안을 제시하겠습니다. 그럼에도 의견 일치를 보기 어렵다면 부서내 회의나 상사의 조언에 따라 결정하고 조직의 결정을 존중하겠습니다.

후속질문

✦ **경찰과 같은 공적 조직에서 원칙을 지킬 때 무엇이 가장 중요하다고 생각하는가?**

원칙을 지킬 때 가장 중요한 것은 원칙이 어떤 것인지 명확해야 하고 그 원칙의 예외는 어디까지인지도 명확해야 한다고 생각합니다. 먼저 원칙이 모호하면 경찰관마다 또는 상황마다 다르게 적용될 수 있어서 일관성이 무너지고 공정성이 훼손될 수 있습니다. 다음으로 원칙이 명확하더라도 원칙의 본래 목적을 항상 염두에 두어야 합니다. 맹목적인 원칙의 고수는 '동조과잉', 즉 목표와 수단의 전환이 일어날 수 있습니다. 예를 들어 교통법규 위반자라고 하더라도 예외적 상황에서는 단속보다는 위반자의 안전을 더 우선시해야 합니다. 따라서 저는 원칙을 적용할 때마다 '원칙을 올바르게 적용하고 있는가?', '이것이 국민의 안전을 지키는 것인가?' 이 두 가지를 항상 점검하겠습니다.

제3절 | 공정성 · 청렴성 · 준법성

1 사회적 약자는 누구를 말하는가?

답변

제가 생각하는 사회적 약자란 신체적, 경제적, 사회적, 문화적 등의 다양한 이유로 인해 사회의 다른 구성원들에 비해 상대적으로 불리한 위치에 놓여 차별, 배제, 소외 등을 경험하기 쉽고 자신의 권리를 온전히 행사하거나 보호받는 데 어려움을 겪을 수 있는 개인이나 집단을 의미한다고 생각합니다. 이분들은 사회 전체의 관심과 배려, 그리고 국가 차원의 적극적인 보호와 지원이 필요한 대상입니다.

(1) 경제적 취약 계층

① 기초생활수급자, 차상위계층 등 저소득층

② 실업자, 비정규직 근로자 등 고용 불안정 계층

③ 주거가 불안정한 노숙인 등

(2) 신체적 · 정신적 제약이 있는 사람

① 신체적, 정신적, 발달 장애 등을 가진 장애인

② 중증 또는 만성 질환으로 어려움을 겪는 환자

(3) 연령으로 인해 취약한 사람

① 보호자의 적절한 보호와 양육을 받기 어려운 아동 및 청소년(학대 피해 아동, 소년소녀가장 등)

② 신체적 노화, 질병, 빈곤, 고독 등으로 어려움을 겪는 노인(특히 독거노인, 치매 노인 등)

(4) 여성 및 특정 가족 형태

① 가정폭력, 성폭력, 스토킹 등 젠더 기반 폭력의 피해자(주로 여성, 아동)

② 사회적 편견이나 경제적 어려움을 겪는 한부모 가정(특히 여성 한부모)

(5) 이주 배경 및 소수 집단

① 언어, 문화적 차이, 차별 등으로 어려움을 겪는 외국인 노동자, 결혼 이민자 및 그 자녀(다문화 가정)

② 사회 적응에 어려움을 겪는 북한이탈주민

③ 사회적 편견과 차별에 노출될 수 있는 성소수자

(6) 범죄 피해자: 강력범죄, 사기 등 범죄로 인해 신체적, 정신적, 경제적으로 심각한 피해를 입고 일상 회복에 어려움을 겪는 분들

후속질문

✦ 경찰관으로서 사회적 약자에 대한 이해가 중요한 이유는?

사회적 약자는 범죄의 표적이 되기 쉽고 스스로를 방어하거나 법적 도움을 요청하는 데 어려움을 겪는 경우가 많습니다. 경찰관은 사회적 약자의 목소리에 귀 기울이고 공감하는 자세가 필요하며, 범죄 예방 활동 시 이들의 안전을 우선적으로 고려하고 법 집행 과정에서 차별 없이 공정하고 인권을 존중하는 태도를 견지해야 합니다.

❷ 상사의 행위가 부정부패(비리)로 의심되는 경우 어떻게 할 것인가?

〈답변〉

상사의 행위가 부정부패로 의심되는 경우,

(1) **상황 파악**: 우선 제가 목격한 것이 실제로 부정부패에 해당하는지 또는 제가 상황을 오해하거나 잘못 판단한 것은 아닌지를 객관적으로 검토하고 제가 신뢰할 수 있는 사람과 의견을 나누어 보겠습니다. 개인적인 감정이나 판단이 아닌 객관적 사실과 증거를 바탕으로 공정하게 접근해야 한다고 생각합니다.

(2) **원칙(법적 근거)**: 관련 법령과 신고 절차를 정확히 파악하겠습니다.

　　① 부패방지 및 국민권익위원회의 설치와 운영에 관한 법률

> **제56조(공직자의 부패행위 신고의무)** 공직자는 그 직무를 행함에 있어 다른 공직자가 부패행위를 한 사실을 알게 되었거나 부패행위를 강요 또는 제의받은 경우에는 지체 없이 이를 수사기관·감사원 또는 위원회에 신고하여야 한다.

　　② 부정청탁 및 금품등 수수의 금지에 관한 법률
　　③ 공익신고자 보호법
　　④ 경찰공무원 행동강령

(3) **소통(자진신고 권유)**: 상사의 행위가 명백한 악의나 고의가 아니고 단순한 실수나 무지에서 비롯된 경미한 사안이라면 직접적인 신고보다는 주의 환기를 통한 개선을 먼저 시도해 보겠습니다. 하지만 상사의 행위가 명백한 부정부패에 해당한다고 확신이 들면 그 부패행위의 심각성이나 상황을 고려하여 그 상사분께 자진신고를 먼저 권해보겠습니다. 이때는 그 상사님과 개인적으로 대화를 나누면서 비난보다는 상사님의 명예를 위해서 우려되는 점을 말씀드리고 싶다는 식으로 존중의 자세로 접근하겠습니다.

(4) **공식 보고**: 하지만 상사가 자진 신고(자수)를 거부하거나 해당 행위를 계속하겠다는 의지를 보인다면 부정부패 행위와 관련된 증거를 신중하게 확보하고 조직 내부 공식적인 채널(상사 보고, 청문감사인권관실 상담)을 통한 해결을 모색하겠습니다.

개인적으로는 상사와의 관계나 조직 내 입지가 우려되지만, 이는 경찰관으로서 감수해야 할 부분이라고 생각합니다. 부정부패를 묵인하는 것은 결국 경찰 조직 전체의 신뢰도를 떨어뜨리고 국민에게 피해를 주는 일이기 때문입니다.

PART 02 경찰면접의 실전

❸ 상사가 부정청탁을 받는 자리에 내가 함께 있을 경우, 어떻게 행동할 것인가?

〈답변〉

상사와 함께 있는 자리에서 상사가 다른 사람으로부터 부정청탁을 받는 상황은 매우 민감하고 어려운 상황입니다. 이 경우에는 상황에 따라 단계적으로 대응하겠습니다.

(1) **현장에서의 즉각적 대응**: 우선, 상황의 심각성을 인지하고 현장에서 적절한 방식으로 개입할 필요가 있습니다. 대화의 흐름을 자연스럽게 바꾸거나 '이런 대화는 공식적인 절차를 통해 논의하는 것이 좋겠습니다'와 같이 정중하게 상황을 전환하는 발언을 할 수 있습니다.

   ① **법적 지식 활용**: 필요하다면 부정청탁금지법의 관련 내용을 언급하며 "이런 논의는 청탁금지법에 저촉될 수 있어 주의가 필요할 것 같습니다."라고 상기시킬 수 있습니다.

   ② **현장 기록**: 대화 내용과 상황을 가능한 한 정확히 기억해 두거나 기록해 두겠습니다.

(2) **상황 종료 후 대응**

   ① **상사와의 개인적 대화**: 상사와 단둘이 대화할 기회를 마련하여 해당 상황이 부정청탁으로 보일 수 있으며, 이는 법적으로 문제가 될 수 있음을 정중하게 언급하겠습니다.

   ② **대안 제시**: 청탁자가 합법적인 방식으로 자신의 요구나 의견을 제시할 수 있는 공식 절차나 방법을 상사에게 말씀드리겠습니다.

(3) **공식 보고**: 상사가 부정청탁을 수락하거나 지속할 경우에는 내부 채널(상사 보고, 청문감사인권관실 상담)을 통하여 해당 사항을 알리도록 하겠습니다.

경찰관으로서 법과 원칙을 중요시하되, 상사와의 관계와 조직 내 위계질서도 존중하는 균형 잡힌 접근이 중요하다고 생각합니다. 무엇보다 청렴하고 신뢰받는 경찰 조직을 위해 부정청탁에 단호히 대응하되 그 과정에서 상호 존중과 적절한 소통 방식을 유지하겠습니다.

❹ 가출한 치매노인을 찾아주었는데 보호자가 고맙다며 5만원 상당의 음료수 한 박스를 줄 경우 어떻게 할 것인가?

〈답변〉

가출한 치매노인을 찾아준 경찰관에게 보호자가 감사의 표시로 음료수 한 박스를 가져온 상황에서, 청렴의 원칙과 지역 주민과의 인간적인 소통 사이에서 균형 잡힌 대응이 필요하다고 생각합니다.

(1) **원칙**: 먼저, 「부정청탁 및 금품등 수수의 금지에 관한 법률」(이하 청탁금지법)과 「경찰청 공무원 행동강령」에 따라 직무와 관련하여 금품 등을 받는 것은 원칙적으로 금지되어 있습니다. 길 잃은 치매노인을 찾아 안전하게 보호자께 인계하는 것은 경찰관의 당연한 직무수행이므로, 이에 대한 어떠한 형태의 보상도 적절하지 않다고 생각합니다.

(2) **상황 판단**: 다만 이 상황을 좀 더 구체적으로 분석해 볼 필요가 있다고 생각합니다.

   ① **직무 관련성 소멸 여부**: 치매노인을 찾아 보호자께 안전하게 인계한 시점에서 해당 '실종노인 발견 및 인계'라는 특정 직무는 일회적으로 종료된 것으로 볼 수 있습니다. <u>국민권익위원회의 유권해석처럼, 일회성 직무가 완전히 종료되고 향후 해당 가족과 추가적인 직무 관련성이 발생할 가능성이 낮다면 직무 관련성이 소멸되었다</u>고 해석할 여지도 있습니다.

📖 직무종료 후에도 상당한 영향을 미칠 수 있어 직무 관련성이 인정되는 사례

1. 수사 종결 후 피의자/피해자 관계: <u>경찰관이 특정 사건을 수사하고 종결했으나, 향후 재수사 가능성이 있거나 관련 사건이 발생할 수 있는 경우(폭력 사건 수사 후 가해자가 감사 표시로 선물을 주는 경우)</u>
2. 인허가 업무 처리 후 관계: 영업허가, 인허가 등을 담당했던 공무원이 해당 업무 처리 후에도 사후 관리, 단속, 점검 등의 권한을 가질 수 있는 경우(주류판매 허가를 내준 후 해당 업소 사장이 선물을 제공하는 경우)
3. 단속 업무 관련: <u>교통단속, 불법 주정차 단속 등에서 단속 후에도 향후 재단속 가능성이 있는 경우(교통위반 단속 후 위반자가 감사의 표시로 선물을 주는 경우)</u>
4. 정기적 감독 업무: 특정 업소나 시설에 대한 정기 점검을 수행한 공무원이 다음 점검까지 시간이 있더라도 지속적인 감독 관계에 있는 경우(위생 점검 공무원이 식당 점검 후 해당 식당에서 식사 대접을 받는 경우)
5. 민원 처리 관련: <u>민원 업무를 처리한 후에도 향후 유사한 민원이나 후속 민원이 발생할 수 있는 경우(토지 관련 민원을 처리한 후 민원인이 감사의 표시로 선물을 주는 경우)</u>
6. 사회복지 급여 지급 관련: 수급자격 심사나 급여 지급을 담당한 공무원이 정기적으로 자격 재심사를 하는 경우(기초생활보장 수급 결정 후 수급자가 감사의 선물을 주는 경우)

- 직무 관련성이 없는 경우: 1회 100만원, 매 회계연도 300만원 이하 금품수수 가능
- 직무 관련성이 있는 경우: 금품수수금지 예외에 해당하는 경우에는 금품수수 가능

② **사회상규상 허용 범위**: 만약 음료수 한 박스의 가액이 5만 원 이하이고, 이것이 치매 어르신을 찾은 데 대한 순수한 감사의 마음에서 우러나온 의례적인 선물이라면, <u>청탁금지법에서 허용하는 '원활한 직무수행, 사교, 의례 등의 목적' 또는 '사회상규에 따라 허용되는 금품'의 예외에 해당될 가능성도 고려해 볼 수 있습니다.</u>

(3) **균형 잡힌 대응 방안**: 위와 같은 법적 검토를 바탕으로 하되 경찰관에게는 법적 허용 범위를 넘어선 더 높은 수준의 윤리적 기준이 요구된다고 생각합니다. 따라서 다음과 같이 대응하겠습니다.

① 우선 정중한 감사와 공감 표시: "어르신을 안전하게 다시 모시게 되어 저희도 정말 기쁘고 다행스럽게 생각합니다. 보호자님의 감사한 마음 충분히 이해하고 정말 고맙습니다."라며 보호자님의 마음에 먼저 공감하겠습니다.

② 원칙적 사양 의사 전달: "하지만 저희 경찰관은 직무와 관련하여 어떠한 선물도 받지 않는 것을 원칙으로 하고 있습니다. 어르신을 안전하게 지켜드리는 것은 저희의 당연한 임무이자 보람입니다."라며 원칙적으로 사양의 뜻을 전달하겠습니다.

③ 인간적인 소통과 유연한 대처: 만약 보호자께서 간곡히 마음을 전하고 싶어 하시고, 가져오신 음료수가 사회상규상 받아들일 수 있는 소액의 것이며 직무 관련성도 소멸되었다고 판단될 경우 "정 그렇다면, 이 자리에서 저희 동료들과 함께 시원하게 음료수 한 병씩만 감사히 마시며 보호자님의 따뜻한 마음에 화답하겠습니다. 나머지 음료수는 괜찮으시다면 어르신과 가족분들이 함께 맛있게 드시는 것이 저희에게 더 큰 기쁨이 될 것 같습니다."와 같이 <u>현장에서 함께 한두 병 정도를 나누어 마시며 감사의 마음을 받고 나머지는 정중히 거절하는 방식</u>을 고려할 수 있습니다. 이는 청렴의 원칙을 지키면서도 지역 주민과의 따뜻한 인간적 관계를 형성하는 데 도움이 될 수 있다고 생각합니다.

④ **고액이거나 판단이 모호할 경우** : 만약 음료수의 가격대가 사회통념상 부담스러운 수준이거나, 직무 관련성 종결 여부가 불분명하여 제 개인적으로 판단하기 어려운 상황이라면 즉시 그 자리에서 받지 않고 "이 부분은 제가 임의로 결정하기보다 저희 팀장님(또는 파출소장님)께 보고드리고 지침에 따라 처리하는 것이 맞을 것 같습니다. 마음은 정말 감사히 받겠습니다."라고 말씀드리고 상사에게 보고하여 지시에 따르겠습니다. 청탁금지법을 담당하는 청문감사인권관실에 문의하여 자문을 구하는 것도 방법이 될 수 있습니다.

결론적으로 비록 법률적으로 허용될 수 있는 예외적인 범위에 해당할 가능성이 있다 하더라도 경찰관은 국민의 신뢰를 최우선으로 생각해야 합니다. 따라서 금품 수수와 관련해서는 보수적인 관점에서 최대한 청렴성을 지키는 것이 바람직하다고 생각합니다. 다만 법 규정의 경직된 적용보다는, 주민의 순수한 감사 표시에 대해 인간적으로 공감하고 소통하려는 노력 또한 중요하며 그 균형점을 찾는 지혜가 필요하다고 생각합니다.

후속질문

✦ **만약 보호자께서 '음료수 한두 병만 마시고 나머지를 돌려드리는 것'도 극구 사양하면서, '이걸 안 받으시면 우리가 너무 죄송해서 발길이 안 떨어진다. 제발 받아달라'며 파출소에 음료수 박스를 놓고 그냥 가려고 한다면 어떻게 대처하겠습니까?**

보호자분의 간절한 마음은 충분히 이해되지만 원칙을 지키는 것이 중요하다고 생각합니다.

우선, 다시 한번 정중하고 단호하게 사양의 뜻을 밝히겠습니다. "보호자님 정말 이렇게까지 마음 써주셔서 몸 둘 바를 모르겠습니다. 하지만 저희가 이 선물을 받게 되면 저희 스스로도 마음이 편치 않고, 규정상으로도 어려움이 있습니다. 저희의 입장을 이해해주시면 감사하겠습니다."라고 최대한 설득하려 노력할 것입니다.

만약 그럼에도 불구하고 보호자께서 음료수를 놓고 가시려 한다면, 물리적으로 막아서는 것은 오히려 상황을 악화시킬 수 있으므로 우선 음료수를 받지 않겠다는 의사를 명확히 전달한 후 즉시 파출소장님 또는 선임 근무자에게 상황을 보고드리고 지휘를 받겠습니다.

✦ **답변에서 '직무 관련성 소멸 여부'를 언급하셨는데, 길을 잃은 치매노인을 찾아드린 경우 향후 그 노인이 다시 길을 잃어 해당 경찰관이나 파출소가 다시 도움을 줄 가능성은 항상 열려있다고 볼 수 있습니다. 이러한 반복 가능성을 고려한다면 직무 관련성이 완전히 소멸되었다고 보기 어려운 것 아닌가요? 이 점에 대해서는 어떻게 생각합니까?**

치매 노인의 경우 재발 가능성이 있고, 향후 동일한 경찰관이나 파출소가 다시 도움을 드릴 가능성을 완전히 배제할 수는 없습니다. 따라서 엄밀히 따지자면 잠재적인 직무 관련성은 계속 존재한다고 해석할 여지도 충분히 있다고 봅니다.

제가 앞서 '직무 관련성 소멸'을 언급한 것은, 해당 '특정 실종 사건의 발견 및 인계'라는 일회성 행위 자체는 종료되었다는 취지였습니다. 하지만 면접위원님 말씀처럼 반복적인 도움의 가능성까지 고려한다면 직무 관련성이 지속된다고 보는 것이 보다 보수적이고 청렴의 원칙에 부합하는 해석일 수 있습니다.

그렇기 때문에 설령 소액의 음료수라 할지라도 더욱 신중하게 접근해야 하며 원칙적으로는 사양하는 것이 가장 바람직하다는 저의 기본적인 생각에는 변함이 없습니다. 만약 현장에서 '인간적인 소통'을 위해 음료수 한두 병 정도를 함께 마시는 유연성을 발휘하는 경우라 할지라도 이러한 잠재적 직무 관련성을 인지하고 있다면 더욱 조심스럽게 행동해야 한다고 생각합니다.

✦ 만약 본인이 아니라, 함께 근무하는 동료 경찰관이 비슷한 상황에서 보호자가 제공하는 선물을 별다른 고민 없이 받는 모습을 목격했다면 어떻게 하겠습니까? 그냥 모른 척 하겠습니까? 아니면 어떤 조치를 취하겠습니까?

동료 경찰관이 그러한 모습을 보인다면 조금 당황스러울 것 같습니다. 하지만 경찰 조직 전체의 청렴성과 신뢰를 위해서는 그냥 모른 척 지나갈 수는 없다고 생각합니다.

우선, 상황이 종료된 후 해당 동료에게 개인적으로 조용히 다가가 대화를 시도하겠습니다. "아까 그 상황에서 선물을 받으시는 모습을 봤는데, 혹시 청탁금지법이나 저희 행동강령에 저촉될 소지가 있지는 않을까 조금 염려스러워서 말씀을 드립니다. 자칫 오해를 살 수도 있고 원칙적으로도 금지되어 있으니 앞으로는 함께 조심하는 것이 좋지 않겠습니까?"라고 말하며 비난보다는 걱정과 동료애의 차원에서 부드럽게 이야기하겠습니다. 동료가 규정을 잘 몰랐을 수도 있고, 순간적으로 판단을 잘못했을 수도 있기 때문입니다.

❺ 은퇴한 경찰관이 본인에게 업무와 관련하여 부탁을 한다면 어떻게 할 것인가?

👤 〈답변〉

은퇴한 경찰관으로부터 업무와 관련된 부탁을 받는 상황은, 공직자로서 「공직자의 이해충돌방지법」 또는 「청탁금지법」 위반 등 법적인 책임과 인간관계 사이에서 갈등이 발생할 수 있는 민감한 상황이라고 생각합니다.

(1) 우선 은퇴한 경찰관의 부탁이 어떤 성격인지를 파악하겠습니다. 부탁의 내용이 단순히 공개 가능한 정보나 일반적인 절차에 대한 것이라면, 관련 법령을 위반하지 않는 범위 내에서 일반 시민에게 제공할 수 있는 정보와 동일한 수준으로 친절하게 응대하겠습니다.

(2) 그러나 부탁의 내용이 특정 사건이나 업무 처리에 영향을 미치는 성격이라면 은퇴한 경찰관은 「이해충돌방지법」상 직무관련자 및 사적 이해관계자에 해당할 수 있습니다. 이 경우 업무 담당자인 저로서는 절차에 따라 소속기관장에게 관련 내용을 신고하고 업무에 대한 회피를 신청해야 할 의무가 발생합니다. 또한 「청탁금지법」상 부정청탁에 해당될 경우에는 은퇴 경찰관에게 부정청탁임을 알리고 거절 의사를 명확하게 표시하여야 하며 반복될 경우에는 소속기관장에 반드시 서면으로 신고를 해야 합니다.

(3) 은퇴한 경찰관이 과거 함께 근무했던 선배나 상사일 경우 인간적인 정 때문에 사실상 단호하게 거절하기 어려울 수 있습니다. 하지만 공과 사는 구별되어야 하므로 은퇴한 경찰 선배님에게 예의를 잃지 않고 정중하게 거절 의사를 전달하면서 법규상 어려운 점을 분명하게 말씀드리겠습니다. 그리고 적법한 범위 내에서 도와드릴 수 있는 다른 방법을 고민해 보겠습니다.

6 **학창시절 친한 친구가 본인이 담당한 사건의 피의자로 왔다. 어떻게 할 것인가?**

답변

학창시절 친한 친구를 제가 담당하는 사건의 피의자로 조사하는 것은 수사의 공정성을 의심받을 수 있는 사안으로서 수사준칙(「검사와 사법경찰관의 상호협력과 일반적 수사준칙에 관한 규정」)에 따라 <u>소속 기관 장의 허가를 받아 수사를 회피하겠습니다.</u>

(1) **법적 검토** : 저와 친분이 있는 사람을 사건의 대상자로 수사하는 것은 공직자가 직무수행이 사적 이해관계로 공정하고 청렴한 직무수행이 저해될 우려가 있는 상황으로서 이해충돌에 해당합니다. 다만,「공직자의 이해충돌방지법」에 의하여 신고의무가 부과된 사적이해관계자에 해당하지는 않지만 <u>실질적으로 이해가 충돌되는 사안</u>으로서 수사관이 따라야 할 수사준칙에 의하여 사건을 회피해야 할 의무가 있다고 생각합니다.

> **검사와 사법경찰관의 상호협력과 일반적 수사준칙에 관한 규정**
> **제11조(회피)** 검사 또는 사법경찰관리는 피의자나 사건관계인과 친족관계 또는 이에 준하는 관계가 있거나 그 <u>밖에 수사의 공정성을 의심 받을 염려가 있는 사건에 대해서는 소속 기관의 장의 허가를 받아 그 수사를 회피해야 한다.</u>

(2) **회피신청 및 사건인계** : 소속 상관에게 이해충돌 상황을 보고하고 절차에 따라 회피신청을 하겠습니다.

(3) **친구에 대한 대응** : 친구에게는 관련 규정을 설명하고 공과 사를 구별하기 위해서 사건 담당자가 교체될 것이라는 것을 설명하겠습니다. 친구 관계인 것을 숨기고 수사를 진행하였다가 나중에 밝혀질 경우 수사 결과 전체에 대한 의문이 제기될 수 있고, 법적인 문제도 생길 수 있다는 것을 알리겠습니다. 또한 사건과 관련하여 특별한 도움을 주거나 수사정보가 유출되지 않도록 특히 유의하겠습니다.

다만, 수사의 공정성과 객관성을 해치지 않는 범위에서 불안해하는 친구를 위하여 일반적인 수사절차를 안내하고 통상적인 형사법적 지식으로 친구를 위로하는 정도는 할 수 있다고 생각합니다.

7 **부패와 청렴의 개념은 어떤 것이고, 본인이 경찰관이 되었을 때 청렴하기 위해서 어떤 노력을 할 것인가?** 〈25. 2차〉

답변

(1) **개념 정의**

① 부패는 공직자가 자신의 권한을 남용하여 부당한 이익을 얻는 모든 행위입니다.

② 청렴은 부패하지 않는 것으로서, 정직하게 <u>공과 사를 구분</u>하는 마음가짐과 행동이라고 생각합니다.

(2) **실천 가능한 방안**

① **명확한 개인적 원칙과 기준 세우기** : 청렴성은 애매한 상황에서 무너지기 쉽기 때문에 사전에 개인적인 기준을 명확히 정해두는 것이 중요하다고 생각합니다. '직무와 관련된 사람으로부터는 커피 한 잔도 받지 않겠다'는 식으로 청렴과 관련된 기준을 정해두고 행동하겠습니다.

② **투명한 업무처리와 기록 남기기**: 모든 업무를 투명하게 처리하고 기록을 잘 남겨두면 나중에 의혹이 생겨도 스스로를 보호할 수 있을 것 같습니다. 예를 들면 수사 과정에서 사건 관계인을 외부에서 만날 때 가능한 한 동료와 함께 가거나, 단독으로 만나야 한다면 만난 시간, 장소 등을 상세히 기록해 두는 것입니다. 또한 증거물을 처리할 때는 사진 등으로 기록을 남기는 것 등입니다.

③ **이해충돌 상황 사전 회피**: 저와 이해관계 있는 사건이나 사람은 처음부터 공식적으로 회피하겠습니다. 법적으로 이해충돌하지 않더라도 공정성을 의심 받을 우려가 있다면 반드시 상관에게 보고하고 회피하도록 하겠습니다.

④ **외부 유혹과 거리두기**: 애초에 청렴성을 위협하는 상황에 노출되지 않도록 예방하는 것이 중요하다고 생각합니다. 관할 지역의 유흥업소나 사업자들과 불필요한 사적 관계를 맺지 않고 업무상 만남도 가능한 한 공식적인 자리에서만 하는 것이 바람직하다고 생각합니다. 밥과 술을 같이 먹고 사우나도 함께 하다 보면 친분이 쌓여서 자기도 모르게 부패에 빠지게 되는 것 같습니다. 처음부터 적절한 거리를 유지하는 것이 필요하다고 생각합니다.

⑤ **검소한 생활**: 현실적으로 경제적 어려움은 청렴성을 위협하는 큰 요인입니다. 생활비가 부족하거나 과도한 빚이 있으면 유혹에 흔들리기 쉽습니다. 공무원으로서 사치나 낭비하지 않고 검소하게 생활하겠습니다.

⑥ **자기성찰**: 주기적으로 스스로 청렴성을 점검하겠습니다. 혹시라도 "이 정도는 괜찮아", "모두가 이렇게 해", "특별한 경우니까"라는 생각으로 제 기준을 어긴 적이 없는지 수시로 뒤돌아 보면서 성찰의 시간을 갖도록 하겠습니다.

후속질문

✦ 청렴성을 지키는데 방해되는 요소는 무엇인가?(경찰 부패의 원인은 무엇인가?)

청렴성을 지키기 위해서는 개인의 의지가 중요하지만 개인의 문제로만 볼 수는 없으며, 조직적, 사회적 요인에 영향을 받아 청렴성을 지키기 어렵게 되기도 합니다. **[개조사]**

(1) 개인적 요인

① **경제적 어려움**: 경찰공무원의 급여만으로 생활비, 자녀 교육비, 주거비 등 충당이 힘들 때

② **윤리의식 부족**: 청렴에 대한 개인적 신념이 약할 때

③ **유혹에 대한 취약성**: 순간적인 유혹을 참지 못하거나 자기 합리화(**예** 이것은 뇌물이 아니고 감사의 표시일 뿐이다)를 할 때

④ **스트레스와 번아웃**: 과도한 업무 스트레스 또는 개인적 문제(가정 불화, 건강 등)로 힘들 때

(2) 조직적 요인

① **부패의 관행화**: 관할 지역 유흥업소로부터 상납금을 받는 경우, 한 사람이 출장 가면서 두 사람으로 신청하는 경우, 허위로 초과 근무 작성하는 경우 등

② **불투명한 업무처리 및 감시 부족**: 업무가 투명하게 기록되지 않고 감시 장치가 없는 경우

③ **불공정한 인사와 보상체계**: 승진, 보직 등이 성과나 실력이 아닌 연줄이나 줄서기로 결정되는 경우

④ **과도한 성과 압력**: 과도한 실적을 강조할 때

⑤ **교육·훈련 부족**: 청렴 교육이 형식적이거나 윤리적 딜레마 상황에 대한 실질적 교육이 없을 때

⑥ **과도한 재량권**: 개인에게 과도한 재량권이 부여되고 경제 장치가 없을 때

(3) 사회적(환경적) 요인

① **부패에 관대한 문화** : 관행적으로 "촌지", "떡값", "인사치레" 명목으로 금품 수수가 용인되는 경우

② **연고주의, 학연·지연·혈연 문화** : 학교 선후배, 고향 사람, 친척의 부탁을 거절하면 "우리 사이에 이 정도 부탁도 못 들어줘?"라는 비난을 받는 경우

③ **경찰에 대한 사회적 존중 부족** : 경찰이 사회적으로 존중받지 못한다고 여겨지면 사명감이 약해집니다. 일부 국민들이 경찰의 정당한 법 집행에도 "왜 나만 단속하냐"며 폭언하거나 함부로 모욕하는 경우가 있습니다. 위험한 상황에서 목숨 걸고 일해도 인정받지 못하고 사소한 실수는 과도하게 비난받는 환경 속에서 경찰관들이 청렴할 동기가 약해집니다.

④ **민원인의 적극적인 유혹** : 관할 유흥업소, 건설업체, 불법 영업장 등에서 적극적으로 금품, 향응, 접대를 제공하려 할 때

⑤ **정치인이나 고위층의 압력** : 정치인, 고위 공직자, 유력 인사들이 경찰 업무에 부당하게 개입할 때

✦ **경찰조직의 청렴도와 경찰관 개인의 청렴도는 10점 만점에 몇 점 정도로 생각하는가? 만점이 아닌 것은 무엇 때문인가?**

(1) **점수 제시(예시)** : 청렴도를 점수로 표현하는 것이 조심스럽지만, 현재 경찰 조직 전체의 청렴도 노력과 시스템은 8점, 그리고 경찰관 개개인의 평균적인 청렴 의식 수준 역시 8점 정도로 생각합니다.

(2) **해당 점수 근거(긍정적 측면)** : 8점이라고 생각하는 이유는 과거에 비해 청렴도 향상을 위한 많은 제도적 장치(예. 행동강령, 청렴 교육 의무화, 내부고발 시스템 등)가 마련되고 꾸준히 노력해 왔으며, 대다수의 경찰관들은 법과 양심에 따라 사명감을 가지고 성실히 근무하고 있다고 믿기 때문입니다. 또한, 사회 전반적으로 청렴에 대한 인식이 높아진 것도 긍정적인 요인이라고 생각합니다.

(3) **만점이 아닌 이유** : 만점인 10점이 되지 못하는 이유는 다음과 같은 점들이 아직 우리의 과제이기 때문이라고 생각합니다.

① **일부 구성원의 비위 발생** : 안타깝지만 여전히 일부 구성원의 뇌물 수수나 직권 남용 등 불미스러운 비위 행위가 근절되지 않고 발생하고 있습니다. 이러한 소수의 잘못된 행동이 경찰 조직 전체의 청렴성에 대한 국민의 불신을 야기하고 언론 등을 통해 크게 부각되기 때문에 만점을 주기 어렵습니다.

② **조직 문화 및 관행의 잔존 가능성** : 수십 년간 이어져 온 조직 문화 속에서 청렴의 가치보다 조직 보호나 온정주의가 우선시되는 잘못된 관행이나 인식이 일부 남아 있을 가능성을 배제할 수 없습니다. 청렴한 문화가 완전히 정착되기까지는 지속적인 노력이 필요합니다.

③ **제도적 허점** : 업무 처리 과정의 투명성이 부족하거나, 일부 업무에서 과도한 재량권이 부여되는 등 제도적으로 보완해야 할 부분이 있을 수 있습니다. 이는 부패의 유혹에 노출될 수 있는 환경을 제공할 수 있습니다.

④ **국민의 높은 기대치** : 경찰은 법을 집행하는 공권력이기 때문에 국민들께서는 다른 어떤 조직보다도 높은 수준의 도덕성과 청렴성을 기대하십니다. 이러한 높은 기대 수준에 완전히 부응하기에는 아직 부족한 점이 있다고 생각합니다.

따라서 부족한 2점을 채워 10점 만점에 가까워지기 위해서는 조직 차원의 끊임없는 제도 개선과 청렴 문화 조성 노력은 물론, 경찰관 개개인이 투철한 청렴 의식을 내재화하고 실천하는 것이 무엇보다 중요하다고 생각합니다.

8 경찰관의 일탈이나 부정부패와 관련된 언론기사를 보면서 어떤 생각이 드는가? 주변 사람들에게 경찰에 대하여 어떻게 설명할 것인가? ⟨25. 2차⟩

답변

주변 사람들에게 경찰을 설명할 때에는 경찰 조직의 일부 문제점을 인정하면서도, 대다수 경찰관이 국민 안전을 위해 헌신하고 있다는 균형 잡힌 시각을 전달하겠습니다. 일부 구성원의 일탈 행위가 있지만, 대다수 경찰관은 국민 안전을 위해 묵묵히 헌신하고 있다는 점, 그리고 조직 내부에서도 이러한 문제를 해결하기 위한 다양한 개혁 노력이 진행 중이라는 것을 알리겠습니다. 경찰에 대한 일부 부정적 기사를 접할 때마다 안타까움을 느끼지만 이를 통해 더 나은 경찰로 발전하기 위한 자성의 기회로 삼아야 한다고 생각합니다. 그리고 주변 사람들에게는 경찰의 본질적 가치와 사명 그리고 대다수 경찰관들의 헌신적인 노력을 함께 설명하며, 경찰에 대한 균형 잡힌 시각을 가질 수 있도록 도울 것입니다. 국민의 신뢰는 하루아침에 얻어지는 것이 아니라, 한 명 한 명의 경찰관이 매일매일 보여주는 정직하고 공정한 모습을 통해 쌓여가는 것이라고 믿습니다.

후속질문

✦ 경찰조직의 도덕적 해이를 접한 언론기사가 있는가?
(1) **경찰관 개인적 비위 : 음주운전, 뇌물 수수, 성범죄, 강압수사 등**
　① 음주운전 : 2024년 4월 광주 서부경찰서에서 경찰관 3명이 잇따라 음주운전으로 적발
　② 뇌물수수 : 2024년 10월 전남경찰청 경감이 피의자로부터 현금과 골프백 등 뇌물 수수
　③ 압수물 횡령 : 2024년 10월 서울 강남경찰서 경찰관이 도박 사건으로 압수했던 3억 원 횡령
　④ 성범죄 : 2025년 12월 전북경찰청 소속 경감이 동료 여경에게 부적절한 신체 접촉
(2) **업무상 조직적 비위**
　① 뇌물수수 : 2011년 이른바 '함바(건설현장 식당) 비리'에 연루된 총경급 이상 간부가 200여 명에 달함
　② 승진 인사 비리 : 2024년 5월, 브로커인 퇴직 경찰관을 통해 전남경찰청장에게 뇌물을 주고 승진한 경찰관 5명 징역형 선고(전남경찰청장은 자살)

9 경찰의 도덕적 책임은 어디까지라고 생각하는가? ⟨25. 2차⟩

답변

경찰의 도덕적 책임은 '제복의 무게'를 견디는 것만큼 넓다고 생각합니다. 제복을 입는다는 것은 국민의 기대와 신뢰를 짊어지는 것이며, 경찰의 도덕적 책임은 법적 의무를 넘어 국민을 위해 능력과 역할의 범위 내에서 최선을 다하는 것이라고 생각합니다. 법적 의무는 경찰이 지켜야 할 최소한의 가이드라인일 뿐입니다. 112신고 현장에 출동해서 절차에 따라 법적으로 조치하는 것은 물론이고 피해자를 안심시키거나 사회적 약자에 대하여는 복지기관과 연계하는 등 도덕적인 책임도 최선을 다하겠습니다. 특히 청렴에 있어서는 청탁금지법이나 이해충돌금지법에서 규정하는 범위를 넘어서 더 엄격한 기준으로 공정성을 지키겠습니다. 조직 내 동료의 비리나 부당한 관행을 목격했을 때 침묵하지 않고 용기있게 문제를 제기하는 것도 경찰의 중요한 도덕적 책임이라고 생각합니다.

다만, 도덕적 책임에도 현실적 한계는 존재합니다. 경찰관 개인도 휴식을 취해야 하며 개인 사비로 지원할 수는 없습니다. 또한 경찰관으로서 역할 한계도 있기 때문에 경찰업무를 벗어나는 사회복지, 의료, 교육 등의 서비스까지 제공할 수는 없으며 관계 기관에 연계하는 것까지입니다. 저는 '법적으로 문제없다'는 소극적인 태도보다는 '국민을 위해 무엇을 더 할 수 있을까'를 끊임없이 고민하며 법적 책임을 넘어 도덕적 책임까지 다하는 경찰관이 되겠습니다.

10 경찰 공무원에게 일반 공무원보다 더 높은 도덕성과 준법성을 요구하는 이유는 무엇인가?

답변

경찰공무원에게 일반 공무원보다 더 높은 도덕성과 준법성이 요구되는 가장 큰 이유는 경찰이 국민의 기본권(생명, 신체, 재산 등)을 직접적으로 제한할 수 있는 강력한 법 집행권(물리력 사용, 체포권 등)을 보유하고 있으며, 이 권한 행사의 정당성과 국민적 신뢰가 경찰 존재의 근간이기 때문입니다. 경찰의 비도덕적 행위나 위법 행위는 개인의 문제를 넘어 법 집행 시스템 전체에 대한 불신을 초래할 수 있으므로 더욱 엄격한 윤리적, 법적 기준이 요구되는 것입니다.

(1) **강력한 공권력(강제력) 보유** : 경찰은 법 집행을 위해 합법적으로 물리력을 사용하고 개인의 자유를 제한(체포, 구금 등)할 수 있는 큰 권한을 갖습니다. 이 막강한 권한이 남용되거나 오용될 경우 국민에게 미치는 피해가 치명적이므로 이를 사용하는 경찰관에게는 투철한 사명감과 높은 수준의 도덕성, 준법 의식이 필수적으로 요구됩니다.

(2) **법과 질서의 상징성** : 경찰관은 제복을 입고 활동하며 국민들에게 '법'과 '질서'를 상징하는 존재로 인식됩니다. 법을 집행하는 경찰관 스스로가 법을 존중하고 도덕적으로 흠결이 없어야만 법 집행의 권위와 정당성이 확보될 수 있습니다.

(3) **광범위한 재량권 행사** : 경찰관은 예측 불가능한 치안 현장에서 법령 해석과 상황 판단에 따라 상당한 재량권을 행사하는 경우가 많습니다(**예** 즉각적인 체포 여부 결정, 현장 종결 등). 이때 높은 도덕성과 준법의식은 공정하고 올바른 결정을 내리는 중요한 기준이 됩니다.

(4) **국민 신뢰의 절대적 중요성** : 경찰 활동의 효율성은 국민의 자발적인 협조와 신뢰에 크게 의존합니다. 경찰이 부도덕하거나 불법을 저지른다는 인식이 확산되면, 국민들은 경찰을 신뢰하지 않고 범죄 신고나 수사 협조를 꺼리게 되어 결국 치안 유지 기능 자체가 약화될 수 있습니다.

(5) **유혹 및 부패 가능성 상존** : 직무의 특성상 다양한 유혹(금품, 향응 등)에 노출될 가능성이 있으며 권한을 남용할 경우 부패로 이어지기 쉽습니다. 따라서 이를 경계하고 스스로를 통제할 수 있는 높은 수준의 청렴성과 도덕성이 요구됩니다.

이러한 이유들로 인해 경찰공무원은 일반 공무원보다 더욱 엄격한 윤리 강령과 행동 규범을 적용받으며 채용 과정에서부터 교육, 근무 평가, 징계 등 전 과정에서 높은 도덕성과 준법성이 지속적으로 강조된다고 생각합니다.

⑪ 상사가 자신의 의무위반 사실을 알고 있는 나에게 침묵할 것을 요구한다면? ⟨24. 2차⟩

〈답변〉

상사가 의무를 위반한 사실을 알고 있는 상태에서 침묵을 요구받는 윤리적 딜레마 상황에서 저는 이렇게 단계적으로 대응하겠습니다.

(1) 먼저, 상사와 개인적인 대화 시간을 마련하여 해당 의무 위반의 심각성과 이것이 개인뿐만 아니라 조직 전체에 미칠 수 있는 영향에 대해 솔직하게 대화하겠습니다. 이 과정에서 상사에게 스스로 시정할 기회를 제공하고 문제해결을 위한 건설적인 방향을 함께 모색하겠습니다.

(2) 만약 의무 위반 사항이 불법행위와 같은 중대한 내용이고, 상사가 여전히 침묵을 강요하고 시정 의지가 없다면, 경찰공무원으로서 저의 법적·윤리적 의무에 따라 적절한 보고 경로를 통해 상황을 알리겠습니다.

(3) 보고 과정에서는 객관적 사실과 증거에 기반하여 정확하게 상황을 전달하고, 비밀유지와 절차 준수에 각별히 주의하겠습니다.

상사의 침묵 요구에 따르는 것은 단기적으로는 비난 받는 상황을 모면할 수 있겠지만 결국 더 큰 문제로 이어질 수 있습니다. 경우에 따라서는 저를 포함한 우리 부서 구성원 전체가 문책을 당할 수도 있으며 더 높은 직급의 상사님도 감독 책임에서 자유로울 수는 없을 것 같습니다. 단기적인 조직 내 평화나 개인적 관계보다 경찰조직의 장기적인 신뢰와 청렴성이 더 중요하다고 생각합니다.

> **부패방지 및 국민권익위원회의 설치와 운영에 관한 법률**
> 제56조(공직자의 부패행위 신고의무) 공직자는 그 직무를 행함에 있어 다른 공직자가 부패행위를 한 사실을 알게 되었거나 부패행위를 강요 또는 제의받은 경우에는 지체 없이 이를 수사기관·감사원 또는 위원회에 **신고하여야 한다.**

⑫ 동료가 수사정보를 유출하려고 하는 것을 알게 되었다. 어떻게 할 것인가? ⟨24. 2차⟩

〈답변〉

수사정보는 국민의 권익과 직접 연결된 중요한 비밀로 절대 외부로 유출되어선 안 됩니다. 2024년 5월, 수사정보의 유출 여파로 배우 이선균이 사망한 사건을 계기로 수사정보 유출은 중징계 사안에 해당합니다. 동료가 수사정보를 유출하려고 하는 것을 알게 되었다면 이는 매우 중요한 사안으로서 반드시 유출되지 않도록 막아야 한다고 생각합니다.

(1) 먼저, 해당 동료와 개인적인 대화를 통해 수사정보 유출의 심각성과 법적 책임에 대해 설명하며 수사정보를 유출하지 않도록 설득하겠습니다. 수사정보 유출은 「형법」상 공무상 비밀누설죄 또는 피의사실공표죄에 해당할 수 있음을 경고하겠습니다.

(2) 그럼에도 동료가 정보 유출 의도를 포기하지 않는다면 즉시 직속 상관에게 상황을 상세히 보고하고 조직의 공식 절차에 따라 대응하겠습니다. 이는 단순히 동료를 고발하는 차원이 아니라, 경찰의 수사 완결성을 높이고 수사와 관련된 모든 사람들(피해자, 피의자, 참고인 등)의 인권을 보장하기 위하여 반드시 필요하다고 생각합니다.

경찰은 국민의 신뢰를 바탕으로 하는 직업이므로 높은 도덕성과 청렴성을 유지하는 것이 무엇보다 중요하다고 생각합니다.

📖 경찰수사의 완결성

수사권 조정 이후 경찰 단계에서 수사가 완벽하게 해결되는 것으로서, 경찰이 범죄를 수사할 때 증거를 충분히 수집하고 법률적 판단을 정확히 하여 사건을 종결할 수 있는 능력과 책임을 의미한다. 경찰수사의 완결성을 높이기 위한 제도로서 3중 심사체계(수사심사관, 책임수사지도관, 경찰수사심의위원회)를 운영하고 있다. 수사심사관은 변호사 자격자 또는 수사경력 7년 이상 수사전문가로서 수사 전 과정을 심사하며, 책임수사지도관은 종결된 사건에 대하여 재차 점검을 하며, 경찰수사심의위원회는 각 시·도경찰청에 설치되어 외부 민간위원들이 참여하여 국민이 수사에 대한 이의제기를 할 경우 이를 심의한다.

경찰공무원 징계령 세부시행규칙(경찰청 예규) 별표1

행위자의 징계양정 기준(제4조 관련)

의무위반행위 및 과실의 정도 의무위반행위 유형	의무위반행위의 정도가 심하고 고의가 있는 경우	의무위반행위의 정도가 심하고 중과실이거나, 의무위반행위의 정도가 약하고 고의가 있는 경우	의무위반행위의 정도가 심하고 경과실이거나, 의무위반행위의 정도가 약하고 중과실인 경우	의무위반행위의 정도가 약하고 경과실인 경우
중요 수사·단속정보 누설·유출	파면	파면 ~ 해임	해임	해임 ~ 강등

📖 경찰 수사정보 유출 최근 사례

- 2024. 3. 배우 이선균 씨 수사정보를 유출한 혐의로 인천경찰청 소속 경찰관이 체포됐고, 보이스피싱 조직에 지명수배 정보를 9차례 유출한 인천경찰청 소속 경찰관 2명은 검찰에 송치됐다.
- 2024. 4. 서울 강북경찰서 형사과 소속 경위가 보이스피싱 범죄 수사정보를 피의자에게 유출한 혐의로 체포되었다.

⇨ 마약 투약 혐의로 조사를 받던 배우 이선균이 수사정보 유출 문제로 자살한 사건을 계기로 경찰청은 '수사정보 유출 방지 종합대책 추진계획'을 수립하였다. 기존에는 수사정보 유출이 적발되어도 견책 등 경징계로 마무리되었으나 이제는 중징계를 원칙으로 한다.

⓭ 수사관으로서 수사상 리스크에는 어떤 것이 있다고 생각하는가? 〈25. 2차〉

👤 답변

수사상 리스크를 표현하는 의미로 "수사관은 교도소 담장 위를 걷는다"는 말이 있습니다. 교도소 담장 위를 걷던 수사관이 담장 안으로 떨어지면 죄수가 되고 담장 밖으로 내려오면 살아남는다는 뜻으로, 한순간의 실수나 유혹이 수사관의 인생을 송두리째 바꿀 수 있음을 경고하는 말입니다. 수사상 리스크는 크게 3가지로 나눌 수 있습니다.

(1) 절차적 정당성 확보

① 위법수집증거 배제 법칙: 수사 결과가 아무리 정의롭더라도 과정에서 법적 절차를 어기면 결정적인 증거를 법정에서 사용할 수 없게 되어 모든 노력이 수포로 돌아갈 수 있습니다.

② 인권침해 우려: 수사과정에서 강압 수사로 수사관이 직권남용이나 독직폭행 등으로 처벌받을 수 있으며 국가배상책임까지 지게 됩니다. 결국 범인을 잡으려다 본인이 범법자가 될 수 있습니다.

(2) 실체적 진실 규명

① 확증편향 우려: 선입견이나 고정관념에 사로잡혀 특정 용의자를 범인으로 단정 짓고 유리한 증거만 수집하는 확증 편향에 빠질 수 있습니다.

  ✎ 확증편향: 자신의 신념이나 가치관에 부합하는 정보만 선택적으로 받아들이는 심리 현상으로서, 보고 싶은 것만 보고 믿고 싶은 것만 믿는 현상을 말한다.

② 증거 멸실 우려: 초동 수사 미비로 결정적인 증거를 놓치거나 현장이 훼손되기도 합니다.

(3) 외부 압력 및 유혹

① 사건청탁 및 부당한 지시: 학연, 지연을 통한 수사 무마 압력이나 상급자의 부당한 개입은 수사관의 소신을 꺾고 조직의 근간을 흔듭니다.

② 뇌물 유혹: 사건 관계자들로부터 금전적 유혹(뇌물)을 가장 많이 받는 위치에 있습니다. 수사관이 뇌물을 받는 순간 법 집행자에서 부패 공직자로 전락하게 됩니다.

후속질문

✦ 만약 담당 사건에 대하여 외부의 압력이 있을 경우 어떻게 할 것인가?

외부의 위법·부당한 압력에 굴복하는 것은 수사관 개인의 양심을 버리는 일이며 경찰 조직의 중립성과 사법 정의를 뿌리째 흔드는 일입니다. 저는 이러한 외압에 대하여 단계적으로 단호하게 대처하겠습니다.

(1) **법령에 근거한 객관적 대응**: 압력을 가하는 상대방에게 감정적으로 대응하기보다 현재 수사 상황을 객관적인 법령과 증거를 바탕으로 설명하겠습니다. 수사관의 개인적인 판단이 아니라 법적 절차와 수집된 증거에 따라 수사가 진행되고 있음을 명확히 전달하여 부당한 개입의 여지를 차단하겠습니다.

(2) **공식 보고**: 직속 상관에게 외압이 들어온 상황을 즉시 보고하겠습니다. 이는 수사관 개인을 보호할 뿐만 아니라 조직 차원에서 외압에 대응할 수 있는 시스템을 가동할 수 있습니다. 만약 직속 상관 또는 경찰서장의 지휘에도 불구하고 외압으로 인해 수사의 공정성이 의심받을 상황이라면 절차에 따라 시·도경찰청의 '수사심의위원회'와 같은 공식적인 절차를 거쳐 수사의 정당성을 확보하겠습니다.

(3) **기록의 투명성 확보**: 압력이 가해진 정황이나 수사 방향에 대한 모든 의사결정 과정을 수사 기록에 철저히 남기겠습니다. 투명한 기록은 추후 발생할 수 있는 '부실 수사'나 '특혜 의혹'으로부터 저 자신을 지키고 수사 공정성을 유지할 수 있는 가장 강력한 방패가 됩니다.

어떠한 외압에도 흔들리지 않고 실체적 진실을 규명하는 소신 있는 수사관이 되겠습니다.

> **경찰청 공무원 행동강령(경찰청 훈령)**
>
> **제4조의2(부당한 수사지휘에 대한 이의제기)** ① 공무원은 「범죄수사규칙」 제30조에 따른 경찰관서 내 수사 지휘에 대한 이의제기와 관련하여 행동강령책임관에게 상담을 요청할 수 있다.
>
> **제8조(정치인 등의 부당한 요구에 대한 처리)** ① 공무원은 정치인이나 정당 등으로부터 부당한 직무수행을 강요받거나 청탁을 받은 경우에는 별지 제9호 서식 또는 전자우편 등의 방법으로 소속 기관의 장에게 보고하거나 행동강령책임관과 상담하여야 한다.

> **범죄수사규칙(경찰청 훈령)**
>
> **제30조(경찰관서 내 이의제기)** ① 경찰관은 구체적 수사와 관련된 소속 수사부서장의 지휘·감독의 적법성 또는 정당성에 이견이 있는 경우에는 해당 상관에게 별지 제6호서식의 수사지휘에 대한 이의제기서를 작성하여 이의를 제기할 수 있다.
>
> ② 제1항의 이의제기를 받은 상관은 신속하게 이의제기에 대해 검토한 후 그 사유를 적시하여 별지 제4호서식의 수사지휘서에 따라 재지휘를 하여야 한다.
>
> ③ 경찰서 소속 경찰관은 제2항의 재지휘에 대해 이견이 있는 경우에는 경찰서장에게 별지 제6호서식의 수사지휘에 대한 이의제기서를 작성하여 다시 이의를 제기할 수 있고, 경찰서장은 이의제기에 대해 신속하게 판단한 후 그 사유를 적시하여 별지 제4호서식의 수사지휘서에 따라 지휘하여야 한다.
>
> ④ 제3항에 따른 경찰서장의 지휘에 따르는 것이 위법하다고 판단하는 해당 경찰관은 시·도경찰청장에게 별지 제6호서식의 수사지휘에 대한 이의제기서를 작성하여 다시 이의를 제기할 수 있다.
>
> ⑤ 제4항의 이의제기를 받은 시·도경찰청장은 신속하게 시·도경찰청 경찰수사 심의위원회의 의견을 들어 판단한 후 그 사유를 적시하여 별지 제5호서식의 수사지휘서(관서간)에 따라 지휘하여야 한다.
>
> ✎ 이의제기 절차: 담당 경찰관 ⇨ 소속 수사부서장 ⇨ 경찰서장 ⇨ 시·도경찰청장(시·도경찰청 경찰수사 심의위원회의 의견을 들어 판단)

✦ 수사관이 사건을 무마해 달라는 청탁을 들어주는 경우 그 이유가 무엇이라고 생각하는가?

수사관이 사건 무마 청탁을 들어주는 행위는 전형적인 공직 부패이자 직무 유기, 뇌물 수수 등의 범죄 행위입니다. 이러한 비위 행위가 발생하는 이유는 개인적 욕망, 조직적 문제, 사회·환경적 요인이 복합적으로 작용하기 때문이라고 생각합니다. **[개조사]**

(1) **개인적 차원**: 가장 직접적인 원인으로 사건 무마 대가로 현금, 고가의 선물, 접대 등 뇌물을 받는 경우입니다. 반드시 뇌물이 아니더라도 영향력을 행사하며 느끼는 우월감이나 사적인 이익 추구가 동기가 되기도 합니다. 또한 당장의 금품이 아니더라도 퇴직 후 취업 알선이나 다른 형태의 편의를 제공받기로 하고 청탁을 들어주는 경우도 있습니다.

(2) **조직적 차원**: 경찰 내부의 동료나 선후배의 부탁을 거절하지 못하는 문화 혹은 내부의 비리를 묵인해주는 잘못된 연대감 때문에 청탁을 수용하기도 합니다. 강력한 외부 세력이나 고위직의 압력이 작용하는 경우 자신의 위치를 지키기 위해 무리하게 사건을 무마할 수 있습니다

(3) **사회·환경적 차원**: 뇌물이나 청탁이 만연하여 부패로 인식하지 못하고 일반적인 관행이라고 생각하는 경우가 있습니다. 퇴직 경찰이나 법조 브로커가 금품을 건네며 사건 무마나 지연을 알선하는 구조가 고착화되어 있는 경우도 있습니다.

제4절 성실성 · 책임감 · 사명감

❶ 휴무일에 친구와 여행계획이 있는데, 지구대장이 휴무일에 출근하라고 한다면?

답변

휴무일에 친구와 여행 계획이 있는데 지구대장님께서 출근을 지시하신다면,

(1) **상황 파악**: 먼저, 지구대장님께 어떤 상황 때문에 제가 필요한지 그 배경과 긴급성을 정중하게 여쭈어보겠습니다. 갑작스러운 대규모 사건 발생이나 중요한 집회 시위 대응 등이라면 제 개인적인 일들은 당연히 후순위가 되기 때문입니다.

(2) **원칙(경찰관으로서 책임감 우선)**: 저는 우선 경찰관으로서 국민의 생명과 재산을 보호하는 것이 가장 중요한 임무라는 것을 명확히 인지하고 그 지시에 따를 것입니다. 개인적인 약속도 물론 중요하지만 경찰관은 언제든 비상 상황에 투입될 수 있는 직업이라는 사명감을 가지고 있습니다.

(3) **소통(대안 제시)**: 사안에 따라서 다른 동료들과 협의하여 업무를 조정할 여지가 있는지도 알아보겠습니다.

(4) **친구에게 설명**: 이후 친구에게 현재 상황을 설명하고 여행 계획을 조정하거나 취소해야 하는 이유를 솔직하게 이야기하여 양해를 구할 것입니다. 경찰관이라는 직업의 특수성을 이해해 줄 것이라고 믿습니다.

그리고 지시에 따라 지체 없이 지구대로 출근하여 제게 주어진 임무를 충실히 수행할 것입니다. 만약 저의 추가 근무가 팀의 부족한 인력을 채우거나 특정 사건 해결에 결정적인 도움이 된다면 비록 휴무가 취소되더라도 보람을 느낄 수 있을 것입니다.

후속질문

✦ 지구대장이 소속 경찰관을 휴무일에 출근하라고 지시하는 것은 정당한가?

지구대장이 긴급 상황에서 비번자 또는 휴무자를 동원할 수 있는 근거는 「지역경찰의 조직 및 운영에 관한 규칙(경찰청 예규)」에서 찾을 수 있습니다(제31조). 경찰서장은 긴급 상황에서 비번자 또는 휴무자를 동원할 수 있으며 경찰서장의 위임을 받은 지구대장도 동원할 권한이 있습니다. 지구대장이 지역경찰의 원활한 근무를 위하여 휴무일에 근무 지시를 하는 것은 당연한 권한이라고 생각합니다.

❷ 퇴근 후 중요한 가족 행사가 있는데 상사가 야간 근무를 지시한다면?

답변

퇴근 후 중요한 가족 행사가 있음에도 상사로부터 야간 근무 지시를 받는다면,

(1) **상황 파악**: 지시가 내려진 배경과 긴급성을 먼저 파악하겠습니다. 단순히 인력 부족 때문인지 아니면 특정 사건이나 상황 때문에 제가 꼭 필요한 것인지 등에 대하여 정중하게 질문하겠습니다.

(2) **원칙(경찰관으로서 책임감 우선)**: 우선 경찰관으로서의 저의 본분은 국민의 안전과 치안을 확보하는 것임을 명확히 인지하고 그 지시에 따를 것입니다. 비록 개인적으로 중요한 행사가 있지만 비상 상황이거나 인력 충원이 필요한 상황이라면 제 임무를 우선시하는 것이 당연하다고 생각합니다.

⑶ **소통(대안 제시)**: 다만, 제 개인적으로 아주 중요한 친척의 결혼식이나 장례식, 자녀나 부모의 중요한 행사 등이 있는 경우에는 혹시 다른 동료들과 협의하여 업무를 조정할 여지가 있는지 상사님과 의논해 보겠습니다.

    ✎ 결혼, 출산, 사망 등 경조사 특별휴가 사유에 해당하는 경우에는 휴가를 사용할 수 있다.

⑷ **가족에 설명**: 하지만 그럼에도 불구하고 야간 근무가 불가피하다면 저는 불만 없이 지시에 따를 것입니다. 경찰관은 언제든 예측 불가능한 상황에 직면할 수 있는 직업이라는 것을 항상 염두에 두고 가족들에게는 상황을 설명하고 양해를 구하여 행사에는 늦게라도 참여하거나 다음 기회로 미루는 등 가족들의 이해를 얻겠습니다.

③ 오래전부터 계획한 여행일정과 갑자기 발생한 동료의 경조사 일정이 겹쳐서 어느 한 쪽은 근무를 해야 하는 상황이라면?

👤 〈답변〉

우선 동료와 솔직하게 상황을 공유하고 대화하겠습니다. 저의 여행 계획의 중요도와 동료의 경조사 상황을 함께 고려하여 서로에게 최선의 해결책을 찾는 것이 중요하다고 생각합니다.

⑴ **경조사 성격 고려**: <u>경조사의 성격과 중요도를 고려하겠습니다. 예를 들어, 동료의 직계가족 상례나 가족의 결혼식과 같은 중대한 경조사라면 제 여행보다 동료가 경조사에 참석하는 것이 우선되어야 한다고 생각합니다. 반면 지인의 경조사라면 상황에 따라 협의가 가능할 것 같습니다.</u>

⑵ **대안 모색**: 두 사람 외에 다른 동료들에게 근무 대체가 가능한지 알아보는 등 제3의 해결책을 먼저 모색하겠습니다. 경찰 조직 내에서는 서로 돕고 배려하는 문화가 중요하므로 팀 전체와 소통하여 해결책을 찾는 노력을 기울이겠습니다.

⑶ **자발적 양보와 조정**: 만약 대체 인력을 구하지 못하고 둘 중 한 명이 반드시 근무해야 한다면 경조사의 중요성과 제 여행의 성격(**예** 가족 행사, 비환불 예약 여부 등)을 종합적으로 고려하여 결정하겠습니다. 특히 동료의 직계가족 관련 중요 경조사라면 아쉽지만 제 여행 일정을 조정하는 것이 옳다고 생각합니다.

⑷ **관례 적용**: 이러한 결정 과정에서 '먼저 계획된 일정', '경조사의 중요도', '이전 유사 상황에서의 협력 경험' 등 조직 내에서 일반적으로 통용되는 관례에 따른 기준을 적용하겠습니다.

⑸ **상호 존중과 배려**: 어떤 결정을 내리든 서로를 존중하고 배려하는 마음가짐이 중요하다고 생각합니다. 제가 근무를 맡게 된다면 불평 없이 성실히 임하고 동료가 근무를 맡게 된다면 진심으로 감사함을 표현하고 추후에 적절한 방식으로 보답하는 노력을 기울이겠습니다.

⑹ **미래 대비 방안**: 이러한 상황을 예방하기 위해 팀 내에서 주요 일정이나 휴가 계획을 미리 공유하는 시스템을 제안하고 갑작스러운 경조사에 대비한 비상 근무 대체 인력 풀을 구성하는 등의 방안을 함께 모색하겠습니다.

❹ 본인의 휴가일정과 상사의 휴가일정이 겹쳐서 어느 쪽은 가지 못하는 경우라면?

답변

저의 휴가 일정과 상사분의 휴가 일정이 겹쳐서 어느 한쪽은 가지 못하는 상황이라면, 저의 개인적인 사정도 중요하지만 상사분의 휴가 계획 역시 존중해 드려야 한다고 생각합니다.

(1) 먼저 저는 상사분께 직접 찾아가 정중하게 저의 상황을 말씀드리겠습니다. 제 휴가가 반드시 필요한 이유와 중요성을 구체적으로 설명드리고 양해를 구하겠습니다. 동시에 상사분의 휴가 계획과 그 중요성에 대해서도 여쭤보고 경청하며 서로의 입장을 정확히 이해하는 것이 우선이라고 생각합니다.

(2) 그 후에는 이 문제를 함께 해결하기 위해 상사분과 논의하는 시간을 갖겠습니다. 혹시 서로의 일정을 며칠이라도 조정할 수 있는 여지는 없는지 또는 휴가 기간 동안 업무 공백을 최소화할 다른 방안은 없는지를 함께 찾아보겠습니다. 예를 들어 업무 인수인계를 철저히 하거나 다른 동료에게 일부 도움을 요청하는 등의 방법도 고려해 볼 수 있을 것입니다.

(3) 만약 제 사정이 조금이라도 조정의 여지가 있거나 상사분의 휴가 사유가 더 시급하고 중요하다고 판단된다면 조직의 위계질서와 원활한 업무 분위기를 고려하여 저의 휴가 계획을 다음 기회로 미루겠습니다. 개인적으로는 아쉽겠지만 조직의 일원으로서 때로는 개인적인 계획을 양보해야 할 때도 있다고 생각합니다.

어떤 결정을 내리든 가장 중요한 것은 상사분과 솔직하고 정중하게 소통하여 서로의 입장을 최대한 이해하고 존중하는 자세라고 생각합니다. 이를 통해 오해 없이 원만하게 상황을 해결하도록 노력하겠습니다.

❺ 지구대에서 팀원이 개인적 사유로 정당하게 휴가를 계속 사용하여 남은 팀원들이 그 사람 몫까지 일을 하는 상황이 반복되면 팀장으로서 어떻게 할 것인가? ⟨25. 2차⟩

답변

지구대 순찰팀은 24시간 상시 근무 체계이며 현장 대응이 필수적인 조직이기 때문에 한 명의 잦은 휴가는 팀 전체의 치안 공백과 동료의 피로도에 직결됩니다. 비록 휴가 사용은 개인의 정당한 권리이지만 지역경찰 근무자가 휴가를 반복적으로 사용하여 다른 팀원들에게 업무부담을 지우고 있는 상황이라면 팀장으로서의 적절한 조정이 반드시 필요하다고 생각합니다. 그렇지 않으면 팀워크가 깨지고 치안공백이 발생하여 국민들의 안전에 문제가 생길 수 있기 때문입니다.

(1) **현황 파악**: 해당 팀원의 휴가 사용 패턴(횟수, 요일, 시기)을 분석하여 다른 팀원들의 대체 근무 현황 및 부담 증가 정도를 객관적 수치로 파악하겠습니다.

(2) **해당 팀원과 개별 면담**: 먼저 해당 팀원과 면담을 통해 휴가를 자주 사용하는 배경을 경청하겠습니다. 건강 문제, 가족 돌봄 등 지속적인 개인 사정이 있다면 보직 변경, 돌봄휴직 등 제도적 지원 방안을 안내하겠습니다. 동시에 현재 팀원들의 근무 부담 증가 현황을 객관적 데이터로 공유하며, 휴가 사용 시기나 방식을 함께 조정할 방법을 협의하겠습니다. 공무원의 연차 사용은 법적 권리이므로 사용 자체를 제한할 수 없으므로 휴가 '방식의 조정'에 초점을 맞추겠습니다.

⑶ **자율 규칙 수립 및 팀내 사기 관리**: 지구대 근무는 팀워크가 생명입니다. 남은 팀원들의 불만이 조직 이탈이나 안전사고로 이어지지 않도록 팀원들이 동의할 수 있는 휴가 사용 가이드라인을 민주적인 방식으로 정하겠습니다. 예를 들어 팀 내 일시적으로 휴가를 갈 수 있는 최대 인원을 미리 정하고, 월 3회 이상 사용시에는 팀원들과 사전 조율을 해야 하며, 휴가 사용 3 ~ 5일 전에 팀 내 단톡방에 사전 공지를 하되 경조사 휴가 등 특별한 사정이 발생한 사람은 예외로 하는 등의 규칙을 정하도록 합니다.

⑷ **자원 근무 활용**: 지역경찰 관서장(지구대장, 파출소장)에게 다른 팀 근무자의 '자원 근무' 요청을 하여 인력 공백을 최소화하겠습니다. 자원 근무는 휴무 또는 비번자가 다른 팀의 근무일에 출근하여 근무하는 방식을 말합니다.

⑸ **인원 충원 건의**: 지역경찰관서장과 현 인원으로는 정상적인 휴가 보장도 어렵다는 현실을 보고하고, 인력 충원 또는 재배치를 건의하겠습니다.

⑹ **지속적 모니터링 및 예방**: 월별로 전체 팀원의 휴가 사용 현황과 대체 근무 현황을 점검하여 특정인에게 부담이 집중되지 않도록 관리하고, 정기적인 팀 소통을 통해 불만이 쌓이기 전에 해소하겠습니다.

결론적으로 팀장의 역할은 휴가를 쓰지 않도록 하는 것이 아니라 팀원이 권리를 누리면서도 근무에 지장이 없도록 휴가를 조정하는 것입니다. 소통과 협의를 통해 개인의 권리와 팀의 효율성 그리고 국민 안전 사이의 균형을 찾도록 노력하겠습니다.

📑 지역경찰 근무 방식 및 휴가

① 근무방식: 2025년 기준 전국 지역관서의 80% 이상은 4조2교대 체계로 근무한다. 주간 12시간(오전 7시 ~ 오후 7시)과 야간 12시간(오후 7시 ~ 오전 7시)으로 구분되며 '주간·야간·휴무·비번' 사이클로 돌아간다. 한 개의 지역관서에서 필요한 최소 근무인원은 순찰차 1대를 운영하기 위한 2명, 소내 상황근무자 1명, 야간 휴게자(대기 근무자)를 위한 교대자 1명 등 총 4명이다.

② 휴가사용: 1일의 휴가가 승인되면 주간 또는 야간 근무를 쉬게 된다. 지구대 근무시간은 보통 12시간이므로 12시간을 쉰다(일근 근무자는 8시간 근무하므로 8시간 쉰다). 야간 근무자가 연가를 사용하면 다음날 휴무와 비번을 포함하여 총 3일을 쉬게 된다.

③ 휴가종류(국가공무원 복무규정): 휴가는 연가, 병가, 공가, 특별휴가로 구분된다. 연가(年暇)는 공무원이 1년간 신청하여 사용할 수 있는 휴가로서 공무원 근무 기간별 연가 일수에 차이가 있다. 재직 기간 1년 미만일 경우 11일을 사용할 수 있으며, 6년 이상이면 총 21일까지 사용이 가능하다(제15조). 1년간 사용하지 못한 연가 일수는 다음 해로 저축된다. 소속 기관장은 연가 신청이 있을 경우 공무 수행에 특별한 지장이 없으면 승인해야 하며(제16조), 병가는 연 60일 범위에서 승인할 수 있다. 공가는 승진시험에 응시하는 등 공적인 사유가 있을 때 승인하는 휴가이며, 특별휴가는 결혼 등 경조사가 있는 경우에 승인하는 휴가이다. 특별휴가는 아래와 같이 경조사별 사용 가능한 날짜가 정해져 있다.

📖 경조사별 휴가 일수표(제20조 제1항 관련)

구분	대상	일수
결혼	본인	5
	자녀	1
출산	배우자	20(25)
입양	본인	20
사망	배우자, 본인 및 배우자의 부모	5
	본인 및 배우자의 조부모·외조부모	3
	자녀와 그 자녀의 배우자	3
	본인 및 배우자의 형제자매	3

✎ 한 번에 둘 이상의 자녀를 출산한 경우 배우자(남편)에 25일

후속질문

✦ 휴가를 신청하는 것은 자신의 정당한 권리라고 주장하면 어떻게 할 것인가?

휴가를 신청하는 것은 국가공무원 복무규정(대통령령)에 의하여 보장된 공무원의 권리이므로 팀장이 임의로 제한할 수는 없습니다. 다만, 동 규정에도 '공무 수행에 특별한 지장이 없으면'이라는 단서가 있습니다. 지역경찰 근무는 24시간 교대근무 체제이고 최소한의 인력이 확보되지 않으면 순찰차 운영이 불가하여 그 피해는 고스란히 국민들에게 돌아가게 됩니다. 지역경찰 관서에 충분한 인력이 보충되기 전까지는 최소한의 근무인원 확보를 위하여 휴가 사용 방식의 조정이 필요한 현실을 해당 팀원과 함께 인식하고, 최근 휴가 사용 내역을 객관적 데이터로 공유하며 구체적인 조정 방안을 협의하겠습니다. 이는 휴가를 억제하는 것이 아니라, 모든 팀원이 권리를 누리면서도 치안 공백을 최소화하는 방법을 함께 찾자는 것입니다.

✦ 조직생활에서 휴가를 사용하거나 그렇게 하지 않는 본인만의 어떤 기준이 있는가?

저는 휴가를 사용할 때 팀 내에서 따르는 관행이나 규칙이 있다면 이에 따라서 휴가 계획을 세웁니다. 특히 중요한 업무나 행사가 있는 시기는 피합니다. 경찰의 경우 명절 전후, 연말연시 등 특별방범기간이나 선거기간 등 국가 주요 행사가 있는 시기에는 휴가 사용을 자제하는 것이 바람직하다고 생각합니다. 또한, 휴가가 집중되는 여름 휴가철의 경우에는 다른 동료들과 휴가가 겹치지 않도록 사전에 알리고 조율합니다. 부득이 휴가가 겹치는 경우에도 팀에서 정한 규칙에 따라 상호 조율하여 업무에 지장이 없도록 합니다.

✦ 휴가 사용과 관련하여 팀 내에 기준을 어떻게 만들 수 있을 것인가?

위 답변 참조

❻ 병가를 내고 해외여행을 가는 것에 대하여 어떻게 생각하는가?

👤 답변

병가를 내고 해외여행을 가는 것은 명백히 잘못되고 부적절한 행동이라고 생각합니다.

(1) 병가는 근로자가 질병이나 부상으로 인해 정상적인 근무가 어려울 때 치료와 회복에 전념하여 건강을 되찾고 다시 업무에 복귀할 수 있도록 지원하기 위한 제도입니다. 개인적인 휴식이나 여행은 정당하게 주어진 <u>연가(휴가)를 사용하는 것이 원칙이며 병가를 본래의 목적과 다르게 사용하는 것은 명백한 규정 위반이자 제도를 악용하는 행위입니다.</u>

(2) 이는 정직성과 성실성의 문제입니다. 몸이 아프다는 이유로 병가를 신청하고 실제로는 개인적인 여행을 즐기는 것은 동료와 조직, 그리고 궁극적으로는 국민을 속이는 기만행위입니다. 특히 법을 집행하고 누구보다 높은 도덕성과 청렴성이 요구되는 경찰관에게는 결코 용납될 수 없는 일이라고 생각합니다.

(3) 이러한 행동은 조직 전체에 부정적인 영향을 미칩니다. 병가를 낸 동료의 업무는 다른 동료들에게 부담으로 작용될 수 있으며, 이러한 사실이 알려진다면 조직 내 신뢰 관계를 심각하게 훼손시킬 수 있습니다. 또한 성실하게 근무하는 다른 구성원들의 사기를 저하시킬 뿐만 아니라 조직 전체의 복무 기강을 해이하게 만들 수 있습니다. 나아가 이러한 공직자의 일탈 행위는 국민의 경찰에 대한 불신을 초래할 수 있는 심각한 문제라 생각됩니다.

> **병가 중 해외여행 경찰관에 대한 징계 조치**
> - 윤건영 더불어민주당 의원실이 경찰청에서 받은 '병가 중 해외여행' 특별점검 결과에 따르면, 2022년 7월부터 지난 6월까지 <u>병가를 내고 해외여행을 다녀온 사실이 적발된 경찰관 중 2명은 징계 절차가 진행 중이며, 21명은 경고 처분, 108명은 주의 처분을 받았다.</u>
> - 경기남부청 소속 A경위는 병가 기간과 해외 체류 기간이 77일 겹치고, 경남청 소속 B경위도 병가 기간과 해외 체류 기간이 약 24일 겹쳐 징계 절차를 밟고 있다.
> - 2024. 9. 제주청 소속 직원 4명이 병가 중 해외여행을 떠난 사실이 알려졌다. 정당한 사유가 소명되지 않은 2명에게 주의 조치를 했다. 〈경향신문 24.10.03. 참조〉

⑦ 성실한 동료와 유능한 동료 중 누가 더 바람직하다고 생각하는가? 〈25. 2차〉

답변

경찰 조직의 특성을 고려했을 때 저는 성실한 동료가 조금 더 바람직하다고 생각합니다. 경찰 업무는 혼자서 하는 일보다 팀 단위로 움직이며 서로의 안전을 책임져야 하는 경우가 많기 때문입니다. 제가 성실함을 더 높게 평가하는 이유는 크게 두 가지입니다.

(1) **예측 가능성과 팀워크** : 성실함은 팀원들에게 예측 가능성을 제공합니다. 아무리 능력이 뛰어나도 기복이 심하거나 규칙을 어기는 동료보다는 언제나 정해진 시간에 자리를 지키고 맡은 바 소임을 묵묵히 수행하는 동료가 있을 때 팀 전체의 치안 역량이 안정적으로 유지됩니다. 특히 지구대나 형사팀처럼 24시간 교대 근무가 돌아가는 조직에서는 성실함이 곧 동료에 대한 예의이자 신뢰의 기초가 된다고 생각합니다.

(2) **'능력'은 보완 가능하지만 '태도'는 바꾸기 어렵다** : 업무적인 유능함은 시간과 경험, 그리고 교육을 통해 충분히 채워질 수 있다고 생각합니다. 초임 시절에는 부족하더라도 성실하게 배우는 자세를 갖춘다면 결국 유능한 경찰관으로 성장할 수 있습니다. 반면, 성실하지 못한 태도는 조직의 문화를 해치고 팀워크를 깨뜨릴 위험이 큽니다. 경찰 업무에서 개인의 유능함이 독단으로 흐르면 오히려 과잉 수사나 절차 위반 같은 리스크를 낳을 수 있다고 생각합니다.

✦ 본인은 성실한 사람인가요? 유능한 사람인가요?

⑴ **요점(Point)** : 저는 성실한 자세를 바탕으로 유능하기 위해 노력하는 사람이라고 생각합니다.

⑵ **이유(Reason)** : 제가 성실하다고 생각하는 이유는, 일단 한번 시작한 일은 끝까지 해내는 편이기 때문입니다. 포기하지 않고 꾸준히 노력하는 것이 저의 강점입니다. 또한 약속과 원칙을 중시하여 작은 약속이라도 지키려 노력하고 정해진 규칙은 제가 먼저 따르는 편입니다.

⑶ **예시(Example)** : 대학 시절 학생회 총무로 2년간 활동하며 학생회비 사용 내역을 정리하였습니다. 저는 매주 영수증 하나, 십 원 단위 잔액까지 모두 대조하여 장부를 정리하여 이를 매달 게시판에 공개했습니다. 때로는 번거롭고 시간이 많이 걸렸지만 2년 동안 단 한 차례의 오차도 없이 성실하게 기록을 유지하자, 학생들의 학생회비에 대한 불신이 사라졌고 역대 가장 신뢰할 수 있는 학생회라는 평가를 받았습니다. 이러한 꾸준한 태도가 결국 유능함으로 인정받게 되었습니다.

⑷ **요점(Point)** : 따라서 저는 성실함은 기본적인 자질이고, 유능함은 그 위에 계속 쌓아가는 과정이라고 생각합니다. 경찰관이 된다면 이러한 성실함을 바탕으로 끊임없이 배우고 훈련하여 국민과 동료들이 신뢰할 수 있는 유능한 경찰관으로 성장하겠습니다.

⑧ 경찰제복의 무게에 대한 본인의 생각을 말해보세요.

답변

경찰 제복의 무게는 그 안에 담긴 상징적인 <u>막중한 책임감, 숭고한 사명감</u>의 무게라고 생각합니다. 그 무게는 결코 가볍지 않으며, 경찰관이 되는 순간부터 항상 어깨 위에, 그리고 가슴 깊이 느껴야 하는 무게라고 생각합니다.

⑴ **책임감과 권한의 무게** : 국민의 생명과 재산, 그리고 사회의 안녕과 질서를 지켜야 하는 무거운 책임감의 무게입니다. 제복은 법을 집행하고 질서를 유지할 수 있는 공권력을 상징하며, 이 권한을 오직 국민을 위해 법과 원칙에 따라 공정하고 신중하게 사용해야 한다는 책임이 따릅니다.

⑵ **국민의 신뢰와 기대의 무게** : 제복을 입은 경찰관에게 보내는 국민들의 신뢰와 기대의 무게입니다. 국민들은 제복을 보며 안전과 보호, 도움을 기대합니다. 그 기대에 부응해야 한다는 사명감, 그리고 제 행동 하나하나가 경찰 조직 전체의 명예와 신뢰로 이어진다는 것을 알기에 느끼는 무게입니다.

⑶ **희생과 봉사의 무게** : 때로는 위험을 무릅쓰고 국민을 위해 희생하고 봉사해야 하는 숙명의 무게입니다. 제복은 언제든 도움이 필요한 곳으로 달려가야 하며 때로는 자신의 안위보다 국민의 안전을 먼저 생각해야 하는 헌신적인 자세를 요구합니다.

⑷ **명예와 자부심의 무게** : 하지만 이 무게는 단순히 부담감만을 의미하지는 않습니다. 국민과 사회에 봉사하고 정의를 실현하는 경찰관으로서의 명예와 자부심이라는 긍정적인 무게이기도 합니다. 이 제복을 입고 떳떳하게 임무를 수행하는 것은 큰 영광이자 자긍심의 원천이 될 것입니다.

❾ 본인이 상사라면 팀원들에게 어떻게 사명감을 가지게 하겠는가?

👤 답변

사명감이란 단순한 법적 의무나 직업적 책임감을 넘어서 가치 있는 소명으로 인식하고 어떠한 위험이나 어려움 속에서도 이를 실현하려는 강한 책임감과 의지라고 생각합니다. 경찰 조직에서의 사명감은 '국민의 생명과 재산을 보호하고 공공의 안녕과 질서를 유지한다'는 본연의 목적을 진심으로 받아들이는 데서 시작합니다.

(1) **솔선수범**: 상사로서 팀원들에게 사명감을 심어주기 위해서는 무엇보다 저부터 확고한 사명감을 갖고 솔선수범하는 자세로 업무에 임하는 것이 선행되어야 한다고 생각합니다. 상사의 행동과 태도는 팀원들에게 가장 강력한 메시지가 되기 때문입니다.

(2) **업무의 의미와 가치 공유**: 경찰관의 작은 행동 하나가 어떻게 시민의 삶에 긍정적인 변화를 가져왔는지에 대한 피드백을 적극적으로 수집하고 팀원들과 나누겠습니다. 예를 들어 시민들의 감사 편지나 긍정적 민원 사례를 공유함으로써 '우리의 업무가 정말 의미 있고 가치 있다'는 인식을 심어주겠습니다.

(3) **자율성과 책임감 부여**: 사명감은 외부에서 강요되는 것이 아니라 내면에서 우러나오는 것이므로 팀원들에게 적절한 자율성과 책임감을 부여하겠습니다. 업무 목표와 방향성은 명확히 제시하되 세부적인 방법은 팀원들이 스스로 결정할 수 있는 권한을 주어 주인의식을 갖게 하겠습니다. 또한 의사결정 과정에 팀원들을 적극적으로 참여시켜 '내가 이 조직의 중요한 구성원이다'라는 소속감과 자부심을 느끼게 하겠습니다. 예를 들어 주요 정책이나 작전 계획 수립 시 팀원들의 의견을 수렴하고 반영함으로써 공동체 의식을 강화하겠습니다.

(4) **개인 역량과 관심사에 맞는 업무 배치**: 각 팀원의 강점, 전문성, 관심사를 파악하여 이에 맞는 업무를 배치하겠습니다. 자신이 잘할 수 있고 관심 있는 분야에서 일할 때 자연스럽게 업무에 대한 열정과 사명감이 생기기 때문입니다.

(5) **지속적인 성장과 발전 기회 제공**: 사명감은 자신의 전문성과 역량이 성장할 때 더욱 강화됩니다. 팀원들에게 필요한 교육과 훈련 기회를 적극적으로 제공하고, 자기계발을 위한 시간과 자원을 지원하겠습니다. 예를 들어 최신 수사 기법이나 법령 변경 사항에 대한 정기적인 스터디 세션을 마련하거나, 외부 전문가를 초빙한 워크숍을 개최하는 등 팀원들의 전문성 향상을 위한 환경을 조성하겠습니다.

(6) **공정하고 투명한 평가와 보상**: 팀원들의 노력과 성과를 공정하게 평가하고 이에 따른 적절한 보상과 인정을 제공하겠습니다. 평가 기준을 명확히 하고 투명하게 공개함으로써 '열심히 일하면 그만큼 인정받는다'는 인식을 심어주겠습니다.

(7) **건강한 조직 문화와 소통 환경 조성**: 팀원들이 심리적 안정감을 느끼고 서로 존중하는 건강한 조직 문화를 조성하겠습니다. 상명하복식의 경직된 소통보다는 수평적이고 열린 의사소통을 장려하여 팀원들이 자유롭게 의견을 제시하고 창의적인 아이디어를 나눌 수 있는 환경을 만들겠습니다. 정기적인 티타임이나 팀 회식, 체육 활동 등을 통해 팀원들 간의 유대감을 강화하고 업무 외적으로도 서로를 이해하고 지지하는 문화를 만들겠습니다.

결론적으로 사명감은 강요할 수 없고 자발적으로 형성되는 것입니다. 상사로서 저는 팀원들이 스스로 업무의 가치와 의미를 발견하고 자신의 역할에 자부심을 가질 수 있는 환경을 조성하는 데 초점을 맞추겠습니다.

❿ 사명감 없는 동료를 보면 어떻게 할 것인가? <25. 2차>

답변

(1) **상황 인식** : 먼저 동료가 사명감이 부족해 보이는 구체적인 상황과 원인을 파악하려 노력하겠습니다. 겉으로 보이는 모습만으로 판단하기보다는 개인적인 어려움이나 업무 스트레스, 또는 조직 적응의 문제가 있을 수 있기 때문입니다.

(2) **개인적 소통** : 사적인 자리에서 동료와 진솔한 대화를 나누어 보겠습니다. 최근 힘든 일이 있었는지 등 자연스러운 질문으로 시작하여 경찰로서의 보람과 긍지를 함께 나누며 동기부여를 시도하겠습니다. 예를 들어, 제가 경찰이 되려고 결심한 계기나 시민들에게 도움을 주었을 때의 보람 등을 이야기하며 공감대를 형성하겠습니다.

(3) **솔선수범을 통한 긍정적 영향** : 동료에게 사명감을 강요하기보다는 제가 먼저 현장에서 열정적으로 임무를 수행하는 모습을 보이겠습니다. 작은 민원 하나도 정성껏 해결하는 제 모습을 보이거나 동료와 협력할 기회를 만들어 업무를 통한 성취감을 느낄 수 있도록 돕겠습니다.

(4) **조직 차원의 대응** : 경찰 업무는 팀워크가 핵심이며 한 명의 방관은 시민의 안전 공백으로 이어질 수 있습니다. 만약 개인적인 노력에도 상황이 개선되지 않는다면, 선배님이나 팀장님께 조언을 구하겠습니다. 항상 동료를 비난하기보다는 함께 돕는 방향으로 접근하겠습니다.

후속질문

✦ 책임감과 사명감의 차이는 무엇이라고 생각하는가?

책임감은 주어진 맡은 소임에 집중하는 개념이라면, 사명감은 '그 일을 해야만 하는 근본적인 이유와 가치'에 집중하는 개념이라고 생각합니다. 책임감은 경찰관으로서 자신에게 맡겨진 순찰, 수사, 민원 처리 등의 업무를 규정에 맞게 정확히 수행하고 끝까지 마무리 짓는 성실함의 영역이지만, 사명감은 제복 입은 시민으로서 국가와 국민의 생명을 보호해야 한다는 숭고한 목표 의식이며 보상이 없거나 어려운 상황에서도 스스로를 움직이게 하는 '자발적 에너지'라고 생각합니다. 결국 책임감이 경찰 활동의 '최소한의 기준'이라면, 사명감은 '최선의 가치'라고 생각합니다. 예를 들어 사건 처리에 있어서 책임감 있는 행동은 해당 사건을 오류 없이 처리하는 것이지만 사명감 있는 행동은 법적인 처리뿐만 아니라 주민 불안감을 근본적으로 해소하기 위하여 노력하는 자세라고 생각합니다.

✦ 경찰조직의 사명감을 올릴수 있는 환경적인 요인은 무엇이라고 생각하는가?

(1) **현장 공권력의 정당성 확보** : 경찰관이 현장에서 소신 있게 행동할 수 있는 안전장치가 필요합니다. 현장 경찰관이 사명감을 갖기 위해서는 법률적·제도적 뒷받침이 있어야 한다고 생각합니다. 현장 경찰관들이 가장 힘들어하는 부분은 "현장에서 최선을 다해 법을 집행했는데, 돌아오는 것은 민사 소송이나 징계 책임일지도 모른다."는 두려움입니다. 현장 경찰관들의 '정당한 법 집행은 법적·제도적으로 보호를 받는다'는 확신이 있어야 합니다. 적극적인 업무 수행 과정에서 발생한 민·형사상 책임에 대해 경찰조직이 법률적으로 지원하고 면책 시스템을 강화한다면 위축되지 않고 시민을 위해 헌신하는 사명감이 더욱 높아질 것입니다.

(2) **공정한 보상 체계** : 실적 위주의 평가를 넘어 위험한 현장에서 묵묵히 헌신하거나 사회적 약자를 세심하게 돌본 사례가 정당하게 평가받는 공정한 인사 및 포상 시스템이 중요합니다. 자신의 노력이 조직 내에서 가치를 인정받을 때 경찰관은 단순한 직업인을 넘어 소명 의식을 가진 전문가로 거듭날 수 있다고 생각합니다.

⑶ **시민과의 긍정적 관계**: 시민들이 경찰을 신뢰하고 감사할 때 경찰관들은 보람을 느낍니다. 지역사회와 긴밀히 협력하는 프로그램, 시민의 감사 편지 전달 등이 큰 동기부여가 됩니다. 경찰이 정치적 중립을 지키고 공정한 법집행으로 국민의 신뢰를 얻을 수 있도록 민주적 통제 등 시스템적 뒷받침이 필요하다고 생각합니다.

⑪ 경찰관이 된다면 워라밸을 어떻게 유지할 것인가? 〈25. 1차〉

답변

⑴ **경찰 직업의 특성**: 경찰 직업은 24시간 국민의 안전을 책임지는 특수한 직업으로 일반적인 직장과는 다른 근무 패턴과 업무 환경을 가지고 있다는 점을 잘 알고 있습니다. 교대근무, 긴급 상황 발생 시 비상소집, 명절이나 주요 행사 시 특별 근무 등 일과 삶의 경계가 명확하지 않을 수 있는 상황이 발생할 수 있음을 알고 있습니다. 그럼에도 불구하고 워라밸은 개인의 체력과 정신건강 유지, 나아가 업무 효율성과 직결되는 중요한 문제이므로 경찰관으로서 지속 가능한 근무를 위해 일과 삶의 균형을 찾는 노력은 필요하다고 생각합니다.

⑵ **구체적인 워라밸 유지 방안**

　① **업무 시간 내 효율성 극대화**: 업무 시간을 최대한 효율적으로 활용하겠습니다. 보고서 작성, 자료 정리 등의 업무는 체계적인 방식으로 진행하여 불필요한 초과근무를 줄이겠습니다.

　② **체계적인 자기관리로 업무 역량 강화**: 체계적인 자기관리를 통해 업무 역량을 강화하겠습니다. 업무 관련 지식과 기술을 지속적으로 학습하고 개발하여 업무 처리 능력을 향상시킴으로써, 같은 시간 내에 더 효과적으로 업무를 처리할 수 있도록 하겠습니다.

　③ **소통과 협업 통한 업무 분담**: 동료들과의 원활한 소통과 협업을 통해 업무 부담을 적절히 분담하겠습니다. 팀 내에서 서로의 상황을 이해하고 필요시 도움을 주고받으며 특히 경조사나 개인적 중요 일정이 있을 때는 사전에 충분히 소통하여 근무 조정을 하는 등 상호 협력적인 관계를 구축하겠습니다.

　④ **주어진 휴식과 휴가의 효과적 활용**: 교대근무 간 휴식과 공식적인 휴가를 효과적으로 활용하겠습니다. 철저한 근무 계획을 통해 미리 휴가 계획을 세우고 휴식 시간에는 업무와 완전히 분리된 취미 활동이나 가족과의 시간을 통해 진정한 재충전의 기회로 삼겠습니다.

　⑤ **스트레스 관리와 심리적 분리**: 마지막으로 업무 스트레스를 효과적으로 관리하는 방법을 터득하겠습니다. 명상, 취미 활동, 상담 등 자신에게 맞는 스트레스 해소법을 찾고 퇴근 후에는 업무에서 심리적으로 완전히 분리되는 시간을 가짐으로써 정신적 균형을 유지하겠습니다.

⑶ **조직 차원의 지원 활용**: 필요시에는 경찰청에서 최근 강화하고 있는 워라밸 지원 정책인 <u>유연근무제</u>, 육아휴직, 심리 상담 서비스 등을 활용하겠습니다.

　✎ 유연근무제: 정형화된 9시 ~ 6시 근무에서 벗어나 경찰관이 개인, 업무, 기관 특성에 맞춰 출퇴근 시간이나 근무일, 장소를 자율적으로 조정하는 제도이다. 생산성 향상, 육아 · 간병 등 가정 친화적 환경 조성, 야간 근무 강도 완화 등을 위해 도입되었다.

⑷ **직업에 대한 소명의식과 워라밸의 균형**: 경찰이라는 직업은 단순한 생계 수단을 넘어 국민의 안전과 행복을 책임지는 소명이라고 생각합니다. 따라서 때로는 개인적인 일정이나 편의를 양보해야 하는 상황이 있을 수 있음을 받아들이고 그러한 상황에서도 최선을 다할 준비가 되어 있습니다.

⑫ 낮은 봉급으로 이탈하는 공무원이 많다. 이에 대하여 어떻게 생각하는가? 〈25. 1차〉

답변

(1) **현상에 대한 균형 잡힌 인식**: 공무원, 특히 경찰관을 포함한 일부 공직자들이 상대적으로 낮은 보수로 인해 민간 영역으로 이직하는 현상에는 여러 요인이 복합적으로 작용하고 있으며 반드시 낮은 봉급만은 아니라고 생각합니다. 업무 강도, 승진 기회, 직업 만족도, 사회적 인식 등 다양한 요소가 복합적으로 작용하고 있다고 생각합니다.

(2) **공무원 보수의 현실적 측면 인정**: 경찰관의 보수는 업무의 중요성, 위험성, 책임감에 비해 상대적으로 낮다는 의견이 있습니다. 특히 주택 가격 상승, 물가 인상 등 경제적 환경 변화로 인해 실질적인 생활 수준을 유지하기 어려운 상황이 발생할 수 있다고 생각합니다.

(3) **공직의 가치와 보상에 대한 균형 잡힌 시각**: 그러나 공직, 특히 경찰직은 단순히 경제적 보상만으로 그 가치를 측정하기 어려운 측면이 있습니다. 국민의 생명과 재산을 보호하고 사회 질서를 유지하며, 공동체의 안전에 기여한다는 직업적 사명감과 보람은 금전적으로 환산하기 어려운 가치입니다. 또한 공무원은 고용 안정성, 정년 보장, 연금 제도, 다양한 복지 혜택 등 금전적 보수 외에도 여러 형태의 간접적 보상이 있다는 점도 고려해야 합니다. 이러한 요소들은 당장의 월급만으로는 측정되지 않는 장기적인 직업 안정성과 삶의 질에 기여합니다.

(4) **문제해결을 위한 다양한 접근 방식 제시**

① 정책적 차원에서 공무원, 특히 위험 직무에 종사하는 경찰관의 처우 개선을 위한 제도적 노력이 계속되어야 합니다. 기본급 인상뿐 아니라 각종 수당 현실화, 주택 지원 확대 등 다양한 방안을 검토할 수 있을 것입니다.

② 조직 차원에서는 보수 외에도 직업 만족도를 높일 수 있는 요소들에 주목할 필요가 있습니다. 업무 환경 개선, 승진 기회 확대, 의사결정 참여 확대 등을 통해 경제적 보상 이외의 직무 만족 요소를 강화할 수 있습니다.

③ 개인 차원에서도 공직자로서의 자긍심과 전문성을 높이고 추가적인 자기계발을 통해 직무 역량을 강화함으로써 직업적 가치를 높이는 노력이 필요합니다.

(5) **개인적 직업관 제시**: 저 개인적으로는 경찰이라는 직업을 선택함에 있어 경제적 보상만을 고려한 것이 아닙니다. 물론 적정한 생활 수준을 유지할 수 있는 보수는 중요하지만 그보다 국민의 안전을 지키고 사회 정의에 기여한다는 직업적 사명감, 다양한 경험과 성장 기회, 그리고 장기적인 직업 안정성 등을 더 중요한 가치로 생각하고 있습니다.

제5절 | 팀워크 · 협업

1 조직에서 자기중심적인 사람과 이기적인 사람을 구별한다면? 〈25. 2차〉

👤 〈답변〉

(1) **자기중심적인 사람**: 악의가 있다기보다 타인의 관점을 이해하는 공감 능력이나 인지적 유연성이 부족한 사람입니다(몰라서 남을 배려하지 못함).

　① 특징: 상대방의 상황이나 기분을 잘 헤아리지 못합니다. 본인이 하고 싶은 말만 하거나, 자신의 업무 방식이 옳다고 믿고 타인에게 강요합니다.

　② 예시: 회의 때 남의 말을 끊고 자기 주장만 하거나, 본인의 업무가 가장 중요하다고 생각해 타인의 바쁜 상황을 고려하지 않고 협조를 구합니다.

(2) **이기적인 사람**: 자신의 이익을 위해 타인의 손해를 기꺼이 감수하거나 이용하는 사람입니다(알면서도 남을 배려하지 않음).

　① 특징: 손해 보는 것을 극도로 싫어하며, 공로를 가로채거나 책임을 전가하는 데 능숙합니다. 계산이 빠르고 전략적으로 행동합니다.

　② 예시: 승진 기회가 있을 때 동료의 성과를 가로채는 행동을 하거나, 팀 프로젝트에서 자신이 맡은 부분은 최소한만 하면서 성과는 똑같이 나눠 가지려는 '무임승차자' 같은 경우입니다.

(3) **피드백에 대한 반응 차이**: 양자는 피드백에 대한 반응이 다릅니다. 자기중심적인 사람에게 "다른 팀원들도 의견이 있으니 들어보는 게 어떨까요?"라고 피드백을 주면, 대부분 "아, 미처 생각하지 못했네요"라며 행동을 바꾸려고 노력합니다. 반면 이기적인 사람은 자신의 행동이 타인에게 미치는 영향을 이미 알고 있기 때문에, 피드백을 받아도 표면적으로만 수용하거나 아예 무시하는 경향이 있습니다.

(4) **개선 가능성**: 자기중심성은 교육과 경험을 통해 개선될 가능성이 높지만, 이기심은 가치관의 문제이기 때문에 변화시키기가 훨씬 어렵습니다.

2 팀 내에서 함께 근무하기 힘든 동료는 어떤 동료라고 생각하는가? 〈25. 2차〉

👤 〈답변〉

조직 생활에서 가장 근무하기 힘든 동료는 이기적인 태도를 가진 동료라고 생각합니다.

(1) **책임전가형**: 잘된 일은 자신의 능력 덕분이라며 생색을 내고, 실수가 발생하거나 상황이 나빠지면 동료나 환경 탓을 하는 사람입니다. 이런 동료는 팀원들 간의 신뢰를 무너뜨리고 서로 몸을 사리는 방어적인 분위기를 만듭니다. 현장에서의 판단 착오를 숨기거나 동료에게 떠넘길 경우, 법적 · 윤리적 문제로 번져 조직 전체의 신뢰도를 떨어뜨립니다.

(2) **무임승차형**: 힘든 일은 교묘하게 피하며 타인의 노력에 편승하려는 동료입니다. 특정 팀원에게 업무 부하가 쏠리게 하여 팀 전체의 사기를 저하시킵니다. 2인 1조 근무가 기본인 경찰 업무에서 한 명의 태만은 곧 동료의 안전 공백을 의미합니다.

⑶ **소통하지 않는 독불장군형** : 자신의 방식만 옳다고 고집하며 타인의 조언이나 조직의 매뉴얼을 무시하는 동료입니다. 협업이 필수적인 프로젝트나 현장에서 엇박자를 만들며 팀 내 갈등의 진원지가 됩니다. 소통이 안 되는 동료는 현장 대응 능력을 떨어뜨려 시민의 안전을 위협할 수 있습니다.

후속질문

✦ **만약 본인이 다른 동료로부터 함께 근무하기 힘든 사람이라는 말을 듣게 된다면?**

만약 제가 동료들에게 함께 일하기 힘든 사람이라는 평가를 받는다면, 우선 저 자신을 객관적으로 돌아보는 계기로 삼겠습니다. 즉시 동료들에게 다가가 제가 어떤 부분에서 불편함을 주었는지 진솔하게 묻고 경청하겠습니다. 피드백을 바탕으로 제 업무 습관이나 소통 방식을 즉각 수정하고, 말보다는 낮은 자세로 솔선수범하는 행동을 통해 다시 함께 근무하고 싶은 든든한 동료로 변화하는 모습을 증명해 내겠습니다.

❸ 본인이 생각하는 팀워크가 좋은 사람의 특징 3가지를 말해보세요. 〈25. 2차〉

👤 답변

경찰 조직에서는 팀워크는 "생명과 안전"의 문제라고 생각합니다. 위험한 현장에서 동료를 신뢰할 수 없다면 임무 수행 자체가 불가능하기 때문입니다.

⑴ **신뢰할 수 있는 사람(약속을 지키고 책임을 다하는 사람)** : 경찰 업무에서 신뢰는 팀워크의 기초입니다. 동료가 내 뒤를 봐줄 것이라는 확신이 없으면 위험한 현장에 들어갈 수 없습니다. 작은 약속을 잘 지키는 사람이 큰 약속도 지킬 수 있으며, 자신의 책임 범위를 명확히 하고 끝까지 완수하는 사람을 신뢰할 수 있습니다.

⑵ **소통을 잘하는 사람** : 자신의 주장을 관철하기보다 동료의 의견을 끝까지 듣고 그 취지를 먼저 이해하려는 사람입니다. 또한 자신의 의사를 명확하게 전달하여 서로 간에 오해가 없어야 합니다.

⑶ **동료를 배려하는 사람** : 경찰 업무는 체력적, 정신적으로 힘든 일입니다. 야간 근무, 위험한 현장, 민원인의 욕설 등으로 지칠 때 동료의 배려가 버티는 힘이 됩니다.

후속질문

✦ **위 3가지 중에 어떤 것이 본인의 특징과 비슷하다고 생각하는가?**

저는 그중에서도 '동료를 배려하는 사람'에 가장 가깝다고 생각합니다. 제가 생각하는 배려는 단순히 마음을 쓰는 것을 넘어 동료의 짐을 기꺼이 나누어지는 실천입니다. 제가 고깃집에서 1년간 아르바이트를 할 때 동료가 유독 지쳐 보이거나 일이 몰리는 상황을 먼저 파악하려 노력했습니다. 동료에게 "이거는 내가 할 테니 잠시 숨 좀 돌리고 오라"며 먼저 다가갔습니다. 이런 작은 배려로 팀 전체의 분위기가 바뀌고 결국은 손님들에게 더 나은 서비스로 이어지는 것을 확인했습니다. 경찰이 되어서도 제 역할만 고집하지 않고 동료가 놓친 부분이 있다면 묵묵히 채워주는 그런 팀워크를 발휘하고 싶습니다.

④ 개인보다 팀이 우선될 경우는 어떤 경우인가?

답변

경찰 업무에서 팀워크는 개인의 역량보다 훨씬 더 중요하게 작용하는 경우가 많다고 생각합니다. 이는 단순히 협력하는 것을 넘어 국민의 안전과 생명을 보호하고 사회 질서를 유지하는 경찰의 기본적인 임무를 완수하기 위해서입니다. 팀이 개인보다 우선시되어야 하는 주된 경우는 다음과 같습니다.

(1) **시민의 생명과 안전이 위험한 긴급상황** : 시민의 생명과 안전이 위험한 긴급상황입니다. 예를 들어 화재나 교통사고 현장에서는 개인의 영웅심이나 성과욕보다 지휘관의 지시에 따른 체계적인 역할 분담이 더 많은 생명을 구할 수 있습니다. 한 사람이 모든 것을 해결하려 하면 오히려 혼란만 가중되고 전체적인 구조 효율성이 떨어질 수 있습니다.

(2) **수사나 작전 진행 시 정보 공유와 협력** : 수사나 작전 진행 시입니다. 중요한 단서를 발견했을 때 개인적 성과를 위해 혼자 해결하려 하기보다는 팀원들과 즉시 정보를 공유하고 합동 수사 체계를 구축해야 합니다. 범죄는 조직적으로 대응할 때 더 효과적으로 해결할 수 있으며, 정보 독점으로 인한 수사 지연이나 증거 손실을 방지할 수 있습니다.

(3) **위험한 현장에서의 안전 확보** : 위험한 현장에서의 안전 확보입니다. 흉기를 든 용의자나 폭력 상황에서 개인의 용맹함을 보이려는 충동보다는 팀원들과의 협력을 통한 안전한 제압이 우선되어야 합니다. 무모한 개인 행동은 자신뿐만 아니라 동료들과 시민들을 더 큰 위험에 빠뜨릴 수 있습니다.

(4) **조직의 연속성과 신뢰성 유지** : 마지막으로 조직의 연속성과 신뢰성 유지입니다. 개인적인 사정이나 선호보다는 교대 근무나 팀 업무 분담을 성실히 이행해야 합니다. 경찰업무는 24시간 연속성이 생명이며, 한 사람의 공백이 시민 안전에 직결될 수 있습니다.

개인의 역량도 중요하지만, 경찰 조직의 특성상 공동의 목표 달성과 동료의 안전, 그리고 국민의 생명과 재산 보호라는 궁극적인 사명을 위해서는 개인보다 팀이 우선시되는 경우가 절대적으로 많다고 생각합니다. 저는 이러한 팀워크의 중요성을 깊이 이해하고 있으며 언제든 팀의 성공을 위해 저의 역할을 충실히 수행하겠습니다.

⑤ 업무 과중으로 힘들어하는 동료에 대한 대응은? (25. 2차 발표)

> 지구대 상황근무 중 동료 경찰관이 업무 과중으로 스트레스를 받는 상황이며 어지럼증을 호소하며 힘들어하고 있다. 얼굴이 창백하며 동료들이 걱정스러운 눈빛으로 지켜보고 있다. 하지만 업무 마감 기한이 얼마 남지 않아 계속해서 업무를 진행해야 한다. 이 경우 현장 동료로서 어떻게 하겠는가?

답변

(1) **문제 인식**

① 동료가 업무 마감 기한이 얼마 남지 않은 일 때문에 스트레스를 많이 받고 얼굴이 창백하며 어지럼증을 호소하는 상황입니다.

② 동료를 조금 쉬도록 한 뒤 필요하면 병원에서 진찰을 받아야 하는 상황으로 판단되며, 남은 일은 동료들간에 업무 분담으로 마감 기한 내에 처리할 수 있도록 하겠습니다.

(2) 원칙

① 개인의 안전과 건강이 최우선으로 고려되어야 합니다.

② 업무가 과중하다면 업무의 재분배 및 근무 재조정이 원칙입니다.

(3) 현장 대응

① **동료 상태 확인**: 동료가 어지럼증과 창백한 얼굴을 보이며 힘들어하는 상황은 단순한 피로 이상의 응급 상황일 수 있습니다. 동료에게 즉시 업무를 중단하고 자리에 앉거나 누워 휴식을 취하도록 단호하게 요청한 뒤, 상태가 호전되지 아니하면 119에 연락하여 병원 진료를 받을 수 있도록 하겠습니다. 필요하다면 동료의 의견을 들어 가족에게도 연락할 수 있도록 하겠습니다.

② **상사 보고**: 지구대의 근무 배치는 순찰팀장의 직무입니다. 순찰팀장에게 보고하여 상황 근무자를 다른 동료로 대체할 수 있도록 건의하겠습니다.

③ **업무 분담**: 현재 처리 중인 마감이 임박한 업무는 순찰팀장의 지시에 따라 다른 동료 또는 제가 인수받아 처리하겠습니다. 마감 기한을 연장할 수 있는 업무인지도 검토하겠습니다.

(4) 사후 조치

① 경찰관의 건강을 해치는 업무 과중은 국민에 대한 치안력 약화로 이어질 수 있으므로 경찰 조직적 차원에서 제도적인 방안을 강화할 필요가 있다고 생각합니다.

② 경찰관은 장기적인 교대근무 및 야간근무로 건강에 문제가 있을 수 있으므로 주기적인 경찰관 건강 검진 시스템을 마련할 필요가 있습니다.

③ 정신적 스트레스 상담을 위한 마음동행센터가 시·도청별로 설치되어 있는데 경찰관들의 이용 현황이 증가 추세라고 합니다. 이러한 시설이나 인력을 확충하고 경찰관들이 좀 더 쉽게 접근하여 전문 상담을 받을 수 있도록 제도를 개선하면 좋을 것 같습니다.

> **마음동행센터**
>
> 경찰관들의 심리적 소진과 트라우마 회복을 돕기 위해 전국에 설치된 심리 상담 지원 기관으로, 직무 스트레스 해소, 외상 후 스트레스 장애(PTSD) 예방 및 치료, 위기 개입 상담 등을 제공하며, 병원 등과 협력하여 운영된다. 특히 이태원 참사 등 대형 사건 이후 경찰관들의 심리 회복을 위해 힐링 캠프, 집단 상담 등 다양한 프로그램도 운영하고 있다. 전국에 18곳이 운영되고 있으며 상담사 인력은 36명으로 부족한 실정이다.

후속질문

✦ **동료 경찰관을 쉬게 하려고 하였으나 동료 경찰관이 거절하면 어떻게 하겠는가?**

먼저 동료의 거절을 무리하게 꺾으려 하지 않고 그 의사를 존중하겠습니다. 동료가 거절하는 이유는 '미안함' 때문일 수도 있고, 혹은 본인이 끝까지 완수하고 싶은 '책임감' 때문일 수 있습니다. 대신, 도움을 주는 쪽과 받는 쪽의 구도가 아니라 함께 일을 빨리 끝내기 위함이라는 방식으로 제안하겠습니다. 그럼에도 계속 거절한다면, 억지로 뺏어오기보다는 곁에서 간단한 음료를 챙겨주거나 행정적인 잔무를 묵묵히 처리해 주는 방식으로 배려를 실천하는 것도 좋은 방법입니다.

✦ **조직적인 측면에서는 어떻게 대처할 수 있는가?**

상사 보고, 업무 분담, 마음동행센터 이용 등 위 답변 참조

6 팀 내에 업무를 잘 하지 못하는 후배가 있다면 어떻게 할 것인가? 〈25. 1차〉

👤〈답변〉

만약 제 팀에 업무 수행에 어려움을 겪는 후배가 있다면 이를 외면하거나 방치하지 않고 제가 선배로서 그리고 동료로서 도울 수 있는 부분을 적극적으로 찾아 나서겠습니다. 후배의 성장은 단순히 개인의 문제를 넘어 팀 전체의 역량 강화와 직결된다고 생각하기 때문입니다.

(1) 먼저 그 후배가 왜 업무를 잘 수행하지 못하는지 원인을 파악하는 것이 중요하다고 생각합니다. 이를 위해 일대일로 편안한 분위기에서 대화를 시도하여 후배가 느끼는 어려움이나 부담감은 없는지, 특정 업무에 대한 지식이나 기술이 부족한 것인지, 아니면 다른 개인적인 어려움이 있는지 등을 조심스럽게 경청하고 이해하려고 노력하겠습니다. 원인이 파악되면 그에 맞는 실질적인 도움을 주고자 합니다.

① 만약 업무 지식이나 기술이 부족하다면, 업무 매뉴얼이나 관련 자료를 함께 보며 설명해 주고 직접 시범을 보여주는 등 구체적인 교육과 지원을 제공하겠습니다.

② 업무 방식이나 요령이 미숙하다면, 옆에서 함께 업무를 진행하며 조언해 주고 작은 성공 경험을 통해 자신감을 얻을 수 있도록 격려하겠습니다.

③ 다른 어려움이 있다면, 공감해 주고 필요한 경우 상사나 관련 부서에 도움을 요청하는 방안을 함께 고민해 볼 수 있습니다.

(2) 이 과정에서 가장 중요한 것은 인내심과 긍정적인 태도라고 생각합니다. 단번에 모든 것이 나아지기는 어렵기 때문에 꾸준히 관심을 가지고 지켜보며 작은 변화나 노력에도 칭찬과 격려를 아끼지 않아 후배가 심리적인 안정감을 가지고 배우고 성장할 수 있도록 돕겠습니다. 또한 명확한 피드백을 통해 무엇을 개선해야 하는지 알기 쉽게 전달하겠습니다.

(3) 만약 저의 노력에도 불구하고 후배의 업무 개선이 더디거나 문제해결을 위해 저의 권한을 넘어서는 지원(**예** 공식적인 교육 프로그램 연계, 업무 분장 조정 등)이 필요하다고 판단될 경우에는, 혼자서만 문제를 안고 있기보다는 팀장님(상사)께 해당 상황을 객관적으로 보고드리고 후배와 팀 모두에게 가장 도움이 되는 방향으로 해결책을 함께 논의하고 조언을 구하겠습니다.

7 본인이 선배 경찰로부터 가르침을 받는다면 어떤 식으로 받고 싶은가? 〈25. 2차〉

👤〈답변〉

(1) **사례 위주의 실전 중심 교육**: 경찰 업무는 매뉴얼만으로는 부족하고 현장 경험이 핵심입니다. 단순히 방법을 알려주는 것보다 실제 사례와 함께 설명해 주면 실질적인 도움이 될 것 같습니다.

(2) **노하우 전수**: 법규와 매뉴얼은 혼자서도 습득할 수 있지만 선배님이 직접 체득한 노하우는 선배님을 통해서만 배울 수 있는 귀중한 자산입니다.

(3) **실수를 학습 기회로 전환**: 실수가 있더라도 과도하게 질책하지 않으면 좋겠습니다. 배우는 과정에서 위축되면 성장하기 어렵습니다.

(4) **질문하기 편한 분위기**: 경찰 업무는 복잡하고 법적 판단이 필요한 상황이 많습니다. 편하게 선배님께 질문하고 대답해 주는 분위기가 필요합니다.

(5) **단계적 자율성 부여**: 처음부터 모든 것을 혼자 하거나 계속 옆에서 지시만 하기보다는 점진적으로 책임을 이양하는 방식이 좋습니다. 예를 들어, 112 신고 출동 시 처음에는 선배가 주도하고 제가 보조하지만, 점차 제가 주도하고 선배가 백업하는 방식으로 전환하는 것입니다.

8 현장에 도착했는데 순찰차에서 내리지 않는 소극적인 선배 경찰이 있는 경우 어떻게 대처할 것인가? 〈25. 2차〉

답변

현장에서 선배 경찰이 순찰차에서 내리지 않는 등 소극적인 태도를 보일 경우, 현장 상황이 긴급하고 경찰관 안전을 위협하는 상황인지 여부에 따라서 구분하여 대응하겠습니다.

(1) **상황 판단**: 차에서 내리기 전에 현장 상황을 신속히 평가합니다. 범인이 흉기를 소지하였거나 2명 이상의 폭력이 진행 중인 경우이거나 어두운 곳, 사각지대 등 위험한 장소에서 단독 출동은 경찰관 안전에 위협이 될 수 있으며, 주차 문제 등 단순 민원이나 분실 등 경미한 신고 또는 이미 종료된 사건을 신고하는 경우 등은 위험이 되지 않는 상황으로 판단할 수 있습니다.

(2) **긴급하고 안전에 위협이 있는 경우의 대처**
　① **상황보고 및 지원 요청**: 긴급하고 경찰관 안전에 위협이 있는 경우에는 112상황실에 현재 상황을 즉각 보고하여 추가 경력 지원을 요청하겠습니다.
　② **선배 설득**: 선배님에게 긴급한 현재 상황을 명확히 전달하고, 2인 1조로 출동하지 않을 경우 위험할 수 있기 때문에 지원 경력이 올 때까지만이라도 함께 하차하여 백업해줄 것을 요청하겠습니다.
　③ **선배 계속 거부 시**: 생명이 위급한 경우 등 극히 예외적인 경우를 제외하고는 단독 대응은 경찰관 안전에 심각한 위험을 초래할 수 있으므로 추가 지원 경력이 도착할 때까지 안전거리를 유지하며 경고하는 등 상황을 유지하겠습니다.
　④ **사후 보고**: 긴급하고 위험한 상황에서 2인 1조 출동을 거부한 것은 중대한 문제입니다. 먼저 선배님과 개인적으로 대화하여 혹시 건강 문제나 특별한 사정이 있는지 확인하겠습니다. 만약 정당한 사유 없이 반복되거나 실제 위험이 발생했다면, 이는 개인 문제가 아닌 조직 안전 문제이므로 팀장님께 상황을 보고하여 조직 차원의 대응이 이루어지도록 하겠습니다.

(3) **긴급하지 않거나 안전에 위협이 없는 경우의 대처**
　① **선배 설득**: 우선 정중하게 함께 하차하여 현장을 확인할 것을 요청하겠습니다. 혹시 건강이 안 좋으시거나 다른 이유가 있는지에 대해서도 여쭤보며 상태를 파악하겠습니다.
　② **선배 계속 거부 시**: 긴급한 상황이 아니고 경찰관 안전에 위협이 되지도 않는 상황이라면 단독 대응도 가능하므로 우선 하차하여 상황을 확인하겠습니다. 단독으로 신고사항을 처리할 수 있다면 처리하되 문제가 있으면 무전으로 선배님께 알리고 조언을 구하거나 필요시 112상황실에 추가 지원을 요청하겠습니다.
　③ **사후 피드백**: 단독으로 사건을 처리한 경우 처리 결과를 공유하고, 다음에는 함께 출동하여 줄 것을 다시 한번 부탁드리겠습니다.
　④ **반복되면 단계적 대응**: 유사 사례가 반복되는 경우 주변 다른 선배에게 조언을 구하거나 팀장 등 상사에게 상담을 요청하겠습니다.

❾ 동료나 상사가 자신의 실적을 가로채서 특진에 사용하려 한다면? ⟨25. 1차⟩

👤 〈답변〉

동료나 상사가 본인의 정당한 실적을 가로채서 개인의 특진에 이용하려 한다는 것은 단순히 실망스러운 차원을 넘어 경찰조직의 근간인 <u>신뢰와 공정성을 심각하게 훼손하는 매우 엄중한 문제</u>라고 생각합니다. 만약 제가 이러한 상황에 처한다면 신중하고 원칙적으로 대처하겠습니다.

(1) **상황 파악(증거 확보)** : 가장 먼저 감정적으로 대응하기 전에 정말로 그러한 일이 일어나고 있는지 명확한 사실관계를 확인하겠습니다. 소문이나 추측이 아닌 객관적인 근거를 확보하는 것이 중요합니다. 제가 해당 실적에 기여했다는 것을 입증할 수 있는 구체적인 증거 자료(업무 보고서, 관련 기록, 데이터, 이메일, 필요한 경우 동료의 증언 등)를 최대한 확보하겠습니다. 이는 섣부른 오해를 막고 향후 대응의 정당성을 확보하기 위한 필수적인 과정입니다.

(2) **소통 시도**

① **동료의 경우** : 만약 동료가 연관된 경우라면, 비공식적이고 조용한 자리에서 직접 대화를 시도해 볼 수 있습니다. 이때 감정적인 비난보다는 확보한 증거를 바탕으로 "이러이러한 실적에 대해 내가 기여한 부분이 있는데 특진 심사에는 다르게 보고된 것 같다. 혹시 오해가 있는지 아니면 다른 이유가 있는지 이야기해 줄 수 있느냐"라는 식으로 차분하고 객관적으로 사실 확인 및 해명을 요구하겠습니다.

② **상사의 경우** : 상사가 직접적으로 연관된 경우는 훨씬 더 민감하고 어려운 상황입니다. 직접 대면하여 이의를 제기하는 것이 현실적으로 어려울 수 있으며 오히려 불이익을 초래할 수도 있습니다. 하지만 매우 정중하고 조심스러운 태도로 "이번 특진 심사 관련 보고 내용을 확인하던 중 제가 기여했던 부분이 사실과 다르게 기재된 점이 있는 것 같아 정확한 확인을 위해 여쭙는다"라는 식으로, 기록의 정확성 확인을 요청하는 방식으로 접근해 볼 수 있습니다. 하지만 이 단계는 상황을 신중히 판단하여 결정하겠습니다. 왜냐하면 부하직원의 실적은 원칙적으로 상사의 실적이 되기도 하기 때문입니다.

(3) **공식 보고** : 만약 직접적인 소통으로 해결되지 않거나 사실관계가 명확하고 증거가 충분하며 해당 행위가 명백히 부당하고 비윤리적이라고 판단될 경우 경찰 내부의 공식적인 절차를 통해 이의를 제기하는 것을 고려하겠습니다.

① **차상사 보고** : 직속 상사의 문제를 그 상사의 상사에게 보고하는 것을 우선 고려할 수 있습니다. 이때 감정적인 호소보다는 확보된 증거를 바탕으로 사실관계를 명확히 전달하겠습니다.

② **내부 감사/청문 부서 활용** : 차상사를 통한 해결도 어렵거나 해당 상사까지 연루된 경우라면 청문감사관실 등 내부 감사 부서에 정식으로 문제를 제기하는 것을 고려하겠습니다. 이는 매우 중대한 결정이므로 모든 증거와 상황을 철저히 검토한 후 최후의 수단으로 실행하겠습니다.

(4) **평정심 유지 및 업무 충실** : 어떠한 상황에서도 흥분하거나 동요하지 않고 평정심을 유지하며 제 본연의 업무에 충실하겠습니다. 공식적인 절차가 진행되는 동안에도 맡은 바 임무를 성실히 수행하는 것이 경찰관의 기본자세라고 생각합니다.

⑩ 상사가 함께 일한 동료만 승진시킨다면(높은 근무성적평정을 준다면) 어떻게 할 것인가?

답변

승진에서 누락된다면 아쉬움은 있겠지만 조직의 결정을 존중하고 나아가 상황을 객관적으로 분석하고 저의 성장 기회로 삼는 것이 중요하다고 생각합니다.

⑴ **결과 수용 및 동료 축하**: 우선 조직의 결정을 겸허히 받아들이겠습니다. 그리고 함께 일했던 동료의 승진을 진심으로 축하하겠습니다. 그 동료의 노력과 성과가 인정받은 것이라 생각합니다. 동료의 성과는 개인의 성취를 넘어 팀 전체에 긍정적인 자극이 됩니다. 저 역시 이를 계기로 동기부여하여 더욱 성장하겠습니다. 서로의 발전을 응원하며 조직 전체의 경쟁력을 높일 수 있다고 생각합니다.

⑵ **자기 성찰 및 객관적 분석**: 그다음으로는 차분하게 저 자신을 돌아보는 시간을 갖겠습니다. 이번 승진 심사에서 제가 부족했던 점은 무엇인지, 승진한 동료가 저보다 뛰어났던 점은 무엇인지 등을 객관적으로 분석해 보겠습니다. 상사께서 그 동료를 더 높이 평가한 데에는 제가 미처 파악하지 못한 동료의 역량이나 기여 혹은 상사께서 중요하게 생각하는 부분 등이 있을 것입니다. 제가 보완해야 할 역량이 무엇인지 파악하여 성장하는 것에 집중하겠습니다.

⑶ **상사에게 성장을 위한 피드백 요청**: 스스로에게 집중한 시간을 가진 후, 상사께 면담을 요청하여 정중하게 피드백을 구하겠습니다. 앞으로 어떤 부분을 보완하면 성장할 수 있을지 노하우 등을 여쭈며 조언을 구하겠습니다.

⑷ **피드백 기반 자기계발 및 업무 매진**: 상사로부터 받은 피드백과 저의 자체 분석 결과를 바탕으로 부족한 점을 보완하기 위한 구체적인 계획을 세우고 실천하겠습니다. 그리고 실망하기보다는 제 자리에서 묵묵히 맡은 바 업무에 더욱 최선을 다하며 역량을 증명해 보이겠습니다. 꾸준한 노력과 성과는 결국 조직에서 인정받을 것이라고 믿습니다.

동료의 승진을 축하하고 스스로를 돌아보며 성장의 계기로 삼아 건설적인 피드백을 통해 발전 방향을 모색하는 것이 경찰 조직의 일원으로서 바람직한 자세라고 생각합니다. 불만이나 질투보다는 긍정적인 자기 발전의 동기로 삼아 더욱 정진하는 모습을 보여드리겠습니다.

⑪ 상사와 동료가 서로 안 좋은 관계라면 어떻게 하겠는가?

답변

상사와 동료 사이의 관계가 좋지 않은 상황은 업무 효율성과 조직 분위기에 부정적인 영향을 미칠 수 있는 민감한 문제입니다. 이러한 상황에서 저는 양쪽 모두와 함께 일해야 하는 위치에 있으므로 신중하고 균형 있는 자세로 접근하겠습니다.

⑴ **갈등의 원인 파악**: 두 사람 사이 관계가 좋지 않은 원인이 무엇인지 객관적으로 파악하려고 노력하겠습니다. 이는 업무적인 의견 차이인지 의사소통 방식의 차이인지 또는 개인적인 성격 차이인지 등을 관찰하겠습니다. <u>이 과정에서 한쪽의 편을 들거나 불필요한 정보를 수집하는 것은 피하고</u> 중립적인 자세로 상황을 파악하기 위해 노력하겠습니다.

(2) **중립적 자세 유지**: 저는 상사와 동료 모두에게 동등하게 존중하는 태도를 보이며 어느 한쪽에 편향되지 않는 중립적인 자세를 유지하겠습니다. 상사의 지시는 조직 내 질서를 위해 존중하되 동료와의 협력관계도 소홀히 하지 않겠습니다. 두 사람 사이에서 불필요한 이야기를 전달하는 '메신저' 역할은 피하고 각자와의 관계에서 신뢰를 구축하겠습니다.

(3) **업무 중심의 소통 촉진**: 팀 내 불화가 있더라도 업무는 원활히 진행되어야 한다고 생각합니다. 따라서 업무 중심의 소통을 촉진하는 역할을 하겠습니다. 예를 들어 회의나 업무 논의 시 양측의 의견을 모두 존중하며 정리하고 공통의 목표를 상기시키는 방식으로 자연스럽게 협력의 기회를 만들겠습니다.

(4) **적절한 중재 시도**: 만약 갈등이 업무 수행에 심각한 지장을 준다면, 상황에 따라 적절한 중재를 시도할 수 있습니다. 예를 들어 공식적인 자리보다는 식사 자리나 휴식 시간 등 편안한 환경에서 자연스럽게 대화의 기회를 마련할 수 있습니다. 이때도 직접적인 갈등 언급보다는 '팀워크의 중요성'과 같은 공통 가치를 중심으로 대화를 이끌겠습니다.

(5) **심각한 상황 대처**: 갈등이 매우 심각하여 업무 수행이나 조직 분위기에 중대한 영향을 미치는 경우 적절한 절차를 통해 갈등을 겪는 상사의 직속상사에게 보고하겠습니다. 이 경우에도 개인적 판단이나 평가는 배제하고 객관적인 사실만을 전달하겠습니다.

(6) **자기 발전 기회로 활용**: 이러한 상황을 통해 조직 내 갈등 관리와 의사소통 기술을 향상시키는 자기 발전의 기회로 삼겠습니다. 향후 비슷한 상황이 발생했을 때 더 효과적으로 대처할 수 있도록 현재의 경험을 통해 배우고 성장하는 자세를 가지겠습니다.

경찰 조직은 팀워크와 협력이 매우 중요한 조직입니다. 개인적인 감정보다는 전문가로서의 자세로 상황을 객관적으로 바라보고 조직의 화합과 업무 효율성 향상에 도움이 되는 방향으로 행동하겠습니다.

⑫ 조직 내 괴롭힘을 당한 동료에게 어떻게 상담해 줄 것인가?

답변

괴롭힘을 당하고 있는 동료에게 진심 어린 관심과 공감을 표현하겠습니다. 조직 내 괴롭힘은 피해자에게 심리적, 정서적 부담을 주는 심각한 문제이므로 동료가 안전하게 느낄 수 있는 사적인 공간과 충분한 시간을 확보하여 대화하겠습니다. 특히 동료의 감정에 깊은 공감을 표하며, 용기내어 말해 준 것에 대한 고마움도 전하겠습니다. 심리적 지지를 보여주며 동료의 이야기를 판단하지 않고 경청하겠습니다.

(1) **객관적 정보 수집 및 상황 파악**: 동료의 이야기를 충분히 듣고 필요하다면 구체적인 상황을 파악하기 위해 '언제부터', '어떤 상황에서', '누구에 의해' 등의 객관적 정보를 수집하되 동료가 불편해하는 질문은 피하고 동료의 페이스에 맞추어 대화를 진행하겠습니다.

(2) **법적, 제도적 대응 방안 안내**: 조직 내 괴롭힘은 '직장 내 괴롭힘 금지'(근로기준법 제76조의2, 제76조의3)에 의해 명확히 금지된 행위임을 안내하고 우리 조직의 내부 고충처리 절차와 신고 방법에 대해 설명해 드리겠습니다. 필요하다면 절차를 함께 검토하며 동료가 자신의 권리를 보호받을 수 있는 방법을 모색하겠습니다.

> ✎ 국가공무원법에는 직장 내 괴롭힘을 구체적으로 금지하거나 피해 공무원을 보호하는 조항이 없지만, 근로기준법에 따라 공무원도 직장 내 괴롭힘으로부터 보호받을 수 있다.

⑶ **심리적 지원 및 전문적 도움 연결**: 조직 내 괴롭힘은 피해자에게 우울, 불안, 무력감 등 심각한 정신적 스트레스를 줄 수 있습니다. 따라서 동료에게 필요시 전문적인 심리 상담 서비스(경찰청 마음건강센터 등)를 이용할 수 있음을 안내하고 원한다면 이러한 서비스를 연결해 주겠습니다.

⑷ **실질적인 대처 방안 함께 모색**: 동료의 상황과 원하는 해결 방향에 따라 다양한 대처 방안을 함께 논의하겠습니다. 즉각적인 신고와 조치를 원하는 경우 이를 지지하고 필요한 도움을 제공할 것이며 좀 더 조용히 해결하기를 원한다면 그 방법도 존중하겠습니다. <u>가능한 해결책으로는 부서 이동 요청, 가해자와의 접촉 최소화 방안, 증거 수집 방법</u>, 동료 지지 그룹 형성 등이 있을 수 있으며 각 방안의 장단점을 함께 검토하겠습니다.

⑸ **비밀 유지와 동료의 결정 존중**: 무엇보다 중요한 것은 동료의 비밀을 철저히 유지하고 모든 결정은 동료 스스로 내릴 수 있도록 돕는 것입니다. 괴롭힘 피해자는 이미 통제력을 상실한 경험을 했기 때문에 회복 과정에서 자신의 결정권을 행사할 수 있도록 지지하는 것이 중요합니다. 따라서 제가 생각하는 최선의 방법을 강요하지 않고 동료가 충분한 정보를 바탕으로 스스로 결정할 수 있도록 돕겠습니다.

⑹ **지속적인 관심과 후속 조치**: 일회성 상담으로 끝내지 않고 지속적으로 관심을 보이며 동료의 상태를 확인하겠습니다. 괴롭힘 상황이 개선되었는지, 추가적인 도움이 필요한지 등을 주기적으로 확인하고 필요한 경우 추가 지원을 제공하겠습니다. 또한 동료가 취한 조치(신고, 상담 등)에 따른 결과와 영향을 함께 점검하며 새로운 상황에 맞는 대응 방안을 계속해서 모색하겠습니다.

경찰공무원 징계령 세부시행규칙(경찰청 예규) 별표1

행위자의 징계양정 기준(제4조 관련)

의무위반행위 및 과실의 정도 의무위반행위 유형	의무위반행위의 정도가 심하고 고의가 있는 경우	의무위반행위의 정도가 심하고 중과실이거나, 의무위반행위의 정도가 약하고 고의가 있는 경우	의무위반행위의 정도가 심하고 경과실이거나, 의무위반행위의 정도가 약하고 중과실인 경우	의무위반행위의 정도가 약하고 경과실인 경우
차. 내부결속 저해행위 - 하극상, 모략행위 - 위계질서, 내부질서 문란	파면~해임	강등~정직	감봉	견책
파. 직무 관련 주요 부패행위의 <u>신고·고발 의무</u> 불이행	파면~해임	강등~정직	정직~감봉	감봉~견책

⑬ 조직 내에서 갈등을 일으키거나 불만이 많은 사람을 어떻게 할 것인가?

답변

조직 내 갈등이나 불만을 가진 동료에 대해서는 단순히 문제 인물로 치부하기보다는 근본 원인을 파악하고 해결하는 접근이 필요하다고 생각합니다.

(1) **근본 원인 파악 및 경청**: 먼저 그 사람의 불만이나 갈등의 근본 원인을 파악하겠습니다. 개인적으로 대화 시간을 갖고 진심으로 경청하겠습니다. 때로는 업무 스트레스, 개인적인 어려움, 조직 내 소통 부족, 또는 정당한 문제 제기일 수도 있기 때문입니다. 예를 들어 근무 환경 개선이나 업무 분담의 불공정성 등 조직적으로 해결해야 할 합리적인 지적일 가능성도 있습니다.

(2) **상황별 맞춤 대응**: 원인 파악 후 상황에 맞는 대응을 하겠습니다.

① **정당한 불만인 경우**: 만약 정당한 문제 제기라면 상사에게 건의하여 조직 차원에서 개선 방안을 모색하겠습니다. 그 동료의 목소리가 조직 발전에 도움이 될 수 있도록 건설적인 방향을 함께 모색하겠습니다.

② **개인적 어려움인 경우**: 개인적인 스트레스나 어려움이 원인이라면 동료로서 지지와 격려를 제공하고 필요시 상담이나 도움을 받을 수 있는 방향을 안내하겠습니다.

③ **소통 부족인 경우**: 조직 내 소통 문제라면 그 동료와 다른 팀원들 간의 가교 역할을 하여 상호 이해를 도모하겠습니다.

(3) **조직 차원의 해결 노력**: 개인적 해결이 어려운 경우 조직적 접근을 하겠습니다. 지속적인 대화와 노력에도 불구하고 개선되지 않는다면, <u>상사와 상의하여 조직 차원에서 해결 방안을 모색하겠습니다</u>. 이때도 그 동료를 배제하거나 처벌하는 방향이 아니라 조직 전체의 발전을 위한 건설적인 방향으로 접근하겠습니다.

(4) **팀워크 및 조직 문화 개선**: 근본적으로는 이런 문제가 발생하지 않는 조직 문화를 만드는 것이 필요하다고 생각합니다. 정기적인 소통의 장을 마련하고 서로의 입장을 이해할 수 있는 기회를 만들어 예방적 차원에서 접근하겠습니다. 또한 제가 먼저 긍정적이고 협력적인 모습을 보여 조직 분위기 개선에 앞장서겠습니다.

결국 조직은 사람이 만드는 것이고 완벽한 사람은 없습니다. 서로의 부족함을 보완하고 장점을 살려가며 함께 성장하는 것이 진정한 팀워크라고 생각합니다. 저 역시 동료들에게 불편을 끼치지 않도록 항상 자기 성찰하며 모든 동료와 조화롭게 일할 수 있는 경찰관이 되겠습니다.

14 경위서 작성과 관련하여 동료 경찰관의 부당한 요청에 어떻게 할 것인가? <25. 1차 발표>

> 112신고를 받고 출동하여 처리 중에 동료가 민원인에게 설명을 빠뜨린 부분이 었어 민원신고가 들어왔다. 상사의 지시로 경위서를 작성하려는데 동료가 '그 부분은 빼고 적어달라'고 부탁하였다. 명확하게 있던 일들을 그대로 작성할 것인지, 팀워크를 위해 동료의 요구대로 모호하게 적을 것인지 발표하시오.

답변

(1) **문제 인식**: 현재 직면한 상황은 직업윤리와 동료애 사이의 가치 충돌 상황입니다. 112신고 처리 과정에서 동료가 민원인에게 필요한 설명을 누락하여 민원이 제기되었고 상사 지시로 경위서를 작성해야 합니다. 이때 동료가 누락한 부분을 빼고 작성해달라는 부탁을 한 상황입니다. 이 상황에서 공문서의 진실성과 정확성을 유지해야 하는 공직자로서의 의무와 동료와의 신뢰 관계 및 팀워크 유지라는 두 가지 중요한 가치가 충돌하고 있습니다.

(2) **법적 · 윤리적 검토**

① 경위서는 사실관계에 관하여 공무원이 작성하는 문서로서 공문서에 해당하며 사실과 다른 내용의 작성은 「형법」 제227조(허위공문서 작성)에 해당할 가능성이 있습니다.

② 「국가공무원법」은 공무원의 성실 의무를 규정하고 있습니다. 허위의 내용으로 공문서를 작성하는 것은 공무원의 성실 의무 위반에 해당합니다.

③ 윤리적 측면에서 경찰관의 허위보고는 경찰 조직의 신뢰를 떨어뜨릴 수 있으며, 동료의 잘못을 감싸는 것은 진정한 의미의 팀워크에 해당하지 않습니다.

(3) **대응 방안**: 갈등상황의 기본적인 대응은 "대화"입니다.

① **동료의 입장 이해**: 동료의 부탁은 자신의 과실에 대한 책임을 회피하려는 것일 수 있으나, 한편으로는 업무상 단순 실수에 대한 과도한 불이익을 우려하는 마음일 수도 있으며 현장에서는 여러 민원인을 동시에 응대하며 일부 설명이 누락될 수 있는 상황적 요인도 고려할 필요가 있습니다.

② **원칙적 측면 고려**: 경위서의 목적은 사실관계를 왜곡 없이 명확히 하는 데 있습니다.

③ **솔직한 대화 및 설득**: 동료에게 경위서는 공문서로서 사실관계를 정확히 기록해야 하므로 부탁을 들어줄 수 없다는 점을 솔직하게 말하겠습니다. 민원인에 대한 설명 누락은 의도적 비위가 아닌 업무상 실수로 볼 수 있으며 솔직히 인정하고 개선하는 것이 바람직한 접근임을 강조하겠습니다. 이 과정에서 동료가 무리한 부탁을 계속한다면 상사에게 이 상황을 보고하고 조언을 구하는 방안도 검토하겠습니다.

④ **정확한 사실관계 기록**: 사실에 기반한 내용을 정확하게 기록하겠습니다. 다만, 당시 현장 상황의 복잡성, 다수 민원인 동시 응대, 업무량 등 상황적 맥락을 함께 서술하여 단순 의도적 비위가 아닌 업무 환경에서의 비롯된 것이라는 점도 나타내겠습니다.

(4) **사후 조치**

① **민원인에 대한 조치**: 해당 민원 사안이 적절히 처리되도록 후속 조치를 확인하고 필요시 민원인에게 추가 설명이나 사과를 통해 신뢰를 회복하겠습니다.

② **동료에 대한 조치**: 동료와의 관계 회복을 위해 식사 자리를 마련하여 진심 어린 대화의 시간을 갖고 이번 일로 팀워크에 문제가 생기지 않도록 하겠습니다. 제가 사건 현장에 있었음에도 동료의 실수를 막지 못한 저의 책임도 있음을 인지하고 일상 업무에서 동료에게 더욱 협력적인 태도를 보이며 적극적으로 관계 회복을 위해 노력하겠습니다.

③ **개선방안 제시**: 유사 상황의 재발 방지를 위해 민원 응대 시 필수 안내 사항 체크리스트 개발이나 상호 확인 시스템 등을 팀 내에 제안하겠습니다.

이러한 접근을 통해 직업윤리와 원칙을 지키면서도 동료와의 관계를 손상시키지 않는 균형 잡힌 해결책을 실천하겠습니다. 경찰관으로서 국민의 신뢰를 얻고 유지하는 것이 무엇보다 중요하며 정직함은 작은 일에서 부터 시작된다고 생각합니다.

15 지구대 근무자의 근무방식 차이로 발생한 갈등 상황 해소 방안은? 〈25. 2차 발표〉

> 80주년 경찰의 날 행사로 중심지역관서 앞에서 행사가 진행될 예정이다. 행사를 주관한 지구대의 근무 배치와 관련하여 팀 동료 간의 갈등이 생기고 있다. 의견 다툼으로 인해 팀 동료 간의 갈등 상황일 때 현장 경찰로써 어떻게 할 것인지 발표하시오.

답변

(1) **문제 인식**: 중심지역관서 앞에서 행사가 진행될 예정이어서 행사를 준비해야 하는 직원과 112 순찰근무를 해야 하는 직원 사이에 근무배치에 따른 갈등이 있는 상황입니다.

(2) **대응 원칙**

① 순찰팀장은 일일근무 지정권자로서 행사 준비를 해야 하는 사람과 112 순찰 및 신고처리를 해야 하는 직원들에 대하여 적절한 업무분담을 지정해야 합니다.

② 조직 내 갈등을 해결하는 가장 기본원칙은 소통입니다.

(3) **갈등 해결 방안**

① **갈등 원인 분석**: 일반적으로 경찰관들은 지구대에서 행사를 준비하는 경우보다 112 순찰근무에 배치되는 것을 선호할 것으로 생각됩니다. 행사를 준비하는 경우 며칠 전부터 회의 참석 등 여러 가지를 준비해야 하고 행사 당일은 과장님과 서장님 기타 외부 손님들에 대한 의전 등을 담당하기 때문에 부담을 느끼는 업무라고 할 수 있습니다.

② **소통 시도**: 행사 준비를 하는 직원들이 어떤 불만이 있는지를 소통하여 확인한 후 근무지정권자인 순찰팀장과 행사를 전반을 기획하는 지구대장님게 문제점을 보고하여 특정인에게 업무가 몰리지 않도록 건의하겠습니다.

③ **자발적 협력 유도**: 112신고 출동이나 업무에 지장을 주지 않는 범위에서 팀원 전체가 자발적으로 협력하는 자세가 필요합니다.

④ **공동 목표 강조**: "80주년 경찰의날 행사의 성공적인 개최"라는 최종 목표를 다시 한번 상기시키고, 우리의 갈등이 외부 관서나 시민들에게 노출되어 팀과 관서의 명예를 실추시켜서는 안 된다는 점을 강조하겠습니다.

(4) **사후 조치**

① 행사 종료 후 격려금이나 업무추진비 등으로 간단한 회식이라도 하면서 상호간의 갈등을 해소합니다.

② 다음 행사때에는 보다 합리적인 방법으로 업무 분담이 이루어지도록 하고 문제점을 분석하고 개선책을 마련합니다.

후속질문

✦ **갈등 상황을 해결해 본 경험이 있는가?**

"다른 사람과의 갈등 극복" 사례 참조 답변

✦ **만약 본인이 동료와 갈등 상황인데 상사가 동료 편을 든다면 어떻게 할 것인가?**

상사가 동료 편을 드는 상황이라면 먼저 속상한 감정이 들겠지만 감정적으로 대응하지 않고 냉정하게 상황을 분석하겠습니다. 상사께서 왜 그런 판단을 하셨는지 생각해 보고 필요하다면 제 의견의 어떤 부분이 부족했는지 피드백을 요청드리겠습니다. 동료 의견이 실제로 더 낫다면 적극 협력하고, 제 의견이 제대로 전달되지 못했다면 근거를 보완하여 다시 설명드리겠습니다. 어떤 경우이든 중요한 것은 80주년 경찰의 날 행사를 성공적으로 치르는 것입니다. 결정된 방안에 따라서 동료와 협력하여 최선을 다하겠습니다.

✦ **갈등 해결 과정에서 서로 간에 감정이 상할 수 있는데 어떻게 대처할 것인가?**

갈등 과정에서 감정이 상하는 것은 자연스러운 일입니다. 저도 속상하고 서운할 수 있지만, 그런 감정을 어떻게 다루느냐가 중요하다고 생각합니다. 먼저, 갈등 직후에는 감정이 격해 있으므로 일단 물리적 거리를 두고 감정을 가라앉히겠습니다. 감정이 정리되면 적절한 시간에 동료와 대화하겠습니다. 동료 입장을 충분히 경청하고 진심 어린 사과나 커피 한잔 등 작은 호의로 관계를 회복하겠습니다. 평소에 동료들과 좋은 관계를 유지하며 작은 관심과 도움을 주고받으면 갈등이 생겨도 쉽게 회복할 수 있다고 생각합니다.

⓰ 유관부서와 협업할 때, '우리도 바쁘니까 보채지 말라'고 한다. 대응은? 〈25. 1차〉

답변

⑴ **상대방 입장 공감** : 먼저 상대방의 입장을 충분히 이해하고 공감을 표현하겠습니다. "과장님 말씀이 맞습니다. 저희도 모든 부서가 각자 중요한 업무로 바쁘다는 것을 잘 알고 있습니다. 협조 요청을 드리면서 상대방 부서의 사정을 충분히 고려하지 못한 점이 있다면 죄송합니다."라고 말씀드리겠습니다.

⑵ **우리 상황의 정중한 설명** : 그 다음으로는 우리 상황을 정중하고 구체적으로 설명하겠습니다. "저희도 이런 부탁을 드리는 것이 부담스럽다는 것을 잘 압니다. 다만 이번 사안은 시민의 안전과 직결된 문제라서 반드시 협력이 필요한 상황입니다. 구체적으로는…"라고 하면서 왜 협조가 필요한지, 얼마나 중요한 일인지를 이해하기 쉽게 설명하겠습니다.

⑶ **대안 제시** : 가장 중요한 것은 양쪽 모두에게 도움이 되는 해결 방안을 찾는 것입니다. "지금 당장이 어려우시다면 언제쯤 여유가 생기실지 알 수 있을까요? 저희도 일정을 조정해 보겠습니다." 또는 "전체를 다 부탁드리기 어렵다면 가장 시급한 부분만이라도 먼저 협조해 주시면 나머지는 저희가 다른 방법으로 해결해 보겠습니다."라고 제안하겠습니다.

⑷ **공식 보고** : 만약 그래도 협조를 받기 어렵다면 감정적으로 대응하지 않고 다른 방법을 모색하겠습니다. <u>팀장님이나 과장님께 상황을 보고드리고 부서장급 간의 공식적인 협의를 통해 해결 방안을 찾아보겠습니다. 필요하다면 서장님께 보고하여 중재를 요청할 수도 있습니다.</u> 이때도 상대방과의 관계가 악화되지 않도록 최대한 배려하면서 접근하겠습니다.

무엇보다 앞으로는 이런 상황이 발생하지 않도록 평소에 유관부서와 긴밀하게 소통하고 서로의 업무 계획을 미리 공유해서 협력할 수 있는 관계를 만들어가겠습니다. 일회성 협조가 아닌 지속적인 파트너십을 구축하는 것이 결국 모든 부서의 업무 효율성을 높이는 길이라고 생각합니다.

후속질문

✦ **협조를 요청했는데 거절당한 경험이 있는가?**

(1) **상황(Situation)** : 저는 대학 시절 주말에 번화가에 있는 대형 프랜차이즈 카페에서 바리스타로 아르바이트를 했습니다. 당시 카페에서 고객 유치를 위한 '친구 추천 이벤트'를 진행했는데 이벤트 참여율을 높이기 위해 제안할 아이디어가 있었습니다. 바로 카페 맞은편에 위치한 대형 학원 건물 로비에 홍보 포스터를 부착하는 것이었습니다. 학원 수강생들이 주 고객층이었기 때문에 효과적일 것이라고 생각했습니다.

(2) **과제(Task)** : 학원 관리실에 협조를 요청하여 포스터를 게시하여 이벤트 홍보 효과를 극대화하는 것이 저의 목표였습니다. 학원 관리실에 찾아가 저희 카페의 이벤트 취지와 포스터 게시를 정중하게 요청드렸습니다. 하지만 담당자분은 "외부 업체 홍보물은 원칙적으로 게시할 수 없다."며 단호하게 거절하셨습니다. 학원 운영 방침상 다른 상업적인 홍보물과 형평성 문제도 있고 게시판 관리의 어려움도 크다는 이유였습니다. 첫 시도가 거절당하자 당황스러웠고 좋은 아이디어라고 생각했는데 실현할 수 없다는 생각에 아쉬움이 컸습니다.

(3) **문제해결(Action)** : 거절당한 후 저는 즉시 카페로 돌아와 문제 상황을 분석했습니다. 단순히 '안 된다'는 말을 듣고 포기하기보다는 학원 측이 왜 거절했는지 그 '진짜 이유'를 파악하는 것이 중요하다고 생각했습니다. 학원측 입장에서는 '상업적 홍보물 제한'이라는 원칙과 '게시판 관리의 효율성'이 중요했을 것이라 판단했습니다. 그래서 저는 다음과 같이 대처했습니다.

① **원칙 존중 및 부담 완화** : 다음 날 다시 학원 관리실에 찾아가 "규정상 홍보물 게시가 어렵다는 점을 충분히 이해했다"라고 말씀드리며 학원의 원칙을 존중하는 모습을 보였습니다. 동시에 "학원 업무에 방해가 되지 않도록 짧게만 말씀드리겠다"라며 상대방의 부담을 덜어주려 노력했습니다.

② **구체적인 목적과 상호 이익 설명** : 그 후 저희 이벤트가 단순히 카페 홍보를 넘어 학원 수강생들에게 할인 혜택이라는 실질적인 이점을 제공한다는 점, 그리고 학원에서 긴 시간 공부하는 학생들에게 잠시나마 편안한 휴식 공간을 제공하고 싶은 저희 카페의 진심 어린 마음을 구체적으로 설명했습니다. 학원 측에도 학생들의 복지 차원에서 긍정적인 이미지를 줄 수 있음을 강조했습니다.

③ **유연한 대안 제시** : 직접적인 포스터 게시가 어렵다면 다른 협조 방안은 없을지 여쭤봤습니다. "혹시 학원 로비에 있는 작은 인포메이션 데스크에 저희 이벤트 전단지를 몇 장 비치해 둘 수 있을까요?", "학원 공식 게시판이 아닌 자율 게시판이라도 활용할 수 있는 곳이 있는지 알려주시면 감사하겠습니다."등과 같이 학원 측이 수용하기 쉬운 작고 유연한 대안을 제시했습니다.

(4) **결과(Result)** : 저의 설명을 듣고 학원 관리실 담당자님은 처음보다는 훨씬 긍정적인 태도를 보이셨습니다. 결국 학원 로비의 인포메이션 데스크에 저희 이벤트 전단지를 소량 비치하는 것을 허락해 주셨고 혹시 이벤트 반응이 좋으면 다음에는 학원 측과 연계하여 공동 프로모션을 진행하는 것도 고려해 보겠다는 긍정적인 답변까지 얻을 수 있었습니다. 비록 제가 원했던 방식(대형 포스터 게시)은 아니었지만 소량의 전단지 비치만으로도 학원 수강생들의 이벤트 참여율이 눈에 띄게 증가했습니다. 이 경험을 통해 저는 다음과 같은 중요한 교훈을 얻었습니다.

① **거절의 본질 파악** : 단순히 '안 된다'는 말에 좌절하지 않고 상대방이 거절할 수밖에 없는 원칙이나 어려움을 이해하려는 노력이 중요합니다.

② **유연하고 끈기 있는 소통** : 처음 거절당하더라도 포기하지 않고 상대방의 입장을 고려한 유연한 대안을 제시하며 끈기 있게 소통하면 긍정적인 변화를 이끌어낼 수 있습니다.

③ **상호 이익 강조** : 나의 요청이 상대방에게도 어떤 이점을 줄 수 있는지 '상호 이익' 관점에서 접근하면 협조를 얻어낼 가능성이 높아집니다.

✦ 현직에 들어와서 다른 부서로부터 협조를 받기 위하여 본인은 어떤 노력을 할 것인가?

현직 경찰관으로서 다른 부서로부터 원활한 협조를 얻기 위해서,

⑴ **상대 부서의 업무 이해와 존중**: 협조를 요청하기 전에 상대 부서가 어떤 업무를 하는지, 현재 어떤 어려움이 있는지 이해하는 것이 중요하다고 생각합니다. 이는 상대방에 대한 존중을 보여주고 무작정 요구하는 것이 아닌 '함께 문제해결'이라는 인식을 심어줍니다.

　① 사전 학습: 협조를 요청하기 전 해당 부서의 주요 업무 내용, 역할, 최근 주요 이슈 등을 미리 파악하여 기본적인 이해를 갖춥니다. 예를 들어 수사과에 자료를 요청할 때는 그들이 바쁜 수사 일정 속에서 어떤 어려움을 겪을지 미리 예상해보는 식입니다.

　② 입장 이해: '그 부서도 바쁠 것이다', '그들이 가진 원칙이나 제약이 있을 수 있다'는 점을 염두에 두고 상대방의 입장에서 생각하며 접근합니다. "바쁘신 줄 알지만…"이라는 겸손한 태도로 시작하는 것이 효과적입니다.

⑵ **명확하고 구체적인 요청 및 정보 제공**: 협조 요청의 목적과 필요성을 명확히 전달하고 상대방이 업무를 처리하는 데 필요한 정보를 최대한 구체적으로 제공하여 효율성을 높입니다.

　① 요청의 명확화: "이 자료가 왜 필요한지", "이 협조가 왜 긴급한지", "협조가 지연될 경우 어떤 문제가 발생할 수 있는지" 등을 육하원칙에 따라 명확하고 논리적으로 설명합니다.

　② 필요 정보 사전 준비: 상대 부서가 요청을 처리하는 데 필요한 모든 관련 정보나 자료를 미리 준비하여 제공합니다. 불필요한 추가 질문이나 자료 요청으로 상대방의 시간을 낭비하지 않도록 하는 것입니다. 이는 상대 부서의 업무 부담을 줄여주고 신속한 협조를 유도합니다.

⑶ **상호 협력 및 지원 의지 표명**: 단순히 도움을 받는 입장이 아니라 '나도 언제든 도와줄 준비가 되어 있다'는 상호 협력적인 태도를 보여줍니다. 이는 장기적인 신뢰 관계를 구축하는 데 중요합니다.

　① '기브 앤 테이크' 마인드: "저희가 필요로 하는 부분 외에 혹시 저희 부서에서 도와드릴 일이 있다면 언제든 말씀해 주십시오"와 같이 상호 협력에 대한 의지를 적극적으로 표명합니다.

　② 작은 도움도 마다하지 않기: 평소에도 다른 부서의 요청에 적극적으로 응하고 필요하다면 제가 먼저 나서서 도울 부분을 찾는 등 상호 협력적인 문화를 만드는 데 기여할 것입니다.

⑷ **긍정적 관계 형성 및 신뢰 구축**: <u>업무적인 관계를 넘어 개인적인 신뢰를 쌓는 노력이 중요하다고 생각합니다. 평소 유대감은 실제 협조가 필요한 순간 큰 힘이 될 것으로 생각합니다.</u>

　① 적극적인 소통: <u>부서 간 회의나 교육 등 공식적인 자리 외에도 먼저 다가가 인사하고 안부를 묻는 등 긍정적인 관계를 형성합니다.</u>

　② 긍정적인 태도 유지: 어떠한 상황에서도 긍정적이고 밝은 태도를 유지하여 상대방이 편안하게 느끼도록 합니다.

　③ 감사 표현: 협조를 받은 후에는 진심으로 감사함을 표현하고 그 협조가 어떤 긍정적인 결과로 이어졌는지 피드백을 전달하여 상대방의 노고를 인정합니다.

궁극적으로 저는 이와 같은 노력들을 통해 '저 사람의 요청이라면 기꺼이 도와주고 싶다'는 생각이 들도록 신뢰받는 경찰관이 되고 싶습니다.

✦ 유관부서와 협조에 있어서 가장 중요한 것은 무엇이라고 생각하는가?

상대방 업무에 대한 이해와 상호 신뢰의 구축이라고 생각합니다. 그 이유는,

(1) **업무의 복잡성과 상호 의존성** : 경찰 업무는 그 특성상 한 부서의 힘만으로는 완수하기 어렵습니다. 수사, 생활안전, 교통, 형사 등 각 부서가 전문성을 가지고 있지만 사건 해결이나 치안 유지에는 여러 부서의 정보와 자원이 통합적으로 필요합니다. 서로의 업무를 이해하지 못하면 비효율이 발생하고 '내 일이 아니다'라는 생각으로 책임 회피가 발생할 수 있습니다.

(2) **인간관계와 감정적 요소** : 모든 조직 내 협력은 결국 사람과 사람 사이의 관계에서 시작됩니다. 단순히 공문이나 지침에 따라서만 움직이는 것이 아니라 평소 쌓아둔 신뢰가 있다면 위급하고 복잡한 상황에서도 기꺼이 손을 내밀고 적극적으로 도와주게 됩니다. 반대로 신뢰가 없으면 작은 요청에도 소극적이거나 심지어 비협조적인 태도를 보일 수 있기 때문입니다.

PART 02 경찰면접의 실전

제6절 성인지 감수성

1 성인지 감수성이란? 〈25. 1차〉

답변

'성인지 감수성'이란 우리 사회에 존재하는 성별 불균형과 차별적 구조를 인식하고 일상생활 속에서 성별에 따른 고정관념, 편견, 차별적 언행 등을 민감하게 감지할 수 있는 능력입니다. 특히 경찰관에게 성인지 감수성은 업무 수행과 조직 문화 형성에 있어 매우 중요한 역량이라고 생각합니다.

(1) **경찰조직 내 성인지 감수성의 필요성**

① 성별에 따른 피해자 특성을 이해하고 적절히 대응할 수 있게 합니다.

② 성범죄 수사 시 2차 피해를 방지하고 피해자 중심의 수사를 가능하게 합니다.

③ 조직 내부에서 성평등한 문화를 조성하는 데 기여합니다.

(2) **경찰 업무에서의 성인지 감수성 적용**

① 범죄 피해자 대응 과정에서 성별에 따른 특수성을 고려한 맞춤형 서비스를 제공할 수 있습니다. 예를 들어, 가정폭력 신고 현장에서 피해자가 여성일 경우와 남성일 경우에 각각 다른 심리적 배경과 필요한 지원을 이해하고 대응할 수 있습니다.

② 성범죄 수사 과정에서 피해자의 상황과 심리를 이해하고 2차 피해를 방지할 수 있습니다. '왜 그때 저항하지 않았느냐', '왜 즉시 신고하지 않았느냐'와 같은 질문은 성범죄의 특성을 이해하지 못한 질문으로 피해자에게 2차 피해를 줄 수 있습니다.

③ 순찰이나 지역사회 경찰활동 등에서 여성과 사회적 약자의 안전 요구를 더 민감하게 파악하고 대응할 수 있습니다. 예를 들어 밤길 안전, 스토킹 피해 등에 대한 여성들의 불안감을 이해하고 적절한 대응책을 마련할 수 있습니다.

⑶ **경찰 조직 내에서의 성인지 감수성 현황**: 경찰 조직 내에서도 성인지 감수성은 매우 중요합니다. 최근 경찰청 자료에 따르면 최근 5년간 경찰 직장 내 성비위로 징계받은 경찰관이 매년 50여 명에 달하는 만큼, 조직 내 성비위 근절을 위해서는 성인지 감수성 함양이 필수적입니다.

  ✎ 조직 내 성비위 징계: 2020년 42명, 2021년 35명, 2022년 53명, 2023년 53명, 2024년 54명

⑷ **성인지 감수성 함양 방법**: 경찰관으로서 성인지 감수성을 함양하기 위하여 지속적인 교육과 훈련을 통해 성차별적 고정관념을 인식하고 개선해 나가야 합니다. 또한, 다양한 성별의 경험과 관점을 경청하고 이해하려는 열린 자세가 필요합니다. 특히 여성, 성소수자 등 사회적 소수자의 경험에 귀 기울이는 것이 중요합니다. 무의식적으로 사용하는 성차별적 언어나 농담이 없는지 살펴보는 등 일상적인 언행에서 성차별적 요소가 없는지 스스로 점검하고 개선하는 노력이 필요합니다.

결론적으로 성인지 감수성은 단순한 지식이나 기술이 아닌, 지속적인 자기성찰과 개선 노력을 통해 키워나가는 태도이자 역량입니다. 경찰관으로서 성인지 감수성을 갖춘다면 국민 모두에게 평등한 치안서비스를 제공하고 건강한 조직문화 조성에 기여할 수 있을 것이라고 생각합니다.

② 성인지 감수성이 부족한 경찰관은 어떤 사람인가? 〈25. 1차〉

👤 〈답변〉

성인지 감수성이 부족한 경찰관은 단순히 성별에 대한 지식이 없는 것을 넘어 성별에 기반한 고정관념이나 편견을 가지고 있어서 직무 수행 과정에서 무의식적 또는 의식적으로 특정 성별을 차별하거나 상황을 왜곡되게 인식하여 문제를 일으키는 사람이라고 할 수 있습니다. 이들은 특히 젠더 기반 폭력(성폭력, 가정폭력, 스토킹 등) 사건을 다룰 때 그 문제점이 두드러지게 나타나며 결과적으로 피해자에게 씻을 수 없는 상처를 주거나 수사의 공정성을 해칠 수 있습니다.

⑴ **피해자에 대한 편견과 2차 가해 유발**

  ① **피해자에게 책임 전가**: "옷을 그렇게 입어서 그랬지", "밤늦게 왜 거기에 갔냐", "네가 빌미를 제공한 것 아니냐" 등 피해자의 행동이나 복장, 평소 행실 등을 문제 삼아 피해자에게 책임을 돌리는 발언을 합니다.

  ② **피해자 진술 불신**: 피해자가 감정적으로 호소하거나 기억이 명확하지 않을 때 "과장하는 것 아니냐", "거짓말하는 것 아니냐"는 식으로 진술의 신빙성을 의심하며 불신하는 태도를 보입니다.

  ③ **피해자의 고통 과소평가**: "이 정도 가지고 뭘 그러냐", "별것도 아닌데 유난이다" 등 피해자가 겪는 신체적/정신적 고통을 대수롭지 않게 여기거나 조롱하는 듯한 태도를 보입니다.

  ④ **사건을 개인적인 일로 치부**: 가정폭력이나 데이트 폭력 등을 "집안일", "연인 간의 다툼" 등으로 축소 해석하며 경찰이 개입할 일이 아니라고 생각합니다.

  ⑤ **피해자를 향한 불필요한 질문**: 피해 사실과 관련 없는 사적인 질문(성 경험 여부, 가족 관계 등)을 하거나 피해자에게 수치심을 유발하는 방식으로 질문합니다.

(2) 성별 고정관념에 기반한 판단

① **성별에 따른 역할 강요**：경찰 업무에 있어 여성 경찰관에게는 섬세하고 부드러운 업무, 남성 경찰관에 게는 힘쓰는 업무만 기대하는 등 성별 고정관념에 따라 역할을 제한합니다.

② **남성 피해자 성범죄 외면**：남성 피해자의 성폭력 피해를 믿기 어려워하거나 여성 가해자에 의한 남성 피해를 심각하게 인식하지 않는 경향을 보입니다.

③ **가해자 중심적 사고**：가해자의 입장에서 '젊은 혈기에 그럴 수도 있지', '술김에 실수한 것' 등으로 가 해 행위를 정당화하거나 옹호하는 발언을 합니다.

④ **성희롱/성폭력에 대한 낮은 인식**：직장 내 성희롱 발언이나 행동을 '농담', '친근함의 표현' 등으로 치 부하며 문제의식을 느끼지 못하고 심지어 직접 가해자가 되기도 합니다.

(3) 법 집행 및 조직 문화 저해

① **수사의 불공정성**：특정 성별에 대한 편견이 수사의 방향을 왜곡하고 증거 수집이나 분석에서 객관성 을 잃게 만들어 공정한 수사를 방해합니다.

② **사건 처리 지연 또는 누락**：성인지 감수성이 부족하여 젠더 기반 폭력 사건의 심각성을 인지하지 못하 고 초동 조치를 소홀히 하거나 사건 접수를 미루어 피해를 키웁니다.

③ **조직 내 성차별적 언행**：동료나 부하 직원에게 성차별적인 발언이나 행동을 서슴지 않아 조직의 사기 를 저하시키고 위화감을 조성하여 건전한 조직 문화를 해칩니다.

④ **국민의 신뢰 상실**：위와 같은 행동들은 결국 경찰 조직에 대한 국민의 신뢰를 무너뜨리고 '인권 경찰' 이라는 목표 달성을 어렵게 만듭니다.

결론적으로 성인지 감수성이 부족한 경찰관은 법과 원칙을 공정하게 적용하는 데 실패하고 피해자를 보호하 지 못하며, 궁극적으로는 경찰 조직의 위상과 국민의 신뢰를 훼손하는 사람이라고 정의할 수 있습니다. 경찰 관에게 성인지 감수성은 단순한 덕목이 아니라 직업적 전문성을 구성하는 필수적인 역량입니다.

후속질문

✦ **성차별을 받았던 경험이 있는가?**

(1) **상황(Situation)**：제가 식당에서 아르바이트를 할 때였습니다. 저녁 피크 시간에 한 중년 남성 손님께서 저에게 주문을 하면서 "아가씨는 얼굴도 예쁜데 웃는 게 더 예쁘네. 남자가 좋아하는 얼굴이야."와 같은 외모 품평과 함께 팔을 툭 치는 불필요한 신체적 접촉을 시도하였습니다. 당황스럽고 불쾌했지만 다른 손님들도 많은 홀이라서 즉각적으로 강하게 반응하기 어려운 상황이었습니다.

(2) **과제(Task)**：여자라는 이유로 외모 품평과 같은 부당한 대우를 받는 성차별적 상황으로서 동시에 성희 롱적 상황으로도 느껴졌습니다. 하지만 손님과의 마찰을 최소화하고 식당 분위기나 업무에 지장을 주지 않고 싶었습니다.

(3) **행동(Action)**：저는 불쾌했지만 티 내지 않으려 노력하며 침착하게 대응했습니다. 손님의 발언에 대해서 는 아무런 반응을 하지 않고 표정의 변화 없이 업무적인 태도를 유지했습니다. 신체적 접촉 시도에는 살짝 뒤로 물러서거나 몸을 피하는 등 간접적으로 거부 의사를 표현하며 거리를 두었습니다. 그리고는 곧바로 "손님, 주문 도와드리겠습니다. 어떤 메뉴로 하시겠어요?"라고 매우 단호하고 분명한 목소리로 주문을 유도했습니다. 주문을 받은 후에는 "네, 확인했습니다. 메뉴 준비되면 바로 가져다드리겠습니다." 라고 짧고 간결하게 응대하며 더 이상 불필요한 대화가 이어지지 않도록 상황을 마무리하고 손님으로부 터 한 발짝 떨어졌습니다. 이 상황을 즉시 매니저님에게 보고하여 혹시 모를 상황에 대비했습니다.

(4) 결과(Result): 저의 단호하고 업무적인 태도에 손님은 더 이상 성차별적인 발언이나 신체적 접촉을 시도하지 않았고 식사를 마친 후 조용히 돌아가셨습니다. 다른 손님들에게도 큰 불편 없이 상황을 마무리할 수 있었습니다. 이 경험을 통해 저는 예상치 못한 불쾌하고 성차별적인 상황에 직면했을 때 감정적으로 휘둘리지 않고 침착하고 단호하게 업무적인 태도를 유지하며 자신의 경계를 명확히 표현하는 것이 중요함을 깨달았습니다.

✦ 최근 성인지 감수성이 대두되고 있는 이유가 무엇이라고 생각하는가?

최근 몇 년간 우리 사회에서 성인지 감수성(Gender Sensitivity)이 중요한 사회적 이슈로 대두된 데에는 여러 복합적인 배경이 있습니다.

(1) 젠더 기반 폭력의 심각성 인식 증대: 가장 직접적인 원인 중 하나는 성폭력, 가정폭력, 디지털 성범죄(N번방 사건 등), 스토킹, 데이트 폭력 등 젠더 기반 폭력의 심각성이 사회 전반에 걸쳐 인식되기 시작했기 때문입니다. 과거에는 개인적인 문제나 사소한 다툼으로 치부되던 일들이 미투(MeToo) 운동 등을 통해 공론화되면서 피해자의 고통과 사회적 파급력이 드러났습니다. 이 과정에서 피해자들이 겪는 2차 피해의 심각성(수사 과정에서의 불신, 주변의 비난, 사회적 낙인 등)이 부각되었고 이러한 2차 피해를 방지하고 피해자를 진정으로 보호하기 위해서는 수사기관을 포함한 사회 구성원 전체의 성인지 감수성 향상이 필수적이라는 공감대가 형성되었습니다.

(2) 성평등 의식 및 인권 감수성 향상: 우리 사회의 전반적인 성평등 의식과 인권 감수성이 높아진 것도 중요한 요인입니다. 과거에는 당연하게 여겨지던 성차별적 언행이나 관행들이 더 이상 용인되지 않으며 이에 대한 문제 제기가 활발해지고 있습니다. 이는 교육 수준 향상, 정보 접근성 증대, 그리고 다양한 시민사회 운동의 영향이 큽니다. 특히 젠더 다양성에 대한 인식이 확산되면서 단순히 남녀의 차이를 넘어 성별 정체성, 성적 지향 등 더욱 넓은 범위의 '성'에 대한 이해와 존중이 필요하다는 요구가 커지고 있습니다.

(3) 미디어와 소셜 미디어의 역할 증대: 인터넷과 소셜 미디어의 발달은 성인지 감수성 논의를 확산하는 데 결정적인 역할을 했습니다. 과거에는 쉬쉬하며 묻혔을 개인의 피해 사례가 소셜 미디어를 통해 빠르게 공유되고 공론화되면서 우리 사회의 숨겨진 차별과 폭력의 민낯이 드러나게 되었습니다. 미디어는 성차별적 콘텐츠나 고정관념을 재생산하기도 하지만, 동시에 성인지 감수성의 중요성을 알리고 사회적 변화를 이끌어내는 데 강력한 도구로 활용되기도 합니다.

(4) 제도 개선과 사회적 책임 요구 증가: 젠더 기반 폭력의 심각성과 피해자 보호의 필요성이 부각되면서 관련 법률 및 제도가 강화되고 있습니다. 가정폭력처벌법, 성폭력처벌법 등이 개정되고 스토킹처벌법이 제정되는 등 법적 기반이 마련되면서 법을 집행하는 기관의 역할과 책임이 더욱 중요해졌습니다. 또한 기업, 공공기관 등 모든 조직에게 성평등 교육 의무화, 직장 내 괴롭힘 및 성희롱 예방 노력 등 사회적 책임이 더욱 강하게 요구되고 있습니다. 이는 단순히 법적 의무를 넘어 조직의 건강한 문화와 지속 가능한 발전을 위한 필수 요소로 인식되고 있습니다.

(5) 사회 구성원의 변화와 소수자의 목소리: 기존의 남성 중심적 사회 구조와 문화에 대한 비판적 인식이 확산되고 그동안 소외되었던 여성, 성소수자 등 다양한 소수자들의 목소리가 점차 커지고 있는 것도 중요한 이유입니다. 이들은 자신들의 경험과 고통을 적극적으로 드러내며 사회의 변화를 촉구하고 있습니다. 이러한 목소리에 귀 기울이고 그들의 입장을 이해하며 사회적 불평등을 해소하려는 노력이 바로 성인지 감수성의 핵심이기 때문에, 그 중요성이 더욱 부각되고 있는 것입니다.

이처럼 성인지 감수성의 대두는 <u>사회 전반의 인권 의식 향상과 젠더 기반 폭력에 대한 문제의식 심화 그리고 미디어의 역할 등 다양한 요인이 복합적으로 작용한 결과라고 할 수 있습니다.</u> 이러한 변화는 우리 사회가 더욱 공정하고 평등한 방향으로 나아가기 위한 긍정적인 신호라고 볼 수 있습니다.

> 📖 **참고**
>
> 1. 20대 남성들(이대남)이 성차별을 느낀다고 하는 경우
>   ① 병역 의무의 불균형 : 가장 대표적인 사례로 남성에게만 부과되는 병역 의무입니다. 20대 남성들은 대한민국 국민으로서 국방의 의무를 수행해야 하지만, <u>여성이 병역 의무에서 제외되는 것에 대해 '공정하지 않다'는 인식을 강하게 가지고 있습니다.</u> 특히 병역으로 인해 학업이나 취업 시기가 늦춰지는 경력 단절 및 기회 손실을 경험한다고 느끼는 경우가 많습니다.
>   예 "왜 남자만 1년 6개월 이상 군대에 가야 하는지 이해할 수 없다. 여자들도 같이 국방의 의무를 지거나, 최소한 군대에 다녀온 남성들에게 그에 상응하는 보상이 주어져야 한다."(과거 군 가산점 제도의 위헌 결정 이후 이러한 불만이 더욱 커짐)
>   ② 채용 및 승진에서의 '여성 할당제' 등 우대 정책 : 여성들의 사회 진출을 장려하고 성별 격차를 해소하기 위한 <u>여성 할당제나 여성 우대 정책에 대해 20대 남성들은 '역차별'이라고 느끼는 경우가 많습니다.</u> '능력주의'와 '공정성'을 중요하게 여기는 20대 남성들에게는 자신과 비슷한 또는 더 높은 스펙을 가졌음에도 불구하고 여성이라는 이유로 채용이나 승진에서 불이익을 받는다고 느낄 수 있습니다.
>   예 "남성이라는 이유만으로 특정 직무나 공공기관 채용에서 불이익을 받거나 여성 관리자 비율을 채우기 위해 내가 역차별당하는 것 같다."
>   ③ '잠재적 가해자' 프레임 및 남성 혐오 정서 : 미투 운동 이후 성폭력 사건에 대한 사회적 인식이 높아지면서, <u>일부 20대 남성들은 자신들이 '잠재적 성범죄자'로 여겨지거나</u> 온라인을 중심으로 확산되는 '남성 혐오' 정서로 인해 억울함과 불쾌감을 느낀다고 주장합니다.
>   예 "데이트 폭력이나 성범죄 기사만 나오면 모든 남성이 비난받는 것 같아 불쾌하다. 나는 그런 사람이 아닌데도 '잠재적 가해자'로 취급받는 느낌이다."
>   예 특정 온라인 커뮤니티나 SNS에서 남성을 비하하는 용어(예 한남)를 사용하거나 남성 전체를 비난하는 게시물이 올라올 때 성차별을 느낍니다.
>   ④ 상대적 박탈감 및 책임감 강요 : 기성세대 남성들이 누렸던 가부장적 권력을 경험해 보지 못한 20대 남성들은 오히려 자신들이 가족 부양의 책임이나 사회적 기대는 받으면서도 그에 상응하는 혜택은 없다고 느낍니다. 여성들의 사회 진출 확대와 권리 주장 속에서 <u>'남성다움'이라는 압박감과 동시에 과거의 특권은 사라졌다는 인식이 공존합니다.</u>
>   예 "여성들은 남성보다 성차별이 심하다고 하지만 정작 우리 20대 남성들은 군대도 가고 가장으로서의 부담도 느끼면서도 기성세대 남성들이 가졌던 기득권은 경험해 보지 못했다."
>   예 "여성은 사회적 약자로 보호받아야 한다는 인식이 강한 반면 남성은 '남자니까' 감수해야 하는 사회적 압박이 여전히 크다."
>   ⑤ 미디어 및 교육에서의 편향성 인식 : 일부 20대 남성들은 <u>미디어(뉴스, 드라마, 예능 등)나 학교 교육에서 성차별 문제를 다룰 때 남성에게만 일방적으로 책임을 전가하거나 여성의 피해만을 부각하는 편향성이 있다고 느낍니다.</u> 이들은 이러한 편향적인 정보들이 남성 전반에 대한 부정적인 인식을 확산시키고 있다고 주장합니다.
>   예 "학교에서 젠더 평등 교육을 받지만, 남성의 어려움이나 차별에 대한 내용은 부족하고 여성의 피해 사례만 강조되는 것 같다."
> 2. 20대 여성들이 성차별을 느낀다고 하는 경우
>   ① 고용 시장에서의 차별과 유리천장 : 20대 여성들은 취업 준비 과정과 직장 생활에서 여전히 성차별을 경험한다고 강력하게 주장합니다.
>   ㉠ 채용 과정에서의 차별
>   • 외모 기준 강요 : 면접 시 직무 능력과 무관하게 '용모 단정'이나 '여성스러운 외모'를 강조하는 요구를 받거나 외모 평가가 합격 여부에 영향을 미친다고 느낍니다.

- 성차별적 질문 : 결혼 계획, 출산 계획, 육아 문제 등에 대한 질문을 받으며 이로 인해 채용에서 불이익을 받을까 봐 우려합니다.
- 남성 우대 관행 : 특정 직무에서 남성을 선호하거나 남성 지원자에게 암묵적으로 가점을 주는 관행이 여전히 존재한다고 느낍니다.

ⓒ 직장 내 유리천장 및 임금 격차
- 승진 누락 : 여성이라는 이유로 중요한 프로젝트에서 배제되거나 남성보다 승진 기회가 적다고 느낍니다.
- 성별 임금 격차 : 동일 노동에 대한 동일 임금 원칙이 지켜지지 않아 남성 동료보다 낮은 임금을 받는다고 느낍니다. 한국의 성별 임금 격차는 OECD 국가 중 최상위권에 속하며 이는 20대 여성들에게도 영향을 미칩니다.
- 경력 단절 우려 : 결혼, 출산, 육아로 인한 경력 단절이 불가피하다고 생각하며 이는 미래의 경력과 경제적 독립에 대한 불안감으로 이어집니다.

② 일상생활 속 미묘한 차별 : 20대 여성들은 대놓고 드러나는 차별 외에도 일상 속에서 무의식적으로 발생하는 미묘한 성차별을 빈번하게 경험하며 피로감을 느낍니다.

㉠ 성희롱 및 성적 대상화 : 직장, 학교, 대중교통 등 다양한 공간에서 불필요한 외모 평가, 성희롱 발언, 음담패설, 신체 접촉 등을 경험합니다.

㉡ 능력 저평가 및 무시 : 여성이어서 능력을 저평가 당하거나 자신의 의견이 무시당하는 경험을 합니다. 예를 들어, 전문적인 지식을 이야기해도 '여자라서' 이해하지 못할 것이라는 편견 섞인 시선을 받기도 합니다.

㉢ 성별 고정관념 강요 : '여성은 조신해야 한다', '여자가 그러면 못 쓴다', '여자는 얌전해야 한다' 등 특정 성별에 대한 전통적인 고정관념을 강요받는 것에 불쾌감을 느낍니다.

㉣ 가사 및 돌봄 노동의 불균형 : 아직 결혼하지 않았더라도 가정 내에서 여성에게 가사 노동이나 돌봄 노동의 비중이 더 많이 요구되는 분위기를 경험하며 불공정함을 느낍니다.

③ 디지털 성범죄 및 온라인 혐오 : 디지털 환경의 발달과 함께 20대 여성들은 디지털 성범죄의 주요 피해자가 되고 있습니다.

㉠ 불법 촬영물 유포 및 협박 : 불법 촬영, 유포 및 이를 빌미로 한 협박에 노출될 수 있다는 불안감을 항상 느낍니다. N번방 사건 등은 이러한 불안감을 극대화했습니다.

㉡ 온라인 성희롱 및 혐오 댓글 : 익명성이 보장되는 온라인 공간에서 외모 품평, 성희롱, 혐오 발언 등 공격적인 언어 폭력에 시달리는 경우가 많습니다. 이는 정신적 스트레스와 사회 활동 위축으로 이어질 수 있습니다.

㉢ 사이버 스토킹 : 온라인을 통한 스토킹에 시달리며 개인의 안전과 사생활 침해에 대한 위협을 느낍니다.

④ 사회적 시선과 이중 잣대 : 여성들에게 특정 행동이나 삶의 방식에 대해 남성보다 더 엄격한 사회적 잣대와 비난이 가해진다고 느낍니다.

㉠ '여성다움' 강요 : 자신의 개성을 존중받기보다 사회가 기대하는 '여성다운' 모습에 자신을 맞춰야 한다는 압박감을 느낍니다.

㉡ 피해자에 대한 이중 잣대 : 성범죄 발생 시 가해자보다는 피해자에게 '왜 그랬냐'며 원인을 묻거나 피해자를 비난하는 시선이 여전히 존재한다고 생각합니다.

㉢ 결혼 및 출산에 대한 압박 : 사회 전반적으로 여성에게 결혼과 출산을 당연시하고 이를 통해 자신의 가치를 평가하려는 시선에 피로감을 느낍니다.

이처럼 20대 여성들이 느끼는 성차별은 개인의 경험을 넘어선 사회 구조적이고 문화적인 문제와 깊이 연관되어 있습니다. 이들은 단순히 '피해'를 넘어 자신의 삶의 기회가 제한되고 잠재력이 충분히 발휘되지 못하는 불공정함에 대한 문제의식을 강하게 가지고 있습니다.

❸ 경찰조직내 성비위 원인과 해결방안은?

👤 〈답변〉

경찰조직 내 성비위 문제는 국민의 신뢰를 얻어야 하는 치안기관으로서 반드시 해결해야 할 중요한 과제입니다. 최근 경찰청 자료에 따르면, 경찰 직장 내 성 비위로 징계받은 경찰관이 매년 50여 명에 달하며 이러한 성비위 문제의 원인과 해결방안에 대해 말씀드리겠습니다.

✐ 조직 내 성비위 징계: 2020년 42명, 2021년 35명, 2022년 53명, 2023년 53명, 2024년 54명

(1) 원인 분석

① 조직문화적 측면에서 원인을 찾을 수 있습니다. 경찰은 계급제 기반의 위계질서가 강한 조직으로 상급자의 부적절한 언행에 하급자가 문제를 제기하기 어려운 구조입니다. 실제로 성비위 사건 10건 중 9건이 간부급에서 발생했다는 통계는 이러한 위계적 문화가 성비위의 주요 원인임을 보여줍니다. 또한 여성 경찰 비율이 약 15%(2만여 명, 2023년말 기준)로 여전히 낮아 남성 중심적 조직문화가 형성되어 있고 이는 성차별적 언행과 성희롱에 대한 민감성 부족으로 이어지고 있습니다. 또한 24시간 교대근무나 합숙 훈련 등 공적·사적 공간의 경계가 모호해질 수 있는 근무 환경이 원인이 될 수 있습니다.

② 제도적 측면으로, 성희롱 예방교육이 형식적으로 이루어지고 피해자들이 2차 피해를 우려해 신고를 꺼리는 경향이 있습니다. 그리고 성비위 가해자에 대한 처벌이 약하고 재발 방지를 위한 체계적 관리가 부족한 것도 성비위가 지속되는 원인입니다.

③ 개인적 차원의 원인도 있습니다. 일부 경찰관들의 성인지 감수성 부족과 윤리의식 결여가 문제입니다. 또한 고강도 업무와 스트레스를 과도한 음주나 부적절한 방식으로 해소하려는 경향도 성비위 행동으로 이어질 수 있습니다.

(2) 해결방안

① 조직문화 개선이 필요합니다. 수평적 의사소통 채널을 구축하여 상호 존중하는 문화를 조성해야 합니다. 또한 일·가정 양립을 위한 근무환경을 조성하고 건전한 회식문화를 정착시켜야 합니다.

② 제도적 개선방안을 마련해야 합니다. 실효성 있는 성인지 감수성 교육을 실시하고, 성비위 예방을 위한 관리자 책임제를 도입해야 합니다. 성비위 사건 처리의 투명성과 공정성을 확보하기 위해 독립적인 조사 기구 설치가 필요하며, 피해자 보호 및 2차 피해 방지를 위한 절차를 마련해야 합니다. 무엇보다 성비위 가해자에 대한 무관용 원칙과 성비위 징계자의 특정 부서 근무를 금지하는 등 엄정한 조치가 필요합니다.

③ 구체적 실행방안으로 2024년 5월 출범한 경찰청 '비위 예방 추진단'을 적극 활용하여 성비위 근절 활동을 강화해야 합니다. 또한 최근 문제가 되고 있는 딥페이크 등 디지털 성범죄에 대한 대응 역량 강화와 더불어 2018년 신설된 성평등정책담당관실의 활동을 강화하여 조직 내 젠더 감수성 개선을 위한 지속적인 활동을 전개해야 합니다.

경찰조직 내 성비위 문제는 단순히 개인의 일탈이 아닌 조직문화와 제도의 문제입니다. 국민의 안전을 책임지는 경찰이 내부적으로 성비위 문제가 발생한다면 국민 신뢰를 크게 훼손할 수 있습니다. 따라서 성평등한 조직문화 구축, 제도적 개선, 그리고 구성원들의 인식 변화를 통해 성비위 없는 건강한 경찰조직을 만들어가는 것이 중요합니다. 이러한 노력은 궁극적으로 경찰에 대한 국민 신뢰 회복으로 이어질 것이라고 생각합니다.

📖 최근 5년간 경찰 성 비위 369명 징계

- 2025년 4월 10일 경찰청이 발표한 자료에 따르면, <u>지난 5년간 성비위로 징계받은 경찰관이 총 369명에 달했다</u>. 2020년 69명, 2021년 61명, 2022년 79명, 2023년 80명, 2024년 80명으로 최근 <u>3년간 오히려 성 비위 발생 건수가 증가세를 보였다</u>.
- 유형별로는 성희롱이 193명으로 가장 많았다. 성폭행 등 성범죄는 160명, 성매매는 16명이었다.
- 징계받은 경찰관 중에서는 중징계가 301명(81.6%)으로 경징계 68명(18.4%)보다 압도적으로 많았다. 정직이 164명, 해임 78명, 감봉 46명 순이었다. 파면은 37명, 강등과 견책은 각각 22명이었다. 〈The Fact 25.4.10. 참조〉

---

❹ 성적 발언을 자주하는 동료가 불편할 경우 어떻게 할 것인가?

👤〈답변〉

동료의 성적인 발언으로 인해 불편함을 느낀다면 이는 개인적인 불편함을 넘어 건강한 조직 문화를 저해할 수 있는 문제라고 생각합니다. 저는 이 문제를 단계적으로 신중하게 대처하겠습니다.

(1) 1단계 : 직접적이지만 정중한 의사 표현(비공식적 해결 노력)

① 먼저, 해당 동료와 단둘이 이야기할 수 있는 적절한 시간과 장소를 찾겠습니다. 공개적인 자리보다는 사적인 대화를 통해 문제를 해결하는 것이 바람직하다고 생각합니다.

② 대화 시에는 감정적으로 대응하기보다는 차분하고 명확하게 저의 불편함을 전달하겠습니다. "제가 예민하게 받아들이는 것일 수도 있지만 조금 전 하셨던 이러이러한 말씀은 제가 듣기에 조금 불편하게 느껴졌습니다."와 같이 '<u>나 전달법(I-message)</u>'을 사용하여 제 감정과 생각을 정중하지만 단호하게 표현하겠습니다.

> ✎ '나 전달법'은 상대방을 비난하거나 평가하지 않으면서 자신의 생각이나 감정, 필요를 솔직하고 명확하게 전달하는 의사소통 방식이다. 갈등 상황에서 상대방의 방어적인 태도를 줄이고 서로의 입장을 이해하며 문제를 건설적으로 해결하는 데 매우 효과적이다. 이는 상대방의 행동을 비난하는 '너 전달법(You-message)'과 대비된다. 예를 들어, "당신은 항상 내 말을 안 듣는군요!"(너 전달법) 대신 "제 의견을 말씀드릴 때 다른 이야기를 하시면, 제 의견이 무시당하는 느낌이 들어 속상합니다."와 같이 표현하는 것이다.

③ 이때 상대방을 비난하기보다는 특정 발언이 왜 불편하게 느껴지는지 설명하고, 앞으로는 상호 존중하는 건강한 동료 관계를 위해 그러한 발언을 자제해 주셨으면 좋겠다는 의사를 전달하겠습니다.

(2) 2단계 : 상황 지속 시, 신중한 기록 및 조언 구하기

① 만약 1단계의 대화 후에도 문제 행동이 개선되지 않고 지속된다면 언제, 어디서, 어떤 발언이 있었는지 구체적인 내용을 간단히 기록해 두겠습니다.

② 동시에 혼자서만 고민하기보다는 신뢰할 수 있는 선배 경찰관이나 동기, 또는 조직 내 고충상담관에게 조심스럽게 상황을 알리고 조언을 구할 수 있습니다.

(3) 3단계 : 공식적인 절차 고려 및 실행

① 비공식적인 노력과 조언 구하기에도 불구하고 상황이 개선되지 않거나 발언의 수위가 높아지는 등 문제가 심각하다고 판단될 경우에는 조직의 공식적인 절차를 따르겠습니다.

② 소속 상사에게 보고하거나 경찰서의 청문감사관인권관실 또는 성희롱/성비위 신고 담당 부서(경찰청에 설치된 '성희롱·성폭력·스토킹 신고센터')에 정식으로 문제를 제기하는 것을 고려하겠습니다.

③ 공식적인 절차를 밟기로 결정했다면 앞서 기록해 둔 객관적인 자료를 바탕으로 사실에 입각하여 침착하게 신고하겠습니다. 이는 저 자신을 보호하고 더 나아가 조직 전체의 건강한 근무 환경을 만들기 위한 불가피한 선택이라고 생각합니다.

결론적으로 저는 동료와의 관계를 고려하여 가능한 한 원만하게 문제를 해결하려 노력하겠지만 성적 발언과 같은 부적절한 행동이 용인되어서는 안 된다고 생각합니다. 따라서 단계적인 접근을 통해 문제를 해결하되 필요하다면 공식적인 절차를 밟아서라도 반드시 바로잡아 상호 존중하는 건강한 경찰 조직 문화를 만드는 데 기여하겠습니다.

❺ 본인이 상사에게 성희롱을 당했다면 어떻게 대처하겠는가?

👤〔답변〕

상사로부터 성희롱을 당하는 상황은 직장 내 권력 관계가 작용하기 때문에 더욱 복잡하고 어려운 문제입니다. 특히 경찰 조직과 같이 계급 체계가 명확한 조직에서는 피해자가 대응하기 더 어려울 수 있습니다. 그러나 성희롱은 명백한 불법행위이자 인권침해로 적절한 대응이 필요합니다. 제가 상사로부터 성희롱을 당했다면 단계적으로 신중하게 대처하겠습니다.

(1) **초기 대응과 기록 보존**

① 우선 성희롱 상황이 발생했을 때 명확하게 거부 의사를 표현하겠습니다. '그런 말씀(행동)은 불편합니다'라고 분명히 말하거나 그 자리를 즉시 벗어나는 등의 방법으로 상대방에게 제 의사를 분명히 전달하겠습니다.

② 동시에 성희롱이 발생한 날짜, 시간, 장소, 구체적인 언행, 목격자 유무 등을 최대한 상세하게 기록해 두겠습니다. 가능하다면 녹음이나 증거 수집도 고려하겠습니다. 제가 느낀 감정이나 심리적 상태도 함께 기록하여 성희롱으로 인한 정신적 피해 상황을 객관화하겠습니다.

(2) **상담 및 지원 요청**

① 성희롱 피해를 혼자 감당하는 것은 매우 어렵기 때문에 신뢰할 수 있는 동료나 선배에게 상황을 알리고 조언을 구하겠습니다. 이 과정에서 비밀 유지를 요청하여 소문으로 인한 2차 피해를 방지하겠습니다.

② 또한 경찰청에서 운영하는 '성희롱·성폭력·스토킹 신고센터'나 외부 성폭력 상담기관을 통해 전문적인 상담을 받겠습니다. 이러한 상담은 심리적 지지뿐만 아니라 적절한 대응 방안을 모색하는 데 도움이 될 것입니다.

(3) **공식적인 신고 및 처리 절차 활용**: 상담을 통해 충분한 정보와 지지를 얻은 후 필요하다면 조직 내 공식적인 신고 절차를 밟겠습니다.

① 첫째, 상사의 직속 상사나 부서장에게 공식적으로 보고할 수 있습니다.

② 둘째, 경찰서 청문감사인권관실에 공식 진정서를 제출할 수 있습니다. 이 경우 앞서 기록해 둔 증거자료를 함께 제출하여 객관적인 사실관계 확인이 가능하도록 하겠습니다.

③ 셋째, 경찰청 성희롱 고충처리 제도를 활용하여 정식으로 사건을 접수할 수 있습니다. 이 과정에서 피해자로서의 권리와 보호조치(가해자와의 분리, 2차 피해 방지 등)를 요청하겠습니다.

⑷ **자기 돌봄과 심리적 회복**: 성희롱 피해는 심리적 트라우마를 남길 수 있으므로 전문적인 심리 상담이나 치료를 통해 정신건강을 관리하겠습니다. 경찰공무원 심리지원 프로그램이나 직무스트레스 관리 프로그램을 적극 활용하겠습니다. 또한 신뢰할 수 있는 지인들과의 소통, 취미활동, 적절한 휴식 등을 통해 스트레스를 관리하고 심리적 회복을 도모하겠습니다. 필요하다면 일시적인 업무 조정이나 휴가 사용도 고려하겠습니다.

직장 내 성희롱, 특히 상사에 의한 성희롱은 피해자에게 큰 고통과 어려움을 주는 심각한 문제입니다. 이러한 상황에서 중요한 것은 침묵하거나 참는 것이 아니라 적절한 절차를 통해 문제를 해결해야 한다고 생각합니다.

❻ 회식 중 지구대장의 성희롱을 목격했다면 어떻게 할 것인가?

답변

이러한 상황은 단순한 개인 간의 문제가 아니라 조직 윤리, 법적 의무, 그리고 동료의 인권 보호라는 복합적인 차원을 갖고 있습니다. 상황의 민감성과 권력 관계를 고려하여 단계적으로 신중하게 접근하는 것이 필요하다고 생각합니다.

⑴ **즉각적인 대응**: 우선 회식 자리에서 성희롱이 진행 중일 때 간접적으로 개입하는 방법을 고려할 수 있습니다. 예를 들어 "지금 시간이 많이 늦었네요" 또는 "내일 업무가 일찍 시작되니 이만 마무리하는 게 좋겠습니다"와 같이 대화의 방향을 전환하거나, 필요하다면 피해자를 자연스럽게 자리에서 벗어나게 도울 수 있습니다. 직접적인 제지가 어렵다면 다른 동료들과 눈짓이나 신호를 주고받아 집단적으로 상황을 전환시키는 것도 방법입니다. 이런 접근은 피해자를 즉각적인 상황에서 보호하면서도 지구대장과의 직접적인 갈등을 최소화할 수 있습니다.

⑵ **피해자 지원**: 회식 후에는 피해자에게 개인적으로 다가가 상황을 확인하고 정서적 지지를 제공하겠습니다. "괜찮으세요? 필요한 도움이 있으면 말씀해주세요."라며 피해자의 감정과 의사를 존중하여 이야기를 나누겠습니다. 피해자가 원한다면 성희롱 사건의 목격자로서 객관적 사실을 증언할 수 있음을 알리고 신고 과정에서 함께하겠다는 의지를 보여줄 수 있습니다. 하지만 <u>모든 과정에서 피해자의 의사결정권을 최우선으로 존중하겠습니다.</u>

⑶ **공식적 대응 방안**: 피해자의 동의하에 다음과 같은 단계를 고려할 수 있습니다.

① 상사에 보고: 지구대장의 직속 상관(범죄예방대응과장)이나 경찰서장에게 보고할 수 있습니다.

② 고충상담창구 활용: '성희롱·성폭력 고충상담창구'에 상황을 알리고 상담받을 수 있습니다.

> ✎ 성희롱·성폭력 고충상담창구: 성희롱·성폭력 고충상담창구는 경찰 조직 내에서 발생하는 성희롱, 성폭력 등 성비위 사건에 대한 상담과 신고를 접수하고, 피해자를 지원하는 기구로서 경찰청 양성평등정책담당관실에서 총괄하며, 시·도경찰청 및 경찰서 내에 설치되어 있다.

③ 성희롱 관련 센터 신고: 경찰서 청문감사인권관실 또는 경찰청 성희롱·성폭력·스토킹 신고센터에 신고할 수 있습니다.

답변예시 | 간단한 답변

> 회식 중 지구대장의 성희롱을 목격했다면 상황의 심각성을 인식하고 단계적으로 대응하겠습니다. 우선 그 자리에서는 화제 전환 등을 통해 상황이 악화되는 것을 방지하고 피해자를 보호하겠습니다. 회식 후에는 피해자에게 개인적으로 다가가 상황을 확인하고 정서적 지지를 제공하며 피해자의 의사에 따라 고충상담창구나 신고센터를 통한 공식적인 절차를 지원하겠습니다.

7 여자 동기가 상사에게 성추행 당했다고 말한다. 어떻게 할 것인가? 〈25. 2차〉

👤 〈답변〉

여자 동기가 상사에게 성추행을 당하고 저에게만 비밀리에 털어놓았다면 이는 매우 민감하고 복잡한 상황입니다. 피해자의 신뢰를 받아 비밀을 공유받은 입장에서 피해자의 의사와 심리적 안정을 최우선으로 고려하면서도 적절한 해결책을 모색해야 합니다. 동시에 성추행은 명백한 불법행위이자 인권침해로 경찰 조직 내에서 절대 용납될 수 없는 문제입니다. 이러한 상황에서 저는 단계적으로 신중하게 대처하겠습니다.

(1) 피해자에 대한 지지와 경청

① 우선 피해자의 이야기를 충분히 경청하겠습니다. 이후 용기내어 말할 수 있는 것을 높이 평가하겠습니다. '너의 잘못이 아니다'라는 메시지를 분명히 전달하여 피해자가 죄책감이나 자책감을 느끼지 않도록 심리적 지지를 제공하겠습니다.

② 피해 상황에 대해 판단하거나 조언하기보다는 피해자의 감정과 경험을 존중하는 태도로 대화하겠습니다. 이 과정에서 '어떤 도움이 필요한지', '어떻게 해결하고 싶은지' 등 피해자의 의사를 확인하겠습니다. 피해자는 단순히 이야기를 들어주길 원할 수도 있고 구체적인 해결책을 원할 수도 있기 때문입니다.

(2) 정보 제공과 선택권 존중

① 피해자에게 경찰 조직 내 성희롱·성폭력 사건 처리 절차와 지원 제도에 대한 정확한 정보를 제공하겠습니다. 조직 내부의 성희롱·성폭력 고충상담창구, 경찰청 성희롱·성폭력·스토킹 신고센터 등 공식적인 신고 및 상담 채널과 그 절차에 대해 설명하겠습니다.

② 또한 신고 시 피해자 보호 제도(신원 비밀 보장, 불이익 금지, 가해자와의 분리 조치 등)와 상담에서 해결까지의 전반적인 과정을 안내하여 피해자가 정보에 기반한 결정을 내릴 수 있도록 돕겠습니다. <u>중요한 것은 최종적인 선택은 피해자의 의사에 있으므로 피해자의 결정을 존중하고 어떤 선택을 하든 지지하겠다</u>는 메시지를 전달하겠습니다.

(3) 전문적 상담 연계 및 지원: 피해자의 심리적 안정과 객관적인 조언을 위해 전문 상담사와의 연계를 제안하겠습니다. 피해자가 원한다면 상담 예약과 동행 등 구체적인 지원을 제공하고 증거 수집 방법(대화 기록, 목격자 확인, 진술서 작성 등) 등에 대하여도 지원하겠습니다.

(4) 비공식적 해결 방안 모색

① 피해자가 공식적인 신고를 원하지 않을 경우 비공식적인 해결 방안을 함께 모색할 수 있습니다. 예를 들어 피해자의 동의하에 신뢰할 수 있는 선배나 상급자에게 상황을 상담하거나 피해자가 원한다면 제가 중재자 역할을 하여 가해 상사와의 대화를 주선하는 방법 등이 있습니다.

② 또한 피해자가 원한다면 업무 환경에서 가해자를 피할 수 있는 방법(업무 시간 조정, 자리 배치 변경 요청 등)을 함께 고민하겠습니다. 단, 이러한 비공식적 해결은 피해자의 명확한 동의하에 진행되어야 하며 피해자에게 더 큰 부담이나 2차 피해가 발생하지 않도록 신중하게 접근하겠습니다.

(5) 공식적 신고 과정 지원

① 피해자가 공식적인 신고를 결정했다면 전 과정에서 피해자를 적극 지원하겠습니다. 고충상담창구 방문 동행, 신고서 작성 지원, 조사 과정에서의 심리적 지지 등 피해자가 필요로 하는 도움을 제공하겠습니다.

② 특히 조직 내 성희롱·성폭력 사건은 2차 피해가 발생할 가능성이 높은 만큼 비밀 유지와 피해자 보호에 각별히 주의하겠습니다. 피해자의 동의 없이 사건에 대해 언급하지 않고 소문이나 추측이 퍼지지 않도록 주의하겠습니다.

(6) 지속적인 관심과 지원: 사건이 어떻게 해결되든 피해자에게 지속적인 관심과 지원을 제공하겠습니다. 피해자가 조직 내에서 고립감을 느끼지 않도록 일상적인 대화와 지지를 유지하고 업무 복귀 과정에서 어려움은 없는지 확인하겠습니다.

성추행은 개인의 존엄성을 훼손하는 중대한 인권침해이자 범죄행위입니다. 특히 경찰 조직 내에서는 더욱 엄격히 다루어져야 하며 피해자가 안전하게 도움을 요청하고 보호받을 수 있는 환경이 조성되어야 합니다. 저는 피해자의 신뢰에 부응하여 최선의 지원을 제공하는 동시에 경찰 조직 내 성평등하고 안전한 문화 조성에 기여하는 구성원이 되겠습니다.

8 남자 상사 또는 남자 동료 간 성과 관련하여 조심해야 할 것은?

답변

남자 상사와 남자 동료 간에도 성과 관련하여 조심해야 할 사항이 많습니다. 성희롱이나 성비위는 흔히 남성과 여성 사이에서만 발생한다고 오해하기 쉽지만 같은 성별 간에도 발생할 수 있습니다. 특히 경찰 조직과 같이 계급 체계가 뚜렷하고 남성 구성원 비율이 높은 환경에서는 남성 간 성비위에 대한 경각심이 상대적으로 낮을 수 있어 더욱 주의가 필요하다고 생각합니다.

(1) 성희롱에 대한 인식 확장

① 먼저, 성희롱의 개념은 성별에 관계없이 적용됩니다. 「양성평등기본법」에 따르면 성희롱은 성별의 구분 없이 상대방이 성적 굴욕감이나 혐오감을 느끼게 하는 행위를 의미합니다.

② 남성 간에도 신체적 특징에 대한 부적절한 언급, 성적 농담, 성생활에 대한 질문이나 평가, 음담패설, 신체 접촉 등은 성희롱이 될 수 있습니다. 특히 군대식 문화가 남아있는 조직에서는 이러한 행동이 친밀감의 표현이나 농담으로 치부되는 경우가 있으나 실제로는 심각한 성비위에 해당할 수 있습니다.

(2) 권력 관계를 이용한 성적 압력: 상사와 부하 직원 사이에는 분명한 권력 불균형이 존재합니다. 이러한 권력 관계를 이용한 성적 압력은 같은 남성 사이에서도 발생할 수 있습니다. 예를 들어 <u>상사가 부하 직원에게 음란물을 함께 보도록 강요하거나 성적 대화에 참여하도록 압력을 가하는 것, 회식 자리에서 성적 수치심을 주는 행위를 강요하는 것</u> 등은 권력을 이용한 성비위에 해당합니다.

(3) **남성 간 '의리 문화'와 '놀이 문화'의 주의점** : 경찰 조직 내에서 남성들 사이에 형성될 수 있는 '의리 문화'나 '놀이 문화'가 종종 성적 수치심을 유발하는 행동으로 이어질 수 있습니다. 예를 들어 단체 회식 자리에서의 과도한 신체 접촉 게임, 신입 직원에 대한 성적 농담이 담긴 '테스트' 등은 성비위에 해당할 수 있습니다. 이러한 행동들은 '남자들끼리니까 괜찮다'라는 잘못된 인식하에 이루어지곤 하지만 실제로는 상대방에게 심각한 불편함과 수치심을 줄 수 있으며 법적·징계적 책임을 질 수 있는 행위라고 생각합니다.

(4) **디지털 공간에서의 성비위** : 남성 직원들만의 단체 채팅방에서 성적으로 부적절한 이미지나 영상을 공유하는 행위, 동료나 시민에 대한 성적 품평이나 논평을 하는 행위 등은 심각한 성비위에 해당합니다. 특히 SNS나 메신저 등은 기록이 남기 때문에 추후 문제가 될 경우 명백한 증거가 될 수 있습니다. 따라서 온라인 공간에서도 오프라인과 동일한 수준의 성인지 감수성을 유지해야 합니다.

(5) **성 고정관념과 젠더 편향적 발언** : 남성 간에도 성 고정관념에 기반한 발언이나 젠더 편향적 표현을 사용하는 것은 조심해야 합니다. '남자답지 못하다', '여성스럽다'와 같은 표현으로 동료를 평가하거나 비하하는 것은 성차별적 발언에 해당합니다.

(6) **신고 및 대응에 대한 이해** : 마지막으로, 남성 간 성비위가 발생했을 때 피해자나 목격자가 적절히 대응하고 신고할 수 있는 환경을 조성하는 것이 중요합니다. 남성이 피해자인 경우 '남자가 왜 그런 것에 민감하게 반응하느냐'는 식의 편견으로 인해 신고를 주저하거나 2차 피해를 겪을 수 있습니다. 경찰 조직에서는 고충상담창구 등을 통해 남성 간 성비위 사건도 공정하게 처리될 수 있음을 인식하고 피해 발생 시 적절한 신고와 조치가 이루어질 수 있도록 해야 합니다.

경찰관으로서 남성 간에도 성인지 감수성을 높이고 부적절한 성적 언행을 삼가고 디지털 공간에서도 주의를 기울이는 것이 필요합니다. 또한 '남자들끼리니까 괜찮다'는 잘못된 인식을 버리고 모든 구성원이 상호 존중하는 조직문화를 만들어야 된다고 생각합니다.

❾ 동료가 다른 여자 동료를 몰래 촬영한 사진을 본 경우, 어떻게 할 것인가? 〈25. 1차〉

👤 답변

불법촬영은 '성폭력범죄의 처벌 등에 관한 특례법' 제14조(카메라 등을 이용한 촬영)에 따라 7년 이하의 징역 또는 5천만원 이하의 벌금형을 받을 수 있는 심각한 범죄이므로 엄정하게 대응하겠습니다.

(1) **즉시 보고** : 가장 먼저 직속 상사님께 제가 목격한 사실을 객관적으로 보고하겠습니다. 불법촬영은 증거 인멸 우려가 매우 크므로 동료와 개인적으로 접촉하여 자진신고를 권유하기보다는 공식 절차를 통한 압수수색이 적절하다고 판단합니다.

(2) **개인적 접촉 금지** : 동료와 개인적으로 대화하거나 사진 확보를 시도하지 않겠습니다. 이는 증거인멸 기회를 제공할 수 있고 적법한 절차를 저해할 수 있기 때문입니다. 모든 조사는 감찰팀이나 전문 수사팀이 절차에 따라 진행하도록 하겠습니다.

(3) **피해자 보호** : 피해자 보호를 위해 사건 관련 정보를 철저히 비밀로 하고 피해자 지원은 전문 상담원이나 여성 경찰관이 담당하도록 하겠습니다.

경찰 조직 내부의 성범죄에 대해서는 더욱 엄정하고 투명하게 대응함으로써 경찰의 신뢰를 지키겠습니다.

⑩ 여성경찰이 남성경찰에 비해 공직생활의 어려운 점을 말해보시오.

답변

(1) **신체적 조건의 차이**: 여성경찰은 일반적으로 남성보다 신체적 힘에서 차이가 있어 범죄자 제압이나 물리적 충돌 상황에서 어려움을 겪을 수 있습니다. 무거운 장비 착용이나 장시간 근무 시 체력적 부담이 더 클 수 있습니다.

(2) **남성 중심적 조직문화**: 경찰 조직은 전통적으로 남성 중심적 문화가 강해 여성경찰은 때로 소외감을 느끼거나 비공식적 네트워크에서 배제될 수 있습니다. 의사결정 과정이나 승진에서 암묵적 장벽에 직면하기도 합니다.

(3) **성 역할 고정관념과 편견**: 범죄자나 일부 시민들이 여성경찰의 권위를 인정하지 않거나 경시하는 경우가 있습니다. "여자가 무슨 경찰이냐"라는 식의 성 고정관념적 발언에 노출되기도 합니다. 또한 리더십 역할에서 과도한 검증을 받는 경우도 있습니다.

(4) **일-가정 양립의 어려움**: 교대근무, 비상소집, 장시간 근무 등 경찰 특유의 불규칙한 근무형태는 육아와 가사에 더 많은 책임을 지는 경향이 있는 여성에게 큰 부담이 됩니다. 특히 임신, 출산, 육아 기간 동안의 경력 단절 문제가 심각합니다.

(5) **시설과 장비의 불편함**: 경찰서나 지구대의 여성 편의시설이 부족하거나 여성의 체형에 맞지 않는 제복과 장비로 인한 불편함이 있습니다. 이는 업무 효율성과 만족도를 저하시킬 수 있습니다.

(6) **성희롱과 성차별 위험**: 남성이 대다수인 근무환경에서 성희롱, 성차별적 발언, 불필요한 신체접촉 등에 노출될 위험이 상대적으로 높습니다. 이러한 문제 제기가 '예민하다'는 낙인으로 이어질 수 있어 문제를 드러내기도 어렵습니다.

(7) **역할 갈등과 기대치 불균형**: 여성경찰은 때로 '여성다움'과 '경찰다움' 사이에서 역할 갈등을 겪기도 합니다. 강인함을 보이면 '너무 남성적'이라는 비판을, 섬세함을 보이면 '역량 부족'이라는 평가를 받는 이중기준에 직면하기도 합니다.

이러한 어려움에도 불구하고 여성경찰은 공감능력, 의사소통 기술, 세심한 관찰력 등에서 강점을 발휘하며 경찰 조직에 다양성을 가져오는 중요한 역할을 하고 있습니다.

⓫ 여성경찰이 남성경찰에 비하여 가질 수 있는 강점은?

👤 〈답변〉

(1) **의사소통 및 대인관계 능력**: 여성경찰은 일반적으로 뛰어난 의사소통 능력과 공감 능력을 보여줍니다. 이는 피해자, 목격자와의 대화에서 더 많은 정보를 이끌어 내고 갈등 상황을 효과적으로 중재하는 데 도움이 됩니다. 특히 위기 상황에서 언어적 설득을 통한 문제해결 능력이 뛰어난 경우가 많습니다.

(2) **피해자 대응 및 지원**: 성범죄, 가정폭력 등의 피해자들은 같은 성별의 경찰관에게 더 편안함을 느끼고 신뢰를 형성하는 경향이 있습니다. 여성 피해자들은 여성경찰에게 더 쉽게 마음을 열고 사건 내용을 진술하는 경우가 많습니다. 이는 2차 피해 방지와 정확한 증거 수집에 크게 기여합니다.

(3) **세심한 관찰력과 직관**: 여성경찰은 종종 세부사항에 대한 뛰어난 관찰력을 보여줍니다. 이러한 특성은 범죄 현장 조사, 피의자 심문, 증거 수집 과정에서 중요한 단서를 발견하는 데 도움이 됩니다. 또한 상황과 인물에 대한 직관적 판단 능력이 수사에 도움이 되는 경우가 많습니다.

(4) **다양한 관점 제공**: 여성경찰은 남성 중심적 조직에 다양한 시각과 접근 방식을 제공합니다. 이러한 다양성은 문제해결에 있어 더 창의적이고 균형 잡힌 접근을 가능하게 하며 조직 문화를 보다 포용적으로 변화시키는 데 기여합니다.

(5) **비폭력적 해결 접근**: 여성경찰은 신체적 강제력보다 대화와 설득을 통한 문제해결 방식을 더 자주 활용하는 경향이 있습니다. 이는 불필요한 물리적 충돌을 줄이고 평화적인 해결책을 찾는 데 효과적일 수 있습니다.

(6) **지역사회 경찰활동 효과**: 여성경찰은 지역사회 경찰활동에서 주민과의 신뢰 관계 구축에 강점을 보입니다. 특히 아동, 노인, 여성 등 취약계층과의 소통에서 더 친근하고 접근하기 쉬운 이미지를 형성하는 경우가 많습니다.

(7) **섬세한 행정업무 처리**: 보고서 작성, 증거 관리, 행정 절차 등 세심함과 정확성이 요구되는 업무에서 여성경찰이 강점을 보이는 경우가 많습니다. 이러한 특성은 수사 과정의 완성도를 높이고 법적 절차의 정확한 이행에 도움이 됩니다.

이러한 강점들은 개인차가 있으며 성별에 따른 일반적 경향일 뿐, 모든 여성경찰에게 동일하게 적용되는 것은 아닙니다. 궁극적으로 경찰 조직에서는 남성과 여성의 강점이 상호보완적으로 작용할 때 가장 효과적인 치안 서비스가 제공될 수 있다고 생각합니다.

⑫ 지구대 소속 남성 경찰관 A는 여성 경찰관인 B와 출동을 나가면 대처를 잘 못할 것 같다고 싫어하고, B는 말이 안 통하는 A와 같이 나가기 싫다고 한다. 동료 경찰관으로서 각각의 경찰관에게 조언한다면? 〈25. 2차〉

👤 〔답변〕

지구대에서 파트너 간의 신뢰가 깨지는 것은 현장 대응력 약화와 안전사고로 직결되는 중대한 사안입니다. 동료 경찰관으로서 저는 두 사람의 입장을 충분히 경청하되 시민의 안전과 팀워크를 중심으로 각각 다음과 같이 조언하겠습니다.

⑴ **남성 경찰관 A에게**: A는 B가 단순히 여성이라는 이유로 현장에서 제대로 대처를 못 할 것 같다고 생각하는 것은 성차별적 편견일 수 있음을 말하겠습니다. 경찰 업무는 힘만으로 해결되는 것이 아니며 정교한 법집행과 세심한 소통이 필요합니다. B는 A가 놓칠 수 있는 피해자 보호나 주취자 설득 등에서 탁월한 강점을 가질 수 있으며, 특히 여성 피해자나 여성 주취자 대응에 있어서 보다 적극적으로 대응할 수 있습니다. B와 함께 각자의 강점을 파악하여 물리적 제압이 필요한 상황과 대화나 피해자 보호가 필요한 상황에서의 역할 분담을 사전에 구체적으로 짜볼 것을 권유하겠습니다.

⑵ **여성 경찰관 B에게**: B는 A의 편견에 상처받고 억울해하는 것 같습니다. B에게는 A를 말이 안 통하는 사람으로 고정하지 말고 대화를 시도해 볼 것을 조언하겠습니다. 불편한 감정은 인정하되 현장에서 어떻게 업무를 분담하여 처리할 것인지에 맞추어서 대화를 해보라고 하겠습니다. 또한 현장에서 자신이 가진 강점을 활용하여 적극적인 피해자 보호와 소통 능력을 발휘하고, 현장 매뉴얼과 장비 활용에 있어 빈틈 없는 모습을 보여줌으로써 파트너의 신뢰를 쌓을 수 있도록 조언하겠습니다.

후속질문

✦ **지구대에서 일부 남성 경찰관이 여성 경찰관과 함께 출동하기를 꺼려한다. 그 이유가 무엇이라고 생각하는가?**

일부 남성 경찰관들은 '여경과 함께 나가면 내가 다 떠안는다'는 심리를 갖고 있습니다.

⑴ **체력 · 위험 대응에 대한 불신**: "경찰 = 물리력 행사 = 남성"이라는 고정관념이 여전히 강해서, 돌발 상황에서 제압 · 호송 등 고위험 임무는 남성이 해야 한다는 인식이 남아 있습니다. 성폭력 · 가정폭력 · 여성 피해자 조사 등은 '여경 전담'으로, 물리력이 많이 필요한 임무는 '남경 기본'으로 인식합니다. 그 결과 같은 조로 나가도 실제 물리적 위험 부담은 남경이 더 진다고 느끼는 것 같습니다.

⑵ **물리적 대응에 대한 심리적 불안감**: 지구대 · 파출소는 만취자 · 흉기 · 가정폭력 등 예측 불가 상황이 많고, 소수 인원 2인 1조 출동이 기본이어서 한 명의 체력 · 대응능력 차이가 크게 체감되는 환경입니다. 일부 남성 경찰관들은 '위급 상황에서 파트너가 나를 충분히 보호해 주거나 가해자를 제압할 수 있을까?'라는 안전상의 불안감을 가질 수 있습니다. 이러한 불안감이 동료를 파트너가 아닌 '보호해야 할 대상'으로 인식하게 만들어 업무 과중을 우려하게 됩니다.

⑶ **여경의 소극적 대응**: 일부 남성 경찰관들은 현장에 출동한 여경들이 소극적으로 대응한다는 인식을 갖고 있습니다. 주취자나 폭력 행위자 제압시 남경이 전면에 나서고 여경이 뒤에서 지원하거나 채증 또는 주변 통제를 하는 역할분담을 소극적인 대응으로 인식하는 것 같습니다.

제7절 윤리적 딜레마

1 여러 명의 환자 발생시 후송 우선순위를 결정하는 기준은?

> 3급지 경찰서에 2명의 교통사고 부상자가 있다. 현장에 도착한 앰뷸런스에 태울 수 있는 사람은 1명이고 큰 병원까지 거리는 1시간이다. 부상자 모두 중상이지만 그 중 부상이 적은 사람을 보내면 생명을 구할 가능성이 높고 부상이 큰 사람은 생명을 구할 가능성이 낮다. 누구를 먼저 앰뷸런스에 태워 보내겠는가?

답변

매우 어렵고 위급한 상황임을 인지합니다. 현장에 있는 경찰관으로서 두 생명 모두 소중하며 최선을 다해 구조해야 한다는 책임감을 느낍니다.

(1) **초동조치 및 추가 지원 요청** : 우선, 즉시 무전을 통해 추가 구급차 및 의료 지원을 긴급히 요청하겠습니다. 동시에 제가 할 수 있는 응급처치를 두 부상자 모두에게 시행하며 상태를 조금 더 정확히 파악하겠습니다.

(2) **의료적 판단 존중(구급대원 도착 시)** : 만약 구급대원이 현장에 도착했다면 부상자 상태에 대한 전문적인 의료 판단은 구급대원에게 맡기겠습니다. 구급대원은 의학적 지식과 트리아지(Triage : 부상자 분류) 원칙에 따라 누구를 먼저 이송할지 결정할 것이며 저는 그 판단을 존중하고 협조하겠습니다.

(3) **경찰관으로서 판단해야 할 경우(의료진 부재 또는 협의 시)**

① 선택 1 : **생존 가능성이 높은 사람 우선 – 일반적인 트리아지 원칙 강조**

만약 제가 먼저 판단해야 하는 급박한 상황이라면 주어진 정보(생존 가능성)에 기반하여 판단해야 합니다. 비록 마음은 아프지만 제한된 의료 자원으로 최대한의 생명을 구해야 한다는 원칙에 따라 부상이 덜 심각하여 생존 가능성이 높은 사람을 먼저 구급차에 태워 보내는 것이 합리적인 판단일 수 있습니다. 이는 더 많은 생명을 구할 가능성을 높이는 결정이기 때문입니다. 남은 부상자에 대해서도 추가 지원이 올 때까지 제가 할 수 있는 모든 응급처치를 계속하며 곁을 지키겠습니다.

② 선택 2 : **더 심각한 부상자 우선 – 인도주의적 측면 강조, 단 신중하게**

(이 선택지는 논란의 여지가 있을 수 있으나 다른 가치관을 보여줄 수는 있다. 일반적으로는 선택 1이 더 표준적인 답변에 가깝다고 할 수 있다.)

매우 어려운 결정이지만 당장 생명이 위독한 사람에게 마지막 기회라도 주어야 한다는 생각에 더 심각한 부상자를 먼저 이송할 수도 있습니다. 하지만 이 결정은 다른 한 명의 생존 가능성을 낮출 수 있다는 점에서 매우 신중해야 합니다. 이 경우에도 남은 부상자에 대한 응급처치와 추가 지원 요청은 당연히 이루어져야 합니다.

🖉 트리아지(Triage : 부상자 분류) 원칙 : 트리아지(Triage)는 프랑스어 'trier'(분류하다, 고르다)에서 유래한 말로, 한정된 의료 자원을 가장 효과적으로 사용하여 최대한 많은 생명을 구하기 위해 부상자나 환자의 우선순위를 결정하는 분류 체계이다. 트리아지는 주로 대규모 재난/사고 현장(지진, 홍수, 대형 교통사고, 테러 등)에서 의료 자원(인력, 장비, 병상 등)의 처리 능력을 초과하는 경우에 적용되는 원칙으로서, 최다 생존자 확보하여 전체 생존율을 높이는 것을 목표로 한다. 1순위는 생명을 위협하는 심각한 부상이나 상태로, 즉각적인 처치나 수술을 받으면 생존 가능성이 높은 환자이며, 가장 후순위는 부상이 너무 심각하여 생존 가능성이 거의 없어 제한된 자원을 투입해도 소생하기 어려운 환자이다.

❷ 본인이 음주운전을 했지만 적발되지 않았다. 다음 날 출근해서 자수할 것인가?

〈답변〉

음주운전은 그 자체로 매우 위험하고 절대 해서는 안 되는 심각한 범죄 행위입니다. 비록 운 좋게 단속에 걸리지 않았다고 하더라도 제 양심과 경찰관이 되고자 하는 사람으로서의 책임감 때문에 반드시 다음 날 출근해서 자수하겠습니다.

그 이유는 첫째, 음주운전은 명백한 불법이며 법을 집행해야 할 제가 법을 어겼기 때문입니다.

둘째, 경찰관에게는 누구보다 높은 도덕성과 정직성이 요구되며 스스로의 잘못을 인정하고 책임지는 것이 그 기본입니다.

셋째, 자수하지 않고 넘어간다면 앞으로 제가 다른 사람의 위법 행위를 당당하게 단속하고 법을 집행할 수 없을 것이며 이는 경찰 조직 전체의 신뢰를 깎는 행위이기 때문입니다.

잘못에 대한 법적 처벌을 당연히 감수하고 깊이 반성하며 다시는 이런 일이 없도록 제 자신을 바로잡는 계기로 삼겠습니다. 이것이 법을 수호해야 할 경찰관으로서 마땅히 해야 할 행동이라고 생각합니다.

후속질문

✦ 다음 날 자수하더라도 이미 상당한 시간이 지나서 음주측정이 곤란하여 현실적으로 처벌하기 곤란할 것 같다. 또한 음주운전으로 인한 개인적 불이익이 상당한데 정말 자수할 것인가?

말씀하신 것처럼 시간이 지나면 음주 측정의 실효성이 떨어지고, 자수했을 때 제가 감당해야 할 개인적인 불이익이 매우 크다는 점을 알고 있습니다.

(1) **원칙 강조**: 하지만 그럼에도 불구하고 저는 반드시 자수할 것입니다. 음주운전은 명백한 불법 행위이며, 법을 집행해야 할 경찰관으로서 제 잘못을 숨길 수는 없습니다.

(2) **가치관 연결**: 경찰관에게는 무엇보다 정직성과 높은 윤리의식이 요구된다고 생각합니다. 개인적인 불이익을 감수하더라도 원칙을 지키고 책임을 지는 자세가 경찰관의 기본 자질이라고 믿기 때문에 자수하는 것이 당연합니다.

(3) **미래 지향적 다짐**: 설령 그 결과로 불이익을 받더라도, 그것이 제 잘못에 대한 책임이며 앞으로 같은 잘못을 반복하지 않기 위한 교훈으로 삼겠습니다.

✦ 도덕적 결벽주의에 대하여 어떻게 생각하는가? 음주운전 후 스스로 자수하는 것은 지나친 도덕적 결벽주의 또는 융통성이 없는 사람이 아닐까? 혹은 사실은 그렇게 행동하지 않을 것임에도 면접장에서만 거짓으로 말하는 것은 아닌가?

(1) 도덕적 결벽주의란 도덕적인 측면에서 지나치게 완벽함이나 순수함을 추구하는 태도나 성향을 말합니다. 도덕적 결벽주의는 단순히 도덕적으로 올바르게 살려고 노력하는 긍정적인 태도와는 구별되는 개념으로서 그 정도가 지나쳐 비현실적이거나 강박적이며 때로는 자신과 타인에게 해로울 수 있는 부정적인 개념입니다.

(2) 솔직히 말씀드리면 다음 날 자수하는 것이 개인적으로는 엄청난 용기가 필요하고 큰 불이익을 감수해야 하는 매우 어려운 결정이라는 것을 잘 알고 있습니다. 적발되지 않았는데 굳이 스스로 밝혀 처벌받는 것에 대하여 인간적으로 당연히 갈등이 될 것입니다.

(3) 하지만 제가 경찰관이 되고자 하는 이유는 단순히 직업을 갖는 것을 넘어 법질서를 수호하고 시민의 안전을 지키는 공적인 책임을 다하고 싶기 때문입니다. 그런 제가 음주운전이라는 심각한 범죄를 저지르고도 개인적인 불이익이 두려워 이를 숨긴다면 저는 더 이상 떳떳하게 경찰 제복을 입고 시민 앞에 설 자격이 없다고 생각합니다. 이는 도덕적 결벽증의 문제가 아니라 제가 추구하는 경찰관이라는 직업의 가장 기본적인 존재 이유와 양립할 수 없는 문제입니다.

(4) 제가 생각하는 융통성이란 모든 상황에 기계적으로 법을 적용하는 것이 아니라 법의 정신을 이해하고 구체적인 상황 속에서 가장 정의롭고 합리적인 해결책을 찾는 능력이라고 생각합니다. 융통성도 법률의 범위 내에서만 인정된다고 생각합니다. 음주운전과 같이 법으로 명백히 금지되어 있고 타인의 생명을 위협하는 중대한 사안에 대해서는 원칙을 타협할 수 없다고 생각합니다.

    ✎ '현실을 모르는 이상주의자'나 '면접용 답변만 하는 사람'이 아니라, '현실적인 어려움을 알지만 그럼에도 불구하고 경찰관으로서의 신념과 책임감 때문에 옳은 길을 가려는 사람'이라는 인상을 주는 것이 핵심이다.

✦ 무단횡단을 하고 난 다음에는 자수를 하지 않아도 일반적으로 용인되는데, 음주운전을 한 다음에 자수하지 않는 경우는 왜 용납할 수 없는가?

표면적으로 보면 둘 다 법규 위반이지만 두 행위의 본질적인 위험성, 법적 무게, 사회적 비난 가능성, 그리고 경찰관이라는 직무와의 관련성 등에서 차이가 있습니다.

(1) 위험성에 있어서 무단횡단은 주로 보행자 본인 또는 아주 근접한 차량 운전자의 안전에 국한된 위험을 초래하지만, 음주운전은 운전자 본인은 물론 불특정 다수의 무고한 시민(다른 운전자, 동승자, 보행자 등)의 생명과 신체를 심각하게 위협하는 행위입니다. 판단력과 반응 속도가 저하된 상태에서 흉기(자동차)를 운전하는 것은 잠재적인 대량 살상·상해 행위로 간주될 수 있을 만큼 위험성이 차원이 다릅니다.

(2) 처벌 수위에 있어서도 무단횡단은 도로교통법상 범칙금 부과 대상에 불과하지만 음주운전은 형사 처벌 대상이 되는 범죄이며 면허 취소·정지등 행정처분도 받게 됩니다.

(3) 비난 가능성 및 책임의 정도에 있어서도 무단횡단은 순간적인 판단 착오, 편의 추구 등에서 비롯될 수 있지만 음주운전은 타인의 생명을 위협하는 극히 이기적이고 무책임한 행위입니다.

(4) 경찰관의 신뢰성과 관련하여 무단횡단은 경찰관의 핵심 임무(시민의 생명과 재산 보호, 범죄 예방 및 단속) 자체를 정면으로 부정하는 행위는 아니지만 음주운전은 시민의 생명을 보호하는 자신의 본분을 망각하고 오히려 시민을 가장 심각하게 위협하는 행위를 한 것으로서 국민의 신뢰를 위반한 행위입니다.

    ✎ 면접에서 '무단횡단 경험'을 묻는 것은 지원자의 솔직함, 기본적인 준법정신, 그리고 개선 의지를 확인하려는 의도이며, 과거의 사소한 잘못을 인정하고 반성하며 앞으로 잘하겠다는 태도를 보이는 것이 중요하다. 반면, '음주운전 후 자수 여부'를 묻는 것은 훨씬 더 근본적인 윤리의식, 책임감, 그리고 경찰관으로서의 자격 유무를 판단하려는 것이다.

합격코칭

일반적인 답변 방향

경찰 면접이라는 특수한 상황에서는 '현실적으로 자수하지 않을 것 같다'는 답변은 아래와 같은 이유로 바람직하지 않다.

(1) **면접의 목적**: 면접관은 지원자가 현실에서 '실제로 어떻게 할 것인가'를 예측하려는 것이 아니다. 그보다는 지원자가 경찰관에게 요구되는 가치관, 윤리의식, 법 준수 의지, 정직성을 제대로 이해하고 내재화하고 있는지를 확인하려는 것이다. 즉 '어떻게 행동해야 하는가'에 대한 기준을 묻는 것이다.

(2) **이상적인 기준 제시**: 경찰관은 법을 수호하고 집행하는 최후의 보루로서 가장 높은 도덕적 기준과 준법 정신을 갖추어야 한다. 면접에서는 지원자가 이러한 이상적인 기준에 부합하는 사람인지를 평가한다. 현실적인 어려움을 핑계로 불법 행위를 묵인하거나 스스로에게 관대함을 보이는 것은 경찰관으로서의 자질 부족으로 비춰질 수밖에 없다.

(3) **정직성과 책임감 테스트**: 이 질문은 지원자가 불리한 상황에서도 정직함을 유지하고 자신의 잘못에 책임을 질 수 있는지를 직접적으로 묻는 것이다. '현실적으로 어렵다'는 답변은 결국 '개인적 불이익이 두려워 잘못을 덮겠다'는 의미로 해석될 수 있으며 이는 정직성과 책임감 부족을 드러내는 것이다.

(4) **실효성 여부는 부차적 문제**: 자수했을 때 음주 측정이 불가능하여 형사 처벌의 '실효성'이 떨어질 수 있다는 점은 사실이다. 하지만 자수는 형사 처벌의 증거 확보만을 위한 것이 아니다. 스스로의 잘못을 인정하고 법적, 윤리적 책임을 지려는 태도를 보이는 행위 그 자체에 의미가 있다. 또한, 형사 처벌과 별개로 경찰 내부 징계 사유는 충분히 될 수 있다.

경찰 면접에서는 '현실성'보다는 '경찰관으로서 마땅히 가져야 할 원칙과 가치관'을 보여주는 것이 더 중요하다. 현실적인 어려움을 인정하면서도 그럼에도 불구하고 원칙을 지키겠다는 단호한 의지를 보이는 것이 바람직하다.

박용증 교수의 사견

위와 같은 원론적인 답변이 면접에서 필요하지만 아무런 사고 없이 특별한 위험을 야기하지도 않은 상황에서 음주운전이 종료되었고 누구도 이에 항의하는 사람이 없는 경우에 현실적으로 자신과 주변사람들(가족, 직장)의 큰 불이익을 감수하고서도 자신의 음주운전 사실을 자수하는 경찰관은 없다.

만약에 그러한 사람이 있다면 오히려 도덕적 결벽증을 의심할 수 있고 그러한 도덕적 기준을 가진 사람과 함께 근무하는 것은 내부적으로 불편할 뿐 아니라 시민들의 법 위반에 대하여 너무 엄격한 잣대를 들이대어 수사권 남용 또는 불필요한 민원을 발생시키거나 시민들로부터 공감받지 못하는 단속을 할 사람으로 비춰질 수 있다.

한편, 면접에서 실제로는 행동할 것 같지 않은 내용을 그렇게 하겠다고 하는 것은 정직성에 의문을 제기할 수 있고, 이러한 딜레마적 상황을 스스로 고민하지 않고 면접학원에서 알려준 모범정답만 외워서 말한다는 느낌이 들게도 한다.

따라서 내가 면접관이라면 위와 같은 원론적인 답변에 공감할 수 없으며 우리 조직이 그 사람 때문에 오히려 위험할 수 있다는 이유로 이런 유형의 답변을 부정적으로 평가할 것 같다.

③ 시한폭탄으로 수많은 사람이 죽을 위기일 때, 그 정보를 아는 테러범을 고문할 수 있는가?

답변

이런 상황은 매우 어려운 윤리적 딜레마에 해당합니다. 하지만 경찰관으로서 저는 법치주의와 인권 존중의 원칙을 지켜야 한다고 생각합니다. 고문은 헌법과 형사소송법, 그리고 한국이 가입한 국제협약에서 명시적으로 금지하고 있습니다.

많은 생명이 위험에 처한 급박한 상황에서도 전문적인 심문 기법, 협상 전략, 첨단 수사 기술 등 법적으로 허용된 다양한 방법을 통해 필요한 정보를 확보하는 방향으로 노력해야 합니다. 연구에 따르면 고문을 통해 얻은 정보는 신뢰성이 낮은 경우가 많고 오히려 전문적인 심문 기법이 더 효과적인 결과를 가져올 수 있다고 생각합니다.

경찰의 사명은 공공의 안전을 지키는 동시에 법률과 인권을 수호하는 것입니다. 이 두 가지 가치가 충돌하는 상황에서도 법치국가의 원칙을 지키며 최대한 효과적으로 시민의 안전을 보호해야 한다고 생각합니다.

합격코칭

시한폭탄 시나리오(Ticking Bomb Scenario)는 윤리학, 법학, 정치철학 등에서 자주 논의되는 매우 유명한 윤리적 딜레마이다. 특히 고문과 같은 극단적인 수단의 정당성 여부를 논할 때 자주 등장한다.

(1) 시나리오의 가정

① **임박한 대규모 위험**: 도심지 등에 시한폭탄이 설치되어 있거나 대량 살상 무기를 이용한 공격이 임박했다. 이 폭탄이나 공격은 짧은 시간 안에 폭발하거나 실행될 것이며 터질 경우 수많은 무고한 사람들의 생명을 앗아갈 끔찍한 결과를 초래한다.

② **정보를 가진 용의자 확보**: 경찰은 이 폭탄의 정확한 위치나 해체 방법, 또는 공격 계획에 대한 결정적인 정보를 가지고 있는 것이 거의 확실한 용의자(테러범 등)를 체포했다.

③ **정보 제공 거부**: 용의자는 입을 다물고 결정적인 정보 제공을 완강히 거부하고 있다. 시간이 계속 흘러가고 있어 일반적인 심문이나 수사 기법으로는 시간 안에 정보를 얻어낼 가능성이 거의 없다.

④ **유일한 수단으로서의 고문**: 이 절체절명의 상황에서 용의자에게 고문과 같은 극단적이고 비인도적인 수단을 사용하면 시간 안에 정보를 얻어내 수많은 생명을 구할 수도 있다는 가정이 제시된다.

(2) 충돌하는 윤리적 가치

① **결과주의/공리주의**: 행위의 옳고 그름은 그 결과에 따라 판단해야 한다는 입장이다. 이 관점에서는 한 명(용의자)에게 고통을 주더라도 수많은 사람들의 생명을 구하는 더 좋은 결과를 가져온다면 고문이 정당화될 수도 있다고 주장할 여지가 있다. '최대 다수의 최대 행복' 또는 '더 큰 선을 위한 불가피한 악'이라는 논리이다.

② **의무론/권리론**: 행위의 결과와 상관없이 그 행위 자체가 도덕 규칙이나 의무, 기본권을 침해하는지 여부로 옳고 그름을 판단해야 한다는 입장이다. 이 관점에서는 고문은 인간의 존엄성과 신체의 자유라는 절대적인 기본권을 침해하는 본질적으로 악한 행위이므로, 아무리 좋은 결과를 가져올 가능성이 있더라도 결코 정당화될 수 없다고 주장한다. 대한민국 헌법을 포함한 대부분의 민주주의 국가 법률은 이 입장에 따라 고문을 절대적으로 금지한다.

경찰 면접에서 이 사례가 언급될 경우 앞선 답변들처럼 대한민국 법체계와 경찰 윤리는 어떠한 경우에도 고문을 허용하지 않는다고 하는 것이 바람직하다. 고문은 전쟁 중 적군에 대해서도 인정되지 않는(국제법 위반) 인권에 관한 절대적 가치이다.

④ 무단횡단을 하면 면접장에 늦지 않게 갈 수 있다. 어떻게 할 것인가?

답변

(1) **준법정신 강조**: 면접에 늦지 않는 것도 중요하지만 법규를 준수하는 것이 더 중요하다고 생각합니다. 무단횡단은 도로교통법 위반이며 교통사고의 위험도 있습니다. 특히 경찰관 지원자로서 법을 지키는 모범을 보여야 한다고 생각합니다.

저는 반드시 횡단보도를 이용하여 건너겠습니다. 이로 인해 면접에 몇 분 늦을 가능성이 있다면 미리 면접 담당자에게 연락하여 상황을 설명하고 양해를 구하겠습니다. 또한 이런 상황이 발생하지 않도록 평소에 충분한 시간 여유를 두고 일정을 계획하는 습관을 가지겠습니다.

법을 집행하는 경찰관으로서 작은 법규라도 준수하는 자세가 중요하다고 생각합니다. 시간에 쫓기는 상황에서도 법과 원칙을 지키는 것이 경찰관의 기본 자질이라고 생각합니다.

(2) **솔직함 강조**: 저의 준비 부족이나 나태함 때문에 늦어버린 상황인데 그걸 만회하기 위해서 무단횡단까지 한다면 저는 이미 경찰관으로서 자질이 부족한 사람이라고 생각합니다.

하지만 제가 면접장에 오는 길에 어떤 위험에 처한 시민을 구조하느라 시간을 지체했거나, 정말 예상치 못한 천재지변이나 대형 사고와 같은 불가항력적인 상황에 처한 경우와 같이 제 의지와 관계없이 시간이 지체된 상황이라면 보다 현실적인 선택을 할 것 같습니다.

① 먼저 면접 주관처에 연락하여 제가 처한 불가피한 상황(시민 구조 또는 불가항력적 사태)과 현재 위치, 예상 도착 시간을 최대한 정확하고 정중하게 설명드리고 늦더라도 면접에 꼭 참여하고 싶다는 간절한 의사를 전달하겠습니다.

② 연락 후에는 신속하게 면접 장소로 이동하되 솔직하게 말씀드리면 위험이 적은 이면도로 정도는 무단횡단을 할 것 같습니다.

③ 무단횡단도 엄연한 법규 위반임을 잘 알고 있습니다. 하지만 시간이 늦어진 정당한 사유가 있고 저나 다른 사람에게 위험을 야기하지 않는 상황에서는 현실적으로 무단횡단을 해서라도 제 시간에 면접장에 도착하려고 할 것 같습니다.

✎ 이 답변은 자신의 생각을 솔직하게 드러내어 면접관의 공감을 얻을 수 있지만, 자신의 사정에 따라 법을 위반할 수도 있다는 것이므로 감점을 받을 위험성도 있다.

5 면접장 가는 길에 지하철 안에서 젊은 사람이 노인을 폭행하는 상황이다. 자신이 개입할 경우 면접장에 지각할 가능성이 있는데 어떻게 할 것인가?

답변

면접은 저에게 가장 중요한 일이지만 지하철 안에서 젊은 사람이 노인을 폭행하는 상황을 목격한다면 즉시 개입하여 폭행을 제지하고 피해 어르신을 보호하겠습니다.

(1) 경찰관의 가장 기본적이고 중요한 사명은 시민의 생명과 신체, 재산을 보호하고 범죄를 예방하고 제지하는 것입니다. 저는 경찰관을 지망하는 사람으로서 눈앞에서 벌어지는 명백한 불법행위 특히 사회적 약자에 대한 폭력 행위를 외면할 수 없습니다. 또한 시민의 한 사람으로서 명백한 폭력 상황을 보고 지나칠 수는 없습니다.

(2) 상황에 개입하여 즉시 폭행을 제지하고 가해자와 피해자를 분리하겠습니다. 피해 어르신의 안전과 상태를 먼저 확인하고 필요한 경우 112 또는 119에 신고를 하고 경찰관이나 구급대가 도착할 때까지 현장을 보존하겠습니다(필요하다면 가해자가 도주하지 못하도록 제지할 것입니다.).

(3) 상황이 어느 정도 정리되는 대로 즉시 면접 주관처에 연락하여 자초지종(지하철 내 폭행 사건 개입 및 현장 조치 상황)을 소상히 설명드리고 불가피하게 늦게 되었음을 정중히 알리고 양해를 구하겠습니다.

만약 이로 인해 면접에서 불이익을 받게 되더라도 제가 경찰관을 지망하는 사람으로서 그리고 한 명의 시민으로서 마땅히 해야 할 행동을 했다고 생각하며 그 결과를 겸허히 받아들일 것입니다. 개인적인 유불리보다는 옳은 일을 선택하는 것이 더 중요하다고 생각합니다.

CHAPTER 03 현장 대응

제1절 | 112 신고 대응

① 112신고 코드의 종류를 설명해 보시오.

답변

112치안종합상황실에서 112신고를 접수할 때 112신고 내용의 긴급성과 출동 필요성 등을 고려하여 112신고 대응 코드(code)를 총 5단계(Code 0 ~ Code 4)로 분류합니다. 112근무요원은 112신고가 완전하게 수신되지 않는 경우와 같이 정확한 신고내용을 파악하기 힘든 경우라도 신속한 처리를 위해 우선 임의의 112신고 대응 코드를 부여할 수 있으며, 112근무요원 및 출동 경찰관은 112신고 대응 코드를 변경할 만한 사실을 추가로 확인한 경우 이미 분류된 112신고 대응 코드를 다른 112신고 대응 코드로 변경할 수도 있습니다.

112신고 코드 분류

구분	분류기준	출동 목표 시간
코드0	코드1 중 이동성범죄, 강력범죄 현행범인 등 신고대응을 위해 실시간 전파가 필요한 경우 예) 남자가 여자를 강제로 차에 태워 갔다. 예) 여자가 비명을 지른 후 끊기 신고(일명 '악'신고)	최우선 출동
코드1	생명·신체에 대한 위험이 임박, 진행 중, 직후인 경우 및 현행범인인 경우 예) 모르는 사람이 현관문을 열려고 한다. 예) 주차된 차 문을 열어보고 다닌다.	
코드2	생명·신체에 대한 잠재적 위험이 있는 경우 및 범죄예방 등을 위해 필요한 경우 예) 영업이 끝났는데 손님이 깨워도 일어나지 않는다. 예) 집에 와보니 도둑이 들었는지 집이 난리다.	코드0, 코드1, 다른 중요한 업무에 지장을 초래하지 않는 범위 내 출동
코드3	즉각적인 현장조치는 불필요하나 수사, 전문 상담 등이 필요한 경우 예) 언제인지 모르지만 금반지가 없어졌다. 예) 며칠 전에 폭행을 당해 병원 치료 중이다.	당일 근무시간 내에 출동
코드4	긴급성이 없는 민원·상담 신고	출동 경찰관에 지령하지 않고 자체 종결 또는 담당 부서 통보

후속질문

✦ **112신고 후 10초간 아무런 말이 없다가 끊어진 신고를 무슨 코드로 분류하겠는가?**

112신고 후 10초간 말이 없고 끊어지는 경우 이는 일반적으로 긴급성이 있는 상황으로 분류되며 <u>코드0 또는 코드1로 분류될 수</u> 있습니다. 10초간 아무런 말이 없는 경우는 상황의 심각성을 나타내는 신호로 여겨집니다. 가정폭력, 데이트폭력, 아동학대 등의 위기 상황이나 각종 범죄 현장을 목격한 상황에서 휴대폰으로 경찰관과 직접 통화할 수 없는 경우는 신고자가 112에 전화를 걸어 휴대폰 화면 무슨 숫자이든 버튼을 '똑똑' 소리 나도록 두 번 두드리면 신고자의 위치와 상황이 경찰에 자동으로 전달되고 경찰은 신고자에게 '<u>보이는 112</u>' 접속 링크를 전송하여 휴대전화 카메라로 현장 상황을 실시간으로 볼 수 있도록 하는 방식으로 초동조치를 할 수 있습니다.

② 112상황실에 근무하는데 전자발찌를 끊고 도망갔다는 신고를 받았다. 어떻게 할 것인가?

답변

전자발찌를 끊고 도주한 사건은 재범 위험성이 높고 국민 불안을 야기할 수 있는 매우 위급하고 중대한 상황이므로, 신속한 상황 전파 및 유관기관 공조로 최단 시간 내 대상자를 검거하도록 조치하겠습니다.

(1) 신속한 초동 조치

① 신고 접수 및 핵심 정보 확인 : 신고자로부터 전자발찌 훼손 추정 시간 및 장소, 대상자의 인상착의, 마지막 목격 위치, 도주 방향(파악된 경우) 등 핵심 정보를 최대한 신속하고 정확하게 파악합니다.

② 법무부 보호관찰소(위치추적 관제센터) 즉시 통보 및 협조 요청 : 전자발찌를 관리하는 <u>소관부서인 법무부 위치추적 관제센터(보호관찰소)에 즉시 상황 발생 사실을 통보</u>하고, 대상자의 상세 정보(사진, 주소, 연락처, 생활 패턴, 공범 유무, 재범 위험성 등급 등)를 공식 요청합니다. 또한 전자발찌 훼손 전후의 이동 경로 등 위치 정보 공유 및 추적 협조를 긴밀하게 요청합니다.

③ 최우선 긴급 출동 지령 : 사안의 위급성을 고려하여 가장 높은 긴급 코드(Code 0 또는 1)를 부여하고, 훼손 지점 또는 최종 위치 관할 및 인근 순찰차, 형사기동대 등 가용 경찰력을 총동원하여 즉시 출동하도록 지령합니다.

④ 초기 정보 신속 전파 : 출동 경찰관들이 현장 도착 전에 상황을 인지할 수 있도록 파악된 대상자의 기본 정보, 인상착의, 사진(확보 시), 원 범죄명(위험성 판단), 예상 도주로, 주의사항 등을 경찰 무선망 및 112 시스템을 통해 즉시 전파합니다.

⑤ 112 긴급배치 실시 : 필요시 주요 목검문 장소에 지구대, 파출소 근무자를 긴급 배치합니다.

(2) 경찰 내부 유관 기능 전파 및 공조 지시 : 관할 경찰서 형사과(수사 착수), 여성청소년과(성범죄자 등의 경우), 교통과(주요 도주로 차단 지원), 인접 경찰서 및 시·도경찰청 상황실 등에 즉시 상황을 전파하고 검문검색 강화, 수색 지원, 공조 수사 등 필요한 협조를 지시하거나 요청합니다.

❸ 112상황실에 근무하면서 신고 전화를 받는다면 어떤 부분에 중점을 두고 파악할 것인가?

답변

112 상황실 근무 중 신고 전화를 받는다면, '<u>육하원칙(5W1H)'을 기본</u>으로 신고내용을 접수하되 <u>특히 긴급 출동 및 현장 경찰관의 안전 확보</u>와 직결되는 사항들도 놓치지 않고 파악하겠습니다.

(1) 최우선 파악 정보

① 정확한 위치(WHERE) : "지금 어디십니까?" 또는 "사건 발생 장소가 정확히 어디입니까?" 경찰관이 현장에 신속하게 도착하기 위한 가장 기본적이고 중요한 정보입니다. 정확한 주소(도로명/지번), 상호명, 건물명, 층·호수, 주변 참조점(큰 건물, 교차로 등) 등을 상세히 파악합니다.

② 사건의 내용 및 성격(WHAT) : "무슨 일이 발생했습니까?" 현재 발생한 사건의 종류와 위급성을 파악하여 필요한 경찰력의 규모와 종류, 공동 대응 기관(소방, 구급 등) 필요 여부를 판단합니다.

③ 현재 상황 및 시간 정보(WHEN) : "언제 발생한 일입니까?", "지금도 상황이 계속되고 있습니까?" 사건의 현재 진행 상태(진행 중, 종료, 방금 발생 등)와 발생 시각은 대응의 긴급성과 우선순위를 결정하는 중요한 기준입니다.

④ 관련 인물 정보(WHO) : "누가 관련되어 있습니까?" 신고자 본인 정보(연락처 포함), 피해자의 유무와 상태(부상, 의식 여부 등), 가해자의 유무, 인상착의, 도주 여부 및 방향, 사용 차량 등을 파악합니다.

⑤ 위험 요소 유무(WEAPONS/RISK) : <u>"흉기나 위험물이 있습니까?", "다치신 분이 있습니까?"</u> 출동 경찰<u>관의 안전 확보와 현장 통제 및 대응 전략 수립을 위해 가장 중요하게 확인해야 할 사항입니다.</u> 흉기·총기 등 무기 소지 여부, 폭발물 의심, 가해자의 폭력성 정도, 추가 피해 발생 가능성, 현장의 위험 요소(화재, 붕괴 위험 등) 등을 면밀히 질문하고 파악합니다.

(2) 추가 고려 사항

① 신고자의 상태 및 안전 고려 : 신고자가 당황하거나 흥분한 상태일 수 있으므로 침착하게 응대하며 안심시키고 신고자의 안전이 우려되는 경우 필요한 조언을 제공합니다.

② 정보의 명확성 및 재확인 : 부정확하거나 모호한 정보는 오히려 혼란을 초래할 수 있으므로 중요한 정보는 반복하여 질문하거나 다른 방식으로 재확인하여 정보의 정확성과 명료성을 높입니다.

❹ 112상황실에 근무 중이라면, 화재·폭발 신고 시 어느 부서에 어떤 지시를 내리겠는가?

답변

화재·폭발 신고는 대규모 인명 및 재산 피해로 이어질 수 있는 매우 긴급하고 중대한 재난 상황이므로 신속한 상황 파악, 유관기관(특히 소방)과의 즉각적인 공조, 효율적인 경찰력 운용에 중점을 두고 대응하겠습니다.

(1) 신속한 초동 조치 지령(경찰 내부)

① 대상부서

　㉠ 최우선 : 현장 관할 지역 경찰(지구대/파출소 순찰팀)

　㉡ 필요시 : **교통경찰팀**(현장 주변 교통통제), **형사 당직팀**(방화, 테러 등 범죄 혐의 시), **경찰특공대**(대테러, 위험물 처리 등 특수 상황 시)

② 주요 지시 내용
  ㉠ 긴급 출동 지령(코드 0/1): 코드0 또는 1을 부여하여 현장으로 최우선 출동을 지시합니다.
  ㉡ 현장 통제 및 안전 확보 지시: 현장 도착 즉시 폴리스라인 설치하여 민간인 접근 차단, 추가 위험 발생 가능성(붕괴, 추가 폭발 등) 유무 확인 및 안전 확보 최우선을 지시합니다.
  ㉢ 교통통제 지시: 소방차, 구급차 등 긴급 차량 진출입로 확보 및 원활한 현장 활동 공간 마련을 위해 주변 도로 교통 통제 실시를 지시합니다.
  ㉣ 초기 상황 보고 지시: 현장 상황(화재/폭발 규모, 인명 피해 유무, 고립자 유무, 위험물 유무 등)을 신속히 파악하여 상황실 보고하도록 지시합니다.

(2) 유관기관(특히 소방) 공조 요청 및 정보 전파

① **소방(119) 상황실 즉시 통보 및 공조**: 경찰 출동 지령과 동시에 또는 소방서 종합상황실(119)에 신고 내용을 정확하고 상세하게 통보하여 공동대응을 요청합니다.
② **필요시 추가 유관기관 전파**: 폭발 원인, 재난 규모, 특수 물질 관련 여부 등을 고려하여 한국가스안전공사, 한국전력공사, 해당 시·군·구청 재난상황실, 환경청(유해물질 누출 시), 도로공사(고속도로 발생 시), 군부대(군 폭발물) 등에 협조를 요청합니다.

---

5 **112상황실 근무 중인데 민원인이 폭언과 욕설을 하는 경우 어떻게 대처할 것인가?**

답변

우선 제 개인적인 감정을 배제하고 침착함과 전문가적 자세를 유지하겠습니다. 욕설 이면에 숨겨진 긴급 상황 가능성을 놓치지 않도록 핵심 정보 파악에 집중하며 정해진 절차에 따라 경고하고, 최후의 수단으로 내부 규정에 따라 통화를 종료하는 순서로 대응하겠습니다.

(1) 초기 대응: 침착함 유지 및 정보 파악 집중

① **평정심 유지**: 어떠한 경우에도 감정적으로 반응하지 않고 안정된 목소리로 침착하게 응대합니다.
② **핵심 정보 질문**: 욕설 속에서도 "어디십니까?", "무슨 일입니까?", "위험한 상황입니까?" 등 긴급 출동 및 상황 판단에 필요한 핵심 정보를 명확하고 반복적으로 질문하여 파악을 시도합니다.

(2) 중기 대응(경고 및 긴급성 재판단)

① **절차적 경고 시행**: 정상적인 업무 수행이 어려울 정도로 욕설이 심할 경우 내부 규정에 따른 단계별 경고(1차: 중단 요청, 2차: 통화 종료 및 법적 조치 가능성 고지 등)를 단호하게 시행합니다.
② **긴급 상황 지속 판단**: 경고하는 과정 중에도 혹시 모를 긴급 상황 단서를 놓치지 않도록 신고 내용을 계속 주의 깊게 청취하고 상황을 재판단합니다.

(3) 최종 조치

① **긴급 상황 시 즉시 조치**: 만약 대화 내용 중 조금이라도 실제적인 긴급 상황(범죄 피해, 사고 등)이 인지되면 신고자의 태도와 관계없이 즉시 경찰 출동 지령 등 필요한 조치를 최우선으로 합니다.

② **통화 종료(예외적 허용)**: 명백한 장난·허위·악성 신고로 판단되고, 반복된 경고에도 불구하고 심각한 욕설과 업무 방해가 지속되며, 긴급 상황이 아니라고 명확히 판단될 경우에 한해, 내부 운영 규칙 및 상사 지시에 따라 예외적으로 통화를 종료할 수 있습니다.

③ **기록 및 보고**: 모든 대응 과정(경고 내용, 종료 사유 등)은 반드시 시스템에 정확하고 상세하게 기록하며 필요시 상사에게 보고합니다.

(4) 법 적용 검토

① **형법 제283조(협박죄)**: 사람을 협박한 자는 3년 이하의 징역, 500만원 이하의 벌금 등에 처해질 수 있습니다. 전화 통화 내용에 상대방(112 근무자) 또는 그 가족 등에 대해 공포심을 일으킬 만한 해악을 고지하는 내용(**예** "찾아가서 해치겠다", "가만두지 않겠다" 등)이 포함되어 있다면, 협박죄가 성립할 가능성이 매우 높습니다.

② **형법 제136조(공무집행방해죄)**: 직무를 집행하는 공무원에 대하여 폭행 또는 협박한 자는 5년 이하의 징역 또는 1천만원 이하의 벌금에 처해질 수 있습니다. 112상황실 근무자는 긴급 신고를 접수하고 지령하는 명백한 공무를 수행 중이며, 전화 통화 상의 협박이나 그 정도가 매우 심한 욕설(업무 수행을 현저히 방해할 정도)은 공무집행방해죄에서의 '협박' 또는 넓게는 '위력'에 해당하여 이 죄가 성립될 수 있습니다.

③ **형법 제311조(모욕죄)(제한적 적용)**: <u>공연히</u> 사람을 모욕한 경우 처벌되나 전화 통화는 일반적으로 1:1 대화로 '<u>공연성</u>' 요건을 충족하기 어려워 모욕죄 적용은 어려울 수 있습니다(다만, 스피커폰으로 여러 사람이 듣는 등 예외적인 경우는 있을 수 있습니다.).

④ **정보통신망 이용촉진 및 정보보호 등에 관한 법률 적용**: 일회성이 아닌 여러 차례 반복적으로 전화를 걸어 폭언과 욕설을 하였다면 적용할 수 있습니다.

> **제44조의7(불법정보의 유통금지 등)** ① 누구든지 정보통신망을 통하여 다음 각 호의 어느 하나에 해당하는 정보를 유통하여서는 아니 된다.
> 3. 공포심이나 불안감을 유발하는 부호·문언·음향·화상 또는 영상을 반복적으로 상대방에게 도달하도록 하는 내용의 정보(위반시 1년 이하의 징역 또는 1천만원 이하의 벌금)

결론적으로 112상황실 근무자에 대한 전화 통화상의 욕설과 협박이 반복적으로 이루어졌다면 정보통신망법 제74조 제1항 제3호를 적용할 수 있으며, 일회성의 경우라도 행위의 구체적인 내용에 따라 형법상의 협박죄나 공무집행방해죄로 처벌할 수 있습니다. 112상황실 근무자는 어떠한 상황에서도 침착함과 전문성을 유지해야 하지만, 폭언·욕설 신고에 대해서는 긴급성 판단을 최우선으로 하되 정해진 절차와 원칙에 따라 단호하면서도 유연하게 대처하는 것이 중요하다고 생각합니다.

> **📖 5개월간 3천회 넘게 112에 폭언한 남성 구속**
>
> 제주경찰청은 5개월간 3,235회에 걸쳐 <u>112상황실에 전화를 걸어 폭언한 혐의(정보통신망 이용촉진 및 정보보호 등에 관한 법률 위반)</u>로 A씨(56)를 구속했다고 밝혔다. A씨는 112상황실에 전화하여 "나 잡아가면 1계급 특진이다", "너 입 닫아", "구워 먹는다" 등 욕설과 폭언을 하였다. 〈경향신문 21.5.27. 참조〉

❻ 112 거짓신고 대응 방안은? 〈25. 1차〉

👤〈답변〉

112 거짓신고는 긴급 출동이 필요한 다른 시민의 안전을 위협하고 소중한 경찰력을 심각하게 낭비시키는 명백한 위법 행위이므로, 경찰은 이를 매우 엄중하게 인식하고 법과 원칙에 따라 강력히 대응하겠습니다.

⑴ 신고 내용 분석 및 허위 여부 판단

① 112종합상황실에서 위치추적, 주변 CCTV 확인, 현장 출동 등을 통해 신고 내용의 진위를 확인합니다.

② 경찰청 통계에 따르면 연간 5천여 건에 대한 처벌이 이루어집니다.

✎ 2024년 : 5,092건 처벌(형사입건 1,256건, 즉결심판 3,617건, 과태료 219건)

⑵ 신고자 추적 및 신원 확인

① 거짓 신고로 판단되면 발신지 추적 등을 통하여 신고자의 신원을 특정합니다.

② 단순 착오나 오인 신고의 경우 교육적 차원의 안내로 종결할 수 있습니다.

⑶ 법적 조치(사안별 적용)

① 112신고의 운영 및 처리에 관한 법률 적용 : 제18조(과태료)에 의하여 500만원 이하의 과태료를 부과할 수 있습니다.

② 경범죄처벌법 적용 : 단순 장난전화는 경범죄처벌법 제1항 제40호(장난전화 등)에 의하여 통고처분(범칙금 8만원)을 하지만, 경찰관이 현장에 출동할 정도의 거짓신고(상습성이나 악의성이 덜한 경우)는 경범죄처벌법 제3조 제3항 제2호(거짓신고)를 적용하여 즉결심판을 청구(20만원 이하의 벌금·구류·과료) 합니다.

✎ 거짓신고 : 60만 원 이하의 벌금·구류·과료

③ 형법 적용(공무집행방해죄 등) : 거짓신고의 내용이 매우 악의적이거나, 상습적이거나, 경찰력 낭비가 심각하여 공무집행을 중대하게 방해했다고 판단될 경우, 형법 제137조 '위계에 의한 공무집행방해죄'를 적용하여 5년 이하의 징역 또는 1천만 원 이하의 벌금에 처해질 수 있도록 형사 입건하여 수사를 진행할 수 있으며 타인을 해할 목적으로 거짓 신고를 한 경우에는 형법상 '무고죄'를 적용할 수도 있습니다.

④ 민사상 손해배상 청구 : 거짓신고로 인해 낭비된 경찰력(출동 경찰관 인건비, 유류비 등)에 대해 민사소송을 통해 손해배상을 청구할 수 있습니다.

⑷ 상습 신고자 관리 및 계도 : 상습적인 거짓신고자에 대해서는 명단을 관리하고 재발 방지를 위한 계도 및 상담 연계 등을 병행하기도 합니다.

> **📺 상습 허위 112 신고자에 손해배상 판결**
>
> 경남경찰청은 총 331회에 걸쳐 112에 허위 신고를 반복한 50대 남성에게 2020년 11월 12일 법원에 손해배상 청구 소송을 제기했다. 창원지방법원은 국가가 입은 피해액 39만337원과 112 접수 경찰관 34명이 입은 정신적 피해액 540만 원을 합산하여 총 579만337원의 손해배상을 인정하였다. 〈국제신문 21.6.21. 참조〉

제2절 | 출동 우선순위

❶ 도주하는 음주운전 차량 추격 중, 도로에 쓰러진 '주취자' 발견 시 어떻게 할 것인가?

👤〔답변〕

음주운전 도주 차량 추격 중 도로에 쓰러진 주취자를 발견했다면, 추격을 중지하고 주취자 안전 확보·구호 조치를 우선하겠습니다.

(1) 원칙(우선순위 판단 기준)

① **생명·신체 위험 우선**: 사람의 생명·신체에 대한 위험성이 재산 침해나 공공질서 위반에 우선합니다.

② **구체적 위험 우선**: 현재적·구체적 위험성은 잠재적·추상적 위험성보다 우선합니다.

③ **현행범 우선**: 위험이 임박하거나 진행 중인 범죄는 그렇지 않은 경우보다 우선합니다.

④ **중대성**: 위험이 발생할 경우 손해의 정도를 고려하되, 손해의 정도가 중대하다면 그 발생 개연성이 낮더라도 위험하다고 할 수 있습니다.

(2) 현장 대응

① 도로에 누워 있는 주취자는 후속 차량에 치일 위험이 매우 커 사망사고로 바로 이어질 수 있는 상황이므로 현재적·구체적 위험으로 볼 수 있으며, 음주 상태로 운전을 하더라도 정상적인 운행을 하고 있다면 잠재적·추상적 위험으로 볼 수 있습니다(음주운전으로 비틀거리며 운전한다면 구체적 위험이 발생한 경우로 볼 수 있음).

② <u>따라서 음주운전 차량에 대한 추격은 잠재적(추상적) 위험을 예방하는 활동이지만, 도로에 쓰러진 사람에 대한 조치는 현재적, 구체적 위험을 제거하기 위한 활동이므로 도로에 쓰러진 사람을 구조하는 것이 우선합니다.</u>

③ 추격을 중지하고 주취자 보호를 위하여 순찰차를 주취자 후방에 정차하고 경광등·비상등·경광봉으로 다른 차량에 위험을 적극 경고하여 2차 사고를 방지합니다.

④ 도주 차량에 대하여는 무전으로 112상황실에 도주 차량 번호, 차량 색깔, 도주 방향등을 보고하여 인근 순찰차로 하여금 계속 추격하게 합니다.

(3) 후속 조치

① 주취자의 호흡·맥박·의식상태를 확인하고, 의식이 없거나 정상적 의사소통이 곤란하면 즉시 119 구급대에 공동대응을 요청합니다. 필요시 보호조치하고 신원과 연고자를 확인하여 가족 등에게 인계하거나 보호시설·의료기관에 인계합니다.

② 음주 운전자에 대하여는 블랙박스·CCTV 확보, 목격자 진술 청취 등으로 도주 음주 운전자를 특정하여 검거합니다.

❷ 112신고 출동 중에 주취자 행패를 목격한 경우 어떻게 할 것인가? 〈25. 2차 발표〉

> 주취자가 행패 부리면서 시민에게 위협을 가하고 있는 것을 목격하였다. 그러나 본인은 현재 다른 사건으로 출동을 하고 있는 중이며 지원 가능한 인력은 부재하다. 이 경우 어떻게 할 것인가?

👤 〈답변〉

(1) **상황 판단**: 주취자가 행패를 부리며 국민에게 위협을 가하는 상황을 목격했으나 다른 사건으로 출동 중이고 지원 가능한 인력이 부재한 경우, 112 신고 사건과 목격한 사건의 긴급성·위험성을 신속히 비교 평가하여 우선순위를 결정해야 합니다.

(2) **원칙(우선순위 판단 기준)**

① **생명·신체 우선**: 사람의 생명·신체에 대한 위험성이 재산이나 공공질서에 대한 위험성보다 우선합니다.

② **구체적 위험 우선**: 현재적·구체적 위험성은 잠재적·추상적 위험성보다 우선합니다.

③ **현행범 우선**: 위험이 임박하거나 진행 중인 범죄는 그렇지 않은 경우보다 우선합니다.

④ **중대성**: 위험이 발생할 경우 손해의 정도를 고려하되, 손해의 정도가 중대하다면 그 발생 개연성이 낮더라도 위험하다고 할 수 있습니다.

(3) **현장 대응**

① **출동 중인 112 신고 내용 확인**: 112상황실로부터 새로 접수된 긴급신고의 내용, 정확한 위치, 그리고 가장 중요한 '긴급성 코드'(우선순위)를 확인하고 현재 목격된 주취자 행패 사건과 비교하여 우선순위를 판단하겠습니다.

② **112상황실 보고 및 지휘 요청**

㉠ **출동 중인 사건 우선**: 현재 목격된 주취자의 행패로 일반 시민들의 직접적인 피해가 발생하지 아니하였고 출동 중인 신고가 코드0 또는 코드1에 해당하는 긴급신고라면 출동 중인 사건이 우선하므로, 112상황실 보고 후 주취자에 대하여는 사이렌 취명 및 순찰차 마이크를 이용하여 경고하고 출동 중인 현장으로 계속 이동하겠습니다.

㉡ **목격 사건 우선**: <u>주취자가 심하게 난동을 부리거나 자·타해 위험성이 매우 높아서 즉시 현장에 개입하지 않을 경우 중대한 생명·신체에 위해 가능성이 있고 출동 중인 사건이 긴급하지 아니하다면</u> 112상황실 보고 후 목격한 주취자 행패 사건을 먼저 처리하겠습니다.

㉢ **긴급성 유사시**: 양 사건 모두 사람의 생명·신체의 위해와 관련된 긴급한 사건이라면 현행범 우선 원칙을 적용하되 112상황실의 지휘에 따라 조치하겠습니다.

(4) **후속 조치**: 우선순위가 높은 사건을 먼저 처리한 뒤 나머지 다른 사건 현장에도 신속히 출동하여 조치하겠습니다.

답변예시

<u>"주취자를 순찰차에 태우고 112신고 현장으로 가겠다."는 답변은 적절하지 않다.</u> 주취자를 다른 사건 현장에 데리고 가는 것은 주취자를 다른 사건에 관련시키는 결과가 된다. 만약 다른 사건 현장에서 피의자를 현행범 체포하거나 보호조치하는 경우 한 대의 순찰차에 주취자와 다른 사건 관계자를 함께 태워야 하는 문제가 발생한다. 주취자를 보호조치하는 경우에는 지구대로 돌아와서 지구대 상황근무자에게 주취자를 인계하고 다른 사건 현장으로 가는 것이 바람직하다.

❸ 강력범죄 신고를 받고 출동 중에 교차로 신호가 적색인 경우 대응은? 〈25. 2차 발표〉

> 강력범죄 신고를 받고 출동 중이다. 교차로 신호가 적색등으로 바뀌었는데 정지하면 신속한 범인 검거와 피해자 보호를 할 수 없다. 교차로 인근에는 보행자와 차량이 있는 상황이다. 대응 방법은?

답변

(1) **상황 판단**: 강력범죄 신고 출동 중 교차로에서 적색신호를 만났으나 보행자와 차량이 있는 상황이라면 긴급자동차 특례를 적용하되 안전을 최우선으로 확보한 후 통과하겠습니다.

(2) **법적 근거 및 원칙**

　① 도로교통법 제30조(긴급자동차에 대한 특례): 속도 제한 및 신호위반 면책

　② 현재・구체적 위험성이 잠재・추상적 위험성(신호위반)에 우선하는 원칙

(3) **현장 대응**

　① 강력범죄 대응은 매우 중요하지만 눈앞에 있는 보행자 및 차량에 대한 위험을 초래하면서까지 신호를 무시하는 것은 허용될 수 없으며 범인에 대한 추격보다 시민의 안전이 우선합니다.

　② 경광등・사이렌을 활용하여 교차로 주변 차량과 보행자에게 긴급상황임을 명확히 알리고, 교차로 접근 전부터 속도를 감속하여 시민의 안전에 유의하면서 신호를 위반하더라도 계속 추격하겠습니다. 범인 검거 및 피해자 보호를 위한 추격은 현재적 위험을 예방하기 위한 조치로서 속도 및 신호위반으로 인한 주변 시민과 차량에 대한 잠재적 위험 예방에 우선하기 때문입니다.

　③ 경찰차의 속도 및 신호위반에 대한 처벌은 도로교통법상 긴급자동차의 특례를 적용받아 면책되지만, 횡단보도 보행자 보호의무 위반은 면책대상이 아니므로 특히 주의하여 통과하도록 하겠습니다.

후속질문

✦ 신호위반에 대하여 주변 목격자들이 경찰의 법 위반을 지적하면 어떻게 할 것인가?

경광등과 사이렌을 울리며 긴급출동 중인 경찰차에 대해 시민들이 법 위반을 지적한다면, 현재 112 신고 출동 중인 긴급한 상황임을 순찰차 내 마이크로 신속히 안내하고 안전에 유의하며 통과하겠습니다. 긴급 출동 시에는 임무 수행이 최우선입니다. 현장에서 시민들과 논쟁을 벌이다가 사건 관련 피해자 보호가 지연되어서는 안됩니다. 사건처리를 마친 후 지구대로 복귀하여 해당 상황을 근무일지에 정확히 기재하고 추후 민원이나 감사에 대비하겠습니다.

❹ 긴급 출동 중에 신호위반으로 교통사고가 발생한 경우 조치는? 〈25. 2차 발표〉

> 긴급한 출동 신고를 받고 현장에 나가다가 신호위반으로 접촉사고가 났다. 다행히 큰 부상은 없었지만. 교통은 혼잡하고 신고 처리는 지연되는 상황에서 어떻게 조치할 것인가?

답변

(1) **상황 판단**: 긴급 출동 중에 교통사고가 발생한 사안으로서 즉시 정차하여 현장에서 부상자를 구조하고 교통사고처리를 하는 것이 우선입니다. 만약 긴급한 사건 처리를 위하여 아무런 조치 없이 현장을 이탈하는 경우 도로교통법상 사고 후 미조치(제54조 ①) 또는 특정범죄가중처벌 등에 관한 법률상 도주 차량으로 처벌받을 수도 있습니다.

⑵ **근거 법령**

① 도로교통법

㉠ 제30조(긴급자동차에 대한 특례) : 속도 제한 및 신호위반 면책

㉡ 제54조 ①(사고 후 미조치) : 교통사고 발생시 사상자 구호, 인적사항 제공 의무

㉢ 제158조의2(형의 감면) : 긴급 출동 교통사고시 형의 감면

② 교통사고처리특례법

⑶ **현장 대응**

① 현장 안전 확보 및 인명 구호

㉠ 2차 사고 예방 : 경찰차의 비상등을 켜고 라바콘나 경광봉 등을 이용하여 사고 현장 주변의 교통을 통제하고 2차 사고를 방지합니다.

㉡ 부상자 확인 및 구호 : 접촉사고 당사자와 자신의 몸 상태를 확인합니다. 다행히 부상이 경미하더라도 상대방에게 긴급 출동 중이었음을 밝히고 사과를 합니다. 필요시 119구급차를 요청합니다.

② 112상황실 보고

㉠ 출동임무 인계 : 112상황실에 출동 중에 교통사고가 발생한 사실을 보고하고 원래 출동 중이던 사건을 다른 순찰차에게 인계하여 줄 것을 요청합니다.

㉡ 교통통제 요청 : 사고로 인해 교통체증이 발생했으므로 다른 순찰차 또는 교통경찰 지원을 요청합니다.

③ 교통사고 처리

㉠ 상대방 차량 운전자의 연락처, 보험사 등을 교환합니다.

㉡ 차량 파손 부위, 사고 현장 전경, 주변 도로 상황 등을 사진 및 영상으로 상세히 기록하고 블랙박스 영상을 확보합니다.

④ 예외적 긴급피난 적용 여부

㉠ 매우 긴급한 출동 상황과 교통사고 발생으로 인한 구호 조치 의무가 충돌하는 경우 긴급피난의 법리가 적용될 수도 있습니다.

㉡ 다만, 실무상 긴급피난이 적용된 사례를 찾기 어려우므로 즉시 정차하여 부상자가 있는지 여부를 확인하고 단순 접촉사고에 불과하다면 인적 사항만 전달하고 긴급 출동 중임을 설명한 후 신속히 신고 출동 장소로 이동하는 것이 바람직하다고 생각합니다.

㉢ 이 경우 경찰관 바디캠 등으로 촬영·녹음하여 사후 법적 대응에 대비하겠습니다.

⑷ **사후 조치**

① 상대방에게 경찰 차량은 종합보험에 가입되어 있으므로 보험처리를 통해 차량 수리 및 인명 피해 보상이 진행될 것임을 안내합니다.

② 순찰차의 신고 출동 중 발생한 신호위반은 도로교통법에 따라 면책되므로 신호위반에 의한 교통사고도 교통사고처리특례법에 따라서 종합보험에 가입되어 있다면 피해자가 사망하거나 중상해 등이 아닌 한 기소할 수 없습니다.

  ✎ 2021.1.12. 도교법 제30조(긴급자동차에 대한 특례) 개정 전에는 긴급출동 중 신호위반으로 교통사고발생시 일반 자동차의 교통사고와 동일하게 교특법에 따라 처벌되었으나 개정 후에는 교특법 12개 중과실의 적용이 일반적으로 면제된다.

③ 공무수행 중 발생한 교통사고와 관련한 보고서를 작성하여 내부 보고합니다.

    ✎ 경찰차의 긴급출동 중 발생한 교통사고(사망, 중상해 제외)에 대하여 교통사고처리특례법상 종합보험에 가입된 경우 12개 사항으로 기소할 수 없는 범죄: 앞지르기 금지, 속도 제한, 끼어들기 금지, 신호위반, 중앙선 침범, 보도 침범, 횡단·후진·유턴 금지 등

    ✎ 경찰차의 긴급출동 중 어린이보호구역 내 어린이 교통사고 발생 시에는 특정범죄 가중처벌 등에 관한 법률에 의하여 처벌하지만 도로교통법 제158조의2에 따라 형을 감경하거나 면제할 수 있다.

> **제158조의2(형의 감면)** 긴급자동차(제2조제22호가목부터 다목까지의 자동차와 대통령령으로 정하는 경찰용 자동차만 해당한다)의 운전자가 그 차를 본래의 긴급한 용도로 운행하는 중에 교통사고를 일으킨 경우에는 그 긴급활동의 시급성과 불가피성 등 정상을 참작하여 제151조, 「교통사고처리 특례법」 제3조제1항 또는 「특정범죄 가중처벌 등에 관한 법률」 제5조의13에 따른 형을 감경하거나 면제할 수 있다.

후속질문

✦ **만약 112상황실에 다른 순찰차 지원을 요청하였음에도 지원이 안 되는 상황이라면?**

부상자 없는 단순 접촉사고이고 다른 순찰차의 지원이 없는 상황이라면, 현장에서 신속하게 인적 사항을 교환하고 긴급 출동 중임을 설명한 후 출동 중이던 사건 현장으로 출동하겠습니다. 출동 중인 사건이 매우 긴급하다면 긴급피난의 법리가 적용될 여지가 있겠지만, 사후 '도주'로 오해받을 수 있기 때문입니다. 만약 정차할 여유조차 없는 극도의 위기 상황이고 교통사고가 경미한 경우라면 순찰차 마이크를 통해 소속과 성명을 밝히고 긴급 출동 이후 돌아와서 사건 처리하겠다고 말하면서 지나가겠습니다. 이러한 과정은 모두 블랙박스나 바디캠으로 촬영·녹음하여 사후 법적 분쟁에 대비하겠습니다.

✦ **출동 중 교통사고 방지를 위하여 어떻게 하면 좋겠는가?**

① **개인적 차원**: 경찰관 스스로 안전하게 출동할 수 있도록 사이렌과 경광등을 취명, 관할구역 숙지 등 노력
② **조직 차원**: 실전형 교육·훈련 강화, 사이렌과 경광등의 장비 개선, 지능형 교통 신호 시스템 개발 등
③ **사회적 차원**: 시민들의 긴급차에 대한 양보 문화 정착을 위한 교육, 홍보 등

✦ **만약 현장에서 유튜버나 시민이 촬영을 하고 있는 경우 어떻게 할 것인가?**

(1) **일반적인 경우 촬영은 적법**: 공공장소에서 경찰관의 직무수행 등을 촬영하는 행위는 정당한 업무 수행에 대한 감시 및 비판의 일환으로 보아 일반적으로 적법하며, 공무집행 중인 경찰관에 대한 민법상 초상권 침해가 인정되기는 어려운 측면이 있으므로 촬영 그 자체를 제지할 수는 없습니다. 저는 유튜버나 시민의 촬영에 감정적으로 대응하기보다 저의 모든 언행이 기록되고 있다는 점을 인지하고 더욱 당당하고 친절하게 법을 집행하겠습니다.

(2) **촬영이 위법할 수 있는 경우**: 단속 대상인 시민의 얼굴 등 사건 관계인의 개인정보를 동의 없이 촬영하는 행위는 개인정보보호법 위반이 될 수 있으며, 악의적으로 비난하는 행위는 모욕죄, 명예훼손죄에 해당할 수 있고, 신체 특정 부위를 촬영하는 것은 성폭력처벌법 위반에 해당할 수 있음을 경고하겠습니다. 사후 법적 조치에 대비하여 경찰 바디캠으로 촬영 중인 사람들에 대한 채증을 하겠습니다. 또한 이들의 근접 촬영 등으로 음주단속 자체가 방해되는 경우에는 경범죄처벌법상의 업무방해죄(폭행이나 협박 없이 공무를 방해하는 경우), 형법상 공무집행방해죄의 적용도 검토하겠습니다.

> **📖 시민이 사건 관계인을 촬영하는 행위에 대한 관련 법령**
>
> - 형법 : 업무 방해, 모욕, 명예훼손
> - 개인정보보호법 제75조 제2항 제11호 : 공개된 장소에서 정보 주체가 촬영을 거부함에도 이동형 영상정보 처리기기로 촬영한 자에게는 5천만원 이하의 과태료 부과
> - 경범죄처벌법 : 업무 방해, 불안감 조성
> - 스토킹처벌법 : 반복적, 지속적으로 따라다니거나 진로를 막으며 불안 · 공포심 유발
> - 성폭력처벌법 : 특정 신체 부위를 성적 목적으로 촬영
> - 통신비밀보호법 : 공개되지 아니한 다른 사람들의 대화를 녹음하는 경우
> - 민법상 초상권 침해로 손해배상소송

제3절 | 민원 처리

① 악성 민원인이란 어떤 사람을 말하며 악성 민원인을 어떻게 응대할 것인가?

답변

악성 민원인이란 정당한 권리 행사나 문제해결을 위한 목적이 아니라 개인적인 불만이나 악의적인 의도를 가지고 객관적인 사실과 법규에 근거하지 않은 <u>비합리적인 요구를 반복하거나 폭언, 욕설, 협박, 인격 모독 등 위법하거나 부적절한 방법으로 공무집행을 의도적으로 방해하는</u> 사람이라고 생각합니다. 단순히 의견이 다르거나 불만이 있는 민원인과는 구별됩니다.

(1) 악성 민원인의 유형

① 반복형 : 답변 후에도 수용을 거부하며 같은 내용으로 반복하여 민원 제기

② 폭력형 : 욕설, 협박, 폭행, 물건 던지기, 고성 지르기 등

③ 장시간 체류형 : 다른 민원인 응대를 방해하며 장시간 체류

④ 무리한 요구형 : 법적으로 불가능한 요구를 하거나 금품 · 향응을 요구

⑤ 침해형 : 경찰관 집을 찾아가거나 스토킹, 사생활 침해

(2) 단계별 대응 방법

① 1단계(침착한 태도로 경청) : 감정적으로 동요하지 않고 침착함을 유지하며 상대방이 부적절한 언행을 하더라도 정중한 태도를 견지하며 경청하고, 사실관계와 관련 법규, 규정에 기반하여 명확하고 논리적으로 설명하겠습니다.

② 2단계(중단 요청 및 경고) : 폭언, 욕설, 위협 등 위법하거나 도를 넘는 행위에 대해서는 단호하게 중단을 요청하고, 이러한 행위가 지속될 경우 법적 조치가 취해질 수 있음을 명확하게 경고하여 스스로 행동을 제어할 수 있도록 하겠습니다.

③ 3단계(법적 조치)

    ㉠ 민원 처리에 관한 법률 : 민원인에 대한 퇴거 조치, 면담 종료 등

> **법 제4조(민원 처리 담당자의 의무와 보호)** ② 행정기관의 장은 민원인 등의 <u>폭언·폭행, 목적이 정당하지</u> <u>아니한 반복 민원</u> 등으로부터 민원 처리 담당자를 보호하기 위하여 민원 처리 담당자의 신체적·정신적 피해의 예방 및 치료 등 대통령령으로 정하는 필요한 조치를 하여야 한다.
>
> **시행령 제4조(민원 처리 담당자의 보호)** ① 법 제4조 제2항에서 "민원 처리 담당자의 신체적·정신적 피해의 예방 및 치료 등 대통령령으로 정하는 필요한 조치"란 다음 각호의 조치를 말한다.
> 3. 다음 각 목의 어느 하나에 해당하는 행위로 민원 처리를 지연시키거나 방해하는 <u>민원인에 대한 퇴거</u> <u>또는 일시적 출입 제한</u>
>   가. <u>폭언·폭행</u>
>   나. 무기·흉기 등 위험한 물건의 소지
>   다. <u>목적이 정당하지 않은 반복·중복 민원 제기를 통한 공무 방해 행위</u>
>   라. 그 밖에 다른 민원인이나 담당자에게 신체적·정신적 피해를 입히는 행위
> 8. 다음 각 목의 경우 <u>전화나 면담의 종료 조치.</u> 이 경우 그 조치 전에 해당 사유를 민원인에게 고지해야 한다.
>   가. 전화 또는 면담 중 민원인이 반복적·지속적으로 <u>욕설, 협박 등 폭언을 하거나 모욕, 성희롱</u>(성적인 언동 등을 통하여 성적 굴욕감 또는 혐오감을 느끼게 하는 행위를 말한다)을 한 경우
>   나. 제7호에 따른 권장 <u>시간을 상당히 초과</u>하여 공무를 방해한 경우

    ㉡ 경범죄처벌법 : 업무방해, 관공서 주취소란

    ㉢ 형법 : 모욕죄, 명예훼손죄, 퇴거불응죄, 공무집행방해죄
        ✎ 민원인의 폭행·협박이 없는 경우 형법상 공무집행방해죄 또는 업무방해죄 적용은 불가하며 경범죄처벌법상 업무방해죄로 적용 가능(관련 판례 후술)

(3) 사후 조치(기록 및 보고) : 모든 응대 과정과 민원인의 문제 행위는 추후 분쟁 소지를 대비하여 6하 원칙에 따라 상세하고 객관적으로 기록하고 CCTV 등 관련 증거를 확보하겠습니다. 또한 사안의 심각성이나 반복성을 고려하여 상사에게 보고하고 필요시 조직적인 차원에서 대응 방안을 마련하여 대처하겠습니다.

후속질문

✦ 지구대에서 악성 민원인을 대응하던 중 긴급 출동 신고가 떨어지면 어떻게 할 것인가?

이러한 상황에서는 국민의 생명, 신체, 재산에 대한 급박한 위험을 해소하는 것이 경찰의 최우선 임무이므로 긴급 출동 신고에 즉각 대응하는 것이 우선합니다. 관련 사항을 팀장님께 보고하고, 응대 중이던 민원인에게는 정중하지만 단호하게 양해를 구하겠습니다. "시민의 안전과 관련된 긴급한 상황이 발생하여 즉시 출동해야 합니다. 대단히 죄송합니다."라고 말씀드린 후, 다른 근무 중인 동료 경찰관에게 신속하게 민원인 응대를 인계하겠습니다. 이때 민원인의 주장 내용과 특이사항 등을 간략히 전달하여 동료가 원활하게 업무를 이어받을 수 있도록 하겠습니다. 출동 임무를 마치고 복귀하면 해당 민원이 어떻게 처리되었는지 확인하고 필요한 경우 후속 조치를 하겠습니다.

✦ 악성 민원인과 일반 민원인 응대에 차이를 두어야 하는가?

<u>기본적인 원칙은 동일해야 한다고 생각합니다.</u> 모든 민원인은 경찰의 도움이 필요한 국민이며 어떠한 선입견 없이 동등하게 존중하고 경청하는 자세로 임해야 합니다. 민원인의 겉모습이나 초기 태도만으로 '악성'이라고 예단하고 차별적으로 대하는 것은 경찰의 공정성과 신뢰성에 어긋난다고 생각합니다. 모든 민원인에게는 자신의 의견을 개진하고 적법한 절차에 따라 도움을 요청할 동등한 권리가 있기 때문입니다. 하지만 응대 과정에서의 '대응 방식'에는 차이가 발생할 수밖에 없습니다. 이는 민원인을 '차별'하는 것이 아니라 민원인의 '행동'에 따른 상황 관리의 차원입니다.

❷ 교통 단속 불만으로 민원실에서 난동을 부리는 자에 대한 대응은? 〈25. 2차 발표〉

> 교통 단속에 불만을 품은 시민이 민원실에서 난동을 부리고 있다. 직원들도 어쩔 줄 몰라 하고 주변 다른 민원인들도 난동을 부리는 시민이 불안해 자리를 피하는 상황이다. 어떻게 조치할 것인가?

👤 답변

(1) **상황 판단** : 교통단속에 불만을 품고 경찰서 민원실에서 난동을 부리는 상황입니다. 우선 민원인을 진정시키는 것이 급선무입니다.

(2) **법적 근거**

① **민원 처리에 관한 법률** : 악성 민원인에 대한 퇴거 조치, 면담 종료 등

② **경범죄처벌법** : 업무방해, 관공서 주취소란

③ **형법** : 모욕죄, 명예훼손죄, 퇴거불응죄, 공무집행방해죄

(3) **현장 대응**

① **분리조치** : 해당 민원인을 회의실이나 다른 장소로 이동시키거나 다른 동료와 협력하여 에워싸듯 자연스럽게 상담실로 유도하여 일반 민원인과의 접촉을 차단하겠습니다.

② **민원인이 협조적인 경우**

　㉠ **경청** : 민원인을 회의실 등으로 안내하여 진정시키기 위해 물이나 커피라도 건네주며 불만사항을 경청하겠습니다.

　㉡ **안내** : 교통단속과 관련한 민원이나 이의신청이 정식으로 접수되도록 안내하고 민원처리 절차를 설명합니다.

　㉢ **민원인 요구가 정당한 경우** : 민원인의 불만을 검토한 결과 단속에 문제가 있고 민원인의 요구사항이 정당하다면 사과를 하고 재발방지대책을 마련하겠습니다. 다만 이 경우에도 불필요하게 민원실에서 난동을 부린 부분에 대해서는 경고 조치하겠습니다.

③ **민원인이 비협조적인 경우**

　㉠ **경고** : 민원실에서 큰소리를 치거나 물건을 집어던지는 등 난동을 계속 부릴 경우 법률에 따라 처벌될 수 있음을 경고하고 바디캠 촬영 등 채증을 고지하겠습니다.

　㉡ **법적 조치** : 경고에도 불구하고 난동을 피울 경우 경범죄처벌법상 업무방해죄로 통고처분 하거나 (주거불명시 현행범 체포 가능) 술에 취하여 난동을 부리는 경우에는 관공서 주취소란으로 현행범 체포를 검토하겠습니다. 관공서 주취소란은 주거가 일정한 경우에도 체포할 수 있습니다. 또한, 그 난동의 정도가 심한 경우에는 민원 처리에 관한 법률에 의거하여 퇴거를 명령하고 불응시 형법상 퇴거불응죄를 적용할 수 있으며 공무원에 대한 폭행이나 협박이 있을 경우에는 형법상 공무집행방해죄를 적용하여 현행범 체포할 수도 있습니다.

(4) **사후 조치**

① CCTV 등 관련 증거를 확보하고 근무일지 등에 상세히 기록하겠습니다.

② 민원실장 등 상사에게 보고하고 재방 방지 방안을 마련하겠습니다.

후속질문

✦ 해당 민원인이 계속 욕설을 하는 상황이면 어떻게 조치할 것인가?

민원인이 폭행이나 협박 없이 욕설만 하는 경우, 대법원 판례에 따라 형법상 업무방해죄나 공무집행방해죄 적용이 어렵다고 알고 있습니다. 따라서 저는 다음과 같이 단계적으로 조치하겠습니다.

(1) **채증 및 경고**: 바디캠이나 CCTV 작동 사실을 고지하며 "현재 선생님의 욕설은 경범죄처벌법상 업무방해나 형법상 모욕죄에 해당할 수 있습니다."라고 단호히 경고하겠습니다.

(2) **면담 종료 및 퇴거 명령**: 「민원 처리에 관한 법률」에 의거하여 더 이상의 상담이 불가능함을 알리고 즉시 퇴거할 것을 명령하겠습니다.

(3) **통고처분 또는 현행범 체포**: 퇴거 명령 이후에도 욕설을 하며 버틴다면, 경범죄처벌법상 업무방해죄로 통고처분하거나 형법상 퇴거불응죄를 적용하여 현행범 체포할 수도 있습니다. 다만, 민원인이 폭행이나 협박을 행사하지 않는 한 공무집행방해죄 또는 형법상 업무방해죄를 적용할 수는 없습니다. 대법원 판례에 의하면 공무 방해에 대해서는 공무집행방해죄 외에 업무방해죄로 의율할 수 없으며, 공무집행방해죄는 반드시 폭행이나 협박이 수반되어야 하기 때문입니다.

> - 지방경찰청 민원실에서 민원인들이 진정사건의 처리와 관련하여 지방경찰청장과의 면담 등을 요구하면서 이를 제지하는 <u>경찰관들에게 큰소리로 욕설을 하고 행패를 부린 행위</u>에 대하여, 경찰관들의 수사 관련 업무를 방해한 것이라는 이유로(형법상)업무방해죄의 성립을 인정한 원심판결은 위법하다. 형법이 업무방해죄와는 별도로 공무집행방해죄를 규정하고 있는 것은 사적 업무와 공무를 구별하여 <u>공무에 관해서는 공무원에 대한 폭행, 협박 또는 위계의 방법으로 그 집행을 방해하는 경우에 한하여 처벌하겠다는 취지</u>라고 보아야 한다. 따라서 공무원이 직무상 수행하는 <u>공무를 방해하는 행위에 대해서는 업무방해죄로 의율할 수는 없다</u>(대판 2009도4166).
> - 청구인은 2020. 11. 20.부터 2020. 12. 28.까지 ○○시 홈페이지에 코로나 관련 의견을 수차례 게시하였고, <u>○○시는 이를 악성민원으로 판단하여 ○○경찰서에 수사를 의뢰하였다</u>. ○○경찰서장은 청구인의 행위가 '경범죄 처벌법' 제3조 제2항 제3호에 해당한다고 보아 창원지방법원에 즉결심판을 청구하였고, 위 법원은 2021. 2. 22. 청구인에 대하여 벌금 10만 원 형의 선고를 유예하였다(창원지방법원 2021조30). 이 사건에 대하여 헌법재판소는 심판대상조항의 '<u>못된 장난 등</u>'은 타인의 업무에 방해가 될 수 있을 만큼 남을 괴롭고 귀찮게 하는 행동으로 일반적인 수인한도를 넘어 비난가능성이 있으나 <u>형법상 업무방해죄, 공무집행방해죄에 이르지 않을 정도의 불법성을 가진 행위를 의미한다</u>고 할 것이므로 죄형법정주의의 명확성원칙을 위반하지 않는다(헌재 2021헌마426).

📖 경범죄 처벌법

- 업무방해: <u>못된 장난 등으로</u> 다른 사람, 단체 또는 <u>공무수행 중인 자의 업무를 방해한</u> 사람
- 관공서에서의 주취소란: 술에 취한 채로 관공서에서 몹시 거친 말과 행동으로 주정하거나 시끄럽게 한 사람

✦ 주변 다른 민원인들이 촬영하면 어떻게 할 것인가?

'긴급 출동 중에 신호위반으로 교통사고가 발생한 경우 조치는?'의 후속질문 답변 참조

✦ 교통 단속을 할 때 시민들의 협조를 구할 수 있는 방안은?

(1) 개인적 차원

① 명확한 이유 고지 : 단속 목적이 '실적'이 아니라 '안전'임을 인식시킵니다. "이곳은 최근 보행자 사고가 잦아 특별히 관리 중인 구간입니다."라고 단속의 배경을 설명합니다.

② 전문적인 절차 준수 : 복장을 단정히 하고 정중한 경례와 함께 소속과 성명을 밝힙니다.

③ 공감과 경청 : 시민의 변명이나 불만을 중간에 끊지 않고 경청하되, 법 위반 사실에 대해서는 단호하고 공정하게 처리합니다.

(2) 조직적 차원

① 단속 예고제 활성화 : <u>상습 위반 구역이나 사고 다발 지역에 현수막</u>, 네비게이션 알림 등을 통해 충분히 예고한 후 단속을 실시합니다. 이는 '함정 단속'이라는 거부감을 줄이고 예방 효과를 높입니다.

② 지능형 교통 시스템 활용 : 캠코더나 고정식 장비를 활용하여 인적 접촉을 줄이고, 이의제기시 단속 근거(영상 등)를 바로 확인시켜 주어 논란의 소지를 없앱니다.

③ 단속 지점의 합리성 확보 : 교통 흐름을 방해하지 않는 장소를 선정하여 시민의 불편을 최소화합니다.

(3) 사회적 차원

① 착한 운전 마일리지 제도 홍보 : 무위반·무사고 준수 시 점수를 부여하는 제도를 적극 홍보하여 단속에 대한 거부감을 '준법에 대한 자부심'으로 전환합니다.

② 찾아가는 교통안전 교육 : 운수 종업원, 고령 운전자 등을 대상으로 단속 사례와 사고 위험성을 공유하여 단속의 필요성을 사회적으로 확산시킵니다.

③ 시민 참여형 캠페인 : '사람이 보이면 일단 멈춤'과 같이 시민들이 직접 체감하고 참여할 수 있는 캠페인을 통해 양보와 배려의 교통 문화를 정착시킵니다.

---

❸ 신고 출동한 경찰관이 불친절했다는 민원에 대한 대응은? ⟨25. 2차 발표⟩

> 민원인이 찾아와 "아까 112신고를 받고 출동한 경찰관이 불친절했다"라고 하며 항의하고 있다. 감정이 격해지고 있는 상황인데 당시 출동했던 경찰관은 다른 사건으로 출동 중이어서 정확한 상황 판단이 되지 않는다. 어떻게 대처하겠는가?

👤 ⟨답변⟩

(1) 상황 판단 : 112신고 처리와 관련하여 불친절을 호소하며 경찰관서로 찾아온 상황입니다. 당시 출동했던 경찰관은 다른 사건으로 출동 중이어서 정확한 상황 판단은 어려우며, 민원인은 흥분한 상태입니다.

(2) 법적 근거

① 민원 처리에 관한 법률 : 악성 민원인에 대한 퇴거 조치, 면담 종료 등

② 국가공무원법 제59조(친절·공정의 의무) : 공무원은 국민 전체의 봉사자로서 친절하고 공정하게 직무를 수행하여야 한다.

⑶ 현장 대응

① **진정 유도**: 민원인을 우선 진정시키기 위해 별도의 조용한 공간으로 안내한 후 따뜻한 물이나 커피라도 한 잔 드리며 마음을 누그러뜨리겠습니다.

② **경청 및 공감**: 민원인의 말을 중간에 끊지 않고 경청하며 공감하는 자세로 불만사항을 차분히 듣겠습니다.

③ **해당 경찰관과 통화**: 민원인이 없는 자리에서 사건을 처리했던 경찰관과 통화를 하며 자초지종을 파악하고 해당 경찰관의 의견을 듣겠습니다. 사건 처리 후 사무실로 들어올 수 있도록 하겠습니다.

④ **민원 상담**: 해당 경찰관이 오기 전까지 업무 처리와 관련된 사항을 상담하고, 불친절하다고 주장하는 부분에 대하여 수긍할 수 있는 경우에는 해당 경찰관의 의견에 따라 필요하다면 대신하여 사과하고 양해를 구하도록 하겠습니다. 오해가 있는 경우에는 당시 상황과 법적 절차를 친절하게 설명하겠습니다.

⑤ **상사 보고**: 해당 민원의 심각성에 따라 팀장 등 상사님께 보고하겠습니다. 경우에 따라서는 상사님이 민원인을 직접 상담할 수 있도록 건의하겠습니다.

⑷ 사후 조치

① **담당자의 사과 등**: 명백한 불친절한 사안에 해당한다면 담당자에게 사과하도록 조언하겠습니다.

② **악성민원의 경우**: 민원인이 악의적으로 부당하게 폭언 욕설 등으로 항의한다면 악성 민원인 대응 원칙 (3단계)에 따라 폭언, 욕설 등을 중단할 것을 경고하고 심할 경우 관련 법령에 따라 조치하겠습니다.

③ **민원상담 기록**: 민원인 인적사항, 불만사항 요지, 상담내용 등을 근무일지에 기재하여 사후 참고할 수 있도록 하겠습니다.

후속질문

✦ **민원인의 감정이 격해져서 진정이 안 되고 욕설까지 한다면 어떻게 하겠는가?**

'교통 단속 불만으로 민원실에서 난동을 부리는 자에 대한 대응은?'의 후속질문 답변 참조

✦ **당시 출동했던 경찰의 이름과 전화번호를 알려달라고 한다면 알려주겠는가?**

해당 경찰관이 신고 처리와 관련하여 사무실 복귀가 늦어지고 민원인이 당해 경찰관의 연락처를 요구한다면, 성명과 계급(직책)을 알려드리고 사무실 연락처를 제공하겠습니다. 「공공기관의 정보공개에 관한 법률」상 공무원의 성명과 직위는 공개 대상 정보에 해당하므로 민원인 요구시 알려드려야 합니다. 다만, 경찰관 개인 핸드폰 번호는 비공개 대상에 해당하여 알려드릴 수 없습니다. 거절을 했음에도 계속 알려달라고 요구하는 경우에는 경찰서 민원실 방문 또는 인터넷으로 정보공개청구 절차를 거치도록 안내하겠습니다.

✦ **당시 경찰관이 불친절하게 대응한 것이 확인된다면 어떻게 하겠는가?**

해당 경찰관의 불친절함이 객관적으로 확인된 상황이라면, 민원인에게 당시 긴급한 상황으로 인해 충분히 친절하게 응대하지 못한 점을 인정하고 같은 동료로서 진심으로 유감스럽게 생각한다는 점을 밝히겠습니다. 그리고 해당 경찰관이 복귀하면 민원인의 불편 사항을 가감 없이 전달하고, 민원인께서 직접 사과를 원하신 다면 담당자가 정중하게 사과할 수 있도록 조언하겠다고 말씀드리겠습니다. 또한 상사님께 보고하여 우리 지구대(파출소)에서 유사 사례가 재발하지 않도록 현장 대응 방식을 개선하겠다고 하겠습니다.

4 **어르신 악성 민원에 대한 대응 방안은?** 〈25. 1차 발표〉

> 많은 경찰관이 민원인으로부터 스트레스를 받고 있으며 악성 민원인에 대한 대응 방안이 규정되기에 이르렀다. 어르신이 자녀가 있음에도 생활고를 겪는다며 기초생활수급자로 만들어 달라고 매일 지구대에 찾아오는 상황이다. 어떻게 대응할 것인가?

답변

(1) 상황 판단(P)

① 소관 업무 검토 : 어르신이 기초생활수급자 신청을 요구하는 것은 경찰 소관 업무가 아닙니다. 기초생활수급자 신청은 자치단체(시청, 주민센터 등)에서 담당하는 복지 행정 업무이며 경찰은 이를 직접 처리할 권한이 없습니다.

② 악성 민원인 해당 여부 검토 : 악성 민원인은 일반적으로 개인의 사적인 감정이나 불순한 의도로 공무원이나 기관에 부당한 요구를 반복하고 그 과정에서 폭언, 협박, 폭행 등 위법적이거나 비상식적인 행동을 하는 사람을 말합니다. 어르신은 사회적 약자로서 불순한 의도로 매일 지구대를 찾아온다기보다는 생활고라는 근본적인 어려움과 함께 도움을 요청할 곳이 마땅치 않아서 지구대를 찾아오는 것으로 이해되며 이러한 사람을 단순한 악성 민원인으로 판단하는 것은 옳지 않다고 생각합니다.

(2) 법적 근거(L)

① 민원 처리에 관한 법률 : 악성 민원인에 대한 퇴거 조치, 면담 종료 등

② 국가공무원법 제59조(친절·공정의 의무) : 공무원은 국민 전체의 봉사자로서 친절하고 공정하게 직무를 수행하여야 한다.

(3) 대응 방안(A)

① 친절하고 명확한 안내 : 먼저 어르신의 말씀을 진심으로 경청하면서 생활고의 구체적인 원인(자녀와의 관계, 건강 문제, 부채 등)을 파악하여 경찰관으로서 어떤 도움을 드릴 수 있을지 판단해 보겠습니다. 그리고 어르신께 기초생활수급자 신청은 지구대가 아닌 해당 지자체(시청, 구청, 주민센터)의 복지 담당 부서에서 주관함을 다시 한번 상세히 설명해 드리겠습니다. 필요하다면 해당 부서에 직접 전화하여 어르신의 상황을 설명하고 도움을 요청하겠습니다.

② 사회복지관 등 지역사회 자원 활용 : 지역 내 사회복지관이나 노인복지센터 등 어르신을 위한 복지 서비스와 상담을 제공하는 기관이 있다면, 해당 기관으로 연계하여 어르신이 지속적인 지원을 받을 수 있도록 돕겠습니다.

③ 악성 민원인 적용의 신중함 : 이 사안의 경우 '생활고'라는 명확한 이유가 있는 만큼, 악성 민원인 규정을 곧바로 적용하기보다는 문제해결을 위한 노력을 우선하겠습니다. 만약 모든 연계 노력에도 불구하고 어르신께서 비합리적인 요구를 반복하며 업무를 방해하는 상황이 발생한다면, 그때는 관련 규정에 따라 단계적으로 대응하겠지만 최대한의 인내심을 가지고 접근하겠습니다.

(4) 사후 조치(N)

① 처리 결과 확인 : 지자체 등으로 연계해 드리고 일정 시간이 흐른 뒤 어르신께 직접 물어보든지 또는 연계된 기관을 통해 진행 상황을 확인하는 등 후속 조치를 취하겠습니다. 관내 순찰을 하다가도 어르신을 만나게 되면 안부를 묻는 등 관심을 보이겠습니다.

② 내부 보고 및 공유 : 이러한 유형의 민원 사례와 대응 과정을 내부적으로 보고하고 공유하여 다른 동료 경찰관들도 어르신의 어려운 사정을 이해하고 단순히 악성 민원인으로 치부하지 않고 도울 방법이 있는지 함께 고민하도록 하겠습니다.

5 **민사 사안으로 사기를 당했다고 주장하는 민원인에 대한 대응은?** 〈25. 1차 발표〉

> 민원인이 사기를 당했다고 지구대로 찾아왔다. 내용을 들어보니 형사 사건은 아니고 민사 사건이어서 고소 대상이 아니라고 하자, 민원인은 경찰에서 출석요구하면 상대방이 출석하지 않느냐며 따진다. 대응 방법은?

👤 〈답변〉

민원인이 사기 피해를 호소하지만 내용이 형사 사건이 아닌 민사 사건으로 판단될 때, 민원인의 답답함을 이해하고 적절한 해결책을 제시하는 것이 필요합니다. 민사 사건이 분명함에도 일단 고소하라고 안내하는 것은 무분별한 고소 사건의 남발로 바람직하지 않으며 사건에 대한 상담 및 고소 절차에 대한 안내가 필요하다고 생각합니다.

(1) 상황 판단

① **법적 이해 부족**: 민사와 형사의 차이점에 대한 인식이 부족합니다.

② **기대 불일치**: 민원인은 경찰의 강제력(출석요구)을 통한 해결을 기대합니다.

③ **감정적 흥분**: 민원인은 금전적 피해로 인한 분노로 감정적으로 흥분한 상태로서 경찰이 도움을 주지 않는다는 실망감이 있는 상태입니다.

(2) 법적 근거

① **수사 준칙 제16조의2(고소·고발 사건의 수리 등)**: 수사 준칙에 따라 <u>고소·고발사건은 반려할 수 없고</u> 반드시 수리해야 합니다. 검사 또는 사법경찰관은 고소 또는 고발을 받은 경우에는 이를 수리해야 한다.

② **경찰 수사 규칙**: 민사사건에 대한 고소인 경우 일단 수리 후에 각하할 수 있습니다.

> **제108조(불송치 결정)** ① 불송치 결정의 주문(主文)은 다음과 같이 한다.
> 4. 각하: 고소·고발로 수리한 사건에서 다음 각 목의 어느 하나에 해당하는 사유가 있는 경우
>   가. 고소인 또는 고발인의 진술이나 고소장 또는 고발장에 따라 제1호부터 제3호까지의 규정에 따른 사유(혐의없음, 죄가안됨, 공소권없음)에 해당함이 명백하여 더 이상 수사를 진행할 필요가 없다고 판단되는 경우

③ **경찰공무원 복무규정 제10조(민사분쟁에의 부당개입금지)**: 경찰공무원은 직위 또는 직권을 이용하여 부당하게 타인의 민사분쟁에 개입하여서는 아니된다.

(3) 대응 방안

① **공감적 경청과 진지한 태도**: 우선 민원인의 이야기를 충분히 경청하고 피해를 당한 민원인의 심정에 공감하는 태도를 보이겠습니다.

② **민사와 형사의 차이점 설명**: 민원인의 이해를 돕기 위해 민사와 형사의 차이점을 명확하게 설명하겠습니다. 금전 거래에 있어서 상대방을 속인(기망) 행위가 있으면 사기죄가 될 수 있지만, 단순한 금전 거래에 있어서 돈을 받지 못하였거나 계약을 어긴 것이라면 민사 사안에 해당합니다. 민사 사안에 대해서는 경찰이 개입할 수 없고 법원에 민사소송을 진행해야 함을 안내하겠습니다.

③ **출석요구 관련 명확한 설명**: 민원인의 출석요구 관련 질문에 대하여 민사 사안에 대해서는 경찰이 상대방에게 출석을 요구할 법적 권한이 없고 형사 사건에 한해서만 경찰이 출석요구 할 수 있음을 설명하겠습니다.

④ **고소장을 제출하려는 경우** : 만약에 사기죄로 고소를 하려는 경우에는 고소장을 작성하여 민원실에 접수하면 되지만 이와 같은 명백한 민사 사안은 고소를 하더라도 담당 수사관이 검토 후에 사건을 수사하지 아니하고 각하 처리할 가능성이 있다는 점도 안내하겠습니다. 민원인이 본인의 사건이 형사 사건에 해당하는지 또는 단순 민사 사안에 해당하는지에 대하여 좀 더 자세한 상담을 받고 싶다면 경찰서에서 운영하는 수사민원상담센터를 이용하도록 안내하겠습니다.

⑤ **수사민원상담센터 및 무료법률상담 안내** : 각 경찰서에 설치된 수사민원상담센터에서는 민원인에게 민사, 형사 관련 법률상담을 하고 있습니다. 대부분의 경찰서에서 변호사 및 퇴직경찰관을 참여시켜 형사·민사·행정 등 종합적이고 전문적인 법률서비스를 제공하고 있습니다. 또한 대한법률구조공단(국번없이 132)에서 무료 법률상담과 소송 지원을 받을 수 있다는 것도 안내하겠습니다.

⑷ 사후 조치(N)

① 상담내용을 기록하고 팀장 등 상사께 보고하겠습니다.

② 민원실 수사민원상담센터에 상담 절차 등을 확인하여 설명하겠습니다.

제4절 | 경미범죄와 훈방

❶ 심야시간 순찰 중에 무단횡단이나 신호를 위반한 사람을 목격한 경우 단속할 것인가?

답변

도로교통법은 시간에 관계없이 적용되지만 실무적으로 단속은 위반의 경중, 주변 교통 상황, 당사자의 상태 등을 종합적으로 고려하여 판단해야 합니다. 예를 들어 <u>차량이 많은 주요 도로에서 위험하게 무단횡단을 하는 경우에는 단속이 필요하지만, 차량이 전혀 없는 이면도로에서의 경미한 위반은 계도 위주로 접근할 수 있습니다.</u> 궁극적인 경찰의 목표는 시민의 안전과 질서 유지이므로 단순히 단속하여 통고처분하는 것보다는 실질적인 안전 확보와 시민 계도가 더 중요하다고 생각합니다.

합격코칭

구체적 상황별 대응 방안

단속이 필요한 상황	• 음주 상태로 보이는 시민이 위험하게 도로를 횡단하는 경우 • 차량 통행이 꾸준히 있는 주요 도로에서의 위반 • 같은 장소에서 반복적으로 위반이 발생하는 경우 • 위반으로 인해 차량이 급제동하는 등 실제 위험이 발생한 경우
계도가 적절한 상황	• 차량이 전혀 없는 이면도로에서의 경미한 위반 • 노약자나 긴급한 상황으로 판단되는 경우 • 기타 위반의 정도가 경미한 경우

② 폐지 줍는 할머니가 무단횡단하는 것을 발견한 경우 단속할 것인가?

👤 〈답변〉

우선 할머니의 안전을 최우선으로 고려하여 즉시 차량을 통제하고 안전하게 도로를 건너실 수 있도록 돕겠습니다. 할머니가 안전하게 이동하신 후에는 무단횡단의 위험성에 대해 설명드리며 <u>가급적 계도 조치(훈방)를 하겠습니다.</u> 할머니의 무단횡단도 교통법규 위반에 해당하지만 경찰의 재량권을 활용하여 상황에 맞는 적절한 조치를 취하는 것이 중요하다고 생각합니다. 노령의 폐지 줍는 할머니의 상황을 고려할 때 생활고를 겪는 할머니께 범칙금을 부과하는 것은 경제적 고통을 가중시킬 뿐만 아니라, 경찰에 대한 거부감을 키울 수 있습니다. 처벌보다는 진심 어린 걱정과 안전 교육이 할머니의 자발적인 법규 준수를 이끌어내는 데 더 효과적일 것이라고 판단합니다. 할머니께서 왜 무단횡단을 하셨는지 상황을 파악하고 향후에는 안전을 위하여 반드시 횡단보도를 이용하시도록 계도하겠습니다.

후속질문

✦ 이를 지켜본 시민이 왜 단속하지 않느냐고 항의한다면?

시민의 항의에 공감하면서도, 경찰의 합리적 재량권 행사와 사회적 약자 보호에 대하여 설명하고 현재 취한 조치가 할머니의 안전과 법질서 준수를 모두 고려한 적절한 판단임을 이해시키겠습니다. 경찰의 궁극적인 목적은 국민의 안전과 법질서 유지에 있으며, 기계적인 단속보다는 위반의 고의성, 위험성, 위반자의 상태 등을 종합적으로 고려하여 재량권을 행사하는 것이 실질적 평등에 부합한다는 점을 설득하겠습니다.

✦ 위 할머니가 반복적으로 무단횡단하는 경우는?

할머니가 반복적으로 무단횡단을 하는 상황이라면 <u>법과 원칙에 따라 단속을 하겠습니다.</u> 처음에는 계도 위주로 접근했지만 반복적인 위반은 본인뿐 아니라 다른 시민들의 안전과 교통질서에도 영향을 미치므로 할머니에게 경각심을 주어 습관적인 무단횡단을 막는 것이 할머니의 안전을 위하는 길이라고 생각합니다. 다만, 할머니가 반복적으로 무단횡단하는 근본적인 이유를 파악하여 혹시라도 교통 환경의 문제가 있다면 교통과에 횡단보도 신설이나 교통 안전시설 보강을 검토하도록 건의하겠습니다.

③ 20대 청년 단속 후 무단횡단하는 할머니도 단속할 것인가? 〈25. 2차 발표〉

> 왕복 6차로 도로에서 20대 청년이 무단횡단으로 적발되어 통고처분 하였다. 이후 70대 할머니가 무단횡단으로 적발되자 할머니는 걸음이 불편해서 그러니 좀 봐달라고 하는 상황이다. 현장 경찰관으로서 어떻게 조치할 것인가?

👤 〈답변〉

(1) 상황 판단

① 왕복 6차로 도로는 도로의 폭이 넓고 차량 속도가 빠를 수 있기 때문에 할머니의 무단횡단은 상당히 위험할 수 있습니다.

② 20대 청년에 대하여 무단횡단으로 단속한 후 이어서 70대 할머니에 대한 무단횡단을 적발한 경우, 법집행의 형평성과 무단횡단의 위험성을 고려한 단속과 사회적 약자인 70대 할머니에 대한 계도 조치 사이에 어느 쪽을 선택할지에 대한 신중한 검토가 필요한 상황입니다.

⑵ 법률 근거 등
① 도로교통법: 통고처분
② 학설 및 판례: 훈방(계도 조치)

⑶ 현장 대응
① 먼저 할머니가 안전하게 횡단한 것을 확인한 후 무단횡단을 하게 된 이유를 물어보겠습니다. 단순히 횡단보도까지 걸어가기가 힘들다는 것 외에 다른 이유가 있는지 확인하겠습니다.
② 걸음이 불편하신 분이 도로 폭이 넓은 6차선 도로를 무단횡단하는 것은 매우 위험합니다. 고령자는 걸음이 느리고 차량 속도에 대한 판단력이 약해서 달려오는 차량을 피하기 힘들고 사고가 나는 경우에는 치명적이기 때문입니다. 따라서 할머니가 사회적 약자임에도 불구하고 안전에 대한 경각심을 주기 위해서 통고처분을 하는 것이 필요하다고 생각됩니다.
   ✎ 범칙금액(도로교통법 시행령 별표9): 2만원(지하도 또는 육교가 설치된 곳에서 무단횡단시 3만원)
③ 또한, 앞선 20대 청년에 대하여 무단횡단으로 단속을 했었기 때문에 형평성 차원에서도 70대 노인이라는 점 외에 다른 고려 사항이 없다면 할머니도 동일하게 단속을 하는 것이 바람직하다고 생각합니다.
④ 만약 단속하지 않는다면 '무단횡단하더라도 단속당하지 않을 것'이라는 잘못된 생각으로 인해 반복될 우려가 있습니다. 경찰관으로서 통고처분을 하는 것은 처벌보다 할머니의 생명을 지키기 위함이며 할머니의 안전을 진심으로 걱정하기 때문이라는 점을 말씀드리며 이해시키겠습니다.

⑷ 사후 조치
① 해당 지점이 고령자들의 통행량이 많거나 횡단보도 간격이 너무 넓지는 않은지 등을 파악하여 교통시설 개선 사항이 있다면 교통과에 통보하겠습니다.
② 무단횡단의 위험성을 홍보하기 위한 플래카드를 해당 지점에 설치하여 줄 것을 건의하겠습니다.

후속질문

✦ **만약 할머니를 계도 조치하는 상황이라면 20대 청년이 불만을 제기할 텐데 이에 대한 대응은?**
'폐지 줍는 할머니가 무단횡단하는 것을 발견한 경우 단속할 것인가?'의 후속질문 답변 참조

✦ **이러한 무단횡단을 줄일 수 있는 효과적인 방안은?**
① **환경 개선**: 횡단보도 간격을 적절하게 조정하고 무단횡단 방지 펜스를 설치합니다. 고령 보행자가 많은 장소는 보행 신호 시간을 늘리고 바닥에는 LED 신호등을 설치하여 주의를 환기시킵니다.
② **교육 및 홍보**: 경로당이나 유치원 등에 찾아가서 교육하고 공익 캠페인 등으로 홍보를 강화하며 무단횡단다발지역 또는 사고다발지역에 현수막을 설치합니다.
③ **효과적 단속**: 빅데이터를 활용하여 사고가 많은 시간대별 장소별로 탄력적 단속을 실시합니다. 또한 AI 카메라를 이용한 무인단속시스템을 활용하거나 신고 포상금 제도를 활용할 수도 있습니다.

❹ AI 단속 장비에서는 위반으로 인식하였지만 본인은 아니라고 판단할 때 어떻게 하겠는가?

👤 〈답변〉

(1) **최종 판단은 경찰관의 책임**: 우선, AI 단속 장비(무인 단속 카메라 등)는 효율적인 단속을 위한 중요한 보조 수단이지만 최종적인 법 집행 판단의 책임은 현장에 있는 경찰관에게 있다고 생각합니다. 기술은 오류 가능성을 내포하고 있으며 현장의 복합적인 상황을 100% 반영하지 못할 수도 있기 때문입니다.
  ✎ 행정기본법 제20조(자동적 처분) 행정청은 법률로 정하는 바에 따라 완전히 자동화된 시스템(인공지능 기술을 적용한 시스템을 포함한다)으로 처분을 할 수 있다. 다만, 처분에 재량이 있는 경우는 그러하지 아니하다.

(2) **현장 상황 및 법규 재확인**: 만약 AI 장비는 위반으로 인식했으나 제 판단으로는 위반이 아니라고 생각된다면 저는 제 눈으로 직접 확인한 객관적인 상황과 관련 도로교통법 규정을 다시 한번 검토하여 위반 여부를 신중하게 재판단하겠습니다(**예** 신호 변경 시점, 차량의 정확한 위치, 속도 측정 방식의 한계 가능성 등).

(3) **위반이 아니라고 확신하는 경우**: 면밀한 관찰과 법규 판단 결과로 명백히 교통법규 위반이 아니라고 확신한다면, AI 단속 장비의 표시만을 근거로 운전자에게 통고처분(스티커 발부)하거나 단속 조치를 하지는 않겠습니다.

(4) **장비 점검 필요성 검토 및 보고**: AI 장비의 판단과 제 판단이 왜 달랐는지에 대해서 확인하고 해당 AI 단속 장비의 오작동 가능성 또는 점검 필요성에 대해 소속 부서의 교통 시설 관리 담당자나 상사에게 정식으로 보고하여 장비의 신뢰성을 확보하고 향후 유사 사례를 방지하도록 조치하겠습니다.

💬 주요 AI 단속 시스템

1. 지능형 CCTV 시스템
   ① 인공지능이 탑재된 CCTV는 교통법규 위반(신호위반 등)을 자동으로 탐지하고 기록한다.
   ② 대표적으로 서울시에서는 '스마트 횡단보도' 시스템을 도입하여 무단횡단, 신호위반 등을 AI가 자동 탐지한다.
2. 불법 주정차 단속 AI
   ① 도로 곳곳에 설치된 카메라가 불법 주정차 차량을 자동으로 인식하고 단속한다.
   ② 일부 지역에서는 이동형 단속 차량에 AI 시스템을 탑재하여 주행하면서 불법 주정차를 감지한다.
3. 과속 및 신호위반 단속 시스템
   ① 신호등과 연동된 AI 카메라가 신호위반 차량을 자동으로 식별하고 번호판을 인식한다.
   ② 고정형 과속 단속 카메라에도 AI 기술이 접목되어 정확도를 높였다.
4. 번호판 자동인식 시스템
   ① 카메라가 차량 번호판을 자동 인식하여 무보험 차량, 도난 차량, 체납 차량 등을 식별한다.
   ② 경찰차에도 이러한 시스템을 탑재하여 주행 중 검문 없이도 불법 차량을 감지할 수 있다.

❺ 경미한 범죄에 대하여 경찰 훈방이 가능한 경우는?

👤 〈답변〉

훈방(訓放)이란, 범죄 혐의가 매우 경미하여 정식으로 형사입건하여 사건을 진행할 필요까지는 없다고 판단될 때, 경찰관이 혐의자를 훈계하고 주의를 준 뒤 귀가시키는 조치를 말합니다. <u>이는 형사소송법이나 경찰관직무집행법 등에 명확히 규정된 법률 용어라기보다는 실무상의 용어입니다.</u>

(1) 훈방 조치가 가능한 주요 범위와 기준

① **범죄의 경미성**: 주로 '경범죄 처벌법' 제3조에 규정된 행위들 또는 경미한 교통법규 위반으로 통고처분 대상이 되는 경우, 경미한 범죄로 20만원 이하의 벌금, 구류 또는 과료에 처해질 것으로 예상되는 즉결심판 대상 사건 등입니다.

② **행위자의 특성**: 범행을 깊이 반성하고 뉘우치는 태도를 보이는 경우, 초범이거나 동종 전과가 없는 경우(상습성이 인정되면 훈방 대상에서 제외), 재범의 위험성이 현저히 낮다고 판단되는 경우 등입니다.

③ **피해자의 의사**: 피해자가 있는 경미한 사안의 경우와 피해자가 처벌을 원하지 않는다는 의사(처벌불원 의사)가 있고 피해가 회복된 경우에는 고려할 수 있습니다.

④ **기타 정황**: 범행 동기, 수단, 결과, 행위자의 연령, 환경 등을 종합적으로 고려하여 사안이 매우 경미하고 정식 입건하여 처벌할 필요성이 낮다고 판단될 때 가능합니다.

(2) 제한 사항

① 폭행, 절도, 사기 등 일반 형사 범죄(중범죄 포함)에 대해서는 원칙적으로 훈방 조치가 불가능합니다. 다만, 예외적으로 피해가 극히 경미하고 합의가 이루어지는 등의 경우에 '입건 전 조사' 단계에서 불입건되는 경우가 있을 수는 있습니다.

② 훈방은 경찰관의 재량적 판단에 속하지만 자의적인 판단이 아니라 관련 법규 및 내부 지침, 그리고 위에서 언급한 여러 요소를 종합적으로 고려해야 하며 정식 형사입건 전에 이루어지는 조치입니다.

[후속질문]

✦ **경찰이 훈방을 할 수 있는 법적 근거는?**

경찰 훈방에 대한 명문의 법적 근거는 없지만 학설과 판례로 인정되고 있으며, 범죄수사규칙(경찰청 훈령)에 그 절차를 규정하고 있습니다.

(1) 경찰 훈방에 대한 학설

> **경찰 훈방은 기소독점주의에 대한 예외로서** 경찰서장에게 즉결심판청구권이 인정되었다고 볼 때 검사에게 인정된 기소편의주의도 경찰서장에게도 준용될 수 있다. 즉결심판법 제3조 제1항에서 즉결심판청구권을 경찰서장에게 부여하고 있고, 동법 제19조는 즉결심판절차의 "성질에 반하지 아니한 것은 형사소송법 규정을 준용한다"라고 규정하고 있으므로, **경찰서장은 즉결심판청구권을 행사함에 있어 형사소송법 제247조 제1항의 기소편의주의를 준용해 훈방권을 행사할 수 있다.** 〈조국, 경찰 훈방권의 법적 근거와 한계, 2003년〉

(2) 경찰 훈방에 대한 대법원 판례(1982. 6. 8. 선고 82도117)

> 공무원이 직무를 유기한 때라 함은 공무원이 법령 내규 또는 지시 통첩에 의한 추상적인 충근의무를 게을리한 일체의 경우를 지칭하는 것이 아니라 주관적으로 직무집행의사를 포기하고 객관적으로 정당한 이유없이 직무집행을 하지 아니하는 부작위상태가 있어 국가기능을 저해하는 경우를 말한다 할 것인바, <u>사법경찰관리가 직무집행의사로 위법사실을 조사하여 훈방하는 등 어떤 형태로든지 그 직무집행행위를 하였다면 형사피의사건으로 입건수사하지 않았다 하여 곧 직무유기죄가 성립한다고 볼 수는 없다.</u>
> 사법경찰관리는 일체의 모든 범죄혐의에 관하여 검사에게 인지보고 하고 그 지휘에 따라 수사를 할 따름이며 피의자에 대한 기소 불기소 등 처분은 전혀 검사만이 할 수 있고 사법경찰관리에게는 입건 수사하거나 또는 형사사건으로 입건하지 아니하고 훈계 방면하는 등에 관하여 아무 재량권도 없다는 취지의 소론 논지는 독자적 견해로서 채용할 수 없으므로 상고논지는 그 이유없음에 돌아간다.

> **▶ '현대판 장발장' 훈방은 직무유기?**
>
> 2019년 12월 10일 인천 중구의 한 마트에서 식료품 1만 원어치를 훔친 A(34)씨를 훈방했다. A씨의 절도는 소액(판례상 통상 20만원 이하)이고 원상회복이 이뤄졌으며 피해자가 처벌을 원하지 않았기에 A씨가 검찰에 넘겨지더라도 기소유예될 가능성이 매우 높다. 이에 대하여 장발장 훈방은 문제되지 않지만 경찰의 재량권을 형사소송법에 명시해 법적 근거를 확보할 필요성이 있다고 형사법 전문가들은 지적 하였다. 〈서울신문 19.12.22. 참조〉

(3) 범죄수사규칙(경찰청 훈령)

> **범죄수사규칙(경찰청훈령)**
> **제45조(경찰 훈방)** ① 경찰관은 죄질이 매우 경미하고, 피해 회복 및 피해자의 처벌의사 등을 종합적으로 <u>고려하여 훈방할 수 있다.</u>
> ② 제1항의 훈방을 위해 필요한 경우 경찰청장이 정하는 위원회의 조정·심의·의결을 거칠 수 있다.
> ③ 경찰관은 훈방할 때에는 공정하고 투명하게 하여야 하고 반드시 그 이유와 근거를 기록에 남겨야 한다.
>
> **경미범죄 심사위원회 운영 규칙(경찰청훈령)**
> **제1조(목적)** 이 규칙은 경미한 형사사건 피의자의 전과자 양산을 방지하기 위하여 '경미범죄 심사위원회'를 설치하고 그 운영에 필요한 사항을 규정함을 목적으로 한다.
> **제2조(정의)** 이 규칙에서 사용하는 용어의 뜻은 다음과 같다.
> 1. "경미범죄"란 형사사건 및 즉결심판 사건의 범죄 중 별지 제4호서식의 기준에 의해 사안이 경미한 것으로 판단되는 범죄를 말한다.
> 2. "경미 형사사건"이란 형사사법정보시스템에 입력된 사건 중 사안이 경미하여 <u>20만원 이하의 벌금, 구류 또는 과료에 처해질 것으로 예상되는 사건</u>을 말한다.
> 3. "즉결심판 사건"이란 즉심 및 통고처분 시스템에 입력된 사건을 말한다.
> 4. "감경결정"이란 다음을 말한다.
>   가. <u>입건 전 조사사건의 경우 즉결심판 청구 또는 훈방</u>
>   나. <u>입건 형사사건의 경우 즉결심판 청구</u>
>   다. <u>즉결심판 사건의 경우 훈방</u>
> **제3조(위원회의 설치)** 각 경찰서에 경미범죄 심사위원회(이하 '위원회'라 한다.)를 설치한다.

제4조(심사대상자의 선정) ① 해당사건 주무과장은 별지 제4호 서식의 양형기준을 고려하여 심사대상자를 경찰서장에게 건의한다. 다만, <u>19세 미만의 자와 통고처분 미납으로 즉결심판 청구된 자는 제외한다.</u>

🖉 19세 미만자는 시·도경찰청 소년업무규칙에 의한 「선도심사위원회」에서 심의·의결(자치경찰 사무임)

② 경찰서장은 제1항의 건의를 받은 후 위원회 개최 3일 전까지 별지 제3호 서식에 따라 심사대상자를 선정하여 위원회에 부의하고 그 대상자에게 통지한다.

제5조(심사 대상) ① 위원회는 제4조 제2항에 따라 부의된 사건에 대하여 다음 각호의 사항을 심사한다.
1. 형사사건에 대한 감경 결정 여부
2. 즉결심판 사건에 대한 감경 결정 여부
② 위원회는 제1항의 내용에 대해 심사시 별지 제4호 서식의 양형기준을 고려하여야 한다.

제6조(위원회의 구성) ① 위원회는 위원장 1명을 포함하여 5명 이상 7명 이하로 구성한다.
② <u>위원장은 경찰서장으로 하고, 외부위원은 위원장을 제외한 위원 2분의 1 이상으로 위촉하여야 한다.</u>
③ 내부위원은 경찰서 경정·경감급 과장 중에서 즉결심판 담당 부서의 과장을 포함하여 경찰서장이 임명한다.
④ 외부위원은 경찰 외부인사로서 전문성을 갖추거나, 학식과 경험이 풍부한 사람 중에서 경찰서장이 성별을 고려하여 위촉한다. 이 경우 경찰서장은 외부위원에게 별지 제1호 서식의 위촉장을 수여한다.
〈이하 생략〉

경미형사사건 정상참작 기준표(별지 제4호 서식) 【경미 약초 회복】

구분	판단 요소	참작 사유
행위 관련	범행의 수단 및 결과	• 신체에 대한 위험성이 거의 없거나 낮을 것
	증거의 명백성	• 범법 사실에 다툼이 없음
피의자 관련	범행 동기	• 생계형 범죄 또는 우발적 범죄
	반성 여부(개전의 정)	• 절차처리에 우호적 자세 • 피해자나 수사관에 대한 진지한 태도 • 피해를 회복하고자 하는 적극적 노력
	범죄경력 (초범)	같은 죄질이거나 법적성격이 유사한 동종 전과가 없을 것 (최근 5년간 집행유예 2회 이상, 벌금형 3회 이상 전과가 없을 것)
	신체상, 신분상, 연령상 참작 사유 유무 (사회적 **약자**)	• 신체상 : 정신박약, 보행불구, 질병자 • 신분상 : 주거 및 신원이 확실한 자 • 연령상 : 만 65세 이상인 자
피해자 관련	피해의 정도	피해가 없거나 **경미**한 경우
	피해 회복의 유무	• 피해가 **회복**된 경우 • 피해 회복을 위해 노력하였거나 약속한 경우
	피해자와의 합의 유무	• 피해자와 합의가 된 경우 • 피해자가 명시적으로 처벌을 원하지 않는 경우
기타	그 밖의 정상참작의 부득이한 사유가 있는 자(사회적 **약자**)	• 장애인, 기초생활수급자 등 사회적·경제적 보호를 요하는 자 • 피해자에게도 범행의 발생 또는 피해의 확대에 상당한 책임이 있는 경우

✦ 고소 · 고발 사건에 대하여도 즉결심판을 청구할 수 있는가?

고소 · 고발 사건에 대한 즉결심판 청구에 대하여 학설의 대립은 있지만 긍정설이 타당하며 실무상 즉결심판을 청구하고 있습니다. 다만 적극적으로 즉결심판 청구를 하지는 않는 경향을 보이고 있습니다.

(1) 긍정설

> 고소 · 고발사건에 대한 즉결심판청구가 가능한지 여부에 관하여 견해의 대립이 있지만, ① 즉결심판절차법이 고소 · 고발 사건에 대한 즉결심판청구를 금지한다는 명문의 규정을 두지도 않은 점 ② 법원 실무에서도 고소 · 고발 사건이 즉결심판의 대상이 되는 것으로 보고 있는 점 ③ '즉결심판제도를 통한 신속 · 간단한 사건 처리'가 업무 효율성에 기여하는 바가 상당한 점을 고려할 때 고소 · 고발 사건을 즉결심판 청구대상에 포함하는 것이 타당하다. 그럼에도 불구하고 실무상으로는 고소 · 고발사건이 즉결심판에 회부되는 경우는 상당히 드물다. 경제팀 사건 중에서는 발생사건 또는 전형적인 특별법위반사건에 관하여만 주로 즉결심판청구가 이루어진다. 특히, 고소 사건의 경우 일선 수사관들은 고소인의 민원제기 우려로 인하여 즉결심판 회부에 적지 않은 부담감을 느끼는 것으로 보인다. 〈범죄수사학 연구 통권 제15호, 김세연, 변호사〉

(2) 초코파이 절도사건

> 2024년 1월 18일 새벽 4시경, 보안업체 직원인 A씨는 평소 "동료 기사들이 냉장고에서 간식을 꺼내 먹어도 된다"고 들어 물류업체 사무실 냉장고 문을 열어 안에 있던 과자 초코파이 1개(400원)와 커스터드 1개(650원)를 꺼내 먹었는데, 해당 물류업체 소장이 CCTV를 확인하여 경찰에 고발하였다. 1심에서는 벌금 5만원을 선고하였으나 2심에서 고의를 인정할 수 없다는 이유로 무죄가 확정되었다. A씨는 보안업체 직원이었기 때문에 절도죄로 벌금형을 받을 경우 회사에서 해고당할 수 있다는 점을 우려하여 정식재판을 청구하고 변호사 선임 비용으로만 1천만원 넘게 지출한 것으로 알려졌다.

이 사건에서 경찰이 즉결심판을 청구하지 않은 것은 A씨에게 7 ~ 8년 전 만취 상태에서 경찰 승합차를 운전(자동차 등 사용절도 및 음주운전)하여 벌금 500만원을 선고받은 동종 전력이 있었고, 통상 경찰은 고소 · 고발사건을 경미범죄심사위원회에 회부하지 않는 경향으로 비록 경미한 절도사건이지만 형사 입건하여 검찰에 송치한 것으로 보인다.

그러나 「즉결심판에 관한 절차법」에 동종 전력(전과)이 있는 사람에 대하여 즉결심판 청구를 금지하는 규정이 없으며, 이 사건은 제1심 법원에서 벌금 5만원을 선고하여 '20만원 이하의 벌금에 처할 사건'에 해당하므로 경찰 단계에서 즉결심판 청구하는 것이 적절했을 것으로 생각된다. 만약 즉결심판 청구를 했더라면 즉결심판은 전과로 기록되지 않으므로 A씨 입장에서는 굳이 변호사 비용 1천만원을 들여 정식재판을 청구할 이유가 없었을 것이다(물론 즉결심판에 의한 절도죄도 벌금형에 해당하지만 통상 회사에 범죄경력증명서를 제출하는데 즉결심판 벌금은 범죄경력증명서에 기록되지 아니하므로 A씨가 전과를 이유로 해고될 우려는 없었을 것으로 보인다). 〈박용증 교수 의견〉

❻ 노인 생계형 경미범죄에 대한 대응은? 〈25. 2차 발표〉

> 고령화사회에 노인 범죄가 증가한다. 생계형 범죄뿐만 아니라 폭행, 상해, 살인, 가정폭력 등 다양하게 발생한다. 편의점에서 70대 노인이 빵과 우유를 먹고 있는데 계산을 하지 않았다는 신고를 받고 현장에 출동한 상황이다. 현장 경찰관으로서 대응은?

👤 답변

(1) **상황 판단** : 우리나라는 65세 이상의 인구가 전체 인구의 20%를 이상을 차지하는 초고령화 사회에 2024년 12월에 진입하였고 생계형 노인 범죄가 꾸준히 증가하는 추세입니다. 70대 노인이 계산을 하지 않고 빵과 우유를 먹은 경우는 전형적인 생계형 경미범죄로서, 어떤 사유로 계산을 하지 않았는지 확인하는 것이 중요하다고 생각합니다.

(2) **법적 근거**

① 형법 : 절도죄

② 즉결심판에 관한 절차법

③ 경미범죄 심사위원회 운영 규칙(경찰청훈령)

(3) **현장 대응**

① 계산하지 않은 이유 확인 : 노인에게 계산을 하지 않고 빵과 우유를 먹은 이유를 확인하겠습니다.

② 절도죄 성립 여부 검토

㉠ 절도죄 불성립 : 단순히 계산을 깜빡 잊었는지 치매 증상이 있는지에 대한 확인이 필요하며 만약 이러한 이유로 계산을 하지 않았다면 절도의 고의를 인정할 수 없으므로 절도죄는 성립하지 않습니다. 치매 증상이 있는 경우 보호자에 연락하거나 보호자와 연락될 때까지 지구대에 보호조치할 수 있습니다.

㉡ 절도죄 성립 : 돈이 없는 줄 알면서도 고의로 계산하지 않고 빵과 우유를 먹었다면 절도죄에 해당합니다. 편의점 관리인에게 빵과 우유값이 얼마인지 확인한 후 노인에게 빵과 우유값을 대신 계산하여 줄 수 있는 지인이나 가족이 있는지 확인하겠습니다.

③ 절도죄에 해당하는 경우 조치

㉠ 훈방 : 빵과 우유값이 소액이고 노인에게 전과 등 동종 전력이 없고 노인이 사후에 가격을 지불하여 피해가 회복되거나 피해자가 처벌을 원치 않는다면 현장에서 훈방할 수도 있습니다.

㉡ 즉결심판 청구 : 피해가 회복되지 아니하고 피해자가 처벌을 강력하게 원하는 경우에는 피해 금액이 경미하고 사회적 약자인 노인이라는 점을 고려하여 즉결심판을 20만원 이하의 벌금, 구류, 과료에 처할 수 있는 즉결심판을 청구하겠습니다.

㉢ 경미범죄심사위원회 회부 : 절도죄가 인정되고 피해자가 처벌을 원하더라도 노인이 행위가 초범이고 빵과 우유값을 계산하지 못한 사유가 경제적 빈곤으로 인한 경우라면 경찰서 경미범죄심사위원회에 회부하여 훈방 또는 즉결심판 청구 가능성에 대하여 심사를 받겠습니다.

(4) **사후 조치**

① 보호자 연락 : 치매나 정신 건강상의 문제가 있는 경우라면 '지문 사전등록 여부'나 '배회감지기' 소지 여부를 확인하고 경찰 내부망의 실종아동 등 프로파일링 시스템 조회한 후 보호자에게 인계 시까지 보호조치를 하겠습니다.

② 복지제도 연계 : 빈곤한 독거노인에 해당하는 경우에는 자치단체 사회복지사에 연계하여 적절한 복지 지원이 이루어지도록 하겠습니다.

후속질문

✦ 경미범죄의 기준은 무엇인가요?

「경미범죄 심사위원회 운영 규칙(경찰청 훈령)」에서 정의하는 경미범죄란 형사사건 및 즉결심판 사건의 범죄 중에서 범행동기가 생계형 또는 우발적 범죄이고 반성을 하고 있으며 동종·유사 전력이 없으며 사회적 약자(장애인, 노숙자, 노약자 등)가 범한 범죄로서 피해가 회복되고 피해자가 처벌을 원치 않는 범죄 등을 말합니다. 일반적으로 '경범죄 처벌법' 제3조에 규정된 범죄나 도로교통법 위반으로 통고처분 대상이 되는 범죄, 20만원 이하의 벌금, 구류 또는 과료에 처해질 것으로 예상되는 즉결심판 대상 사건 등을 말합니다.

✦ 경미범죄심사위원회는 어떤 경우에 개최하며 위원의 구성은 어떻게 되나요?

「경미범죄 심사위원회 운영 규칙(경찰청 훈령)」제6조에 의하면 위원장은 경찰서장으로 하고, 외부위원은 위원장을 제외한 위원 2분의 1 이상으로 구성됩니다. 내부위원은 경찰서 경정·경감급 과장 중에서 즉결심판 담당부서의 과장을 포함하여 경찰서장이 임명하고, 외부위원은 경찰 외부인사로서 전문성을 갖추거나 학식과 경험이 풍부한 사람 중에서 경찰서장이 성별을 고려하여 위촉합니다.

✦ 생계형 노인 범죄와 일반적인 절도사건에 있어서 처벌에 차이를 두어야 하는 이유는?

형법 제51조(양형의 조건)는 형을 정함에 있어서는 ①범인의 연령, 성행, 지능과 환경, ②피해자에 대한 관계, ③범행의 동기, 수단과 결과, ④범행 후의 정황을 참작하도록 규정하고 있습니다. 형사법상 대원칙인 '비례의 원칙'과 '책임주의'를 구현하기 위해 법률이 부여한 재량권을 활용해야 한다고 생각합니다.

(1) **준법 기대가능성 저하**: 형법 제51조에 명시된 '범행의 동기'를 참작할 때, 생존을 위한 절도는 악의적 탐욕에 의한 범죄보다 적법 행위를 기대할 가능성이 현저히 낮습니다. '사흘 굶어 담 안 넘는 사람 없다'는 말처럼, 인간의 기본권인 생존권이 위협받는 상황에서의 비난 가능성은 일반범죄와 차등을 두어야 합니다.

(2) **범죄의 악순환 차단**: 형벌의 목적은 재사회화에 있습니다. 경제적 능력이 없는 노인에게 부과되는 벌금형은 오히려 빈곤을 심화시켜 '생계형 범죄의 악순환'을 초래합니다. 처벌보다는 복지 시스템 연계를 통한 근본적 원인 제거가 사회 전체의 안전 측면에서 더 효과적입니다.

(3) **국가의 보호의무와 사회적 책임**: 노인 빈곤은 개인의 게으름보다는 사회 안전망의 사각지대에서 발생하는 구조적 문제입니다. 국가가 복지적 책무를 다하지 못한 책임을 개인에게만 전가하여 엄벌하는 것은 형평성에 어긋납니다.

따라서 생계형 노인 범죄에 대하여는 일반범죄에 비하여 감경하여 처벌해야 하고 복지정책과 연계된 접근이 필요합니다.

✦ 생계형 노인 범죄를 예방할 수 있는 방안은?

노인들의 사회적·경제적 여건이 나아지지 않으면, 초범이 재범이 되고 계속 범죄에 내몰릴 수밖에 없습니다. 따라서 생계형 노인 범죄는 단순한 처벌로는 한계가 있다고 생각합니다. 형벌보다는 사회복지정책, 노동정책, 교육정책, 경제정책 등 범죄에 빠지게 되는 여러 원인을 차단하는 사회정책이 우선되어야 한다고 생각합니다. 다만 경찰 차원에서 예방 방안이라면,

① **관내 취약노인의 선제적 발굴**: 순찰을 통하여 독거노인 등 관내 취약 노인을 확인하여 자치단체에 통보하고 지구대 내에서도 관련 정보를 공유합니다.

② 법 집행의 유연성과 회복적 경찰활동 : 절도사건 등 생계형 범죄 발생시 회복적 경찰활동으로 피해를 회복할 수 있도록 지원하고 경미범죄심사위원회를 통하여 처벌보다는 훈방이나 즉결심판으로 감경처리 합니다.

③ 경찰관 교육 및 홍보 : 생계형 노인 범죄 대응 방안을 일선 경찰관에게 교육하고, 경로당 등을 방문하여 위기 노인 발견 시 112신고 등 관련 내용을 홍보합니다.

📖 71세 이상 고령층 절도 5년 새 68% 급증

경찰청에 따르면 최근 5년간 고령층의 절도 범죄가 급증한 것으로 나타났다. 71세 이상 절도범은 2020년 9,624명에서 2024년 1만6,223명으로 68.5%나 뛰었다. 61세 이상은 2만3,141명에서 3만4,185명으로 47.7% 증가했다. 이는 같은 기간 60세 이하 절도범이 7만6,605명에서 6만6,691명으로 12.9% 감소한 것과 대비된다. 전체 절도범도 2020년 9만9,746명에서 지난해 10만876명으로 1.1% 소폭 증가하는 데 그쳤다. 〈국제신문 25.10.12. 참조〉

✦ 노숙자가 배가 너무 고파서 상습적으로 절도를 한 상황이라면?

경제적 약자인 노숙자가 배가 너무 고파서 절도를 했다고 하더라도 상습적이라면 경미범죄로 볼 수는 없고 원칙적으로 형사입건하여 검찰에 송치해야 하며, 훈방이나 즉결심판 청구는 어렵다고 생각됩니다. 다만, 범죄의 원인이 '극심한 배고픔과 노숙'이라는 생계형 범죄인 점을 고려하여 다음과 같은 조치를 취하겠습니다.

① 심층적 면담 및 기록 : 피의자 조사 과정에서 절도 동기, 노숙 기간, 건강 상태, 가족 관계, 이전의 복지 지원 경험 등 개인적인 어려움과 사회적 배경 등을 수사 기록에 남겨서 검사의 기소유예 또는 판사의 양형 결정 시 참고할 수 있도록 하겠습니다.

② 복지 시스템 연계 : 법적 절차 진행과 동시에 노숙자가 다시 범죄에 내몰리지 않도록 자치단체에 관련 사항을 통보하고 지역 내 노숙인 쉼터나 무료 급식소 담당자와 직접 연결하는 등 노력을 하겠습니다. 제가 사비로 밥 한 끼 정도는 제공할 수 있겠지만 「노숙인 등의 복지 및 자립 지원에 관한 법률(노숙인복지법)」 등에 의한 제도적 지원이 보다 바람직하다고 생각됩니다.

📖 '편의점 절도범'을 병원으로 데려간 형사들

2025년 10월 22일, 청주시 오창읍의 한 편의점 계산대에서 A씨(50대)는 "배가 고파서 그러는데 내일 계산하면 안 되겠냐"는 요청을 거절당하자 과도를 보여준 뒤 아무 말 없이 5만원 상당의 식료품 등이 담긴 봉투를 들고 나갔다. 이후 경찰은 인근 원룸에서 A씨를 체포하였으나, A씨는 심하게 야윈 상태로 그대로 주저앉을 만큼 기력이 없었다. 이에 형사들은 A씨에게 죽을 사 먹인 뒤 병원으로 이동해 사비로 영양 수액을 맞게 하고 달걀과 햇반, 라면 등을 사준 뒤 집으로 돌려보냈다. 경찰은 A씨가 전과가 없고 극심한 생활고로 범행한 점을 고려해 불구속 수사하고, A씨와 함께 오창읍 행정복지센터를 방문해 그가 기초생활 보장제도를 신청할 수 있도록 도왔다. 대상자 선정 심사를 받는 3개월 동안 A씨는 매달 76만원의 임시 생계비를 지원받을 예정이다. 〈서울신문 25.10.27. 참조〉

7 할머니 폐지 절도 신고를 받고 출동한 경우, 절도죄로 입건 vs 훈방에 대한 생각은?

답변

할머니의 폐지 절도는 생계형 범죄의 성격이 짙고 피의자가 고령의 여성이란 점에서 매우 신중하고 섬세한 접근이 필요합니다.

(1) **우선적 고려사항** : 현장에 도착하여 피해자인 가게 주인(또는 신고자)과 할머니 양측의 이야기를 경청하여 정확한 사실관계를 파악합니다. 훔친 폐지의 양과 가치, 할머니의 범행 동기(생계 목적 가능성), 태도(반성 여부), 건강 상태 등을 종합적으로 고려하겠습니다. 필요하다면 가족에게 연락하거나 지역 행정복지센터(주민센터)나 관련 복지기관에 연계하여 도움을 받을 수 있도록 하겠습니다.

(2) **현장에서 훈방 또는 경고/계도** : 사안이 극히 경미하고(폐지 소량) 할머니가 잘못을 뉘우치며, 명백한 생계 목적의 초범(또는 관련 전과 없음)으로 판단되고 피해가 회복되어 피해자가 처벌을 원치 아니하는 경우에는 훈방 또는 경고/계도 조치할 수 있습니다.

(3) **경미범죄 심사위원회 회부** : 현장에서 훈방하기에 적절하지 아니하다면 경미범죄 심사위원회에 회부하여 처벌의 필요성, 피해 회복, 피의자의 개선 가능성, 재범 위험성 등을 종합적으로 심사한 후 훈방 또는 즉결심판을 청구할 수 있습니다.

(4) **입건 고려 :** <u>만약 훔친 폐지의 양이 매우 많아 단순 생계 목적을 넘어선다고 의심되거나, 상습성이 명백하거나, 할머니가 전혀 반성하지 않고 행패를 부리는 등</u> 예외적인 상황이라면 입건을 고려할 수도 있습니다.

후속질문

✦ **만약 현장 경찰관이 할머니를 현행범 체포하여 형사과에 인계한 경우 수사관으로서 어떻게 할 것인가?**

(1) **사건 인수 및 재검토** : 현장 경찰관이 할머니를 현행범으로 체포하여 형사과로 인계했더라도 수사관은 사건 기록과 현장 경찰관의 의견을 참고하되, 독자적으로 사건의 실체와 제반 사정을 다시 면밀히 검토하여 입건 여부를 최종 결정해야 합니다. <u>현행범 체포와 형사입건은 별개의 절차로서 현행범 체포하였더라도 제반 사정을 참작하여 불입건할 수도 있습니다.</u>

(2) **경미범죄 심사위원회 회부** : 현행범 체포하여 형사과로 인계된 사안이므로 처리에 신중을 기하기 위하여 경미범죄 심사위원회에 회부하여 처벌의 필요성, 피해 회복, 피의자의 개선 가능성, 재범 위험성 등을 종합적으로 심사하여 처리하는 것이 가장 적절하다고 생각합니다. 위원회의 심의에 따라 훈방, 즉결심판 청구, 입건 등의 결정을 할 수 있습니다.

(3) **복지 연계** : 어떤 처분(입건 또는 불입건)을 하든 할머니가 다시 생계 문제로 범죄에 내몰리지 않도록 지역 사회복지기관과 반드시 연계하여 필요한 복지 서비스를 받을 수 있도록 조치하고 이를 기록에 남기겠습니다.

✦ **가게 주인(피해자)이 처벌을 원하는 경우 어떻게 처리할 것인가?**

피해자의 처벌 의사는 존중하지만 사건 처리(입건 여부, 송치 의견 등)는 법과 원칙, 사안의 경중, 피의자의 제반 사정, 재범 방지 필요성 등을 종합적으로 고려하여 최종적으로 수사관이 결정합니다. 피해자가 처벌을 원하고 있으므로 경미범죄 심사위원회를 거쳐 불입건(훈방)하거나 즉결심판 청구를 결정하는 것이 적절하다고 생각합니다.

> **경미 절도, 즉결심판 또는 훈방 조치 사례**
>
> - 청주의 한 편의점에서 20대 아르바이트생이 점주 몰래 4차례에 걸쳐 4,500원 상당의 삼각김밥, 음료수, 컵라면 등을 훔친 혐의로 경찰에 붙잡혔다. 점주가 처벌을 원하면서 해당 아르바이트생은 형사 입건되었고, 결국 경미범죄심의회를 거쳐 즉결심판에 회부됐다. 〈충청투데이 17.10.30. 참조〉
> - 경남 창원의 한 종합생활용품 판매점에서 20대 여성 ㄱ씨가 초콜릿을 계산하지 않고 세 차례 먹었다는 이유로 경찰에 신고됐다. 조사 결과 ㄱ씨는 지적장애 2급이었으며 이후 어머니와 함께 판매점을 방문해 사과하고 일부 금액을 변상한 사건에서 경찰은 경미범죄심사위원회의 심사를 거쳐 훈방 조치하였다. 〈경남도민일보 22.10.16. 참조〉
> - 한 주택가에 내놓은 종량제 봉투가 사라지는 일이 발생했다. 용의자는 폐지를 수집하며 생활하는 80대 노인 ㄴ씨였다. ㄴ씨는 종량제 봉투 안의 쓰레기를 버리고 봉투만 가져가려다 주인에게 적발됐다. 현장에서 봉투는 회수되었고 피해는 경미했지만 주인은 강력한 처벌을 원했다. 이 사건에서 경찰은 경미범죄심사위원회의 심사를 거쳐 훈방 조치하였다. 〈경남도민일보 22.10.16. 참조〉

⑧ 경범죄 노상방뇨 단속에 대한 의견 대립 시 대응은? 〈25. 1차 발표〉

> 경범죄 처벌법상 '노상방뇨'는 10만원 이하의 벌금 또는 과료, 구류에 처한다는 규정이 있다. 이때 경찰관 A는 이를 발견하고 단속하려 하자 선배경찰관 B는 "이런 사소한 일까지 단속하면 오히려 경찰의 이미지가 안 좋아진다"며 단속을 하지 말자고 한다. 이 상황에서 만약 경찰관 A라면 어떻게 B를 설득하고 단속할 것인가?

답변

선배 경찰관 B의 말씀도 일리가 있습니다. 모든 경미한 위반을 기계적으로 단속하는 것이 능사는 아니며 경우에 따라서는 시민의 불만을 초래할 수도 있습니다. 하지만 법 집행의 원칙을 생각할 때 노상방뇨도 단속해야 할 위법 행위에 해당하며 경찰관이 목격한 이상 계도 조치도 없이 그냥 지나칠 수는 없다고 생각합니다.

(1) 선배 경찰관 B 설득

① 법 집행의 원칙과 형평성 유지 강조 : "선배님, 물론 사소한 일처럼 보일 수 있습니다. 하지만 경범죄 처벌법에 노상방뇨가 명확히 규정되어 있는 이상 이는 엄연한 위법 행위입니다. 만약 우리가 이런 사소한 위반을 묵인하면 '누구는 봐주고 누구는 단속하느냐'는 형평성 문제가 불거질 수 있고 이는 경찰의 신뢰도를 오히려 떨어뜨릴 수 있습니다."라고 말하겠습니다.

② '깨진 유리창 이론'을 활용한 설득 : "'깨진 유리창 이론'에 의하면 작은 무질서를 방치할 때 더 심각한 범죄와 혼란이 발생할 수 있다고 합니다. 노상방뇨와 같은 작은 무질서가 방치될 경우 그 지역은 법이 제대로 지켜지지 않는 곳이라는 인식이 생겨 더 심각한 위법 행위로 이어질 수 있습니다."

③ 공공의 질서와 환경 유지의 중요성 설명 : "공공장소에서 노상방뇨는 공공장소의 위생과 미관을 해치는 행위이며 시민들에게 불쾌감을 줍니다. 특히 아이들이나 여성들에게는 불쾌감을 넘어 불안감을 줄 수도 있습니다."

④ **경찰 이미지 제고의 역설적 효과 제시**: "선배님 말씀처럼 '경찰 이미지가 안 좋아진다'는 우려도 이해합니다. 하지만 역으로 생각해 보면 법을 어기는 행위를 확실하게 단속하고 공공의 질서를 바로잡는 모습이야말로 '경찰이 시민들을 위해 제 역할을 다하고 있구나'라는 긍정적인 이미지를 줄 수 있습니다."

⑤ **효율적인 단속 방식 제안**: "일단 위반자의 사정을 들어보고 초범이거나 사회적 약자인 경우에는 단속보다는 계도 조치할 수 있는지를 검토하겠습니다. 적어도 이렇게 한번 경고라도 받으면 다음부터는 노상방뇨하지 않을 것으로 봅니다."는 식으로 융통성 있게 단속하겠다는 취지로 말씀드리고 설득하겠습니다.

⑵ **단속 진행 방안**: 선배 경찰관 B를 설득한 후 다음과 같은 절차로 노상방뇨 단속을 진행하겠습니다.

① **위법 행위 고지 및 상황 설명**: 대상자에게 접근하여 소속과 성명을 밝히고 노상방뇨는 시민들에게 불쾌감을 줄 수 있는 행위로서 경범죄처벌법에 위반됨을 설명하겠습니다.

② **대상자의 진술 청취 및 상황 판단**: 대상자에게 왜 그런 행위를 했는지 간략하게 이유를 들어보고 (**예** 급했다, 화장실이 없었다 등) 대상자의 주취 여부, 연령, 정신 상태 등을 파악하여 단속이 가능한 상태인지 확인하겠습니다.

③ **단속 또는 계도 조치**: 어린이나 노인 등 사회적 약자이거나 초범이며 진심으로 반성하고 재발 방지를 약속하고 주변 피해가 경미한 경우에는 '계도' 처분을 할 수 있습니다. 하지만 반복 위반자이거나 정도가 심하여 주변 시민들에게 직접적인 불쾌감을 주는 경우, 또는 반성하지 않는 경우에는 단호하게 범칙금 부과 처분을 진행하겠습니다.

이러한 방식으로 법 집행의 원칙을 지키면서도 현장 상황과 대상자의 태도를 고려한 유연하고 합리적인 단속을 통해 경찰의 긍정적인 이미지를 제고할 수 있다고 생각합니다.

후속질문

✦ **경미한 범죄를 처벌하기 위하여 경범죄처벌법이 필요한 이유는?**

⑴ **사회 공공질서 확립**: 형법으로 처벌하기에는 불법성이 경미하지만, 방치하면 사회 질서를 저해하는 행위를 규제합니다.

⑵ **'깨진 유리창 이론'의 예방적 조치**: 가벼운 법률 위반을 제때 제재함으로써 상습성을 방지하고, 더 심각한 범죄로 이어지는 것을 막는 '깨진 유리창 이론'의 예방적 조치입니다.

⑶ **효율적인 법 집행**: 일반 형사 절차보다 간이하고 신속한 절차(범칙금 통고처분, 즉결심판 등)를 통해 경미한 사건을 효율적으로 처리합니다.

⑷ **형법의 보충적 역할**: 형법이 적용되지 않는 경미한 범죄의 법적 공백을 보충합니다.

⑸ **낙인효과 방지**: 통고처분 및 즉결심판은 전과(범죄경력)에 기록되지 않으므로 낙인효과를 방지합니다.

✦ 경미한 범죄 중 빈번하게 발생하는 사례는?

경미한 범죄란 일반적으로 통고처분할 수 있는 범죄(경범죄처벌법, 도로교통법)와 즉결심판 대상이 되는 범죄를 말합니다.

(1) 경범죄 처벌법상 빈번한 사례

제3조(경범죄의 종류) ① 다음 각호의 어느 하나에 해당하는 사람은 10만원 이하의 벌금, 구류 또는 과료(科料)의 형으로 처벌한다.

2. (흉기의 은닉 휴대) 칼·쇠몽둥이·쇠톱 등 사람의 생명 또는 신체에 중대한 위해를 끼치거나 집이나 그 밖의 건조물에 침입하는 데에 사용될 수 있는 연장이나 기구를 정당한 이유 없이 숨겨서 지니고 다니는 사람

8. (물품강매·호객행위) 요청하지 아니한 물품을 억지로 사라고 한 사람, 요청하지 아니한 일을 해주거나 재주 등을 부리고 그 대가로 돈을 달라고 한 사람 또는 여러 사람이 모이거나 다니는 곳에서 영업을 목적으로 떠들썩하게 손님을 부른 사람

9. (광고물 무단 부착 등) 다른 사람 또는 단체의 집이나 그 밖의 인공구조물과 자동차 등에 함부로 광고물 등을 붙이거나 내걸거나 끼우거나 글씨 또는 그림을 쓰거나 그리거나 새기는 행위 등을 한 사람 또는 다른 사람이나 단체의 간판, 그 밖의 표시물 또는 인공구조물을 함부로 옮기거나 더럽히거나 훼손한 사람 또는 공공장소에서 광고물 등을 함부로 뿌린 사람

11. (쓰레기 등 투기) 담배꽁초, 껌, 휴지, 쓰레기, 죽은 짐승, 그 밖의 더러운 물건이나 못쓰게 된 물건을 함부로 아무 곳에나 버린 사람

12. (노상방뇨 등) 길, 공원, 그 밖에 여러 사람이 모이거나 다니는 곳에서 함부로 침을 뱉거나 대소변을 보거나 또는 그렇게 하도록 시키거나 개 등 짐승을 끌고 와서 대변을 보게 하고 이를 치우지 아니한 사람

15. (자연훼손) 공원·명승지·유원지나 그 밖의 녹지구역 등에서 풀·꽃·나무·돌 등을 함부로 꺾거나 캔 사람 또는 바위·나무 등에 글씨를 새기거나 하여 자연을 훼손한 사람

18. (구걸 행위 등) 다른 사람에게 구걸하도록 시켜 올바르지 아니한 이익을 얻은 사람 또는 공공장소에서 구걸을 하여 다른 사람의 통행을 방해하거나 귀찮게 한 사람

19. (불안감 조성) 정당한 이유 없이 길을 막거나 시비를 걸거나 주위에 모여들거나 뒤따르거나 몹시 거칠게 겁을 주는 말이나 행동으로 다른 사람을 불안하게 하거나 귀찮고 불쾌하게 한 사람 또는 여러 사람이 이용하거나 다니는 도로·공원 등 공공장소에서 고의로 험악한 문신(文身)을 드러내어 다른 사람에게 혐오감을 준 사람

20. (음주소란 등) 공회당·극장·음식점 등 여러 사람이 모이거나 다니는 곳 또는 여러 사람이 타는 기차·자동차·배 등에서 몹시 거친 말이나 행동으로 주위를 시끄럽게 하거나 술에 취하여 이유 없이 다른 사람에게 주정한 사람

21. (인근소란 등) 악기·라디오·텔레비전·전축·종·확성기·전동기(電動機) 등의 소리를 지나치게 크게 내거나 큰 소리로 떠들거나 노래를 불러 이웃을 시끄럽게 한 사람

22. (위험한 불씨 사용) 충분한 주의를 하지 아니하고 건조물, 수풀, 그 밖에 불붙기 쉬운 물건 가까이에서 불을 피우거나 휘발유 또는 그 밖에 불이 옮아붙기 쉬운 물건 가까이에서 불씨를 사용한 사람

25. (위험한 동물의 관리 소홀) 사람이나 가축에 해를 끼치는 버릇이 있는 개나 그 밖의 동물을 함부로 풀어놓거나 제대로 살피지 아니하여 나다니게 한 사람

27. (무단 소등) 여러 사람이 다니거나 모이는 곳에 켜 놓은 등불이나 다른 사람 또는 단체가 표시를 하기 위하여 켜 놓은 등불을 함부로 끈 사람

29. (공무원 원조 불응) 눈·비·바람·해일·지진 등으로 인한 재해, 화재·교통사고·범죄, 그 밖의 급작스러운 사고가 발생하였을 때에 현장에 있으면서도 정당한 이유 없이 관계 공무원 또는 이를 돕는 사람의 현장 출입에 관한 지시에 따르지 아니하거나 공무원이 도움을 요청하여도 도움을 주지 아니한 사람

30. (거짓 인적사항 사용) 성명, 주민등록번호, 등록기준지, 주소, 직업 등을 거짓으로 꾸며대고 배나 비행기를 타거나 인적사항을 물을 권한이 있는 공무원이 적법한 절차를 거쳐 묻는 경우 정당한 이유 없이 다른 사람의 인적사항을 자기의 것으로 거짓으로 꾸며댄 사람

33. (과다노출) 공개된 장소에서 공공연하게 성기·엉덩이 등 신체의 주요한 부위를 노출하여 다른 사람에게 부끄러운 느낌이나 불쾌감을 준 사람

35. (자릿세 징수 등) 여러 사람이 모이거나 쓸 수 있도록 개방된 시설 또는 장소에서 좌석이나 주차할 자리를 잡아 주기로 하거나 잡아주면서, 돈을 받거나 요구하거나 돈을 받으려고 다른 사람을 귀찮게 따라다니는 사람

36. (행렬방해) 공공장소에서 승차·승선, 입장·매표 등을 위한 행렬에 끼어들거나 떠밀거나 하여 그 행렬의 질서를 어지럽힌 사람

39. (무임승차 및 무전취식) 영업용 차 또는 배 등을 타거나 다른 사람이 파는 음식을 먹고 정당한 이유 없이 제값을 치르지 아니한 사람

40. (장난전화 등) 정당한 이유 없이 다른 사람에게 전화·문자메시지·편지·전자우편·전자문서 등을 여러 차례 되풀이하여 괴롭힌 사람

② 다음 각 호의 어느 하나에 해당하는 사람은 20만원 이하의 벌금, 구류 또는 과료의 형으로 처벌한다.

1. (출판물의 부당게재 등) 올바르지 아니한 이익을 얻을 목적으로 다른 사람 또는 단체의 사업이나 사사로운 일에 관하여 신문, 잡지, 그 밖의 출판물에 어떤 사항을 싣거나 싣지 아니할 것을 약속하고 돈이나 물건을 받은 사람

2. (거짓 광고) 여러 사람에게 물품을 팔거나 나누어 주거나 일을 해주면서 다른 사람을 속이거나 잘못 알게 할 만한 사실을 들어 광고한 사람

3. (업무 방해) 못된 장난 등으로 다른 사람, 단체 또는 공무수행 중인 자의 업무를 방해한 사람

4. (암표 매매) 흥행장, 경기장, 역, 나루터, 정류장, 그 밖에 정하여진 요금을 받고 입장시키거나 승차 또는 승선시키는 곳에서 웃돈을 받고 입장권·승차권 또는 승선권을 다른 사람에게 되판 사람   온라인 암표 매매는 제외

③ 다음 각 호의 어느 하나에 해당하는 사람은 60만원 이하의 벌금, 구류 또는 과료의 형으로 처벌한다.

1. (관공서에서의 주취소란) 술에 취한 채로 관공서에서 몹시 거친 말과 행동으로 주정하거나 시끄럽게 한 사람

2. (거짓 신고) 있지 아니한 범죄나 재해 사실을 공무원에게 거짓으로 신고한 사람

⑵ **형사 사건 중 즉결심판 대상이 되는 사례**

① 단순 폭행죄

② 경미한 절도죄

③ 단순 도박죄

9 경미한 도박 사건 현장에서 어떻게 조치할 것인가?

답변

경미한 도박 사건 현장에 도착하면 가장 먼저 해당 도박 행위가 <u>형법상 처벌 대상에서 제외되는 '일시오락'에 해당하는지 여부</u>를 신중하게 판단하겠습니다. 이를 위해 판돈의 규모, 참가자들의 관계(친구, 가족 등), 도박 장소나 상습성 등 면밀히 현장의 전반적인 분위기를 종합적으로 파악하겠습니다.

만약 판돈이 매우 소액(예. 음료수 내기 등)이고, 참가자들이 친목 도모를 위해 일시적으로 즐기는 오락 수준이며 상습성이 없고 다른 사람에게 피해를 주지 않는 등 명백히 '일시오락'의 범위 내라고 판단된다면, 형사 입건보다는 현장에서 즉시 도박 행위를 중단시키거나 관련자들을 훈방 또는 계도하는 조치를 취하겠습니다. 하지만 판돈의 규모가 일시오락으로 보기에는 크다고 판단되는 경우에는 도박죄로 즉결심판 청구하거나, 형법상 도박죄로 형사 입건하겠습니다. 현장의 판돈, 화투, 카드 등 증거물을 확보하여 참가자들의 신원을 정확히 확인하는 절차를 진행하겠습니다.

제5절 | 청소년 범죄

❶ 점주가 1만 원짜리 화장품을 훔친 중학생을 붙잡은 경우 경찰관의 조치는?

> 대형 화장품 가게에서 중학생 A(만 15세)가 화장품 1개(1만원)를 가방에 넣고 계산하지 않은 채 나가려는 것을 CCTV로 확인한 점주가 A를 붙잡았다. 점주의 신고로 현장에 출동한 경찰관의 적절한 조치는?

👤 답변

(1) 상황 판단

① 이 사안은 중학생의 절도사건으로서 점주가 현행범을 체포하였습니다.

② 경찰관은 경미한 범죄에 대하여 훈방하거나 즉결심판 청구 또는 형사입건을 할 수 있으며, 청소년 사건이므로 형사처벌보다는 선도와 재범방지에 중점을 두어야 한다고 생각합니다.

(2) 법적 근거

① **형법** : 14세 이상은 형사책임능력이 인정되며 행위는 절도죄의 기수에 해당합니다.

> ✎ 절도죄는 '물건이 피해자의 사실적 지배를 벗어나 행위자의 사실적 지배하에 놓였을 때'를 기준으로 하기 때문에(대판 64도577) 매장 내에서 발견된 경우라도 물건을 자신의 가방이나 주머니 등에 넣어 다른 물건과 구별되게 은닉하거나, 계산대 통과를 시도하는 등 매장의 감시나 지배를 벗어나려는 행위가 있으면 절도죄의 기수로 볼 수 있다. 다만, 도난방지벨이 설치된 경우 아직까지 피해자의 감시 범위내에 있다고 보아 절도죄의 미수로 볼 여지도 있다.

② **형사소송법** : 현행범인은 누구든지 영장 없이 현행범을 체포할 수 있으며 경찰은 현행범인을 인수합니다.

③ **소년법** : 19세 미만자는 소년법이 적용되는 소년에 해당하며, 경찰서장은 촉법소년(10세 ~ 14세 미만)을 관할 가정법원 소년부에 사건을 송치하여야 하고, 범죄소년(14세 ~ 19세 미만)은 훈방, 즉결심판 청구 또는 검사에 송치할 수 있습니다. 사건을 송치받은 검사는 보호처분을 위하여 관할 가정법원 소년부에 사건을 송치할 수 있습니다.

④ **선도심사위원회** : 19세 미만자의 절도죄 등은 자치경찰 사무로서, 경미한 사건(집단, 상습, 보복, 성범죄 등 죄질이 나쁜 사건이 아닌 경우)은 경찰서장 소속의 선도심사위원회를 통하여 선도 조건부 훈방, 즉결심판 청구, 형사입건 등을 결정할 수 있습니다.

(3) 현장 대응

① **피해자(점주) 조사**

㉠ 점주가 중학생을 체포한 경위를 확인하고 형사소송법에 따라 현행범을 인수합니다.

㉡ 피혐의자에 대한 처벌 의사를 확인합니다.

② **피혐의자(가해자) 조사**

㉠ 피혐의자가 중학생이므로 다른 손님들의 시선으로부터 분리된 공간으로 이동하여 절취 경위 및 인적사항 등을 확인하고 지구대로 인치합니다.

㉡ 피혐의자의 보호자와 통화하여 현재 상황을 설명하고 지구대로 올 수 있도록 요청합니다.

③ **증거 확보**

㉠ 매장 내 범행 장면이 촬영된 CCTV 영상을 제공받고 절취 물품에 대한 촬영, 가격 등을 확인합니다.

㉡ 매장 내 다른 목격자 및 가방 내에 다른 절취품 등이 있는지 확인합니다.

⑷ 후속 조치

① 지구대에서 피해자, 피혐의자 및 피혐의자의 보호자가 있는 상황에서 사건 경위를 재확인하고 피해자의 처벌의사 및 피혐의자의 보호자 진술을 청취합니다.

② 훈방 : 피해가 경미하고 회복되었으며, 피혐의자가 중학생으로서 초범이고 진정으로 반성하며 피해자의 처벌의사가 없는 경우에는 근무일지 등에 기록 후 훈방 조치할 수 있습니다.

   ✎ 경찰 훈방 : 법률에 명문의 규정은 없으나, 경범죄 또는 20만원 이하의 벌금에 처할 수 있는 사건에 대하여 학설과 판례로 경찰의 훈방권이 인정됨

③ 즉결심판 청구 : 피해가 경미하지만, 피혐의자의 절도 이력이 있거나 피해자가 강하게 처벌을 원하는 경우 등에는 즉결심판을 청구할 수도 있습니다. 즉결심판에 의하여 벌금이 선고되더라도 전과에 기록되지는 않습니다.

④ 형사입건 : 절도죄로 형사입건하여 검사에게 송치할 수도 있으나, 이 사안은 경미하며 피해가 회복된 점을 고려하여 경찰서장 소속의 선도심사위원회의 심의를 거쳐서 판단하는 것이 적절할 것으로 보입니다.

⑤ 선도심사위원회 : 지구대에서 훈방이나 즉결심판 청구를 하기에 가볍지 않은 사건인 경우에는 경찰서장을 위원장으로 외부 전문가가 참여하는 선도심사위원회에 회부할 수 있습니다. 경찰서장은 죄질이 경미(즉결심판 대상 사건)한 범죄소년에 대하여 선도심사위원회의 심의 내용을 반영하여 훈방을 결정하거나 즉결심판을 청구합니다.

⑥ 학교전담경찰관(SPO) 통보 : 해당 학교 담당 SPO에게 통보하여 학교 내에서의 지도 및 추가적인 비행 방지를 위한 모니터링이 이루어지도록 하겠습니다.

📖 선도심사위원회(각 시·도경찰청 소관 소년업무규칙)

1. 선도심사위원회 구성 : 경찰서장을 위원장으로 내부위원과 외부위원으로 구성
2. 처분 결정
   ① 대상자 : <u>범죄소년(만 14세 이상 19세 미만)</u> ✎ 촉법소년은 제외
   ② 대상사건 : 즉결심판의 대상이 되는 범죄
   ③ 고려사항 : 범죄의 내용, 동기, 원인, 방법, 범죄 후 정황, 상습성, 재범 위험성, 소년의 인성, 보호자 및 주거 환경, 피해자에 대한 피해회복 노력, 피해자 처벌 의사 등

   > **📖 〈제외대상 사건〉**
   >
   > • 처벌조항에 <u>벌금형이 없는 경우</u>(즉결심판 절차로 전환 불가하여 제외)
   > • <u>촉법소년 사건</u>(형사미성년자이므로 즉결심판 대상에 해당되지 않음)
   > • <u>불기소 또는 내사종결 의견</u>이 명백한 사안(죄가 안됨, 혐의 없음, 공소권 없음)
   > • 집단·상습·보복·성범죄 등 죄질이 나쁜 사건
   >   − 폭력서클, 폭력조직과 연관이 있는 경우
   >   − 상습상해(폭행), 보복폭행, 장기간 집단따돌림 등 죄질이 중한 사건
   >   − 성범죄 : 「형법」상 강간과 추행의 죄(제297조~제305조의2) 및 「성폭력범죄처벌특례법」, 「아동청소년성보호법」에 해당하는 범죄
   >   ✎ 카메라 등 이용촬영, 통신매체 이용음란, 성적목적 공공장소 침입 등 모두 해당

   ④ 처분사항 : 훈방, 즉결심판 청구

학교전담경찰관(서울특별시 경찰청 소년업무규칙), School Police Officer

제9조(학교전담경찰관의 운영) ① 서울특별시경찰청장 또는 경찰서장은 학교폭력 예방 및 신속한 대응을 위하여 학교폭력 업무를 전담하는 경찰관을 둘 수 있다.

② 학교전담경찰관은 청소년상담 관련 학위·자격증 소지자 및 소년업무 경력자 등 전문성을 갖춘 경찰관으로 선발한다.

③ 학교전담경찰관은 다음 각호의 임무를 수행한다.

1. 학교폭력 예방교육 등 사전 예방 활동
2. 학교폭력 대책심의위원회 위원으로 참석
3. 학교 내 폭력서클에 대한 정보 수집 및 해체·선도·관리
4. 학교폭력 피해사례 접수 및 가·피해학생 상담을 통한 지원 및 선도
5. 학교와 경찰서간 연락체계 구축
6. 배움터지킴이·학교보안관·아동안전지킴이 등 학생보호인력과의 협력·연계를 통한 학교 내외에서의 학생 보호 활동
7. 학교 밖 청소년 탐색 및 학교 밖 청소년 지원센터 연계 등 지원
8. 소년범죄 등 정보수집 및 가·피해 청소년 선도·지원
9. 마약·도박 등 중독성 범죄 예방교육·정보수집 및 중독 청소년 치료·선도를 위한 전문기관 연계

④ 학교전담경찰관은 담당 학교를 주기적으로 방문하여 학교폭력 사안에 대해 학교와 유기적으로 협력하고 필요한 조치를 취한다.

후속질문

✦ **만약 중학생의 나이가 만 13세라면 어떻게 조치할 것인가?**

(1) 소년의 나이에 따른 구분(소년법 제4조)

① 만 10세 미만 : 형법상 처벌 또는 소년법상 보호처분의 대상이 되지 않습니다.

② 만 10세 이상 ~ 만 14세 미만(촉법소년) : 죄를 범하더라도 형사미성년자에 해당하여 처벌을 할 수 없습니다. 경찰서장은 관할 가정법원 소년부에 사건을 송치하며, 판사는 보호처분(사회봉사, 소년원 송치 등)을 하게 됩니다.

 ✎ 소년부 송치 : 관할 가정법원 소년부에서 소년법에 따른 보호처분(1 ~ 10호 처분으로서 보호관찰, 사회봉사, 수강명령, 소년원송치 등)을 하게 되며 전과에 기록되지 않음

③ 만 14세 이상 ~ 만 19세 미만(범죄소년) : 경찰서장은 범죄소년에 대하여 검사에 송치하거나 선도심사위원회를 거쳐 훈방, 즉결심판 청구, 형사입건 등의 결정을 합니다. 검사에 송치한 경우 검사는 처벌을 위한 기소 등을 하거나 보호처분을 위하여 소년부로 송치합니다.

④ 만 10세 이상 ~ 만 19세 미만의 우범소년 : 죄를 범하지는 않았지만 죄를 범할 우려가 있는 소년에 대하여 경찰서장이 직접 관할 소년부에 송치하는 경우로서, 그 사유는 ㉠집단적으로 몰려다니며 주위 사람들에게 불안감을 조성하는 성벽이 있는 것, ㉡정당한 이유 없이 가출하는 것, ㉢술을 마시고 소란을 피우거나 유해환경에 접하는 성벽이 있는 것 등입니다.

(2) 따라서 위 사례에서 중학생이 만 13세라면, 선도심사위원회를 거치지 아니하고 경찰서장이 직접 관할 가정법원에 사건을 송치하여 판사에 의하여 보호처분을 위한 심리를 받게 합니다.

소년법

제4조(보호의 대상과 송치 및 통고) ① 다음 각 호의 어느 하나에 해당하는 소년은 소년부의 보호사건으로 심리한다.
1. 죄를 범한 소년
2. 형벌 법령에 저촉되는 행위를 한 10세 이상 14세 미만인 소년
3. 다음 각 목에 해당하는 사유가 있고 그의 성격이나 환경에 비추어 앞으로 형벌 법령에 저촉되는 행위를 할 우려가 있는 10세 이상인 소년
   가. 집단적으로 몰려다니며 주위 사람들에게 불안감을 조성하는 성벽이 있는 것
   나. 정당한 이유 없이 가출하는 것
   다. 술을 마시고 소란을 피우거나 유해환경에 접하는 성벽이 있는 것
② 제1항제2호(촉법 소년) 및 제3호(우범 소년)에 해당하는 소년이 있을 때에는 경찰서장은 직접 관할 소년부에 송치(送致)하여야 한다.

제32조(보호처분의 결정) ① 소년부 판사는 심리 결과 보호처분을 할 필요가 있다고 인정하면 결정으로써 다음 각 호의 어느 하나에 해당하는 처분을 하여야 한다. 〈개정 2020. 10. 20.〉
1. 보호자 또는 보호자를 대신하여 소년을 보호할 수 있는 자에게 감호 위탁
2. 수강명령
3. 사회봉사명령
4. 보호관찰관의 단기 보호관찰
5. 보호관찰관의 장기 보호관찰
6. 「아동복지법」에 따른 아동복지시설이나 그 밖의 소년보호시설에 감호 위탁
7. 병원, 요양소 또는 「보호소년 등의 처우에 관한 법률」에 따른 의료재활소년원에 위탁
8. 1개월 이내의 소년원 송치
9. 단기 소년원 송치
10. 장기 소년원 송치

✦ **만14세 이상 소년은 선도심사위원회를 거치는 반면, 만 14세 미만은 소년부로 송치한다면 만14세 미만의 소년에게 더 불리한 조치 아닌가?**

현행 소년법 제4조에 의하면 촉법소년은 경찰서장이 의무적으로 관할 소년부로 송치하여 법원의 심리를 받아야 하고, 범죄소년은 선도심사위원회를 통하여 선별적으로 검찰에 송치할 수 있게 되어 있습니다. 특히 촉법소년에 대하여 범죄의 경중에 상관없이 모두 소년부로 송치하여 해당 소년이 사법절차를 경험하게 하는 것이 바람직하지 않다는 견해에 따라 촉법소년에 대하여도 경찰 단계에서 선도심사위원회를 거칠 수 있는 법적 근거를 마련하기 위한 소년법 개정이 진행 중인 것으로 알고 있습니다.

📖 **촉법소년과 범죄소년 비교**

구분	촉법소년(만 10 ~ 14세)	범죄소년(만 14 ~ 19세)
선도심사위원회	대상 제외	대상 포함(훈방/즉심/입건 결정)
사건 종결권	경찰 단계 종결 불가	경찰 단계에서 훈방 가능(심의 결과 시)
최종 조치	가정법원 소년부 송치	훈방, 즉결심판 또는 검찰 송치

훈방과 즉결심판 비교

구분	훈방	즉결심판
동종 전력	초범	재범도 가능
처벌의사	피해자 처벌 불원(합의 등)	피해자 처벌의사 관계 없음
입건	고소 등 입건 시 불가(피신조서 작성 시 불가)	입건 여부 관계 없음(피신조서 작성해도 가능)
공통사항	경미 사안(선고형 기준 20만원 이하 벌금·구류·과료), 개전의 정(반성, 사과 등)	

2 고등학생 10명 패싸움 현장에서의 대응 방법은? 〈25. 1차 발표〉

> 서울 ○○구 ○○동 04:24 학생으로 추정되는 고교생 10명이 패싸움하고 있는 것 같다는 신고로 현장에 도착하였는데, 한 남자가 수십 명에게 폭행을 당해 머리에 피를 흘리고 있고 가해자들은 경찰 오는 소리를 듣고 도망갔다. 어떻게 하겠는가?

〈답변〉

(1) 상황 판단

① 가해자가 10명에 달하고 피해자 한 명을 수십 명이 폭행한 정황으로 폭력행위 등 처벌에 관한 법률이 적용되는 사안입니다.

② 가해자가 도주한 상황이므로 도주로 차단 및 초동 검거가 중요하며, 가해자들이 고등학생으로 추정되므로 소년법 적용 대상이지만 집단 폭행이라는 사안의 중대성을 고려할 때 선도보다는 엄정한 사법 처리가 필요해 보입니다.

(2) 법적 근거

① 폭력행위 등 처벌에 관한 법률: 2명 이상의 공동 상해

② 소년법: 범죄소년(14세 ~ 19세 미만)은 훈방, 즉결심판 청구 또는 형사 입건하여 검사에 송치할 수 있습니다. 가담 정도에 따라 구분하여 처리할 수 있으며, 집단 폭행과 같은 죄질이 나쁜 사건은 선도심사위원회를 통해 감경받기 어렵습니다.

(3) 현장 대응

① 현장 초동 조치

㉠ **신고 및 상황 전파**: 즉시 112상황실에 추가 지원을 요청하고 현장 상황(피해자 상태, 가해자 도주 방향, 인원수 등)을 상세히 전파하겠습니다. 주변 순찰 중인 경찰력을 현장으로 최대한 신속하게 집결시켜 달라고 요청하겠습니다.

㉡ **피해자 구호**: 피해자가 머리에 피를 흘리고 있으므로 의식을 확인하고 지혈 등 가능한 범위 내에서 응급처치를 시도하고 119 구급대 출동을 요청하여 피해자를 병원으로 후송조치를 하겠습니다.

㉢ **현장 통제 및 보존**: 현장의 증거를 보존하고 주변에 목격자가 있다면 목격한 상황에 대한 진술을 확보하겠습니다.

② 가해자 추적 및 검거

    ㉠ 도주 경로 확인: 피해자와 목격자로부터 가해자들의 도주 방향, 인상착의(교복 착용 여부, 특징 등), 인원수 등을 최대한 구체적으로 파악하여 112상황실에 보고하고 인근 CCTV 또는 CCTV 관제센터에 연락하여 가해자들의 도주 경로를 추적할 수 있도록 협조를 요청하겠습니다.

    ㉡ 수색 및 추적: 112상황실을 통하여 가해자들이 도주한 방향으로 추적을 요청하고 예상 도주로에 순찰차를 긴급배치하여 도주하는 가해자들을 검거할 수 있도록 하겠습니다.

(4) 후속 조치

① 피해자 진술 확보: 피해자가 병원으로 이송된 후 상태가 안정되면 사건 경위, 가해자들에 대한 정보 등을 상세하게 진술받겠습니다.

② 증거 수집: 현장에 남아있는 혈흔, 싸움의 흔적 등 물리적 증거를 채증하여 감식반에 의뢰하고 병원에서 피해자의 상해진단서를 발급받도록 안내하겠습니다.

③ 가해자 신원 특정: 검거된 가해자들을 상대로 정확한 신원을 파악하고 범행 가담 여부 및 정도를 확인하여 사안의 경중에 따라 조치하겠습니다. 미성년자인 경우 보호자와 학교에 통보하고 소년법 등 관련 법규에 따라 처리하겠습니다.

④ 관련기관 연계: 교육청 등 관련기관과 정보를 공유하고 재발방지 및 피해학생 보호에 힘쓰겠습니다.

⑤ 학교전담경찰관(SPO) 통보: SPO에게 통보하여 학교 내에서의 지도 및 추가적인 비행 방지를 위한 모니터링이 이루어지도록 하겠습니다.

후속질문

✦ **우범지역에 대한 주민불안 해소를 위한 경찰의 조치는?**

(1) **가시적·예방적 순찰 강화**: 새벽 등 범죄 발생 시간대를 중심으로 경찰력을 집중 배치한 '위력 순찰'을 통해 잠재적 가해자에게 경고 메시지를 전달하고 주민에게 안정감을 줄 수 있습니다. 또한 자율방범대, 지자체와 협력하여 대규모 합동 순찰을 실시함으로써 지역사회가 함께 감시하고 있다는 분위기를 조성합니다.

(2) **CPTED(환경설계를 통한 범죄예방) 적용**: 지자체와 협업하여 가로등이나 골목길 보안등을 추가 설치하고, 방범용 CCTV 및 비상벨을 배치합니다. '경찰관 집중 순찰 구역' 알림판이나 바닥 로고젝터(Logojector)를 설치하여 심리적 안전선을 구축합니다.

(3) **주민 소통 및 정보 공유**: '찾아가는 주민 간담회' 등을 통해 지역 주민들의 의견을 직접 들어 어떤 지점이 불안한지 파악하여 순찰 경로에 반영하는 탄력순찰제를 실시합니다.

(4) **사후 관리 및 홍보**: 범인 검거 소식과 강화된 방범 대책을 지역 커뮤니티나 반상회보 등을 통해 알려 주민들의 불안을 실질적으로 해소하고, SPO(학교전담경찰관)를 통한 특별 범죄예방교실을 운영하여 청소년들의 집단 비행이 재발하지 않도록 관리합니다.

---

❸ 공원에서 술 마시는 청소년에 대한 현장 조치는? 〈25. 2차 발표〉

> 공원 벤치에서 청소년들이 술을 마시고 있어서 주변 시민들이 불안하다고 신고했다. 현장에 출동하니 일부 청소년은 도망을 가고 일부는 항의를 하면서 반항을 하며, 구경꾼들이 몰리는 상황이다. 경찰의 조치는?

👤 〈답변〉

(1) **상황 판단** : 술에 취한 청소년들이 '자신은 처벌받지 않는다'는 것을 악용하여 잘못을 뉘우치기는 커녕 출동한 경찰관에게 반항을 하며 반말을 하는 등 상식 밖의 행동을 하는 경우가 종종 발생하고 있어 사회적 문제가 되고 있는 실정입니다.

(2) **법적 근거**

① **소년법** : 술을 마시고 소란을 피우는 소년(10세 이상 19세 미만자)은 우범소년에 해당하며, 경찰서장은 직접 소년부에 사건을 송치하여야 한다.

② **청소년보호법** : 청소년에게 주류, 담배, 마약류, 환각물질 등 유해약물을 판매할 경우 2년 이하의 징역 또는 2천만원 이하의 벌금에 처한다(제59조).

③ **경범죄처벌법** : 불안감조성, 음주소란

④ **국민건강증진법** : 지방자치단체 조례에 의한 금주구역에서 음주를 할 경우 자치단체장등은 10만원 이하의 과태료를 부과할 수 있습니다.

(3) **현장 대응**

① **안전조치 및 신원확인** : 몰려드는 구경꾼과 현장에 남아있는 청소년들을 분리하고, 청소년들의 신분증이나 학교, 나이 등을 확인합니다.

② **추격 여부** : 도주한 청소년에 대하여 공원내에서 단순한 음주행위만으로는 위법하지 않아 체포할 수 없으므로 무리한 추격은 바람직하지 않고 남아있는 청소년들로부터 도주한 청소년들의 인적사항을 확인합니다.

③ **청소년의 음주행위** : 청소년들이 술을 마신 그 자체는 처벌할 수 없습니다. 다만, 청소년에게 술을 판매한 행위는 청소년보호법위반에 해당하므로 청소년을 대상으로 어디에서 술을 구입하였는지 등 출처를 확인해야 합니다.

④ **계도 조치** : 단순 음주인 경우 현장에서 계도만으로 끝날 수 있지만, 음주 정도가 심한 경우에는 보호자에게 연락하고 학교폭력전담경찰관인 SPO를 통하여 학교에도 통보하여 적절한 계도 조치가 이루어질 수 있도록 하겠습니다.

⑤ **경범죄처벌법위반 등 검토** : 청소년들이 술을 마시고 소란을 피우거나 주변 시민들에게 불안감을 조성한 혐의가 있는 경우 경범죄처벌법의 음주소란 또는 불안감조성으로 처벌할 수 있습니다. 다만, 경범죄처벌법은 18세 미만자에 대하여 통고처분할 수 없으므로 경미한 경우에는 계도 조치하는 것이 바람직하며, 그 정도가 심한 경우에는 즉결심판을 청구할 수 있습니다. 또한, 국민건강증진법에 따라 공원 등 금주구역에서 술을 마신 경우에는 자치단체에 통보하여 과태료를 부과할 수도 있습니다.

⑥ **공무집행방해죄 검토** : 현장에서 경찰관의 정당한 공무집행을 폭행이나 협박으로 방해하는 경우에는 공무집행방해죄로 현행범 체포할 수 있습니다.

⑦ **보호조치 검토** : 술에 만취하여 판단능력이나 의사능력을 상실할 정도이면 경찰관직무집행법에 따라 경찰관서에 보호조치할 수 있습니다.

(4) **사후 조치**

① **주류판매처 조사** : 청소년들이 가게에서 술을 구매하였다고 진술할 경우 판매처에 대한 청소년보호법위반 여부에 대하여 수사하여야 합니다.

② **우범소년 송치 검토** : 청소년들의 항의 및 반항의 정도, 주취 상태, 상습성, 보호자의 관리 능력 부재 등으로 재범 우려가 높다고 판단되면, 소년법에 따라 가정법원 소년부 판사의 심리를 통해 적절한 보호처분이 이루어지도록 소년부에 사건을 송치하는 것이 필요합니다.

후속질문

✦ 일부 청소년들이 도망가고 있는데 어떻게 할 것인가?

도주한 청소년에 대하여 공원내에서 단순한 음주행위만으로는 위법하지 않아 체포할 수 없으므로 무리한 추격은 바람직하지 않고 남아있는 청소년들의 진술, 바디캠이나 CCTV등 확인, 학교측과 연계 등 다양한 방법으로 도주한 청소년들의 인적사항을 확인하여 사후 조치하는 것이 바람직합니다.

✦ 강경하게 제압하지 않는다고 주변 시민이 항의하면 어떻게 할 것인가?

주민들의 불안감에 공감하며, 현재 상황에서 무리한 강경 제압이 어려운 법적인 문제와 안전사고 위험에 대하여 설명하겠습니다. 그리고 청소년들의 인적사항을 확보하여 보호자 인계, SPO 통보, 소년법에 따른 우범소년 보호처분 등 실질적이고 엄정한 사후 조치가 뒤따를 것임을 알려드리고, 재발 방지를 위한 조치에 대하여도 말씀드리겠습니다.

✦ 주민불안 해소를 위한 경찰의 재발 방지 대책은?

'고등학생 10명 패싸움 현장에서의 대응 방법은?'의 후속질문 답변 참조

✦ 청소년들의 부모님 연락이 안 된다면 어떻게 할 것인가?

(1) 해당 청소년이 고의로 연락처를 잘못 알려주거나 부모님께 연락하는 것을 거부할 수 있습니다. 이 경우 함께 있던 친구들의 부모님을 통해 간접적으로 연락을 시도하거나 경찰전산망을 통해 주소지를 확인하여 관할 지역경찰로 하여금 확인하도록 할 수 있습니다. SPO를 통해 학교 담임교사에 협조를 구하여 부모님 연락처를 확보할 수도 있습니다.

(2) 보호자의 연락처가 분명함에도 단순히 연결이 장시간 안 되는 경우에는 청소년을 귀가조치하고 추후 보호자에게 연락하여 음주 상황을 알려줄 수 있습니다. 다만, 부모의 의도적 방임이 의심된다면 아동학대 가능성이 있으므로 여성청소년과에 통보하여 추후 조사를 진행할 수 있도록 하겠습니다.

(3) 주취정도가 심하다면 보호조치 절차에 따라 보호자 인계시까지 지구대에서 보호하도록 하겠습니다.

❹ 청소년들의 비행 장소로 이용되는 우범지역에 대한 경찰의 범죄예방 활동은?

👤 답변

청소년 비행 우려 지역이나 음주로 인한 폭력·성범죄 다발 지역과 같은 우범지역에 대한 경찰의 범죄예방 활동은 다각적이고 입체적으로 이루어져야 한다고 생각합니다.

(1) **가시적인 순찰 활동 강화 및 선제적 대응**

① **탄력 순찰 및 거점 근무 확대**: 해당 지역의 범죄 발생 시간대와 특성을 정밀 분석하여(빅데이터 활용 등) 취약 시간대에 순찰 인력을 집중 배치하는 '탄력 순찰'을 강화하고 주요 지점에 경찰관이나 순찰차를 일정 시간 머무르게 하는 '거점 근무'를 통해 범죄 심리를 사전에 위축시킵니다. 특히 청소년 비행이 잦은 공원, 공터, 폐건물 주변이나 유흥가 밀집 지역 골목길 등을 집중 순찰합니다.

② **가시적 위력 순찰**: 경광등을 켜고 서행하거나 도보 순찰 시 주변을 세심하게 살피는 등 경찰의 존재를 적극적으로 알려 잠재적 범죄자에게 경고 메시지를 전달합니다.

③ **불심검문 및 선도 활동(필요시)**: 청소년 비행이 의심되거나, 음주 후 소란 행위가 우려되는 인물에 대해서는 법적 절차에 따른 정당한 불심검문을 실시하고 특히 청소년의 경우 계도 및 선도 활동을 병행합니다. 필요한 경우 보호자에게 연락하거나 관련 기관에 연계합니다.

(2) 환경 설계를 통한 범죄예방

① **조명 및 CCTV 확충 건의**: 어둡고 후미진 곳, 청소년 비행 장소, 유흥가 골목길 등에 조명(가로등, 보안등)을 밝게 하고, CCTV를 추가 설치하도록 지방자치단체 및 관계 기관에 적극적으로 건의하고 협의합니다. 특히 지능형 CCTV 도입을 통해 이상 행동 감지 시 즉각 대응 체계를 구축합니다.

② **청소년 유해환경 정비**: 청소년 비행의 온상이 될 수 있는 공·폐가, 방치된 공터 등에 대한 출입 통제 조치(펜스 설치 등)나 환경미화를 지자체에 요청하고 청소년 출입·고용금지업소에 대한 주기적인 점검 및 계도 활동을 강화합니다.

③ **안심 귀갓길 조성 및 비상벨 설치 확대**: 유흥가 주변이나 여성 1인 가구 밀집 지역 등으로 이어지는 귀갓길에 안심 반사경, 로고젝터, 비상벨 등을 설치하여 범죄 불안감을 해소하고 위급 상황 시 신속한 도움을 받을 수 있도록 합니다.

(3) 대상별 맞춤형 예방 활동

① **청소년 대상**: 학교전담경찰관(SPO)을 중심으로 학교와 협력하여 범죄예방 교육(음주·흡연·약물 오남용 예방, 성범죄 예방 등)을 강화하고 위기 청소년에 대한 상담 및 지원 프로그램을 연계합니다.

② **유흥업소 업주 및 종사자 대상**: 과도한 음주 권유 자제, 성범죄 예방 수칙 안내, 위급상황 발생 시 신속한 신고 요령 등을 교육하고 협조를 구합니다. 불법 영업(미성년자 출입 허용, 성매매 알선 등)에 대한 단속을 강화하고 자정 노력을 유도합니다.

③ **일반 시민 대상**: 음주 후 폭력 및 성범죄의 위험성과 예방 수칙에 대한 홍보를 강화합니다. '우리 동네 시민경찰' 등 주민 참여형 방범 활동을 활성화하여 지역사회 전체의 범죄 예방 역량을 높입니다.

(4) 지역사회와의 협력 강화

① **지방자치단체와의 협업**: 범죄예방 시설물 설치, 유해환경 정비, 관련 조례 제정 등 지자체의 행정적 지원을 이끌어냅니다.

② **자율방범대 등 협력단체와의 합동 순찰**: 지역 사정에 밝은 자율방범대, 시민경찰 등과 정기적인 합동 순찰을 통해 치안 공백을 최소화하고 주민 체감 안전도를 높입니다.

③ **학교, 학부모, 시민단체와의 네트워크 구축**: 청소년 문제해결 및 범죄 예방을 위한 정보를 공유하고 공동 대응 방안을 모색합니다.

④ **주민 간담회 및 치안설명회 개최**: 지역 주민들의 의견을 적극적으로 수렴하여 치안 정책에 반영하고 경찰의 범죄예방 노력을 알려 신뢰를 구축합니다.

이러한 다각적인 범죄예방 활동을 통해 문제 지역의 실질적인 범죄 발생률을 낮추는 동시에, 주민들이 안전하다고 느낄 수 있는 '체감 안전도'를 향상시키는 것이 중요하다고 생각합니다. 일회성 활동이 아닌 지속적이고 체계적인 관심과 노력이 필요할 것입니다.

후속질문

✦ **한정된 경찰력으로 모든 우범지역을 완벽하게 관리하기는 현실적으로 어려움이 따릅니다. 최소한의 자원으로 범죄예방 효과를 극대화하기 위한 가장 효율적인 전략은 무엇이라고 생각하십니까?**

한정된 자원으로 범죄예방 효과를 극대화하기 위해서는 '데이터 기반의 선택과 집중' 전략과 '지역사회 협력 치안 활성화'가 가장 효율적이라고 생각합니다. 먼저 범죄 통계, 112신고, 지리적 프로파일링 등 빅데이터 분석을 통해 가장 위험도가 높은 시간과 장소를 정밀하게 예측하고 그곳에 경찰력을 집중하는 것입니다. 또한, CCTV 등 첨단 기술을 적극 활용하여 순찰의 효율성을 높여야 합니다. 더불어 자율방범대, 시민경찰, 지역 상인회 등 민간 협력 단체와의 파트너십을 강화하여 치안 공백을 메우고 이들의 자발적인 참여를 유도하기 위한 지원과 교육이 필요하다고 생각합니다.

❺ 촉법소년 연령하향 논의에 대한 본인의 생각은?(답변예시는 찬성 입장임)

👤〈답변〉

최근 만 14세 미만 청소년들의 강력범죄가 증가하고 그 수법이 잔혹해지는 등 사회적으로 큰 우려를 낳고 있습니다. 현행 촉법소년 제도는 이러한 심각한 현실을 제대로 반영하지 못하고 있으며 이에 따라 연령 기준을 현행 만 14세 미만에서 만 13세 미만으로 하향 조정하는 것이 시급하다고 생각합니다.

(1) 연령 하향이 필요한 이유(찬성 근거)

① **심각해지는 소년범죄 현실 반영**: 과거와 달리 요즘 청소년들은 신체적, 정신적으로 빠르게 성장하고 있으며 인터넷 등을 통해 정보 습득 능력도 뛰어납니다. 특히 13세 정도의 청소년은 중대한 범죄의 불법성을 충분히 인지할 수 있음에도 현행법은 이들에게 면죄부를 주고 있다는 비판을 피하기 어렵습니다. 연령 하향은 이러한 변화된 현실을 반영하여 형사책임 연령을 현실화하는 조치입니다.

② **피해자 보호 및 정의 실현**: 잔혹한 범죄의 피해자들은 가해자가 어리다는 이유로 제대로 된 처벌이 이루어지지 않는 현실에 깊은 상처를 받고 있습니다. 연령 하향은 중대 범죄를 저지른 가해자에게 합당한 책임을 묻고, 피해자의 고통을 조금이나마 위로하며 사회 정의를 바로 세우는 길입니다.

③ **범죄 예방 및 경각심 제고**: 형사처벌 가능성을 인지시키는 것은 청소년 범죄 예방에 분명한 효과가 있습니다. '어리기 때문에 처벌받지 않는다'는 인식을 개선하여 잠재적 범죄를 억제하고, 청소년들에게 자신의 행동에 대한 책임감을 심어줄 수 있습니다.

④ **제도 악용 방지**: 촉법소년 제도를 악용하여 의도적으로 범죄를 저지르는 일부 청소년들의 사례는 제도의 허점을 보여줍니다. 연령 하향은 이러한 법의 악용을 막는 효과적인 수단이 될 것입니다.

(2) **반대 의견에 대한 입장**: 물론, 연령 하향에 대한 우려의 목소리가 있다는 것을 알고 있습니다.

① **교화 가능성 및 낙인 효과**: 반대 측에서는 교화 가능성과 낙인 효과를 우려합니다. 하지만 연령을 하향하더라도 모든 소년을 획일적으로 처벌하자는 것이 아닙니다. 여전히 <u>소년법에 따라 사안의 경중, 개선 가능성 등을 종합적으로 고려하여 처벌보다는 교화와 개선에 중점을 두는 처분(예</u>▪소년원 송치 등)이 가능합니다. 다만, 살인, 성폭력 등 반사회적 중대 범죄에 대해서는 연령을 이유로 무조건적인 면죄부를 주는 현재의 방식은 개선되어야 한다는 것입니다. <u>형사 절차 내에서도 충분히 소년의 특성을 고려한 처우와 교정 프로그램 운영이 가능합니다.</u>

② **보호처분 제도 강화 우선 주장**: 보호처분 제도 강화도 물론 필요합니다. 그러나 이는 연령 하향과 병행되어야 할 과제이지 연령 하향 자체를 막는 이유가 될 수는 없습니다. 심각한 강력범죄에 대해서는 보호처분만으로는 대응에 한계가 명확하며 즉각적인 형사사법적 개입이 필요합니다.

③ **국제 기준 관련**: 각국의 사회 현실과 법 감정은 다를 수 있습니다. 다른 나라의 기준을 획일적으로 따르기보다는 우리의 실정에 맞는 제도 개선이 우선되어야 합니다.

결론적으로 촉법소년 연령 하향은 더 이상 외면할 수 없는 시대적 요구입니다. 변화된 청소년의 모습과 심각해지는 범죄 현실을 반영하고 피해자의 눈물을 닦아주며 사회 정의를 바로 세우기 위해 연령 기준을 만 13세 미만으로 낮추는 결단이 필요합니다. 이는 처벌 만능주의가 아니라 책임에 기반을 둔 진정한 교화와 예방으로 나아가는 길이라고 생각합니다.

촉법소년 급증

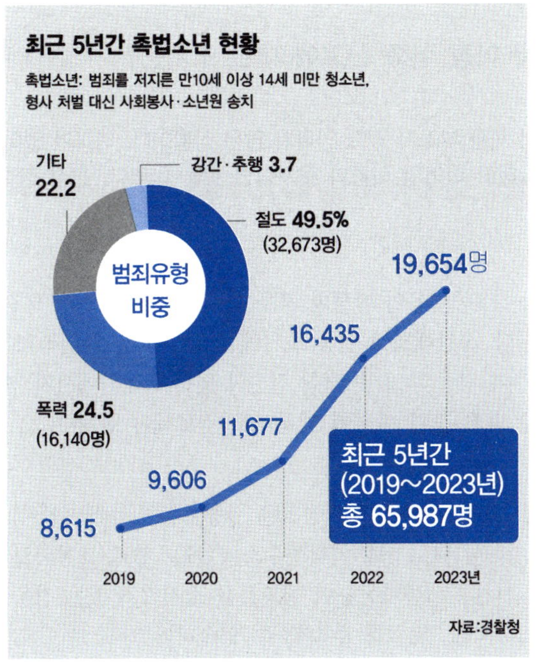

소년사범 감소

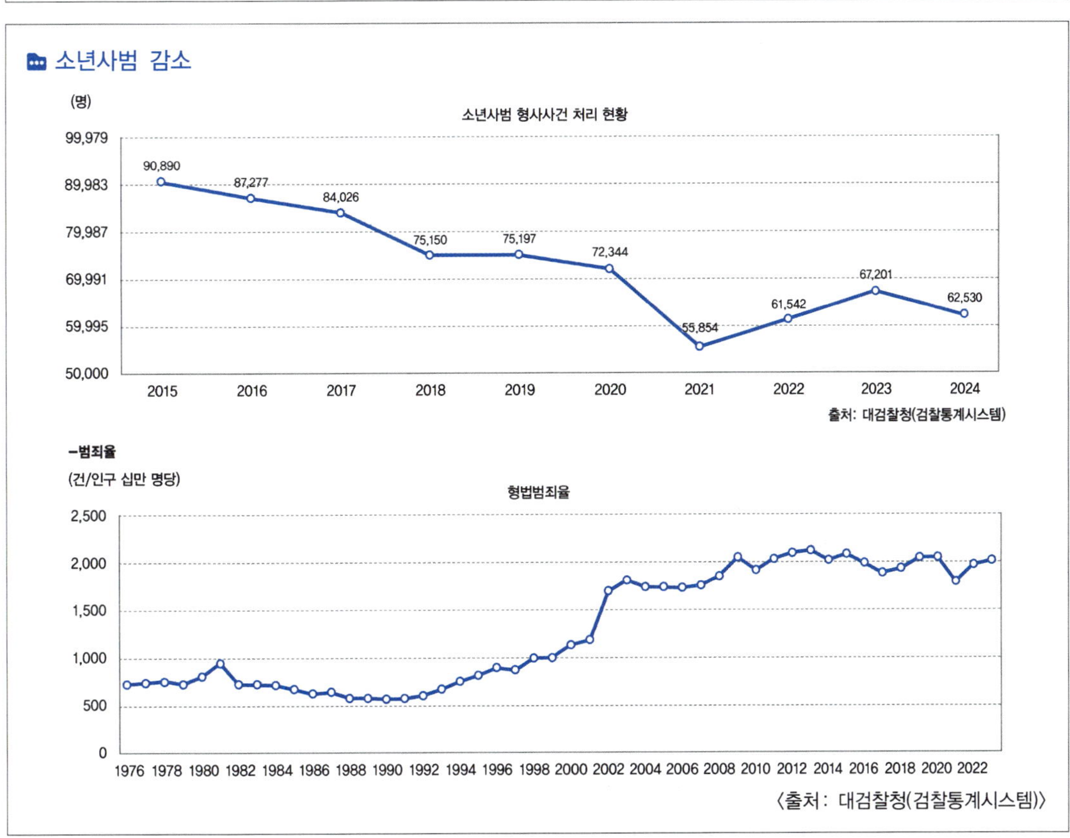

제6절 실종 · 아동 유괴 현장

① 지역 축제 공원에서 아동 실종 신고에 대한 조치는? 〈25. 2차 발표〉

> 지역 축제를 하는 공원에서 체험 부스가 있고 인파가 많은 상황이다. 아이가 없어졌다고 부모가 신고하였는데, 부모는 매우 흥분한 상태라 아이의 이름과 옷차림만 말을 하였다. 현장 경찰관의 조치는?

답변

(1) **상황 판단**: 행사장 등에서 실종아동이 발생한 경우 신속한 조치로 조기 발견이 중요하며 시간이 지날수록 사고 위험이 높아집니다. 시간대별로 실종 초기에는 실종 사실을 신속히 전파하여 집중 수색을 하고, 이후 수색 범위를 넓혀 추가 경력 투입 및 경찰 전산망 입력과 문자메시지 경보발령을 하며, 장시간 발견되지 않을 경우 유괴 등 범죄 관련 여부에 대하여도 검토해야 합니다.

(2) **관련 법령**

① **실종아동등의 보호 및 지원에 관한 법률**: 경찰은 실종아동등(18세미만자, 지적 · 자폐성 · 정신장애자, 치매환자)의 발견을 위하여 위치정보, 인터넷주소, CCTV 자료, 교통카드 사용 내역등을 별도의 영장 없이 제공받을 수 있습니다. 실종아동등이 핸드폰을 소지하고 있는 경우 보호자의 요청에 의하여 실종아동등의 동의가 없더라도 위치를 추적할 수 있습니다.

② **실종아동등 및 가출인 업무처리 규칙(경찰청예규)**: 경찰 전산망(실종아동등 프로파일링시스템)에 실종아동등의 인적사항을 입력하고, 휴대폰 문자메시지를 통한 실종아동 경보발령을 할 수 있습니다.

(3) **현장 대응(관계자 면담 ▷ 전파 ▷ 수색 ▷ 수사전환)**

① **부모 면담**: 아이의 부모를 만나서 진정을 시킨 후, 아이를 잃어버린 경위를 파악하고 아이의 인적사항, 신체적 특징, 옷차림, 사진 등을 입수합니다.

② **주최측에 방송 및 전광판 표출 요청 등**: 지역 축제측에게 실종아동 발생 사실을 마이크 방송과 전광판 등으로 알릴 수 있도록 요청하고, 행사장 출입구 통제 및 자체적인 수색을 하도록 요청합니다.

③ **실종아동 정보 전파 【무전문】**

    ㉠ **무전 및 업무용 휴대폰**: 부모로 입수한 정보와 아이의 사진 등을 관할 경찰에 무전 및 업무용 휴대폰으로 전파합니다.

    ㉡ **전산 입력**: 일정 시간이 흘렀음에도 발견하지 못하는 경우 아이가 교통수단을 이용하여 다른 지역으로 이동하였을 가능성도 있습니다. 지구대에 아이의 인적사항 등을 전달하여 신속하게 실종아동 프로파일링 시스템(경찰 내부 전산망)에 입력하여 다른 지역에서 발견되더라도 확인할 수 있도록 하겠습니다.

    ㉢ **문자메시지 경보발령**: 일반 시민들의 제보를 받기 위하여 시 · 도경찰청에 의뢰하여 휴대폰 문자메시지를 통한 실종아동 경보발령을 합니다.

④ **수색**: 축제장 내에서 아동을 찾기 위하여 경찰뿐만 아니라 축제 주관측 안전요원과 함께 수색을 합니다. 축제장이 매우 넓은 곳이라면 지구대 경찰관 이외에 기동대 또는 기동순찰대의 지원도 필요할 것으로 생각됩니다, 축제장 내에 설치된 CCTV를 확인하여 아이의 동선을 추적하고 드론을 띄울 수 있다면 드론을 활용한 수색도 필요합니다.

⑤ **수사전환 검토**: 아이를 장시간 발견하지 못하고 정황상 범죄사건에 연루될 가능성이 있는 경우 서장 주재로 형사과장과 여성청소년과장 등이 협의하여 납치 의심 사건으로 전환할 것을 검토합니다.

⑷ **사후 조치(예방 조치)**

① **지문 사전등록제도 홍보**: 지문등 사전등록제란 「실종아동 등의 보호 및 지원에 관한 법률」에 근거하여 보호자가 신청하는 경우 경찰 시스템에 아동등의 지문, 사진, 보호자 연락처 등 신상정보를 등록하고 실종아동등 발견시 지문 조회로 신속히 보호자를 찾아주는 제도입니다. 등록대상은 18세미만 아동, 지적·자폐성·정신장애인, 치매환자 등입니다. 등록방법은 안전드림 앱 또는 홈페이지에서 직접 등록할 수 있으며, 가까운 지구대·파출소를 방문하여 할 수도 있습니다.

② **경찰부스 설치**: 아동이 많이 참여하는 대규모 축제의 경우, 축제장 내에 경찰 부스를 설치하여 실종아동 예방을 위한 홍보를 하고 지문 사전등록을 직접 받도록 합니다.

③ **주최측 요청**: 행사장 출입구에서 '미아방지 손목띠(부모 연락처 기재)'를 배부하고 충분한 안전요원을 배치하도록 요청합니다.

후속질문

✦ **부모가 진정되지 않는다면 본인의 대처방안은?**

진정되지 않는 부모를 소란스러운 축제장에서 조용한 관리실이나 경찰차량으로 안내하여 물이라도 한 잔 드리며, "지금 이 순간도 경찰관들이 수색 중입니다. 부모님께서 제 질문에 정확히 답해주시면 더 빨리 찾을 수 있습니다"라고 하면서 아이에 대한 정보를 수집하겠습니다. 그리고 경찰의 수색 상황이나 무전 내용을 공유하여 경찰등 많은 관계자들이 적극적으로 아이를 찾고 있다는 사실을 알려드려 불안감을 덜어드리겠습니다. 인력이 충분한 경우 부모를 순찰차에 탑승시켜 함께 수색하는 것도 도움이 될 것으로 생각합니다.

✦ **CCTV 못 본다면 다른 대처방안은?**

CCTV를 확인할 수 없는 상황이라고 하더라도, 부모 면담을 통하여 입수한 아이에 대한 정보를 행사장내 마이크로 방송하고, 관할 경찰에 무전 및 업무용 휴대폰으로 전파하여 알립니다. 드론이나 주변 차량의 블랙박스 영상을 조회해 볼 수도 있습니다. 조기에 발견되지 아니하면 수색 범위를 넓혀 아이가 대중교통을 이용하여 이동했을 가능성까지 염두에 두고 인근 시내버스나 지하철역 CCTV를 확인하고, 경찰 전산망 입력, 실종경보 발령 등 조치를 단계적으로 실시하겠습니다. 또한, 행사 관리주체에게 출입구 통제 및 자체 수색 등 필요한 조치를 하도록 요청하겠습니다(코드 아담 실시).

✎ **코드 아담**: 백화점, 놀이 공원 등 다중이용시설에서 아동이 실종되었을 때, 시설 관리주체가 즉각적으로 시행해야 하는 초기 대응 시스템으로서, '실종아동등의 보호 및 지원에 관한 법률(제9조의4)'에 근거하여 '실종아동등 조기발견 지침(보건복지부고시)'로 시행되고 있습니다. 다중이용시설의 관리주체는 실종아동등이 발생한 경우 자체 지침에 따라 초동 조치를 해야 합니다. 1981년 미국의 한 백화점에서 '아담 월시'라는 어린이가 실종된 후 살해된 채 발견된 사건을 계기로 만들어졌습니다.

✦ **아이를 찾고 난 이후 향후 예방 방안은?**

발표문 참조

✦ **실종 아동(치매 환자)을 찾는 제도나 시스템은 어떤 것이 있는가?**

① 지문사전등록 제도

② 실종경보 문자 발송

③ GIS 스마트 검색 시스템: 지리정보시스템(GIS)과 딥러닝 기술을 결합하여 <u>CCTV 영상 속 인물</u>, 차량 등을 위치, 시간, 외모(성별, 옷 색상 등), 이동 수단 등 복합 조건으로 <u>빠르게 찾아주는 지능형 영상 검색</u> 기술입니다. 2024년 3월 울산 북구 등에서 전국 최초로 도입되어 큰 성과를 보였습니다.

④ 유전자 검사 제도: 실종 아동과 가족의 유전자를 분석해 혈연관계를 확인하는 제도로, 가까운 경찰서에서 검체를 채취해 국과수에서 분석하여 등록합니다.

❷ 하교 후 연락두절된 아동 실종 신고에 대한 조치는?

> 오후 5시경, 한 어머니가 112로 "초등학교 3학년 아들이 학원에 도착하지 않고 있다."라고 신고하였다. 어머니에 따르면, 아이는 평소처럼 오후 3시에 학교를 마친 뒤, 4시부터 시작하는 영어학원 수업에 참석하지 않았다고 하였다. 아이는 핸드폰을 소지하지 않았으며 학교에서 영어학원까지는 도보로 10분 거리이다. 어머니는 "평소 길을 잘 알고 혼자 다니던 아이라 단순히 길을 잃은 것은 아닌 것 같다."라고 말한다. 신고를 받은 경찰의 적절한 초동조치 내용은?

💁 답변

(1) 상황 판단

① 최근 어린이 유괴 미수 사건이 사회적 이슈가 되고 상황에서, 어린이 실종 사건은 초기에 경찰력을 집중하여 신속하게 대처해야 하며 시간대별 단계적으로 대응을 해야 합니다.

② 아이가 학원에 가지 않고 친구들과 어딘가에서 놀고 있을 수도 있지만, 아이가 가출을 하였거나 유괴되었을 가능성도 염두에 두고 대응을 해야 합니다.

(2) 관련 법령

① 실종아동등의 보호 및 지원에 관한 법률 : 경찰은 실종아동등(18세미만자, 지적·자폐성·정신장애자, 치매환자)의 발견을 위하여 위치정보, 인터넷주소, CCTV 자료, 교통카드 사용 내역등을 별도의 영장 없이 제공받을 수 있습니다. 실종아동등이 핸드폰을 소지하고 있는 경우 보호자의 요청에 의하여 실종아동등의 동의가 없더라도 위치를 추적할 수 있습니다.

② 실종아동등 및 가출인 업무처리 규칙(경찰청예규) : 경찰 전산망(실종아동등 프로파일링시스템)에 실종아동등의 인적사항을 입력하고, 휴대폰 문자메시지를 통한 실종아동 경보발령을 할 수 있습니다.

(3) 현장 대응(관계자 면담 ⇨ 전파 ⇨ 수색 ⇨ 수사전환)

① 관계자 면담

　㉠ 어머니(신고자) 면담

　　ⓐ 어머니 면담을 통해 아이의 사진, 신체 특징(키, 체중 등), 실종 당시 옷차림, 신발 종류 등 특징을 파악합니다. 아이가 평소 자주 가는 장소, 좋아하는 친구, 학교나 학원에서 발생한 특이사항, 최근 가출 징후나 갈등 상황(친구 관계, 부모 갈등, 가정폭력, 아동학대 등)을 상세히 청취하여 다양한 가능성에 대한 정보를 수집합니다.

　　ⓑ 납치·유괴되어 범인으로부터 인질 석방금을 요구하는 전화가 걸려올 것에 대비하여 어머니와 아버지의 휴대폰에 통화녹음 기능을 작동시키도록 요청합니다. 만약에, 범인으로부터 전화가 온다면 아이와 통화를 하여 아이의 상태를 확인하고 최대한 통화를 길게 하면서 여러 정보를 수집하도록 안내합니다.

　㉡ 학교 선생님 및 친구 면담

　　ⓐ 학교 선생님을 통하여 아이의 학교생활 문제, 친구와의 갈등, 최근 이상행동이나 고민 등에 대하여 청취하고 친한 친구의 연락처를 확보합니다.

　　ⓑ 아이 친구를 통하여 아이에 대한 정보 및 하교시 동행했던 친구들에 대한 정보를 얻습니다.

　㉢ 학원 선생님 및 친구 면담 : 학원 선생님을 통하여 학원 내에서 문제점은 없었는지 확인합니다.

② 실종아동 정보 전파 **【무전문】**

　㉠ **무전 및 업무용 휴대폰**: 부모, 선생님, 친구로부터 입수한 정보와 아이의 사진을 관할 경찰에 무전 및 업무용 휴대폰으로 전파합니다.

　㉡ **전산 입력**: 실종아동등 프로파일링 시스템에 관련 사항을 입력하여 전국 어디서든 조회할 수 있도록 합니다.

　㉢ **문자메시지 경보발령**: 일반 시민들의 제보를 받기 위하여 휴대폰 문자메시지를 통한 실종아동 경보발령을 합니다.

③ **아이의 동선 추적 및 수색**

　㉠ 학교 CCTV를 비롯하여 아이의 이동 경로상 CCTV를 모두 확인합니다.

　㉡ 아이들이 자주 가는 문구점, 놀이터, 편의점, PC방 등을 수색하고 목격자를 탐문합니다.

　㉢ 아동의 사진과 복장 등 특징을 명시한 전단지를 작성하여 배포합니다.

④ **수사전환 검토**

　㉠ 아이가 상당 시간 귀가하지 않고 정황상 범죄사건에 연루될 가능성이 있는 경우 서장 주재로 형사과장과 여성청소년과장 등이 협의하여 납치 의심 사건으로 전환할 것을 검토합니다.

　㉡ 부모에 대한 심층 면담으로 부모의 직업, 경제 상태, 과거 협박이나 스토킹 피해, 이혼 등 부부갈등 등에 대하여 확인합니다.

　㉢ 학교 주변에 거주하는 성범죄자, 아동범죄(약취·유인, 아동학대 등) 관련 전과자 등에 대하여 조회하고 이들의 동향을 확인합니다.

　㉣ 범인으로부터 부모에게 전화가 걸려올 상황에 대비하여 위기협상 전문가가 부모 옆에서 대기하며 전화대응 코칭, 전화녹음, 위치추적 등을 준비합니다. 범인으로부터 전화가 올 경우 반드시 아이와 직접 통화를 하여 생존증거(Proof of Life)를 확인하고 범인의 어떠한 요구도 단도직입적으로 거절하지 않도록 하고 최대한 대화를 길게 끌어야 합니다.

⑷ **후속 조치**

① **언론 대응**: 아동의 사진, 실종시간·장소, 목격자 제보 요청 등을 하되, 수사 진행상황이나 용의자 특정 정보 등은 공개하지 않습니다. 범인이 언론보도를 통해 수사를 개시한 상황을 알게될 경우 증거를 인멸하거나 최악의 경우 아동을 살해하고 도주할 가능성이 있기 때문입니다.

② **전담 경찰관 배치**: 전담 경찰관으로 하여금 보호자의 심리를 안정시키고 수색 방향을 논의하며 범인으로부터 접촉에 대비하도록 합니다.

❸ 아동 유괴 신고 접수시 조치는? 〈25. 2차 발표〉

최근 미취학자 및 초등생을 대상으로 유괴 범죄가 확산되며 사회적 불안감이 가중되고 있다. 본인이 경찰관으로서 아동 유괴 사건을 신고 받은 경우 어떻게 대처할 것인가?

답변

(1) 상황 판단

① 실제 유괴사건일 수도 있지만 보이스피싱일 가능성도 염두에 두어야 합니다.

② 단순 실종이 아닌 유괴사건으로 접수되었다는 것은 범인으로부터 연락이 왔다는 것입니다. 유괴범의 협박이 허위이면 보이스피싱이고, 사실이라면 유괴사건에 해당합니다.

(2) 관련 법령 및 대응 원칙

① 형법: 미성년자 약취유인죄

② 인질 사건 대응 원칙

　㉠ 인질의 안전: 유괴사건에서 제일 중요한 것은 인질의 안전입니다.

　㉡ 비공개 원칙: 유괴사건의 경우 신고자가 경찰에 신고하여 수사 중이라는 사실이 노출되지 않도록 유의해야 합니다. 범인이 자신의 신원이 노출되고 추적 중이라는 사실을 알게 될 경우 인질을 죽이고 도주할 수가 있기 때문입니다.

　㉢ 위기협상팀 지원: 인질 석방 협상은 전문적인 교육을 받은 위기협상팀에서 담당합니다. 지구대 경찰관은 위기협상팀 도착 전까지 최초 협상을 진행할 수 있습니다.

　㉣ 최초 협상: 인질 협상에 있어서 최초 확인할 것은 인질의 안전(Proof of Life; POL)입니다. 만약 위기협상팀 도착 전에 범인으로부터 보호자에게 전화가 걸려 온 상황이라면, 보호자로 하여금 아이와 통화할 수 있게 해달라고 요구하고 아이와 통화 시 "괜찮니?", "어디 아픈 데 없니?" 등을 물어서 아이의 건강 상태와 정신 상태를 확인하도록 조언합니다. 범인과 대화시 범인의 요구를 단호하게 거절하거나 성급하게 수용하는 것은 바람직하지 않습니다. 인질의 안전을 확보하며 시간을 지연시키는 것이 중요하다는 점을 보호자에게 인지시킵니다.

(3) 현장 대응

① 보호자 면담

　㉠ 비공개로 신고자를 만나서(사복 착용) 범인과의 통화내용을 청취합니다. 아동이 실제 유괴되지 않았을 경우 있을 만한 장소를 파악하여 확인할 수 있도록 합니다. 만약 실제로 유괴되었다면 유괴의 배경이 될 수 있는 보호자의 경제 상태, 원한 관계 등에 대해서도 확인합니다.

　㉡ 범인으로부터 다시 연락이 올 경우를 대비하여 신고자의 휴대폰 녹음앱을 활성화 시킵니다. 범인의 목소리는 증거물에 해당하며 범인 추적을 위하여 다양한 분석을 할 수 있습니다.

② 위기협상팀 요청: 112상황실에 보고하여 위기협상팀의 지원을 요청합니다. 위기협상팀이 신고자 옆에서 24시간 대기하며 범인 연락시 대응방법을 코칭하고 발신지 추적을 해야 합니다.

③ 아동의 소재 추적: 아동의 동선을 추적하여 아동이 어떻게 유괴되었는지 CCTV나 차량 블랙박스 등을 확인하고 주변 상인들에게 탐문해야 합니다.

④ 보이스피싱 여부 확인: 유괴범이 전화를 걸어 온 경우, 실제 아이를 데리고 있는지 여부를 확인하기 위하여 아이와 통화를 시켜달라고 하거나 아이만 하는 내용(좋아하는 인형이나 강아지 이름, 아침에 먹은 반찬 등)을 물어봐서 진위 여부를 파악하도록 조언합니다(딥페이크 가능성 대비).

⑷ 사후 조치

① 보이스피싱으로 밝혀질 경우 절차에 따라 범인에 대한 수사를 개시하고 피해방지 교육을 합니다.

② 언론에 실종된 아이를 찾는데 필요한 정보 외에 구체적인 수사사항은 유출되지 않도록 주의합니다.

후속질문

✦ 최근 아동 유괴범죄가 증가하는 이유는?

① **범죄 동기의 다양화 및 모방 심리** : 과거 금전적 목적이 주를 이루었다면 최근에는 성범죄 목적, 부모와의 갈등, 채무 보복, 사회적 관심 유발 등 다양한 동기가 복합적으로 작용하고 있습니다. 미디어를 통한 범죄 수법의 노출과 모방 심리도 증가에 일조합니다.

② **아동 대상 범죄에 대한 낮은 인식과 공감 부족** : 일부 성인들이 아동에게 쉽게 접근하는 행위가 아동에게 심각한 공포와 불안을 야기할 수 있음을 간과하고 있습니다.

③ **지역사회 돌봄 공백 심화** : 맞벌이 가구 증가 등으로 인해 하교 후 학원 등으로 홀로 이동하는 저연령 아동이 늘어나며 돌봄 공백이 발생합니다. 유괴 발생 취약 시간대(오후 1시 ~ 6시)에 보호자 없이 홀로 있는 아동이 범죄의 표적이 되기 쉽습니다.

④ **사회적 불안감 가중으로 인한 신고 증가** : 최근 잇따른 사건 보도로 인해 학부모와 시민의 경각심이 높아졌고, 이로 인해 오인 신고나 의심 신고도 함께 증가하고 있습니다.

✦ 아동 유괴범죄 감소를 위한 방안은?

① **환경 설계(CPTED)** : 학교 주변, 학원가, 공원 등 아동 밀집 지역에 고화질 CCTV를 증설하고, AI기반 지능형 CCTV를 활용하여 이상 행동을 자동을 감지하도록 합니다.

② **하교 시간대 집중 순찰** : 학교 주변, 학원가 등 취약 시간대/장소에 경찰, 자율방범대, 아동안전지킴이 등의 인력을 집중 배치하고, 아동안전 지킴이집의 기능을 강화합니다.

③ **교육 및 홍보 강화** : 낯선 사람 경계하기, 위험 상황 대처법, 외출 안전 수칙 등에 대한 교육과 홍보가 필요합니다.

④ **사회적 돌봄 공백 해소** : 방과 후 돌봄 서비스를 확대하여 '돌봄 공백 최소화' 정책을 정부와 지자체가 적극적으로 추진해야 합니다.

④ 길 잃은 치매 노인에 대한 조치는? ⟨25. 2차 발표⟩

> 치매로 보이는 노인이 길가에 앉아 울고 있다는 신고를 받고 출동한 상황이다. 현장에 가보니 몇 명의 시민들이 노인을 진정시키고 있고 노인은 혼란스러워하며 집 주소와 가족들의 전화번호 기억하지 못하는 상황이다. 현장 경찰관의 조치는?

답변

⑴ **상황 판단** : 치매 노인이 길을 잃고 집주소와 가족들의 연락처를 기억 못하는 상황으로서, 신속히 어르신의 인적사항을 확인하고 가족들에게 연락을 취해야 합니다.

(2) 관련 법령

① 실종아동등의 보호 및 지원에 관한 법률

② 경찰관직무집행법 제4조(보호조치) : 치매 환자는 정신착란자에 준하는 상태 또는 병자로 볼 수 있으며 경찰은 24시간 이내에서 보호조치를 할 수 있습니다.

(3) 현장 대응

① 안전 확보 : 당황하여 울고 있는 어르신은 심리적으로 상당히 불안한 상태이므로 심리적 안정을 찾도록 차분하고 부드러운 목소리로 진정을 시키겠습니다. 그 다음에 건강상태를 확인하여 치료가 필요한 경우 119구급대와 공동대응하여 병원으로 후송하고, 그렇지 않은 경우에는 지구대로 이동하여 보호자를 찾을 때까지 보호조치 하겠습니다.

② 인적사항 및 연락처 확인

　　㉠ 소지품 확인 : 어르신의 소지품에 신분증 등이 있는지 확인하고, 어르신의 지팡이, 목걸이, 팔찌 등에 가족 연락처 등이 적혀 있는지도 확인합니다.

　　㉡ 지문 사전등록시스템 확인 : 치매 노인의 지문, 얼굴 사진, 신체 특징, 보호자 연락처 등을 경찰 시스템에 미리 등록하는 제도로서 사전 등록되어 있는지 여부를 확인합니다.

　　㉢ 배회감지기(GPS) 소지 확인 : GPS 기반의 배회감지기(스마트 태그)를 소지하고 있는지 확인합니다. 목걸이형, 열쇠고리형, 신발 깔창형 등 다양한 형태의 기기가 있으며 배터리가 방전된 경우 보호자가 확인하지 못할 수가 있습니다.

　　㉣ 인식표 확인 : 인식표는 치매안심센터에 등록된 재가(병원이나 시설에 입소하지 않고 집에서 거주하는 경우) 치매 환자에게 제공되는 것으로서 인식표가 있는지 확인합니다.

　　㉤ 실종아동등 프로파일링 시스템 확인 : 보호자에 의하여 실종신고가 접수된 경우 경찰 내부망인 프로파일링 시스템에 등록되어 있으므로 이를 검색하여 확인하고, 입력된 사항이 없을 경우 관련사항을 입력하도록 합니다.

　　㉥ 실종경보 문자시스템 확인 : 실종 어르신을 찾는 실종 경보 문자가 발송된 사실이 있는지 확인합니다.

③ 112상황실 보고 : 치매 어르신에 대한 인적사항이나 연락처가 확인되지 않는 경우 112상황실을 통하여 관할 경찰서에 무전 및 업무용 휴대폰으로 해당 내용을 전파합니다. 보호자 신고시 현재 보호중임을 즉시 알 수 있도록 조치합니다.

(4) 후속조치(제도안내) 【지배인】 : 보호자 인계시 보호자에게 치매 어르신의 실종 예방을 위한 제도를 안내합니다.

① 지문 사전등록제도 : 가까운 경찰서, 지구대, 파출소 또는 전국의 치매안심센터를 방문하여 등록할 수 있으며, '안전Dream' 모바일 앱/홈페이지를 통한 온라인 등록도 가능합니다.

② 배회감지기(GPS) 무상 보급 : 보건복지부, 경찰청, SK하이닉스 간 협약을 통해 진행되며 치매안심센터에서 신청할 수 있습니다. 치매 환자의 위치를 보호자의 스마트폰 애플리케이션을 통해 추적할 수 있습니다.

③ 인식표 제공 : 실종 위험이 있는 어르신의 옷 등에 부착할 수 있는 고유 번호가 새겨진 인식표를 제공하는 서비스로서, 치매안심센터에 등록된 재가(병원이나 시설에 입소하지 않고 집에서 거주하는 경우) 치매 환자에게 무료로 제공됩니다.

후속질문

✦ 현장에 도착했을 때 치매 노인에 대하여 어떤 점을 가장 유의할 것인가?

치매 노인이 길가에서 울고 있으므로 가장 유의할 점은 노인에 대한 심리적 안정이라고 생각합니다. 왜냐하면 치매 노인은 인지기능 저하로 인해 상황 판단력이 떨어지고, 낯선 사람(경찰)에 대한 두려움과 혼란이 극심하기 때문입니다. 우선 차분하고 부드러운 목소리로 안정시키고 건강상태를 확인하여 탈수나 부상이 있으면 119와 공동대응하고, 그렇지 않다면 보호자를 찾기 전까지 지구대에서 보호조치 하겠습니다. 그 다음에 신속하게 보호자의 연락처를 확인하도록 하겠습니다.

✦ 현장에 도착했는데 사람들이 어르신을 촬영하고 있으면 어떻게 할 것인가?

어르신의 인권 보호를 위해 촬영을 멈추고 이미 촬영된 영상이 있다면 유포되지 않도록 삭제할 수 있도록 정중히 부탁을 하겠습니다. 동시에 어르신의 몸을 가로막거나 담요 등으로 어르신의 모습이 노출되지 않도록 시야를 차단하겠습니다. 구경꾼이 촬영을 하는 상황은 어르신의 불안감을 증폭시킬 수 있기 때문에 신속히 순찰차 안으로 모셔서 보호조치 하겠습니다. 이후 주변 시민들에게 어르신을 목격하게 된 경위나 특이사항을 본 게 있는지 물어보겠습니다. 만약 악의적으로 촬영을 지속하거나 실시간 방송을 하는 경우, 개인정보보호법(제75조 제2항 제11호 : 공개된 장소에서 촬영의 거부함에도 이동형 영상정보처리기기로 촬영한 자에게는 과태료 5천만원 이하 부과)에 따라 과태료를 부과할 수 있으며 민법상 초상권 침해로 손해배상소송이 제기될 수 있음을 경고하겠습니다. 아울러 촬영한 영상을 악의적으로 편집하여 유튜브 등에 게시할 경우 모욕죄, 명예훼손죄 등이 성립할 수 있다는 점도 경고하겠습니다. 촬영과 관련한 사후 법적 조치에 대비하여 경찰 바디캠으로 촬영 중인 사람들에 대한 채증을 하겠습니다.

> **▣ 시민이 사건관계인을 촬영하는 행위에 대한 관련 법령**
> - 형법 : 업무방해, 모욕, 명예훼손
> - 개인정보보호법 제75조 제2항 제11호 : 공개된 장소에서 정보주체가 촬영을 거부함에도 이동형 영상정보처리기기로 촬영한 자에게는 5천만원 이하의 과태료 부과
> - 경범죄처벌법 : 업무방해, 불안감 조성
> - 스토킹처벌법 : 반복적, 지속적으로 따라다니거나 진로를 막으며 불안ㆍ공포심 유발
> - 성폭력처벌법 : 특정 신체 부위를 성적 목적으로 촬영
> - 통신비밀보호법 : 공개되지 아니한 다른 사람들의 대화를 녹음하는 경우
> - 민법상 초상권 침해로 손해배상소송

✦ 치매 실종 예방 방안은?

치매 어르신 실종 예방을 위한 제도로서, 지문 사전등록제도, 배회감지기 활용, 인식표 부착 등이 있으며 이와 같은 제도를 어르신이 많은 경로당, 복지관 등을 방문하여 교육하거나 방송이나 인터넷을 통한 홍보가 필요할 것으로 생각됩니다.

제7절 | 주취자·정신질환자 등 보호조치

1 도로에 쓰러진 의식이 없는 주취자에 대한 조치는? 〈25. 2차 발표〉

> 심야 시간에 왕복 4차로 도로에서 주취자가 쓰러져 있다는 112신고를 받고 출동하였다. 어두운색 옷을 입고 있는 50대가 호흡은 있는데 의식이 없으며, 교통혼잡이 발생하고 있다. 경찰관으로서 조치는?

답변

(1) **상황 판단**: 도로에 쓰러져 있고, 어두운색을 입고 있으며 의식이 없으므로 교통사고 등 2차 사고 발생 우려가 높아 신속한 안전조치 후 외상 등을 확인하여 응급실로 후송하거나 경찰관서에서 보호조치를 해야 합니다.

(2) **관련 법령**

① 경찰관직무집행법: 제4조(보호조치), 제5조(위험발생 방지)

② 응급의료에 관한 법률: 제6조 ②(응급의료의 거부금지 등) 응급의료종사자는 업무 중에 응급의료를 요청받거나 응급환자를 발견하면 즉시 응급의료를 하여야 하며 정당한 사유 없이 이를 거부하거나 기피하지 못하며, 위반시에는 3년 이하 징역 또는 3천만원 이하 벌금에 처합니다.

② 119구조구급에 관한 법률 시행령: 119 구급대원은 단순 주취자를 비응급환자 보아 구급출동을 거절할 수 있지만, 주취자가 의식이 없거나 외상이 있는 경우에는 출동해야 합니다.

> **제20조(구조·구급 요청의 거절)** ② 구급대원은 법 제13조제3항에 따라 구급대상자가 다음 각 호의 어느 하나에 해당하는 비응급환자인 경우에는 구급출동 요청을 거절할 수 있다. 이 경우 구급대원은 구급대상자의 병력·증상 및 주변 상황을 종합적으로 평가하여 구급대상자의 응급 여부를 판단하여야 한다.
> 4. 술에 취한 사람. 다만, 강한 자극에도 의식이 회복되지 아니하거나 외상이 있는 경우는 제외한다.

(3) **현장 대응**

① 안전 확보

㉠ 경찰관 안전 확보: 반사 조끼를 착용하고 경광봉을 휴대하여 출동합니다.

㉡ 주취자 안전 확보: 경광등을 켠 순찰차를 현장 후방에 정차하여 경광등 또는 라바콘 등으로 2차 사고를 방지합니다. 주취자에 특별한 외상이 없는 경우 갓길이나 안전한 인도로 옮겨서 안전을 확보합니다. 경추(목뼈)나 척추 부상이 의심되는 심각한 부상이 발견된 경우에는 함부로 이동시키지 말고 2차 사고를 철저히 예방하면서 119구급대 도착시까지 현장에서 교통을 통제하며 대기하는 것이 바람직합니다.

② 112상황실 보고 및 119구급대 공동대응 요청: 주취자를 흔들어 보아도 의식이 없는 경우 112상황실에 보고하여 119구급대 공동대응을 요청합니다.

③ 주변 CCTV, 목격자 등 탐문: 신고자나 주변 시민들을 상대로 주취자가 쓰러지게 된 경위를 청취하고 주변 CCTV나 차량 블랙박스 등을 확인하여 폭행이나 뺑소니 등 범죄와의 관련성 여부를 판단합니다.

④ 주취자 신원확인 및 연고자 연락: 주취자의 소지품이나 지문 등으로 신원과 연락처를 확인하고 연고자에게 연락합니다. 휴대용 신원 확인 시스템인 모피스(MOFIS)로 현장에서도 지문으로 주취자의 신원을 확인할 수 있습니다.

> **⭐ 모바일 기반 지문식별 신원확인 시스템(MOFIS) 보급**
>
> 모바일 기반 지문식별 신원확인 시스템은 <u>구호대상자(치매노인, 주취자, 중상자 등)의 신원을 현장에서 즉시 확인하기 위해 만들어진 시스템</u>으로 휴대용 지문인식 스캐너와 이를 업무용 휴대폰으로 사용할 수 있게 하는 어플리케이션으로 구성되어 있다. 2024년 2월 전국 지구대·파출소에 보급되어 운용되고 있다.

⑤ **경찰 보호조치**: 119구급대에서 응급환자가 아닌 단순주취자로 판단하고 응급실 이송을 거부할 경우, 「응급의료에 관한 법률」 및 「119구조·구급에 관한 법률 시행령」상 '응급환자'에 해당하므로 병원 이송을 거부할 수 없음을 재차 강조하며 병원 이송을 요청하겠습니다. 의식이 없는 경우 뇌졸중, 저혈당, 뇌출혈, 급성 알코올 중독 등 다양한 원인이 있을 수 있어서 의료 비전문가인 경찰관이 보호조치 중에 응급상황이 발생할 경우 대처가 곤란할 수 있습니다. 다만, 119구급대원의 의학적인 평가 및 판단 결과 주취자가 술에 취하여 잠이 든 상태에 불과한 것이 명확하다면 경찰관서로 이송하여 보호조치 하겠습니다.

⑥ **바디캠 촬영**: 보호조치 과정에서의 인권 침해 시비에 대비하여 출동 당시 현장 상황과 주취자의 상태, 구급대와의 협의 과정 등을 바디캠으로 녹화하여 채증 영상을 확보하겠습니다.

(4) 사후 조치

① **주취자 상태 재확인**: 경찰관서에서 주취자를 보호할 경우 주취자의 의식 상태와 호흡을 주기적으로 확인하여 응급상황에 대비하겠습니다.

② **주취자 보호조치 보고**: 주취자 보호조치 관련 상세한 내용을 근무일지 등에 기재하고 보고합니다. 특히, 119구급대에서 응급실 이송을 거부한 경우 비응급으로 판단한 근거를 기록에 남기도록 하겠습니다.

후속질문

✦ 교통체증이 계속 발생하는 경우 어떻게 할 것인가?

우선 경광등을 켠 순찰차를 현장 후방에 정차하여 경광등 또는 라바콘 등으로 2차 사고를 방지한 후,

① 주취자에 특별한 외상이 없는 경우 갓길이나 안전한 인도로 옮겨서 안전을 확보합니다.

② 경추(목뼈)나 척추 부상이 의심되는 심각한 부상이 발견된 경우에는 함부로 이동시키지 말고 2차 사고를 철저히 예방하면서 119구급대 도착시까지 현장에서 교통을 통제하며 대기합니다. 이 경우 현장 후방에서 경광봉으로 차량 감속을 유도하고 추가 경력을 요청하겠습니다. 차로 통제로 교통체증이 발생하더라도 생명 구조가 우선이라고 생각합니다.

✦ 출동한 119구급대에서 응급환자가 아닌 단순 주취자라는 이유로 이송을 거부할 경우에 대응방법은?

시민의 안전을 최우선으로 생각하며 단계적으로 대처하겠습니다.

(1) 생명·안전 최우선 원칙 강조 및 병원 이송 요청

① 먼저, 119구급대원에게 현재 외관상으로는 단순 주취자인지 응급환자인지 명확한 구분이 어려운 상황이며, 응급 환자 가능성을 완전히 배제하여서는 안 된다는 원칙을 강조하겠습니다.

② 119구급대의 의학적 판단을 존중하면서도 혹시 모를 뇌졸중, 심근경색, 저혈당 쇼크, 외상 등 치명적인 상태일 가능성도 있으므로 관련 법령을 근거로 병원 이송을 강력하게 요청하겠습니다.

(2) 119구급대의 비협조 시: 만약 119구급대원이 계속 이송을 거부한다면,

① 즉시 112상황실에 현재 상황(응급 평가 필요성, 구급대 비협조 등)을 상세히 보고하여 상황실로 하여금 시·도경찰청 112상황실에 보고하여 관할 119소방서가 협조할 수 있도록 요청하겠습니다. 현재 시·도경찰청 112상황실에는 소방청 협력관이 파견되어 합동 근무 중인 것으로 알고 있습니다.

> 2025년 3월부터 경찰과 소방이 즉각적인 공동 대응을 위하여 경찰청에는 소방령급 소방협력관 4명이, 소방청에는 경정급 경찰협력관 4명이 배치되고, 각 시·도경찰청 및 시·도소방본부에도 각각 72명씩 협력관이 파견되었다. 파견된 협력관들은 각 기관의 종합상황실에서 근무하며 긴급신고 모니터링, 공동 대응 현장 지원, 기관 협력 업무 등을 수행한다.

② 119구급대의 거부 사실과 쓰러진 시민의 상태를 면밀히 기록하여 추후 문제 발생에 대비하겠습니다.

(3) 경찰이 직접 병원으로 이송: 119가 최종적으로 거부하거나 협의 과정에서 시간이 너무 지체되면, 경찰이 직접 순찰차로 인근 응급실로 이송하거나 시·도청별로 협약된 응급의료센터로 이송할 수도 있습니다.

> **📖 주취자 이송 관련 경찰-소방 대치**
>
> 2024. 5. 서울 광진구 길거리에서 20대 남성(A씨)이 쓰러져 있다는 신고가 접수되자 소방이 출동과 동시에 경찰에 공동 대응을 요청하며 경찰과 소방 간의 '주취자 이송 책임'을 둘러싼 대치 상황이 벌어졌다. 현장에 도착한 구급대원은 A씨를 단순 주취자로 판단하여,"병원에 갈 정도의 응급환자는 아니다"라고 주장하며 이송을 거부했고, 경찰은 "뇌졸중이나 갑자기 상태가 나빠지면 어떻게 할 거냐"고 반박하며 구급차 뒷문을 연 채 20분간 대치했다. 결국 경찰과 소방은 A씨를 데리고 함께 병원으로 향했고, A씨는 첫 신고 접수 후 약 2시간이 지난 후에야 병원에서 보호자에게 인계되었다. 〈국민일보 24.6.8. 참조〉

✦ 주취자 응급의료센터, 주취해소센터는 어떤 곳인가?

(1) 주취자 응급의료센터: 일반병원 응급실의 경우 의사나 병실이 없다거나, '행패를 부리면 어떻게 하느냐'라는 등의 이유를 들어 인수를 거부하는 사례가 많습니다. 이에 따라 각 시·도별 지정된 공공의료기관의 응급실에 경찰관이 24시간 상주하는 형태로 운영되고 있습니다.

📖 지역별 주취자응급의료센터

지역	서울				대구	경기 남부		경기 북부	인천	울산
병원	국립 의료원	서울 의료원	보라매 병원	적십자 병원	대구 의료원	수원 병원	부천 다니엘 병원	성남 의료원	한양대 병원	인천 의료원	중앙 병원

지역	제주		강원	충북	충남		전북	전남	경북	부산
병원	한라 병원	제주대 병원	서귀포 의료원	원주 의료원	청주 의료원, 충주 의료원	서산 의료원	천안 의료원	원광대 병원	순천 의료원, 목포 의료원	포항 의료원	부산 의료원

⑵ **주취해소센터** : 119구급대는 주취자가 응급조치가 필요한 상태가 아니라고 판단할 경우 주취자 응급의료센터 또는 일반 병원으로 이송하지 않으며 설령 이송하였더라도 병원에서 응급조치가 필요하지 않다는 이유 등으로 거절하는 경우가 많습니다. 이때 주취자를 경찰관서에서 보호하는 경우 여러 가지 문제가 발생할 수 있어서 경찰관서가 아닌「주취해소센터」에서 보호하는 것이 바람직합니다. 이 센터는 현재 부산(23년 4월 개소)과 제주(24년 1월 개소)에서만 운영되고 있습니다. 서울에서도 조례를 제정하고 설치하려고 하였으나 주민들의 반대로 무산되자 그 대안으로 '주취 해소 버스' 도입을 검토하고 있으며, 경기도에서도 관련 조례안이 통과되어 설치 중인 것으로 알고 있습니다.

✦ **경찰관서에서 의식이 없는 주취자를 보호할 경우 어떤 문제점이 예상되는가?**

⑴ **의학적 응급상황 판단의 한계** : 가장 치명적인 문제점은 '단순 주취'와 '의학적 응급상태'를 외관적으로 구별하기 어렵다는 것입니다. 술 냄새가 난다는 이유로 주취자로 판단했으나, 실제로는 뇌출혈(지주막하출혈), 저혈당 쇼크, 급성 알코올 중독 등 즉각적인 의료 조치가 필요한 환자일 수 있습니다. 경찰관은 의료 비전문가이고 경찰관서에는 전문 장비가 없기 때문에 응급상황 발생 시 적절한 응급처치를 골든타임 내에 수행할 수 없습니다.

⑵ **치안 공백 발생** : 의식이 없는 주취자는 사실상 1:1 밀착 감시가 필요합니다. 하지만 지구대 인력은 한정되어 있어 주취자 한 명에게 매달리다 보면 112신고 출동에 차질이 생기고, 보호자가 장시간 나타나지 않는 경우 주취자가 술이 깰 때까지 순찰 요원이 묶여 있게 됩니다.

⑶ **법적 책임** : 주취자가 경찰관서에서 보호 중에 사망하거나 중태에 빠질 경우 담당 경찰관은 형사적으로 업무상 과실치사상죄로 기소될 수 있고 행정적으로 징계 대상이 될 수 있으며, 민사적으로는 국가배상책임이 발생할 수 있습니다.

---

2 **공원에서 술에 취해 고성을 지르는 자에 대한 조치는?** 〈25. 2차 발표〉

> 공원에서 중년 남자들이 술을 먹고 고성을 지르고 있다. 주변에는 소주병 2개가 있고 근처에 어린이들 많고 주민들이 운동기구를 사용하고 있다. 112 신고받고 출동한 경찰관의 조치는?

👤 〈답변〉

⑴ **상황 판단** : 술을 먹고 고성을 지르는 행위는 경범죄처벌법의 음주소란에 해당합니다. 소란의 정도가 약하다면 계도 위주로 자진 해산하도록 설득하겠지만, 대상자들이 비협조적인 경우라면 경범죄처벌법위반으로 단속하겠으며 주취상태가 심각한 만취 상태라면 보호조치를 할 수 있습니다.

⑵ **법적 근거**

① **경범죄처벌법(음주소란)** : 공회당 · 극장 · 음식점 등 여러 사람이 모이거나 다니는 곳 또는 여러 사람이 타는 기차 · 자동차 · 배 등에서 몹시 거친 말이나 행동으로 주위를 시끄럽게 하거나 술에 취하여 이유 없이 다른 사람에게 주정한 사람

② **경찰관직무집행법** : 불심검문(제3조), 보호조치(제4조), 위험발생 방지(제5조)

③ **국민건강증진법** : 지방자치단체 조례에 의한 금주구역에서 음주를 할 경우 자치단체장등은 10만원 이하의 과태료를 부과할 수 있습니다.

(3) 현장 대응

① **계도조치** : 단순 소란으로 경미한 정도일 경우 주변에 아이들과 운동하는 사람들이 있는 장소이므로 조용히 음주를 즐기든지 아니면 현장을 떠날 것을 요청하겠습니다. 또한 소주병은 주변 어린이들에게 위험한 물건이 될 수 있으므로 치우도록 조치하겠습니다.

② **경고** : 대상자들이 비협조적일 경우 경범죄처벌법 음주소란으로 처벌할 수 있음을 경고하고, 현장을 떠날 것을 재차 요청하겠습니다. 또한 지방자치단체 조례에 의하여 정한 금주구역에서 음주를 할 경우 자치단체장등은 10만원 이하의 과태료를 부과할 수 있다.

③ **단속** : 고성이 반복되고 정도가 심한 경우에는 대상자들에게 신분증 제시를 요구하며 경범죄처벌법상 음주소란 혐의로 단속하겠습니다. 대상자들이 신분증을 제시하지 않는 경우는 주거불명에 해당하여 현행범 체포할 수 있음을 경고하며 단속하겠습니다. 음주소란은 10만원 이하의 벌금, 구류, 과료에 처할 사안에 불과하여 통고처분 대상이지만 주거불명인 경우에는 현행범으로 체포할 수 있습니다.

④ **보호조치** : 대상자들의 주취상태가 의사능력이나 판단능력을 상실할 정도로 만취한 상태라면 보호조치 대상이 됩니다. 응급환자인 경우 119구급대와 공동대응 하겠지만 그 정도 수준이 아니라면 경찰관서로 이송하여 어느 정도 술이 깨고 진정할 때까지 보호조치 하겠습니다.

⑤ **바디캠 촬영** : 현장 조치 상황을 바디캠으로 녹화하여 경찰이 단계적으로 계도·경고 절차를 거친 점과 현행범 체포할 경우 절차상에 문제가 없었음을 입증할 수 있도록 하겠습니다.

(4) 사후 조치

① 현장 사진을 촬영하고 주변 CCTV 등을 확인하겠습니다.

② 주변 운동하는 사람 등 목격자가 있으므로 어떤 소란을 피웠는지, 구체적으로 어떤 말을 했는지 등 관련 진술을 청취하겠습니다.

후속질문

✦ **해당 주취자들이 신원확인을 거부할 경우는 어떻게 할 것인가?**

(1) **법적 근거** : 경범죄처벌법(음주소란)을 위반한 주취자들의 신원이 확인되지 아니하는 경우에는 통고처분이나 즉결심판을 청구할 수 없습니다. 주취자들의 인적사항과 주거가 확인되지 아니하는 경우에는 주거불명에 해당하므로 형사소송법 제214조에 의하여 현행범으로 체포할 수 있습니다. 현행범 체포를 한 경우 형사소송법 제216조 제1항 제2호(체포장소에서 영장 없이 압수·수색·검증)에 의하여 영장 없이 강제로 지문을 채취하여(MOFIS 활용) 신원을 확인할 수 있습니다. 다만 실무적으로는 별도의 검증영장을 발부받아 지문을 강제 채취하는 경우가 많은 것으로 알고 있습니다.

> ✎ 형사소송법 제214조(경미사건과 현행범인의 체포) : 다액 50만원이하의 벌금, 구류 또는 과료에 해당하는 죄의 현행범인에 대하여는 범인의 주거가 분명하지 아니한 때에 한하여 제212조(현행범인의 체포) 내지 제213조(체포된 현행범인의 인도)의 규정을 적용한다.

(2) **현장 조치** : 주취자들에게 "신원을 밝히지 아니하면 주거불명에 해당하여 현행범으로 체포할 수 있습니다. 체포되면 경찰관서로 연행되어 신원확인 절차를 거친 후 조사를 받으셔야 하며, 시간이 오래 걸립니다. 지금 신분증만 보여주시면 간단히 범칙금 처리로 끝날 수 있습니다. 마지막으로 한 번 더 기회를 드릴테니 신분증을 제시하여 주십시오."라고 강력하게 요구한 뒤에도 이를 거부하는 경우에는 미란다 원칙을 고지하고 현행범인으로 체포하겠습니다. 도주, 폭행, 소요, 자해 등의 우려가 있는 경우 수갑을 사용할 수 있으며 그 우려가 높은 경우에는 뒷수갑을 사용할 수도 있습니다.

✦ 해당 공원에서 음주 고성방가를 예방할 수 있는 조치는?

⑴ **가시적·예방적 순찰 강화** : 공원 음주소란이 주로 발생하는 시간대를 중심으로 경찰력을 집중 배치하여 가시적·예방적 순찰을 합니다. 이러한 순찰이 경고 메시지를 전달하고 주민에게 안정감을 줄 수 있습니다. 또한 자율방범대, 지자체와 협력하여 합동 순찰을 실시함으로써 지역사회가 함께 감시하고 있다는 분위기를 조성합니다.

⑵ **현수막, 전광판 등 설치** : 지자체와 협업하여 공원 입구나 벤치 주변에 현수막이나 전광판을 설치하여 공원내에서 음주나 고성방가를 하는 경우 경범죄처벌법위반으로 범칙금 발부 또는 자치단체 조례에 의한 과태료 부과 대상이 됨을 경고합니다.

⑶ **환경개선(CPTED 활용)** : 자치단체 또는 공원 관리사무소와 협조하여 음주 고성방가 문제가 자주 발생하는 지역에 가로등을 추가로 설치하여 밝게 하고, CCTV로 실시간으로 모니터링을 하도록 합니다.

❸ 유동인구가 많은 지역에서 주취자가 싸우고 있다는 신고를 받고 현장에 가보니 주취자 4~5명이 싸우고 있다. 본인 포함 2명이 출동한 경우 어떻게 할 것인가?

👤〈답변〉

⑴ **상황 판단** : 유동인구가 많은 지역에서 여러 명의 주취자가 싸우며 시민까지 위협하는 상황에서 출동 인원이 저를 포함하여 2명뿐이라면 성급한 대응은 위험할 수 있어서 단계적으로 상황에 대처하겠습니다.

⑵ **관련 법령**
 ① 형법 : 폭행죄
 ② 폭력행위등처벌법
 ③ 경찰관직무집행법 : 제6조(범죄의 예방과 제지)

⑶ **현장 대응**
 ① 112상황실 보고 및 신속한 지원 요청
  ㉠ 도착 즉시 112치안종합상황실에 무전으로 현재 상황을 상세히 보고하겠습니다.
  ㉡ 2명의 인력만으로는 다수의 흥분한 주취자를 안전하게 제압하기 역부족이라는 판단이 들면 지원 경력을 요청하겠습니다.
 ② 안전 확보
  ㉠ 안전거리 유지 : 즉시 직접 개입하기보다는 안전 거리를 유지하며 상황을 주시하면서 싸움의 양상, 주취 정도, 흉기 소지 여부, 위협받는 시민의 상황 등을 신속하게 파악하겠습니다.
  ㉡ 시민 대피 및 보호 : 주변 시민들이 다치지 않도록 싸움 현장으로부터 즉시 대피시키고 안전을 확보하겠습니다.
  ㉢ 경고 및 제지 시도 : 순찰차의 경광등, 사이렌, 확성기를 이용하거나 큰 목소리로 싸움을 중지할 것을 강력하게 경고하고 제지를 시도하겠습니다.

③ 직접 개입
  ㉠ 지원 도착 전 신중한 개입 : 지원 경력이 도착하기 전에는 2명의 경찰관만으로 다수의 주취자를 물리적으로 제압하려 무리하게 시도하는 것은 위험할 수 있습니다. 주취자들이 시민에게 직접적이고 심각한 위해(예 흉기 공격 등)를 하는 경우가 아니라면 물리적 개입보다는 안전거리 유지, 상황 통제, 시민 보호에 집중하며 지원을 기다리는 것이 원칙입니다.
  ㉡ 지원 도착 후 합동 제압 : 지원 경력이 도착하면 팀장(또는 선임 경찰관)의 지휘하에 합동으로 신속하고 안전하게 싸움을 제지하고 관련자들을 분리 및 제압하겠습니다. 필요한 경우 경찰봉, 전자충격기, 수갑 등 정당한 물리력과 장구를 사용하겠습니다.

(4) 사후 조치

① 안전 확보 및 부상자 확인 : 관련자들을 완전히 제압하고 안전을 확보한 후, 부상자가 있는지 확인하고 필요한 경우 즉시 119구급대에 연락하겠습니다.

② 현장 보존 및 증거 확보 : 필요한 경우 현장을 보존하고 CCTV 영상, 목격자 진술, 관련 증거물 등을 확보합니다.

③ 신원 확인 및 임의동행/체포 : 관련자들의 신원을 확인하고 폭행, 공무집행방해 등 혐의에 따라 임의동행 또는 현행범 체포 등 법적 절차를 진행합니다.

---

4 **주취자를 인계하기 위하여 연락한 보호자도 주취상태인 경우 대응 방법은?** 〈25. 1차 발표〉

> 30대 여성 주취자가 택시내에서 계속 토해서 택시운전자가 도중에 세워 내리도록 했는데 몸도 못 가누고 바닥에 쓰러진 상황이다. 경찰관이 현장에 출동해서 여성분 주머니에서 휴대폰을 꺼내 남편에게 연락하니 남편도 만취상태로 나타났다. 현장 경찰관의 적절한 조치는?

답변

(1) **상황 판단** : 여성 주취자는 몸을 못 가누고 바닥에 쓰러진 상황이며 보호자인 남편 역시 만취 상태입니다. 이 경우 여성 주취자를 남편에게 인계하는 것은 적절하지 않습니다. 두 사람 모두 만취 상태이기 때문에 한꺼번에 귀가조치시키는 방안을 모색하겠습니다.

(2) **법적 근거** : 경찰관직무집행법 제4조(보호조치)

(3) **현장 대응**

① 응급환자인 경우 병원 이송 : 여성이 계속 구토하고 바닥에 쓰러진 상태이므로 의식 수준, 호흡, 맥박 등 생체징후를 먼저 확인하고, 응급상황으로 판단되면 즉시 119에 연락하여 의료기관으로 이송을 조치하겠습니다. 신체 접촉이 필요한 경우 가능한 여성 경찰관이 담당하도록 하겠습니다.

② 병원 이송이 불가한 경우 : 119구급대에서 출동하였지만 응급환자로 인정되지 않아 병원 이송을 할 수 없는 경우에는,
  ㉠ 보호자인 만취 남편에게 인계 불가
    ⓐ 보호능력 부재 : 남편 역시 만취 상태로 자기 자신도 제대로 돌볼 수 없는 상태이므로 배우자를 안전하게 보호할 수 없습니다.
    ⓑ 2차 사고 위험 : 두 사람 모두 만취 상태에서 귀가 시도 중 교통사고나 낙상 등 추가적인 안전사고가 발생할 위험이 높습니다.

ⓒ **법적 책임**: 만약 남편에게 인계한 후 안전사고가 발생할 경우 경찰관의 직무 태만으로 법적 책임을 질 수 있습니다.

ⓛ **다른 보호자 호출**: 다른 보호자에게 연락하여 현장이나 지구대로 올 수 있도록 하겠습니다.

ⓒ **순찰차 이용 귀가조치**: 만약 두 사람의 거주지가 관내에 있어서 이동시간이 얼마 걸리지 않고 112 신고등 긴급한 사안이 없는 경우라면 순찰차를 이용하여 귀가조치 하겠습니다.

ⓡ **두 사람을 택시에 태워 귀가조치**: 남편이 현장을 찾아올 정도의 판단능력과 의사능력이 있고 택시를 타고 귀가할 수 있을 정도라고 판단되면 택시에 태워 귀가조치 하겠습니다. 이때 택시 운전기사에게 두 사람의 집 주소를 알려주고 이동 중에 특이사항이 있거나 집에 무사히 도착하게 되면 우리 지구대로 연락하여 달라고 부탁하겠습니다. 또한, 남편의 휴대폰으로 택시 정보(차량번호, 회사번호 등)를 메시지로 전송하여 추적 가능하도록 하겠습니다.

ⓜ **경찰관서 보호조치**: 주거지가 우리 관내에 있지 않아서 순찰차로 귀가시켜 주기가 곤란하고 두 사람 모두 만취한 상태에서 다른 연고자가 없는 경우라면, 술이 어느 정도 깰 때까지 지구대·파출소 등 경찰관서에서 보호조치를 하겠습니다.

⑷ **사후 조치**

① 보호조치 정황과 택시 기사 연락처 및 진술 내용 등을 정확히 기록하고 보고합니다.

② 택시 기사가 토사물에 대한 청소비용을 요구하는 경우, 경찰은 민사 분쟁에 개입할 수 없으므로 주취자와 협의하도록 안내하겠습니다.

후속질문

✦ **현장에서 여성 주취자에 대한 보호조치시 주의할 점은?**

여성 주취자에 대한 보호조치는 남성 주취자보다 세심한 주의가 필요합니다. 업무를 수행한 경찰관이 '성추행' 등으로 오해받지 않도록 경찰관 자신을 보호하고, 여성 주취자의 인권을 보장해야 합니다.

⑴ **성범죄 예방**

① **여경 배치 요청**: 112상황실을 통하여 다른 지구대·파출소에서 여경의 지원을 요청하겠습니다.

② **여경 지원 곤란시**: 여경 지원이 곤란하다면, 주변 여성분들의 도움을 받아 함께 조치하겠습니다. 여성 주취자가 의식이 없는 경우 119구급대와 공동대응하여 구급차로 병원으로 이송하고, 순찰차로 이송을 해야 되는 경우라면 장갑, 담요, 들것 등을 이용하여 직접적인 신체접촉을 최소화하도록 하겠습니다. 불가피한 신체 접촉시에는 주취자가 의식이 없다고 하더라도 사전고지를 하겠습니다.

③ **영상 녹화**: 바디캠(경찰착용기록장치)이나 휴대폰으로 전 과정을 녹화하여 추후 성추행 시비에 대응하겠습니다. 바디캠이나 휴대폰은 녹음도 되기 때문에 여성의 외모 평가, 성적 농담 등 부적절한 언행을 하지 않도록 유의하겠습니다.

⑵ **여성 주취자의 프라이버시 보호**

① **옷차림 정리**: 여성의 옷차림이 흐트러졌거나 토사물이 있는 경우, 여경이 옷차림을 정리하거나 토사물을 닦아줄 수 있지만 여경이 없는 경우에는 직접 만지지 말고 담요나 외투로 덮어주거나 다른 여성으로 하여금 옷차림을 정리해 주도록 요청합니다.

② **사진 촬영**: 사진 촬영은 증거 확보 목적 이외에 다른 목적으로 촬영하지 않도록 유의합니다.

⑶ **상세한 기록 작성**: 근무일지에 발견 시각, 장소, 당시 상태, 조치 내용, 신체 접촉 내용, 입회자(여경, 목격자 등) 등을 상세히 기록하여 추후 민원이나 무고에 대응할 수 있도록 하겠습니다.

✦ **주취자의 신원 및 연고자 확인을 위하여 경찰관이 그 주취자의 휴대폰을 검색하거나 소지품을 확인할 수 있는가? 할 수 있다면 그 법적 근거는 무엇인가?**

(1) **현행법상 한계**: 보호조치를 하는 과정에서 주취자의 신원을 확인하기 위하여 지문을 채취하거나 연고자의 연락처를 찾기 위하여 대상자의 소지품이나 휴대폰에서 개인정보를 취득할 수 있다는 규정은 법률에 명문으로 규정되어 있지 않습니다. 일반적으로 <u>타인의 휴대폰을 열어 함부로 검색하는 것은 형법상 비밀침해죄</u>에 해당할 수 있으며 동 범죄는 친고죄로 규정되어 있습니다.

    ✎ 비밀침해죄(형법 제326조): 3년 이하의 징역 또는 500만원 이하의 벌금

(2) **법적 정당성**: 경찰관이 만취한 여성의 연고자를 찾기 위하여 가방을 개봉하여 지갑을 열어보거나 휴대폰을 열어보는 것은 <u>경찰관직무직행법상의 보호조치를 수행하기 위한 정당행위로서 위법성이 인정되지 않는</u>다고 생각합니다. 오로지 대상자의 보호 및 인계를 위한 행위이므로 대상자가 입는 개인의 비밀 침해보다 대상자의 보호라는 공익적 측면이 더 크기 때문에 비례의 원칙에도 부합한다고 생각합니다.

(3) **입법론**: 향후 명확한 법적 근거를 위하여 경찰관직무집행법이나 개인정보보호법의 개정 또는 「주취자 보호법」의 제정이 필요하다고 생각합니다.

> 📖 **주취자 보호법 제정안**
>
> 1. 제안 이유: 현행 「경찰관 직무집행법」은 의학적 지식이 부족한 경찰관에게 주취자에 대한 응급구호의 필요성을 판단하고 보건의료기관 등에 긴급구호를 요청하도록 규정하고 있어, 주취자에 대한 발견·보호·치료 등에 보건·의료 등에 대한 복합적인 지식과 경험이 필요한 주취자 보호조치 업무를 경찰에게만 전담하고 있다. 주취자 보호에 대해서 경찰을 포함한 지방자치단체·소방·의료기관의 협력을 통해 근본적 해법을 마련할 필요가 있으므로 주취자 보호조치에 있어 주취자 이송, 주취자 치료, 주취자 보호시설 운영에 대해 각 기관의 역할을 분담하여 협업하는 체계를 구축해야 한다. 〈임호선 국회의원의 「주취자 보호 등에 관한 법률안」〉
> 2. 주요 내용: 발의된 법안들의 주요 내용은 현장에서 주취자의 신원확인을 위한 법적 근거를 마련하고, 주취자의 보호시설 설치 근거, 주취자 보호 범위에 대한 구체적 한계 설정, 경찰과 소방의 업무범위 설정, 응급의료시설의 주취자 보호 등을 담고 있다.

✦ **주취자를 어느 정도까지 보호조치하는 것이 바람직한가?**

(1) 경찰관은 「경찰관 직무집행법」 제4조(보호조치)에 근거하여 '술에 취하여 자신 또는 다른 사람의 생명·신체·재산에 위해를 끼칠 우려가 있는 사람'에 대하여 응급구호 등 보호조치를 할 수 있습니다. 술에 만취한 사람(정상적인 판단능력이나 의사능력을 상실할 정도에 이른 사람)이 보호조치 대상이 되며, 보호자에게 인계할 수 있다면 특별한 사정이 없는 한 경찰관서에서 피구호자를 보호하는 것은 허용되지 않습니다(대판 2012도11162). 또한 보호조치 대상이 되는지에 대한 판단은 일반적으로 경찰관의 재량에 위임되어 있지만 구체적인 상황에서 권한의 불행사가 현저하게 불합리하다고 인정되는 경우에는 만취자에 대한 보호조치는 의무가 되어 그 권한의 불행사는 위법할 수 있습니다(대판 2017다290538).

> • <u>'술에 취한 상태'란 피구호자가 술에 만취하여 정상적인 판단능력이나 의사능력을 상실할 정도에 이른 것을 말하고,</u> 이 사건 조항에 따른 보호조치를 필요로 하는 피구호자에 해당하는지는 구체적인 상황을 고려하여 경찰관 평균인을 기준으로 판단하되, 그 판단은 보호조치의 취지와 목적에 비추어 현저하게 불합리하여서는 아니 되며, 피구호자의 가족 등에게 피구호자를 인계할 수 있다면 특별한 사정이 없는 한 경찰관서에서 피구호자를 보호하는 것은 허용되지 않는다(대판 2012도11162).
> • 경찰관의 권한은 일반적으로 경찰관의 전문적 판단에 기한 합리적인 재량에 위임되어 있는 것이다. 그러나 구체적인 사정에서 경찰관이 권한을 행사하여 필요한 조치를 하지 아니하는 것이 현저하게 불합리하다고 인정되는 경우 그러한 <u>권한의 불행사는 직무상의 의무를 위반한 것으로 위법하다</u>(대판 2017다290538).

(2) **경찰관서 보호조치**: 지구대에서 보호조치를 할 때에는 사고 방지에 유의해야 합니다. 지구대에서 자고 있는 경우 15 ~ 30분 간격으로 직접 다가가 호흡 유무, 안색, 반응 등을 확인하고, 잠결에 구토하여 토사물이 기도를 막지 않도록 고개를 옆으로 돌린 자세를 유지하도록 조치해야 합니다. 인권 침해 논란이나 관리 소홀 책임을 방지하기 위해 반드시 CCTV가 가장 잘 보이는 곳에 위치시키고 주취자의 난동이나 자해를 방지하도록 위험한 물건은 미리 치워두어야 하며, 다른 민원인과 시비가 붙지 않도록 적절한 거리를 유지시킵니다. 또한 프라이버시 보호를 위한 조치도 필요합니다.

(3) **자진귀가 또는 보호자 인계시**: 자진귀가는 주취자가 소통이 가능하고 스스로 보행이 가능하며 귀가 경로를 인지할 수 있는 정도가 되어야 합니다. 주취자가 "괜찮으니 보내달라"고 요구하더라도, 비틀거리거나 판단력이 흐리다면 혼자 보내서는 안 됩니다. 또한, 경찰관이 주취자를 주거지까지 인계할 때에는 보호자에게 분명하게 인계하거나 주취자가 집 안에 들어가는 것까지 확인하는 것이 필요합니다. 2023년 겨울에 다세대주택의 계단에 주취자를 두고 경찰이 돌아갔는데 저체온증으로 사망하여 해당 경찰관이 업무상과실치사죄로 벌금을 받고 징계 조치된 사례가 있었습니다.

📖 주취자 관련 사례

- 2023. 8. 13. 4일 오전 1시59분 "손님이 술에 많이 취해 집에 가지 않는다"는 112 신고를 받고 출동하여 A씨를 순찰차에 태운 뒤 주소를 물었으나 A씨는 "오산역 근처에 살고 있으니 오산역에 내려주면 알아서 귀가하겠다"는 취지로 대답했다. 이에 오산역 앞에 내려주었으나 A씨는 귀가하지 않고 오산역 환승센터 주변을 배회하다가 차로 한복판에 누웠고, 순찰차에서 내린 지 50여분 만에 고속버스에 깔리는 사고를 당하고 사망하였다. 경찰은 출동한 경찰관들에게 중대한 과실이 있다고 판단되지 않아 징계 등은 검토하고 있지 않다는 입장이다. 〈국민일보 23.9.4. 참조〉
- 지구대 소속 A 경사와 B 경장은 2023년 11월 30일 새벽 112신고를 받고 술에 취해 길가에 누워있던 60대 남성 A씨를 강북구 수유동 다세대주택 야외 계단에 앉혀놓고 돌아가 A씨가 저체온증으로 사망에 이르게 한 혐의(업무상 과실치사)로 각각 벌금 500만원과 400만원이 선고되었고, 각각 감봉 및 견책 징계처분이 내려졌다. 〈연합뉴스 24.1.16. 참조〉

✦ 토사물이 있는 100Kg 넘는 여성 주취자를 옮길 수 있는 방법은?

100kg이 넘는 거구의 토사물이 있는 상태의 여성 주취자는 물리적으로 옮기기 어렵고 특히 경찰관의 성추행 오해 소지, 토사물에 의한 여성의 기도 폐쇄 등이 우려되는 상황입니다.

(1) **119구급대 요청**: 토사물이 있는 상황이므로 119구급대의 장비를 활용하여 구급차로 이동하는 것이 가장 안전한 방법입니다.

(2) **들것 활용**: 최소한 4명의 경찰관이 들것에 실어서 담요로 신체를 덮어(프라이버시 보호) 이동할 수 있습니다.

(3) **휠체어 사용**: 주취자를 휠체어에 앉혀서 안전벨트로 고정하여 이동할 수 있습니다.

(4) **담요 이용**: 들것이나 휠체어가 없는 경우 담요를 펼쳐 담요 네 모서리를 4명이 잡아서 최소 단거리를 이동할 수 있습니다.

(5) **가족 호출**: 가족들을 호출하여 함께 이동할 수 있습니다.

❺ 경찰이 정신질환자를 강제로 정신병원에 입원시킬 수 있는 방법은?

👤 답변

경찰은 정신건강복지법에 근거한 응급입원과 행정입원으로 정신질환자를 강제로 정신병원에 입원시킬 수 있습니다.

(1) 응급입원(경찰관 ⇨ 정신병원 입원 의뢰 ⇨ 정신과 전문의 1명 진단)

① 위험 발견 및 입원 의뢰: 정신질환자로 추정되는 사람이 자신이나 다른 사람에게 해를 끼칠 위험성이 크고 급박하여 다른 입원 절차를 따를 시간적 여유가 없는 경우(보호자가 있는 경우에도 가능)를 경찰관이나 의사가 정신의료기관에 입원을 의뢰합니다(정신질환 추정자 + 자·타해 위험성 + 긴급성).

   예 자살기도자(자해위험)에게 보호자가 없거나 단시간 내에 보호자 도착이 어려운 경우, 정신질환이 있는 이상동기범 죄자(불구속 수사 중인 경우)

   ✎ 입원에 동의한 경찰관 또는 구급대원은 정신의료기관까지 그 사람을 호송한다.

② 전문의 진단 및 입원 결정: 정신의료기관의 정신건강의학과 전문의가 대상자를 진단하여 입원이 필요하다고 인정하고 이를 의뢰한 경찰관 또는 의사가 입원에 '동의'해야 합니다.

③ 입원 시행: 정신의료기관의 장은 <u>최대 3일</u>의 기간 동안 대상자를 응급입원 시킵니다(이 기간 내 다른 입원 유형 전환 또는 퇴원 조치 가능).

(2) 행정입원(경찰관 ⇨ 지자체장 ⇨ 정신과 전문의 2명 진단 ⇨ 정신병원 입원 의뢰)

① 위험 발견 및 진단/보호 신청: 정신질환으로 자·타해 위험이 있는 사람을 경찰관 등이 발견했으나 다른 유형의 입원이 어려운 경우, 특별자치시장·특별자치도지사·시장·군수·구청장(이하 '지자체장')에게 서면으로 알리고 진단과 보호를 신청합니다.

② 전문의 진단 의뢰: 신청을 받은 지자체장은 즉시 해당 대상자에 대해 <u>2명 이상의 정신건강의학과 전문의에게 진단</u>을 의뢰합니다(서로 다른 의료기관 소속 전문의 원칙).

③ 입원 결정 및 통지: 지자체장은 2명 이상의 전문의가 일치하여 해당 대상자가 자·타해 위험으로 입원이 필요하다고 진단한 경우 정신의료기관(주로 국공립)을 지정하여 입원을 '결정(의뢰)'하고 그 사실을 대상자 및 보호의무자 등에게 통지합니다.

④ 입원 시행: 지정된 정신의료기관의 장은 대상자를 입원시킵니다(<u>최초 3개월</u> 이내, 이후 연장 가능).

(3) 응급입원과 행정입원 비교

구분	응급입원	행정입원
목적/성격	가장 긴급한 위험 제거, 진단·평가를 위한 단기·임시 조치	자·타해 위험 지속되나 긴급성 낮거나 타 입원 불가시 장기적 치료 연계
근거 법률	정신건강복지법 제50조	정신건강복지법 제44조
주요 요건	① 정신질환 추정 ② 자·타해 위험 크다고 의심 ③ '매우 급박'(타 입원 절차 시간 無)	① 정신질환 의심 ② 자·타해 위험 있다고 의심 ③ 다른 입원 유형(자의, 동의, 보호의무자) 불가 시
입원 절차	정신건강의학과 의사 또는 경찰관 동의 ⇨ 정신의료기관에 입원 의뢰	정신건강 전문의 진단 ⇨ 지자체장 입원 결정 ⇨ 정신의료기관에 입원
입원 의뢰	의사와 경찰관	지자체장
전문의 진단	의사 1명	의사 2명 이상
입원 기간	3일 이내	3개월 이내(이후 연장 가능)

정신건강복지법상 입원의 종류

	입원 유형	본인 의사	보호의무자 동의	전문의 진단
1	자의 입원	있음	불필요	1인
2	동의 입원	있으나 불확실	1인	1인
3	보호의무자 입원	불필요	2인	2인
4	행정 입원	불필요	불필요	2인
5	응급 입원	불필요	불필요	1인

제8절 구조 현장

❶ 대형 싱크홀이 발생하기 전, 전조 현상에 대한 미흡한 대처의 문제점은? 〈25. 1차 발표〉

> 경찰관이 출동한 현장에서 수박만 한 포트홀 발생으로 차량이 파손된 것을 목격하였다. 피해자에게 도로관리 기관을 안내해 주고 근처 흙으로 대충 메웠다. 상황실에 보고하려는데 상급자가 '그냥 가자'고 하였다. 몇 시간 뒤에 대형 싱크홀이 발생하여 인명 피해가 발생하였다. 경찰관들 조치의 문제점과 올바른 대응방법은?

👤 답변

(1) **상황 판단**: 현장에 출동한 경찰관으로서 포트홀 발생에 대한 위험성을 간과한 점, 상황실 보고 누락, 부당한 상급자 지시를 그대로 추종한 안일한 대처에 문제가 있습니다.

(2) **관련 법령**

① **경찰관 직무집행법**: 경찰관이 위험발생 방지조치를 한 경우에는 경찰관서의 장(경찰서장, 지구대장, 파출소장, 출장소장)에게 보고를 해야 하며, 이러한 보고를 받은 경찰관서의 장은 관계기관에 협조 요청을 해야 합니다.

> **제5조(위험 발생의 방지 등)** ① 경찰관은 사람의 생명 또는 신체에 위해를 끼치거나 재산에 중대한 손해를 끼칠 우려가 있는 천재(天災), 사변(事變), 인공구조물의 파손이나 붕괴, <u>교통사고</u>, 위험물의 폭발, 위험한 동물 등의 출현, 극도의 혼잡, 그 밖의 위험한 사태가 있을 때에는 다음 각 호의 조치를 할 수 있다.
> 1. 그 장소에 모인 사람, 사물(事物)의 관리자, 그 밖의 관계인에게 필요한 경고를 하는 것
> 2. 긴급한 경우에는 위해를 입을 우려가 있는 사람을 필요한 한도에서 이동을 제한하거나 대피시키는 것
> 3. 위험한 상황의 원인을 제공한 사람을 그 장소에서 퇴거시키거나 그 장소에의 접근을 금지시키는 것
> 4. 그 장소에 있는 사람, 사물의 관리자, 그 밖의 관계인에게 위해를 방지하기 위하여 필요하다고 인정되는 조치를 하게 하거나 직접 그 조치를 하는 것
> ③ 경찰관은 제1항의 조치를 하였을 때에는 지체 없이 그 사실을 <u>소속 경찰관서의 장에게 보고하여야 한다.</u>
> ④ 제2항의 조치를 하거나 제3항의 <u>보고를 받은 경찰관서의 장은 관계 기관의 협조를 구하는 등 적절한 조치를 하여야 한다.</u>

② **국가배상법**: 피해자는 도로의 포트홀로 인한 차량의 파손에 대하여 도로를 관리하는 기관에 국가배상법 제5조(공공시설 등의 하자로 인한 책임)에 따른 국가배상청구를 할 수 있습니다.

⑶ 조치의 문제점

① **포트홀 위험성 간과**: 수박만 한 포트홀로 차량이 파손되었다는 것은 이미 그 위험성이 입증된 상황입니다. 흙으로 대충 메우는 정도의 임시방편은 근본적인 해결책이 될 수 없으며 얼마 지나지 않아 또 다른 차량이 파손될 수 있고 교통사고의 위험성도 높아집니다. 이는 경찰관으로서 위험방지 조치를 소홀히 한 것으로 생각됩니다.

② **보고 및 협력 체계 결략**: 상황실 및 경찰관서장(지구대장 또는 파출소장)에 대한 보고의 결략으로 결국 소관부서와 협력할 수 있는 기회를 상실하였습니다. 함께 출동한 상급자의 지시가 있었더라도 도로 파손의 심각성과 잠재적 위험성을 정확하게 인지하고 상급자를 설득하여 보고를 했어야 합니다.

③ **안전 불감증 및 안일한 대처**: '그냥 가자'는 상급자의 지시에 안일하게 따른 것은 경찰관으로서 책임감이 부족했다고 생각합니다. 작은 포트홀이 대형 싱크홀로 이어질 수 있다는 가능성을 예측하기 어려웠다고 하더라도 좀 더 적극적으로 대처하지 못한 점은 비난받을 수 있다고 생각합니다.

⑷ 올바른 대응 방안

① **현장 위험성에 대한 정확한 판단**: 포트홀의 크기뿐 아니라 발생 위치, 주변 교통량, 차량 파손 정도 등을 종합적으로 고려하여 잠재적 위험성을 심각하게 판단하여 단순히 흙으로 메우는 것을 넘어 추가적인 차량 파손이나 사고를 막기 위한 삼각대 설치, 라바콘 설치 등 기본적인 안전 조치를 취하는 것이 필요해 보입니다.

② **상황실 보고 및 도로관리기관 협조 요청**: 이 사안에서 "그냥 가자"는 것은 단순한 상급자의 의견으로 보이며, 상급자를 설득하여 112상황실과 지역경찰관서장에 보고하여 도로관리기관(지자체 도로과, 국토관리청 등)에 연락하도록 요청해야 합니다.

③ **법령 준수**: 경찰관 직무집행법에 따라서 경찰관이 위험발생방지조치를 한 경우 반드시 경찰관서장에게 보고를 해야 하고 경찰관서장은 관계기관에 협조 요청을 해야 합니다. 현장 경찰관의 보고 결략은 결국 관계기관의 협조 요청 기회를 상실하게 하였습니다. 또한, 피해자는 도로관리기관의 관리 부실로 손해를 입었다는 것을 입증하여 국가배상을 청구할 것이기 때문에 최초 신고를 접수한 경찰은 도로관리기관에 관련 내용을 통보해야 합니다.

④ **대형 싱크홀 발생에 대한 책임**: 포트홀의 발생은 대형 싱크홀 발생의 전조 현상이긴 하지만, 도로상에는 수많은 포트홀이 매일 발생하고 있으며 그러한 포트홀이 싱크홀로 연결되는 경우는 매우 드물게 발생합니다. 작은 포트홀에 대한 위험성의 간과로 대형 싱크홀에 대한 인과관계나 책임을 경찰에게 직접 물을 수는 없겠지만, 적어도 관계기관에 통보하여 담당기관이 위험성에 대한 판단을 하도록 했어야 합니다. 만약 이와 같은 사건으로 인명 피해가 발생하였다면 저는 경찰관으로서 제 임무를 다하지 못했다는 책임감 때문에 상당히 자책할 것 같습니다.

제가 경찰관이 된다면 작은 위험도 간과하지 않고 적극적으로 대처하며, 올바른 판단을 위해 끊임없이 배우고 소통하는 경찰관이 되겠습니다.

❷ 산불 현장에서 거동이 어려운 노인 대피 방안은? 〈25. 1차 발표〉

산불이 발생한 현장 인근 주거지에 거동이 어려운 노인들이 있는 상황에서 이들을 안전하게 대피시키기 위한 지구대 경찰관의 조치 방법은?

👤 답변

⑴ **상황 판단**: 현재 산불화재가 발생하였고 현장에는 거동이 어려운 노인들이 있는 상황에서 이들을 안전하게 대피시키기 위하여 지구대 경찰관으로서 긴급하게 조치를 취하겠습니다.

⑵ **관련 법령**

① 경찰관직무집행법: 제5조(위험발생 방지)

② 112신고의 운영 및 처리에 관한 법률: 제8조(112신고에 대한 조치) ④ 경찰청장등은 112신고를 처리하는 과정에서 재난·재해, 범죄 또는 그 밖의 위급한 상황이 발생하여 사람의 생명·신체를 위험하게 할 것으로 인정할 때에는 일정한 구역을 정하여 그 구역에 있는 사람에게 그 구역 밖으로 피난할 것을 명할 수 있다(피난명령 위반시 100만원 이하 과태료).

⑶ **현장 대응**

① 신속한 대피방송 실시

㉠ 마을 스피커 활용: 시골 면 단위의 경우 마을 이장이 관리하는 마을 스피커가 있습니다. 이를 이용하여 계속적으로 대피 방송하도록 요청하겠습니다.

㉡ 순찰차 사이렌 및 차량 마이크 활용: 산불화재가 발생한 인근 지역을 계속적으로 순찰하며 사이렌을 울리고 차량 마이크로 대피하도록 방송하겠습니다.

② 거동이 어려운 노인 대피

㉠ 순찰차를 이용한 대피: 거동이 어려운 노인들을 순찰차를 이용하여 직접 안전한 장소로 이동시키겠습니다.

㉡ 방문 확인: 마을주민과 협력하여 독거노인을 중심으로 집집마다 방문하여 대피하였는 지 여부를 확인하겠습니다.

③ 현장통제 및 구급차 등 접근로 확보

㉠ 현장통제: 위험 요소를 확인하고 필요하다면 폴리스라인을 설치하여 일반인의 접근을 통제하고 대피 경로를 확보합니다.

㉡ 119구급대 및 소방차 접근로 확보: 응급환자 후송을 위한 119구급차의 신속한 접근과 소방차의 접근을 위하여 교통을 통제하고 관리하겠습니다.

⑷ **사후 조치**

① 잔류 인원 확인: 대피가 완료된 후에도 혹시 남아있는 거동 불편 노인이나 다른 주민이 있는지 꼼꼼하게 확인합니다.

② 소방 활동 지원: 소방관들의 화재진압 및 인명구조 활동에 필요한 지원을 적극적으로 제공하고, 교통정리, 정보 제공 등 경찰의 협력이 필요한 부분을 파악하고 지원합니다.

③ 지역 주민 협력: 이장, 통반장, 자원봉사자 등 지역 주민들과 긴밀하게 협력하여 추가적인 지원이 필요한 부분을 파악하고 공동으로 대응합니다.

④ 해당 지역 순찰 강화: 주민들이 대피하여 비어 있는 주택이나 상가를 대상으로 절도 등 범죄를 예방하기 위한 순찰을 강화하고, 불길이 잡히지 않은 위험 구역으로 진입을 차단합니다.

❸ 화재 현장에 소방보다 먼저 출동한 경찰관의 조치는? 〈25. 2차 발표〉

건물 2층에 화재 발생 신고를 받고 출동한 상황이다. 시민들이 몰려있고 화재로 주변 접근은 불가한 상태이다. 소방보다 현장에 먼저 도착한 경찰관으로서 조치는?

답변

(1) **상황 판단**: 화재 현장에 출동한 경찰관으로서 중요한 조치는 인명 구조 및 시민의 안전 확보, 소방 활동 지원 및 현장 질서 유지 등입니다.

(2) **대응 원칙**

① 경찰은 건물 내 시민의 대피를 유도하고 현장 질서를 유지하며 소방 활동을 지원합니다.

② 경찰의 인명 구조는 화재 초기 단계에서 소화기를 이용하여 초기 진화 및 구조를 시도할 수 있으나, 불길이 거세거나 연기가 심한 상황에서는 전문 구조 장비 없이 건물 내 진입은 바람직하지 않습니다.

(3) **현장 대응**

① 112상황실 보고: 현장 도착 즉시 화재의 규모, 건물 내 인명 존재 여부, 대피상황 등을 확인하여 보고합니다. 가스 누출의 우려가 있는 경우 가스공사측의 지원을 요청합니다.

② 안전 확보(접근 통제): 화재 현장 주변에 경찰통제선(폴리스 라인)을 신속하게 설정하고, 일반 시민과 불필요한 차량의 진입을 통제합니다. 화재와 관련하여 발생할 수 있는 2차 범죄(절도 등)도 예방합니다.

③ 인명 구조: 화재 발생 건물 또는 인근의 주민 대피를 신속하게 유도합니다. 화재 현장 주변 접근이 어려울 정도로 위험한 상황이므로 전문 장비가 없는 경찰관이 직접 구조활동에 나서는 것은 자제되어야 하며, 경찰은 긴급 구조 활동을 지원하고 부상자 발생 시 응급처치 및 구급차량 이송을 지원합니다.

④ 진입로 확보: 소방차, 구급차 등 긴급 차량이 현장에 신속하게 접근할 수 있도록 진입로를 확보합니다. 현장 주변 도로의 교통을 통제하고 우회로를 확보하며 소방차 진입에 방해가 되는 불법 주차 차량 등을 차주에게 연락하여 이동 조치하거나 필요시 견인합니다.

⑤ 방화 가능성 조사: 화재가 방화로 발생하였을 가능성도 염두에 두고, 최초 신고자 및 주변 목격자를 상대로 초동 조사를 하고, 현장 주변에서 특이한 행동을 보이는 사람에 대한 불심검문을 실시합니다. 현장에서 휘발유 통, 라이터, 인화 물질 등 방화에 사용되었을 가능성이 있는 유류품이 발견될 경우 채증합니다.

(4) **사후 조치**

① 화재 원인과 관련하여 인근 CCTV도 확인, 목격자 진술 확보 등 기초 증거자료를 수집합니다.

② 방화 사건으로 의심될 경우 과학수사팀의 출동을 요청하고 현장을 보전합니다.

후속질문

✦ **소방이 도착하기 전, 2층 건물에 가족이 있다고 구해달라고 하면 어떻게 할 것인가?**

만약 화재가 초기 단계이고 연기가 심하지 않아 안전하게 접근할 수 있는 상황이라면, 소화기를 활용하여 초기 진화를 시도하고 구조에 나설 수 있습니다. 하지만 이미 접근이 불가능하고 연기가 심한 상황이라면 전문 장비 없이 진입하는 것은 추가 인명 피해로 이어질 수 있기 때문에 진입해서는 안 된다고 생각합니다. 가족의 다급하고 절박한 심정을 충분히 공감하면서 경찰관이 전문 구조 장비 없이 안전이 확보되지 않은 상태에서의 구조 시도는 오히려 상황을 악화시킬 수 있다는 점을 말씀드리며 상황의 위험성을 명확히 알리겠습니다. 만약 가족이 직접 들어가려고 한다면 최대한 제지하도록 하겠습니다.

✦ 경찰 내부적으로 어떤 부서와 협업이 가능한가?

① 112치안종합상황실 : 상황에 대한 컨트롤타워 역할을 합니다.

② 교통과 : 대형 소방차와 구조 차량이 정체 없이 진입할 수 있도록 주요 교차로의 신호를 제어하고, 불법 주정차 차량을 강제 견인하거나 우회로를 안내하여 2차 사고를 방지합니다.

③ 형사과(과학수사팀) : 단순 실화인지 방화인지를 판단하기 위해 소방 화재조사관과 합동 감식을 진행합니다. 인명 피해가 발생한 경우 변사 사건 처리 및 증거 확보를 담당합니다.

④ 경무과(홍보팀) : 홍보 담당은 기자들의 질의 등에 답변하고 사건 개요를 브리핑합니다.

✦ 방화 가능성을 염두에 둔다면 어떤 초동조치를 하겠는가?

① 현장 보존 및 출입 통제 : 폴리스라인 설치하여 관계자 외 출입을 제한하고, 발화 지점으로 추정되는 곳의 현장을 보존하도록 합니다.

② 감식을 위한 과학수사팀 요청 : 전문적 감식을 위한 과학수사팀의 출동을 요청합니다.

③ 현장 채증 : 구경꾼들의 얼굴과 행동을 촬영하여 추후 용의자 검거 시 자료로 활용합니다.

④ 목격자 진술 청취 : 불길이 어디서 시작되었는지, 낯선 사람이 건물에서 나오는 것을 보았는지, 기름 냄새 가 났는지 등을 확인합니다.

⑤ 증거물 조기 발견 및 보존 : 연소 확대 경로가 비정상적이거나(여러 곳에서 동시 발화), 인화성 물질 용기 (페트병, 라이터 등)가 있는지 등을 육안으로 확인하고 위치를 표시합니다.

⑥ CCTV 및 블랙박스 확보 : 현장 주변의 CCTV와 차량 블랙박스 영상을 확보합니다.

⑦ 긴급배치 : 용의자의 인상착의가 확인된 경우 112상황실을 통하여 즉시 긴급배치를 요청하고 도주로를 차단합니다.

④ 순찰 중에 신호위반으로 마을버스를 충격하여 전복시키고 도주하는 차량을 보았다. 도주 차량을 추격할 것인가 아니면 마을버스 안 시민들을 구조할 것인가?

답변

신호위반 차량이 마을버스를 충격하여 전복시키고 도주하는 상황을 목격했다면 이는 다수의 인명피해가 우 려되는 매우 심각하고 긴급한 상황이므로 <u>도주 차량을 직접 추격하는 것보다 전복된 마을버스 내 다수의 승객 구조 및 응급처치가 우선되어야 한다고 생각합니다.</u>

(1) **현장 통제 및 2차 사고 예방** : 추가적인 교통사고나 위험이 발생하지 않도록 순찰차 경광등, 안전 경고판, 수신호 등을 이용하여 현장을 통제합니다.

(2) **112상황실 보고** : 무전으로 112치안종합상황실에 버스 사고 발생 사실, 다수 부상자 발생, 도주 차량 정보 (차종, 색상, 번호판, 특징 등), 도주 방향 등을 보고하고, 119 구급차, 교통경찰(현장 통제 및 조사), 그리 고 도주 차량 추격을 위한 인근 모든 순찰차의 총력 지원을 요청하겠습니다.

(3) **승객 구조 및 응급처치** : 버스 승객들을 외부로 탈출시키고 가장 위급한 부상자부터 응급처치(지혈, 기도 확보, 심폐소생술 준비 등)를 시행하겠습니다.

제9절 | 자살 현장

1 옥상 위 고등학생 자살시도 현장에서 대응 방법은? 〈25. 1차 발표〉

성적을 비관한 고등학생 1학년이 뛰어내리겠다며 옥상 난간에 걸터앉아 아래를 내려다보고 있다. 경찰을 보고 흥분한 상태이다. 이에 어떻게 대응할 것인가?

답변

고등학생의 자살 위기 상황에서는 안전 확보와 심리적 접근이 균형있게 이루어져야 합니다. 먼저 안전한 거리를 유지하면서 차분하고 공감적인 태도로 접근하여 학생과 신뢰를 형성하겠습니다. 특히 경찰에 대해 흥분한 상태이므로 더욱 신중하고 조심스럽게 대화를 시도하겠습니다.

(1) 상황 판단

① 즉각적 위험 : 옥상 난간에 걸터앉은 물리적 위험한 상황입니다.

② 심리적 위험 : 청소년기 특유의 충동성과 극단적 사고패턴을 이해하고 평소 성적 압박과 사회적 기대에 대한 부담감이 있는 것으로 보입니다. 현재 경찰을 보고 흥분한 감정적 불안정한 상태입니다.

(2) 법적 근거

① 경찰관직무집행법 : 제4조(보호조치), 제5조(위험발생 방지), 제7조(위험방지를 위한 출입)

② 자살예방법 : 제12조의2(자살기도자의 사후관리) 자살예방센터 및 정신건강복지센터 의무적 통보

> **제12조의2(자살시도자 등의 사후관리)** ② 경찰관서의 장과 소방관서의 장은 자살시도자 또는 자살자가 발생한 경우 자살시도자등의 정보를 관할 구역 내 다음 각 호의 기관에 제공하여야 한다.
> 1. 제13조에 따른 자살예방센터
> 2. 「정신건강증진 및 정신질환자 복지서비스 지원에 관한 법률」 제3조제3호에 따른 정신건강복지센터
> 3. 그 밖에 대통령령으로 정하는 자살예방업무 수행기관

③ 정신건강복지법 : 제50조(응급입원)

(3) 대응 원칙 : 자극 최소화, 라포형성

① 자극 최소화

㉠ 주변 통제 : 학생 주변에 불필요한 인원(구경꾼, 언론 등)의 접근을 차단하고 소음 발생을 통제하여 학생이 외부 요인에 의해 더 자극받지 않도록 하고, 필요시 학생이 있는 건물 주변으로 폴리스라인을 설치하여 일반인의 접근을 막겠습니다. 많은 사람들이 자살시도자를 지켜보게 하는 것은 자살자로 하여금 자살을 실행하게 하는 일종의 라벨링 효과를 줄 수 있습니다.

✎ 라벨링(Labeling Effect) 효과 : 심리학적 개념으로, 사람에게 라벨(꼬리표)을 붙이면 그 라벨에 맞는 행동을 하거나 주변 사람들이 그 라벨에 따라 그 사람을 대하게 되는 현상을 말한다.

㉡ 순찰차·소방차 경광등 소등 : 차량 경광등과 소리를 끄고 학생을 자극하지 않겠습니다.

② 신뢰관계(라포) 형성 : 대상자의 말을 경청하며 신뢰 관계(라포)를 형성해야 합니다.

⑷ **현장 대응**

① **112상황실 보고 및 지원요청** : 현재 상황을 신속히 112상황실에 보고하여 119구급대 및 위기협상 전문가의 지원을 요청합니다.

② **안전 확보** : 소방으로 하여금 낙하지점 아래에 에어매트를 신속히 설치하도록 하고, 현장 주변으로 시민의 접근을 통제합니다.

③ **최초 대화 시도(협상 전문요원 도착 전)**

   ㉠ **최소한의 인력으로 접근(자극의 최소화)** : 학생과 경찰관 사이의 적절한 거리를 유지하며, 학생이 자극받거나 겁먹지 않도록 협상을 담당할 2명의 경찰관을 제외한 나머지는 학생의 시야에서 보이지 않도록 하겠습니다. 접근할 때는 "학생, 괜찮니?", "무슨 일인지 말해줄 수 있겠니?" 등 차분하고 낮은 목소리로 학생의 긴장을 풀어주려고 노력하겠습니다.

   ㉡ **적극적인 경청과 공감** : 대상자와 신뢰 관계(라포)를 형성하는 것이 가장 중요합니다. 성적을 비관하는 상황이므로 성취와 실패에 대한 고민을 이해하는 공감적 태도를 보이며 학생을 비난하거나 평가하지 않고 진지하게 듣겠습니다.

   ㉢ **금기사항** : "그런 걸로 죽으려고 해?"처럼 학생의 고통을 과소평가하는 표현을 삼가고, "부모님이 얼마나 슬퍼하실지 생각해 봐"와 같은 말은 죄책감을 가중시킬 수 있으며, 단순히 "용기 있게 살아, 다 잘될 거야"와 같은 도덕적 훈계나 피상적인 충고를 하지 않겠습니다. 또한 급작스러운 접근이나 붙잡으려는 시도는 학생을 더욱 위험하게 만들 수 있음을 알고 있습니다.

④ **위기 완화 및 설득**

   ㉠ **단계적 접근** : 즉각적인 위험 감소를 일차 목표로 하여 "지금 거기 있는 것이 위험해 보여. 조금 더 안전한 곳으로 함께 이동하면서 이야기해 볼까?" 등으로 학생이 난간에서 안쪽으로 이동하도록 점진적으로 유도합니다.

   ㉡ **대안적 사고 제시** : 극단적 사고에서 벗어나도록 "지금 모든 것이 끝난 것처럼 느껴질 수 있지만 다른 방법들도 있을 거야."라고 말하며 자살이 문제해결책이 아님을 부드럽게 설명하겠습니다.

⑤ **유관기관 협력**

   ㉠ **학교 관계자 및 보호자 연락** : 학생의 보호자나 학교 담임교사에게 연락하여 상황을 알리고 학생이 과거에도 자살시도가 있었는지 등 학생에 관한 정보를 수집하겠습니다. <u>다만, 보호자나 학교 담임교사가 현장에서 학생을 설득하는 것은 상황에 따라 결정하겠습니다. 자살하려는 학생의 경우 보호자와 관계가 좋지 않을 수 있기 때문에 보호자의 등장이 오히려 학생을 자극할 수 있기 때문입니다.</u>

   ㉡ **위기협상 전문요원에 인계** : 자살사건 위기협상 전문요원이 도착되면 사건을 인계하고 지원하겠습니다.

⑸ **사후 조치**

① **응급처치 및 의료 연계** : 학생이 부상당했을 경우 즉시 응급처치하고, 심리적 안정을 위해 정신건강의학과 또는 전문 상담 기관으로 연계하여 치료 및 상담을 받을 수 있도록 조치하겠습니다.

② **보호자 및 학교 인계** : 학생의 상태가 안정되면 보호자 또는 학교 관계자에게 안전하게 인계하고, 재발 방지를 위한 지속적인 관심과 지원을 당부하겠습니다.

③ 자살예방법에 따라 자살예방센터 및 정신건강복지센터에 관련 내용을 통보하겠습니다.

후속질문

✦ **동료 경찰관이 과거 경험을 토대로 '자식이 그런 경험이 있다며 빨리 내려오라'고 소리치려는 상황에서 어떻게 할 것인가?**

위 상황에서 동료 경찰관이 과거 경험을 토대로 "자식이 그런 경험이 있다며 빨리 내려와라"라고 소리치려고 하는 것은 매우 바람직하지 않습니다. 이는 상황을 악화시키고 학생의 생명을 위험에 빠뜨릴 수 있습니다.

⑴ **비공감적 접근** : "자식이 그런 경험이 있다"는 것은 동료 경찰관 자신의 경험이지 학생의 경험이나 감정이 아닙니다. 학생은 자신의 고통이 제대로 이해받지 못하고 오히려 비교당한다고 느낄 수 있습니다. 이는 학생의 절망감을 더욱 심화시키고 경찰관에 대한 신뢰를 완전히 잃게 만듭니다.

⑵ **라벨링 효과 심화** : 학생은 자신의 고통이 "단순히 성적 때문에 겪는 흔한 일" 또는 "과거에 누군가 겪었던 일"로 치부된다고 생각할 수 있습니다. 이는 학생이 자신을 '이해받지 못하는 존재'로 낙인찍고 더욱 고립되게 만들 위험이 있습니다.

⑶ **오히려 자극** : "빨리 내려와라"는 명령어는 학생에게 압박감을 주고 마치 자신의 행동이 잘못되었으니 즉시 멈추라는 비난처럼 들릴 수 있습니다. 흥분한 상태의 학생에게는 이러한 직접적인 지시가 반발심을 일으켜 극단적인 행동을 유발할 수 있습니다.

📖 자살현장에서 위기협상 전문요원 활약

- 우리나라 경찰의 위기협상 시스템은 2014년에 정식으로 도입되어 2023년 3월 기준으로 전국적으로 1,618명의 위기협상 전문요원이 활동하고 있다. 이들은 각 시·도경찰청과 경찰서에 비상설로 1개 팀씩 배치되어 있다. 요원들은 평소에는 일반 업무를 수행하다가 위기협상이 필요한 상황이 발생하면 각 경찰관서에서 팀을 구성해 현장에 투입되는 방식으로 운영된다. 〈아주경제 24.11.19. 참조〉
- 최근 서울 강남역 일대 고층빌딩이 일부 청소년들 사이에서 이른바 '자살 성지'로 알려지고 있다. 이에 대응책으로 옥상에 자동개폐장치를 설치하는 방안이 제시됐다. 이 장치는 소방 시설과 연동되어 평상시에는 닫혀 있다가 화재를 감지하면 자동으로 문이 열린다. 〈헤럴드경제 25.6.26. 참조〉

✦ **그 학생의 부모가 와 있는 상황에서 아이는 부모와의 대화를 피하려 하고 동료 경찰관은 사건을 빠르게 마무리할 생각에 부모가 아이를 설득하도록 하려 한다. 어떻게 할 것인가?**

가장 중요한 것은 불필요한 자극을 최소화하여 극단적인 행동을 막는 것입니다.

⑴ **제3자 개입 신중의 원칙** : 제3자를 중재자로 투입하는 것은 신중해야 하며 자살 기도자와 제3자와의 관계에 충분히 확인을 한 뒤 결정을 해야 합니다. 자살 기도자는 가까운 사람들과 관계가 좋지 않을 가능성이 많아서 가족이나 애인 등이 심하게 비난을 하게 되면 상황이 더 악화될 수 있습니다.

⑵ **부모 통제 및 분리** : 학생이 부모와의 대화를 피하고 있다면 부모가 학생에게 직접 다가가거나 대화하는 것을 제지하겠습니다. 현재 학생은 성적 문제로 인한 부모에 대한 죄책감이나 반감을 가지고 있을 가능성이 매우 높으므로, 부모의 등장이 오히려 투신을 재촉하는 기폭제가 될 수 있습니다. "부모님, 학생이 지금 매우 예민한 상태입니다. 더 자극하면 위험할 수 있으니 저희가 학생과 대화할 시간을 주십시오."라고 요청하며 제지하고, 부모로부터는 학생의 평소 관심사나 성격 등 대화의 실마리가 될 정보를 파악하겠습니다.

(3) **동료 경찰관 제지**: 동료 경찰관이 사건을 빠르게 마무리하려 하거나 학생을 자극하는 발언을 하려 한다면 즉시 개입하여 제지하겠습니다. "지금은 침착하게 학생의 말을 들어주는 것이 중요합니다. 성급하게 접근하면 오히려 위험해질 수 있습니다."라고 말하며 상황의 심각성을 인지시키고 팀워크를 통해 신중하게 접근하도록 유도하겠습니다.

✦ 자살 기도자를 대응할 때 주의할 점은?

① **자극 최소화**: 경광등, 사이렌, 무전기 소음 등을 차단하고, 최소한의 인원만 노출시켜 위압감을 줄여야 합니다.

② **안전 거리 유지**: 갑작스러운 접근은 투신을 유발할 수 있습니다.

③ **언어적 주의**: 비난, 명령, 섣부른 조언, 훈계, 논쟁 등은 자살 기도자의 고통을 가볍게 여기는 것으로 들릴 수 있습니다.

④ **가족이나 지인 접근 주의**: 대상자와 관계가 좋지 않은 제3자의 개입은 투신의 촉매제가 될 수 있습니다. 전문가 판단 없이 가족 등을 현장에 투입하지 않습니다.

⑤ **구경꾼 및 미디어 통제**: 구경꾼들이 지켜보거나 촬영하는 행위는 대상자에게 수치심을 주거나 라벨링 효과를 주어 극단적인 결정을 하게 할 수 있습니다.

📖 자살에 대한 오해와 편견–정신건강복지센터

1. 자살을 생각하는 사람에게 자살에 대해 물어보면 안된다.(X) : 상대방이 자살을 생각하고 있는 것 같다는 느낌이 들 때는 위험성에 대한 평가를 해 보아야 합니다. 이를 위한 가장 좋은 방법은 물어서 확인하는 것입니다. 직접적으로 '자살에 대해 어떻게 느끼는가?' '자살을 생각해 본 적이 있는가?'라고 물어보는 것이 좋습니다. 이렇게 물어서 확인하는 과정은 자살위험성을 줄일 수 있으며 자살충동에 대해 표현하도록 하는 기회를 제공하여 긴장감을 해소하는데 도움을 줄 수 있습니다.

   ✎ 자살을 하기 위하여 옥상 난간에 앉아 있는 사람에게 '자살을 하려고 하느냐?'고 직접적으로 물어보는 것은 자살 기도자를 방어적으로 만들거나 아직 갈등하고 있는 상태에게 '죽으려는 사람'이라는 정체성을 부여하는 낙인효과를 유발할 수 있다는 등의 이유로 반대하는 견해가 있지만, 직접 물어보는 것은 자살 기도자의 정확한 의도를 파악하고 그 사람의 고통을 알아주어 감정을 쏟아내게 만드는 공감의 효과 등으로 대체로 찬성하고 있습니다. 어떤 말을 하든 비난이 아니라 공감(라포)의 의도로 접근하는 것이 중요합니다.

2. 스스로 자살한다고 이야기하거나 위협하는 사람은 절대 자살하지 않는다.(X) : 관심을 얻으려고 자살에 대한 이야기를 한다고 오해하는 경우가 많은데 이것은 많은 사람들이 가지고 있는 편견입니다. 이러한 사람들 중 10% 정도가 실제로 자살을 합니다. 자살에 대한 이야기를 할 때는 문제를 축소하지 마시고 있는 그대로 받아들이십시오. 대화하지 않으면 더 위험해질 수 있습니다.

3. 자살하려는 사람에게 자살은 잘못된 것이라고 설득하는 것이 도움이 된다.(X) : 자살하려는 사람에게 '너무 심각하게 생각하지 마세요.'라고 가볍게 말하거나, 자살은 잘못된 것이라고 강조하면 벌을 주는 것처럼 느껴지며 아무도 나를 도와주지 않을 것이라고 생각하게 할 수 있습니다. 이는 자살문제의 심각성과 치료받으려는 생각을 감소시키고 자기존중감을 상하게 할 수 있습니다. 이런 경우 상대방의 '죽고 싶을 만큼 힘들다는 마음'에 대해 공감하여야 합니다.

4. 자살위기가 지나갔고 증상이 나아지면 자살위험성은 없다.(X) : 한 연구에서는 자살시도나 우울증으로 병원에 입원했다가 퇴원한 사람이 3개월 안에 자살을 시도하는 경우가 80% 이상일 정도로 많다는 보고가 있습니다. 상태가 호전되었다고 해서 자살 위험성이 완전히 없어졌다고 생각해서는 안 됩니다.

❷ 교량 위 자살시도 현장에서 대응 방법은? 〈25. 2차 발표〉

> 교량 위에 남성이 자살을 시도하고 있다는 신고를 받고 출동하였다. 현장에는 시민들이 촬영을 하고 있고 교통이 혼잡해지고 있다. 현장 경찰관으로서 필요한 조치는?

👤 〈답변〉

(1) **상황 판단** : 생명을 위협하는 긴급 상황이며 동시에 다수의 시민이 구경하고 교통이 혼잡한 복잡한 현장입니다. 경찰관으로서 인명 구조를 최우선 목표로 삼고, 동시에 현장 질서유지 및 교통소통을 위해 신속한 대응을 해야 합니다.

(2) **법적 근거**

① 경찰관직무집행법 : 제4조(보호조치), 제5조(위험발생 방지), 제7조(위험방지를 위한 출입)

② 자살예방법 : 제12조의2(자살기도자의 사후관리) 자살예방센터 및 정신건강복지센터 통보

③ 정신건강복지법 : 제50조(응급입원)

(3) **대응 원칙**

① 자극 최소화 : 자살 기도자에게 자극을 최소화하기 위하여 주변 구경꾼들의 접근을 차단하고 혼잡한 교통으로 인한 소음발생 등을 최소화하는 것이 필요합니다.

② 신뢰관계(라포) 형성 : 대상자를 설득하기 위해서는 대상자의 말에 공감하며 신뢰관계를 형성해야 합니다.

(4) **현장 대응**

① 112상황실 보고 및 지원 요청 : 상황실을 통하여 119공동대응 및 위기협상팀 지원을 요청합니다.

　㉠ 119 공동대응 : 교량 아래가 물이 있는 경우 수난구조팀이 대기하도록 하고, 물이 아닌 경우에는 에어매트를 설치하도록 합니다.

　㉡ 위기협상팀 : 자살기도자의 설득을 위하여 협상 전문가의 지원을 요청합니다.

　㉢ 교통경찰 : 차량통제 및 소통을 위하여 교통경찰 지원을 요청합니다.

② 현장 통제

　㉠ 시민 통제 : 시민들의 접근을 막고 촬영을 중지하도록 요청합니다. 시민들이 지켜보며 촬영하는 행위는 자살 기도자로 하여금 자살을 실행하게 하는 라벨링 효과를 줄 수 있습니다. 라벨링 효과란 심리학적 개념으로 라벨(꼬리표)를 붙이면 그 라벨에 따라 행동하게 되는 것을 말합니다. 또한, 촬영된 영상이 유포되는 경우 명예훼손, 유가족 트라우마, 모방자살 유발 등의 문제가 발생할 수 있습니다.

　㉡ 교통 소통 : 교통 혼잡으로 소음이 발생하는 경우 자살 기도자를 자극하고 많은 운전자들이 지켜보는 라벨링 효과를 유발할 수 있으며 교통사고의 위험도 있으므로 차량을 소통시킵니다.

③ 설득 시도 : 위기협상팀이 도착하기 전까지 대화를 시도합니다. 이때 최소한의 경찰관이 접근하여 자극을 최소화하며 공감적인 태도로 "왜 자살하려고 합니까?"라는 말보다는 "많이 힘드시죠?"라는 말로 다가가서 "지금 그 자리는 너무 위험합니다. 이쪽으로 이동해서 이야기를 나누어 봐도 될까요?"라며 설득을 시작하겠습니다.

(5) 사후 조치

① 자살예방법에 따라 <u>자살예방센터 및 정신건강복지센터에 관련 내용을 통보</u>하겠습니다.

② 만약 인계할 보호자가 없고 자살이력이 있는 사람이라면 <u>응급입원을 검토</u>하겠습니다. 응급입원은 정신건강복지법에 따라 경찰관의 요청과 정신과 전문의의 진단으로 정신의료기관에 3일간 강제 입원을 시킬 수 있는 제도입니다.

후속질문

✦ 자살기도자를 설득하려고 다가가니까 경찰이 오면 떨어지겠다고 이야기하면 어떻게 할 것인가?

기도자가 경찰의 접근에 거부감을 보인다면 즉시 걸음을 멈추고 안전거리를 유지하겠습니다. '가까이 가지 않을 테니 걱정하지 마라'고 안심시킨 뒤, 제가 온 목적이 체포나 제지가 아닌 자신의 이야기를 들어줄 사람으로 느낄 수 있도록 '라포' 형성에 주력하겠습니다. 만약 정복을 입은 경찰관에 거부감을 보인다면 사복을 입은 위기협상전문가로 하여금 접근하도록 하겠습니다. '시간은 우리 편'이라는 마음가짐으로 서두르지 않고 인내심을 가지고 대응하겠습니다.

✦ 자살기도자에게 경찰이 직접 구조를 안 하는 소극적인 태도에 대해서 시민이 항의하면?

"선생님, 걱정하시는 마음은 충분히 이해합니다. 하지만 현재 기도자는 극도로 흥분한 상태입니다. 저희가 강제로 접근하면 그 즉시 뛰어내리겠다고 위협하고 있어, 지금은 자극을 줄이고 대화를 통해 스스로 내려오게 하는 것이 가장 안전한 구조 방법입니다."라며 설득하겠습니다. "현재 위기협상 절차에 따라 대응하고 있으며, 현장이 혼란스러우면 기도자가 더 불안해할 수 있으니까 안전을 위해 조금만 물러나 주시길 부탁드립니다."고 하면서 현장을 통제하겠습니다.

✦ 자살기도자를 보호자에 인계한 후 또 자살하겠다는 신고가 들어오면 어떻게 할 것인가?

이미 보호자에게 인계했음에도 재시도가 발생했다는 것은 보호자에 의한 보호가 불가능함을 의미합니다. 대상자는 자해 위험성이 매우 크고 긴급한 상황이므로, 정신건강복지법에 따라 경찰관의 요청에 의하여 정신과 전문의의 진단으로 3일간 정신의료기관에 강제입원을 시킬 수 있는 응급입원을 추진하겠습니다. 경찰관직무집행법에 의한 보호조치는 보호자가 있는 경우에는 할 수 없지만, 응급입원은 보호자가 있는 경우에도 의뢰할 수 있습니다.

유사질문

주민이 빌라 5층 난간에 반쯤 걸친 상태로 자살하려고 하는 60대 여성을 주민이 발견하고 신고하였다. 출동하여 대화를 해보니 "기초생활수급자인데 병원비 때문에 생계를 유지하기 어렵다. 가까이 오면 뛰어내리겠다"고 소리를 치는 상황이다. 현장에 출동한 경찰관으로서 조치는? 〈25. 2차 발표〉

앞선 답변 참조

후속질문

✦ 자살 기도자가 1층으로 내려왔는데 자해를 하려고 한다. 어떻게 할 것인가?

우선 자살 기도자의 자해 시도를 설득한 후 제지하겠습니다. 이후 정신건강복지법에 의한 응급입원을 추진하겠습니다. 경찰관직무집행법에 의한 보호조치 후 보호자에게 인계할 수도 있으나 반복된 자해 시도로 볼 때 보호자에게 인계하더라도 재시도가 발생할 우려가 높습니다. 따라서 보호자와 상의하여 경찰관의 요청과 정신과 전문의의 진단으로 3일간 정신의료기관에 강제입원을 시킬 수 있는 응급입원을 추진하는 것이 바람직해 보입니다. 이후 동 법에 따른 다른 종류의 입원으로 변형하여 기간을 연장할 수도 있습니다. 또한 자살의 근본적 원인이 생계비 부족이므로 관할 자치단체 사회복지관와 연계하여 긴급복지지원, 병원비 감면 제도 등 경제적 지원을 받을 수 있도록 연계하겠습니다.

✦ 응급입원에 대하여 말해보라.

정신건강복지법(정신건강증진 및 정신질환자 복지서비스 지원에 관한 법률)

제50조(응급입원) ① 정신질환자로 추정되는 사람으로서 자신의 건강 또는 안전이나 다른 사람에게 해를 끼칠 위험이 큰 사람을 발견한 사람은 그 상황이 매우 급박하여 제41조부터 제44조까지의 규정에 따른 입원등을 시킬 시간적 여유가 없을 때에는 의사와 경찰관의 동의를 받아 정신의료기관에 그 사람에 대한 응급입원을 의뢰할 수 있다.
② 제1항에 따라 입원을 의뢰할 때에는 이에 동의한 경찰관 또는 구급대원은 정신의료기관까지 그 사람을 호송한다.
③ 정신의료기관의 장은 제1항에 따라 응급입원이 의뢰된 사람을 3일(공휴일은 제외한다) 이내의 기간 동안 응급입원을 시킬 수 있다.
④ 제3항에 따라 응급입원을 시킨 정신의료기관의 장은 지체 없이 정신건강의학과전문의에게 그 응급입원한 사람의 증상을 진단하게 하여야 한다.

---

❸ 인계할 보호자가 없는 자살기도자 대처 방안은? <25. 1차 발표>

28세 자살시도 이력이 있는 여성이 가족에게 문자를 남기고 실종되었는데 다행히 투신 자살 직전에 발견하여 지구대로 데려왔다. 그 여성은 취업이 되지 않아 생활고를 겪고 있고 최근에 남자친구랑 헤어져 무력감으로 힘들어하는 상황이다. 가족은 해외여행 중으로 인계가 힘든 상황인데 현장 경찰관으로 어떻게 조치하겠는가?

👤〈답변〉

(1) **상황 판단(문제점 인식)** : 자살기도자는 경찰관직무집행법 제4조(보호조치)에 따라서 본인의 의사와 상관없이 경찰에서 강제 보호조치를 할 수 있습니다. 이 경우 연고자에게 연락하여 연고자에게 인계해야 하는데 가족이 해외여행 중이어서 즉시 인계할 수 없는 상황이라면 시간이 걸리더라도 다른 연고자를 찾아서 반드시 연고자에게 인계하여야 합니다. 연고자를 찾기 어렵다는 이유만으로 자살기도자를 인계하지 아니하고 자진 귀가조치 하였다가 그 사람이 다시 자살시도를 하는 경우 경찰관의 중대한 과실로 인한 위법행위로 국가배상책임이 발생할 수 있습니다.

(2) **법적 근거**

① 경찰관직무집행법 : 제4조(보호조치)

② 정신건강복지법(정신건강증진 및 정신질환자 복지서비스 지원에 관한 법률) : 제50조(응급입원)

③ 자살예방법(자살예방 및 생명존중문화 조성을 위한 법률) : 제12조의2(자살기도자의 사후관리)

(3) **현장 대응**

① 전문기관 연계 : 관할 자치단체의 '정신건강복지센터' 또는 '자살예방센터'에 즉시 연락하여 상황을 상세히 설명하고 전문가(상담사, 사회복지사 등)의 긴급 출동 또는 전화 상담을 요청하겠습니다. 이는 자살예방법에 따른 경찰과 지자체의 필수적인 협력 의무입니다.

② 보호자 인계 문제

㉠ 가족 외 다른 친척이나 지인에 연락 : 해외에 있는 가족과 통화를 시도하여 현재 상황의 심각성을 정중하고 차분하게 설명하고 국내에 있는 다른 친척이나 지인의 도움을 받을 수 있는지 최대한 확인하여 보겠습니다.

    ⓛ 응급입원 절차 활용 : 해당 여성에 인계할 보호자나 지인이 전혀 없는 상황이라면 위험성과 긴급성이 인정되므로 정신건강복지법에 따른 '응급입원'을 의뢰하겠습니다. 이는 경찰관의 요청으로 정신과전문의 진단 후 즉시 정신의료기관의 보호를 받게 하는 제도로서 3일간 입원이 가능하며 추후 환자의 상태에 따라 행정입원 또는 보호자에 의한 입원 등으로 그 기간을 연장할 수 있습니다.

현장에서 자살기도자를 구조하였지만 가족이나 연고자가 여러 이유로 인계받기를 꺼려하거나 원거리에 거주하는 이유 등으로 인계에 곤란을 겪는 경우가 종종 있다는 언론보도를 본 적 있습니다. 연고자에게 인계하기 곤란한 자살기도자에 대하여는 국가나 자치단체에서 운영하는 임시시설에서 조금 더 장기적으로 보호할 수 있는 제도 마련이 필요하다고 생각합니다.

> **정신응급합동대응센터**
>
> 서울시에서 운영하는 정신응급합동대응센터는 <u>자해·자살 시도, 난동을 부리는 정신질환자에 관한 신고를 받고 출동하는 곳이다.</u> 센터는 평일 야간과 휴일에만 운영되며 간호사 등 자격증을 보유한 전문요원 4명과 경찰이 대기한다. 경찰청에 따르면 자살 관련 112신고는 2021년 10만 7,511건에서 지난해 11만 9,939건으로 늘었고, 올해는 5월 기준 4만 7,292건이나 된다. 〈서울신문 25.7.6. 참조〉

❹ 아파트에서 가스 호스를 자르고 불을 붙여 자살을 하겠다는 상황에서 대응 방법은?

답변

(1) **상황 판단** : 아파트 내에서 가스 호스를 자르고 불을 붙여 자살하겠다는 신고는 가스 누출로 인한 대규모 폭발 및 화재 가능성이 극도로 높은 최악의 위기 상황입니다. 이는 자살 기도자 본인뿐만 아니라 아파트 주민 전체의 생명을 담보로 하는 매우 긴급하고 위험한 사태입니다.

(2) **법적 근거**

    ① 경찰관직무집행법 : 제5조(위험발생 방지)

    ② 형법 : 제164조(현주건조물 등 방화) ① 불을 놓아 사람이 주거로 사용하거나 사람이 현존하는 건조물, 기차, 전차, 자동차, 선박, 항공기 또는 지하채굴시설을 불태운 자는 무기 또는 3년 이상의 징역에 처한다.

(3) **현장 대응**

    ① 112상황실 보고 및 지원 요청 : 현장 도착 즉시 112치안종합상황실에 현재 상황을 보고하고 112상황실은 소방서(화재 및 구급), 119구급대, 한국가스안전공사 또는 지역 도시가스 회사(가스 차단 목적), 위기협상팀, 경찰특공대(EOD 등) 등 관련 기관의 총력 지원을 긴급하게 요청합니다.

    ② 주민 안전 확보 : 즉시 해당 건물의 전체 주민을 신속하게 건물 밖 안전지대로 대피시킵니다. 아파트 관리사무소 방송, 비상벨, 동료와 함께 신속한 방문 등으로 대피를 유도하고 매우 넓은 범위에 폴리스라인을 설치하여 외부인의 접근을 완벽히 차단합니다.

③ 제한적 상황 파악 및 소통 시도

　㉠ <u>절대로 성급하게 내부로 진입하지 않습니다.</u> 안전거리를 확보한 상태에서 창문, 현관문 등을 통해 내부 상황(대상자의 위치, 가스통 상태, 불길의 크기, 다른 인질 유무 등)을 최대한 파악합니다.

　㉡ 안전이 확보되는 범위 내에서 확성기, 인터폰, 전화 등을 이용하여 대상자와의 대화를 시도하며 차분하게 진정을 유도하고 자발적으로 위험한 행위를 중단하도록 설득합니다(위기 협상의 초기 단계).

④ 유관기관 도착 후 합동 대응

　㉠ 합동 지휘 체계 구축 : 소방서 등 전문인력 도착 시 즉시 정보를 공유하고 합동지휘체계를 구축합니다. <u>가스 누출 및 폭발, 화재 진압은 소방의 전문 영역이므로</u> 소방의 판단과 조치를 존중하고 적극 협조합니다.

　㉡ 가스 차단 : 가스 회사의 협조를 받아 해당 세대 또는 건물의 가스 공급을 안전하게 차단하는 방안을 최우선으로 실행합니다.

　㉢ 위기 협상팀 활동 : 협상팀이 도착하면 협상 전문가가 대상자와의 교섭을 통해 자발적인 투항 및 상황 해결을 시도합니다.

　㉣ 내부 진입 결정 : 대상자가 자살 기도를 멈추지 않고 폭발/화재 위험이 계속될 경우 강제진입 여부 및 시점, 방법 등은 <u>경찰 지휘부와 소방 지휘부가 현장 위험성, 인명 구조 가능성 등을 종합적으로 판단하여 결정합니다. 진입 시에는 소방 구조대 및 경찰특공대 등 전문 인력이 주도하며 경찰은 외곽 경계 및 지원 역할을 수행합니다.</u>

⑷ **사후 조치**

① 대상자 확보 시 : 즉시 119구급대에 인계하여 신체적(화상 등)·정신과적 응급 의료 조치를 받도록 합니다. 필요한 경우 응급입원 등 정신보건복지법상 절차를 진행합니다.

② 현장 안전 확인 : 소방 및 가스안전공사에서 현장의 추가 위험(잔류 가스, 화재 위험 등)이 완전히 해소되었는지 확인합니다.

▬ 가정불화 등으로 아파트 가스 폭발

- 2025년 3월 14일, 안산시 소재 아파트 18층에서 강한 폭발음과 함께 가스 폭발 사고가 발생했다. 사고가 발생한 가정에는 노부부와 함께 부모를 모시는 부부, 그리고 아이가 거주하고 있었는데 지속적인 가정불화가 있었으며 사고 전날에도 경찰이 출동했던 것으로 알려졌다. 경찰은 70대 남성이 가스 밸브를 가위로 절단한 뒤 밀폐된 공간에서 방화를 시도하다 폭발이 발생한 것으로 추정하고 있다. 〈반월신문 25.3.14 참조〉

- 부산의 한 아파트 거주자 정모 씨가 가정불화로 극단적인 선택을 시도하며 가스 호스를 자른 뒤 약 3시간 동안 가스를 틀었으나 사망에 이르지 않자 밸브를 잠갔다. 이후 담배를 피우기 위해 화장실에서 라이터를 켜는 순간 폭발이 발생하였다. 이 사고로 정 씨는 전신 3도 화상을 입었고 아래층 주민은 뼈가 부러지는 등 총 6명이 다쳤다. 폭발 충격은 아파트 전체로 퍼져 40여 가구의 유리창 100여 장이 깨지고 주차된 차량 20대가 파손되었다. 〈MBC 뉴스 16.6.15. 참조〉

❺ 제3자의 자살 의심 신고로 출동하였으나 집에 문이 잠겨 있다. 강제개문 할 수 있는가?

답변

제3자로부터 자살이 의심된다는 신고를 받고 출동했으나 해당 주거지의 문이 잠겨 있어 확인할 수 없는 상황이라면 대상자의 생명과 안전 확보를 위하여 강제개문을 신중하게 검토하겠습니다.

⑴ (안전 확보) 초기 접촉 시도 및 상황 파악

① 현장 확인 : 초인종을 누르고 문을 두드리며 "경찰입니다! OOO씨(또는 신고된 이름) 안에 계신가요? 문 좀 열어보세요! 괜찮으신지 확인만 하겠습니다! 신고받고 걱정돼서 왔습니다!"와 같이 지속적으로 소리쳐 대상자의 반응(목소리, 인기척 등)을 살핍니다.

② 외부 관찰 : 창문, 현관문 틈, 우편함 등을 통해 내부의 불빛, 소리(TV 소리, 신음, 물건 소리 또는 완전한 정적) 등 상태를 파악할 수 있는 단서를 최대한 수집합니다.

③ 신고자 추가 정보 확인 : 신고자와 계속 연락하며 대상자의 평소 상태, 정신과적 병력, 자살 시도 방법(구체적으로 언급했는지), 내부에 위험 요소(흉기 등)는 없는지 등 추가 정보를 최대한 확보합니다.

⑵ (보고) 112상황실 보고 : 112치안종합상황실에 현 상황(자살 신고, 대상자 무응답)을 보고하고 강제 개방 및 응급 상황에 대비하여 소방서(구조대 – 문 개방 전문가), 119구급대, 추가 경찰 인력 지원등을 요청하겠습니다.

⑶ (실행) 강제개문 결정

① 위험도 판단 : 신고 내용의 긴급성(예 "지금 약을 먹었다", "뛰어내리겠다" 등 구체적 언급), 현장에서 청취/관찰된 내부 상황(예 신음 소리 후 정적, 타는 냄새 등), 신고자의 정보 등을 종합하여 내부에서 대상자의 생명·신체에 대한 급박하고 명백한 위험이 있다고 합리적으로 판단될 경우 강제개문을 결정합니다.

② 법적 근거 : 경찰관 직무집행법 제7조(위험 방지를 위한 출입)에 근거하여 긴급 출입할 수 있습니다.

③ 소방 협력 실행 : 강제개문 결정 시, 현장에 도착한 소방 구조대와 협력하여 그들의 전문 장비와 기술을 이용하여 안전하게 문을 개방합니다. 경찰 단독으로 무리하게 문을 파손하는 것은 위험하며 비효율적일 수 있습니다.

⑷ (실행) 문 개방 후 조치

① 신속한 내부 확인 및 안전 확보 : 문 개방 후 즉시 내부로 진입하여 대상자의 위치와 상태를 확인하고 추가적인 위험 요소(흉기, 약물, 화기 등)가 있는지 확인하여 안전을 확보합니다.

② 응급 의료 조치 : 대상자가 의식이 없거나 자해 흔적이 있는 등 응급 상황일 경우 즉시 현장에 대기 중인 119구급대에 인계하여 응급처치 및 병원 후송을 의뢰합니다.

③ 진정 및 설득 : 대상자가 의식은 있으나 여전히 자살 의사를 보이거나 불안정한 경우 경청, 공감, 지지, 대안 제시 등의 위기개입 및 설득을 시도합니다.

④ 정신건강 평가 및 연계 : 대상자의 상태에 따라 정신건강복지법에 따른 응급입원 또는 행정입원을 의뢰하는 등 전문가의 판단과 치료를 받을 수 있도록 조치합니다.

결론적으로 자살 신고 후 대상자가 무응답일 때는 최악의 상황을 가정하고 유관기관(특히 소방 구조대)과 협력하여 강제개문하고 대상자의 생명을 구하기 위한 모든 조치를 취하는 것이 필요하다고 생각합니다.

제10절 | 불심검문

❶ 불심검문 시 강제개피로 마약을 압수하고 현행범으로 체포할 수 있는가? 〈25. 1차 발표〉

> 사법경찰관 甲은 순찰 중 필로폰을 거래하는 자로 의심하고 있던 乙이 술집에 들어갔다가 나오는 것을 보고 필로폰을 밀매하는 자라고 판단하고 승용차를 타려는 乙을 정지시키고 불심검문을 하였다. 甲은 乙의 상의 안주머니에 이상한 봉지가 있는 것을 발견하고 제시 요구를 하였으나 乙이 거절하자 乙의 호주머니에 손을 넣어 이를 끄집어내었다. 그 안에서 필로폰이 나오자 이를 압수하고 乙을 현행범인으로 체포하였다. 경찰관 甲의 乙에 대한 소지품 검사와 체포는 적법한가?

👤 〈답변〉

(1) **상황 판단(문제점 인식)** : 사법경찰관 甲은 불심검문 과정에서 乙에게 소지품을 꺼내보라고 하였는데 乙이 거부하자 강제로 이를 꺼낸 후 필로폰을 찾아내었습니다. 여기서 甲의 불심검문에 수반한 소지품 검사의 적법성이 문제가 되며, 소지품 검사가 위법한 경우에는 후행 행위인 현행범 체포도 위법할 수 있습니다.

(2) **소지품 검사의 적법성**

① 불심검문의 대상 및 절차 : 불심검문이란 경찰관이 거동이 수상한 자를 발견한 때에 이를 정지시켜 질문하는 것으로서 어떠한 죄를 범하였거나 범하려 하고 있거나 범죄에 대하여 안다고 인정되는 사람을 대상으로 합니다. 필로폰 거래자로 의심하는 乙을 정지시켜 신분증을 제시하는 등 적법한 절차를 거쳤다면 불심검문 자체는 적법합니다.

② 소지품 검사의 절차 및 한계

　㉠ 외표검사(Stop and Frisk) : 의복 또는 휴대품의 외부를 손으로 만져서 확인할 수 있습니다.

　㉡ 소지품의 개시요구 : 경찰관직무집행법에 흉기조사권만 규정되어 있어서, 흉기가 아닌 일반 물건에 대하여도 조사할 권한이 있느냐의 문제입니다. 이에 대하여 긍정설과 부정설이 대립하지만, 불심검문의 실효성을 확보하기 위하여 일반 물건에 대하여도 질문하거나 개시를 요구하는 것은 허용된다는 긍정설이 타당합니다. 따라서 乙의 상의 안주머니의 봉지를 꺼내보라고 요구한 것은 적법합니다.

　㉢ 소지품 개시 거부시 강제조사 : 소지품 내용의 개시 요구에 상대방이 이에 응하지 않는 경우 실력행사가 허용되는지의 문제입니다.

　　ⓐ 흉기조사 : 흉기조사는 경찰관직무집행법 제3조 제3항에 근거가 있고, 흉기·폭탄 등을 소지하였다고 인정할 수 있는 <u>고도의 개연성이 있는 때에는</u> 경찰관 또는 제3자의 생명·신체에 대한 위험을 고려하여 <u>어느정도 실력행사가 허용됩니다</u>(대판 2009도11041 참조).

　　ⓑ 일반소지품의 검사 : <u>흉기가 아닌 마약 등 일반소지품에 대한 실력행사(강제개피)는 허용되지 아니하며</u>, 강제로 일반소지품을 꺼내는 행위는 위법한 압수·수색에 해당합니다.

⑶ **현행범 체포의 적법성**: 일련의 절차를 이루는 증거수집 절차에서 선행절차가 위법하면 후행절차는 당연히 위법합니다. 사례에서는 <u>현행범 체포에 선행하는 소지품검사가 위법하므로 이에 기한 현행범 체포도 위법합니다.</u>

> 피고인은 2007. 9. 28. 06:05경 수원시 영통구 B아파트 북문출입구 앞 노상에서 차단기 전등부분을 파손하여 이에 신고출동한 수원남부경찰서 C지구대 소속 경사인 피해자 D이 진입로를 막고 있는 위 차량을 이동하기 위해 <u>피고인의 주머니에 들어 있던 차량열쇠를 꺼내려고 하자,</u> "경찰 개새끼들"이라고 욕설을 하며 넥타이를 잡아당기고, 오른쪽 계급장을 손으로 잡아 뜯어버리고 이마로 오른쪽 눈 부위를 들이받는 등으로 위 피해자에게 약 10일간의 치료를 요하는 우측 눈주위 좌상 및 염좌의 상해를 가하고, 경찰관의 112신고 처리 업무에 관한 정당한 직무집행을 방해하였다는 것이다.
>
> 이에 대하여 원심은, 그 채택증거들을 종합하여 인정되는 그 판시사실 및 기록에 의하여 알 수 있는 다음의 사정, 즉 ①경찰공무원 D이 피고인 차량을 이동시키기 위하여 피고인의 동의를 받지 않은 채 **피고인의 주머니에서 열쇠를 꺼내려고 한 행위는 당시 피고인이 흉기를 휴대하였다고 인정할 수 있는 고도의 개연성이 있었다고 보이지 않는 이상,** 경찰관직무집행법 제3조 제1항의 불심검문에 수반하는 같은 조 제3항 규정에 의한 **소지품검사로 볼 수 없고, 이는 원칙적으로 영장을 요하는 강제처분인 수색에 해당한다고 할 것인 점**, ②이와 같이 D의 행위가 수색에 해당하고, 피고인의 동의가 없었으며, 뒤에서 보는 바와 같이 현행범인으로 체포하기 이전이었던 이상, 경찰공무원인 D으로서는 피고인을 수색함에 있어서 형사소송법 제215조에 의하여 판사가 발부한 적법한 영장을 피고인에게 제시하여야 함에도 당시 피고인에게 적법한 영장을 제시한 바 없는 점, ③또한 D의 피고인에 대한 현행범인 체포 역시 위 수색행위에 항거하여 피고인이 D에게 상해를 가한 다음에야 비로소 이루어졌고, 이 사건 당시는 출근시간 무렵으로서 피고인의 차량으로 인하여 진입로가 일부 방해받기는 하였으나 반대방향 진입로로 충분히 통행이 가능하였는바, 긴급을 요하는 사정이 인정된다고도 볼 수 없으므로, 형사소송법 제216조 등에서 규정하는 영장주의의 예외에 해당한다고 보기 어려운 점 등을 보태어 보면, 경찰공무원 D이 피고인의 동의를 받지 않고, 적법한 영장을 제시하지도 않은 채 <u>실력으로 피고인의 주머니에서 차량 열쇠를 꺼내려고 한 행위는 적법한 공무집행이라고 볼 수 없고, 피고인이 이를 거부하는 방법으로써 D에게 폭행을 가하였다고 하여도 공무집행방해죄가 성립하는 것은 아니다. 다만 상해죄에는 해당한다</u>(대판 2009도11041).

후속질문

✦ 경찰관 甲이 乙로부터 압수한 필로폰의 증거능력은 인정되는가?

乙로부터 압수한 필로폰은 위법한 소지품 검사와 현행범체포에 의한 것입니다. 종래 판례는 이른바 성질, 형상불변론에 따라 위법하게 수집된 압수물에는 위법수집증거배제법칙이 적용되지 않는다고 보았으나(대판 68도932), 최근 대법원은 제주지사실 압수·수색 사건을 통해 성질·형상불변론을 폐기하고 비진술증거에도 제308조의2가 적용된다고 견해를 변경하였습니다(대판(수)2007도3061), 따라서 비진술증거에도 위법수집증거배제법칙은 적용되므로, 위 <u>압수물은 형사소송법 제308조의2에 따라 증거능력이 없습니다.</u>

✦ 만약, 불심검문을 진행하다가 상대방이 도망하려 하거나, 불심검문 와중에 임의동행을 요구했는데 그 과정에서 도주를 하려 한다면 그때는 어떻게 하겠는가?

형사소송법 제211조 2항 4호의 준현행범인으로 보아 현행범 체포를 진행한 다음, 연이어 체포현장에서의 압수(제216조 1항 2호)로 이어갈 수 있습니다.

> **제211조(현행범인과 준현행범인)** ② 다음 각 호의 어느 하나에 해당하는 사람은 현행범인으로 본다.
>   1. 범인으로 불리며 추적되고 있을 때
>   2. 장물이나 범죄에 사용되었다고 인정하기에 충분한 흉기나 그 밖의 물건을 소지하고 있을 때
>   3. 신체나 의복류에 증거가 될 만한 뚜렷한 흔적이 있을 때
>   4. <u>누구냐고 묻자 도망하려고 할 때</u>

> **📹 '던지기 수법', CCTV 모니터링으로 검거**
>
> 새벽 4시 47분경, 서초구청 CCTV 관제센터 근무 경찰관은 신원 미상의 남성이 백팩을 메고 다니면서 곳곳을 사진 찍는 것을 포착하고 112상황실을 통하여 관할 반포지구대에 긴급 출동을 지시했다. 경찰관들은 현장에 도착하여 A씨의 신분을 확인하려 하자 A씨는 경찰을 보고 곧바로 도주했다. 출동 경찰관들은 A씨를 쫓아가 검거하고 현행범으로 체포했다. A씨의 가방 안에서 필로폰 3~5g이 들어있는 비닐봉지 21개를 발견하였다.
> 〈한국경제 24.7.23. 참조〉

✦ 그렇다면 현행범으로 체포가 적법한 경우는 어떤 경우이고, 어떻게 수사를 진행하여야 하는가?

(1) **현행범 체포의 요건**: 현행범 체포는 형사소송법 제211조(현행범인의 체포)에 명시된 엄격한 요건을 충족해야 합니다.

① 범죄의 실행 중 또는 실행 직후

　㉠ 실행 중: 범죄 행위가 지금 눈앞에서 벌어지고 있는 경우(**예** 마약이 오고 가는 것을 육안으로 직접 목격하는 경우)

　㉡ 실행 직후: 범죄 행위가 막 종료되었지만 그 흔적이나 정황으로 보아 방금 그 범죄를 저질렀음이 명백한 경우(**예** 마약 거래를 마치고 도주하려는 순간 또는 마약 봉투가 바닥에 떨어져 있는 것을 목격하는 경우)

② 범죄의 명백성: 체포하려는 사람이 범죄를 저질렀다는 사실이 명백해야 합니다. 즉 누구나 보더라도 범죄가 이루어졌다고 확실하게 인식할 수 있는 객관적인 상황이어야 합니다. 단순한 의심이나 추측만으로는 현행범 체포를 할 수 없습니다.

(2) **'필로폰 거래 의심'만으로는 현행범 체포가 어려운 이유**: 제시된 상황에서 "필로폰 거래 의심 현장 목격"이라는 것은 아직 범죄의 실행이 명백하다고 단정하기 어렵기 때문입니다.

① '의심'과 '명백'의 차이: '의심'은 아직 범죄의 사실이 확정되지 않았다는 의미입니다. 경찰관의 육안으로 봤을 때 수상한 행동을 하는 것처럼 보였을 수는 있지만 그것이 실제로 필로폰 거래였음을 명백하게 입증할 만한 수준에 이르지 않았다면 현행범 체포는 곤란합니다.

② 오인의 가능성: 단순한 대화, 물건 전달 등은 얼마든지 다른 일반적인 행위일 수 있습니다. 경찰관이 오인했을 가능성도 배제할 수 없습니다.

(3) **현행범 체포를 위한 추가적인 상황**: '필로폰 거래 의심' 상황에서 현행범 체포가 가능해지려면 다음과 같은 추가적인 상황이 뒷받침되어야 합니다.

① 직접적인 증거의 발견: 경찰관이 마약으로 의심되는 물질이 오고 가는 것을 직접 목격하거나, 주변에 떨어져 있는 마약류를 발견하는 등 범죄의 직접적인 증거를 육안으로 확인한 경우

② 피의자의 자백 또는 명백한 증거 인멸 시도: 피의자가 "지금 마약을 거래했다"고 자백하거나, 경찰을 발견하자마자 마약을 삼키거나 던져버리는 등 증거를 인멸하려는 명백한 시도를 하는 경우

③ 특정인의 행동: 마약 거래에 특유한 은밀한 행동 패턴이나, 특정인에게 마약 전과가 있어 그의 행동을 종합적으로 판단할 때 범죄가 명백하다고 여겨지는 경우

(4) **적법한 경찰의 대응**: '필로폰 거래 의심'만 있는 상황에서는 경찰관은 다음과 같은 단계를 밟는 것이 적법합니다.

① 불심검문(경찰관 직무집행법 제3조): 수상한 행동을 하는 사람을 정지시켜 질문하고 신분증 제시를 요구할 수 있습니다.

② **임의동행** 요구 : 필요하다면 경찰서 등으로 임의동행을 요구하여 추가 조사를 할 수 있습니다(이는 강제가 아니므로 상대방이 거부할 수 있습니다.).

③ **수사 개시 및 증거 확보** : 질문 과정에서 혐의가 구체화되거나 추가적인 증거(**예** 주변 CCTV, 목격자 진술 등)를 확보하여 범죄 혐의를 입증할 수 있는 자료를 모읍니다.

④ **압수수색영장 신청** : 만약 마약 소지나 거래 혐의가 상당하다고 판단되지만 현행범 체포의 요건이 충족되지 않는다면 법원에 압수수색영장을 신청하여 발부받은 후 필요한 증거(**예** 휴대폰, 마약류 등)를 압수합니다.

⑤ **피의자 입건 및 수사** : 영장 발부 또는 추가 증거 확보를 통해 혐의가 입증되면 정식으로 피의자를 입건하고 수사를 진행합니다.

결론적으로 경찰은 '필로폰 거래 의심'이라는 합리적인 의심만으로 곧바로 현행범 체포를 할 수는 없으며, 범죄의 명백성과 실행 중 또는 실행 직후라는 요건이 충족될 때만 현행범 체포가 가능합니다. 그 전까지는 불심검문, 임의동행 요구 등 법이 허용하는 범위 내에서 추가적인 조사를 진행해야 합니다.

✦ 소지품 검사에 대한 근거와 절차는?

본문 답변 참조

✦ 소지품 검사의 허용 범위는?

본문 답변 참조

✦ 대상자가 여성인 경우 유의할 점은?

경찰관이 여성을 대상으로 불심검문을 할 때에는 신체적 접촉과 인권 보호 측면에서 일반적인 검문보다 더 엄격한 주의가 요구됩니다. 여성의 신체 및 소지품을 검사할 때에는 여성 경찰관으로 하여금 하게 하고, 여성 경찰관이 없는 경우에는 증거인멸 또는 도주 우려가 현저한 경우 등 긴급한 상황에서 최소한의 범위에서 실시하는 것이 바람직합니다. 가능한 공개된 장소를 피하고 프라이버시가 보호되는 장소에서 실시하되 다른 여성이나 동행인이 입회하도록 합니다.

❷ 절도 사건 후 불심검문으로 칼이 발견된 경우 조치는? 〈25. 2차 발표〉

> 절도 상황이 있었고 피혐의자와 인상착의가 비슷한 사람을 검문검색 했는데 가방에 칼을 소지하고 있었다. 경찰관이 물어보니 "과일 깎으려 샀다"라고 말하고 정확한 구매처를 밝히지 않고 있다. 현장 경찰관의 조치는?

👤 **답변**

(1) **상황 판단** : 절도 사건이 발생한 주변에서 인상착의가 비슷한 사람을 불심검문하여 가방에서 칼이 발견된 상황입니다. 과일을 깎기 위해서 칼을 샀다고 하므로 칼은 쓰던 칼이 아닌 새것으로 추정되며, 어디서 구매했는지를 분명하게 밝히지 않아 거짓말을 하는지에 대한 확인이 필요합니다.

(2) **법적 근거**

① **형법** : 절도, 특수절도(흉기 휴대 절도)

② **경찰관직무집행법** : 제3조(불심검문)

⑶ 현장 대응

① **업무분담**: 절도사건이 발생한 곳으로 출동하는 현장팀과 주변 용의자 수색을 위한 검문검색팀으로 나누어 업무를 분담하겠습니다. 현장팀에서는 절도 발생 경위 및 도주한 용의자의 인상착의 등을 확인하여 무전으로 전파하고, 검문검색팀은 현장 주변에 긴급배치하여 인상착의가 유사한 수상한 사람에 대하여 불심검문을 합니다.

② **칼이 범죄와 관련된 경우**

㉠ 불심검문 대상자는 "칼을 새로 구입했다"라고 하므로, 범죄현장에서 도난된 물품 중에 칼이 있는지 우선 확인하고, 칼을 도난당했다면 발견된 칼을 사진으로 전송하여 동일 물건인지 확인하겠습니다. 만약, 도난품 중에 칼이 없더라도 절도 범행중에 범인이 칼을 사용한 적이 있는지 등에 대하여 확인하겠습니다.

㉡ 대상자의 인상착의가 유사하고 칼이 도난품이거나 범죄에 사용된 것이 확인되며 시간·장소적으로 근접하다면 준현행범에 해당하므로 불심검문 대상자를 현행범으로 체포하고 칼을 압수하겠습니다. 시간·장소적으로 근접하지 않다면 긴급체포를 할 수 있습니다.

③ **칼의 범죄관련성이 불명확하지만 칼 소지가 위법한 경우**: 대상자가 소지한 칼이 인근에서 발생한 절도 범죄와의 관련성을 확인할 수 없고 다른 증거가 없다면 절도죄의 현행범으로 체포할 수는 없지만, 칼을 소지하고 다니는 행위는 다른 법률에 의하여 처벌될 수 있습니다.

㉠ **경범죄처벌법상 흉기은닉**: 정당한 이유없이 칼을 휴대한 경우에 적용할 수 있습니다. 과일을 깎으려고 구입했다고 하면서도 구매처를 말하지 못하는 것으로 보아 거짓 진술일 가능성이 높습니다. 대상자의 신원확인을 요구하고 거주가 불분명하다면 현행범으로 체포하고 칼을 압수할 수 있으며, 신원 및 거주가 확인된 경우에는 체포할 수 없지만(경미범죄는 주거불명에 한하여 체포 가능) 칼은 범죄장소에서 긴급압수(형소법 제216조 ③)에 근거하여 압수할 수 있습니다.

㉡ **폭력행위 등 처벌에 관한 법률**: 제7조(우범자)에 의하여 정당한 이유 없이 이 법에 규정된 범죄에 공용(供用)될 우려가 있는 흉기를 휴대한 사람(3년 이하 징역, 300만원 이하 벌금)에 대하여 현행범 체포하고 칼을 압수할 수 있으나, 이 사안의 경우 대상자가 칼을 소지하고 폭력행위 등을 할 우려가 있다는 것을 입증되지 않는 한 적용하기 어렵습니다.

㉢ **총포화약법**: 제12조에 따라 칼날의 크기가 일정한 크기 이상인 경우(15cm 이상등)에는 소지 허가를 받아야 하며(위반시 형사처벌), 제17조에 따라 소지허가를 받은 경우에도 정당한 사유없이 이를 휴대할 수 없습니다(위반시 과태료).

④ **혐의가 불충분한 경우**: 추가적인 조사를 위하여 대상자의 동의를 얻어 임의동행할 수 있으나, 대상자가 거부할 경우에는 인적사항만 확인하고 보낸 후 추후 보강 수사를 통하여 범죄관련성을 밝혀야 합니다.

⑷ 사후 조치

① 대상자를 현행범 체포한 경우에는 체포장소에서 영장없이 압수수색 검증할 수 있으므로 대상자의 가방을 수색하여 도난품이나 기타 범죄에 사용된 증거물을 확보하겠습니다.

② 대상자에 대한 현행범 체포나 임의동행을 하지 못한 경우에는 현장 주변의 CCTV나 차량 블랙박스 등을 조사하는 등 보강 수사를 하겠습니다.

✦ 불심검문의 적법성 및 법적 근거?

불심검문은 경찰관직무집행법 제3조에 근거합니다. 불심검문이란 경찰관이 거동이 수상한 자를 발견한 때에 이를 정지시켜 질문하는 것으로서 어떠한 죄를 범하였거나 범하려 하고 있거나 범죄에 대하여 안다고 인정되는 사람을 대상으로 합니다. 경찰관이 절도 현장 주변에서 인상착의가 유사한 사람을 정지시켜 신분증을 제시하고 소속과 성명을 밝히고 질문의 목적과 이유를 밝히는 등 절차를 거쳤다면 불심검문은 적법합니다. 또한 경찰관은 불심검문에 수반하여 상대방의 동의를 얻거나 필요 최소한의 범위에서 사회통념상 용인될 수 있는 상당한 방법으로 흉기조사를 할 수 있으며, 일반 소지품에 대하여는 동의를 얻어 조사할 수 있습니다.

✦ 임의동행의 요건 및 절차는?

임의동행은 경찰관직무집행법 제3조에 근거하여 불심검문 장소에서 질문을 하는 것이 그 사람에게 불리하거나 교통에 방해가 된다고 인정될 때에는 질문을 하기 위하여 가까운 경찰서·지구대·파출소 또는 출장소로 동행할 것을 요구할 수 있습니다. 이 경우 동행을 요구받은 사람은 그 요구를 거절할 권리가 있는데, 이러한 권리에 대한 고지는 경찰관직무집행법상 임의동행에 있어서는 의무사항이 아니지만, 수사상 임의동행의 경우에는 수사준칙에 따라 권리를 반드시 고지해야 합니다.

> **검사와 사법경찰관의 상호협력과 일반적 수사준칙에 관한 규정**
>
> **제20조(수사상 임의동행 시의 고지)** 검사 또는 사법경찰관은 임의동행을 요구하는 경우 상대방에게 동행을 거부할 수 있다는 것과 동행하는 경우에도 언제든지 자유롭게 동행 과정에서 이탈하거나 동행 장소에서 퇴거할 수 있다는 것을 알려야 한다.

✦ 준현행범인의 성립요건은?

준현행범인의 성립요건은 일반적 요건과 개별적 요건의 2가지를 모두 충족해야 합니다.

① 일반적 요건: 범죄·범인의 명백성 및 시간·장소적 접착성(현행범인의 경우보다 완화된 정도를 의미)

② 개별적 요건(형사소송법 제211조 제2항): 범인으로 불리며 추적되고 있을 때, 장물, 범죄에 사용된 흉기 또는 기타 물건을 소지하고 있을 때, 신체·의복에 뚜렷한 흔적이 있을 때, 누구냐는 물음에 도망하려고 할 때 등입니다.

> **형사소송법**
>
> **제211조(현행범인과 준현행범인)** ② 다음 각 호의 어느 하나에 해당하는 사람은 현행범인으로 본다.
>   1. 범인으로 불리며 추적되고 있을 때
>   2. 장물이나 범죄에 사용되었다고 인정하기에 충분한 흉기나 그 밖의 물건을 소지하고 있을 때
>   3. 신체나 의복류에 증거가 될 만한 뚜렷한 흔적이 있을 때
>   4. 누구냐고 묻자 도망하려고 할 때

📖 준현행범인의 구체적 사례

(1) **호창추적(제1호)** : 범인으로 불리며 추적되고 있는 상태로서 자동차, 도보 등으로 소리 없이 추적하는 경우를 포함하며 실제 따라가지는 않고 목소리나 몸짓 등으로 범인을 알리는 것도 추적에 해당한다. 이때 추적은 범행 현장으로부터 단절되지 않고 연속되어야 하며, 추적하다가 일시 시야에서 사라진 정도는 추적이 계속된 경우로 볼 수 있다. 폭행 후 피해자가 지구대에 와서 신고하여 사건발생 20분만에 현장에 출동하여 피의자를 발견했다고 하더라도 호창추적이 계속되지 않아 준현행범임으로 볼 수 없으며, 사건발생 30분이 지났어도 현장에 있는 피의자를 피해자가 쭉 지켜보다가 지목한 상황이라면 준현행범인으로 체포가 가능하다. 범행 현장에서 피해자나 목격자가 범인으로 지목하는 경우는 호창추적에 해당하며 실무상 가장 많이 활용되는 유형이다.

(2) **물건소지(제2호)** : '장물'이란 재산범죄를 통하여 영득한 재물이므로, 강도, 절도 등의 재산죄를 범한 본범이 시간상 얼마 지나지 않은 단계에서 영득한 재물을 가지고 있는 경우를 의미한다. '범죄에 사용되었다고 인정함에 충분한 흉기'에서 흉기는 쇠파이프, 맥주병, 드라이버 등 이른바 용법상의 흉기도 포함한다. '기타의 물건'이란 장물이나 흉기에는 해당하지 않지만 이에 준할 정도로 범죄와 범인을 특정할 수 있는 결정적 단서를 말한다. 위조 지폐나 문서, 도박으로 벌어들인 재물 등 범죄에 사용된 물건뿐만 아니라 범죄로 취득한 물건도 포함된다. 경찰관이 교통사고를 낸 차량이 도주하였다는 무전을 받고 주변을 수색하다가 사고 현장으로부터 약 1㎞ 떨어져 있고 시간상으로 10분 정도 지난 시점에 범퍼 및 펜더 부분이 파손된 승용차에서 내리는 사람을 발견한 경우 승용차를 기타의 물건으로 보아 준현행범인으로 체포할 수 있다 (대판 99도4341).

(3) **현저증적(제3호)** : '현저한 증적'이란 범죄와 범인을 객관적으로 연결하는 구체적 정황으로서, 범인으로 의심되는 자가 입은 부상, 상처, 피, 땀, 정 액, 유류, 이물질 등을 말한다. 예를 들어, 음주운전 의심 차량을 발견한 경우 경찰관이 음주측정기를 휴대하고 있지 않아서 다른 경찰관이 현장으로 음주측정기를 가져올 동안 대기를 명하게 되는데, 이때 현장이탈을 시도하는 운전자는 현행범 또는 운전자의 안색, 냄새, 발음, 걸음걸이 등으로 미루어 음주운전의 강한 의심이 든다면 준현행범인으로 인정하여 체포할 수 있다. 사후 측정 결과가 단속수치에 미달되더라도 그것이 경찰관의 합리적 판단에 기초하고 있는 한 당해(준)현행범인 체포가 위법해지는 것은 아니다.

(4) **수하도망(제4호)** : '누구냐'의 물음은 이름을 물어보는 것이지만 어디로 가는가 하는 행선지에 대한 질문, 단순히 '여보세요' 또는 '잠깐만요'라고 불러 세우는 행위, 경찰관이 경적을 불거나 손전등을 비추는 행위, 불법유턴하는 차량에 대해서 수신호로 정지지시 하는 행위, 경찰관이 범행 현장에 도착하여 움직이지 말라는 지시(꼼작 마라)도 누구냐는 물음에 포함된다고 할 수 있다. 그러나 막연한 불심검문 대상자가 도주하는 경우는 이에 해당하지 아니한다. 여기서 '수하도망'은 준현행범인의 성립요건을 갖춘 자가 누구냐는 물음에 도망하는 경우를 의미하는 것이다. 예를 들어, 범죄 신고를 받고 주변 수색 중 신고된 특정 범죄의 범인과 인상착의가 비슷한 사람을 발견하여 불심검문을 하려고 하자, 경찰관을 보고 도망하든지 누구인지 확인하려고 할 때 그대로 도망하는 경우를 말한다. 긴급 배치된 경찰관이 특정범죄의 혐의가 상당한 자를 불러 세워 검문검색을 하고자 하였으나 그대로 도주하는 경우에도 적용할 수 있다.

✎ 황순평의 논문(2016 치안정책연구), 오지형의 석사논문(2016) 참조

❸ 불심검문의 문제점과 개선점은?

👤 〈답변〉

(1) **불심검문의 절차**: 불심검문은 경찰관이 주위 사정을 합리적으로 판단하여 어떤 범죄를 범하였거나 범하려 하거나 또는 이를 안다고 의심할 만한 사람을 정지시켜 질문하는 절차입니다. 불심검문 과정에서 현장 질문이 당사자에게 불리하거나 교통에 방해가 될 경우 가까운 경찰관서로 임의동행할 수 있으며 상대방은 임의동행을 거절할 수 있습니다. 임의동행을 한 경우에는 본인으로 하여금 가족 등에게 연락할 수 있는 기회를 주어야 하고 변호인 조력권이 있음을 고지해야 하며 6시간을 초과하여 경찰관서에 머물게 할 수 없습니다.

(2) **「경찰관 직무집행법」상 불심검문의 문제점**

① **경찰관의 신원확인권 부재**

   ㉠ 경찰관이 대상자에게 신원확인을 요구하였음에도 대상자가 이를 거부하는 경우에는 경찰관 직무집행법상 아무런 사후 조치를 할 수 없습니다. 다만, 경찰관이 누구인지 물었을 때 도망가는 경우에는 형사소송법상 준현행범인으로 체포할 수 있습니다.

   ㉡ 외국의 예를 보면, 신원확인 거부자에 대한 강제조치와 관련하여 독일은 1,000유로의 과태료를 부과, 프랑스는 4시간 강제유치 및 강제 지문채취와 사진촬영, 미국(뉴햄프셔, 델라웨어, 로드아일랜드 주 등)은 정지명령을 무시하는 등 불심검문 거부 시 2시간 이내에서 신체구금을 할 수 있으며 영국은 불심검문 불응 시 1월 이하의 징역 또는 1,000파운드 이하의 벌금을 부과할 수 있습니다.

② **경찰관의 강제 흉기조사권 및 임시영치권 부재**

   ㉠ 경찰관은 불심검문을 하는 과정에서 대상자가 흉기를 소지하고 있는 지를 조사할 수 있습니다. 그러나 대상자가 이를 거부할 경우 강제로 조사할 수 있는지에 대하여 학설이 대립하며 겉옷을 가볍게 두드리거나 만지는 정도의 외표검사를 통하여 흉기로 의심되는 물건이 있다고 하더라도 대상자에게 이를 꺼내도록 개피명령을 할 수는 있지만 이를 거부할 경우 경찰관이 직접 꺼내거나 강제할 수 있다는 근거는 없습니다. 다만, 학설상 흉기를 소지하였다고 인정할 수 있는 고도의 개연성 내지 특수한 혐의가 있는 때에는 경찰관 또는 제3자의 위험을 고려하여 어느정도 실력을 행사하여 흉기 소지 여부를 조사할 수 있다는 견해가 있습니다(대판 2009도11041 참조).

   ✎ 실무상 외표검사를 거부하는 자에게 강제로 외표검사를 하는 것은 상당히 어렵고, 상대방이 개피명령을 거부할 경우 의무이행을 확보할 방법이 마땅하지 않다.

   ㉡ 불심검문 과정에서 흉기를 발견한 경우 이를 임시영치 할 수 있다는 근거가 없습니다. 제4조(보호조치)에 근거하여 정신착란자, 주취자, 자살시도자가 소지하고 있는 흉기는 임시영치 할 수 있지만, 정상적인 사람이 소지하고 있는 칼 등 흉기는 임시영치 할 수 있는 근거가 없습니다. 이 경우에도 학설상 제5조 제1항 제4호(위험발생 방지를 위한 조치)에 근거하여 임시영치 할 수 있다는 주장이 있습니다.

   ㉢ 실무상 정당한 이유 없이 은닉한 흉기는 「경범죄처벌법」에 의하여 흉기은닉죄(제3조 제1항 제2호), 「폭력행위 등 처벌에 관한 법률」 제7조(우범자), 총포화약법, 「형법」 제116조의3(공공장소 흉기소지)에 근거하여 현행범 체포할 경우 영장 없이 흉기를 압수할 수 있습니다. 이처럼 경찰관 직무집행법에 명확한 근거가 없어서 다른 법률에 위반되는 경우에 한하여 형사소송법에 근거하여 흉기를 압수할 수 있을 뿐 공공장소에서 단순히 흉기를 소지하고 있다는 이유만으로는 임시영치 할 수 없는 문제점이 있습니다.

(3) **개선 방안**: 불심검문을 하는 과정에서 경찰관의 피습을 예방하고 이상동기범죄를 예방하기 위한 불심검문의 실효성을 담보하기 위하여 「경찰관 직무집행법」에 경찰관의 강제 신원확인권과 강제 흉기조사권 및 임시영치권을 명문으로 규정해야 한다고 생각합니다.

> • 검문에 불응한 사람의 앞을 가로막은 행위: 경찰관은 경찰관직무집행법 제3조 제1항에 규정된 대상자에게 질문을 하기 위하여 범행의 경중, 범행과의 관련성, 상황의 긴박성, 혐의의 정도, 질문의 필요성 등에 비추어 목적 달성에 필요한 <u>최소한의 범위 내에서 사회통념상 용인될 수 있는 상당한 방법으로 대상자를 정지시킬 수 있고 질문에 수반하여 흉기의 소지 여부도 조사할 수 있다</u>(대판 2010도6203).
> ✎ 법원은 구체적으로 어떻게 흉기소지 여부를 조사할 수 있는지에 대한 언급이 없다.
> • 검문에 불응한 사람을 차량으로 추적하여 가로막은 행위: 경찰관들이 피고인을 정지시켜 질문을 하기 위하여 <u>추적하는 행위도</u> 그것이 범행의 경중, 범행과의 관련성, 상황의 긴박성, 혐의의 정도, 질문의 필요성 등에 비추어 그 목적 달성에 필요한 <u>최소한의 범위 내에서 사회통념상 용인될 수 있는 상당한 방법으로 이루어진 것이라면 허용된다</u>(대판 2011도13999).

제11절 절도 · 강도 현장

❶ 절도 사건 후 도주하는 사람을 CCTV로 확인한 경우 조치는? 〈25. 2차 발표〉

> 백화점 계산대에 잠시 고가의 이어폰을 놓고 있었는데 어느 남성이 가져갔다고 신고하였다. 신고자는 CCTV를 보니 그 남성이 편의점에 들어갔다고 한다. 경찰의 현장 대응은?

👤〈답변〉

(1) **상황 판단**: 고가의 이어폰을 가져간 행위는 절도죄에 해당하며, CCTV로 이를 가져간 사람이 현재 편의점에 있다는 것을 추적한 상황입니다. 사건이 발생한 장소 및 피혐의자가 있는 장소로 각각 신속히 출동하여 사실관계를 확인해야 합니다.

(2) **법적 근거**

① 형법: 절도죄 vs 점유이탈물횡령죄

✎ 백화점 매장은 관리자에 의하여 관리가 되는 곳으로서 다른 사람이 두고 간 이어폰이라고 하더라도 여전히 관리자의 점유하에 있는 것으로 보아 절도죄에 해당한다. 다만, 지하철이나 버스의 경우 운전자가 현실적으로 발견하지 못한 경우는 점유를 인정하지 아니하여 점유이탈물횡령죄로 본다.

> • 피해자가 피씨방에 두고 간 핸드폰은 피씨방 관리자의 점유하에 있어서 제3자가 이를 취한 행위는 절도죄를 구성한다(대법원 2006도9338호).
> • 고속버스 운전자는 유실물을 현실적으로 발견하지 않는 한 이에 대한 점유를 개시하였다고 할 수 없고, 그 사이에 다른 승객이 유실물을 발견하고 이를 가져갔다면 절도에 해당하지 아니하고 점유이탈물횡령에 해당한다(대법원 92도3170호).

② 형사소송법: 준현행범인 요건 해당 여부

(3) 현장 대응

① **업무분담 출동**: 현장 출동시 두 개의 팀으로 나누어서 한 팀은 피해자 가게로 가고, 다른 한 팀은 피해자가 지목한 편의점으로 가서 대상자를 신속히 확보하는 것이 필요합니다. 피해자에게 간 팀은 CCTV 영상이나 기타 정황을 신속히 파악하여 편의점으로 출동한 경찰관에게 전달해야 합니다.

② **피혐의자를 편의점에서 발견한 경우**

    ㉠ **불심검문 실시**: 경찰은 불심검문을 통해 피혐의자에게 인적사항을 묻고 소지품을 꺼내보라(흉기 아닌 일반소지품에 대하여도 조사할 권한은 있으나 강제로 열어볼 수는 없음)고 하여 도난당한 이어폰을 소지하고 있는지 여부를 확인할 수 있습니다. 이 과정에서 피혐의자가 도주한다면 형사소송법 제211조 제2항 제4호(수하도망)에 해당하여 체포할 수 있으며, 불심검문으로 도난당한 이어폰이 발견될 경우에도 형사소송법 제211조 제2항 제2호(물건소지)의 준현행범인으로 체포할 수 있습니다.

    ㉡ **피혐의자가 비협조적인 경우**: 피혐의자가 경찰의 소지품 개시 요구를 거절하는 경우에는 현장에서 현행범 체포 또는 긴급체포한 후에 체포현장에서 피혐의자의 소지품을 영장 없이 압수·수색할 수 있습니다.

        ⓐ **준현행범인 체포**: 신고자가 피혐의자를 CCTV로 중단됨이 없이 계속 추적하였고 편의점에 있는 피혐의자를 범인으로 지목한 상황이라면 형사소송법 제211조 제2항 제1호(호창추적)에 의하여 준현행범인으로 체포할 수 있습니다. 호창추적은 반드시 소리로 외치며 추적해야 하는 것은 아니고 사례와 같이 CCTV로 확인하여 출동한 경찰에게 범인을 지목하는 것도 포함된다고 할 수 있습니다. 또한, 백화점 CCTV 영상을 신속히 전송받아 피혐의자와 동일인으로 확인되고 시간·장소적으로 근접하다면 제3호(현저증적)에 의하여 준현행범인으로 체포할 수도 있습니다. 이때에는 단순히 얼굴이 닮았다는 것 외에 문신이나 흉터, 헤어스타일, 악세사리, 의복 디자인의 특징 등을 비교하여 동일인임이 분명해야 하고 기타 증거로 할 수 있는 흔적이 있어야 합니다.

        ⓑ **긴급체포**: 신고자의 추적이 중단되었거나, 시간·장소적으로 접착성을 인정하기 어려워 준현행범인의 요건을 충족하지 못한 경우에는 CCTV 영상의 인물과 동일성 여부, 신고자 또는 목격자의 진술 등을 종합하여 긴급체포의 요건을 검토하여 요건이 구비된 경우 긴급체포할 수 있습니다.

③ **피혐의자가 편의점에 없는 경우**: 편의점내에서 피혐의자를 발견할 수 없다면 무전을 통해서 인근 지역을 수색하도록 전파하고(긴급배치도 가능), 이후 범행 현장으로부터 시간·장소적으로 근접한 곳에서 발견되고 준현행범인 요건을 갖춘다면 체포가 가능합니다.

(4) 후속 조치

① 대상자가 현행범인 체포에 저항하면 물리력 사용기준에 따라 적절한 물리력으로 제압하여 체포할 수 있습니다.

② 신고자로 하여금 범인이 소지한 이어폰이 도난 당한 물품이 맞는지 확인하고, 신고자 진술 및 CCTV 영상 등 관련 증거를 확보합니다.

후속질문

✦ 대상자가 편의점에 있다면 어떻게 할 것인가?
본문 답변 참조

✦ 대상자를 편의점에서 발견하지 못했다면 어떻게 할 것인가?
본문 답변 참조

✦ 경찰관이 임의동행을 요구하였으나 대상자가 이를 거부하는 경우 어떻게 할 것인가?
경찰관은 경찰관직무집행법 제3조에 근거하여 불심검문 과정에서 임의동행을 요구할 수 있으나, 수사 목적상 동행을 요구할 경우에는 수사준칙(제20조)에 따라서 대상자에게 임의동행을 거부할 수 있다는 것과 동행하는 경우에도 언제든지 자유롭게 동행 과정에서 이탈하거나 동행 장소에서 퇴거할 수 있다는 것을 알려야 합니다. 대상자가 임의동행을 거부하는 경우에는 대상자에 대한 준현행범인 요건 또는 긴급체포 요건이 구비되어 체포하지 않는 한 강제적인 조치를 할 수 없습니다. 이때에는 대상자에게 오해를 풀기 위해서라도 가까운 지구대에서 잠깐만 확인하면 된다는 점을 강조하여 설득을 시도하겠습니다. 대상자가 계속 거부하는 경우에는 조금 기다려달라고 양해를 구한 후 백화점 CCTV 영상을 휴대폰으로 전송받아 동일인 여부를 확인하거나 신고자 또는 목격자를 편의점으로 오도록 하여 확인하는 등 현장에서 가능한 조사를 진행하겠습니다.

② 야간에 누군가 들어오려고 한 이후 계단에 서 있는 남성에 대한 조치는? 〈25. 2차 발표〉

> 비 오는 심야 시간에 누군가 본인의 집 문을 열려고 시도한다는 신고를 받았다. 출동하여 보니 문고리가 손상되어 있고 수상한 남성이 계단에 서 있다. 신고자는 집 안에 있고 목격자는 없다. 어떻게 조치할 것인가?

〈답변〉

(1) 상황 판단

① 야간에 누군가가 문고리를 부수고 침입하려는 상황입니다. 공동주택의 내부에 있는 공용 계단에 있는 경우 주거침입죄에 해당하고 절도의 고의로 출입문을 손괴한 행위는 특수절도죄의 미수에 해당합니다.

② 따라서 계단에 서 있는 수상한 남성의 범죄관련성 여부에 대한 확인이 필요합니다.

(2) 법적 근거

① 형법상 주거침입 및 재물손괴: 단독주택의 대문을 열고 들어왔거나 아파트나 빌라 등의 공동현관문으로 들어와 공용 계단에 서 있는 경우 계단도 주거의 범위에 들어가므로 주거침입죄의 기수에 해당하며, 해당 공동주택에 거주하는 사람이라고 하더라도 출입할 의사로 다른 사람 집의 문고리를 손괴한 것은 주거침입죄의 미수 및 재물손괴죄에 해당합니다.

  ✎ 공동주택의 내부에 있는 엘리베이터, 공용 계단과 복도는 특별한 사정이 없는 한 주거침입죄의 객체인 '사람의 주거'에 해당하고, 위 장소에 거주자의 명시적, 묵시적 의사에 반하여 침입하는 행위는 주거침입죄를 구성한다(대판 2009도4335).

  ✎ 출입문이 열려 있으면 안으로 들어가겠다는 의사 아래 출입문을 당겨보는 행위는 주거침입의 실행에 착수한 것이다(대판 2006도2824).

② **형법상 특수절도 미수** : 야간에 절도의 의사로 문을 부수고 침입하려 하였다면 출입문을 손괴하는 시점에 실행의 착수를 인정할 수 있어서 특수절도 미수에 해당합니다.

> 🖉 야간에 절도의 목적으로 출입문에 장치된 자물통 고리를 절단하고 **출입문을 손괴**한 뒤 집안으로 침입하려다가 발각된 것이라면 이는 특수절도죄(손괴후 야간주거침입절도)의 실행에 착수한 것이다(대판 86도1273).
>
> 🖉 주간에 절도의 의사로 문을 부수고 침입하려 하였다면 절도죄의 실행의 착수는 인정할 수 없으므로(물색한 때에 실행의 착수 인정), 주거침입죄의 미수와 재물손괴죄가 성립한다.

> **제330조(야간주거침입절도)** 야간에 사람의 주거, 간수하는 저택, 건조물이나 선박 또는 점유하는 방실에 침입하여 타인의 재물을 절취한 자는 10년 이하의 징역에 처한다.
>
> **제331조(특수절도)** ① 야간에 문호 또는 장벽 기타 건조물의 일부를 손괴하고 전조의 장소에 침입하여 타인의 재물을 절취한 자는 1년 이상 10년 이하의 징역에 처한다.
> ② 흉기를 휴대하거나 2인 이상이 합동하여 타인의 재물을 절취한 자도 전항의 형과 같다.

(3) 현장 대응

① 안전 확보

㉠ **경찰관 안전 확보** : 비가 오는 야간인 점을 고려하여 불의의 기습에 대비한 방검복과 방검장갑을 착용하고 현장에 출동해야 합니다.

㉡ **피해자 안전 확보 및 피해사실 청취** : 출동 중에 신고자에게 전화하여 현재 경찰관이 출동중이니 집 안에 안전하게 머물러 있을 것을 당부하고, 누군가 문을 열려고 했던 정황에 대하여 자세하게 청취합니다.

② 112상황실 보고 : 현장 도착시 상황 및 처리 경과에 대하여 112상황실에 무전으로 보고합니다.

③ 현장 조치

㉠ **피혐의자 불심검문** : 계단에 서 있는 수상한 남자에 대하여 피습에 유의하며 불심검문을 합니다.

　ⓐ 불심검문을 하기 위해서 다가갈 때 그대로 도주한다면 주거침입죄 및 재물손괴죄의 현행범으로 체포할 수 있습니다("누구냐"고 묻기 전에 경찰관임을 인지하고 도주하는 경우에도 준현행범인으로 볼 수 있음).

　ⓑ 불심검문에 응할 경우에는 심야 시간에 남의 집 앞 계단에 서 있는 이유, 공동주택인 경우 해당 공동주택에 거주하는 지 여부, 흉기나 문고리를 뜯는데 사용된 물건 소지 여부 등에 대하여 조사를 하겠습니다. 경찰관은 불심검문에 수반하여 상대방의 동의를 얻거나 필요 최소한의 범위에서 사회통념상 용인될 수 있는 상당한 방법으로 흉기조사를 할 수 있으며, 흉기 이외에 일반 물건에 대하여는 상대방의 동의를 얻어 열어보게 할 수 있습니다. 불심검문 과정에서 출입문의 문고리를 손괴하는 데 사용된 드라이버 등이 발견될 경우 특수절도미수 등의 준현행범인(범행에 사용된 흉기, 기타 물건 소지)으로 체포할 수 있습니다.

㉡ **피해자 조사** : 피해자를 면담하여 피해 사실을 자세히 청취하고 계단에 서 있던 남성과 어떤 관계인지 등에 대하여 조사합니다. 만약 신고자와 밖의 남자가 서로 아는 사이라면 스토킹행위에 해당하는지 여부도 확인할 필요가 있습니다.

㉢ **증거 확보** : 부서진 문고리에 대하여 사진 촬영하고, 현관 입구나 엘리베이트 등 주변 CCTV 영상을 확보하여 해당 남성과의 관련성 여부를 확인합니다.

(4) 사후 조치

① 부서진 문고리에 대한 지문 등 감식 의뢰를 위하여 현장을 보존하고 과학수사팀의 지원을 요청합니다.

② 해당 주거지 주변에 순찰을 강화합니다.

후속질문

✦ 피혐의자에게 적용할 수 있는 범죄는 어떤 것인가?

본문 답변 참조

✦ 피혐의자가 도주를 하면 어떻게 할 것인가?

불심검문을 하기 위해서 다가갈 때 그대로 도주한다면 주거침입죄 및 재물손괴죄의 준현행범에 해당하므로 추격하여 현행범으로 체포하겠습니다. 준현행범인은 시간·장소적으로 접착한 상황에서 경찰관이 특정범죄에 대한 의심을 가지고 불심검문을 하려고 할 때 그대로 도주하는 경우에는 형사소송법 제211조 제2항 제4호(누구냐고 묻자 도망하려고 할 때)에 해당하여 체포할 수 있습니다. 이후 대상자가 범죄와 관련이 없다는 것이 밝혀졌다고 하더라도 현행범 체포가 위법하게 되는 것은 아닙니다.

✦ 피혐의자가 술에 취하여 횡설수설할 경우에 어떻게 할 것인가?

피혐의자가 술에 취한 상태라면 돌발적인 행동을 할 수도 있으므로 안전에 더욱 유의하겠습니다. 피혐의자가 술에 취하여 자기 집으로 착각했다는 취지로 변명하는 경우 실제 거주지가 어디인지, 왜 문을 부수게 되었는지 등에 대하여 확인하여 고의 여부를 판단하겠습니다. 만취로 의사소통이 힘든 정도라면 보호자에 연락하여 현장으로 올 수 있도록 하거나 지구대로 보호조치 하겠습니다. 술에 취했다고 하더라도 정황상 주거침입이나 재물손괴 또는 특수절도의 고의가 인정되는 경우에는 현행범으로 체포할 수 있습니다.

③ 누군가 이웃집에 들어간다는 신고로 출동한 경찰의 조치는? 〈25. 2차 발표〉

> "낯선 사람이 이웃집을 들어간다"라는 경찰 신고를 받고 출동하여 내부를 보니 열린 대문과 깨진 유리창 조각들이 있었다. 인기척이 들리지 않지만 집주인 또한 연락을 안 받는 상황이다. 출동한 현장경찰관으로서 조치는?

답변

(1) 상황 판단

① 누군가가 주거지를 침입하여 대문이 열려 있고 유리창이 깨져 있는 상황으로서, 침입한 범인이 아직 집에 있는지 아니면 도주하였는지 알 수 없으며, 혹시라도 집 주인이 집 안에서 괴한의 공격을 받고 쓰러졌을지도 모르는 긴박한 상황입니다.

② 집주인과 연락이 닿지 않고 내부 인기척이 없는 상황이므로 내부에 들어가서 용의자 수색 및 피해 상황을 확인해야 합니다.

(2) 법적 근거

① 형법 : 주거침입, 재물손괴, 특수절도(야간인 경우) 등

② 경찰관직무집행법 : 제7조(위험방지를 위한 출입)

(3) 현장 대응

① 안전 확보 : 집 안을 수색하기 전 피습에 대비하여 방검복과 방검장갑을 착용하고 내부 진입팀과 외부 감시팀으로 업무를 분담한 후 동료와 함께 진입하겠습니다.

② 112상황실 보고 : 도착 즉시 상황을 보고하고 필요시 경력 지원 요청을 합니다.

③ 현장 조치

　⊙ **내부 진입**: 집 안에 들어가기 전에 먼저 외부에서 내부 소리를 청취하고 "경찰입니다! 안에 계신 분 있습니까?"라고 호출하여 반응을 확인하겠습니다.

　ⓒ **용의자 검거**: 내부 수색으로 용의자가 발견된다면 범행 중이거나 범행 직후로 인정되어 주거침입 및 재물손괴죄의 현행범으로 체포하겠습니다.

　ⓒ **피해자 구조**: 만약, 집주인 등 피해자가 피습을 당하여 쓰러져 있는 경우라면 119구급대를 요청하고 응급조치를 하겠습니다.

　ⓔ **증거 확보**

　　ⓐ 용의자와 피해자가 현장에서 발견되지 않은 상황이라면 사건 수사 및 용의자 추적을 위하여 현장이 훼손되지 않도록 현장보존하면서 112상황실에 무전으로 과학수사팀의 지원을 요청하겠습니다. 필요시 폴리스라인을 설치하겠습니다.

　　ⓑ 신고자 면담을 통하여 목격한 사실을 구체적으로 청취하고, 주변 CCTV나 차량 블랙박스 등 범행과 관련된 영상이 있는지 확인하겠습니다.

⑷ **사후 조치**

① 피해자에게 없어진 물건이 있는지 등 다른 피해 사항이 있는지 확인하겠습니다.

② 주거침입 및 절도 사건으로 밝혀진 경우 해당 지역 주변에 순찰을 강화하고 CPTED 측면에서 범죄예방 방안을 강구하는 한편, 주민들에게 도난 예방 홍보를 강화하겠습니다.

---

④ 편의점 강도가 점원을 위협한 후 흉기를 버리고 도주하였다. 현장 경찰관의 조치는? 〈24. 2차〉

답변

⑴ **상황 판단**: 편의점에 침입한 강도가 흉기를 버리고 도주한 상황입니다. 현장 출동시 두 개의 팀으로 나누어서 한 팀은 피해자 편의점으로 가고, 다른 한 팀은 편의점 주변에서 도주 중인 강도범을 수색해야 합니다.

⑵ **법적 근거**

① **형법**: 강도죄, 특수강도죄

② **형사소송법**: 준현행범인 체포 또는 긴급체포

⑶ **현장 대응**

① **업무분담 출동**: 현장 출동시 사건이 발생한 편의점으로 출동하는 팀과 편의점 주변 도주 중인 강도범을 수색하는 팀으로 나누어서 출동하고, 편의점으로 출동한 팀은 신속히 강도범의 인상착의 및 CCTV 영상, 도주방향, 피해상황 등을 파악하여 주변 수색 중인 팀에게 전달해야 합니다.

② **안전 확보**

　⊙ **경찰관 안전 확보**: 흉기 소지 강도가 발생한 점을 고려하여 불의의 기습에 대비한 방검복과 방검장갑을 착용하고 현장에 출동합니다.

　ⓒ **피해자 안전 확보**: 편의점에 도착한 경찰관은 현장에 도착하면 가장 먼저 피해 점원의 안전과 건강 상태를 확인하고 부상이 있다면 119구급대에 출동을 요청하고 필요한 응급처치를 하겠습니다.

③ 112상황실 보고

㉠ 피해자로부터 <u>범인의 인상착의</u>(성별, 키, 체격, 옷차림, 마스크/모자 착용 여부, 특이점 등), 사용한 흉기의 종류, 도주 방향 및 수단(도보, 차량 – 차종/색상/번호 일부 등), 범행 시 사용 언어나 말투, 강취한 금품 등을 최대한 상세하고 신속하게 파악합니다. 편의점 내 CCTV에서 범인의 모습을 휴대폰으로 신속히 촬영하여 112상황실로 전송하여 전체 경찰관이 숙지하도록 합니다.

㉡ 파악된 용의자 정보를 즉시 112상황실에 무전으로 보고하면, 112상황실에서는 인근 순찰차를 긴급배치하여 용의자의 도주로를 차단하고 긴급 수배합니다.

④ 현장 조치

㉠ 현장 보존: 즉시 폴리스라인(안전통제선)을 설치하여 범죄현장을 철저히 보존합니다. 범인이 버리고 간 흉기에는 범인의 지문 등 결정적인 증거가 남아있을 수 있으므로, 절대로 직접 만지거나 옮기지 않고 위치만 정확히 확보하여 과학수사팀이 수집할 수 있도록 하고 족적, CCTV, 범인이 만졌을 가능성이 있는 장소 등 기타 증거가 될 만한 것들을 육안으로 확인하고 보존 조치합니다.

㉡ 전문팀 지원 요청: 112상황실을 통해 형사팀(강력팀) 및 과학수사팀(CSI)의 즉각적인 현장 출동을 요청하고 지원팀이 도착하기 전까지 현장 주변 CCTV 확보, 추가 목격자 탐문, 피해자로부터 구체적인 피해 진술을 확보하고 필요시 112상황실에 무전으로 보고합니다.

㉢ 용의자 추적 및 긴급배치: 용의자 도주 방향으로 추적을 개시하고, 주변 주요 목지점에는 순찰차를 긴급배치하여 검문검색을 합니다. 긴급배치는 112상황실에서 발령하며 인근 순찰차 근무자들이 사전에 지정된 장소로 이동하여 용의자 또는 용의차량을 차단하고 검문검색을 합니다.

(4) 사후 조치

① 용의자 체포: 용의자 발견시 불심검문 후 현행범 체포(준현행범 요건 충족시) 또는 긴급체포합니다.

② 피해자 지원: 강력범죄 피해자 지원을 위한 스마일센터를 안내하고 필요시 지원 의뢰합니다.

✎ 스마일센터: 법무부 산하 범죄피해자 전문 지원기관으로서, 살인·강도·폭력·성폭력·방화 등 강력범죄로 인하여 정신적 충격을 받고 일상적인 생활이 어려운 피해자와 가족이 이용할 수 있으며 24시간 전화접수 상담이 가능하다. 지원 내용은 심리치유 서비스 제공, 단기 임시 주거시설 제공, 수사·재판 과정에서 필요한 서류 제출 및 법률상담 등이며, 경찰을 통해 지원 의뢰하거나 본인이 직접 신청할 수 있다.

③ 범죄 예방 활동: 재발 방지를 위하여 범죄예방진단팀(CPO)을 투입하여 해당 편의점의 방범 시설을 점검하여 보완을 권고하고, 주변 편의점에 순찰을 강화하여 주민들의 불안감을 해소하며, 편의점을 비롯한 현금 취급 업소에 사례를 공유하고 강력 사건 발생 시 행동 요령(비상벨 위치 확인, 인상착의 기억 등)을 교육합니다.

▣ 편의점 강도, 3시간 만에 검거

• 50대 남성 A씨는 2023년 8월 25일 오전 2시 30분경 천안시 성정동의 한 편의점에 29cm 길이의 칼을 들고 들어가 혼자 근무하던 여직원을 위협, 현금 30만 원과 담배 4갑을 빼앗아 도주했다. 편의점 직원 B씨는 즉시 비상벨을 눌러 경찰에 신고했다.

• 경찰은 범행 장소 주변의 CCTV 영상과 탐문 수사를 통해 용의자가 50대 초반 남성임을 특정했다. 사건 발생 지점으로부터 5km 떨어진 원룸에서 A씨를 검거했으며, A씨는 도주 중 범행에 사용한 칼을 버리는 등 증거인멸을 시도했던 것으로 드러났다. 〈아시아투데이 23.8.25. 참조〉

후속질문

✦ 현장에 버려진 칼을 영장 없이 압수할 수 있는가?

현장에 버려진 칼은 영장 없이 압수할 수 있습니다.

(1) **형사소송법 제218조(영장 없는 압수 – 유류물 등의 압수)** : 범인이 범행 현장이나 도주 경로에 버리고 간 칼은 '피의자가 유류한 물건'에 명백히 해당하므로, 경찰관은 해당 칼을 영장 없이 압수할 수 있으며 이 경우에는 사후에 압수수색영장을 청구할 필요가 없습니다.

> **제218조(영장에 의하지 아니한 압수)** 검사, 사법경찰관은 피의자 기타인의 유류한 물건이나 소유자, 소지자 또는 보관자가 임의로 제출한 물건을 영장없이 압수할 수 있다.

(2) **형사소송법 제216조 제3항(범죄 장소에서의 긴급 압수)** : 강도사건 현장은 범행직후의 '범죄 장소'에 해당하며 이 조항에 따라 압수하는 것도 가능하지만 이 경우에는 사후에 지체 없이 법원으로부터 압수수색영장을 발부받아야 합니다.

> **제216조(영장에 의하지 아니한 강제처분)** ③ 범행 중 또는 범행직후의 범죄 장소에서 긴급을 요하여 법원판사의 영장을 받을 수 없는 때에는 영장없이 압수, 수색 또는 검증을 할 수 있다. 이 경우에는 사후에 지체없이 영장을 받아야 한다.

✦ 공원에 배회 중인 수상한 사람에 대하여 어떻게 할 것인가?

편의점 강도 사건 발생 후 범인이 도주한 상황에서 공원에서 배회 중인 수상한 사람을 발견했다면 현장 경찰관으로서 다음과 같이 신중하게 단계적으로 대처하겠습니다.

(1) **안전 확보 및 관찰** : 먼저 저의 안전을 위해 대상자와 안전거리를 유지하고 대상자의 외모, 복장, 행동, 소지품 등을 면밀히 관찰합니다.

(2) **112상황실 보고** : 관찰 결과 강도 용의자와 인상착의가 유사하고 의심스러운 행동(예 무언가를 숨기려 하거나 주변을 과도하게 경계하는 등)을 보인다면 즉시 112치안종합상황실에 현재 위치, 대상자의 인상착의 및 행동, 강도 용의자와의 관련성 의심 등을 보고하고 추가 경력 지원을 요청할 수 있습니다.

(3) **(실행) 접근 및 불심검문** : 대상자에게 접근하여 불심검문을 시도할 때에는 경찰관 직무집행법 제3조(불심검문)에 따라 먼저 경찰관 신분증을 제시하며 소속과 성명을 밝히고 질문의 목적과 이유를 명확히 설명합니다.

(4) **임의동행 또는 체포(현행범/긴급체포)**

　① **임의동행 요구** : 대상자가 강도 용의자와 인상착의가 매우 유사하고 질문에 대한 답변이 모순되거나 회피하며 범죄 혐의가 농후하다고 판단되면 거절할 수 있음을 고지하고 임의동행을 요구합니다.

　② **현행범체포 또는 긴급체포** : 임의동행 거부 시에는 혐의가 매우 짙고 증거인멸 또는 도주의 우려가 있으며 현행범 체포 요건(준현행범인 요건에 해당하는 경우) 또는 긴급체포 요건에 해당한다면 절차에 따라 체포할 수 있습니다.

⑤ 금은방 절도 예방 방안은? 〈25. 1차 발표〉

> 순금 1돈 가격이 60만 원으로 급등하면서 절도 범죄가 늘어나고 있다. 손님을 가장해서 순금을 들고 가는 경우, 도난카드로 점주를 속이는 방법 등으로 절도가 나타나고 있다. 이에 경찰이 집중 예방 순찰하고 범죄 예방 진단을 하고 있다. 경찰관으로서 절도 범죄 예방을 위해 안내를 한다면 어떤 내용으로, 어떤 방법으로 할 것인가?

👤 답변

최근 순금 가격 급등으로 인한 절도 증가 문제는 매우 심각하며, 특히 소상공인인 금은방 점주들의 피해가 우려되는 상황입니다. 금은방 점주들에게 단순히 "조심하세요"가 아니라 실제 범행 수법을 분석하여 '어떻게' 대비해야 하는지를 명확히 제시해야 한다고 생각합니다.

(1) 금은방 주인 등에 대한 홍보 내용

① **신종 절도 수법 공유** : '손님 가장 절도', '도난카드/부정결제카드 이용 절도', '환치기 수법(거스름돈 노리기)', '시야 가리기 수법(주의 분산)' 등 최근 발생하거나 예상되는 구체적인 절도 수법을 사례와 함께 설명하겠습니다.

② **물리적 보안 강화 방안** : 방범창, CCTV(고화질 및 사각지대 해소), 경보 시스템, 잠금장치(다중 잠금), 유리 강화 필름 등의 설치를 제안합니다.

③ **정신적/심리적 경계심 강화** : 낯선 손님의 불필요한 질문, 과도한 친절, 과도한 시연 요구, 점주 시선 분산 시도 등 의심스러운 행동 패턴 인지법을 안내합니다.

④ **결제 시스템 확인** : 카드 결제 시 단말기 직접 확인, 결제 문자 수신 여부 확인, 고액 결제 시 신분증 확인 등을 당부합니다.

⑤ **비상 상황 대처법** : 신고(112) 요령, 용의자 특징 기억 요령(인상착의, 이동 방향, 차량 정보 등), 증거물 보존 방법을 안내합니다.

⑥ **경찰과 협력 체계 구축** : 순찰 강화 요청, 범죄 예방 진단 요청, 비상 연락망 공유 등을 당부합니다.

(2) 홍보 방법

① **방범진단(범죄예방 진단) 실시** : 관내 모든 금은방을 직접 방문하여 점주들과 대면 소통하며 점포별 특성(위치, 구조, 취약점 등)을 고려한 맞춤형 '범죄예방 진단'을 실시합니다. 진단 결과를 바탕으로 개별적인 보안 강화 방안을 제시하며, 실제 범죄 사례 영상이나 예방 수칙을 담은 리플릿/포스터를 배부하여 시각적 효과를 높입니다.

② **소규모 간담회 및 교육** : 금은방 점주들을 대상으로 정기적인 소규모 간담회를 개최하여 최근 동향을 공유하고 질의응답 시간을 가집니다.

③ **온라인/모바일 채널 활용** : 경찰서 홈페이지, SNS(페이스북, 인스타그램 등), 지역 맘카페 등 온라인 커뮤니티에 절도 예방 수칙, 최신 범죄 수법, 성공적인 검거 사례 등을 카드뉴스 또는 짧은 영상 형태로 제작하여 지속적으로 게시합니다. 또한 점주들이 참여하는 단체 메신저 방(**예** 카카오톡 오픈채팅방)을 개설하여 실시간으로 절도 의심 사례나 발생 상황을 공유하고 경찰의 즉각적인 조언이나 출동이 가능하도록 합니다.

④ **언론 및 지역 매체 활용** : 지역 케이블 TV, 지역 신문 등 지역 언론 매체와 협력하여 '우리 동네 절도 예방 캠페인' 등을 전개하고 금은방 절도 예방 수칙을 반복적으로 송출하여 주민 전체의 경각심을 높입니다.

⑶ **일반시민에 대한 안내**: 금값이 급등하여 일반시민을 상대로 하는 절도나 소매치기가 늘어날 수 있으므로 귀금속의 안전한 보관방법, 휴대 시 주의사항, 귀금속 구매 시 주의사항, 신고 및 대응 절차 안내 등에 대해서도 다양한 방법으로 안내하고 홍보할 필요가 있다고 생각합니다.

후속질문

✦ **방범진단 결과를 점주에게 전달하였으나 점주가 이를 거부할 경우 어떻게 설득하겠는가?**

먼저 점주가 거부하는 이유를 경청하여 들어보겠습니다. 거부하는 이유로는 비용 부담, 시간 부족, 효과 의심, 기존방식 고집 등이 있을 수 있습니다. 점주의 거부 사유에 공감하면서도 실제 금은방 피해 사례, 방범진단으로 개선 사례, 통계 자료를 가지고 설득하겠습니다. 비용 부담을 걱정한다면 단계적인 개선 방안을 제시하고, 기존방식을 고집하는 분에게는 현재 금값이 많이 올라서 환경이 변화한 점을 강조하겠습니다. 그래도 거부한다면 강요하지 않고 관계를 유지하며 정기적으로 방문하여 신뢰를 쌓고 재설득하겠습니다. 안내문과 명함을 남겨 드려서 언제든지 연락할 수 있도록 하겠습니다.

✦ **금은방에 설치된 CCTV 열람을 요청하였으나 점주가 이를 거절할 경우 어떻게 할 것인가?**

점주가 CCTV 열람 요청을 거부하는 것은 사건과 관계없는 손님들 얼굴이 나와 개인정보 침해 우려가 있거나 자신의 가게와 관련 없는 일에 개입하여 보복 우려 또는 나중에 귀찮은 일에 휘말리게 될 우려 등의 이유가 있을 수 있습니다. 점주를 설득하기 위하여 점주는 「개인정보 보호법」제18조 제2항 제7호에 근거하여 범죄 수사목적으로 촬영된 영상이나 개인정보를 경찰에 제공할 수 있기 때문에 법적인 부담이 없음을 알려 드리겠습니다. 점주가 계속 거부하면 경찰로서는 법원의 압수·수색 영장을 발부받아 강제집행 할 수 밖에 없다는 점을 알려드리고 마지막으로 다시 한번 설득하겠습니다. 결국 점주가 거부할 경우에는 압수·수색영장을 발부받아 집행하여 해당 영상을 확보할 수 있습니다.

> **개인정보 보호법**
> **제18조(개인정보의 목적 외 이용·제공 제한)** ① 개인정보처리자는 개인정보를 제15조제1항에 따른 범위를 초과하여 이용하거나 제17조제1항 및 제28조의8제1항에 따른 범위를 초과하여 제3자에게 제공하여서는 아니 된다.
> ② 제1항에도 불구하고 개인정보처리자는 다음 각 호의 어느 하나에 해당하는 경우에는 정보주체 또는 제3자의 이익을 부당하게 침해할 우려가 있을 때를 제외하고는 개인정보를 목적 외의 용도로 이용하거나 이를 제3자에게 제공할 수 있다. 다만, 제5호부터 제9호까지에 따른 경우는 공공기관의 경우로 한정한다.
> 7. 범죄의 수사와 공소의 제기 및 유지를 위하여 필요한 경우

⑥ 무인점포 절도가 늘고 있다. 그 문제점과 해결 방안은?

답변

최근 비대면 서비스 확산과 함께 늘어난 무인점포에서 절도 범죄가 증가하는 추세는 점주들의 재산 피해뿐 아니라 지역 사회의 치안 불안 요소가 되고 있습니다. 또한 무인점포는 자체 보안 투자 없이 비용 절감을 위해 경찰력에 과도하게 의존하는 경향이 있어서 문제가 되고 있습니다. 이에 대하여는 점주의 1차적 책임을 명확히 하고 자체적인 보안 강화를 적극 유도하며 경찰은 한정된 자원을 효율적으로 배분하고 점주의 노력을 지원하는 방향으로 대응하는 것이 중요하다고 생각합니다.

(1) 무인점포 절도 증가 원인

① 관리·감독의 부재: 상주 직원이 없어 범죄 시 즉각적인 제지가 어렵고 범행이 발각될 가능성이 낮다는 인식이 작용합니다.

② 접근의 용이성: 24시간 개방되어 있거나 별다른 출입 통제 없이 누구나 쉽게 접근할 수 있는 환경이 범죄를 유발하기 쉽습니다.

③ 익명성 기대 심리: CCTV가 설치되어 있어도 사각지대가 존재하거나, 마스크 착용 등으로 인해 신원 특정이 어려울 것이라는 기대 심리가 있습니다.

④ 청소년의 모방 심리 및 낮은 죄의식: 일부 청소년들 사이에서 '훔치기 챌린지'처럼 유행하거나 소액 절도를 가볍게 여기는 낮은 죄의식이 원인이 되기도 합니다.

⑤ 미흡한 보안 시스템: 일부 점포의 경우 CCTV 화질이 낮거나 경보 시스템 등이 미비하여 범죄 예방 효과가 떨어지는 경우도 있습니다.

(2) 문제점

① 경찰력 낭비 및 치안 공백 우려: 빈번한 무인점포 절도 신고는 한정된 경찰 인력과 자원을 소모시켜 정작 중대 범죄나 다른 긴급 상황에 대한 대응력을 약화시킬 수 있습니다. 이는 공공 자원의 비효율적인 사용이며 잠재적인 치안 공백으로 이어질 수 있습니다.

② 점주의 책임 의식 약화(도덕적 해이): '문제가 생기면 경찰이 해결해 줄 것'이라는 생각은 점주 스스로가 범죄 예방을 위해 노력해야 할 책임 의식을 약화시키고 보안 시스템 투자 등 자구 노력을 게을리하게 만드는 도덕적 해이를 유발할 수 있습니다.

③ 비용의 사회적 전가: <u>인건비 절감이라는 이익은 개별 점주가 얻는 반면 그로 인해 발생하는 치안 비용(경찰 출동 및 수사 비용 등)은 결국 사회 전체, 즉 국민의 세금으로 부담하게 되는 일종의 비용 전가</u> 문제가 발생합니다.

(3) 대응 방안

① '공동 책임' 원칙 강조 및 점주 역할 제고: 무인점포의 안전은 경찰만의 책임이 아니라 일차적으로 사업장을 운영하는 점주의 책임임을 명확히 하고 점주 스스로 적극적인 범죄 예방 노력과 보안 투자를 하도록 지속적으로 계도하고 독려해야 합니다(예, CPTED 컨설팅 강화, 우수 보안 점포 인센티브 논의 등).

② 데이터 기반의 효율적 대응: 반복적으로 범죄가 발생하는 점포나 보안이 취약한 점포를 데이터를 통해 파악하고 해당 점주에게는 맞춤형 방범 진단과 함께 강력한 시정 및 개선을 요구할 필요가 있습니다. 모든 신고에 동일한 자원을 투입하기보다 문제의 심각성이나 점주의 노력 등을 고려한 차등적 대응 방안도 장기적으로 고민해 볼 수 있습니다.

③ 파트너십 기반의 협력 강화: 단순히 신고 처리 기관이 아니라 점주 협회 등과 파트너십을 구축하여 범죄 예방 정보를 공유하고 업계 차원의 자율적인 보안 강화 노력을 유도하는 것이 중요합니다.

④ 제도적 보완 논의 지원: 경찰이 직접 규제할 수는 없지만 보안이 현저히 미흡하여 반복적으로 경찰력 낭비를 초래하는 경우, 최소한의 방범 시설 기준 마련 등에 대한 사회적 논의나 지자체 차원의 제도적 보완이 이루어질 수 있도록 현장의 목소리를 전달하고 관련 논의를 지원할 수 있습니다.

결론적으로 경찰은 무인점포 관련 범죄 신고에 대해 법과 원칙에 따라 대응해야 하지만, 동시에 점주의 책임 의식을 강조하고 자체적인 보안 강화를 유도하며 한정된 경찰 자원이 효율적으로 사용될 수 있도록 노력해야 합니다. 이는 처벌이나 단속 위주가 아닌 예방과 협력, 그리고 책임 분담을 통해 문제를 해결하려는 자세가 필요하다고 생각합니다.

제12절 | 변사 현장

1 고독사 현장에 출동한 경찰의 조치는? 〈25. 2차 발표〉

> 최근 여러 가지 이유로 고독사가 증가하고 있다. 이웃이 "집에서 이상한 냄새가 난다"며 112신고를 하였다. 집주인은 고독사한 것으로 추정된다. 현장에 출동한 경찰관의 조치는?

👤 〈답변〉

(1) 상황 판단

① 집에서 사람이 사망한 변사 사건입니다. 변사 사건이란 병원 이외의 장소에서 사망하여 사망의 원인이 분명하지 않은 경우를 말합니다.

② 출동한 경찰관은 과학수사팀의 감식을 위하여 증거가 훼손되지 않도록 현장을 보존해야 합니다.

(2) 관련 법령 등

① 경찰관직무집행법: 제7조(위험방지를 위한 출입)

② 형사소송법

> **제222조(변사자의 검시)** ① 변사자 또는 변사의 의심있는 사체가 있는 때에는 그 소재지를 관할하는 지방검찰청 검사가 검시하여야 한다.
> ② 전항의 검시로 범죄의 혐의를 인정하고 긴급을 요할 때에는 영장없이 검증할 수 있다.
> ③ 검사는 사법경찰관에게 전2항의 처분을 명할 수 있다.

③ 변사 사건 처리 규칙(경찰청 훈령)

④ 고독사 예방 및 관리에 관한 법률: 국가·지자체의 고독사 예방 의무

(3) 처리 원칙: 변사 사건은 사체의 위치, 상태 등이 변하지 않도록 현장을 보존하는 것이 가장 중요하며, 처리하는 과정에서 변사자와 유족 등의 명예가 훼손되지 않도록 유의해야 합니다.

✏️ 검시: 변사 사건의 사망 원인과 범죄 관련성을 확인하기 위하여 사체와 주변 환경을 조사하는 것

(4) 현장 대응

① 안전 확보

  ㉠ 경찰관 안전 확보: 변사 사건으로 의심되는 현장이므로 감염병 등을 예방하고 현장 훼손을 방지하기 위하여 마스크를 착용하고 필요시 방호복, 장갑, 신발 덮개를 착용합니다.

  ㉡ 시민 안전 확보: 사건 현장 주변에 신고자 등 시민이 접근하지 않도록 통제합니다.

② 강제 개방: 현장에 도착하여 문을 두드리거나 초인종을 눌러보거나 집주인에게 전화를 걸어보아도 아무런 반응이 없고 긴급한 경우 경직법 제7조(위험방지를 위한 출입)에 근거하여 119의 지원을 받아 현관문을 강제개문하고 들어갈 수 있습니다.

③ 사망 여부 확인: 집 안에 들어가서 사망 여부를 확인하고 생존 가능성이 있다면 즉시 응급 조치 및 119구급대를 통한 이송을 요청하고, 사망이 확인된 경우 112상황실에 관련 내용을 보고하고 과학수사팀 및 형사팀의 지원을 요청합니다.

④ **현장 보존**: 과학수사팀의 현장 임장까지 사건 현장을 보존합니다. 함부로 시체를 만지거나 현장의 물건을 만지지 않도록 유의하며, 바닥에 남아있을 미세 증거 보호를 위하여 불필요하게 집 안을 돌아다니지 않도록 하고, 현장 주변으로 다른 시민의 접근을 막기 위하여 경찰통제선(폴리스라인)을 설치합니다.

⑤ **사건 인계**: 변사 사건 담당자와 과학수사 업무 담당자가 현장에 임장한 경우 지역경찰관은 변사 사건을 인계합니다. 다만, 중점 관리 사건(타살 의심, 변사자 신원 미확인, 사체의 부패로 사인이 명확하지 않은 사건 등)은 변사 사건 책임자의 지휘에 따라 별도의 명령이 있을 때까지 현장 보존 조치를 해야 합니다(변사 사건 처리 규칙 제13조 ②).

(5) 사후 조치

① 변사사건을 담당하는 형사팀에서 고인의 유품 등을 확인하여 가족이나 지인등에게 연락하고 범죄 관련성이 인정된 경우 수사를 개시합니다.

② 검시와 부검이 끝나면 사건 담당자는 장례를 위하여 유족에게 시신을 인도하고 부검 결과나 수사 진행 상황을 통지합니다. 유족이 없거나 연락이 되지 않는 무연고 시신의 경우 관할 자치단체에 통보하여 무연고 장례절차를 따르게 합니다.

> ✎ 부검: 법원의 검증영장을 발부받아 실시함

③ 고독사 예방을 위하여 순찰 중에 관내 독거노인, 1인 가구 등 고독사 위험자를 파악하여 자치단체 등 관계 기관에 통보하여 적절한 조치가 이루어지도록 합니다.

후속질문

✦ 변사 현장에서 초동조치로서 가장 중요하게 생각해야 할 것은?

변사 사건 현장에서 경찰관이 가장 중요하게 생각해야 할 초동조치의 핵심은 범죄 혐의점 유무를 판단하기 위한 철저한 현장 보존입니다. 현관문을 개방하기 전에 문이 잠겨 있는지 외부침입 흔적이 있는지 등에 대하여 관찰하고 사진을 찍어 기록합니다. 현장 내부에 진입할 경우에는 경찰관에 의한 현장 훼손을 막기 위하여 장갑 및 신발 덮개를 착용하고 최소한으로 이동하고, 전문 부서(담당 형사팀, 과학수사팀, 검시 조사관 등)가 도착하기 전까지 외부인의 출입을 통제하고 시체를 포함한 주변의 유류품, 혈흔 등 증거물을 보호합니다.

✦ 변사 현장에서 시민이 구경하고 촬영한다면?

변사 현장에서 시민들이 구경하거나 촬영하는 행위는 고인의 존엄성 훼손, 유족에 대한 2차 가해, 그리고 수사 기밀 유출(범죄현장 공개, 피의자 도주 우려, 증거인멸 가능성 등)이라는 심각한 문제를 야기할 수 있습니다. 현장 조치로서 구경하는 시민들의 접근을 막기 위하여 폴리스라인을 더 넓게 설치하고 촬영하는 시민들에게 "고인의 명예와 유족의 슬픔을 존중해달라"고 정중히 요청하여 촬영을 중지하도록 하겠습니다. 또한 시신이나 현장이 노출되지 않도록 수사 전용 가림막이나 순찰차 등을 이용하여 시야를 차단하겠습니다. 협조에 응하지 않고 계속 촬영하는 경우에는 경범죄처벌법상 업무방해 또는 공무집행방해죄(폭행이나 협박이 있을 경우)로 처벌할 수 있으며 촬영한 내용을 유포하는 경우에는 형법(제308조)상 사자명예훼손죄, 정보통신망법(제70조 정보통신망을 통한 명예훼손) 위반으로 처벌할 수 있음을 경고하고, 촬영과 관련한 사후 법적 조치에 대비하여 경찰 바디캠으로 촬영 중인 사람들에 대한 채증을 하겠습니다.

✦ 변사 현장에서 상급자가 "냄새나니까 들어가지 말자"라고 하면?

상급자는 단순히 귀찮아서가 아니라 부하 직원의 건강이나 오염 문제를 걱정해서 한 말이라고 생각합니다. 하지만, 변사 의심 신고를 받고 출동한 상황에서 즉시 사람의 생존 여부를 판단하지 않는 것은 직무유기에 해당할 수 있습니다. 냄새가 난다는 것은 부패가 진행되었다는 의미이지만 혹시 모를 생존 가능성을 완전히 배제할 수는 없습니다. 따라서 마스크나 방호복 등 필요한 장비를 착용하고 안전하게 진입하여 확인해야 합니다. 상급자가 계속 진입을 거부한다면 "제가 먼저 들어가서 빠르게 상황만 확인하고 나오겠습니다. 선배님은 밖에서 대기하면서 112상황실에 보고하고 형사팀에 연락하여 주십시오. 제가 필요하면 도움을 요청하겠습니다."라고 말하고 단독으로라도 들어가서 확인하겠습니다.

✦ 고독사를 예방할 수 있는 방안은?

고독사는 개인의 문제가 아닌 사회구조적 문제입니다. 경찰, 지자체, 지역사회가 함께 협력하여 안전망을 구축해야 합니다. 경찰은 순찰하면서 관내 독거노인, 1인 가구, 기초생활수급자, 정신질환자, 알콜·약물 중독자 등에 대하여 파악하여 위험신호가 감지될 경우 자치단체에 통보하여 적절하게 지원을 받을 수 있도록 조치하겠습니다. 파악된 위험군에 대하여는 순찰하면서 안부를 묻고, 아파트 관리사무소, 택배기사, 이웃 주민들에게 서로 관심을 갖도록 하겠습니다. 주민들로부터 이상한 냄새가 난다는 등 고독사 의심 신고가 있으면 즉시 출동하여 조치하겠습니다.

> **고독사 예방 및 관리에 관한 법률**
>
> **제13조(고독사위험자 지원대책)** ① 보건복지부장관, 관계 중앙행정기관의 장 및 시·도지사는 고독사위험자에게 필요한 지원이 적절하게 제공될 수 있는 환경을 조성하여야 한다.
> ② 보건복지부장관, 관계 중앙행정기관의 장 및 시·도지사는 고독사위험자의 조기 발견, 상담 및 치료를 위하여 필요한 조치를 하여야 한다.

제13절 대치 · 추격 현장

❶ 범인이 동료 경찰관을 칼로 찌르고 도주하는 상황에서 어떻게 할 것인가?

답변

범인이 동료 경찰관을 칼로 찌르고 도주하는 상황에서는 우선순위에 따라 단계적으로 조치하겠습니다.

(1) **즉각적인 무전 보고 및 지원 요청** : 먼저 무전으로 112치안종합상황실에 동료 경찰관의 부상 사실, 정확한 위치, 범인의 도주방향과 인상착의, 흉기 소지 등 핵심 정보를 최대한 빠르게 보고하겠습니다. 또한 119 구급대와 가용 가능한 경찰력(인근 순찰차, 형사, 교통 등)의 신속한 지원을 요청하겠습니다.

(2) **쓰러진 동료 상태 확인 및 응급처치** : 무전 보고와 동시에 쓰러진 동료의 의식, 호흡, 맥박 및 가장 중요한 출혈 상태를 신속하게 확인하겠습니다. 특히 복부 자상은 과다 출혈로 인한 쇼크가 가장 위험하므로 즉시 깨끗한 천이나 손(장갑 착용)으로 출혈 부위를 찾아 강력하게 직접 압박하여 지혈하는 것이 필요하다고 생각합니다. 동료를 안심시키며 상태를 지속적으로 확인하고 체온 유지를 위해 노력하겠습니다.

(3) **범인 추격(매우 신중한 판단 필요)**

　① 원칙적으로 심각한 부상을 입은 동료의 곁을 떠나 혼자서 범인을 추격하는 것은 위험하며 지양해야 합니다. 동료의 생명이 위급할 수 있고 혼자 흉기를 소지한 범인을 상대하는 것은 제 안전에도 심각한 위협이 되기 때문입니다.

　② 범인 검거는 제가 요청한 지원 경력(다른 순찰차, 형사 등)이 도착하여 체계적으로 추격하고 포위하는 것이 훨씬 효과적이고 안전합니다.

　③ 추격을 고려할 수 있는 예외적인 상황 : 동료의 출혈이 성공적으로 지혈되었고 의식이 비교적 명료하며 <u>범인이 다른 시민에게 명백하고 임박한 추가 위해를 가하려 하는 경우 등</u> 매우 제한적인 경우에 한해 112상황실(지휘부)과의 교신 하에 신중하게 판단할 수 있습니다.

결론적으로 이러한 상황에서는 ①신속하고 정확한 무선 보고 및 지원 요청, ②쓰러진 동료에 대한 즉각적인 응급처치(특히 지혈)를 최우선으로 하며, ③범인 검거는 지원 경력과의 공조를 통해 진행하는 것이 원칙입니다. 동료의 생명을 구하는 것이 현장에 남은 저의 가장 중요한 임무라고 생각합니다.

❷ 살인 · 강도 등으로 칼에 찔린 피해자가 있을 경우 어떻게 할 것인가?

답변

(1) **안전 확보** : 가장 먼저 현장에 접근하면서 범인이 아직 현장에 있는지 추가적인 위험(공범, 다른 피해자 등)은 없는지 등을 신속하게 파악하여 저 자신과 동료 그리고 주변 시민의 안전을 확보합니다.

(2) **112상황실 보고** : 무전으로 112치안종합상황실에 강력범죄(살인/강도) 발생, 칼에 찔린 피해자의 현재 상태(예 의식 없음, 출혈 심각), 정확한 위치, 용의자의 인상착의 및 도주방향 등을 보고하고 119 구급대의 출동과 형사팀, 과학수사팀 등 지원을 요청하겠습니다.

(3) **실행**

① **응급처치**: 피해자의 의식, 호흡, 맥박을 확인하고 칼에 찔린 부위를 신속히 찾아 깨끗한 거즈나 천 또는 직접 손(반드시 장갑 착용)으로 출혈 부위를 강하게 직접 압박하여 지혈 등을 하며 응급조치를 취하겠습니다.

② **증거 확보 및 현장 보존 노력**: <u>응급처치를 하면서도 피해자의 의식이 있다면 범인에 대한 결정적인 정보나 사건 경위를 아주 짧게라도 청취하려고 노력하겠습니다.</u> 주변 목격자를 신속히 확보하고 이들이 현장을 떠나지 않도록 요청하겠습니다. 즉시 폴리스라인을 설치하여 범죄 현장이 훼손되지 않도록 철저히 보존하겠습니다.

③ **지원 인력과의 협업**: 119 구급대가 도착하면 피해자의 상태 등을 신속하게 인계하고 형사팀, 과학수사팀 등 지원 경찰관이 도착하면 현장상황을 상세히 브리핑하겠습니다.

결론적으로 이러한 위급 상황에서는 안전 확보 후 즉각적인 지원 요청과 동시에 피해자의 생명을 구하기 위한 응급처치(특히 지혈)에 총력을 기울이는 것이 현장 경찰관의 가장 중요하고 시급한 임무입니다. 이후 도착하는 전문인력(구급대, 형사 등)과 긴밀히 협력하여 피해자 구조 및 범인 검거, 현장 보존 등 후속 조치를 체계적으로 진행하겠습니다.

❸ 경찰관인 본인보다 체격이 큰 폭력배 여러 명이 위협을 한다면 어떻게 대처할 것인가?

👤 답변

저보다 체격이 큰 폭력배로 보이는 여러 명이 저를 위협하는 상황은 경찰관의 안전에 직접적이고 심각한 위협이 되는 매우 위험한 상황입니다. 다음과 같은 안전 확보 및 단계적 대응 원칙에 따라 대처하겠습니다.

(1) **안전 확보 및 전술적 위치 선정**: 가장 먼저 저의 안전을 확보하는 것이 최우선입니다. 대상자들과 즉시 안전거리를 확보하고 저를 둘러싸지 못하도록 계속 움직이며 폭력배들을 주시하겠습니다.

(2) **112상황실 보고**: 안전 확보와 동시에 112치안종합상황실에 무전으로 현재 상황을 보고하겠습니다. 정확한 위치, 인원수, 흉기 소지 여부 등을 명확하고 간결하게 보고하고 즉각적인 지원을 요청하겠습니다.

(3) **실행**

① **언어적 경고 및 제지**: 일정한 거리에서 단호하게 물러서도록 경고하면서 더 이상의 접근이나 위협 행위를 중단하도록 명령하겠습니다.

② **물리력 사용 준비**: 상황이 언제든 악화될 수 있음을 인지하고 즉시 대응할 수 있도록 경찰 장구(예. 삼단봉, 테이저건 등) 사용을 준비하고 필요하다면 뽑아 들고 대치하겠습니다. <u>상대방이 다수이고 물리적으로 우세한 상황이므로 충분한 지원 경력이 도착하기 전까지는 섣불리 물리력을 사용하여 제압하려 시도하지 않겠습니다.</u> 만약 대상자들이 경고를 무시하고 물리적으로 공격해 오거나, 저 또는 시민의 생명·신체에 대한 급박한 위해가 발생한다면,「경찰관 직무집행법」및「물리력 사용 기준」에 따라 최소한의 방어적 물리력(체포술, 장구 사용 등)을 사용하겠습니다.

③ **지원 경력 도착 후 합동 제압 및 검거**: 지원 경력이 도착하면 현장 지휘관(선임자)의 지휘하에 전술적으로 합동하여 대상자들을 안전하고 효과적으로 제압하겠습니다.

4 **건물 내에서 유괴범이 아동을 칼로 위협하며 대치 중이다. 현장경찰관의 대응은?** 〈24. 2차〉

답변

(1) 상황 판단

① 아동 유괴범이 피해 아동을 칼로 위협하며 대치 중인 상황은 최악의 위기상황입니다.

② 인질의 생명과 안전을 최우선 목표로 삼고 전문팀의 지원을 받아 체계적으로 대응하겠습니다.

(2) 관련 법령

① 형법상 인질강요죄, 특수협박죄, 아동복지법 위반(아동학대)

② 경찰관직무집행법상 제6조(범죄의 예방과 제지), 무기 등 경찰장비의 사용

(3) 인질사건 대응 원칙

① 인질의 안전 우선 : 인질 사건에서 제일 중요한 것은 인질의 안전입니다.

② 대응의 단계 준수 : 「포위 - 협상 - 진압」과정을 침착하고 체계적으로 대응하겠습니다.

③ 전문팀 신속 인계 : 인질 석방 협상은 전문적인 교육을 받은 위기협상팀에서 담당하고, 강제 진압은 경찰특공대에서 담당합니다. 지역경찰관은 전문팀에 인계 전까지 초동 대응을 합니다.

④ 협상의 기본원칙 준수 : 인질 협상의 원칙은 범인에 대한 자극을 최소화하고 신뢰관계(라포)를 형성하는 것입니다. 범인의 요구사항을 단호하게 거절하거나 성급하게 수용하는 것은 바람직하지 않으며, 인질의 안전을 확보하며 시간을 지연시키는 것이 협상에 유리합니다.

⑤ 언론 통제 : 인질 협상이 장기화 될 경우 외부통제선 바깥에 미디어라인을 설치하고 창구를 단일화하여 언론 담당자가 정확하게 브리핑을 해야 합니다. 경찰에서 사건에 대한 정확한 정보를 주지 않을 경우 언론에서는 나름대로 현장 관계자와 사건 관계자들을 인터뷰하여 방송하게 되고 자칫 왜곡된 정보가 전달되어 혼선을 초래할 가능성이 있기 때문입니다.

    ✎ 미국의 한 교도소에서 인질 사건이 발생하였는데 현장에 경력이 집결하자 미디어에서는 무력 진압이 임박한 것 같다고 보도하였고, 이에 인질범들은 흥분하기 시작하였다. 그러나 사실은 경찰관들의 근무 교대 때문으로 일시적으로 인원이 많아진 것처럼 보였을 뿐이었다.

(4) 현장 대응

① 안전 확보

    ㉠ 경찰관 안전 확보 : 범인이 칼을 들고 대치 중이므로 방검복과 방검장갑을 착용하고 출동합니다.

    ㉡ 시민의 안전 확보 : 신속하게 폴리스 라인으로 외부 통제선을 설정하여 일반 시민의 접근을 통제하고, 동시에 범인이 다른 시민들에게 접근하지 못하도록 해당 장소를 포위합니다.

② 112상황실 보고

    ㉠ 112치안종합상황실에 범인의 인상착의, 흉기의 종류, 피해 아동의 상태(부상 여부 등), 주변 환경 등을 신속히 보고하겠습니다.

    ㉡ <u>경찰 위기협상팀, 경찰특공대</u>, 지원 경찰력(인근 순찰차, 형사 등), 119구급대(부상자 대비), 소방서(필요시 현장 지원) 등 전문인력의 즉각적인 지원을 요청하겠습니다.

③ 현장 조치

    ㉠ 초기 협상 : 전문 협상팀이 도착하기 전까지 경험 있는 동료가 차분하고 안정된 목소리로 범인과의 대화를 시도합니다. 범인의 감정을 자극하지 않도록 유의하며 범인의 말에 공감하며 신뢰관계를 형성하도록 합니다. 범인의 요구사항, 심리상태, 범행동기 등 정보를 최대한 파악합니다.

ⓒ **전문팀 도착 후 인계**: 위기협상팀이 도착하면 즉시 상황을 인계하여 협상 전문가가 주도적으로 대응하도록 지원합니다.

ⓒ **강제 진압 대비**: 만약 협상이 결렬되거나 범인이 피해 아동에게 실제로 치명적인 위해를 가하려는 급박한 상황이 발생되면 현장 지휘관의 결정 하에 경찰특공대 등 전문 인력이 인명 구조를 위한 최후의 수단(무력 진압 등)이 사용될 수 있으며, 이때 지역경찰관은 현장 지휘권의 지휘에 따라 지원할 수 있도록 대비합니다.

ⓒ **아동의 부모 연락**: 피해 아동의 보호자에게 연락하여 현재 상황을 설명하고 현장 방문을 안내합니다. 다만, 부모가 현장에 진입하는 것은 아동의 심리를 불안하게 하고 범인을 자극할 수 있으므로 통제되어야 하며 가족을 통한 협상은 위기협상팀의 판단하에 신중하게 결정되어야 합니다.

(5) 사후 조치

① 피해 아동 구조 시 즉시 119구급대에 인계하여 응급조치 및 치료를 받도록 하고 아동의 심리 트라우마치료를 위한 전문기관과 연계하여 지원합니다.

② 범인 검거 시 즉시 현장을 철저히 보존하고 증거를 수집하여 사건 경위를 상세히 조사합니다.

결론적으로 아동 인질극 상황은 피해 아동의 안전을 최우선으로 하며 신속한 총력 지원 요청과 현장 통제, 전문가(협상팀, 특공대) 중심의 체계적인 대응이 핵심입니다. 첫 출동 경찰관은 초기 상황 전파 및 통제, 전문팀 지원에 만전을 기해야 합니다.

---

5 **차량 절도범과 대치 상황에서의 대응 방법은?** 〈25. 1차 발표〉

> 절도 범인이 차량에서 내리지 않고 대치 중인데 차량 썬팅이 진해서 차량 내부가 보이지 않으며, 주변에 행인들이 모여들고 있다. 경찰 지원 요청했지만 5분 정도 걸린다고 한다. 어떻게 할 것인가?

답변

(1) 상황 판단

① 차량 내부가 보이지 않는 상황에서 주변의 시민들이 모여들고 있으며 범인이 차량으로 도주를 시도할 경우 주변 시민에 대한 2차 사고 위험이 있습니다.

② 시민의 안전을 확보하고 범인이 도주하지 못하도록 통제하면서 지원 경력이 도착하여 합동으로 진압할 때까지 상황을 유지해야 합니다.

(2) 법적 근거: 형법상 절도, 형사소송법상 현행범 체포, 경찰관직무집행법상 경찰장비 사용등

(3) 현장 대응

① **안전 확보**

ⓒ **경찰관 안전 확보**: 진한 썬팅으로 차량내부가 보이지 않으므로 범인이 흉기를 가지고 있을 가능성을 배제할 수 없습니다. 방검복과 방검장갑 등 보호장구를 착용하여 돌발 상황에 대비하겠습니다. 또한 경찰의 등장으로 범인이 갑자기 출발하거나 돌진할 경우에 대비하여 순찰차로 차량의 진행 방향을 막는 등 도주로를 차단하겠습니다.

ⓒ **시민의 안전 확보**: 모여드는 행인들은 2차 사고에 노출될 수 있고 경찰의 작전 수행에 방해가 될 수 있습니다. 즉시 시민들을 향해 해당 지역에 접근하지 않도록 경고하고 필요시에는 폴리스라인을 설치하도록 하겠습니다.

② 112상황실 보고: 현재 대치 중인 상황을 보고하고 부상자 발생시를 대비하여 119구급대 지원 및 형사팀 등 추가 경찰력 투입을 요청합니다.

③ 현장 조치

　㉠ 순찰차 마이크를 통한 경고 방송: 범인이 어떤 상태인지 알 수 없으므로 범인과 안전거리를 유지하면서 순찰차 마이크로 즉시 하차하도록 계속 경고를 하겠습니다. 불필요하게 범인을 자극하여 돌발상황이 발생하지 않도록 유의하겠습니다.

　㉡ 섣부른 검거 시도 자제: 차량 내부가 보이지 않으므로 섣불리 차량에 접근하거나 창문을 깨려는 시도는 하지 않겠습니다. 용의자가 흉기를 소지했거나 증거를 인멸하거나 극단적인 선택을 할 수 있는 예측 불가능한 위험이 있기 때문입니다.

　㉢ 지원경력 도착 후 합동검거: 지원 경력이 도착할 때까지 현장을 안정적으로 유지하는 것을 목표로 하며 도착 즉시 팀장 및 동료 경찰관에게 제가 파악한 상황을 신속히 브리핑하고, 팀장의 지휘 아래 동료들과 함께 차량을 안전하게 포위하고 용의자를 검거하겠습니다.

⑷ **사후 조치**

① 범인 검거시 미란다 원칙 고지하고 현행범으로 체포합니다.

② 차량을 수색하여 증거물을 압수하고 현장을 촬영하는 등 증거 확보를 합니다.

📖 범인 체포를 위하여 차문을 강제개문 할 수 있는 법적 근거는?

차에서 내리지 않는 범인을 체포하기 위하여 자동차 창문을 깨고 강제로 문을 여는 것은 강제개문입니다. 이러한 강제처분은 체포를 위한 수단으로서 법령에 근거한 정당행위에 해당하여 위법성이 조각됩니다. 즉, 형소법 제216조 제1항 제1호에 의하여 체포를 하는 경우에 영장없이 주거 등에서 피의자를 수색할 수 있으며, 그 안에서 수색하기 위해서는 이미 주거 등에 들어가는 행위가 있었음을 전제합니다(이창섭, 형사소송법 제216조 제1항의 해석과 입법론). 들어가는 행위를 하기 위해서는 형소법 제120조에 의하여 '기타 필요한 처분'을 할 수 있으므로 문을 부수고 들어가는 행위도 이에 포함됩니다. 헌법재판소의 결정(2015헌바370, 2016헌가7(병합))에서도 체포영장 집행을 위하여 민주노총 사무실 출입문을 부수고 수색한 것에 대하여 그 장소에 피의자가 존재할 개연성이 소명되고 사전에 영장을 발부받기 어려운 긴급한 사정이 있는 경우에는 허용될 수 있다고 하였습니다.

다만, 차 안에 있는 사람이 자해를 할 것 같아서 자해 방지 목적으로 문을 부수고 들어가는 것은 체포의 의사가 아니라 구조의 의사로 들어가는 것에 해당하여 경찰관직무집행법 제7조(위험방지를 위한 출입)가 근거가 될 수 있으므로 이때에는 즉시강제가 됩니다. 범인이 집 안에 있고 문이 잠겨 있는 경우 범인이 자살을 할 것 같아서 위험방지 목적으로 강제개문하고 들어갔다면 그 강제처분의 근거는 체포를 위한 영장 없는 수색이 아닌 즉시강제로 볼 수 있습니다.

> **제120조(집행과 필요한 처분)** ① 압수·수색영장의 집행에 있어서는 건정(자물쇠)을 열거나 개봉 기타 필요한 처분을 할 수 있다.
>
> **제216조(영장에 의하지 아니한 강제처분)** ① 검사 또는 사법경찰관은 제200조의2·제200조의3·제201조 또는 제212조의 규정에 의하여 피의자를 체포 또는 구속하는 경우에 필요한 때에는 영장없이 다음 처분을 할 수 있다.
> 1. 타인의 주거나 타인이 간수하는 가옥, 건조물, 항공기, 선차 내에서의 피의자 수색. 다만, 제200조의2 또는 제201조에 따라 피의자를 체포 또는 구속하는 경우의 피의자 수색은 미리 수색영장을 발부받기 어려운 긴급한 사정이 있는 때에 한정한다.

제14절 경찰장비 사용

❶ 흉기로 대항하는 사람을 총기로 사망하게 한 경우, 정당방위 성립 여부는?

> 새벽 3시경 한 여성으로부터 "모르는 남자가 따라 온다"는 112신고를 받고 경찰관 2명이 현장에 출동하여 인근을 배회하던 50대 남성과 마주쳤다. 경찰관이 검문을 하려던 순간 그 남성은 30cm 정도의 칼을 꺼내 휘둘렀고 이에 경찰관이 테이저건을 발사하였는데도 두꺼운 외투 때문에 효과가 없었다. 그 남성은 계속하여 칼을 휘둘렀고 결국 경찰관은 공포탄을 발사한 후 실탄 3발을 가슴과 복부에 발사하여 그 남성은 사망하였다. 이 과정에서 경찰관도 남성이 휘두른 칼에 얼굴을 크게 다쳤다. 이 사례에서 경찰의 무기사용 적법성에 대하여 발표하시오.

👤 답변

(1) **논점** : 이 사례의 논점은 경찰관의 무기사용이 절차적 적법성을 지켰는지 여부와 대상자가 사망하였기에 경찰관의 과잉진압에 대한 업무상과실치사죄가 성립하는지 여부라고 생각합니다.

(2) **절차적 적법성**

① 경찰관은 「경찰관 직무집행법」에 따라 정당방위에 해당할 때 또는 범인이 흉기를 들고 경찰관으로부터 3회 이상의 물건을 버리라는 명령에 따르지 않고 계속 항거할 때 위해를 수반하는 무기를 사용할 수 있으며, 경찰청 예규인 「경찰 물리력 행사에 관한 규칙」에 따라 권총을 사용할 경우에는 가급적 대퇴부 이하를 조준하도록 규정하고 있습니다.

② 이 사례에서 새벽 3시경에 흉기를 소지하고 한 여성을 계속 따라다녔다면 특수강간이나 특수강도죄의 예비행위로 볼 수 있고, 경찰관의 불심검문은 정당한 공무집행이며 이에 흉기로 저항하였으므로 공무집행방해죄의 현행범에 해당하는 범인으로 볼 수 있습니다. 경찰관이 흉기를 들고 저항하는 범인에 대하여 흉기를 버리라는 명령을 하고 물리력 수준이 낮은 테이저건을 발사하였으나 두꺼운 외투 때문에 제압하지 못하자 치명적 공격에 대응한 고위험 물리력인 권총으로 경고 사격을 하고 실탄을 발사한 것은 적법하다고 생각합니다.

③ 다만 범인을 제압할 때에도 범인의 생명·신체에 치명적이지 않도록 대퇴부 이하를 조준해서 발사해야 하지만 경찰관도 범인의 칼에 얼굴을 다치는 등 급박한 상황이었습니다. 경찰관이 소지한 장비 중 권총을 사용하는 방법 외에는 다른 방법이 없었으며 야간에 근접한 거리에서 격렬하게 칼을 들고 공격하는 상황에서 경찰관의 생명·신체도 매우 위험하였기에 경찰관이 범인의 가슴과 배에 총을 발사한 것은 정당방위에 해당하여 적법하며 형법상 위법성조각사유에 해당한다고 생각합니다.

(3) **판례** : 유사 사례에 대한 판례로 2001년도에 진주시에서 '칼을 들고 아들을 위협하고 있다'는 신고를 받고 2명의 경찰관이 출동하게 되었는데 범인은 씨름대회에서 우승할 만큼 건장한 남자였고 한 경찰관이 제압 도중에 깔려 위험한 상황에 처하자 다른 경찰관이 그 남자에게 권총을 발사하여 범인이 사망한 사건이 있었습니다. 사후에 그 사망한 사람이 칼을 소지하고 있지 않았다는 것이 밝혀졌지만 대법원에서는 경찰관에 대하여 정당방위를 인정하여 업무상과실치사죄의 무죄를 선고하였습니다.

(4) **결론** : 결론적으로 경찰관의 총기사용은 적법하였고 정당방위에 해당하여 형사적 책임은 없다고 생각합니다. 다만 대상자가 사망하였으므로 민사적으로 국가배상법에 따른 국가배상책임은 인정될 수도 있다고 생각합니다.

(5) **개선 방안**: 경찰관은 국민의 생명과 신체를 보호하는 직무를 수행합니다. 비록 칼을 들고 강력하게 저항하는 범인을 총기로 제압한 것이 적법하더라도 보다 안전하게 범인을 체포하지 못했던 것은 안타까운 일이라고 생각합니다. 향후 저항하는 범인을 좀 더 효과적으로 안전하게 제압할 수 있는 새로운 장비의 개발과 도입이 필요합니다. 테이저건은 대상자가 두꺼운 옷을 입고 있는 경우에는 실효성이 떨어지고 일반적으로 단발로 발사되어 첫 번째 발사에서 실패할 경우 다시 사용하기 어려운 점이 있어 대체 장비로 저위험 권총, 그물총 등의 장비 도입을 검토할 필요가 있다고 생각합니다.

경찰관직무집행법
제10조의4(무기의 사용) ① 경찰관은 범인의 체포, 범인의 도주 방지, 자신이나 다른 사람의 생명·신체의 방어 및 보호, 공무집행에 대한 항거의 제지를 위하여 필요하다고 인정되는 상당한 이유가 있을 때에는 그 사태를 합리적으로 판단하여 필요한 한도에서 무기를 사용할 수 있다. 다만, 다음 각 호의 어느 하나에 해당할 때를 제외하고는 사람에게 위해를 끼쳐서는 아니 된다.
1. 「형법」에 규정된 정당방위와 긴급피난에 해당할 때
2. 다음 각 목의 어느 하나에 해당하는 때에 그 행위를 방지하거나 그 행위자를 체포하기 위하여 무기를 사용하지 아니하고는 다른 수단이 없다고 인정되는 상당한 이유가 있을 때
   라. 범인이나 소요를 일으킨 사람이 무기·흉기 등 위험한 물건을 지니고 경찰관으로부터 3회 이상 물건을 버리라는 명령이나 항복하라는 명령을 받고도 따르지 아니하면서 계속 항거할 때
경찰 물리력 행사의 기준과 방법에 관한 규칙
3.9.3. 권총 사용 시 유의사항
   아. 경찰관은 사람을 향해 권총을 조준하는 경우에는 가급적 대퇴부 이하 등 상해 최소 부위를 향한다.

- "남편이 집에서 칼로 아들을 위협하고 있다."는 신고에 따라 경찰관 2명이 출동하였는데, 진주시 씨름대회에서 우승할 만큼 건장한 체구의 소유자가 경찰관 A의 배 위에 올라탄 자세에서 그를 공격하였고 이에 경찰관 B가 실탄 1발을 발사하여 사망하게 한 사건에서 비록 사망자는 칼을 소지하지 않았던 것이 사후에 확인되었지만 경찰관 B에게 업무상과실치사의 죄책을 지울 수 없다(대판 2003도3842).
- 〈위 사건 관련 민사재판〉 형사사건에서 무죄판결이 확정되었더라도 당해 경찰관의 과실의 내용과 그로 인하여 발생한 결과의 중대함에 비추어 민사상 불법행위책임을 인정한다(대판 2006다6713).

📖 **광주 흉기 난동범 총격 사망, 경찰 정당방위 결론**

2025년 4월 27일 오전 3시 10분경 광주 동구 금남로4가 교차로 인근 골목에서 B씨는 112 신고를 받고 출동한 경찰관들에게 흉기난동을 부리다가 A 경감이 쏜 총탄에 맞아 사망했다. 이 사건과 관련하여, 광주경찰청 형사기동대는 피의자 B씨가 여러 차례 경고와 투항 명령에도 불구하고 1m 이내의 지근거리에서 치명적인 흉기 공격을 계속한 상황을 고려해 A 경감의 총기 사용이 적절했다고 판단하고 5월 27일 피의자 입건 등의 형사 처분 없이 수사를 마무리했다. 당시 A 경감은 한 손으로 공격을 막고 다른 한 손으로는 총기를 사용했기에 대퇴부 이하를 조준하기 어려웠던 상황이었음이 확인됐다. 〈연합뉴스 25.3.27. 참조〉

❷ 흉기로 저항하는 사람에 대한 경찰관의 무기사용은 정당한가? 〈25. 1차 발표〉

> 흉기를 든 사람이 돌아다닌다는 신고를 받고 출동했다. 흉기를 든 사람에게 여러 차례 흉기를 버리라고 경고했지만 오히려 흉기를 들고 경찰관에게 달려와 무기를 사용해 제압하였다. 해당 피의자는 병원에서 치료를 받고 있는 중이다. 이러한 상황에서 무기사용이 정당했는지 대한 의견은?

👤 답변

(1) 상황 판단

① 위협의 명확성: 남성이 흉기를 들고 거리를 배회하고 있었고 경고에도 불구하고 경찰관에게 다가왔습니다. 이는 잠재적인 위협에서 구체적이고 즉각적인 위협으로 발전했다는 것을 의미하며 경찰관은 자신의 생명 또는 타인의 안전이 위협받는다고 판단할 수 있습니다.

② 경찰관의 조치: 총기 사용 이전에 "경고를 했다"라는 점은 경찰관이 무기 사용 전 단계적인 대응을 시도한 것입니다. 또한 총기 사용으로 남성이 사망에 이르지 않고 병원으로 후송되었다는 점은 경찰관이 가급적 치명상을 피하려 다리 등 비치명적인 부위를 조준했다고 판단됩니다.

③ 당시 상황의 불확실성: 당시 주변에 시민이 있었는지 여부, 남성의 정신 상태(약물/주취 여부), 주변 환경(좁은 골목, 개활지 등), 그리고 다른 제압 수단(테이저건, 삼단봉 등)의 사용 가능성 등에 대한 내용이 불확실합니다.

(2) 법적 근거

① 「형법」: 남성이 흉기를 들고 거리를 배회한 것은 공공장소 흉기소지죄에 해당합니다.

> **제116조의3(공공장소 흉기소지)** 정당한 이유 없이 도로·공원 등 불특정 또는 다수의 사람이 이용하거나 통행할 수 있는 공공장소에서 사람의 생명, 신체에 위해를 가할 수 있는 흉기를 소지하고 이를 드러내어 공중에게 불안감 또는 공포심을 일으킨 사람은 3년 이하의 징역 또는 1천만원 이하의 벌금에 처한다.

② 「경찰관 직무집행법」: 남성이 흉기를 들고 경찰관으로부터 3회 이상 물건을 버리라는 명령을 듣고도 계속 항거할 때에는 위해를 수반하는 무기를 사용할 수 있습니다.

③ 「물리력 행사 기준」: 대상자가 흉기를 이용하여 경찰관에게 위력을 행사하고 있거나 위해 발생이 임박한 경우는 치명적 공격 단계로서 경찰관은 무기를 사용하는 고위험 물리력을 행사할 수 있습니다. 다만 물리력은 낮은 수준의 물리력부터 시작하여 물리력의 강도를 높여가야 하며 급박한 경우에는 무기를 바로 사용할 수도 있습니다.

> **경찰 물리력 행사의 기준과 방법에 대한 규칙**
>
> **2.1.5. 치명적 공격**: 대상자가 경찰관 또는 제3자에 대해 사망 또는 심각한 부상을 초래할 수 있는 행위를 하는 상태를 말한다. 총기류(공기총·엽총·사제권총 등), 흉기(칼·도끼·낫 등), 둔기(망치·쇠파이프 등)를 이용하여 경찰관, 제3자에 대해 위력을 행사하고 있거나 위해 발생이 임박한 경우, 경찰관이나 제3자의 목을 세게 조르거나 무차별 폭행하는 등 생명·신체에 대해 중대한 위해가 발생할 정도의 위험한 폭력을 행사하는 경우가 이에 해당한다.
>
> **2.3.2.** 경찰관은 가능한 경우 낮은 수준의 물리력부터 시작하여 물리력의 강도를 높여감으로써 상황을 안전하게 종결시키도록 하여야 한다. 다만 급박하거나 대상자 행위의 위해 수준이 불연속적으로 급변하는 경우 경찰관 역시 그 상황에 맞는 물리력을 곧바로 사용할 수 있다.

④ 비례의 원칙 또는 최후수단의 원칙 : 무기의 사용은 치명적 결과를 야기하므로 테이저건, 삼단봉 등 다른 비치명적 수단으로는 상황 통제가 불가능할 때만 사용해야 합니다.

(3) 무기사용의 정당성에 대한 검토

① 무기사용이 정당한 경우

　㉠ 남성이 날카로운 식칼이나 회칼 등 흉기를 들고 위협적으로 휘두르며 경찰관에게 빠르게 돌진하고 경찰관이 분명하게 "흉기를 버리지 않으면 쏘겠다!"라고 여러차례 경고했음에도 불구하고 거리를 좁혀왔으며, 경찰관이 이를 피하거나 총기 발사 외에는 생명에 대한 위협을 막을 수 없는 극도로 위급한 상황이었을 경우에는 무기 사용이 정당하다고 할 수 있습니다.

　㉡ 유사 사례에 대한 판례로 2001년도에 진주시에서 '칼을 들고 아들을 위협하고 있다'는 신고를 받고 2명의 경찰관이 출동하게 되었는데 범인은 씨름대회에서 우승할 만큼 건장한 남자였고 한 경찰관이 제압 도중에 깔려 위험한 상황에 처하자 다른 경찰관이 그 남자에게 권총을 발사하여 범인이 사망한 사건이 있었습니다. 사후에 그 사망한 사람이 칼을 소지하고 있지 않았다는 것이 밝혀졌지만 대법원에서는 경찰관에 대하여 정당방위를 인정하여 업무상과실치사죄의 무죄를 선고하였습니다.

　㉢ 또한, 최근 광주에서 흉기를 든 범인과 격투를 벌이던 경찰관이 발사한 총에 사망한 사건에서 정당방위로 수사가 종결된 사례가 있습니다.

② 무기사용의 정당성에 논란의 여지가 있는 경우 : 대상자가 달려오더라도 경찰관이 이를 피할 공간과 시간이 충분한 경우, 테이저건이나 삼단봉 등의 비치명적 수단을 먼저 사용할 여지가 있었던 경우에는 비례의 원칙 또는 최후수단의 원칙에 위배되어 위법할 수 있습니다.

⑷ **결론 :** 당시 경찰관이 총기를 사용할 만큼 급박하게 위험한 상황이었는지에 대한 판단은 사후 법관의 관점이 아닌 사전적 관점에서 경찰관 평균인의 입장에서 평가되어야 한다고 생각합니다. 흉기를 든 남성에게 총기를 사용할 당시 상황의 긴박성, 위협의 명확성, 절차적 정당성, 다른 제압 수단이 없는 최후의 수단성이 인정된다면 무기의 사용은 정당하였다고 생각합니다.

> **후속질문**

✦ **무기를 사용할 때 가장 중요하게 고려해야 할 사항은?**

무기 사용은 타인의 생명과 신체에 치명적인 위해를 가할 수 있는 가장 강력한 물리력입니다. 따라서 다른 비치명적 수단(대화, 수갑, 삼단봉, 테이저건 등)으로는 상황을 통제할 수 없거나 현장 경찰관 및 시민의 생명을 보호하기 불가능한 최후의 상황인지에 대한 판단이 가장 중요하다고 생각합니다. 그다음으로는 대상자의 행위가 경찰관이나 시민의 생명에 직접적이고 즉각적인 위협을 가하고 있는지를 판단하는 것입니다. 단순히 흉기를 소지하고 있는 것과 그 흉기를 들고 달려드는 것은 대응 수위가 완전히 달라야 한다고 생각합니다. 마지막으로 무기를 사용하더라도 그 목적은 살상이 아니라 '제압'에 있기 때문에 급박한 상황이라도 경고나 공중 위협사격을 선행했는지 여부. 조준 시 대퇴부(다리) 등 비치명적인 부위를 조준하여 대상자의 피해를 최소한으로 침해하려 노력했는지 여부 등 절차적 정당성이라고 생각합니다.

✦ 동료가 무기를 꺼냈지만 당신은 불필요하다고 생각하면 어떻게 하겠는가?

실무에서 현장에는 2인 1조로 출동하며 한 사람은 테이저건을 휴대하고 다른 한 사람은 권총을 휴대합니다. 흉기를 든 범인을 제압하기 위하여 삼단봉이나 테이저건을 먼저 사용하겠지만 제압에 실패할 경우 결국 마지막 수단은 권총이 될 수밖에 없습니다. 급박한 상황에서 동료가 총기를 꺼내 들었지만 동료는 그 총기를 사용하겠다는 것보다는 마지막 수단으로써 대비하는 것이라고 생각됩니다. 하지만 총기보다는 삼단봉과 테이저건으로도 충분히 제압이 가능하다면 굳이 총기까지 꺼내 들 필요는 없습니다. 따라서 동료에게 제가 판단한 내용을 신속하게 전달하여 다시 판단하도록 하겠습니다. 예를 들어, '대상자가 칼을 들고만 있으니까 테이저건으로 제압하면 될 것 같습니다' 또는 '주변에 시민들이 있어서 총기 사용은 위험합니다' 등으로 무기를 사용하지 않을 수 있는 추가 정보를 제공하겠습니다. 그리고 명확한 역할 분담을 제안하여 '제가 먼저 테이저건을 쏠 테니까 뒤에서 백업하면서 기다려 주세요' 식으로 접근하겠습니다. 현장에서 양측의 의견이 극명하게 대립하는 상황이라면 현장 지휘관에 지휘를 건의하겠습니다. 상황 종료 후 동료에게 당시 왜 총기를 꺼내 들었는지에 대하여 의견을 나누고 판단에 심각한 문제가 있었던 경우라면 상사님께 보고하여 재발을 방지하겠습니다.

✦ 무기를 사용하지 아니하고 체포할 수 있는 대체장비로 어떤 것을 생각할 수 있는가?

경찰의 치안 역량 강화 및 현장 경찰관과 시민의 안전 확보를 위해 비살상·저위험 제압 장비의 고도화 및 다양화가 필요하다고 생각합니다.

① **볼라랩**: 일명 '날아가는 포승줄'로서 발사하면 줄이 날아가서 대상자의 발 등을 감싸는 방식

② **그물총**: 원거리에서 그물을 발사하여 대상자를 제압하는 방식은 약한 전기가 흐르는 방식

③ **2연발 테이저건 보급 확대**: 일부 시·도청에 보급 중인 2연발 신형 테이전건을 확대 보급 필요

④ **지향성 음파장치**: 음파를 이용하여 대상자의 행동을 일시적으로 제한

⑤ **광학교란장치**: 강력한 빛을 발사해 대상자의 시각을 일시적으로 마비시키는 장치

✦ 무기사용은 경찰관에게 어떤 의미인가?

(1) **법 집행의 실효성 확보**: 무기 사용은 경찰이 법을 집행하는 데 필요한 실질적인 힘을 의미합니다. 만약 경찰이 범죄자의 폭력에 효과적으로 대응할 수 없다면 법 집행은 유명무실해질 것입니다. 특히 흉기를 소지한 범죄자와 같이 물리적 저항이 심한 상황에서 무기는 경찰관의 안전을 확보하면서 범죄를 제압하고 법질서를 회복하는 데 필수적인 도구입니다.

(2) **경찰관 개인의 안전과 생존 문제**: 총기는 경찰관 개인의 생명과 안전을 지키는 중요한 수단입니다. 흉기를 든 남성이 자신에게 달려오는 상황은 경찰관의 생명을 위협하는 직접적인 위험으로서 총기는 자기방어의 최후 수단입니다. 경찰관이 자신의 안전을 지킬 수 있어야만 궁극적으로 타인의 안전도 보호할 수 있다고 생각합니다.

(3) **과잉대응이라는 사회적 비난과 위법성에 대한 두려움**: 부적절하거나 과도한 무기 사용은 인권 침해 논란과 사회적 비난을 받을 수 있습니다. 또한 경찰관 개인은 업무상 과실치사죄의 책임을 질 수 있으며 손해배상책임과 징계책임을 발생시킬 수 있습니다. 선배 경찰관으로부터 "총은 쏘는 것이 아니라 던지는 것이다"라는 말을 들은 적 있습니다. 그만큼 현장 경찰관들은 무기를 사용함에 있어서 강한 심리적 압박을 받고 있다고 생각합니다.

❸ 강도범이 흉기를 들고 달려들 경우 경찰관의 대응은? 〈25. 2차 발표〉

> 새벽 2시, 시내 한복판 강도 사건이 발생하였다. 용의자는 흉기를 소지한 채 도주 중이다. 출동한 경찰관이 정지시켰는데 용의자가 흉기를 들고 달려든다. 현장 경찰관으로서 조치는?

🧑 답변

(1) 상황 판단

① 비록 새벽 2시이지만 장소가 시내 한복판이어서 일반 시민들이 있으므로 흉기를 든 강도범을 조기에 진압하지 아니하면 일반 시민에 대한 위해가 우려됩니다.

② 범인이 흉기를 들고 경찰관에 대응하는 경우, 경찰물리력행사기준에 따라 단계적으로 물리력을 사용해야 하며 매우 급박한 정당방위 또는 긴급피난의 경우에는 총기를 사용한 제압도 가능합니다.

(2) 법적 근거

① 형법 : 강도죄, 특수공무집행방해죄

② 경찰관직무집행법 : 제6조(범죄의 예방과 제지), 제10조의4(무기의 사용)

③ 경찰 물리력 행사의 기준과 방법에 관한 규칙 : 범인이 흉기를 소지하고 대항하는 것은 치명적 공격 상태로 경찰관은 무기를 사용하는 고위험 물리력을 사용할 수 있습니다.

(3) 현장 대응

① 경찰관 안전 확보 : 흉기를 든 강도범을 제압하기 위하여 출동 중에 방검복과 방검장갑을 착용하며, 경찰장비로서 방패, 삼단봉, 전자충격기, 권총을 휴대합니다.

② 112상황실 보고 : 현장 상황을 112상황실에 보고하고, 흉기에 부상을 당한 피해자가 있는 경우에는 119구급대 공동대응을 요청하고 안전한 제압을 위한 경찰관 추가 출동을 요청합니다.

③ 현장 대응

　㉠ 포위(분리) : 흉기를 든 용의자를 포위하고 일반 시민들에게 접근하지 못하도록 하며, 주변 시민들을 대피시킵니다.

　㉡ 설득 : 흉기를 버리도록 설득을 시도합니다.

　㉢ 진압

　　ⓐ 투항명령 : 설득이 통하지 않을 경우 삼단봉, 전자충격기, 무기 등 휴대한 장비를 꺼내 들고 흉기를 버릴 것을 3회 이상 명령하고 경고합니다. 범인이 흉기를 들고 달려오는 급박한 상황이라면 경고를 생략하고 즉각적인 물리력을 행사할 수 있습니다.

　　ⓑ 삼단봉과 전자충격기로 제압 : 범인이 흉기를 들고 달려드는 경우 경찰관이 피할 수 있는 공간이 있다면 우선 피한 다음 전자충격기와 삼단봉으로 진압을 시도합니다.

　　ⓒ 권총으로 제압 : 범인이 두꺼운 잠바를 입었거나 격렬하게 움직여서 전자충격기를 이용한 제압에 실패하고 경찰관이 더 이상 피할 공간이 없거나 흉기에 위해를 입을 수 있는 급박한 상황이라면 최후의 수단으로 권총을 사용한 제압이 가능합니다. 이 경우 권총은 범인의 대퇴부 이하 또는 피해를 최소화 할 수 있는 부위를 조준해야 합니다. 주변에 시민이 있을 경우 제3자가 피해를 입을 수 있으므로 권총 사용은 최대한 자제되어야 합니다.

(4) 사후 조치

① 범인을 체포하고 흉기를 압수합니다. 범인이 부상을 입은 경우 119구급대와 공동대응하여 병원으로 이송합니다.

② 피해자 및 목격자를 확보하여 사건 경위를 청취하고 주변 CCTV나 차량 블랙박스 등 증거자료를 수집합니다.

4 신호위반 도주자에 대하여 검거 목적의 총기 사용은 적법한가? 〈25. 1차 발표〉

> 신호위반을 이유로 한 정지명령에 불응하고 도주하던 차량이 교통 정체로 더 이상 진행하지 못하게 되자 하차하여 도주하였다. 이에 경찰관은 추격하면서 경고를 하고 공포탄을 발사하였음에도 도주하여 허벅지를 향하여 사격을 하였지만 복부에 맞아 사망하였다. 이 상황에 대해서 어떻게 생각하는가?

합격코칭

도주하는 범인을 검거하기 위한 총기 사용은 금지

일반적으로 총기는 등을 보인 범인에게 사용할 수 없다. 경찰관의 생명·신체를 위협하여 항거하거나 경찰관을 공격하는 상황에서는 총기를 사용할 수 있으나 도주하는 경우에는 절대 총기를 사용하여서는 안 된다. 다만 범인이 단순히 도주하는 경우가 아닌 도주하면서 동시에 다른 사람을 공격하려는 경우에 다른 방법으로는 도저히 막을수가 없는 최후의 수단으로서 총기를 사용할 수는 있으나 이 경우에도 범인이 아닌 다른 시민이 총탄에 맞을 가능성이 존재함으로 일반적으로 바람직하지 않다.

답변

(1) **문제의 인식**: 신호위반이라는 경미한 도로교통법위반으로 도주하는 운전자에 대한 총기사용이 적법한가에 대한 문제입니다.

(2) **법적 근거**

① **신호위반**: 도로교통법상 20만원 이하의 벌금·구류·과료에 처할 수 있는 범죄입니다.

② **정지명령불응**: 단속 공무원에 대한 폭행이나 협박이 없었으므로 공무집행방해죄에 해당하지 아니하며, 도로교통법상 신호위반에 대한 정지명령불응은 20만원 이하의 벌금 또는 구류에 처할 수 있는 범죄입니다(정비불량·무면허·음주·약물운전자 등에 대한 정지명령불응죄는 6개월 이하 징역 또는 200만원 이하 벌금).

> 차량을 일단 정차한 다음 경찰관의 운전면허증 제시요구에 불응하고 다시 출발하는 과정에서 경찰관이 잡고 있던 운전석 쪽의 열린 유리창 윗부분을 놓지 않은 채 어느 정도 진행하다가 차량속도가 빨라지자 더 이상 따라가지 못하고 손을 놓아버렸다면 이러한 사실만으로는 피고인의 행위가 공무집행방해죄에 있어서의 폭행에 해당한다고 할 수 없다(대판 96도281).

도로교통법

제153조(벌칙) ① 다음 각 호의 어느 하나에 해당하는 사람은 <u>6개월 이하의 징역이나 200만원 이하의 벌금</u> 또는 구류에 처한다.

  2. 제41조(정비불량차 점검을 위한 면허증 제시 요구, 응급조치, 운전 일시정지), <u>제47조(무면허ㆍ음주ㆍ과로ㆍ약물운전 확인을 위한 일시정지 및 운전면허증 제시 요구, 운전금지, 차량이동)</u> 또는 제58조(위험방지를 위한 통행금지 명령)에 따른 경찰공무원의 요구ㆍ조치 또는 명령에 따르지 아니하거나 이를 거부 또는 방해한 사람

제155조(벌칙) <u>제92조제2항(운전면허증 휴대 및 제시 등의 의무)을 위반</u>하여 경찰공무원의 운전면허증등의 제시 요구나 운전자 확인을 위한 진술 요구에 따르지 아니한 사람은 <u>20만원 이하의 벌금 또는 구류</u>에 처한다.

제156조(벌칙) 다음 각 호의 어느 하나에 해당하는 사람은 20만원 이하의 벌금이나 구류 또는 과료(科料)에 처한다.

  1. 제5조(교통정리를 하는 경찰공무원의 지시 위반)

✎ 신호위반 등 단순 교통위반자에 대한 정지명령 위반: 제156조(20만원 이하 벌금 또는 구류)
  신호위반 등 단순 교통위반자의 면허증 제시 거부: 제155조(20만원 이하 벌금 또는 구류)
  음주단속 등을 위한 정지명령 위반: 제153조(6개월 이하 징역 또는 200만원 이하 벌금)
  음주단속 등을 위한 면허증 제시 거부: 제153(6개월 이하 징역 또는 200만원 이하 벌금)

③ 무기사용요건: 경찰관직무집행법

제10조의4(무기의 사용) ① 경찰관은 범인의 체포, 범인의 도주 방지, 자신이나 다른 사람의 생명ㆍ신체의 방어 및 보호, 공무집행에 대한 항거의 제지를 위하여 필요하다고 인정되는 상당한 이유가 있을 때에는 그 사태를 합리적으로 판단하여 필요한 한도에서 무기를 사용할 수 있다. 다만 다음 각 호의 어느 하나에 해당할 때를 제외하고는 사람에게 위해를 끼쳐서는 아니 된다.

  가. <u>사형ㆍ무기 또는 장기 3년 이상의 징역이나 금고에 해당하는 죄를 범하거나 범하였다고 의심할 만한</u> 충분한 이유가 있는 사람이 경찰관의 직무집행에 항거하거나 <u>도주하려고 할 때</u>

  라. 범인이나 소요를 일으킨 사람이 <u>무기ㆍ흉기 등 위험한 물건을 지니고</u> 경찰관으로부터 3회 이상 물건을 버리라는 명령이나 항복하라는 명령을 받고도 따르지 아니하면서 <u>계속 항거할 때</u>

④ 총기사용의 한계: 「경찰 물리력 행사의 기준과 방법에 관한 규칙」에 의하여 <u>단순히 도주하는 현행범의 체포를 위하여 중위험 물리력까지 사용할 수 있으며(경찰봉, 가스분사기, 전자충격기) 총기를 사용할 수는 없습니다.</u>

3.5.2. 경찰봉 사용 한계

  나. 중위험 물리력으로서의 경찰봉 사용

    2) 경찰관은 현행범 또는 사형ㆍ무기 또는 장기 3년 이상의 징역이나 금고에 해당하는 죄를 범한 <u>대상자가 도주하는 경우 체포를 위해서 경찰봉으로 찌르거나 가격할 수 있다.</u> 이 경우 가급적 신체 중요 부위를 피하여야 한다.

3.8.2. 전자충격기 사용 한계

  나. 경찰관은 현행범 또는 사형ㆍ무기 또는 장기 3년 이상의 징역이나 금고에 해당하는 죄를 범한 <u>대상자가 도주하는 경우 체포를 위해서 전자충격기를 사용할 수 있다.</u>

3.9.2. 권총 사용 한계

  나. 경찰관은 사형ㆍ무기 또는 장기 3년 이상의 징역이나 금고에 해당하는 죄를 저질렀거나 저지르고 있다고 믿을 만한 상당한 이유가 있는 <u>대상자가 도주하면서 경찰관 또는 제3자의 생명ㆍ신체에 대한 급박하고 중대한 위해를 야기하거나, 그 위해 발생이 임박한 경우 권총 이외의 수단으로서는 이를 제지할 수 없는 상황에 한하여 체포를 위해 대상자에게 권총을 사용할 수 있다.</u>

  다. 경찰관은 대상자가 경찰관 자신이나 제3자의 생명ㆍ신체에 대한 중대하고 급박한 위해를 야기하지 않고 <u>**단순히 도주하는 경우에는 오로지 체포나 도주방지 목적으로 권총을 사용하여서는 아니 된다.**</u>

⑤ **비례의 원칙 및 최후 수단의 원칙**: 무기의 사용은 치명적 결과를 야기하므로 테이저건, 삼단봉 등 다른 비치명적 수단으로는 상황 통제가 불가능할 때만 사용해야 합니다.

(3) 무기사용의 적법성 판단

① **범죄의 경미성**: 경찰관은 「경찰관 직무집행법」에 의하여 사형·무기 또는 장기 3년 이상의 범죄를 범한 사람의 도주를 막거나 무기·흉기 등으로 계속 항거할 때 무기를 사용할 수 있습니다. 단순히 신호를 위반하고 도주하는 차량의 운전자는 도로교통법상 신호위반에 대한 범칙금 부과 대상에 불과하고 도주하는 행위는 공무집행방해죄에 해당하지 아니하여 무기사용 요건에 해당하지 않습니다.

② **위협의 부재**: 단순히 도주하는 상황에서 경찰관 또는 제3자의 생명이나 신체에 대한 직접적이고 명백한 위협이 없습니다.

③ **비례의 원칙 및 최후 수단의 원칙 위배**: 경미한 위반에 대한 총기 사용의 비례성이 현저히 결여되었으며 다른 제압 수단(추격, 검거 등)으로 해결할 수 있는 상황이었다면 총기 사용은 허용되지 않습니다. 공포탄을 발사했음에도 도주했다는 사실만으로 실탄 발사가 최후의 수단이었다고 볼 수는 없습니다.

④ **다른 중대범죄의 가능성**: 단순히 신호를 위반하였음에도 경찰관의 정지명령에 불응하고 도주하다가 차를 버리고 도주한 것으로 보아 신호위반 외에 음주운전을 하였거나 차량 절도 등 다른 중대한 범죄와 연관되어 있을 가능성이 있습니다. 그러한 경우라 하더라도 아무런 흉기를 소지하지 않고 단순히 도주하는 사람에 대한 총기사용은 비례의 원칙, 최후수단의 원칙, 「경찰 물리력 행사의 기준과 방법에 관한 규칙」상 총기사용의 한계를 위반한 것입니다. 또한, 현재의 시점에서 그러한 중대범죄와 연관되어 있다는 아무런 증거도 없습니다.

따라서 신호위반 후 정지명령에 불응하고 도주하는 운전자에 대하여 총기를 사용하는 것은 위법하며 다른 동료와 함께 도주 운전자를 추격하고 만약에 놓치게 되더라도 차량번호를 통한 운전자 조회, CCTV 등을 활용하여 사후 사법처리하는 것이 적절하다고 생각합니다.

> 경찰관이 <u>신호위반을 이유로 한 정지명령에 불응하고 도주하던 차량에 탑승한 동승자를 추격하던 중(차량을 세우고 하차하여 도주하던 범인을 추격)</u> 몸에 지닌 각종 장비 때문에 거리가 점점 멀어져 추격이 힘들게 되자 수차례에 걸쳐 경고하고 공포탄을 발사했음에도 불구하고 계속 도주하자 실탄을 발사하여 사망케 한 경우, <u>위 사망자가 아무런 흉기를 휴대하지 아니한 상태에서 경찰관을 공격하거나 위협하는 등</u> 거칠게 항거하지 않고 단지 계속하여 도주하였다면 그러한 상황은 형법에 규정된 <u>정당방위나 긴급피난의 요건에 해당한다고 보기 어렵</u>고, 위 사망자가 경찰관의 정지명령에 응하지 아니하고 계속 도주하였다는 사실만으로 경찰관직무집행법 제10조의4(무기의 사용)에서 규정하는 <u>범죄를 범하였거나 범하였다고 의심할 충분한 이유가 있다고 보기도 어려우며</u>, 동료 경찰관이 총기를 사용하지 않고도 함께 도주하던 다른 일행을 계속 추격하여 체포한 점에 비추어 볼 때, 경찰관이 추격에 불필요한 장비를 일단 놓아둔 채 계속 추격을 하거나 공포탄을 다시 발사하는 방법으로 충분히 위 사망자를 제압할 여지가 있었다고 보이므로, 경찰관이 그러한 방법을 택하지 아니하고 실탄을 발사한 행위는 경찰관직무집행법 제10조의4에 정해진 총기 사용의 허용 범위를 벗어난 위법한 행위이다(대판 1999. 6. 22. 선고 98다61470).

⑴ 50cc 소형 **오토바이 1대를 절취하여 운전 중 15~16세의 절도 혐의자 3인이** 경찰관의 검문에 불응하며 도주하자, 오토바이의 바퀴를 조준하여 실탄을 발사하였으나 오토바이에 타고 있던 1인이 총상을 입게 된 경우, 위법하다(대판 2003다57956).

⑵ 경찰관이 **신호위반을 이유로 한 정지명령에 불응하고 도주하던 차량에 탑승한 동승자를** 추격하던 중 **실탄을 발사하여 사망케 한 경우**, 위법행위이다(대판 98다61470).

⑶ 경찰관이 길이 40cm 가량의 칼로 반복적으로 위협하며 도주하는 차량 절도 혐의자를 추적하던 중, **약 2m 거리에서 실탄을 발사하여** 혐의자를 복부관통상으로 사망케 한 경우, 허용범위를 벗어난 위법행위이다(대판 98다63445).

⑷ **야간에 술이 취한 상태에서 병원에 있던 과도로 대형 유리 창문을 쳐서 깨뜨리고 자신의 복부에 칼을 대고 할복 자살하겠다고 난동을 부린** 피해자가 출동한 2명의 경찰관들에게 칼을 들고 항거하였다고 하여도 칼빈소총을 1회 발사하여 사망케 한 경찰관의 총기사용행위는 경찰관 직무집행법 소정의 총기사용 한계를 벗어난 것이다(대판 91다19913).

⑸ 타인의 집 대문 앞에 은신하고 있다가 경찰관의 명령에 따라 손을 들고 나오면서 그대로 **도주하는 범인을 경찰관이 뒤따라 추격하면서 등부위에 권총을 발사하여 사망케 한 경우**, 국가의 손해배상책임이 인정된다(대판 91다10084).

5 경찰관을 밀치는 음주 운전자에게 테이저건을 사용할 수 있는가? <25. 1차 발표>

> 음주 신고를 받고 출동했는데 운전자가 2km 정도 도주하다가 멈추더니 하차하여 경찰을 위협한다. 운전자가 술에 취해서 몸 못 가눌 정도이고 술 냄새가 난다. "왜 나만 단속하냐"고 고성을 지르며 경찰관을 밀치는 상황이고 동승자는 운전자를 말리지 못하고 있다. 주변에는 폐업한 상가밖에 없고 지나다니는 사람도 없다. 출동한 경찰은 전자충격기를 소지하고 있는 상황에서 어떻게 할 것인가?

👤 답변

⑴ **상황 판단**

① 운전자가 술에 취해 몸을 못 가누고 술 냄새가 난다는 점에서 음주운전 정황을 인지할 수 있으며, 운전자가 경찰관을 밀치고 고성을 지르고 있기 때문에 공무집행방해죄에 해당할 수 있습니다.

② 주변에는 폐업한 상가만 있고 지나다니는 사람이 없다는 점에서 음주운전자에 의한 다른 시민의 2차 피해 가능성은 없습니다.

③ 음주운전과 공무집행방해죄의 혐의가 있는 사람을 제압하기 위하여 전자충격기를 사용할 수 있는지에 대한 판단이 필요합니다.

⑵ **관련 법령 등**

① 도로교통법 : 음주운전

② 형법 : 공무집행방해

③ 형사소송법 : 현행범 체포

④ 경찰 물리력 행사의 기준과 방법에 관한 규칙 : 물리력 사용 단계

⑶ **현장 대응**

① 언어적 통제 시도 : 우선 음주운전 단속을 하겠다고 고지하여 정당한 공무집행 중이라는 점을 인식시키고 위협적인 행동은 공무집행방해죄에 해당할 수 있으니 즉시 중단할 것을 강력하게 경고하겠습니다. 동시에 동승자에게도 운전자를 진정시키고 협조를 구할 것을 요청하겠습니다. 계속하여 음주측정에 응하지 않고 위협적인 행동을 하는 경우에는 현행범 체포하겠다는 마지막 경고를 하겠습니다.

② **현행범 체포**: 운전자가 구두 경고에도 불구하고 지속적으로 고성을 지르고 폭행을 가하는 등 공무집행을 방해한다면 현행범으로 체포하겠습니다. 우선 운전자에게서 술 냄새가 나고 몸을 제대로 가누지 못하고 있다면 음주운전 혐의를 인정할 수 있으며 신체·의복에 현저한 증적이 있는 음주운전의 준현행범인 요건에 해당합니다. 경찰관에게 왜 나만 단속하느냐며 고성을 지르는 것은 협박에 해당하고 경찰관을 밀치는 것은 폭력에 해당하므로 공무집행방해죄를 인정할 수 있습니다. 따라서 미란다 원칙을 고지하고 현행범인으로 체포하겠습니다.

③ **사용할 수 있는 물리력**: 경찰 물리력 사용기준에 의할 때 운전자가 경찰관을 밀치는 정도이므로 대상자는 5단계 중 3단계인 '적극적 저항' 상태로 판단됩니다. 이 경우 경찰관은 저위험 물리력 이하를 사용할 수 있습니다. 대상자의 관절을 꺾거나 넘어뜨리거나 움직이지 못하게 조르는 방법으로 제압할 수 있으며 경찰봉으로 대상자의 신체에 밀착한 상태로 밀거나 당길 수 있고 가스 분사기를 사용할 수 있습니다. 만약, 대상자가 주먹이나 발로 공격하는 폭력적 공격 상황이라면 경찰관은 소지하고 있는 전자충격기를 이용하여 제압할 수 있습니다. 따라서 적극적 저항 상태에 불과한 현재 상황에서 전자충격기를 사용한 제압은 비례의 원칙에 위배될 수 있습니다.

④ **제압 후 조치**: 제압 후에는 수갑을 채우고 음주측정 시도를 하여 5분 간격으로 3회에 걸쳐 음주측정 불응에 따를 불이익을 경고했음에도 응하지 않는 경우에는 음주측정 거부자로 처리하겠습니다.

⑤ **증거 확보**: 운전자의 비틀거림, 공무집행방해 행위, 음주측정 거부 과정, 체포시 고지 과정 등 현장 상황을 바디캠 또는 핸드폰으로 촬영하여 물리력 사용의 정당성을 입증하겠습니다.

⑷ 사후 조치

① 동승자에 대한 인적사항과 진술을 확보하겠습니다.

② 도로교통법(음주운전 또는 측정거부) 및 공무집행방해죄로 경찰서 교통사고조사계로 인계하겠습니다.

📖 경찰 물리력 행사 기준과 방법에 관한 규칙(경찰청 예규)

대상자 행위(2.1)		경찰 대응 수준(2.2)	
순응	경찰관의 지시·통제에 따르는 상태, 경찰관의 요구에 시간만 지체하는 경우	**협조적 통제**	대상자의 협조를 유도하거나 협조에 따른 물리력
소극적 저항	경찰관의 지시·통제를 따르지 않고 비협조적이지만 경찰관 또는 제3자에 대해 직접적인 위해를 가하지 않는 상태, 이동 명령에 전혀 움직이지 않거나, 일부러 몸의 힘을 모두 빼거나 물체를 잡고 버팀	**접촉 통제**	대상자 신체 접촉을 통해 경찰목적 달성을 강제할 수 있는 물리력으로서 신체 일부 잡기·밀기·잡아끌기, 쥐기·누르기·비틀기 등을 할 수 있다.
적극적 저항	경찰관의 체포·연행 등 정당한 공무집행을 방해하지만 위해 수준이 낮은 행위만을 하는 상태, 체포하려는 경찰관으로부터 도주하려는 행위, 경찰관 손을 뿌리치거나 밀거나 끌고 침을 뱉는 행위	**저위험 물리력**	대상자가 통증을 느낄 수 있으나 신체적 부상을 당할 가능성은 낮은 물리력으로서, 넘어뜨리거나 관절을 꺾거나, 팔·다리를 이용해 움직이지 못하도록 조르는 방법을 사용할 수 있으며, 【넘꺽조】 분사기를 사용할 수 있다.
폭력적 공격	경찰관이나 제3자에 대해 신체적 위해를 가하는 상태, 주먹이나 발로 위해를 초래하거나 임박한 상태, 강한 힘으로 경찰관으로부터 벗어나려고 하는 상태	**중위험 물리력**	대상자에게 신체적 부상을 입힐 수 있는 물리력으로서, 손바닥, 주먹, 발 등 신체부위를 이용한 가격을 하거나 경찰봉으로 중요부위가 아닌 다른 신체 부위를 찌르거나 가격할 수 있고 전자충격기를 사용할 수 있다.
치명적 공격	경찰관이나 제3자에 대해 사망 또는 심각한 부상을 초래할 수 있는 상태, 총기류, 흉기, 둔기 등을 이용하여 위력 행사	**고위험 물리력**	대상자의 사망 또는 심각한 부상을 초래할 수 있는 물리력으로서 권총을 사용하거나 경찰봉으로 신체 중요 부위나 급소를 가격할 수 있다.

❻ 테이저건을 사용할 때 유의할 점은? 〈25. 2차〉

👤〈답변〉

(1) **사용 요건**: 경찰관은 대상자가 폭력적 공격(경찰관이나 제3자에 대해 신체적 위해를 가하는 상태, 주먹이나 발로 위해를 초래하거나 임박한 상태, 강한 힘으로 경찰관으로부터 벗어나려고 하는 상태) 단계일 때 사용할 수 있습니다.

(2) **대상자**: 현행범 또는 사형·무기 또는 장기 3년 이상의 징역이나 금고에 해당하는 죄를 범한 대상자가 도주하는 경우 체포를 위해서 전자충격기를 사용할 수 있습니다. 정당방위나 긴급피난의 요건이 충족되지 않는 한 대상자가 14세 미만 또는 임산부인 경우 또는 대상자의 '저항' 상태가 장시간 지속될 뿐 이를 즉시 중단시켜야 할 정도로 급박하거나 위험하지 않은 상황에서는 사용하여서는 안 됩니다.

(3) **사용 절차**: 테이저건을 사용할 때에도 원칙적으로 사전 구두 경고를 해야 하며 현장상황이 급박한 경우에는 생략할 수 있습니다. 발사하는 경우 적정사거리(3 ~ 4.5m)에서 대상자의 후면부(후두부 제외)나 전면부의 흉골 이하(안면, 심장, 급소 부위 제외)를 조준하여야 합니다. 다만, 대상자가 두껍거나 헐렁한 상의를 착용하여 전극침의 효과가 없다고 판단되는 경우 대상자의 하체를 조준하여야 합니다. 현재 보급된 테이저건은 단발형이므로 불발이나 맞히지 못한 경우 추가 발사를 위해서는 카트리지를 교환해야 하므로 시간이 지체됩니다. 이때 대상자의 반격이 있을 수 있으므로 이에 대한 대비책(스턴 방식 사용, 경찰봉 사용 준비, 동료 경찰관의 물리력 사용 태세 완비, 경력 지원 요청 등)을 미리 준비하고 발사하여야 합니다.

경찰 물리력 행사의 기준과 방법에 관한 규칙

3.8.2. 전자충격기 사용 한계

가. 경찰관은 '폭력적 공격' 이상인 상태의 대상자에 대해 전자충격기를 사용할 수 있다.

나. 경찰관은 현행범 또는 사형·무기 또는 장기 3년 이상의 징역이나 금고에 해당하는 죄를 범한 대상자가 도주하는 경우 체포를 위해서 전자충격기를 사용할 수 있다.

다. 경찰관은 정당방위나 긴급피난의 요건이 충족되지 않는 한, 다음 어느 하나에 해당하는 상황에서는 전자충격기를 사용하여서는 아니 된다.

  1) 대상자 주변에 가연성 액체(휘발유, 신나 등)나 가스누출, 유증기가 있어 전기 불꽃으로 인한 화재·폭발의 위험성이 있는 상황

  2) 대상자가 계단, 난간 등 높은 곳에 위치하거나 차량·기계류를 운전하고 있는 상황

  3) 대상자가 하천, 욕조 등의 부근에 있거나, 폭우 등으로 주변이 모두 물에 젖은 상황

  4) <u>대상자가 14세 미만 또는 임산부인 경우</u>

  5) 대상자가 수갑 또는 포승으로 결박되어 있는 경우(다만, '폭력적 공격' 이상인 상태의 대상자로 인해 경찰관 또는 제3자에 대한 신체적 위해 발생 가능성 있는 경우는 제외한다)

  6) <u>대상자의 '저항' 상태가 장시간 지속될 뿐 이를 즉시 중단시켜야 할 정도로 급박하거나 위험하지 않은 상황</u>

  7) 경찰관이 대상자가 갖고 있는 신체적·정신적 장애로 인하여 전자충격기 사용 시 상당한 수준의 2차적 부상 또는 후유증이 발생할 가능성을 인지한 경우(다만, 대상자의 저항 정도가 '고위험 물리력'을 사용할 수밖에 없는 상황은 제외한다)

  8) 대상자가 증거나 물건을 자신의 입 안으로 넣어 삼켰거나 삼키려 하여 질식할 수 있는 상황

3.8.3. 전자충격기 사용 시 유의사항

가. 경찰관은 근무 시작 전 전자충격기의 배터리 충전 여부와 전기 불꽃 작동 상태를 반드시 확인하여야 한다.

나. 경찰관은 공무수행에 필요하다고 믿을 만한 상황이 아닌 경우에는 전자충격기를 뽑아 들거나 다른 사람을 향하도록 하여서는 아니 되며, 반드시 전자충격기집에 휴대하여야 한다.

다. 경찰관은 전자충격기 사용 필요성이 인정되고 시간적 여유가 있는 경우에는 신속히 이 사실을 직근상급 감독자에게 보고하고, 동료 경찰관에게 전파하여야 한다. 이를 인지한 직근상급 감독자는 필요한 지휘를 하여야 한다.

라. 경찰관이 대상자에게 전자충격기 전극침을 발사하는 경우에는 <u>사전 구두 경고를 하여야 한다. 다만, 현장상황이 급박한 경우에는 생략할 수 있다.</u>

마. 경찰관이 사람을 향해 전자충격기를 사용하는 경우에는 <u>적정사거리(3 ~ 4.5m)에서 후면부(후두부 제외)나 전면부의 흉골 이하(안면, 심장, 급소 부위 제외)를 조준하여야 한다. 다만, 대상자가 두껍거나 헐렁한 상의를 착용하여 전극침의 효과가 없다고 판단되는 경우 대상자의 하체를 조준하여야 한다.</u>

바. <u>경찰관은 전자충격기 전극침 불발, 명중 실패, 효과 미발생 시 예상되는 대상자의 추가적인 공격에 대한 적절한 대비책(스턴 방식 사용, 경찰봉 사용 준비, 동료 경찰관의 물리력 사용 태세 완비, 경력 지원 요청 등)을 미리 준비하여야 한다.</u>

사. 전자충격기 전극침이 대상자에 명중한 경우에는 필요 이상의 전류가 흐르지 않도록 즉시 방아쇠로부터 손가락을 떼야하며, 1 사용주기(방아쇠를 1회 당겼을 때 전자파장이 지속되는 시간)가 경과한 후 대상자의 상태, 저항 정도를 확인하여 추가적인 전자충격을 줄 필요가 있다고 판단되는 경우 다시 방아쇠를 당겨 사용할 수 있다.

아. 한 명의 대상자에게 동시에 두 대 이상의 전자충격기 전극침을 발사하거나 스턴 기능을 사용해서는 아니 된다.

자. 수갑을 사용 하는 경우, 먼저 전자충격기를 전자충격기집에 원위치시킨 이후 양손으로 시도하여야 한다. 전자충격기를 파지한 상태에서 다른 한 손으로 수갑을 사용할 수밖에 없는 불가피한 상황에서는 안전사고 및 전자충격기 피탈방지에 각별히 유의하여야 한다.

관련 판례(대판 2012다48114, 국가배상소송)

⑴ 사건개요 : 2010년 5월, 한 남성이 술에 취해 아내가 납치되었다고 오인하여 경찰에 신고했다. 출동한 경찰관들에게 그는 부엌칼을 시작으로 회칼과 과도까지 들고 약 70분간 욕설을 하고 칼을 휘두르며 난동을 부렸다. 경찰관이 남성의 등을 향해 테이저건을 발사하자, 남성은 넘어지면서 자신이 들고 있던 과도에 옆구리를 찔려 사망하게 되었다.

⑵ 원고측 주장 : 사망한 남성의 유가족은 경찰의 테이저건 사용이 과잉 대응으로서, 경찰관이 칼을 든 사람이 테이저건에 맞으면 넘어져 다칠 수 있다는 것을 충분히 예상할 수 있었음에도, 아무런 대비 없이 테이저건을 사용한 것은 명백한 직무상 불법행위라고 주장하였다.

⑶ 피고측 주장 : 당시 남성은 칼을 휘두르며 경찰관과 행인을 위협했고, 자해하겠다며 자신의 몸에 칼을 대는 등 매우 위험하고 급박한 상황이었으며, 70분간의 설득에도 난동이 계속되어 테이저건 사용 외에는 다른 방법이 없었고, 관련 법규와 현장 매뉴얼에 따라 적법하게 사용했다고 주장하였다. 그 남성이 넘어진 충격으로 스스로의 칼에 찔려 사망한 것은 예측 불가능한 결과라고 하였다.

⑷ 법원의 판단 : 70분간 흉기를 들고 난동을 부린 위험한 상황이었고, 경찰이 충분히 설득 노력을 했으며, 테이저건 사용은 현장 매뉴얼에 따른 정당한 직무집행이었다. 사망이라는 최악의 결과가 발생했지만 이는 우연한 사정일 뿐 경찰의 행위가 위법하다고 볼 수 없다.

7 체포된 피의자 대기 중에 20분간 뒷수갑을 사용하는 것은 적절한가? 〈25. 1차 발표〉

> 특수폭행 혐의로 체포된 여성 피의자가 계속 욕하고 난동 부려서 한쪽 팔에 수갑을 채워 의자에 앉혔다. 그런데도 계속 "순경 xx야 순사 xx야"라고 하면서 난동 부리고 책상과 물병을 발로 차서 경찰관이 20분 동안 뒷수갑을 채웠다가 풀어줬다. 이 상황과 관련하여 국가인권위원에서는 징계를 권고했는데 본인의 의견은?

답변

이 사례는 특수폭행 혐의로 체포된 피의자에 대한 수갑 사용과 관련된 경찰관의 조치가 적법했는지를 판단하는 사안입니다. 해당 경찰관의 의무위반에 대한 징계처분 가능성과 형법상 독직폭행죄의 가능성에 대하여 말씀드리겠습니다.

(1) 상황 판단

① 피의자 행동 : 지속적인 욕설, 난동, "순경 xx야 순사 xx야" 등 모독적 언사, 책상과 물병을 발로 차는 등 물리적 행동을 하였습니다.

② 경찰관 조치 : 한쪽 팔 수갑 ⇨ 의자 고정 ⇨ 뒷수갑 20분간 채움 ⇨ 해제하였습니다.

(2) 관련 법령

① 경찰관 직무집행법 제10조의2(경찰장구의 사용) : 경찰관은 자신이나 다른 사람의 생명·신체의 방어 및 보호 또는 공무집행에 대한 항거 제지를 위하여 경찰장구인 수갑을 사용할 수 있습니다.

② 위해성 경찰장비의 사용기준 등에 관한 규정 제5조(자살방지 등을 위한 수갑등의 사용기준 및 사용보고) : 경찰관은 범인·술에 취한 사람 또는 정신착란자의 자살 또는 자해기도를 방지하기 위하여 필요한 때에는 수갑을 사용할 수 있습니다.

③ 경찰 물리력 행사의 기준과 방법에 관한 규칙(경찰청 예규) 3.4.2. 수갑 사용 한계 및 유의사항 : 경찰관은 대상자의 언행, 현장상황 등을 종합적으로 고려하여 <u>도주, 폭행, 소요, 자해 등의 위험이 있는 경우 수갑을 사용할 수 있으며 그 우려가 높다고 판단되는 경우 뒷수갑을 사용할 수 있습니다.</u> 경찰관은 대상자가 수갑으로 인한 고통을 호소하는 경우 수갑 착용 상태를 확인하여 재착용, 앞수갑 사용, 한손 수갑 사용 등 적절한 조치를 취해야 합니다.

④ 형법상 독직폭행죄 제125조(폭행, 가혹행위) : 재판, 검찰, 경찰 그 밖에 인신구속에 관한 직무를 수행하는 자 또는 이를 보조하는 자가 그 직무를 수행하면서 형사피의자나 그 밖의 사람에 대하여 폭행 또는 가혹행위를 한 경우에는 5년 이하의 징역과 10년 이하의 자격정지에 처합니다.

(3) 인권위원회 권고 검토 : 2019. 1. 15. 02:50경 특수폭행 등 현행범인으로 체포된 피의자가 조사대기실에서 담배를 피우고 경찰관에게 욕설을 한 사안에서 피의자가 이미 체포 및 호송이 완료되어 한쪽 수갑이 채워진 상태임에도 경찰관이 이를 제지하기 위하여 뒷수갑을 채우고 제압을 한 것은 필요한 최소한의 범위를 넘은 과도한 경찰장구 사용에 해당한다는 이유로 징계 처분을 권고하였습니다. 한편 인권위원회의 권고 이전에 해당 경찰서에서는 자체조사하여 징계처분이 아닌 '주의' 조치를 하였습니다.

(4) 본 사례에 대한 법적 판단

① 적법한 부분

㉠ 초기 한쪽 팔 수갑 사용 : 특수폭행 혐의자로서 폭력성이 인정되는 상황이며 지속적인 난동으로 타해 위험이 구체적으로 존재하고 경찰관 안전과 시설물 파손 방지를 위한 필요최소한의 조치로 판단할 수 있습니다.

ⓛ 의자 고정 조치 : 피의자의 안전과 추가적인 난동 방지를 위한 합리적 조치이며 도주 방지 및 사무실 내 질서 유지를 위한 필요한 조치로 판단됩니다.

② 문제가 될 수 있는 부분

　㉠ 뒷수갑으로의 전환 : 한쪽 팔 수갑에서 뒷수갑으로 전환한 것이 과도한 조치인지 검토가 필요하며 뒷수갑은 더 강한 강제력을 의미하므로 그에 상응하는 위험성이 증명되어야 합니다.

　ⓛ 20분간 지속 : 위험 상황이 해소된 후에도 계속 채워두었다면 비례의 원칙을 위반할 가능성이 있습니다. 따라서 피의자가 진정된 후 적절한 시점에 해제했는지가 문제 된다고 할 수 있습니다.

(5) **결론**

① **징계 처분** : 체포된 피의자가 한쪽 팔에 수갑이 채워져 의자에 고정되었음에도 계속하여 공무수행 중인 경찰관에게 욕설을 하고 난동을 피우면서 책상과 물병을 발로 찼다고 하더라도, <u>피의자는 체포되어 형사과 사무실에 인치되어 있는 상황이어서 도주, 폭행, 소요, 자해 등의 우려가 높은 경우라고 보기 어려운 측면이 있습니다</u>. 또한 뒷수갑을 채운 목적이 공무집행방해를 제지하기 위함이 아닌 욕설을 하고 난동을 부리는 피의자에게 고통을 주려는 보복성 제재로 볼 수 있는 여지가 있습니다. 그럼에도 불구하고 뒷수갑을 사용한 시간이 20여 분에 불과하고 피의자의 극렬한 난동을 제지하기 위한 수단이었던 점을 감안하면 징계처분은 과도하다고 판단되며 징계에 해당하지 않는 경고 처분이 적정하다고 생각합니다.

② **형사 처벌** : 형법상 독직폭행죄의 가능성 또한 같은 이유로 인정하기 어렵다고 생각합니다.

국가인권위원회 결정문

1. 진정요지

진정인은 2019. 1. 15. ○○시 ○○구 ○○동 소재 주점에서 주취소란 혐의로 현행범인으로 체포되어 ○○○○경찰서 형사과 조사대기실에서 대기 중이었고 피진정인들은 당시 ○○○○경찰서 형사과 소속 경찰관이었던바, 피진정인들은 진정인이 소란을 피운다는 이유로 뒷수갑을 채웠고 진정인이 수갑 찬 오른손이 수갑에 의한 쇳독으로 두드러기가 발생하여 간지럽고 부어올라 풀어달라고 요구했는데도 풀어주지 않았으며, 소란을 피운다는 이유로 정강이를 걷어찼는가 하면 진정인이 화장실을 가게 해 달라고 요청했음에도 여자 경찰이 없다는 이유로 진정인의 요청을 거부하여 진정인이 그 자리에서 소변을 볼 수밖에 없게 하였다.

2. 당사자의 주장 요지

1) 피진정인 1(○○○, 경사, ○○○○경찰서 형사과)

2019. 1. 15. 02:50경 특수폭행 등 현행범인으로 체포된 진정인의 신병을 인계받아 기록을 검토하던 중, 같은 날 03:08경 조사대기실에서 진정인이 가방에서 담배를 집어 들기에 이를 빼앗으려 하였는데, 진정인은 이를 거부하며 피진정인 1, 2의 정강이를 발로 걷어찼다. 이후 진정인이 진정된 것 같아 피진정인 2와 함께 진정인에 대한 기초조사를 위해 진정인과 대화를 시도하던 03:13경 진정인이 손에 든 휴대전화로 옆자리에 앉은 피진정인 2의 얼굴을 때리고 흥분한 채로 계속하여 욕설을 하여, 진정인의 흥분을 가라앉히고 진정인과 경찰관들의 안전을 위해 03:14경 부득이 진정인에게 뒷수갑을 채웠다. 이후 03:32경 진정인의 수갑을 해제하고 진정인에게 물을 전달해주려고 하였는데, 진정인은 손을 뿌리치며 피진정인 1의 정강이를 발로 걷어찬 후 가방에서 담배를 꺼내 물어서 이를 빼앗았다.

같은 날 04:53경 진정인이 조사대기실에서 담배를 피우고 있어서 다가가 담배를 빼앗았다. 이때 바닥에 진정인의 소변이 있음을 알고 이를 닦기 위해 화장실에서 밀걸레를 가지고 다시 왔는데, 진정인이 피진정인 2의 멱살을 잡고 있어 이를 풀었다. 그러자 진정인은 또다시 피진정인 2의 정강이를 발로 걷어차면서 조롱하는 말을 하였다. 이후 진정인이 조사받기를 원하여 조사를 하고 석방하였다. 이 과정에서 진정인이 조사대기 중 화장실을 가게 해달라는 요구를 진정인으로부터 들은 적이 없고, 여경이 없다는 이유로 진정인의 화장실 사용을 거부한 적도 없다.

2) 피진정인 2(○○○, 경장, ○○○○경찰서 형사과)

진정인은 ○○○○경찰서 형사과로 인치되는 과정에서 체포한 정복경찰관에게 지속적으로 "씨발 새끼야, 네가 남자냐"등 모욕적인 발언과 함께 정강이를 발로 걷어차는 행태를 보였으며, 진정인의 사건이 피진정인 1에게 배당되어 수갑을 갈아 끼우는 과정에서도 경찰관을 걷어차며 "씨발 새끼야, 다 죽여 버린다", "너네가 남자냐? 병신새끼들"과 같은 욕설을 하였다. 이에 경위 ○○○ 및 피진정인 1, 2가 "관공서에서 지속적으로 행패를 부릴 시 추가적인 범죄가 될 수 있습니다"라고 고지하며 진정인의 수 갑을 갈아 끼웠으며, 이 과정에서 진정인의 무릎과 정강이쪽을 손으로 눌러 진정인이 경찰관들을 발로 걷어차지 못하게 제지하였다. 이후에도 진정인은 조사대기실에 다른 사건의 피의자가 함께 대기하고 있음에도 불구하고 욕설을 하고 담배를 피웠다. 피진정인 1이 진정인의 담배를 뺏어 흡연을 제지하고 경고하였으나 진정인은 또 다른 담배를 꺼내 불을 붙였다. 다른 피의자의 건강보호 및 화재 등의 위험 성 방지를 위해 진정인에게 즉시 담배를 끌 것을 요구했으나, 진정인은 "뭐 어쩌라고 씨발 새끼야, 남 자구실도 못하게 생긴 새끼야"라고 욕설을 하였다. 이에 안전하게 담배를 끄기 위해 진정인의 손에 끼 워져 있는 담뱃불을 발로 차서 끄려고 했으나 미치지 못하였고, 다시 담뱃불을 끄려고 시도하였으나 진정인이 갑자기 "덤벼봐, 씨발새끼야"라고 하며 발로 피진정인 2를 걷어찼다. 진정인이 다시 발로 차 는 상황을 막기 위해 진정인의 접은 발 쪽을 제압하고 "분명히 담배피지 말라고 했습니다, 관공서이고 다른 사람들도 있는데 아까부터 뭐하시는 겁니까"라고 고지하며 담배를 뺏어 뒤쪽으로 던졌다.

3. 인정사실

○○○○경찰서는 피진정인들에 대한 자체조사를 실시하여 피진정인 1이 진정인의 화장실 사용요청을 묵살하였다는 주장에 대해서는 증거를 발견할 수 없다는 이유로 '불문'으로, 피진정인 2가 진정인의 다리를 걷어차는 등의 행위를 했다는 주장에 대해서는 인권침해 사실 발견할 수 없지만 흡연 제지를 위해 발로 담배를 차는 등 부적절한 행위를 한 점을 인정하여 '주의' 조치하는 것으로 2019. 4. 29. 결정하였다.

4. 판단

공권력의 집행은 최대한 절제되어야 하고 정당한 직무집행 범위 이상의 물리력 행사는 용납될 수 없으 므로, 피진정인들이 진정인에 대해 뒷수갑을 채우고 과도한 제압과 폭력을 행사한 행위는 「경찰관직무 집행법」 제10조의2에서 정한 필요한 최소한의 범위를 넘은 과도한 경찰장구 사용에 해당하고, 「범죄수 사규칙」 제56조 제1항에서 금지하는 행위로 헌법 제12조가 정한 진정인의 신체의 자유를 침해하는 행 위로 판단된다. 이에 피진정인 1에게 경고처분을 하고, 피진정인 2에게는 직접적인 물리력 행사가 과도 하였던 점에서 보다 엄중한 조치가 필요하다고 판단되어 **징계조치를 권고한다.**

경찰 물리력 행사의 기준과 방법에 관한 규칙(경찰청 예규)
3.4.2. 수갑 사용 한계 및 유의사항

가. 경찰관은 대상자의 언행, 현장상황 등을 종합적으로 고려하여 <u>도주, 폭행, 소요, 자해 등의 위험</u>이 있는 경 우 수갑을 사용할 수 있으며 <u>그 우려가 높다고 판단되는 경우 뒷수갑을 사용할 수 있다.</u>

나. 경찰관은 뒷수갑 상태로 대상자를 이동시키는 경우 팔짱을 끼고 동행하는 등 도주 및 안전사고 예방을 위한 적절한 조치를 취하여야 한다.

다. 경찰관은 대상자의 움직임으로 수갑이 조여지거나 일부러 조이는 행위를 예방하기 위해 수갑의 이중 잠금 장치를 사용하여야 한다. 다만 대상자의 항거 등으로 사용이 곤란한 경우에는 사용하지 않을 수 있다.

라. 경찰관은 대상자의 신체적 장애, 질병, 신체상태로 인하여 수갑을 사용하는 것이 불합리하다 판단되는 경우 에는 수갑을 사용하지 않을 수 있다.

마. <u>경찰관은 대상자가 수갑으로 인한 고통을 호소하는 경우 수갑 착용 상태를 확인하여 재착용, 앞수갑 사용, 한손 수갑 사용 등 적절한 조치를 취하여야 한다.</u>

바. 경찰관은 급박한 상황에서 수갑이 없거나 사용이 불가능한 경우 예외적으로 경찰혁대 등을 수갑 대용으로 사용할 수 있다.

후속질문

✦ 이렇게 행패를 부리는 사람을 어떻게 진정시키겠는가?

경찰서 내에서 난동을 부리는 상황은 현장과 달리 시간적 여유가 있으므로 단계적으로 접근을 하겠습니다.

① **안전 확보**: 피의자 주변의 물건을 치우고 다른 피의자들과 공간적으로 분리하며 조사관과는 안전거리를 유지합니다.

② **영상 촬영**: 피의자의 욕설에 무반응으로 대응하며 촬영사실을 고지하고 바디캠이나 휴대폰으로 욕설하며 난동 부리는 상황을 촬영합니다.

③ **경고**: 난동이 계속되는 경우 욕설에 대한 모욕죄, 기물파손에 대한 공용물건손괴죄 또는 공무집행방해죄가 추가될 수 있음을 안내하고 모든 상황이 녹화되고 있음을 경고하여 스스로 자제하도록 하겠습니다.

④ **여성경찰관 지원**: 여성경찰관을 투입하여 피의자를 설득합니다.

⑤ **환경 변화**: 간식이나 음료 제공, 대기실 변경 등을 시도할 수 있습니다. 최후의 수단으로 진정할 때까지 유치장에 입감한 후 술이 깨거나 진정이 된 후에 조사를 진행할 수 있습니다.

✦ 본인은 뒷수갑을 안 채우려고 했지만 선배가 시킨다면 어떻게 하겠는가?

선배님의 지시를 존중하지만 법적인 책임은 결국 개인이 지는 것이므로 선배님과의 원활한 소통을 통해 적절한 접점을 찾도록 노력하겠습니다. 우선, 선배님이 뒷수갑을 지시하신 이유를 파악하겠습니다. 제가 미처 발견하지 못한 피의자의 자해 시도나 숨겨진 위험 요소를 선배님이 포착하셨을 수 있습니다. 선배님 말씀에도 뒷수갑을 채울 만큼 도주, 폭행, 소요, 자해 우려가 높지 않다면 침해가 낮은 앞수갑을 채우는 대안을 제시하여 보겠습니다. 그럼에도 선배님이 계속 지시한다면, 나중에 민원이나 감찰조사가 진행되면 저희 둘 다 문제가 될 수 있음을 말씀드리고 여성 경찰관 투입이나 유치장 입감은 어떨지 또는 팀장님 지휘를 받아서 하면 어떨지를 말씀드리며 설득하겠습니다.

제15절 이상동기범죄

1 온라인 사이트에 흉기 난동 예고글을 올린 경우 대응 방안은?

A씨는 2024년 9월 자신이 관리자로 있는 온라인 익명 사이트에 '야탑역 월요일 30명을 찌르고 죽인다'는 제목 아래에 "부모님이 날 버리고 친구들도 무시한다. 23일 오후 6시 야탑역에서 친구들과 지인들에게 흉기를 휘두르겠다."는 내용의 글을 게시하였다. 이에 따라 경찰은 9월과 10월 두 달 동안 야탑역 주변에 529명의 경찰관을 투입하고, 장갑차까지 배치하는 등 순찰을 강화했다. 경찰조사 결과 A씨가 글을 올린 사이트는 해외에 서버가 있는 것으로 밝혀졌다. 이와 같은 온라인상의 흉기난동 예고 글에 대한 경찰의 대처방안은?

답변

(1) **논점**: 온라인상에 올린 흉기 난동 예고 글에 대하여 경찰이 어떻게 범죄예방을 할 것인가 하는 문제와 그 작성자를 어떻게 추적하여 처벌할 것인가에 대하여 발표하겠습니다.

(2) **관련 법령**

① **공중협박죄**: A의 행위는 형법상 공중협박죄에 해당합니다.

> **제116조의2(공중협박)** ① 불특정 또는 다수의 사람의 생명, 신체에 위해를 가할 것을 내용으로 <u>공연히 공중을 협박</u>한 사람은 5년 이하의 징역 또는 2천만원 이하의 벌금에 처한다.
> ② 상습으로 제1항의 죄를 범한 때에는 그 죄에 정한 형의 2분의 1까지 가중한다.
> ③ 제1항 및 제2항의 미수범은 처벌한다.

② **공공장소 흉기소지죄**: A가 실제로 공공장소에서 흉기를 소지하고 이를 드러낸 경우에는 공공장소 흉기소지죄에 해당합니다.

> **제116조의3(공공장소 흉기소지)** 정당한 이유 없이 도로·공원 등 불특정 또는 다수의 사람이 이용하거나 통행할 수 있는 공공장소에서 사람의 생명, 신체에 위해를 가할 수 있는 <u>흉기를 소지하고 이를 드러내어</u> 공중에게 불안감 또는 공포심을 일으킨 사람은 3년 이하의 징역 또는 1천만원 이하의 벌금에 처한다.

🖉 공공장소에서 흉기를 소지하고 이를 드러내어 공공의 안전을 해칠 우려가 있을 때 성립한다. 가방 안에 넣어 둔 상태로 외부에서 인식되지 않았다면 그 자체만으로는 범죄가 되기 어렵다. 흉기를 실제로 사용하거나 휘둘러야만 처벌되는 것은 아니다. 예를 들어 손에 들고 있거나, 옷·가방 밖으로 일부가 노출되었거나, 말과 행동으로 흉기 소지를 인식시키는 경우가 이에 해당한다. 또한 흉기를 드러냈다는 사실뿐만 아니라 그로 인해 실제로 공공의 안전을 해칠 위험성이 있어야 한다. 음주 상태, 다툼 직후, 인파 밀집 장소, 위협적인 언행이 결합되었다면 위험성이 크게 평가된다.

(3) **범죄 예방 대책**

① 사례에서 예고된 야탑역 주변에 대하여 집중적인 범죄예방 순찰이 필요하다고 생각합니다. 이러한 순찰은 관할 지역경찰에서 수행하기에는 역부족이므로 <u>경찰기동대 또는 기동순찰대의 활동이 효과적</u>이라고 생각합니다.

> 기동순찰대 : 2023년 신림역과 서현역에서 발생한 흉기난동 사건과 관악산 등산로 살인사건 등 이상동기범죄가 연이어 발생하면서 창설된 조직으로서 이와 같은 흉기난동 예고 사건에 불안해하는 국민들에게 경찰관들의 가시적인 범죄예방 활동을 보여줌으로써 치안안전감을 높이고 모방범죄를 예방하는 효과를 거두었다.

② 유사 사례 예방을 위하여 경찰은 주요 온라인 커뮤니티, 소셜 미디어 등을 상시적으로 모니터링하여 흉기 난동 예고와 같은 불법 게시물을 조기에 감지하고 삭제를 요청하는 등 선제적인 예방 활동을 강화해야 한다고 생각합니다. 이러한 온라인상의 흉기난동 예고 글을 선제적으로 찾아 대응하기 위한 사이버순찰팀을 운영할 필요도 있다고 생각합니다. 또한 이러한 글을 게시하는 행위가 명백한 범죄임을 국민들에게 알리고 시민들의 적극적인 제보를 유도하는 홍보활동도 강화해야 합니다.

(4) 행위자 추적 및 처벌강화

① 인터넷 게시글 작성자를 추적하기 위해서는 서버 운영자의 협조가 필요한데 해외 서버의 경우에는 해당 국가의 법률 문제 등으로 협조가 쉽지 않은 것으로 알려졌습니다. 원활한 해외 서버 수사를 위하여 우리 경찰의 사이버수사 역량을 키우고 외국 수사기관과 긴밀한 협조체제를 유지하는 것이 중요합니다. 해당 국가와의 국제형사사법공조조약뿐만 아니라 다양한 형태의 수사공조를 위한 MOU(양해 협정)을 체결하는 것이 필요하다고 생각합니다.

② A의 행위로 국민 불안을 해소하기 위하여 경찰은 막대한 인력을 투입해야 했습니다. 이러한 국민불안 행위와 경찰력을 낭비하는 행위에 대하여는 형사처벌 외에도 민사상 손해배상 청구로 막대한 재산적 손실이 발생할 수 있음을 홍보하여 모방범죄를 억제할 수 있다고 생각합니다.

③ A에 대하여 공중협박죄를 적용하여 처벌할 수 있으며, 만약 A가 게시글과 같이 공공장소에 흉기를 소지하고 공중을 불안하게 하였다면 공공장소 흉기소지죄로 처벌할 수 있습니다.

후속질문

✦ 기존의 협박죄와 신설된 공중협박죄의 차이에 대하여 설명해 보시오.

(1) **단순 협박죄** : 단순 협박죄는 3년 이하의 징역 또는 500만 원 이하의 벌금 등에 처하며 반의사불벌죄에 해당합니다. 피해자가 특정되지 않은 불특정 다수에 대한 협박의 경우, 기존 협박죄 적용에 있어 범죄 성립 여부, 피해자 특정, 공소사실 특정 등에 대해 법리적 해석이 엇갈리고 처벌 공백이 발생했습니다. 단순히 '살인하겠다'는 말만으로는 살인예비·음모죄 적용이 어렵고 정보통신망법 위반도 반복성이 없으면 처벌이 어려운 경우가 있었습니다.

(2) **공중 협박죄** : 5년 이하의 징역 또는 2,000만 원 이하의 벌금에 처하며 반의사불벌죄가 아닙니다. 불특정 또는 다수의 사람의 생명, 신체에 위해를 가할 것을 내용으로 공연히 공중을 협박하는 것으로서 피해자가 특정되지 않아도 처벌이 가능하도록 하여 기존 협박죄의 한계를 보완했습니다. 온라인 게시판이나 SNS 등을 통한 살인 예고, 공공장소에서의 테러 예고 등이 대표적입니다.

(3) **주요 차이점 비교**

구분	기존 협박죄(형법 제283조 등)	공중협박죄(형법 제116조의2)
보호법익	개인의 의사결정 자유, 평온	공공의 안전과 평온, 사회적 신뢰
행위 대상	특정 개인 또는 그 친족	불특정 또는 다수의 사람(공중)
해악의 내용	생명, 신체, 자유, 명예, 재산 등 포괄적	생명, 신체에 대한 위해로 한정
공연성 요건	일반적으로 요구되지 않음(도달하면 됨)	공연히(공공연하게) 협박할 것을 요구
처벌 수위	3년이하 징역 또는 500만 원 이하 벌금 등	5년이하 징역 또는 2,000만 원 이하 벌금
반의사불벌죄	해당	해당 없음

✦ **공공장소 흉기소지죄는 흉기를 드러내었을 때만 처벌할 수 있는데, 불심검문 중에 흉기를 숨겨서 소지하고 있는 사람을 발견하였을 때는 어떻게 조치할 수 있는가?**

신설된 '공공장소 흉기소지죄'가 흉기를 '드러내어' 공중에게 위협을 가하는 행위를 처벌하기 때문에 '숨겨서 소지'한 경우에는 해당 조항의 직접적인 적용이 어려울 수 있습니다. 하지만 다른 법률에 근거하여 적절한 조치를 취할 수 있습니다.

(1) **「경범죄 처벌법」 제3조 제1항 제2호(흉기은닉) 적용 검토**: "정당한 이유 없이 상당한 위협을 줄 수 있는 칼·쇠몽둥이·쇠톱 등 흉기를 숨겨서 지니고 다닌 사람"은 흉기은닉죄에 해당합니다. 대상자에게 흉기의 임의제출을 요구하고 이에 응하지 않는 경우에는 형사소송법에 따라 압수할 수 있습니다. 「경찰관 직무집행법」 제4조(보호조치)에 의하여 대상자가 보호조치의 대상이 되는 경우에는 흉기를 임시영치할 수 있습니다.

> ✎ 형사소송법: 경범죄처벌법 위반으로 경미하더라도 주거불명인 경우 대상자를 현행범인 체포하고 체포현장에서 영장없이 칼을 압수(형소법 제216조 제1항 제2호)할 수 있으며, 주거가 확인되어 체포할 수 없는 경우에는 범죄장소에서 긴급압수(형소법 제216조 제3항)에 근거하여 칼만 압수할 수 있다.

(2) **「폭력행위 등 처벌에 관한 법률」 제7조(우범자) 위반 여부 검토**: 정당한 이유없이 폭력행위등 범죄에 사용될 우려가 있는 흉기를 압수할 수 있습니다.

(3) **「총포·도검·화약류 등의 안전관리에 관한 법률」(총포화약법) 위반 여부 검토**: 발견된 흉기가 총포화약법에서 규제하는 '도검'에 해당하고(**예** 칼날의 길이가 15cm 이상인 칼 등), 허가 없이 소지하거나 휴대한 경우(형사처벌 대상임)는 대상자를 현행범으로 체포하고 흉기를 압수할 수 있습니다.

2 이상동기범죄란 어떤 범죄를 말하며 주요 특징은?

👤 〈답변〉

(1) **이상동기 범죄**: '이상동기 범죄'란 뚜렷한 범행 동기 없이 불특정 다수를 상대로 저지르는 범죄를 말합니다. 흔히 '묻지마 범죄'로 표현되지만 2022년부터 이를 '이상동기 범죄'로 부르기 시작하였습니다.

(2) **주요 특징**

① **명확한 동기 부재 또는 비이성적 동기**: 범죄자와 피해자 사이에 원한 관계, 금전적 이해관계 등 전통적인 범죄에서 나타나는 명확한 동기가 없거나 매우 희박합니다. 동기가 있더라도 사회 통념상 이해하기 어렵거나 비논리적이고 망상에 가까운 등 비이성적인 경우가 많습니다.

② **불특정 대상성(묻지마 범죄)**: 피해자가 특별한 이유 없이 무작위로 선택되는 경우가 많습니다. 단순히 특정 시간, 특정 장소에 있었다는 이유만으로 피해 대상이 될 수 있습니다.

③ **내재된 불만 및 문제의 외부 표출**: 가해자 개인의 정신질환(조현병, 망상장애 등), 극심한 사회적 고립감, 누적된 스트레스, 사회에 대한 분노나 좌절감, 현실 불만 등이 왜곡된 방식으로 불특정 외부 대상을 향해 폭력적으로 표출되는 경향이 있습니다. 때로는 자신의 존재감을 과시하거나 사회에 대한 극단적인 메시지를 전달하려는 의도가 숨어있기도 합니다.

④ **사회적 불안감 야기**: 범행의 동기가 불분명하고 대상이 무작위적이기 때문에 일반 시민들에게 '나도 언제든 피해자가 될 수 있다'는 극심한 공포와 불안감을 조성하여 사회적 파장이 매우 큽니다.

❸ 시장에서 흉기를 소지하고 돌아다니는 사람에 대한 조치는? <25. 2차 발표>

> 14시경 시장 부근에서 키 190cm 40대 후반 남성이 술에 취한 채 흉기(낫)를 들고 "죽여 버릴거야"라고 말하며 돌아다닌다는 내용으로 신고되었다. 현장에 출동한 경찰관으로서 조치는?

👤 〈답변〉

(1) 상황 판단

① 사례는 공공장소에서 이유 없이 흉기를 휘두르는 이상동기범죄로 볼 수 있습니다. 이상동기범죄란 뚜렷한 동기 없이 불특정 다수를 상대로 저지르는 범죄를 말합니다.

② 시장 부근이므로 많은 사람들의 피해가 예상되는 상황이며 신속한 체포가 필요하다고 생각합니다.

(2) 법적 근거

① 형법 : 공중협박죄, 공공장소 흉기소지죄

② 경찰관직무집행법 : 제5조(위험발생방지), 제6조(범죄의 예방과 제지)

③ 정신건강복지법 : 응급입원

(3) 현장 대응

① 안전 확보

　㉠ 경찰관 안전 확보 : 출동하는 경찰관의 안전을 위하여 방검복과 방검장갑을 현장 도착 전에 미리 착용하여야 하며, 강제 진압을 위한 무기, 테이저건, 삼단봉, 방패 등의 장비를 휴대합니다.

　㉡ 시민의 안전 확보 : 사람이 많은 곳에서 낫을 휘두르고 있기 때문에 부상자가 발생할 수 있으므로 출동 중에 119구급대의 공동대응을 요청하고, 현장에 도착하는 즉시 시민의 안전 확보를 위하여 주변 시민의 접근을 막고 대피하도록 하겠습니다.

② 112상황실 보고(협조 요청)

　㉠ 흉기 난동자의 상태, 피해 현황 등을 제1보로 신속히 보고하겠습니다.

　㉡ 흉기 난동자를 안전하게 진압하기 위하여 필요시 추가 경력 지원을 요청하겠습니다.

③ 현장 조치(실행)

　㉠ 분리(포위) : 동료들과 업무 분담하여 대상자가 다른 시민을 공격하지 않도록 포위하면서 동시에 다른 시민들이 현장으로 접근하지 못하도록 조치하겠습니다.

　㉡ 설득 및 경고 : 흥분한 대상자를 진정시켜 흉기를 내려놓도록 설득하겠습니다. 불필요한 자극을 최소화하고 대상자의 말에 공감하는 자세를 보이며 경찰관의 지시에 따르도록 시도하겠습니다. 설득이 통하지 않을 경우 대상자에게 흉기를 버리도록 3회 이상 명령하고 이에 응하지 않을 경우 강제진압할 수 있음을 경고하겠습니다.

　㉢ 진압 : 사람들이 많이 모이는 거리에서 시간을 끌면 대상자의 돌발적인 행동에 많은 시민이 피해를 입을 수도 있으므로 조기 진압이 필요하다고 생각합니다. 경찰관의 투항 명령에도 계속 저항하며 흉기로 경찰관이나 시민들을 위협하는 경우 또는 도주하려고 시도하는 경우에는 대상자의 후면부(후두부 제외)에 테이저건을 발사하여 제압하겠습니다. 이후 미란다 원칙을 고지하고 공공장소 흉기소지죄, 공중협박죄의 현행범으로 체포하고 흉기인 낫을 증거물로 압수하겠습니다.

　✎ 사람이 많은 곳에서 총기 사용은 적절하지 않음

　㉣ 촬영 : 경찰착용기록장치(바디캠)로 촬영 사실을 알리고 전체 체포 과정을 기록하겠습니다.

⑷ 사후 조치

① **증거 확보**: 주변 목격자의 인적사항과 연락처를 확보하고, CCTV나 차량 블랙박스 등을 확보하여 추후 조사에 활용할 수 있도록 하겠습니다.

② **응급입원 검토**: 흉기난동을 부린 주취자가 정신질환자로 의심되는 경우에는 재발 방지를 위하여 정신건강복지법상 응급입원을 의뢰하겠습니다. 응급입원은 정신질환자로 추정되는 사람이 자기나 다른 사람에 대한 위해를 가할 위험성이 있고 긴급성이 있는 경우에 경찰관이 의뢰하여 정신과 전문의의 진단으로 3일간 정신병원에 강제입원을 시킬 수 있는 제도입니다.

📖 '묻지마 칼부림' 정신병력으로 '응급입원'

강원 춘천경찰서는 특수상해, 공공장소 흉기 소지 혐의로 40대 A씨를 붙잡았다. A씨는 춘천시 한 길거리에서 일면식도 없는 시민들을 향해 흉기를 휘둘러 행인 1명을 다치게 하였다. 출동한 경찰관들은 A씨를 현행범 체포하고, A씨에 대한 정신질환 병력을 확인해 같은 날 응급입원 조치했다. 〈아이뉴스24 25.8.28. 참조〉

후속질문 ....

✦ 본인이 실제로 현행범 체포를 한다고 생각하고 어떻게 체포 고지를 할 것인가?

피의자를 체포하는 경우에는 피의사실의 요지, 체포의 이유와 변호인을 선임할 수 있음을 말하고 변명할 기회를 주어야 합니다(형소법 제200조의5). 실제로 체포하는 경우 "당신을 공중협박죄 및 공공장소 흉기소지죄(피의사실의 요지)의 현행범으로(체포의 이유) 체포합니다. 당신은 변호인을 선임할 수 있고 변명할 기회가 있으며 체포적부심을 청구할 수 있습니다"라고 고지하겠습니다.

✦ 대상자가 낫을 들고 있는 상태에서 휘두르지는 않고 주변의 과일을 던지고 있는 상황이라면 테이저건을 사용하겠는가?

대상자를 목격한 신고자에 의하면, 대상자는 "죽여 버릴거야"라는 말을 하며 낫을 들고 다녔습니다. 현재는 대상자가 경찰관을 향하여 낫을 휘두르지 않고 있는 상황이라고 하더라도 언제든지 낫을 휘두를 수 있는 위해가 임박한 상태입니다. 다만 현재는 경찰관이나 시민을 향하여 직접적인 공격이 없는 상태이기에 곧바로 전자충격기로 제압하기보다는 좀 더 신중을 기하며 단계적으로 대응하겠습니다. 우선 대상자를 포위한 후 낫을 내려놓도록 설득하고 따르지 않을 경우 테이저건을 발사할 수 있음을 경고하겠습니다. 경찰의 설득과 경고에 반응하는 대상자의 언어나 정신상태, 행동 등을 종합적으로 관찰하여 테이저건 발사 여부를 판단하겠습니다.

✦ 출동한 현장 주변에서 흉기가 없는 인상착의 비슷한 사람을 발견한다면 어떻게 할 것인가?

현장 주변에서 술에 취한 인상착의가 비슷한 사람(키 190cm 40대 후반 남성)이 있으면 경찰관직무집행법 제3조(불심검문)에 따라서 대상자를 정지시키고 질문을 하겠습니다. 불심검문을 할 때에는 대상자가 숨겨둔 흉기를 갑자기 꺼내어 공격할 수 있으므로 피습에 대비하여 2인 1조로 대응하겠습니다. 경찰관은 불심검문에 수반하여 흉기조사를 할 수 있으므로 대상자의 겉옷을 가볍게 두드리거나 만지는 외표검사 방식으로 낫을 숨기고 있는지 여부를 조사하겠습니다. 흉기조사는 상대방의 동의를 얻거나 필요 최소한의 범위에서 사회 통념상 용인될 수 있는 상당한 방법으로 조사할 수 있습니다. 불심검문으로 낫이 발견된 경우, 신고된 시간·장소와 근접하며 불특정 다수를 향한 협박 정황이 인정되면 형사소송법상 준현행범인 요건에 부합하여 공중협박죄 및 공공장소 흉기소지죄의 현행범인으로 체포하고 흉기를 압수하겠습니다. 만약 흉기가 발견되지 아니한다면 대상장의 동의를 받아 임의동행으로 지구대에 데려온 후 목격자나 CCTV 영상 등 추가 정보를 수집하여 혐의 여부를 판단하겠습니다.

✦ 흉기를 든 사람을 발견할 수 없다면 어떻게 할 것인가?

현장에 출동하였으나 흉기를 든 인상착의가 유사한 사람을 발견할 수 없다면, 112상황실에 관련 사항을 보고하여 현장 주변에 긴급배치 및 추가경력를 요청하고 집중 수색을 하겠습니다. 신고자와 목격자를 만나 대상자의 마지막 목격 지점과 도주 방향, 인상착의(옷차림, 체격, 흉기의 형태)를 구체적으로 파악하겠습니다. 지자체 CCTV 관제센터와 협조하여 대상자의 실시간 이동 경로를 추적하고, 주차된 차량의 블랙박스 영상도 협조받아 확인하겠습니다. 대상자가 아직 인근에 있을 가능성이 높으므로 거점 근무와 순찰을 강화하겠습니다.

④ 지하철역에서 식칼로 위협하는 이상동기 범죄에 대한 대응은? 〈25. 1차 발표〉

> 이상동기 범죄로 국민의 불안감이 커지고 있다. 이에 따라 2025년 4월 8일부터 공공장소 흉기소지죄가 신설되었고 많은 검거가 되고 있다. '출근시간 붐비는 지하철역안에서 식칼을 든 사람이 있다'는 신고가 들어왔다. 이에 현장 경찰관으로 어떻게 초동조치를 할 것인가?

👤〈답변〉

(1) 상황 판단

　① 다수 시민 밀집 : 출근 시간대 지하철역은 유동인구가 매우 많아 대규모 인명피해 가능성이 있습니다.

　② 공간적 제약 : 지하철역은 대피로가 제한되어 있어 혼란 발생 시 추가 위험이 발생할 수 있습니다.

　③ 이상동기 범죄 가능성 : 최근 동향을 고려할 때 불특정 다수를 향한 무차별적 위해 행위로 이어질 가능성을 배제할 수 없습니다.

(2) 법적 근거

　① 형법 : 공공장소 흉기소지죄

　② 경찰관 직무집행법 : 제5조(위험발생의 방지 등), 제6조(범죄의 예방과 제지)

　③ 정신건강복지법 : 응급입원

(3) 현장 대응

　① 안전 확보

　　㉠ 경찰관 안전 확보 : 112상황실을 통하여 용의자의 정확한 위치, 인상착의, 행동 패턴, 식칼의 크기와 종류, 위협 행위 여부 등을 무전으로 전달받아 흉기를 든 범인을 진압하기 위한 방검복과 방검장갑을 착용, 권총 이외에 테이저건, 삼단봉 등을 휴대하겠습니다.

　　㉡ 소방과 공동대응 : 지하철과 같은 다중밀집지역에서 칼을 든 사람이 있는 경우는 잠재적인 부상자 발생이 우려되므로 일단 119구급대를 현장으로 신속히 출동하도록 요청하겠습니다.

　　㉢ 역무원과 협조 : 해당 지하철역 역무원에 현장 상황을 통보하여 경찰이 도착하기까지 범인 주변 시민을 대피시키고 그 지역으로 새로운 승객이 유입되지 아니하도록 통제를 요청합니다.

　　㉣ 현장 도착 및 시민 안전 확보 : 현장에 도착하여 용의자 발견 즉시 주변 시민의 대피를 유도하여 안전을 확보합니다.

　② 112상황실 보고 : 현재 피의자의 상황, 인명피해 발생여부, 피의자가 칼 이외의 신나 등 다른 위험물 소지 여부, 특공대 등 다른 부서 지원 필요성 등을 보고하겠습니다.

③ 현장 조치

　　㉠ 분리(포위): 동료들과 업무 분담하여 대상자가 다른 시민을 공격하지 않도록 포위하면서 동시에 다른 시민들이 현장으로 접근하지 못하도록 조치하겠습니다.

　　㉡ 설득 및 경고: 흥분한 대상자를 진정시켜 흉기를 내려놓도록 설득하겠습니다. 불필요한 자극을 최소화하고 대상자의 말에 공감하는 자세를 보이며 경찰관의 지시에 따르도록 시도하겠습니다. 설득이 통하지 않을 경우 대상자에게 흉기를 버리도록 3회 이상 명령하고 이에 응하지 않을 경우 강제진압할 수 있음을 경고하겠습니다.

　　㉢ 진압: 사람들이 많이 모이는 거리에서 시간을 끌면 대상자의 돌발적인 행동에 많은 시민이 피해를 입을 수도 있으므로 조기 진압이 필요하다고 생각합니다. 경찰관의 투항 명령에도 계속 저항하며 흉기로 경찰관이나 시민들을 위협하는 경우 또는 도주하려고 시도하는 경우에는 대상자의 후면부(후두부 제외)에 테이저건을 발사하여 제압하겠습니다. 이후 미란다 원칙을 고지하고 공공장소 흉기소지죄의 현행범으로 체포하고 흉기인 식칼을 증거물로 압수하겠습니다.

　　　✎ 사람이 많은 곳에서 총기 사용은 적절하지 않음

　　㉣ 촬영: 경찰착용기록장치(바디캠)로 촬영 사실을 알리고 전체 체포 과정을 기록하겠습니다.

(4) 사후 조치

① 현장 통제 및 증거 확보: 추가적인 혼란을 막기 위해 시민들의 현장 접근을 통제하고 범죄 현장을 보존하여 증거가 훼손되지 않도록 관리합니다.

② 안내방송 요청: 시민 불안 해소를 위하여 역무원을 통한 안내방송을 요청합니다.

③ 응급입원 검토: 흉기난동을 부린 사람이 정신질환자로 의심되는 경우에는 재발 방지를 위하여 정신건강복지법상 응급입원을 의뢰하겠습니다. 응급입원은 정신질환자로 추정되는 사람이 자기나 다른 사람에 대한 위해를 가할 위험성이 있고 긴급성이 있는 경우에 경찰관이 의뢰하여 정신과 전문의의 진단으로 3일간 정신병원에 강제입원을 시킬 수 있는 제도입니다.

④ 언론 대응 준비: 지하철역에서 발생한 사건으로 언론보도가 예상되므로 언론 브리핑을 위한 사건 경위, 현장 대응 조치, 범행 동기 등을 파악하여 관련 자료를 준비합니다.

후속질문

✦ 만약 범인이 인질을 붙잡고 있다면 지원까지 기다릴 것인가 아니면 먼저 조치를 취할 것인가?

인질의 생명을 보호하는 것이 최우선이기에 원칙적으로는 위기협상팀과 경찰특공대 등 전문 지원 인력이 도착할 때까지 현장을 안전하게 통제하며 대기하겠습니다. 무리한 단독 진압 시도는 인질의 생명을 더 큰 위험에 빠뜨릴 수 있습니다. 하지만 지원을 기다리는 도중 범인이 인질에게 직접적인 가해를 시작하거나, 인질의 생명이 매우 급박한 위험에 처했다고 판단되는 급박한 상황이라면 먼저 조치를 취하겠습니다. 이때는 동료 경찰관과 역할을 분담하여 한 명은 대화로 범인의 시선을 분산시키고, 다른 한 명은 범인의 등이나 사각지대에서 테이저건 등 물리력을 행사하여 인질의 안전을 최우선으로 확보하며 신속히 범인을 제압하겠습니다. 인질사건에서 범인을 한 번에 제압하지 못할 경우 인질의 생명이 위험할 수 있고 테이저건 사용은 항상 실패 가능성을 염두에 두고 있어야 하기 때문에 1차 테이저건 발사 실패 시 곧바로 다른 동료의 테이저건 발사 또는 권총 사용까지 염두에 두고 주변 시민들을 철저히 분리시킨 후 대응하겠습니다.

✦ 범인의 식칼이 장난감 칼(모형)이라면 어떻게 조치하겠는가?

처음부터 외관상 장난감 칼(모형)인 것이 분명한 경우라면 시민들이 불안감이나 공포감을 느끼지 않습니다. 현장에서 육안으로 모형인지 실제 흉기인지 구별하기 어려운 경우 시민들은 불안감과 공포감을 느끼게 됩니다. 따라서 경찰관은 시민들이 느끼는 불안·공포감과 외관상 위험성을 기준으로 판단해야 하며, 장난감 칼인지 분명하지 않다면 실제 흉기를 소지한 상황에서와 동일하게 조치해야 한다고 생각합니다. 물리력을 행사할 때에는 바디캠으로 촬영하여 제압 당시 경찰관이 실물로 오인할 수밖에 없었던 상황(조명, 거리, 범인의 위협적 언행 등)을 입증하고 목격자들이 느낀 불안·공포감을 진술로 확보하여 물리력 행사의 적절성을 입증하겠습니다. 사후적으로 대상자를 현행범 체포한 후 식칼이 흉기가 아닌 모형으로 밝혀진다고 하더라도 경찰관의 조치는 외관적 위험에 대한 대응이므로 적법합니다. 다만, 형법적으로 실제 흉기가 아니라면 공공장소 흉기소지죄를 적용하기는 어려울 것 같으나(플라스틱 칼이라도 끝이 뾰족하고 단단하여 찔러서 상해를 입힐 수 있다면 흉기 가능성 있음), 특수협박죄(위험한 물건 휴대하여 협박), 공중협박죄(공연히 공중을 협박) 또는 경범죄처벌법(불안감 조성, 업무방해) 등의 적용은 가능할 것으로 생각됩니다. 객관적으로 위험하지 않은 물건은 흉기에 해당하지 않지만, 협박은 사람으로 하여금 공포심을 일으키게 하기에 충분한 것이면 성립하기 때문입니다. 또한 범행 동기를 확인하여 정신질환 때문에 모형 칼을 들고 다닌 것이라면 보호조치 및 응급입원 등의 조치를 검토하겠습니다.

- 형법은 흉기와 위험한 물건을 분명하게 구분하여 규정하고 있는바, 흉기는 본래 살상용·파괴용으로 만들어진 것이거나 이에 준할 정도의 위험성을 가진 것으로 봄이 상당하고, 그러한 위험성을 가진 물건에 해당하는지 여부는 그 물건의 본래의 용도, 크기와 모양, 개조 여부, 구체적 범행 과정에서 그 물건을 사용한 방법 등 제반 사정에 비추어 사회통념에 따라 객관적으로 판단할 것이다. 일반적인 드라이버는 특수절도죄의 흉기로 보기는 어렵다(대판 2012도4175).
- 자동차는 원래 살상용이나 파괴용으로 만들어진 것이 아니지만 사람의 생명 또는 신체에 위해를 가하거나 다른 사람의 재물을 손괴하는 데 사용되었다면 폭력행위 등 처벌에 관한 법률 제3조 제1항의 '위험한 물건'에 해당한다(대판 2002도5783).
- 비비탄 총기는 실제 총기류와 외형이 유사하고 총알도 상당한 속도로 연발이 가능하며 안면에 직접 타격할 경우 상해 발생도 충분히 가능한 점 등 제반 사정을 종합할 때, '위험한 물건'에 해당한다(의정부지법 2014노2912).

경범죄처벌법
19. (불안감조성) 정당한 이유 없이 길을 막거나 시비를 걸거나 주위에 모여들거나 뒤따르거나 몹시 거칠게 겁을 주는 말이나 행동으로 다른 사람을 불안하게 하거나 귀찮고 불쾌하게 한 사람 또는 여러 사람이 이용하거나 다니는 도로·공원 등 공공장소에서 고의로 험악한 문신(文身)을 드러내어 다른 사람에게 혐오감을 준 사람
3. (업무방해) 못된 장난 등으로 다른 사람, 단체 또는 공무수행 중인 자의 업무를 방해한 사람

5 시내에서 칼을 들고 배회하는 이상동기 범죄에 대한 대처 방법은? 〈25. 1차 발표〉

> 서울 중심가에서 乙이 식칼을 들고 "오늘 살인하겠다" 등을 말하면서 배회 중이다. 이를 본 甲이 경찰에 신고를 하자, 乙은 甲을 잡으려고 뛰어왔다. 이에 甲은 미처 위치를 말하기도 전에 전화를 끊었고 112상황실에서 甲의 전화를 위치추적하였다. 甲의 위치 주변 일대로 출동하는 현장 경찰관으로서 조치는?

👤 〈답변〉

(1) 상황 판단

① 다수 시민 밀집 : 서울 중심가는 유동인구가 매우 많아 대규모 인명피해 가능성이 있습니다.

② 현장 위치 불확실 : 신고자가 정확한 위치를 말하지 않아서 을의 위치를 수색해야 합니다.

③ 이상동기 범죄 가능성 : 최근 동향을 고려할 때 불특정 다수를 향한 이상동기 범죄의 가능성을 배제할 수 없습니다.

(2) 법적 근거

① 형법 : 공중협박죄, 공공장소 흉기소지죄

② 경찰관직무집행법 : 제5조(위험발생방지), 제6조(범죄의 예방과 제지)

③ 정신건강복지법 : 응급입원

(3) 현장 대응

① 안전 확보

  ㉠ 경찰관 안전 확보 : 식칼을 든 乙을 진압하기 위하여 방검복과 방검 장갑을 착용하고 동료들과 함께 권총 이외에 테이저건, 삼단봉 등을 휴대합니다.

  ㉡ 소방과 공동대응 : 서울 중심가와 같은 다중밀집지역에서 칼을 든 사람이 있는 경우는 잠재적인 부상자 발생이 우려되므로 일단 119구급대를 현장으로 공동대응 요청하겠습니다.

  ㉢ 현장 도착 및 시민 안전 확보 : 칼을 든 乙의 현장을 발견하는 즉시 주변 시민의 대피를 유도하여 안전을 확보하겠습니다.

② 112상황실 보고 : 현재 乙의 상황, 인명피해 발생 여부, 범인이 칼 이외의 다른 위험물 소지 여부, 특공대 등 다른 부서 지원 필요성 등을 보고하겠습니다.

③ 현장 조치

  ㉠ 신고자 및 범인 위치추적 : 112상황실에서 조회한 신고자의 휴대폰 위치 주변으로 신고자 및 범인 발견을 위하여 신속하게 수색합니다.

  ✎ 휴대폰 위치추적은 기지국 위치를 기반으로 추적하는 Cell 방식, 무선공유기를 기반으로 추적하는 Wi-fi 방식, 인공위성을 통한 GPS 방식이 있다. 일반적으로 추적하는 Cell 방식은 서울과 같은 도심지의 경우라도 반경 수 백미터까지 오차가 발생할 수 있다.

  ㉡ 乙 발견시 조치

  ⓐ 분리(포위) : 동료들과 업무 분담하여 대상자가 다른 시민을 공격하지 않도록 포위하면서 동시에 다른 시민들이 현장으로 접근하지 못하도록 조치하겠습니다.

  ⓑ 설득 및 경고 : 흥분한 대상자를 진정시켜 흉기를 내려놓도록 설득하겠습니다. 불필요한 자극을 최소화하고 대상자의 말에 공감하는 자세를 보이며 경찰관의 지시에 따르도록 시도하겠습니다. 설득이 통하지 않을 경우 대상자에게 흉기를 버리도록 3회 이상 명령하고 이에 응하지 않을 경우 강제진압할 수 있음을 경고하겠습니다.

ⓒ **진압**: 사람들이 많이 모이는 거리에서 시간을 끌면 대상자의 돌발적인 행동에 많은 시민이 피해를 입을 수도 있으므로 조기 진압이 필요하다고 생각합니다. 경찰관의 투항 명령에도 계속 저항하며 흉기로 경찰관이나 시민들을 위협하는 경우 또는 도주하려고 시도하는 경우에는 대상자의 후면부(후두부 제외)에 테이저건을 발사하여 제압하겠습니다. 이후 미란다 원칙을 고지하고 공중협박죄 및 공공장소 흉기소지죄의 현행범으로 체포하고 흉기인 식칼을 증거물로 압수하겠습니다.

   ✎ 사람이 많은 곳에서 총기 사용은 적절하지 않음

ⓓ **촬영**: 경찰착용기록장치(바디캠)로 촬영 사실을 알리고 전체 체포 과정을 기록하겠습니다.

⑷ 사후 조치

① **현장 통제 및 증거 보존**: 시민들의 현장 접근을 통제하고 범죄 현장을 보존하여 증거가 훼손되지 않도록 관리합니다. 또한 최초 신고자가 목격자이므로 신고자를 확보하여 진술을 청취합니다. 주변 CCTV를 확인하여 촬영된 영상을 확보합니다.

② **응급입원 검토**: 흉기난동을 부린 사람이 정신질환자로 의심되는 경우에는 재발 방지를 위하여 정신건강복지법상 응급입원을 의뢰하겠습니다. 응급입원은 정신질환자로 추정되는 사람이 자기나 다른 사람에 대한 위해를 가할 위험성이 있고 긴급성이 있는 경우에 경찰관이 의뢰하여 정신과 전문의의 진단으로 3일간 정신병원에 강제입원을 시킬 수 있는 제도입니다.

③ **언론 대응 준비**: 서울 중심가에서 발생한 사건으로 언론보도가 예상되므로 언론 브리핑을 위한 사건 경위, 현장 대응 조치, 범행 동기 등을 파악하여 관련 자료를 준비합니다.

후속질문

✦ 흉기를 든 乙이 보이지 않는다면 어떻게 할 것인가?

112상황실을 통해 신고자 甲의 휴대폰 위치를 확인하여 그 주변으로 乙을 수색하는 한편, 乙에게 쫓기다가 甲이 피해를 입었을 가능성도 염두에 두고 甲에 대한 수색도 병행하겠습니다. 지자체에서 운영하는 CCTV 관제센터의 협조를 받아 주변 CCTV 분석 및 주변 시민들에게 흉기를 든 사람을 보았는지 탐문하고 시민들을 안전한 곳으로 대피시키겠습니다. 112상황실에 보고하여 인근 순찰차, 형사팀, 기동순찰대 등 추가 경력으로 긴급배치하여 수색하도록 하겠습니다.

✦ 신고자도 연락이 안 되면 조치 방법은?

신고자에게 지속적으로 전화하고 문자로도 연락하여 줄 것을 요청하겠습니다. 범인에게 쫓기던 신고자가 신변에 이상이 생겼거나 어딘가에 숨어서 전화를 받을 수 없는 상황일 수도 있으므로 휴대폰 위치값 주변으로 공중화장실, 비상계단, 지하 주차장, 건물 사이 골목 등을 꼼꼼히 수색하겠습니다. CCTV 관제센터 공조, 목격자 탐문 등을 하고 추가 경력을 긴급배치하여 찾도록 하겠습니다. 다만, 충분한 수색에도 신고자를 발견할 수 없고 연락이 안 되며 범인도 찾을 수 없는 상황이라면 허위신고일 가능성도 있으므로 신고자의 과거 신고 이력 등을 확인하겠습니다.

✦ 공공장소 흉기소지죄 및 공중협박죄 관련하여 언론에서 본 유사한 사례를 소개해 보라.

⑴ **신림역 사건**: 2023년 7월 21일 서울 관악구 신림역 인근에서 30대 남성이 불특정 다수를 향해 흉기를 휘둘러 1명 사망, 3명 부상을 입힌 무차별 흉기 난동 사건이며, 이 사건 이후 유사 범죄 예고 글이 확산되는 사회적 파장을 일으켰습니다. 범인은 사회에 대한 불만과 열등감, 살인 욕구 등을 범행 동기로 진술했으며 무기징역이 확정되었습니다.

(2) **서현역 사건**: 2023년 8월 3일 경기도 성남시 서현역 AK플라자에서 발생한 무차별 차량 돌진 및 흉기 난동 사건으로, 범인이 차로 인도를 덮친 후 흉기를 휘둘러 2명이 사망하고 12명이 부상을 입은 사건입니다. 범인은 특정 집단에 의한 스토킹 및 괴롭힘을 주장했으나, 정신질환(분열성 성격장애)의 영향이 제기되었습니다.

　✎ 신림역 사건, 서현역 사건을 계기로 공공장소 흉기소지죄 및 공중협박죄가 신설되었다.

(3) 2025년 8월 5일 오후 12시 36분경 온라인 커뮤니티 디시인사이드의 합성 갤러리에 '신세계백화점 폭파 안내'라는 제목으로 서울 신세계백화점 본점에 폭발물을 설치했다는 주장과 함께 예고성 협박 글이 올라왔습니다. 백화점은 수억원 대 매출 손실이 발생했으나, 범인은 촉법소년인 중학교 1학년이고 태어났을 때부터 중증 자폐를 앓고 있었습니다. 경찰은 1,200만원 상당의 손해배상소송을 제기하였습니다.

(4) 2025년 4월 한 여성이 자신을 만나주지 않는다며 흉기를 소지한 채로 전북 군산의 한 동사무소와 공원 등에서 술에 만취한 상태로 흉기를 들고 다녀 공중에게 공포심을 유발한 사례가 있습니다.

제16절 관계성 범죄(가정폭력, 아동학대, 스토킹, 교제폭력)

❶ 관계성 범죄란 어떤 범죄를 말하며 어떤 특징이 있는가?

👤〈답변〉

관계성 범죄는 가해자와 피해자 사이에 이미 맺어진 관계(가족, 연인 등)에서 반복적으로 발생하는 범죄를 말합니다. 가정폭력, 아동학대, 스토킹, 교제폭력 등이 이에 해당하며, <u>특정 관계에서 반복되는 특성</u> 때문에 재발 위험성이 높고 강력 범죄로 이어질 가능성도 크다는 특징이 있습니다.

① **반복성과 지속성**: 일회성으로 그치기보다는 반복적으로 발생하는 경향이 있습니다. 이미 형성된 관계 내에서 발생하기 때문에 재발 가능성이 다른 범죄보다 높습니다.

② **인지의 어려움**: 가해자와 피해자 간의 특수한 관계 때문에 범죄로 인지하기 어렵거나, 피해 사실을 외부에 알리기를 주저하는 경우가 많습니다.

③ **강력범죄로의 발전 가능성**: 초기에는 비교적 가벼운 형태로 시작되더라도 점차 폭력의 수위가 높아져 심각한 강력범죄로 이어질 수 있는 위험성을 내포하고 있습니다.

❷ 가정폭력 신고가 들어와서 출동하였는데 문을 열어주지 않으면 어떻게 할 것인가?

👤〈답변〉

(1) 상황 판단

　① 집 안에서 발생한 가정폭력 사건에서 피해자가 직접 신고하고 경찰관의 출입을 허락하는 경우와 달리 피해자의 신고가 있었으나 현장에서 피해자와 연락이 되지 않거나, 제3자가 신고하였으나 집 밖에서 확인된 정보가 신고내용과 부합하지 않아서 경찰관이 가정폭력 범죄가 진행 중이라는 사실을 명확히 확인하기 어려울 때 문을 강제개문하고 들어갈 수 있는지가 문제입니다.

② 문을 열어주지 않는 상황은 피해자의 안전이 우려되는 위급한 상황일 수도 있고, 허위 또는 오인신고로 가정폭력이 발생하지 않았을 상황일 수도 있으므로 법적 근거에 따라 단계적으로 대응하겠습니다.

(2) 법적 근거

① 형사소송법 제216조 : 피의자가 집 안에 있을 개연성이 있을 경우 체포하기 위하여 필요한 때에는 영장 없이 타인의 주거를 수색할 수 있다는 형사소송법 제216조 제1항 제1호(체포·구속 목적 수색) 또는 범행 중 또는 범행직후의 범죄장소에서 긴급 압수·수색·검증을 할 수 있는 제3항에 의하여 강제개문할 수 있습니다.

② 경찰관직무집행법 : 제6조(범죄의 예방과 제지), 제7조(위험방지를 위한 출입)

③ 가정폭력처벌법 : 제5조(응급조치)

④ 가정폭력방지법 : 제9조의4(사법경찰관리의 현장출동 등)

> **제9조의4(사법경찰관리의 현장출동 등)** ① 사법경찰관리는 가정폭력범죄의 신고가 접수된 때에는 지체 없이 가정폭력의 현장에 출동하여야 한다.
> ② 제1항에 따라 출동한 사법경찰관리는 피해자를 보호하기 위하여 신고된 현장 또는 사건 조사를 위한 관련 장소에 출입하여 관계인에 대하여 조사를 하거나 질문을 할 수 있다.
> ③ 가정폭력행위자는 제2항에 따른 사법경찰관리의 현장 조사를 거부하는 등 그 업무 수행을 방해하는 행위를 하여서는 아니 된다(현장조사 거부·기피자는 500만원 이하 과태료 부과).

(3) 현장 대응

① 현장 상황 파악 : 현관문 외부에서 내부의 소리(예 다툼 소리, 비명, 물건 파손음, 구조 요청 등)를 주의 깊게 청취하고, 문틈이나 창문을 통해 내부를 관찰할 수 있는지도 확인합니다.

② 개문 요구 및 설득 : 경찰관 신분 고지 및 방문 목적을 밝힙니다. "경찰입니다. 가정폭력 신고를 받고 출동했습니다. 안에 계신 분의 안전을 확인해야 하니 문 좀 열어주십시오."라고 명확하고 반복적으로 고지하며 자발적인 개문을 유도합니다. 필요시 신고자에게 다시 전화하여 설득하거나 경비실의 인터폰을 사용하여 통화를 시도합니다.

③ 강제진입 요건 검토

　㉠ 명백한 위험 징후가 있는 경우 : 내부에서 비명, 고함소리, 깨지는 소리 등이 나는 경우 등 가정폭력이 발생 중이라는 것을 명백히 알 수 있는 때에는 강제출입이 가능합니다.

　㉡ 명백한 위험 징후가 없는 경우

　　ⓐ 피해자의 직접 신고 : 신고내용이 현장 상황과 부합하는 경우 현재는 가정폭력이 중단되었다고 하더라도 범죄 직후에 해당하여 강제출입할 수 있으며, 허위로 신고하였다고 말하거나 전화를 받지 않는 경우에도 주변 이웃 등에 추가 확인하여 가정폭력 정황이 인정되면 강제출입하여 사실관계를 확인할 수 있습니다. 아직 가정폭력이 발생한 것은 아니고 임박한 경우라도 경직법 제7조, 가정폭력방지법 제9조의4 제2항, 가정폭력처벌법 제5조(응급조치)에 근거하여 강제출입할 수 있습니다.

　　ⓑ 이웃 등 제3자의 신고 : 신고내용과 현장 상황이 부합하고 가정폭력이 진행 중이거나 현재는 중단된 상황이라는 것이 이웃 등 추가조사로 확인되는 경우에는 강제출입이 가능합니다. 그러나, <u>신고내용이 불명확하고 신고내용과 현장 상황이 상이하는 경우에는 허위 또는 오인신고일 가능성이 있으므로 충분히 추가 정보를 수집하여 확인해야 합니다.</u> 신고인의 신고 외에는 가정폭력이 발생하였다고 볼 어떤 근거도 없고, 현관문 앞은 조용함에도 신고인은 여전히 시끄럽다고 말하는 등 현장 상황과 부합하지 않는 진술을 한다면 이는 전형적인 오상위험에 해당하므로 경찰관의 강제출입은 위법할 수 있습니다.

④ 강제 진입 실행

    ㉠ 112상황실 보고 : 강제개문을 결정한 경우 112상황실에 보고하고 지휘를 받습니다.

    ㉡ 주거지 관리실 협조(관리인이 문을 열어 줄 수 있는 경우), 열쇠수리업자 협조, 119구급대 협조 등으로 강제 개방합니다.

    ㉢ 바디캠 등으로 강제 개문 절차를 촬영하여 절차적 정당성을 확보합니다.

⑤ 긴급상황 판단이 어려운 경우 : 현장 주변에서 대기하며 내부 상황 변화를 주시하고 신고자 및 이웃 등을 통해 추가 정보를 계속 수집하겠습니다.

(4) 사후 조치

① 강제진입하여 가정폭력이 발생 중 또는 직후라면 가정폭력처벌법 제5조(응급조치)에 따라 응급조치하고, 필요시 가해자를 현행범 체포합니다.

② 강제진입 하였는데 가정폭력 사실이 없는 경우, 진입 당시에 충분한 합리적 위험 징후가 있었다면 학문상 외관적 위험에 해당하므로 경찰관의 행위는 적법하며 파손된 현관문은 손실보상 대상이 됩니다. 하지만 제3자의 신고 외 다른 징후가 없음에도 무리한 강제진입은 학문상 오상위험에 해당하여 경찰관의 행위는 위법하며 국가배상책임이 발생할 수 있습니다.

    ✎ 손실보상 : 경찰의 요구에 따라 열쇠업자가 자물쇠를 손괴하고 새로운 자물쇠를 설치한 경우 열쇠업자는 경찰의 직무집행으로 손실을 입은 당사자가 아니므로 손실보상을 청구할 수 없으며 열쇠업자는 경찰서와의 도급계약에 따른 보수를 청구할 수 있을 뿐이다. 경찰이 119구급대와 공동대응하여 119구급대가 현관문 도어록을 파손한 경우 거주자(임차인)에게 손실발생 책임(구조 목적 등)이 있는 경우에는 손실보상을 하지 않지만 거주자(임차인)에게 책임이 없는 경우(제3자의 허위·오인신고 등)에는 거주자가 경찰에 손실보상 청구하면 경찰이, 소방에 손실보상 청구하면 소방이 손실보상한다.

> **관련 판례(대판 2019도4821)**
>
> 사건 당일 07:28경 피고인과 같은 <u>아파트의 주민이 피고인의 주거지에서 아버지와 아들이 싸우고 있다는 취지로 112신고를 하였다.</u> 신고를 접수한 경찰관 1과 2 등이 07:38경 피고인의 주거지에 출동하였으나) 피고인의 주거지에서는 싸우는 소리는 전혀 들리지 않았고, 초인종을 수회 누르고 현관문을 두드려도 아무런 인기척이 없었다.
>
> 경찰관 1이 신고자에게 확인전화를 하자 신고자는 통화 도중에도 "○○○호가 확실하고 싸우는 소리가 들리고 개 짖는 소리가 들린다"라고 하여 경찰관 1이 신고자의 위치를 확인하려 하자 "내가 왜 이야기를 해야 되느냐"는 식으로 따져 더 이상 대화를 하지 못하고 전화를 끊었고, 경찰관 1은 신고자가 술에 취해 있다고 생각하였다. 그 사이 경찰관 2가 피고인 주거지의 현관문을 열어보자 현관문이 열려 피고인의 허락 없이 피고인의 주거지에 들어갔고, 그 뒤를 따라 경찰관 1도 피고인의 주거지에 들어갔는데, 경찰관들은 피고인과 주거지 내의 현관에서 마주하게 되었다.
>
> 경찰관들은 피고인에게 가정폭력 사건의 신고를 받고 출동하였다고 설명하며 집안에 문제가 없느냐고 물어보았으나, 피고인은 "누구냐, 당신들 누구냐"라고 대답하다가 주방에 있던 빈 유리병 1개를 위 경찰관을 향해 던지고 주먹으로 위 경찰관의 오른쪽 뺨과 턱을 폭행하였다.
>
> 한편, 이 사건 당시 피고인의 주거지 내에는 피고인과 피고인의 모 2명만 있었고, 피고인은 해체성 조현병을 앓고 있었는데, 현장에 출동했던 경찰관들은 그 사정을 알지 못하였다. 이 사건 이전 피고인은 집에서 혼자 소리를 지르기도 하였는데, 이웃은 이를 다툼으로 오해하기도 하였다.
>
> 사건 직후 경찰은 형사소송법 제216조 제3항의 범행 중 또는 범행직후의 범죄 장소에 대한 긴급 압수·수색·검증에 대한 사후영장을 신청하였으나 기각되었다.

> 법원은 경찰관들이 피고인의 주거지 앞에 도착했을 때 아무런 인기척이 들리지 않았고, 이는 "지금도 다투는 소리와 개 짖는 소리가 들리고 있다"는 신고자의 신고 내용과 달랐으며, 신고자가 경찰관 1의 신원 파악 요청에 불응하는 등 신고의 진정성 자체가 의문이 드는 상황이었으므로 신고가 있었다는 이유만으로 위험한 사태가 발생하여 인명·신체 또는 재산에 대한 위해가 임박한 때에 해당했다고 보기 어려워 보인다는 등의 이유로 경찰관들이 피고인의 주거지에 임의로 출입한 것은 적법한 공무집행 행위에 해당한다고 볼 수 없으므로, 피고인이 이에 대항한 행위는 공무집행방해죄에 해당하지 않는다.

❸ 뺨 맞은 피해자가 처벌을 원치 않는 가정폭력 현장 대처 방법은? 〈25. 1차 발표〉

> 자녀가 가정폭력을 신고하였다. 아버지는 어머니가 외도를 하여 너무 화가 나고 슬프다며 울분을 토하고 있다. 어머니는 아버지로부터 폭행을 당하여 뺨이 부은 상태로서, 자신의 잘못으로 남편이 화난 것이니 경찰은 그냥 돌아가라고 한다. 현장 경찰관으로서 출동하였을 때 어떻게 조치할 것인가?

답변

가정폭력 현장에서 피해자가 폭행 사실을 인정하면서도 가해자의 처벌을 원치 않는 경우가 많으며 피해자의 의사를 존중하면서도 관련 법령에 따라 조치해야 한다고 생각합니다.

(1) 상황 판단

① 피해자(어머니) 상황 : 외도에 대한 죄책감으로 남편의 폭력을 받아들이는 모습을 보이며 경찰은 돌아가라고 하여 남편의 행위에 대한 형사처벌 의지가 없는 것으로 보입니다.

② 가해자(아버지) 상황 : 아내의 외도에 대한 분노로 몹시 흥분한 상태로 보입니다. 가해자의 행위가 형법상 어떤 범죄에 해당하는지 판단하고 가정폭력처벌법상 보호처분이 필요한지 여부를 판단해야 합니다.

(2) 법적 근거

① 형법 : 뺨이 부은 정도는 일반적으로 상해죄 또는 폭행치상죄에 해당하지만 정도가 가벼울 경우 단순 폭행죄의 가능성도 배제할 수는 없습니다.

② 형사소송법 : 상해죄 또는 폭행치상죄로 인정할 경우 피해자의 의사에 불구하고 범죄가 성립하므로 필요시 현행범 체포할 수 있습니다. 폭행죄로 인정할 경우 폭행죄는 반의사불벌죄에 해당하므로 피해자의 처벌의사를 분명히 확인해야 하며 피해자가 '경찰은 그냥 돌아가라'고 하는 취지로 볼 때 현행범 체포는 어려울 것으로 생각합니다.

③ 가정폭력처벌법 : 이 사건은 가정구성원 사이에서 발생한 것으로 가정폭력에 해당하며 현장에 출동한 경찰관은 응급조치를 해야 합니다. 가정폭력이 재발할 가능성이 있고 긴급한 경우에는 긴급임시조치를 할 수 있습니다. 이 사건이 단순 폭력사건에 해당하고 피해자가 처벌불원을 하여 형법적으로 범죄에 해당하지 아니하는 경우에도 가정의 평온을 위하며 가정폭력처벌법에 따라 임시조치 등 보호처분을 할 수 있습니다.

(3) 현장 대응(피해자 – 가해자 – 증거 확보)

① 피해자 보호 및 의료 지원

    ㉠ 현장 출동경찰관은 「가정폭력처벌법」상 응급조치로서 폭력행위의 제지, 가해자와 피해자의 분리, 현행범 체포 등 수사, 보호시설이나 의료기관으로 인도(피해자 동의 시) 등을 해야 합니다.

    ㉡ 피해자를 가해자로부터 분리된 공간에서 피해자를 안정시키고 사건 경위를 파악하며 가정폭력이 상습·반복적으로 지속되어 왔는지 여부를 조사하겠습니다. 피해자가 원할 경우 119구급대를 통하여 병원으로 후송하겠습니다.

    ㉢ 피해자에게 폭력행위 재발 시 임시조치를 신청할 수 있음과 피해자가 법원에 직접 신청할 수 있는 피해자보호명령제도 또는 신변안전조치를 청구할 수 있음을 안내하겠습니다.

② 가해자 조사 및 긴급임시조치 검토

    ㉠ 가해자의 폭행 사실 여부를 조사하고 폭력은 어떤 경우에도 정당화될 수 없으며 재발하지 않도록 경고하겠습니다.

    ㉡ 가정폭력 재발 가능성과 긴급성이 인정된다면 가정폭력처벌법상 긴급임시조치(주거에서 퇴거등 격리, 접근금지)를 실시할 수 있으므로 이에 대한 검토를 하겠습니다. 범죄수사규칙상 "긴급임시조치 통합 판단조사표"에 따라 재발 가능성에 대하여 조사하겠습니다. 배우자의 외도와 같은 심각한 사안으로 가정폭력이 발생한 상황인 경우에는 긴급임시조치로 가해자와 피해자를 격리시키는 것이 적절하다고 생각합니다.

③ 증거 확보: 피해자의 상해 부위 촬영, 현장 상황 사진 촬영 등 객관적인 증거를 확보하겠습니다. 또한, 목격자로서 신고자인 자녀는 가정폭력범죄의 목격자이므로 심리적 충격을 안정시킨 후 폭력행위 발생 상황 및 과거 유사 사례가 있었는지 등을 조사하여 긴급임시조치 필요성에 대한 판단자료로 활용하겠습니다.

(4) 후속 조치

① 피해자 연계 지원: 피해자에게 가정폭력상담소, 여성긴급전화 1366, 피해자 보호시설(쉼터) 등 활용 가능한 자원을 안내하고 연계 지원하겠습니다.

② 피해자 신변안전조치: 재발 방지를 위하여 피해자 주거지 등에 **순**찰을 강화하고 필요시 긴급하게 신고를 할 수 있는 **스**마트워치를 제공하며, 피해자가 귀가를 원치 않는 경우 **임**시숙소를 연계하겠습니다. 【순서(스)임】

현장 경찰관으로서는 피해자 뺨이 부은 것을 단순 폭행으로 단정하기보다는 상해에 해당할 가능성이 높다고 판단하고 상해죄 또는 폭행치상죄를 염두에 두고 대응하겠습니다. 피해자가 처벌을 원치 않아도 사건을 종결하지 않고 피해자의 정확한 상태를 확인하며 가정폭력처벌법에 따라 재발방지를 위하여 적절한 보호처분을 하겠습니다.

✦ 경찰이 야간에 반복 신고가 들어온 가정폭력 현장에 출동했으나, 피해자는 "처벌 원치 않는다"며 진술을 거부한다. 가해자는 술에 취해 있으나 폭력은 멈춘 상태이며, 현장에는 미성년 자녀도 함께 있다. 현장 경찰관으로서 대처방안은? ^{⟨25. 2차 발표⟩}

앞선 답변을 참조하되, 아래 미성년 자녀에 대한 조치내용만 추가합니다.

> (3) 현장 대응
> ① 미성년 자녀에 대한 조치 : 가정폭력 현장에 18세 미만의 미성년 자녀가 함께 있는 경우, 직접적인 폭행을 당하지 않았더라도 아동학대(정서적 학대) 정황이 있는지 여부를 확인해야 합니다. 술에 취한 가해자와 피해자로부터 아동을 분리하여 심리적 안정감을 느낄 수 있는 별도의 공간(다른 방 등)으로 이동시킨 후 아동의 몸에 외상이 있는지 심리적 불안 증세가 심한지 등을 확인합니다. 필요시 아동학대처벌법에 따라 응급조치, 긴급임시조치를 취할 수 있습니다.

✦ 가정폭력 신고한 상황이고 현장에 출동했더니 피해 여성이 얼굴이 빨갛게 부어오르고 입술은 터져 피가 난 상황이다. 피혐의자인 남편은 술에 취한 상태이며 거실에 앉아서 "네가 뭔데 가정사에 끼어드냐"고 하면서 격분한 상태이다. 이런 상황에서 대응조치는? ^{⟨25. 2차 발표⟩}

✦ **뺨이 부은 정도는 단순 폭행인가 아니면 상해에 해당하는가?**

형법상 폭행죄와 상해죄를 구분하는 가장 중요한 기준은 피해자의 신체 완전성에 대한 침해 여부입니다.

⑴ **폭행죄(형법 제260조)** : 사람의 신체에 대한 일체의 불법적인 유형력의 행사를 말합니다. 신체적 접촉이 없어도 폭행으로 인정될 수 있습니다. 예를 들어 머리채를 잡거나 밀치는 행위, 고성을 지르거나 물건을 던져 위협하는 행위 등은 폭행에 해당할 수 있습니다. 단순 폭행죄는 피해자가 처벌을 원하지 않으면 처벌할 수 없는 '반의사불벌죄'입니다.

⑵ **상해죄(형법 제257조)** : 사람의 신체의 완전성을 훼손하거나 생리적 기능에 장애를 일으키게 하는 것을 말합니다. 즉, 폭행으로 인해 건강 상태가 나빠지거나 치료를 요하는 정도의 신체적 손상이 발생한 경우에 상해죄가 적용됩니다. 단순히 멍이 들거나 찰과상이 생긴 정도를 넘어 '뺨이 부었다'는 것은 신체의 부어오름(부종)이라는 병변이 발생한 것으로 생리적 기능에 일시적인 장애를 초래한 것으로 볼 수 있습니다.

⑶ **의료 진단의 중요성** : 정확한 법적 판단을 위해서는 피해자의 진술, 현장 사진, 그리고 가장 중요한 '상해진단서'가 필요합니다. 병원에서 발급하는 상해진단서에는 보통 전치 주수(예 전치 2주)가 기재되는데 이는 상해죄 성립의 중요한 증거가 됩니다. 뺨이 부어 병원 진료를 받았다면 보통 2주 이상의 진단이 나올 가능성이 큽니다.

✦ **아내가 진술을 하지 않을 경우 가정폭력을 확인할 수 있는 방법은?**

⑴ **물적 증거 확보** : 피해자의 부어오른 뺨을 동의를 얻어 촬영하고, 집 내부에 집기류가 부서져 있거나, 바닥에 흩어진 물건, 찢어진 옷가지 등 가정폭력 정황을 입증할 수 있는 현장 사진을 확보합니다. 또한 출동 당시 촬영한 바디캠도 증거가 될 수 있습니다.

⑵ **신고자인 자녀 진술 확보** : 목격자인 자녀의 진술을 확보합니다.

⑶ **가해자인 남편 진술 확보** : 가해자인 남편은 아내가 외도에 대해 너무 화가 나고 슬프다며 울분을 토하고 있으므로 관련 진술은 증거로 사용될 수 있습니다.

✦ 남편과 아내가 같이 집에 있어도 피해자가 안전할 수 있는가?

배우자의 외도와 같은 심각한 문제로 가정폭력이 발생하였기 때문에 재발할 우려가 높습니다. 특히 피해자는 자신의 잘못에 죄책감을 갖고 있기 때문에 추후 폭행에도 대응하지 못할 우려가 있고, 가해자의 통제와 억압, 자녀의 정서 불안 등을 감안하여 긴급임시조치를 적극 검토해야 한다고 생각합니다. 긴급임시조치를 하지 않는다고 하더라도 피해자에게 임시숙소를 제공하는 등으로 가해자와 같은 공간에 있지 않도록 권고해야 한다고 생각합니다.

긴급임시 · 긴급응급조치 통합 판단조사표

범죄수사규칙

제190조(긴급임시조치) ① 사법경찰관은 「가정폭력처벌법」 제8조의2제1항에 따른 긴급임시조치를 할 때 가정폭력 재범 위험성을 판단하는 경우 별지 제124호서식의 긴급임시 · 긴급응급조치 통합 판단조사표를 활용해야 한다.

범죄수사규칙 [별지 제124호서식]

긴급임시 · 긴급응급조치 통합 판단조사표

조사자 정보			
성명 · 계급		관서	

기본정보	신고일시 :	사건번호 :	
피해자	성명 :	성별 :	
	주민번호 앞6자리 :	연락처 :	
가해자	성명 :	성별 :	
	주민번호 앞6자리 :	연락처 :	
사건유형	가정폭력 □(쌍방 □ / 사실혼 □ / 아동 □)	스토킹 □	

※ 가정폭력
 - (쌍방) 쌍방 가정폭력인 경우 양 대상자에 대해 작성하십시오.
 - (사실혼) 사실혼에 해당되는 경우 「사실혼 체크리스트」를 작성하십시오.
 - (아동학대) 아동학대 정황*이 발견되는 경우 「아동학대 체크리스트」를 활용, 세심하게 채점하십시오.
  * 만 18세 미만 아동에 대한 폭행(눈에 띄는 상처 · 멍 등) · 유기 · 방임 등

평가 문항			
조사방법	문항	예 (1점)	아니오 (0점)
피해자 면담	1. 가해자가 피해자에게 외상(상해)을 입히거나 폭행 · 협박을 함	□	□
	2. 가해자의 행위를 더 심하게 만드는 요인이 존재함 (예) 이별요구, 외도 의심, 이혼, 실직, 양육권 다툼, 법원의 명령 등)	□	□
	3. 가해자가 평소에 거친 언행, 잦은 싸움 등 폭력적인 모습을 보임	□	□
	4. 가해자가 피해자의 일상생활을 통제함 (예) 간섭, 감시, 집착, 고립, 위협 등)	□	□
	5. 피해자가 가해자에 대한 불안을 강하게 호소함 (예) 가해자를 무서워함, 보복을 두려워함, 생명의 위협을 느낌 등)	□	□
피해자 면담 및 경찰 확인	6. 가해자가 이전에도 관계성 범죄로 신고당한 적이 있음 (예) 가정폭력, 스토킹, 교제폭력 등)	□	□
	7. 가해자가 접근금지 등 보호조치를 위반한 적이 있음 (예) (긴급)임시조치, (긴급)응급조치, 잠정조치, 법원의 피해자보호명령 등)	□	□
	8. 가해자가 술이나 약물로 인한 문제가 있음 (예) 잦은 폭음, 당해 사건에서 주취 상태, 약물 오남용 등)	□	□
경찰 확인	9. 가해자가 경찰관을 상대로 비협조적 태도를 보이며 통제에 어려움이 있음	□	□
	10. 가해자가 자신의 행위를 피해자의 탓으로 돌리며 정당화함	□	□
총점		(	) 점

	3점부터 긴급임시조치 또는 긴급응급조치 적극 권장함
최종판단	긴급임시 · 긴급응급조치를 결정하시겠습니까? ☐ 예(☐ 긴급임시조치 ☐ 긴급응급조치) ☐ 아니오 ✎ 조치 결정한 경우, 결정 근거(중복 선택 가능) 　　☐ 직권　☐ 피해자 등 요청(신청)
판단 사유 ※ 평가문항 총점에 따른 기준과 다른 결정을 하는 경우(3점 이상임에도 조치 미실시 또는 3점 미만임에도 조치 결정)에는 판단 사유를 반드시 기재하시기 바랍니다.	− 총점 3점 이상임에도 조치 미실시한 경우, 피해자가 단순히 조치를 원하지 않는다는 의사 외에 구체적 사유 기재가 필요 − 총점 3점 미만임에도 조치 결정 사유 예시: 가해자가 흉기를 휴대 · 사용하여 위험성이 높음 / 치료가 필요한 정도의 뚜렷한 외상(상해)을 확인 / 가해자의 정신질환 진단 이력을 확인(의심됨) / 피해자가 가해자의 보복을 우려하여 조치를 원하지 않는 상황으로 재발 위험성이 높아 적극적인 보호조치 필요 등
추가 위험요인	평가 문항(10개) 외에 이후 수사단계에서 고려할 수 있는 가해자의 위험요인이 확인되는 경우에는 관련 내용을 작성하여 주시기 바랍니다.

「가정폭력범죄의 처벌 등에 관한 특례법」(이하 '가정폭력처벌법'이라고 한다) 제55조의4에 따른 임시보호명령은 피해자의 양해 여부와 관계없이 행위자에게 접근금지, 문언송신금지 등을 명하는 점, 피해자의 양해만으로 임시보호명령 위반으로 인한 가정폭력처벌법 위반죄의 구성요건해당성이 조각된다면 개인의 의사로써 법원의 임시보호명령을 사실상 무효화하는 결과가 되어 법적 안정성을 훼손할 우려도 있는 점 등의 사정을 들어, 설령 피고인의 주장과 같이 이 사건 <u>임시보호명령을 위반한 주거지 접근이나 문자메시지 송신을 피해자가 양해 내지 승낙했다고 할지라도 가정폭력처벌법 위반죄의 구성요건에 해당한다</u>(2022. 1. 14. 선고 2021도14015).

❹ 흉기에 다친 피해자가 처벌을 원치 않는 가정폭력 현장 대처 방법은? 〈25. 1차 발표〉

> 가정폭력 현장에 출동하였다. 가해자는 피해자의 외도를 의심하며 커터칼과 깨진 병으로 폭력을 행사하였고 피해자는 머리에 피를 흘리고 있다. 두 사람은 부부 사이로서 가정폭력으로 신고된 이력이 8회 있으며 피해자는 처벌을 원치 않는다. 현장 출동 경찰관으로서 어떻게 대처할 것인가?

👤〈답변〉

(1) 상황 판단

① 해당 상황은 매우 위급하고 심각한 가정폭력 사건으로 피해자가 머리에서 피를 흘리는 중상을 입었고 가해자가 커터칼과 깨진 병이라는 위험한 도구를 사용했습니다. 이는 단순한 가정 내 다툼이 아닌 생명이 위협받는 긴급한 상황으로서 피해자의 처벌불원 의사와는 관계없이 성립하는 범죄입니다.

② 이 상황에서 필요한 조치는 피해자의 생명과 안전 확보, 추가 폭력 방지, 증거 확보 및 법적 절차 진행, 피해자 보호 및 지원 등입니다.

(2) 법적 근거

① 「형법」: 위험한 물건을 이용하여 상해를 가한 사안이므로 특수상해죄에 해당하며 필요시 현행범으로 체포할 수 있습니다. 특수상해죄는 반의사불벌죄에 해당하지 아니하므로 피해자의 처벌불원의사는 참고할 뿐이므로 체포할 수 있습니다.

② 「가정폭력처벌법」: 부부간의 폭행사안이므로 가정폭력처벌법이 적용되며 이 법에 따라 현장에 출동한 경찰관은 응급조치를 해야 합니다.

(3) 현장 대응(피해자 – 가해자 – 증거 확보)

① 피해자 보호 및 의료 지원(응급조치)

　㉠ 「가정폭력처벌법」상 응급조치로서 가해자와 피해자를 분리하여 피해자의 치료를 위하여 필요시 119구급대를 통하여 병원으로 후송하겠습니다.

　㉡ 피해자에게 폭력행위 재발시 임시조치를 신청할 수 있음과 피해자가 법원에 직접 신청할 수 있는 피해자보호명령제도 또는 신변안전조치를 청구할 수 있음을 안내하겠습니다.

② 가해자 체포 및 긴급임시조치 검토

　㉠ 커터칼과 깨진 병을 이용한 폭력은 특수상해에 해당하며 피해자의 출혈을 동반한 머리 부상은 중상해로 판단될 수 있으므로 가해자를 현행범으로 체포하겠습니다.

　㉡ 여성청소년과 담당 경찰관과 협의하여 재발 가능성과 긴급성이 인정된다면 가정폭력처벌법상 긴급임시조치(주거에서 퇴거등 격리, 접근금지)를 실시할 수 있습니다. 가정폭력 신고 이력이 8회에 해당하고, 흉기 등으로 상해한 점을 고려하면 재발 가능성이 있다고 판단됩니다.

③ 증거 확보

　㉠ 현장 증거(커터칼, 깨진 병, 혈흔, 현장 상태 등)를 사진 촬영하고 기록하며 가능한 모든 증거를 수집하겠습니다.

　㉡ 피해자의 동의를 얻어 부상 상태를 사진으로 기록하고 진술을 확보하되 피해자의 심리적 상태를 고려하여 2차 피해가 발생하지 않도록 세심하게 대응하겠습니다.

⑷ 후속 조치

① **피해자 연계 지원**: 피해자에게 가정폭력상담소, 여성긴급전화 1366, 피해자 보호시설(쉼터) 등 활용 가능한 자원을 안내하고 연계 지원하겠습니다.

② **피해자 신변안전조치**: 재발 방지를 위하여 피해자 주거지 등에 **순**찰을 강화하고 필요시 긴급하게 신고를 할 수 있는 **스**마트워치를 제공하며, 피해자가 귀가를 원치 않는 경우 **임**시숙소를 연계하겠습니다. 【순서(스)임】

후속질문

✦ **피해자가 처벌을 원치 않을 때 경찰의 조치는?**

⑴ **형사처벌**: 커터칼과 깨진 병은 위험한 물건에 해당하며 머리에 피를 흘리는 상해가 발생하였으므로 형법상 특수상해죄에 해당합니다. 특수상해죄는 반의사불벌죄에 해당하지 아니하므로 피해자의 처벌불원 의사에 불구하고 처벌할 수 있으므로 경찰은 수사를 진행해야 하며 8회의 신고 이력도 있으므로 상습범 여부도 검토해야 합니다.

⑵ **응급조치**: 피해자의 처벌의사와 무관하게 출동한 경찰관은 응급조치를 해야 합니다. 응급조치에는 폭력행위의 제지, 가해자와 피해자의 분리, 현행범 체포 등 수사, 보호시설이나 의료기관으로 인도 등이 포함되며, 폭력행위 재발시 임시조치를 신청할 수 있음과 피해자보호명령 또는 신변안전조치를 청구할 수 있음을 통보합니다. 피해자보호명령제도는 수사기관의 조치와 별개로 피해자가 직접 법원에 신청할 수 있는 제도입니다.

⑶ **긴급임시조치**: 피해자의 처벌불원 의사와 별개로 재발 우려가 높은 경우 경찰관 직권으로 가해자에 대하여 긴급임시조치를 취할 수 있습니다. 신고 이력이 8회나 있으므로 조치가 필요하다고 생각합니다.

✦ **경찰이 가정폭력 사건을 예방할 수 있는 방안은?**

경찰은 가정폭력 전담 인력인 학대예방경찰관(APO)을 통해 고위험 가정을 발굴하여 집중 관리합니다. 사건 발생시 초기 단계에서 응급조치 및 적극적인 긴급임시조치를 통해 추가 범죄를 예방합니다. 또한 지자체 등 관계부서(가정폭력상담소, 여성긴급전화 1366, 보호시설(쉼터), 법률구조공단, 주민센터(복지 담당), 학교(자녀 보호) 등)와 연계하여 지원합니다. 피해자 신변안전조치로서 해당 주거지에 순찰을 강화하고, 신속하게 신고할 수 있도록 스마트 워치를 지급하며, 임시숙소를 제공합니다.

✎ 학대예방경찰관(APO, Anti-Abuse Police Officer): 가정폭력, 아동·노인학대, 스토킹, 교제폭력 등 관계성 범죄의 피해자 보호를 전담하는 경찰관이다.

✎ APO 시스템: 가정폭력 등 관계성 범죄 관련 사건정보와 가해자 및 피해자 기본정보, 사후 피해자들의 콜백 내용과 스토킹이나 가정폭력 및 학대범죄 가해자에게 취해지는 응급·임시·잠정조치 사항, 스토킹 가해자 전자장치 부착 사항 등을 파악할 수 있다. 지역경찰관의 업무용 휴대폰으로도 조회가 가능하다.

❺ 아빠가 술에 취해 칼을 들고 있다는 가정폭력 현장의 대응 방안은? 〈25. 1차 발표〉

'아빠가 술에 취해 칼을 들고 난동을 부린다. 방 안에 숨어서 몰래 신고를 한다'는 112 신고를 받고 현장에 출동하여 출입문에서 신고자가 알려준 비밀번호를 누르려 하는데, 바깥에서 들리는 경찰 무전기 소리를 듣고 나오는 피혐의자와 마주쳤다. 신고자와 접촉할 수 없는 상황이다. 현장 경찰관으로서 어떻게 할 것인가?

👤 답변

(1) 상황 판단

① 피해자는 술에 취해 칼을 든 피혐의자가 무서워서 방 안에 숨어 있으며, 피혐의자의 극단적인 행동을 우려하여 경찰에게 현관 비밀번호를 알려주며 조용히 들어오도록 요구한 상황입니다.

② 경찰은 가정폭력이 진행 중인 경우 강제 출입할 수 있으므로 피해자의 요구에 따라 비밀번호를 누르고 신속히 진입하여 칼을 든 피혐의자를 제압하고 가정폭력 행위를 제지해야 합니다.

③ 집 안에 들어가기 전 현관 출입문에서 피혐의자와 마주친 상황은 경찰관에게도 매우 위급한 상황입니다.

(2) 법적 근거

① 형법: 흉기를 이용한 특수협박죄에 해당합니다.

② 가정폭력처벌법: 가정폭력처벌법에 따라 응급조치를 해야 합니다.

③ 경찰관직무집행법: 제6조(범죄의 예방과 제지), 제7조(위험방지를 위한 출입)

  ✎ 공동거주자의 승낙을 받아 공동생활의 장소에 함께 들어간 외부인의 출입 및 이용행위가 전체적으로 그의 출입을 승낙한 공동거주자의 통상적인 공동생활 장소의 출입 및 이용행위의 일환이자 이에 수반되는 행위로 평가할 수 있는 경우라면 주거침입죄가 성립하지 않는다(대판 2020도6085).

(3) 현장 대응

① 안전 확보

  ㉠ 경찰관 안전 확보: 칼을 든 가정폭력 현장으로 출동할 때에는 경찰관 안전을 위하여 미리 방검복과 방검 장갑을 착용해야 합니다. 또한, 신고자의 요청에 따라 조용히 진입하기 위하여 무전기 소리가 들리지 않도록 이어폰을 착용하고 바디캠을 작동시키겠습니다.

  ㉡ 피해자 안전 확보: 신고자와 통화할 수 있다면 경찰이 출동 중임을 알리고 안전한 방 안에 머물도록 하고 칼을 든 아빠의 상황이 어떠한지 체크를 하겠습니다.

② 현관문 앞에서 피혐의자와 마주친 경우

  ㉠ 안전거리 확보: 신고내용이 아빠가 칼을 소지한 가정폭력이므로 피혐의자와 마주치는 순간 적정한 안전거리를 유지하며 양손이 보이도록 요구하겠습니다. 혹시 흉기를 소지하고 있는지 육안으로 확인하면서 피혐의자를 진정시키겠습니다.

  ㉡ 피혐의자가 협조적인 경우: 대화를 통해 상황을 파악하되 경계를 늦추지 않겠습니다. "집안에 다른 가족분이 계신가요? 혹시 다친 분은 없나요?"라고 물어보며 피해자의 안전 상태를 우선 확인하겠습니다. 동시에 피혐의자를 "잠깐 밖에서 이야기하실까요?"라고 제안하여 피해자와 분리시키겠습니다.

  ㉢ 피혐의자가 비협조적이거나 위협적인 경우: 최대한 진정을 시키고 대화를 시도하되, 테이저건 등으로 물리적 제압이 필요한 상황에 대비하겠습니다. 필요하다면 추가 순찰차 출동을 요청하겠습니다.

③ **피해자 안전 확인**: 피혐의자와 대화하는 동안 다른 동료로 하여금 피해자 상태를 확인하게 하겠습니다. 피해자가 피를 흘리는 등 응급조치가 필요한 상황이면 112상황실에 보고하여 119구급대를 현장으로 올 수 있도록 조치하겠습니다.

④ **증거 확보**: 현장 도착시부터 바디캠을 켜고 촬영을 시작하겠습니다. 집 안에 들어가서는 흉기나 폭력의 흔적이 있는지 관찰하고 피혐의자의 주취 상태, 옷차림, 상처 유무 등을 세심히 기록하고, 가능하다면 신고자인 자녀의 진술도 확보하겠습니다. 특히 증거물인 흉기를 확보하겠습니다.

⑷ 사후 조치

① **응급조치 및 긴급임시조치**: 응급조치를 실시하고 피혐의자의 행위, 이력 등을 종합하여 긴급임시조치를 검토하겠습니다.

② **피해자 연계 지원**: 피해자에게 가정폭력상담소, 여성긴급전화 1366, 피해자 보호시설(쉼터) 등 활용 가능한 자원을 안내하고 연계 지원하겠습니다.

③ **피해자 신변안전조치**: 재발 방지를 위하여 피해자 주거지 등에 순찰을 강화하고 필요시 긴급하게 신고를 할 수 있는 스마트워치를 제공하며, 피해자가 귀가를 원치 않는 경우 임시숙소를 연계하겠습니다.

후속질문

✦ **현장에 출동하기 전 경찰관의 사전 준비로는 어떤 것이 있는가?**

⑴ **경찰관 안전 확보**: 흉기를 든 피혐의자를 제압하기 위하여 방범복과 방검장갑을 착용하고 필요시 방패도 휴대하며, 특히 무전기 소리가 들리지 않도록 이어폰을 착용합니다. 피해자 상해 우려시 미리 119구급대를 대기시킵니다.

⑵ **과거 이력 확인**: 과거 가정폭력 신고 이력을 확인하여 피혐의자의 폭력 성향, 주취 성향 등을 파악하여 피혐의자의 위험성을 분석합니다.

⑶ **진입 전 역할분담**: 진입 후 피혐의자의 돌발 상황에 대비하여 테이저건, 삼단봉 등을 미리 준비하여 제압할 수 있도록 사전 역할을 분담합니다.

✦ **만약 피혐의자가 칼로 경찰을 위협한다면 어떻게 조치할 것인가?**

피혐의자가 정당한 경찰관의 공무집행을 흉기로 위협한다면 특수공무집행방해죄에 해당합니다. 경찰관은 물리력 행사 단계에 따라 흉기로 위협하는 치명적 공격에 대하여 고위험 물리력까지 사용할 수 있습니다. 현관문 앞에서 피혐의자를 맞닥뜨린 상황이므로 우선 피혐의자와 안전거리를 유지한 후 설득과 경고로 칼을 내려놓도록 하겠습니다. 피혐의자가 계속 저항할 경우 삼단봉과 전자충격기로 제압하고 현행범 체포하겠습니다. 적법한 공무집행을 입증하기 위하여 바디캠을 사전에 켜고 촬영하도록 하겠습니다.

✦ **만약 피혐의자가 위험한 물건 없이 나와서 "경찰이 왜 왔나"고 한다면 경찰관은 어떻게 답변할 것인가?**

"자녀가 가정폭력 신고를 하여 출동하였다"고 사실대로 말할 경우 자녀에 대한 보복 폭행이 우려되고 신고자 비공개 원칙을 위반하는 결과가 됩니다. 따라서 "주변에서 시끄럽다는 신고를 받고 출동하였다"는 등으로 말하는 것이 적절할 것 같습니다. 칼을 들고 난동을 부리는 피혐의자를 자극하지 않고 신고자 보호를 위하여 사회통념상 인정될 수 있는 거짓말이라고 생각합니다.

6 아동에 대한 훈육과 학대를 현장에서 어떻게 구별할 수 있는가?

답변

(1) 정의

① 훈육 : 아이의 올바른 행동과 성장을 돕는 것을 목표로 하며 아이에게 배움과 성장의 기회를 제공합니다.

② 아동학대 : 「아동복지법」상 "아동학대"란 보호자를 포함한 성인이 아동의 건강 또는 복지를 해치거나 정상적 발달을 저해할 수 있는 **신체적·정신적·성적 폭력**이나 가혹행위를 하는 것과 아동의 보호자가 아동을 유기하거나 **방임**하는 것을 말합니다.

   ✐ 「아동학대범죄의 처벌 등에 관한 특례법」상 "아동학대범죄"란 보호자에 의한 아동학대로서 폭행, 협박, 성범죄, 유기 등의 행위를 말한다.

(2) 훈육과 아동학대의 구별

구분	훈육	학대
목적	아동의 성장과 발달을 위한 교육 목적	양육자의 분노 표출, 통제, 스트레스 해소 등 감정적 동기
방법	연령에 맞는 설명과 일관된 결과 제시	과도한 체벌, 위협, 모욕 등 부적절한 방법 사용
강도	일시적 불편함만 주는 수준	신체·정신적 고통이나 상처를 남기는 수준
빈도	특정 상황이나 행동에 제한적 적용	반복적이고, 예측 불가능한 적용
일관성	규칙과 결과에 대한 일관된 적용	비일관적이고 양육자의 기분에 좌우됨
소통	이유 설명과 대화를 통한 이해 촉진	일방적 강요와 의사소통 부재
결과	자기 조절능력과 책임감 발달에 기여	아동의 신체적/정신적 건강과 발달에 해로움

(3) 학대로 볼 수 있는 유형

구분	구체적 행위
신체적 폭력	• **도구(벨트, 막대기, 옷걸이 등)를 사용해 아동을 때리는 행위** • 손, 발로 아동의 신체를 가격하거나 꼬집는 행위 • 아동을 벽이나 바닥에 밀치거나 던지는 행위 • 아동이 숙제를 하지 않았다는 이유로 손바닥을 자로 반복적으로 때리는 행위 • 아동의 실수로 물건이 깨졌다는 이유로 뜨거운 물에 손을 담그게 하는 행위 • 아동이 울음을 그치지 않는다는 이유로 흔들어 뇌 손상을 입히는 행위
정신적 폭력	• **지속적인 비하** 발언("너는 쓸모없어", "태어나지 말았어야 해") • 다른 형제자매나 또래와 **지속적으로 비교하며 모욕**하는 행위(차별) • 극단적인 위협("너를 내쫓을 거야", "너를 죽여버릴 거야") • 아동에게 과도한 침묵으로 대하는 '묵언' 처벌 • **아동을 가족이나 또래로부터 고립시키는 행위(왕따)**
성적 폭력	• 성인이 자신의 성적 만족을 위해 아동의 신체를 접촉하는 행위 • 아동에게 성인의 성기를 만지게 하거나 노출하는 행위 • 아동에게 포르노그래피를 보여주거나 성적 행위를 목격하게 하는 행위

유기	• 아동을 길거리, 공공장소, 타인의 집 등에 **의도적으로 버리는 행위** • **아동을 집에 남겨두고 장기간 귀가하지 않는 행위** • 아동을 병원이나 복지시설에 **맡긴 후 연락을 끊는 행위** • 경제적 어려움을 이유로 아동을 친척집에 맡긴 후 연락을 끊는 행위 • 신생아를 출산 직후 쓰레기장이나 화장실 등에 버리는 행위
방임	• 적절한 <u>식사</u>를 제공하지 않아 영양실조 상태에 이르게 하거나, 계절에 맞지 않는 <u>의복</u>을 입히거나 불결한 상태로 방치하거나, 적절한 <u>주거환경</u>을 제공하지 않고 위험한 환경에 노출시키는 행위(**필요한 의·식·주 불제공**) • 필요한 예방접종이나 정기검진을 제공하지 않는 행위 • 정당한 사유 없이 아동을 학교에 보내지 않는 행위 • 위험한 상황에서 적절한 보호 없이 아동을 혼자 두는 행위 • **어린 아동을 장시간 홀로 집에 두는 행위**

(4) 현장에서 확인하는 방법

① 피해 아동과 보호자의 분리 : 현장 도착 즉시 안전 확보 후 가장 먼저 보호자와 아동을 분리합니다. 이는 아동이 심리적 압박 없이 자신의 상태를 드러내고 진술할 수 있게 하며, 보호자로부터 객관적인 진술을 확보하기 위한 핵심적인 첫 단계입니다. 분리된 상태에서 아동의 신체적 증거(상처, 위생 상태 등)와 정서적/행동적 징후(불안, 공포, 위축 등)를 면밀히 관찰하고 아동의 눈높이에 맞춰 직접 이야기를 들어보겠습니다.

② 아동 상태 직접 확인

   ㉠ 신체적 증거 : 눈에 보이는 상처(멍, 자국 등), 위생이나 건강 상태를 직접 확인합니다.

   ㉡ 정서/행동 관찰 : 아동이 불안, 공포, 보호자나 경찰관에게 어떻게 반응하는지 등을 살핍니다.

   ㉢ 아동 진술 청취(분리 면담) : 보호자와 분리하여 아동의 이야기를 직접 들어봅니다.

③ 보호자 면담 및 행위 확인

   ㉠ 행위 내용/이유 : '훈육'이라고 주장하는 행위의 구체적인 내용, 강도, 빈도, 이유 등을 확인합니다.

   ㉡ 진술 일관성/태도 : 보호자 진술의 일관성, 감정 상태, 아동에 대한 태도 등을 관찰합니다.

④ 환경 확인 및 주변 탐문

   ㉠ 주거 환경 : 집 안의 전반적인 안전 상태, 위생 상태 등을 확인합니다.

   ㉡ 이웃 등 주변인 진술 청취 : 신고자나 이웃 주민 등으로부터 평소 해당 가정의 상황, 아동의 모습, 특정 소음이나 사건 등에 대한 이야기를 신중하게 청취합니다.

   ㉢ 과거 이력 : 유사 신고 이력이 있었는지 확인합니다.

> 분리 ⇨ 아동 면담 ⇨ 보호자 면담 ⇨ 환경 확인 및 주변 탐문

종합적으로 보호자의 의도보다는 아동에게 미치는 실질적인 해악이나 위험성을 기준으로 판단하고 조금이라도 학대가 의심되면 아동보호전문기관 통보 등 필요한 보호 조치를 취하겠습니다. 단순히 보호자의 말만 듣거나 행위의 경미성만으로 판단하지 않고 아동의 안전을 최우선으로 객관적인 증거와 정황, 주변의 정보까지 종합하여 신중하게 판단하겠습니다.

범죄수사규칙

제197조(응급조치) ④ 사법경찰관리는 제1항에 따라 <u>응급조치를 한 경우에는</u> 즉시 별지 제129호서식의 응급조치결과보고서와 별지 제130호서식의 <u>아동학대 현장조사 체크리스트를 작성하여 사건기록에 편철하고</u>, 별지 제129호서식의 응급조치결과보고서를 시·도지사 또는 시장·군수·구청장에게 송부해야 한다.

범죄수사규칙 [별지 제130호서식]

아동학대 현장조사 체크리스트

작성 시 유의사항
1. **피해아동을 행위자와 분리한 상태**에서 작성
2. **육안 또는 피해아동 진술** 등으로 확인된 부분만 기록(필요 시 문서·사진·동영상 등 확보)
3. **[신체적 학대]** 직접적으로 신체에 가해, 도구를 사용해 신체를 가하는 행위, 완력을 사용해 신체 위협, 유해한 물질로 신체에 가해   **[성적 학대]** 성적 노출, 성적 만족 위한 아동 관찰, 성교행위, 성매매 혹은 매개행위 등   **[정서적 학대]** 정신적 폭력이나 가혹행위(언어적 폭력, 공포 분위기 조성, 집 밖에 세워 두는 행위, 집 밖으로 내쫓음, 잠을 재우지 않는 행위, 가정폭력에 노출 등)   **[방임]** 물리적 방임(의식주 미제공, 불결한 환경, 위험한 상태에 방치, 출생신고 하지 않음), 의료·교육적 방임 등   **[유기]** 버리거나, 보호 없이 떠나는 행위 등

Ⅰ. 신고정보			
신고일시	년　　월　　일　　시간(　　：　　)		
신고번호	(현재 포함 신고이력　　회)		
신고자	피해아동☐　가족☐　신고의무자☐(직업군 :　　)　익명☐　기타☐(　　)		

Ⅱ. 신상정보	※ 피해아동별, 학대행위자별로 각각 1매씩 작성		
피해아동	이름 :	성별 :	연락처 :
	국적 : 한국☐ 　　　외국☐ (국가 :　　　)		주민번호(외국인등록번호) : －
	주소 : 주거 : 주소와 같음☐　다름☐(　　　)		
학대행위자	이름 :	성별 :	연락처 :
	국적 : 한국☐ 　　　외국☐ (국가 :　　　)		주민번호(외국인등록번호) : －
	아동과의 관계 : 부☐ 모☐ (외)조부모☐ 기타☐(　　　)		
	주소 : 아동과 같음☐ 다름☐(　　　) 주거 : 주소와 같음☐ 다름☐(　　　)		

Ⅲ. 발생정보			
발생일시	년　　월　　일　　시간(　　：　　)		
발생장소	가정 [내]	아동학대 외 가정폭력 여부　유☐　무☐　확인불가☐	
	가정 [외]	기관/시설☐(　　　)	공공장소☐(　　　)
		기타☐(　　　)	CCTV 유☐ 무☐

IV. 현장확인	※ 만6세 이하 **영유아**의 경우, 보다 세심한 확인이 필요

1. 신체적 학대	※ **도구 이용** □ (도구종류 · 행위 :　　　　　　　　　　　　)

㉠ 눈	□ (　　　　　　)	㉡ **머리**	□ (　　　　　　　　)
㉢ 입 · 입안	□ (　　　　　　)	㉣ **귀**	□ (　　　　　　　　)
㉤ 팔 · 다리(안쪽)	□ (　　　　　　)	㉥ **목**	□ (　　　　　　　　)
㉦ 몸통(안쪽)	□ (　　　　　　)	㉧ 화상	□ (　　　　　　　　)

※ (기타) **상처 발생 경위**에 대해 아동과 행위자 진술이 다르거나 기타 피해의 부연설명 등을 상세히 기재

2. 성적 학대	신체 접촉 □	성적 노출 □　강요 □	성매매 (매개 · 강요) □
	기타 □ (　　　　　　　　　　　　　　　　　　　　)		

3. 정서적 학대	폭언 / 위협 / 강요 □	감금 / 억제 □	가정폭력에 노출 □	집 밖으로 내쫓음 □
	기타 □ (　　　　　　　　　　　　　　　　　　　)			

4. 방임(유기)	보호자 부재(아동만 방치) □	장시간 굶주림 (영양상태 불량) □
	아동 개인 위생불량 □ **(예)** 계절에 맞지 않는 옷 / 장기간 씻지 않음)	거주 환경 위생불량 □
	기타 □ (　　　　　　　　　　　　　　　　　)	

V. 확인경로	

조사자 직접확인 □	진술 (피해아동 □　행위자 □　신고자 □　기타 관련자 □)	CCTV □
기타 □ (　　　　　　　　　　　　　　　　　　　　　)		

VI. 판단/조치/결과	

판단	오인 또는 허위신고 □ or (IV.항목) ☑ 체크 0개 □	<u>신고이력 2회 이상</u> □ or <u>「성학대」 또는 「중상해」</u> □ or (IV.항목) ☑ 1개 이상 □

조치	APO 인계 (전수합동조사)	피해아동 분리 등 조치 및 입건여부 반드시 검토

결과	현장종결 □ ※ 〈기타〉에 판단사유 등 기재	응급조치 1호(제지) □　3호(보호시설 인도) □ 2호(격리) □　4호(의료기관 인도) □ 5호(연고자 등 인도) □	긴급임시조치 □ 사건처리 □ 현장종결 □

※ (기타) * 조치 · 결과 판단사유 (현장종결 시 필히 기재) / 피해자보호 · 여청수사팀 등 인계 시 참고사항 등

동행 출동	지자체(전담공무원) □　아동보호전문기관 □　여청수사팀 □　피해자보호팀 □　기타 □ (　　)
조사자	(소속)　　　　　　　　　　(계급)　　　　　　(성명)

7 아동학대 현장에서 아동의 어머니가 '꿀밤 한 대 때린 것이니 그냥 가라'고 하자, 선배 경찰도 '아동학대가 아닌 것 같다'며 가자고 한다. 어떻게 대처할 것인가?

답변

아동학대 신고 현장에서 아동의 어머니가 '꿀밤 한 대 때린 것'이라며 대수롭지 않게 여기고, 경험 많은 선배 경찰관마저 학대가 아닌 것 같다며 철수하자는 상황은 신임 경찰관으로서 겪을 수 있는 매우 현실적이고 어려운 일이라고 생각합니다. 이러한 상황에서 저는 원칙과 절차에 따라 대처하겠습니다.

(1) 아동의 안전 최우선 원칙 견지 및 선배 경찰관에 대한 존중과 설득

① 선배님의 오랜 경험에서 우러나온 판단을 존중합니다. 하지만 어머니께서 표현한 꿀밤 한 대가 실제 아동이 경험한 신체적 고통이나 정서적 위협은 다를 수 있고, 이것이 일회성이 아닐 가능성도 배제할 수 없습니다. 또한 겉으로 드러나는 상처가 없더라도 정서적 학대가 동반될 수 있습니다.

② 따라서 저희가 아동학대 대응 매뉴얼과 관련 법규에 따라 최소한의 확인 절차라도 진행하는 것이 아동을 보호하고 나아가 추후 발생할 수 있는 더 큰 위험을 예방하는 길이 될 수 있다고 생각합니다. 잠시만 시간을 내어 기본적인 사항만이라도 확인해 보겠다고 제안드리겠습니다. 선배의 의견을 존중하되 법적 의무와 아동 보호의 중요성을 강조하며 정중하게 설득하겠습니다.

(2) 법적 절차 및 아동학대 대응 매뉴얼 준수 : 어머니와 선배의 의견과 별개로 저는 아동학대 신고 처리 절차를 따라서 조치하겠습니다.

① **피해 아동과의 분리 및 대면 관찰** : 아동의 어머니에게 양해를 부탁하여 어머니와 아동을 분리한 후 아동의 신체에 '꿀밤' 외 다른 상처나 학대 의심 정황(멍, 긁힌 자국, 화상 등)이 있는지 시각적으로 확인합니다. 아동의 전반적인 위생 상태, 영양 상태, 정서적 안정 상태(불안, 위축, 공포 등)도 면밀히 관찰하겠습니다.

② **아동의 의사 확인** : 아동이 이해하기 쉬운 언어로 당시 상황에 대해 질문합니다. 이 과정에서 아동의 진술이 일관성이 있는지, 특정 질문에 대해 과도하게 회피하거나 불안해하지 않는지 등을 살핍니다.

③ **보호자(어머니) 조사** : 어머니에게 당시 상황, 훈육의 목적과 방법, 평소 양육 태도, 스트레스 정도 등을 다시 한번 상세히 확인합니다. '꿀밤'이라 할지라도 아동에게 신체적 · 정서적 해를 가할 수 있으며 반복될 경우 학대로 간주될 수 있음을 명확히 고지합니다.

④ **주변 환경 관찰 및 추가 정보 수집** : 가정 내 환경이 아동에게 안전한지, 방임의 흔적은 없는지 등을 관찰합니다. 필요시 신고자, 이웃 주민 등에게 추가적인 정보를 탐문할 수 있습니다. 과거 해당 가정에 대한 아동학대 신고 이력이 있었는지 내부 시스템을 통해 확인합니다.

(3) 종합적인 판단 및 조치

① **명백한 학대 징후 발견 또는 아동이 위험에 처했다고 판단될 경우** : 즉시 선배와 상의하고 지휘계통에 보고한 후, 「아동학대처벌법」에 따른 응급조치를 실시하겠습니다(**예** 피해아동을 학대행위자로부터 격리, 치료가 필요한 경우 의료기관 인도, 아동학대 관련 보호시설 인도 등).

② **학대 징후는 명확하지 않으나, 재발 우려가 있거나 부모의 양육 방식에 대한 교육이 필요하다고 판단될 경우** : 어머니에게 아동학대 예방 교육 자료를 제공하고, 올바른 훈육 방법에 대해 안내하고, 아동보호전문기관에 연계하여 상담이나 교육을 받을 수 있도록 정보를 제공하고 필요한 경우 동의를 얻어 직접 연계합니다.

③ 조사 결과, 실제로 매우 경미한 일회성 훈육으로 판단되고 아동에게 어떠한 부정적 영향도 관찰되지 않는 경우 : 이러한 경우라도 부모에게 아동학대의 위험성과 올바른 훈육의 중요성에 대해 다시 한번 강조하고, 모든 확인 과정과 판단 근거를 상세히 기록으로 남깁니다. 단순히 선배 경찰관의 "가자"는 말에 동조하여 아무런 조치 없이 현장을 이탈하는 일은 바람직하지 않다고 생각합니다.

결론적으로 아동학대 사건은 사소해 보이는 행위라도 그 이면에 심각한 위험이 숨어있을 수 있으며 아동은 스스로를 보호하기 어렵기 때문에 경찰의 적극적이고 세심한 개입이 필수적입니다. 저는 경험 많은 선배의 의견을 경청하면서도, 법과 원칙에 따라 아동의 안전을 최우선으로 고려하여 필요한 모든 확인 절차를 진행하고, 그 결과에 따라 적절한 조치를 취하도록 하겠습니다.

⑧ 아동학대 범죄 현장에서 아이가 불안에 떨고 있고 진술을 번복하고 있다. 현장출동 경찰관으로서 현장에서 아이의 불안을 해소시킬 방법은?

👤 답변

현장에서 불안에 떨며 진술을 번복하는 아이를 대할 때는, 아이의 심리적 안정을 도모하고 신뢰를 형성하는 것이 무엇보다 중요합니다.

(1) 안전하고 편안한 환경 조성

① 가해 의심자와 즉시 분리 : 가장 먼저 아동을 학대 행위 의심자로부터 안전하게 분리하여 아동이 더 이상 위협을 느끼지 않는 공간(다른 방, 경찰차 안 등)을 확보합니다.

② 차분하고 조용한 분위기 : 큰 소리나 위압적인 태도가 아닌 조용하고 차분한 목소리로 이야기합니다. 주변의 불필요한 자극을 최소화합니다.

③ 아동의 눈높이 맞추기 : 자세를 낮춰 아동과 눈을 맞추고 신체적으로 위협적이지 않은 자세(예, 옆으로 앉기)를 취합니다.

(2) 신뢰 관계 형성(라포 형성)

① 자기소개 및 역할 안내 : "나는 너를 도와주러 온 경찰관이야. 네가 안전한지 확인하고 도와줄게." 와 같이 쉽고 명확하게 자신의 역할과 방문 목적을 설명하여 안심시킵니다.

② 비난하지 않기 : "네 잘못이 아니야.", "무슨 일이 있었든 괜찮아."와 같이 아동을 안심시키고 절대 비난하거나 질책하는 어조를 사용하지 않습니다.

③ 공감적 경청 : 아동의 말뿐만 아니라 표정, 몸짓 등 비언어적 표현에도 집중하며 아동의 감정(두려움, 슬픔, 혼란 등)을 읽어주고 공감해 줍니다. "많이 무서웠겠구나.", "정말 힘들었겠다."

④ 칭찬과 격려 : 아동이 조금이라도 입을 열거나 협조적인 태도를 보일 때, "이야기해 줘서 고마워.", "정말 용감하다."와 같이 긍정적인 피드백을 주어 자신감을 북돋아 줍니다.

(3) 아동 친화적 소통 방식 활용

① 쉬운 언어 사용 : 아동의 연령에 맞는 쉽고 명확한 단어와 짧은 문장을 사용합니다.

② 개방형 질문 : "네, 아니요"로 답하는 폐쇄형 질문보다는 "무슨 일이 있었는지 이야기해 줄 수 있을까?", "그때 기분이 어땠어?" 등 아동이 자신의 생각과 감정을 자유롭게 표현할 수 있는 개방형 질문을 활용합니다.

③ 인내심과 기다림: 아동이 진술을 망설이거나 번복하더라도 재촉하거나 다그치지 않고 충분히 생각하고 표현할 시간을 줍니다. 진술 번복은 아동의 혼란과 두려움의 표현일 수 있음을 이해합니다.

④ 비언어적 소통: 필요한 경우 그림 그리기, 인형 놀이 등 아동이 편안하게 느낄 수 있는 다른 소통 방식을 활용하는 것도 고려할 수 있습니다(주로 전문가 활용).

(4) 안정감 및 통제감 부여

① 안전 보장 약속: "이제 안전하니까 걱정하지 마.", "아저씨/아줌마가 꼭 지켜줄게."와 같이 반복적으로 안전함을 강조합니다.

② 선택권 제공: 가능한 범위 내에서 아동에게 작은 선택권(**예** "어디서 이야기할까?", "물 마실래?")을 주어 스스로 통제감을 느낄 수 있도록 돕습니다.

(5) 전문가 활용 고려: 아동의 불안이 매우 심하거나 진술 확보에 어려움이 클 경우, 경찰관이 무리하게 진술을 받으려 하기보다는 신속하게 아동보호전문기관 상담원이나 진술조력인 등 전문가의 도움을 받을 수 있도록 연계하는 것이 중요하다고 생각합니다. 전문가는 아동의 심리적 외상을 최소화하면서 신뢰성 있는 진술을 확보하는 데 더 효과적일 수 있습니다.

결론적으로 불안해하는 아동을 대할 때는 처벌이나 정보 획득보다는 아동의 심리적 안정과 보호를 최우선 목표로 삼고 인내심과 공감을 바탕으로 신뢰를 형성하며 아동의 눈높이에 맞춰 소통하겠습니다.

9 방임된 아동을 발견한 경우 조치는? 〈25. 2차 발표〉

8세 남짓 아동이 헝클어진 머리, 자신의 발보다 큰 슬리퍼, 계절에 맞지 않는 옷, 며칠 씻지 않은 듯한 상태로 편의점에서 음식을 계산하지 않고 먹다가 편의점 주인에게 발각되었다. 편의점 주인이 "뭐 하는 거야"라고 하자 아동이 도망가려 하였는데 마침 편의점에 들어가던 경찰과 마주쳤다. 어떻게 대처하겠는가?

답변

(1) 상황 판단

① 아이의 행색이 제대로 된 신발이나 옷도 없이 씻지도 못한 상태로서, 진열된 음식을 함부로 먹을 정도로 극심하게 굶주렸다는 것을 알 수 있습니다.

② 아동이 보호자로부터 적절한 보호를 받지 못한 채 방임된 것은 아동학대가 의심되는 사안으로 아이에 대한 적절한 보호 및 아동학대처벌법에 따른 보호조치가 필요한 사안입니다.

(2) 법적 근거

① 아동복지법: 아동학대란 아동의 신체적·정신적·성적 폭력, 유기, 방임하는 것을 말하며, 학대아동의 보호자를 아동학대 혐의로 처벌할 수 있습니다.

② 아동학대범죄의 처벌 등에 관한 특례법: 학대를 당한 아동에 대하여 응급조치, 긴급임시조치 등 보호조치를 할 수 있습니다.

③ 경찰관직무집행법: 제4조(보호조치)

(3) 현장 대응

① **아동 안전 확보** : 도망가려는 아동이 놀라지 않도록 접근하여 편의점 내부의 안전한 장소로 이동한 후 아동의 눈높이에서 대화하며 진정시킵니다. 아동이 배고파서 음식을 먹은 것으로 추정되므로 우선 음식을 제공하며 아동에게 심리적 안정감을 주고 신뢰감을 주겠습니다.

② **아동 상태확인** : 아동의 인적사항을 확인하고 신체·정신·성적 폭력이 있었는지, 의식주 등을 제대로 갖추지 못한 채 유기, 방임된 상태인지 관찰하고 확인하도록 하겠습니다.

③ **112상황실 보고 및 지원요청** : 아동학대 의심이 있는 경우 112상황실에 보고하여 여성청소년과 학대전담경찰관(APO)의 지원을 요청하겠습니다.

④ **보호자 연락** : 학대전담경찰관과 협력하여 아동의 보호자에게 연락하여 편의점으로 오도록 한 후, 아동과 분리하여 보호자 면담을 실시하고 아동에 대한 방임 등 학대행위가 있었는지 확인하겠습니다. 필요시 지구대 또는 경찰서로 임의동행하여 조사하겠습니다.

⑤ **형사적 조치** : 8세 아동의 절도행위는 촉법소년(10세 이상 14세 미만)에도 해당하지 아니하여 형사적 조치 또는 소년법상 보호처분을 할 수 없으며 아동의 보호자와 편의점 점주 사이에 민사적 관계만 있습니다.

⑥ **보호처분** : 아동학대로 판단될 경우 아동학대범죄의 처벌 등에 관한 특례법에 근거하여 응급조치로서 아동을 의료기관이나 아동보호시설로 인도할 수 있고, 아동학대 판단조사표에 의하여 긴급임시조치 필요성도 검토하겠습니다.

(4) 사후 조치

① 편의점 점주의 목격 진술 등을 청취하고, CCTV 영상 등 증거를 확보하겠습니다.

② 자치단체, 복지기관등과 연계하여 아동을 지속적으로 보호할 수 있도록 조치하겠습니다.

③ 아동학대 사실이 인정되는 경우 학대행위자를 입건하고 조사합니다.

후속질문

✦ **학대를 당하는 아이의 특징은 어떤 것이 있는가?**
"아동에 대한 훈육과 학대를 현장에서 어떻게 구별할 수 있는가?"의 「(3) 학대로 볼 수 있는 유형」 참조

✦ **아이가 계속 울기만 하고 이름도 말하지 않는 상황이라면 어떻게 할 것인가?**
아이가 대화를 거부하거나 울기만 하는 상황에서 무리하게 질문을 하기보다 아이의 긴장을 풀어주고 신원을 파악할 수 있는 우회적인 방법을 사용해야 합니다.

① **신뢰관계 형성** : 아이에게 음식물이라도 주고 호기심을 가질만한 물건을 보여주면서 안심시킵니다.

② **비언어적 방법으로 정보 파악** : 아이의 옷이나 소지품에 이름이나 연락처 등이 있는지 확인하고, 신체에 멍 등 학대 징후가 있는지 확인합니다.

③ **실종아동등 프로파일링 시스템 확인** : 아이의 나이나 사진 등으로 실종신고 여부를 확인합니다.

④ **전문 인력 지원 요청** : 여성청소년과 학대예방경찰관(APO)에 지원요청합니다.

⑤ **보호조치** : 아이의 보호자가 확인되지 않는 경우 지구대에서 보호조치합니다.

✦ 부모가 나타나서 학대한 적 없다고 하면서 아이를 데려가겠다고 하면?

부모가 데려가겠다고 하더라도 아동학대 의심이 있는 경우 보호자와 아동을 분리하여 조사를 해야 합니다. 아동학대처벌법에 따라 응급조치로서 아동을 부모부터 분리하여 의료기관이나 보호시설 또는 연고자 등에게 인도할 수 있습니다. '아동학대 현장조사 체크리스트'에 따라 조사 후 아동학대 정황이 확인되고 재발 우려가 있는 경우 긴급임시조치를 취하여 부모와 아동을 격리하고 접근금지 조치할 수 있습니다. 학대의심자인 부모를 임의동행 또는 체포하여 아동학대 혐의에 대하여 조사를 해야 합니다. 따라서 부모에게 '아동 방임은 아동학대에 해당하며 아동학대 여부를 조사하기 위하여 아이를 지금 인계할 수 없다'는 점과 아동학대처벌법에 의하여 부모의 반대에도 불구하고 아이를 의료기관이나 보호시설에 인도할 수 있음을 설명하고 추후 조사 절차를 안내하겠습니다.

⑩ 헤어진 애인이 집 앞에서 1시간째 기다린다는 신고에 대한 조치는? 〈25. 1차 발표〉

> 교제폭력으로 불안감이 증가하고 있지만, 관련법이 미비하다. 결혼까지 생각했던 애인과 헤어졌는데, 애인이 집 앞에서 1시간째 기다린다는 신고를 받고 현장에 출동한 경찰관으로서 조치는?

👤 답변

(1) 상황 판단

　① 교제폭력은 가해자와 피해자 간의 관계 특성상 피해자 본인뿐만 아니라 그 가족에게까지 보복성 위해가 가해질 우려가 높은 범죄입니다.

　② 결혼까지 생각했던 애인과 헤어졌다는 심각한 사유로 애인의 집 앞에서 1시간째 기다리는 상황으로서 스토킹처벌법에 따라 접근금지 등 적절한 조치를 하지 않으면 강력범죄로 이어질 수 있습니다.

(2) 법적 근거 : 교제 폭력을 직접적으로 규제할 수 있는 법률이 없어서 가정폭력처벌법(사실혼 관계인 경우) 또는 스토킹처벌법(스토킹행위 있을시) 상의 보호처분 제도를 활용해야 합니다.

(3) 대응 원칙 : 스토킹행위 중 '결별 후 스토킹행위'는 강력범죄로 이어질 가능성이 매우 높습니다. 단 1회의 신고에도 긴급응급조치를 적극적으로 검토하는 것이 원칙입니다.

(4) 현장 대응

　① **피해자 면담 :** 피해자를 먼저 만나서 피해자가 느끼는 불안·공포감의 정도와 이유, 다른 스토킹행위가 있었는지 여부, 전 애인의 평소 거친 언행이나 폭력적 성향, 과거 이력, 긴급응급조치 희망 여부 등에 대하여 조사합니다. 응급조치로서 향후 절차 안내와 피해자 동의시 스토킹 피해 관련 상담소 또는 보호시설로의 인도 등의 조치를 취하겠습니다.

　② **피혐의자에 대한 응급조치 :** 스토킹행위란 정당한 이유 없이 기다리는 행위 등으로 상대방에게 불안·공포감을 야기하는 것을 의미합니다. 전 애인이 1시간째 기다리는 행위로 피해자가 불안감과 공포감을 느꼈다면 스토킹행위에 해당하므로 현장에 출동한 경찰관은 스토킹처벌법에 따른 응급조치를 실시해야 합니다. 경찰관은 스토킹행위자에 대하여 스토킹행위의 제지, 향후 스토킹 행위를 중단할 것과 향후 스토킹행위를 지속적 또는 반복적으로 할 경우 처벌받을 수 있음을 서면으로 경고해야 합니다.

③ **긴급응급조치 검토**: 경찰관은 스토킹행위가 지속·반복적으로 행해질 우려가 있고 스토킹범죄의 예방을 위하여 긴급을 요할 때 직권 또는 신고자의 요청에 의하여 접근금지(100미터 이내 또는 전기통신을 이용)를 명령하는 긴급응급조치를 할 수 있습니다(위반시 1년 이하 징역 또는 1천만원 이하 벌금). 전 애인이 단순히 1시간 동안 집 앞에서 기다렸다는 것만으로는 긴급응급조치 요건을 충족하기 어려울 수 있지만 서로 결별한 사이라는 점, APO 시스템을 통한 과거 이력 조회, 전화나 문자 등으로 지속적인 연락 시도 여부, 피해자가 느끼는 불안·공포감의 정도, 행위자의 태도·언행·성향 등을 종합적으로 고려하여 긴급응급조치를 적극적으로 검토해야 합니다.

> ✎ APO 시스템: 스토킹범죄 등 관계성 범죄 관련 사건정보, 응급·임시·잠정조치 사항, 스토킹 가해자 전자장치 부착 사항 등을 파악할 수 있는 시스템으로서, 지역경찰관의 업무용 휴대폰으로 조회가 가능하다.

(5) 사후 조치

① **잠정조치 신청 검토**: 긴급응급조치 후에도 스토킹범죄가 재발될 우려가 있다면 여성청소년과 담당 경찰관은 검사에게 잠정조치를 청구하여 줄 것을 신청할 수 있습니다. 잠정조치의 종류는 법원의 서면 경고, 100미터 이내 접근금지, 통신을 이용한 접근금지, 위치추적 전자장치 부착, 유치장·구치소 유치 등이 포함됩니다.

② **피해자 신변안전조치**: 피해자 거주지 주변 순찰을 강화하고, 필요시 신속하게 도움을 요청할 수 있도록 스마트워치를 지급하며, 지능형 CCTV 설치, 임시숙소 제공 등을 할 수 있으며, 민간경호업체를 통한 민간경호를 지원할 수도 있습니다.

> ✎ 고위험 범죄피해자 민간경호지원: 2025년 3월부터 전국적으로 시행되었다. 지원 대상은 위험도가 '매우 높음'인 범죄피해자 안전조치 대상자(가정폭력·스토킹·교제폭력·성폭력 피해자 등) 중 경찰서 안전조치 심사위원회에서 지원 대상으로 의결한 피해자이다. 지원 기간은 14일이며 1회 연장할 수 있다.

---

⑪ 헤어진 남자친구가 근처 카페에서 1시간째 기다린다는 신고에 대한 조치는? ⟨25. 2차 발표⟩

> 헤어진 남자친구가 지속적으로 문자를 보내고, 회사 근처 카페에서 기다리고 있겠다며 1시간째 기다리고 있다. 이전에 스토킹 행위로 신고된 이력이 5번 있다. 현장에 출동한 경찰관으로서 조치는?

👤 〈답변〉

(1) 상황 판단

① 지속적으로 문자를 보내고 기다리는 행위는 스토킹행위에 해당합니다.

② 이미 스토킹행위로 신고된 이력이 5회 있었다는 것은 지속·반복적으로 스토킹행위가 진행되고 있는 것을 의미하므로 강력한 조치가 필요한 사안입니다.

(2) 법적 근거

① **스토킹처벌법**: 스토킹행위가 지속·반복되었으므로 스토킹범죄의 현행범으로 볼 수 있습니다.

② **경찰관직무집행법**: 제6조(범죄의 예방과 제지)

(3) 현장 대응

① **업무분담**: 동료와 업무를 분담하여 한 개 팀은 피해자와 면담을 실시하고 다른 한 팀은 가해자와 면담을 하도록 하겠습니다.

② **피해자 면담**: 피해자를 만나서 피해자가 느끼는 불안·공포감, 남자친구의 폭력적 성향, 과거 신고 이력, 긴급응급조치 희망 여부 등에 대하여 확인하여 100미터 이내 접근금지 및 전기통신을 이용한 접근 금지를 명령할 수 있는 긴급응급조치 필요성을 검토하겠습니다. 응급조치로서 향후 절차 안내와 피해자 동의 시 스토킹 피해 관련 상담소 또는 보호시설로의 인도 등 조치를 취하겠습니다.

③ **피혐의자에 대한 응급조치**: 피혐의자를 만나 피해자가 거부함에도 계속 문자를 보내고 1시간째 기다리는 이유를 확인한 후 스토킹행위의 제지 및 향후 지속·반복될 경우 처벌할 수 있음을 서면으로 경고하는 등 응급조치를 실시하겠습니다.

④ **긴급응급조치 검토**: 피해자가 느끼는 불안·공포감의 정도나 문자의 내용, 결별이라는 심각성, APO 시스템을 통한 과거 5회 신고 이력 확인 등을 종합하여 '긴급응급조치 판단조사표'에 따라 재발될 우려가 인정되는 경우 피혐의자에 대하여 긴급응급조치를 실시하겠습니다. 일반적으로 심각한 사유인 결별로 인한 스토킹행위는 긴급응급조치를 실시하는 것이 필요하다고 생각합니다.

⑤ **현행범 체포 검토**: 피혐의자의 행위는 스토킹행위가 이미 지속·반복된 상황이므로 스토킹범죄에 해당합니다. 경찰의 스토킹 제지 및 경고에도 재접근 시도, 피혐의자의 언행·태도 등을 고려하여 체포의 필요성이 인정될 경우 현행범으로 체포도 검토하겠습니다.

⑥ **증거 확보**: 피해자가 받은 문자메시지 캡처 및 통화 내역, 피혐의자가 기다리는 CCTV영상, 피해자의 구체적 피해 진술 등을 확보합니다.

(4) 사후 조치

① **잠정조치 신청 검토**: 긴급응급조치 후에도 스토킹범죄가 재발될 우려가 있다면 여성청소년과 담당 경찰관은 검사에게 잠정조치를 청구하여 줄 것을 신청할 수 있습니다. 잠정조치의 종류는 법원의 서면 경고, 100미터 이내 접근금지, 통신을 이용한 접근금지, 위치추적 전자장치 부착, 유치장·구치소 유치 등이 포함됩니다.

② **피해자 신변안전조치**: 피해자 거주지 주변 순찰을 강화하고 필요시 신속하게 도움을 요청할 수 있도록 스마트워치를 지급하며, 지능형 CCTV 설치, 임시숙소 제공 등을 할 수 있으며, 민간경호업체를 통한 민간경호를 지원할 수도 있습니다.

후속질문

✦ 피해자가 상대방에 대한 처벌을 원하지 않는 경우라면?

피해자가 처벌을 원치 않는 이유를 먼저 들어보고 객관적 위험성을 평가하겠습니다. 피해자의 의사에도 불구하고 위험성이 인정되는 경우 스토킹처벌법에 따라 법적인 조치를 할 수밖에 없음을 이해시키겠습니다.

(1) **형사처벌**: 신고 이력이 5회 있는 상태에서 스토킹행위가 재발하였으므로 스토킹범죄에 해당하며, 스토킹범죄는 반의사불벌죄에 해당하지 아니하므로 피해자의 처벌불원 의사에 불구하고 처벌할 수 있습니다. 피해자의 의사는 참고하여 수사할 수 있습니다.

(2) **응급조치**: 피해자의 처벌 의사와 무관하게 출동한 경찰관은 응급조치를 해야 합니다. 응급조치에는 스토킹행위의 제지, 향후 스토킹행위의 중단 통보 및 스토킹행위를 지속적 또는 반복적으로 할 경우 처벌 서면경고, 스토킹행위자와 피해자 등의 분리 및 범죄수사, 피해자 등에 대한 긴급응급조치 및 잠정조치 요청의 절차 등 안내, 스토킹 피해 관련 상담소 또는 보호시설로의 인도(피해자 등이 동의한 경우만 해당한다) 등이 있습니다.

⑶ **긴급응급조치** : 피해자의 처벌불원 의사와 별개로 재발 우려가 높은 경우 경찰관 직권으로 가해자에 대하여 긴급응급조치를 취할 수 있습니다. 신고 이력이 5회나 있으므로 조치가 필요하다고 생각합니다.

✦ 긴급응급조치와 잠정조치의 차이를 설명해 보라.

긴급응급조치는 현장에 출동한 지역경찰관이 스토킹행위(한 번의 행위)가 지속·반복적으로 행하여질 우려가 있는 경우 현장에서 즉시 실시할 수 있으며(판사의 사후 승인 필요), 잠정조치는 지역경찰관이 초동 조치 후 사건을 여성청소년과에 인계하면 담당 경찰관이 스토킹범죄(지속·반복된 스토킹행위)의 재발 가능성을 검토하여 검사에 청구하여 판사가 결정하는 조치입니다. 조치내용과 관련해서 긴급응급조치는 100미터 이내 접근금지 및 전기통신을 이용한 접근금지 조치만 할 수 있지만, 잠정조치는 그 이외에도 위치추적 전자장치를 부착하거나 유치장·구치소 유치결정도 할 수 있습니다.

구분	긴급응급조치	잠정조치
결정 주체	사법경찰관	법원
발동 요건	스토킹행위가 지속·반복 우려 + 긴급성	스토킹범죄 재발 우려
절차	경찰관 시행 후 판사의 사후 승인	경찰 신청 ⇨ 검사 청구 ⇨ 법원 결정(사전 승인)
조치 내용	① 100m 이내 접근금지 ② 전기통신 이용 접근금지	① 서면 경고 ② 100m 이내 접근금지 ③ 전기통신 이용 접근금지 ④ 위치추적 전자장치 부착 ⑤ 유치장·구치소 유치
기간	1개월 이내	3개월 이내(2회 연장 가능, 유치는 1개월)
위반 시	1년 이하 징역 또는 1천만원 이하 벌금	2년 이하 징역 또는 2천만원 이하 벌금

제17절 | 피싱 범죄

1 딸이 납치되었다고 협박한 보이스피싱범에 대한 대응은? 〈25. 2차 발표〉

> 누군가로부터 '딸이 납치되어 성폭행당했으며 돈을 보내지 않으면 가만두지 않겠다'는 전화를 받고 현금 2,000만원을 인출하여 현금 수거책에게 가는 중에 112신고를 하였다. 현장에 출동한 경찰관의 조치는?

답변

(1) 상황 판단

① 피해자는 누군가로부터 딸이 납치되었다는 협박을 받고 현금을 인출한 사안으로 단순 보이스피싱일 수 있지만 실제 딸이 납치되었을 가능성도 배제할 수 없습니다.

② 딸과 신속히 연락하여 보이스피싱 또는 납치여부를 확인해야 합니다.

(2) 법적 근거

① 형법: 인질강도, 사기, 공갈

② 전자금융거래법: 대포통장 거래(대가를 받거나 범죄에 이용할 목적으로 통장 등을 대여하는 행위)는 5년 이하의 징역 또는 3천만원 이하의 벌금에 처한다(제6조 제3항 제2호, 제3호 등, 제49조)

③ 통신사기피해환급법(전기통신금융사기 피해 방지 및 피해금 환급에 관한 특별법): 보이스피싱범 또는 현금수거책은 전기통신금융사기죄에 해당하며 1년 이상 징역 또는 범죄수익금의 3 ~ 5배의 벌금으로 처벌한다.

> **제2조(정의)** 이 법에서 사용하는 용어의 뜻은 다음과 같다.
> 2. "전기통신금융사기"란 「전기통신기본법」 제2조제1호에 따른 전기통신을 이용하여 타인을 기망·공갈함으로써 자금 또는 재산상의 이익을 취하거나 제3자에게 자금 또는 재산상의 이익을 취하게 하는 다음 각 목의 행위를 말한다. 다만, 재화의 공급 또는 용역의 제공 등을 가장한 행위는 제외하되, 대출의 제공·알선·중개를 가장한 행위는 포함한다.
> ✎ 재화의 공급 또는 용역의 제공 등을 가장한 행위: 물품대금 사기, 조건만남, 로맨스 스캠 등
> 가. 자금을 송금·이체하도록 하는 행위
> 나. 개인정보를 알아내어 자금을 송금·이체하는 행위
> 다. 자금을 교부받거나 교부하도록 하는 행위
> 라. 자금을 출금하거나 출금하도록 하는 행위
> **제15조의2(벌칙)** ① 전기통신금융사기를 행한 자는 1년 이상의 유기징역 또는 범죄수익의 3배 이상 5배 이하에 상당하는 벌금에 처하거나 이를 병과(倂科)할 수 있다.

(3) 현장 대응

① 비노출 출동: 우선 사복으로 환복하여 비노출로 출동하겠습니다. 납치사건의 경우 경찰이 피해자를 만나는 것이 노출될 경우 인질의 안전이 위협받을 수 있으며, 보이스피싱 사건의 경우에도 현금 수거책이나 용의자들이 경찰 출동 사실을 알고 도주할 수 있기 때문입니다.

② 피해자 면담: 피해자를 안전한 장소로 이동시켜 안전을 확보하고 피해자의 극도로 당황한 마음을 안정시킵니다. 이후 범인과의 통화는 모두 녹음하도록 요청하고 이전 통화내용을 상세히 확인합니다. 또한 딸의 인상착의, 사진, 학교나 직장 등 딸에 관한 정보를 수집합니다.

③ **딸의 안전확인** : 피해자의 딸이 실제로 납치가 된 상황인지 여부를 확인하기 위하여 딸에게 전화나 문자 등으로 연락을 시도합니다. 딸이 18세 미만인 경우 「위치정보법」에 의하여 긴급구조 목적으로 112시스템을 통하여 신속히 딸의 위치정보를 확인하여 수색할 수 있으며, 18세 이상인 경우는 통신비밀보호법에 의하여 긴급 위치정보를 확인할 수 있습니다. 딸의 친구나 학교, 직장 등에도 연락하여 안전을 확인합니다.

④ **실제 납치사건으로 의심되는 경우**

　㉠ **생존증거 확인** : 범인이 다시 전화를 걸어 올 경우 '납치된 딸과의 통화를 시켜달라'고 요구하도록 피해자에게 조언합니다. 납치사건에 있어서 생존증거(Proof of Life : POL) 확인은 가장 중요하고 최우선입니다.

　　✎ 생존증거 확인 방법 : 직접 통화, 영상이나 사진(당일 신문과 함께 촬영) 요구, 인질만이 알 수 있는 질문을 던져 범인이나 딸이 대답하는지 확인(딥페이크로 영상이나 사진을 조작할 수 있으므로 '다리에 흉터가 왜 생겼지?' 등을 질문)

　㉡ **납치사건의 일반적 유형** : 실제 납치사건인 경우 범인은 인질의 전화기를 사용하여(인질을 데리고 있다는 증거) 인질의 사진을 보내거나 인질과 직접 통화를 시켜주면서 인질 석방금을 요구하는 경우가 많습니다.

　㉢ **위기협상팀 지원 요청** : 실제 납치사건일 가능성이 높은 경우 위기협상팀의 지원을 요청하여 위기협상팀에 사건을 인계합니다. 피해자는 전문협상가의 통제 아래에서 범인과 통화를 하며, 인질의 안전을 위하여 범인의 어떠한 요구에도 단도직입적으로 거절하거나 수용하기보다는 여러 가지 이유를 대면서 시간을 끄는 것이 요령입니다.

　㉣ **석방조건 협상 후 현금 전달** : 실제 납치사건일 경우 인질에 대한 안전이나 석방을 보장받지 않고 현금만 먼저 전달할 수는 없습니다. 위기협상팀의 통제 아래에서 충분한 협상이 진행된 후 현금 전달 방법이 정해지며 현금을 전달할 때 현장에서 현금 수거책을 검거할지 아니면 미행 등 다른 작전을 수행할지에 대한 신중한 검토가 필요합니다.

⑤ **보이스피싱으로 의심될 경우**

　㉠ 범인이 딸과의 통화나 사진 등 생존증거를 제시하지 아니한 채 즉시 현금만 먼저 보낼 것을 요구하는 경우(일반적으로 실제 납치사건은 장기간 협상이 진행되며 거액을 요구함)는 보이스피싱일 가능성이 높습니다.

　㉡ 피해자는 범인과 통화를 유지하며 현금 수거책이 있는 장소로 이동하며, 경찰은 사복으로 잠복하다가 현금이 건네지는 순간 현금 수거책을 통신사기피해환급법 위반으로 체포할 수 있습니다.

(4) 사후 조치

① 현금 수거책의 휴대폰이나 기타 증거물을 압수하여 다른 공범을 추적합니다.

② 현장 CCTV 등 증거영상을 확보하고, 검거한 현금 수거책을 상대로 공범에 대한 수사를 개시합니다.

후속질문

✦ 피해자를 만나면 가장 먼저 할 것은?

피해자를 만날 경우 우선 안전한 장소로 이동하여 피해자의 당황한 심리 상태를 안정시킵니다. 길거리에서 대화할 경우 범인에게 노출될 우려가 있고 차분하게 진정시키기 어렵기 때문입니다. 이후 피해자의 심정에 공감하면서 지금 현금을 전달해서는 딸을 구할 수 없다는 점을 설득하겠습니다. 실제 납치사건이라고 하더라도 딸의 안전과 석방에 관한 아무런 보장이 없는 상태에서 돈을 먼저 건네줄 수는 없으며, 만약 돈을 건네줄 경우 범인은 추가로 돈을 더 요구하거나 증거인멸을 위하여 인질을 살해할 수도 있다는 점을 납득시키겠습니다. 사례와 같이 범인이 아무런 생존증거를 제공하지 않으면서 돈만 보낼 것을 요구하는 경우는 보이스피싱일 가능성이 매우 높은데 피해자는 자신이 보이스피싱범에 속고 있다는 사실을 쉽게 인정하지 않으려는 경향이 있어서 차분하게 설명을 해야 합니다. 그 다음으로 딸의 안전을 확인하기 위하여 딸에게 전화, 문자 등을 다시 보내고 딸과 관련된 정보를 입수하여 친구, 학교, 직장 등에 연락을 취합니다. 동시에 범인으로부터 다시 전화가 올 경우 또는 계속 통화를 하고 있는 경우에는 생존증거 확인을 위하여 딸과 통화를 시켜달라고 요구하도록 조언하겠습니다.

✦ 현금 수거책이 현장에 있다면 어떻게 할 것인가?

실제 납치사건으로 의심되는 경우에는 위기협상팀을 비롯한 납치사건 전문팀의 지침에 따라서 행동해야 하며, 보이스피싱범이 분명한 경우에는 사복으로 비노출 잠복하고 있다가 피해자가 현금을 건네는 순간 현행범으로 체포하여야 합니다.

✦ 보이스피싱 현금 수거책에게 적용되는 법률은?

형법상 사기죄(사기방조죄) 또는 공갈죄, 통신사기피해환급법상 전기통신금융사기죄를 적용할 수 있습니다. 전기통신금융사기죄는 1년 이상 징역 또는 범죄수익금의 3 ~ 5배의 벌금으로 처벌하며, 미수와 상습범도 처벌합니다. 대포통장을 이용한 경우는 전자금융거래법을 적용할 수 있습니다.

✦ 보이스피싱이 아니라 실제 납치사건이라면 어떻게 조치할 것인가?

위 답변 참조

❷ 악성 앱 이용 보이스피싱범 대응 방법은? 〈25. 1차 발표〉

> 보이스피싱 저금리 대출 문자를 받은 피해자는 피싱범에게 전화를 하였다. 피싱범은 은행 앱과 유사한 악성 앱을 깔게 유도하고 기존 대출금은 현금으로 갚아야 하니 현금 수거책한테 돈을 주라고 하였다. 내용이 이상하여 금융감독원으로 전화했으나 이미 악성 앱이 깔려있어 전화를 가로챈 피싱범이 받았다. 결국 피싱범의 의도대로 현금 수거책에 3,000만원 주고 나서 뒤늦게 보이스피싱인 것을 인지하고 신고하였다. 신고를 받은 경찰의 조치는?

👤 〈답변〉

(1) 상황 판단

① 사례는 전형적인 '대환대출형 보이스피싱'으로, 악성 앱을 통한 '전화 가로채기' 수법이 사용된 대면편취형 전기통신금융사기입니다.

② 신속한 초동조치로 현금 수거책을 수배하는 한편, 피해자 전화기에 깔린 악성 앱에 의한 2차 피해를 예방하고 증거물 확보를 위한 감식하고 이후 피해보전 및 예방책에 대한 안내가 필요합니다.

(2) 법적 근거

① 형법 : 사기

② 통신사기피해환급법 : 전기통신금융사기죄

(3) 현장 대응

① 피해자 안전 확보

    ㉠ 휴대폰 전원 차단 : 가장 먼저 피해자 휴대폰의 전원을 차단하여 휴대폰에 여전히 깔려 있는 악성 앱을 통한 개인정보 유출 등 2차 피해를 예방해야 합니다.

    ㉡ 피해자 심리 안정 : 보이스피싱으로 당황한 피해자를 안정시키고 피해 경위를 청취합니다.

② 피의자(현금 수거책) 추적 : 피해자로부터 현금수거책의 인상착의, 만난 장소, 시간 등을 상세히 청취하고 해당 지역 CCTV를 확보하여 112상황실을 통한 긴급배치 등 현금 수거책을 즉시 추적하겠습니다.

③ 증거 확보(휴대폰 감식) : 피해자 휴대폰의 악성앱을 감식팀에 의뢰하여 분석하고 피싱범과의 통화 내역, 문자 기록을 모두 수집하겠습니다. 문자 발송이 해외 서버를 사용한 경우 경찰청을 통한 국제공조 수사를 진행합니다.

(4) 후속 조치

① 2차 피해방지 안내

    ㉠ 개인정보 유출 우려시 : 금융기관에 피해자가 연락하여 모든 금융계좌 및 신용카드 정지를 요청하고, 통신사에 연락하여 휴대폰 본인확인 서비스 차단 및 명의도용 여부를 확인합니다. 신분증이 도용될 우려가 있는 경우 신분증을 재발급받도록 안내합니다.

    ㉡ 감식(포렌식) 완료 후 휴대폰을 초기화하도록 안내합니다.

    ㉢ 경찰청에서 개발한 보이스피싱 악성앱을 탐지하고 삭제할 수 있는 '시티즌코난(안드로이드폰)' 또는 '피싱아이즈(아이폰)'앱을 설치하도록 안내합니다.

② 피해금 환급절차 안내 : 「통신사기피해환급법」에 의하여 계좌간 송금·이체된 경우뿐만 아니라 대면 편취형(현금 수거책을 통한 전달) 보이스피싱의 경우에도 피해금을 환급받을 수 있습니다. 사후 수사기관이 보이스피싱범을 검거하여 보이스피싱에 사용된 계좌를 확인하면, 해당 금융회사에 지급정지를 요청하고 금융회사는 채권소멸과 피해환급금 지급 등의 절차를 진행합니다.

> **제3조(피해구제의 신청 등)** ① 제2조 제2호 가목(자금이체) 또는 나목(개인정보 유출로 자금이체)에 해당하는 행위로 인하여 재산상의 피해를 입은 피해자는 피해금을 송금·이체한 계좌를 관리하는 금융회사 또는 사기이용계좌를 관리하는 금융회사에 대하여 사기이용계좌의 지급정지 등 전기통신금융사기의 피해구제를 신청할 수 있다.
> ② 수사기관은 사기이용계좌를 관리하는 금융회사에 대하여 제2조 제2호 다목(자금 교부) 또는 라목(자금 출금)에 해당하는 행위와 관련된 사기이용계좌의 지급정지를 요청할 수 있다.

📖 피해구제 절차–한국금융소비자보호재단

1. 자금을 이체한 경우

　① 지급정지 신청하기 : 경찰청(112), 금융감독원(1332) 및 송금 또는 입금한 금융회사의 고객센터에 즉시 피해사실을 신고하여 지급정지를 신청합니다.

　② 내계좌 일괄 지급정지 : 보이스피싱 등으로 피해 발생시, 본인명의 계좌를 일괄 또는 선택하여 지급정지를 할 수 있습니다.

> [오프라인]
> ㉠ 본인이 거래하는 금융회사 영업점에 방문 혹은 고객센터로 전화
> ㉡ 본인 명의로 개설된 모든 금융계좌 현황 일괄 조회
> ㉢ 금융사기 피해가 우려되는 계좌를 선택해 즉시 지급정지 신청
>
> [온라인]
> ㉠ 계좌통합관리서비스(payinfo.or.kr) 또는 금융소비자 포털 파인(fine.fss.or.kr)을 통해 본인의 명의로 개설된 계좌 또는 대출 확인
> ㉡ 본인 모르게 개설된 계좌가 있는 경우, '내계좌지급정지'메뉴에서 일괄지급정지
> 　✎ 일괄 지급정지 이용문의 : 금융결제원 고객센터(1577-5500)

　③ 피해금 환급신청 : 가까운 경찰서(사이버수사대)를 방문하여 <u>사건사고사실확인원을 발급</u>하고, 피해금이 이체된 계좌의 금융회사 또는 사기이용계좌를 관리하는 <u>금융회사에 피해구제를 신청합니다.</u> 피해금 환급신청 과정은 아래와 같습니다.

> ㉠ 지급정지 신청 : 송금 또는 입금한 금융회사 고객센터에 연락해 지급정지를 신청합니다.
> 　✎ 전화로 지급정지를 요청하신 후 3영업일이 경과한 후 14일 이내에 피해구제 신청서를 제출하지 않으면 해당 계좌의 지급정지가 해제될 수 있습니다.
> ㉡ 사건사고사실확인원 발급 : 이후 경찰서에 방문하여 금융사기 피해와 관련된 '사건사고사실확인원'을 발급받습니다.
> ㉢ 피해구제 신청 : 이후 사건사고사실확인원과 신분증을 지참해 피해자의 송금계좌를 관리하는 금융회사 또는 명의인의 사기이용계좌를 관리하는 금융회사 영업점을 방문해 피해구제를 신청합니다.
> ㉣ 채권소멸절차 : 금융회사는 피해구제 접수 후 금융감독원에 채권소멸절차 개시 공고를 요청하고, 금감원의 개시공고 후 이의제기 없이 2개월이 경과하면 해당 계좌의 채권이 소멸됩니다.
> 　✎ 사기이용계좌 명의인은 채권소멸 공고기간 중 사기이용계좌가 아니라는 사실을 소명하는 이의제기가 가능합니다.
> ㉤ 피해환급금 결정, 지급 : 금융감독원은 채권소멸일로부터 14일 이내에 환급금액을 금융회사에 통보하고, 금융회사는 지체 없이 피해자에게 환급합니다.
> 　✎ 피해금 환급대상이 아닌 경우
> 　　• 물품대금 사기, 조건만남 등 재화의 공급 또는 용역의 제공 등을 가장한 행위로 발생한 금전피해
> 　　• 해킹을 통해 탈취한 개인정보, 금융거래정보를 이용하여 발생한 금전적 피해

2. 개인정보 유출 혹은 의심 시 후속조치 : 신분증, 계좌번호 등 개인정보가 유출되거나 의심스러운 URL 접속으로 악성앱 설치가 의심되는 경우 아래처럼 신속히 조치합니다.

> ① 악성 앱이 설치된 경우 악성 앱 삭제 또는 핸드폰 초기화 : 악성 앱이 설치된 핸드폰 초기화 또는 해당 통신사 고객센터를 통해 악성 앱을 삭제합니다. 또한 핸드폰 초기화 혹은 악성 앱 삭제 전까지 핸드폰 전원을 끄거나 비행기모드로 전환합니다.
>
> ② 개인정보 노출 사실 등록 : 금융감독원 개인정보노출자 사고예방시스템(pd.fss.or.kr)을 통해 개인 정보 노출 사실 등록 및 신규 계좌 개설, 신용카드 발급 등을 제한합니다.
>
> ③ 여신거래 안심차단 서비스 활용 : 여신거래 안심차단 서비스는 본인도 모르는 사이 실행된 대출에 서 발생하는 금전 피해를 예방할 수 있는 서비스로, 금융회사에 직접 방문하여 대면 본인확인 후 신청 및 해제가 가능합니다.
>
> ④ 노출된 개인정보 변경 : 계좌 비밀번호 변경, 카드 재발급, 인증서(예. 공동인증서) 재발급 등 노출 된 정보를 변경합니다. 또한 신분증, 주민번호 등이 노출된 경우 신분증을 재발급합니다.
>
> ⑤ 본인도 모르게 개설된 계좌 혹은 대출이 있는지 확인 : 계좌통합관리서비스(payinfo.or.kr) 또는 금 융소비자 포털 파인(fine.fss.or.kr)을 통해 본인의 명의로 개설된 계좌 또는 대출을 확인할 수 있습 니다. 명의가 도용된 계좌가 개설되었거나 비대면 대출이 실행된 경우, 즉시 해당 금융회사에 피해 사실 신고하고 지급정지를 신청합니다.
>
> ⑥ 본인 명의로 개통된 휴대폰이 있는지 확인 : 한국정보통신진흥협회 명의도용방지서비스(www.msafer.or.kr) 에서 '가입사실현황조회 서비스'를 통해 본인 명의로 개통된 휴대폰을 확인합니다. 명의가 도용된 휴대폰이 개통된 경우, 즉시 해당 이동통신사 등에 회선 해지 신청 및 명의도용을 신고하고, '가입 제한 서비스'를 눌러, 본인 명의의 휴대폰 신규 개통을 차단합니다.

후속질문

✦ 보이스피싱 피해자를 어떤 마음으로 대할 것인가?

피해자들이 가장 괴로워하는 것은 그런 뻔한 거짓말에 속았다는 자책일 것 같습니다. 그런 피해자를 부주의 한 사람이 아니라 치밀한 범죄의 희생자로 바라보아야 한다고 생각합니다. 어떻게 그런 말을 믿었냐는 식의 비난보다는 누구라도 당할 수 있다는 식으로 말하며 심리적 부담감을 덜어주겠습니다. 내 가족이 피해를 입었다는 마음가짐으로 피해자의 말에 공감하고 경청하고 진심 어린 위로와 세심한 배려를 하겠습니다. 그 리고 2차 피해 예방과 범인 검거서 피해환급을 받을 수 있는 방법 등을 안내하고, 경찰관으로서 반드시 범인 을 잡겠다는 의지를 보여주겠습니다.

✦ 피해자에게 악성앱이 깔리는 것을 방지할 수 있는 방법은?

① 악성앱 탐지 앱 설치 : 경찰청 개발 시티즌 코난(안드로이드폰), 피싱아이즈(아이폰) V3 등 백신프로그램

② 함부로 링크 클릭 금지 : 금융기관이나 공공기관은 앱 설치 링크를 보내지 아니하므로 함부로 링크를 클릭 하지 않도록 합니다.

③ 전 국민 대상으로 보이스피싱 예방 홍보

❸ 악성 앱 이용 개인정보유출에 대한 대응 방안은? 〈25. 1차 발표〉

> 피해자가 한 택배 링크를 받고 링크에 접속했더니 악성 앱이 깔렸다. 피해자는 평소 본인의 신분증을 찍어 저장해 둔 사진이 있었는데 그로 인해 개인정보가 유출되어 도용되고 29차례에 걸쳐 4억이 계좌로 인출되었다. 현장 경찰관으로서 피해자에게 가장 중요한 조치는 무엇인가?

👤〈답변〉

(1) 상황 판단

① 사례는 스미싱으로 인한 개인정보 유출(신분증 사진)로 비대면 계좌 개설 및 자금 인출이 발생한 상황입니다.

② 현장 경찰관으로서 가장 우선시해야 할 것은 2차 피해 방지와 범인 추적을 위한 증거물 확보입니다.

(2) 법적 근거

① 형법 : 사기

② 통신사기피해환급법 : 전기통신금융사기죄(개인정보 이용 이체)

③ 전자금융거래법 : 대포통장을 이용한 경우

④ 정보통신망법 : 타인의 정보 유출 및 개인정보 부정 사용

(3) 현장 대응

① 피해자 안전 확보

  ㉠ 휴대폰 전원 차단 : 가장 먼저 피해자 휴대폰의 전원을 차단하여 휴대폰에 여전히 깔려 있는 악성 앱을 통한 개인정보 유출 등 2차 피해를 예방해야 합니다.

  ㉡ 피해자 심리 안정 : 보이스피싱으로 당황한 피해자를 안정시키고 피해 경위를 청취합니다.

② 지급 정지 : 피해금이 이체된 수취 계좌를 확인하여 해당 금융기관에 즉시 지급정지할 수 있도록 구두 요청합니다. 이후 경찰서의 사건사고사실확인원을 발급받아 서면으로 금융기관에 피해구제 신청을 하도록 합니다.

③ 증거 확보(휴대폰 감식) : 피해자 휴대폰의 악성앱을 감식팀에 분석 의뢰하여 피싱범과의 통화 내역, 문자 기록을 모두 수집하겠습니다.

④ 추가 피해 방지 : 증거 보전을 위한 포렌식 작업이 진행되는 동안 피해자가 추가 피해를 입지 않도록 다음 조치들을 동시에 안내하고 진행할 수 있습니다.

  ㉠ 피해자의 모든 금융계좌 및 카드 정지 : 피해자가 직접 금융기관에 연락하여 즉시 조치해야 합니다. 금융감독원을 통하여 전체 거래 은행의 모든 계좌와 신용카드를 신속하게 정지시킬 수 있습니다.

  ㉡ 본인확인 및 신분증 도용 관련 조치

    ⓐ 본인확인 서비스 차단 : 통신사에 연락하여 휴대폰 본인확인 서비스 이용 내역 확인 및 차단을 요청하도록 안내합니다. 이는 범인이 유출된 개인정보를 이용하여 추가적인 금융 서비스나 온라인 서비스에 가입하는 것을 막기 위함입니다.

    ⓑ 명의도용 방지 서비스 신청 : 한국인터넷진흥원(KISA)에서 운영하는 'e-프라이버시 클린서비스'에 접속하여 본인 명의로 개설된 휴대폰, 유료 서비스 가입 현황 등을 조회하고 필요 없는 서비스는 해지하도록 안내합니다. 또한 금융감독원 '금융명의도용 방지 서비스'에 등록하여 신규 계좌 개설이나 대출 실행 등을 사전에 차단하도록 합니다.

ⓒ 신분증 재발급 신청 : 현재 사용 중인 신분증이 도용될 위험이 있으므로 즉시 가까운 주민센터를 방문하여 신분증(주민등록증 또는 운전면허증) 재발급을 신청하도록 안내합니다. 재발급 신청을 통해 기존 신분증은 효력을 잃게 됩니다.

⑷ 사후 조치

① 예방 조치 안내 : 감식(포렌식) 완료 후 휴대폰을 초기화하도록 안내하고, 경찰청에서 개발한 보이스피싱 악성앱을 탐지하고 삭제할 수 있는 '시티즌코난(안드로이드폰)' 또는 '피싱아이즈(아이폰)'앱을 설치하도록 안내합니다.

② 피해금 환급절차 안내 : 「통신사기피해환급법」에 따라 금융기관에서는 금융감독원에 채권소멸절차 개시 공고를 요청하여 채권소멸이 확정되면 피해환급금 지급 등의 절차를 진행합니다.

후속질문

✦ **파밍과 로맨스 스캠에 대하여 설명해 보시오.**

📖 **피싱의 주요 종류**

종류	주요 수단	특징	예시
보이스 피싱	전화	검찰, 경찰, 금융기관 직원 사칭, 범죄 연루 등으로 협박하여 금전 이체 또는 개인정보 요구	"○○검찰청입니다. 당신 명의의 통장이 대포통장으로 사용되었습니다. 안전 계좌로 이체해야 합니다."
메신저 피싱	카카오톡 등 메신저 앱	지인 계정 탈취 또는 사칭, 긴급한 상황을 가장하여 금전 요구 또는 개인정보 요청	"나 지금 급하게 돈이 필요한데, 잠시만 빌려줄 수 있어?"(지인 사칭)
스미싱	문자 메시지(SMS)	악성 URL 포함 문자 발송, 악성 앱 설치 유도, 소액 결제 및 개인정보 탈취 목적	"[Web발신] [CJ대한통운] 고객님, 주소지 오류로 배송 지연. 확인 : [악성 URL]"
파밍	악성코드 감염된 PC, 휴대폰	사용자가 정상 사이트 주소를 입력해도 자동으로 가짜(피싱) 웹사이트로 연결되도록 조작	정상 은행 사이트 접속 시도 ⇨ 실제로는 악성코드로 인해 위조된 은행 사이트에 접속되어 금융정보 입력 유도
큐싱	QR코드	악성 QR코드를 스캔하도록 유도, 악성 앱 설치나 개인정보 탈취 목적	공공장소에 가짜 '와이파이 연결' QR코드 부착, 스캔 시 악성 앱 설치 유도
로맨스 스캠	소셜 미디어, 데이팅 앱, 메신저	피해자의 감정(사랑, 연민)을 이용하여 신뢰 관계 구축 후 금전적 요구, 장기간에 걸쳐 진행	"당신과 결혼하고 싶어요. 하지만 지금 긴급한 상황이라 돈이 필요해요."(가상의 연인에게 투자금 또는 병원비 요구)

✎ 용어 설명

1. 피싱(Phishing) : Private data + Fishing, 온라인 사기 수법 전반을 지칭
2. 스미싱(Smishing) : 문자 메시지(SMS) + Phishing
3. 파밍(Pharming) : Phishing + Farming
4. 큐싱(Qshing) : QR코드 + Phishing
5. 로맨스 스캠 : Romance Scam

✦ **스미싱 예방 캠페인을 한다면 어떻게 하겠는가?**

① 악성앱 탐지 앱 설치 : 경찰청 개발 시티즌 코난(안드로이드폰), 피싱아이즈(아이폰) V3 등 백신프로그램

② 함부로 링크 클릭 금지 : 금융기관이나 공공기관은 앱 설치 링크를 보내지 아니하므로 함부로 링크를 클릭하지 않도록 합니다.

③ 신분증 등 금융정보 저장 금지 : 휴대폰에 주민등록증, 운전면허증, 보안카드 사진을 절대 저장한 경우 악성 앱이 깔리는 순간 유출될 수 있습니다.

④ 전 국민 대상으로 보이스피싱 예방 홍보
  ㉠ 온라인/모바일 : SNS 숏폼 영상, 웹툰/인포그래픽, 포털사이트 배너 광고, 스미싱 예방 퀴즈/게임 등
  ㉡ 오프라인 : 대중교통 광고, 공공기관 및 은행 협력, 지역사회 교육(경로당/복지관/문화센터 등에서 스미싱 예방 교육 프로그램 운영, 실제 사례 중심의 시청각 자료 활용)
  ㉢ 미디어 : TV/라디오 공익광고, 뉴스 및 시사 프로그램 연계

제18절 ┃ 교통단속 및 사고처리

❶ 신호위반 차량 단속 중, 운전자가 신호위반을 부인하면서 면허증 제시를 거부할 경우 어떻게 할 것인가?

🧑 〔답변〕

(1) **법규 위반 사실 및 면허증 제시 의무 고지** : 운전자에게 목격한 구체적인 신호위반 사실(시간, 장소, 위반 내용)을 명확하게 고지하겠습니다. 운전자가 위반을 부인하더라도 도로교통법 제92조 제2항에 명시된 운전자의 면허증 제시 의무가 있음을 알리고 정중하게 면허증 제시를 요구하겠습니다(대법원 판례로 인정).

(2) **면허증 제시 거부 시 법적 책임 명확히 고지** : 만약 운전자가 면허증 제시를 거부할 경우, 도로교통법 제155조에 따라 경찰공무원의 정당한 면허증 제시 요구에 불응하는 경우, 20만원 이하의 벌금이나 구류에 처할 수 있음을 말씀드리겠습니다. 계속해서 면허증 제시를 거부한다면 운전자에게 성명, 주소, 주민등록번호를 질문하고 이에도 거부하는 경우에는 지속적으로 불응 시 주거불명에 해당하여 현행범으로 체포할 수 있음을 경고하겠습니다.

(3) **현행범 체포** : 설득과 경고에도 운전자가 면허증 제시를 계속 거부하고 주민등록증이나 차량번호 조회 등 다른 방법으로 운전자의 주거를 확인할 수 없는 경우에는 도로교통법 제155조 위반으로 현행범 체포하고 즉결심판 청구 또는 형사입건하겠습니다. 그 과정에서 폭행이나 협박이 수반되었다면 별도의 공무집행방해죄를 적용할 수 있습니다. 체포 과정을 바디캠으로 촬영하여 증거를 명확히 하겠습니다.

> **도로교통법**
> **제153조(벌칙)** ① 다음 각 호의 어느 하나에 해당하는 사람은 6개월 이하의 징역이나 200만원 이하의 벌금 또는 구류에 처한다.
>   2. 제41조(정비불량차 점검을 위한 면허증 제시 요구, 응급조치, 운전 일시정지), 제47조(무면허·음주·과로·약물운전 확인을 위한 일시정지 및 운전면허증 제시 요구, 운전금지, 차량이동) 또는 제58조(위험방지를 위한 통행금지 명령)에 따른 경찰공무원의 요구·조치 또는 명령에 따르지 아니하거나 이를 거부 또는 방해한 사람
> **제155조(벌칙)** 제92조제2항(운전면허증 휴대 및 제시 등의 의무)을 위반하여 경찰공무원의 운전면허증등의 제시 요구나 운전자 확인을 위한 진술 요구에 따르지 아니한 사람은 20만원 이하의 벌금 또는 구류에 처한다.
> **제156조(벌칙)** 다음 각 호의 어느 하나에 해당하는 사람은 20만원 이하의 벌금이나 구류 또는 과료(科料)에 처한다.
>   1. 제5조(교통정리를 하는 경찰공무원의 지시 위반)

✎ 신호위반 등 단순 교통위반자에 대한 정지명령 위반 : 제156조(20만원 이하 벌금 또는 구류)
　신호위반 등 단순 교통위반자의 면허증 제시 거부 : 제155조(20만원 이하 벌금 또는 구류)
　음주단속 등을 위한 정지명령 위반 : 제153조(6개월 이하 징역 또는 200만원 이하 벌금)
　음주단속 등을 위한 면허증 제시 거부 : 제153(6개월 이하 징역 또는 200만원 이하 벌금)

- <u>경찰공무원은 도로교통법 위반의 혐의가 있는지 여부와 관계없이 자동차 등의 운전자에게 운전면허증 등의 제시를 요구할 수 있고</u> 그 요구를 받은 운전자는 이에 응하여야 할 의무가 있고, <u>그 운전자가 도로교통법을 위반하지 아니하였다고 하여 운전면허증 등의 제시의무를 면할 수 있는 것은 아니다</u>(대판 2006도7891).

- 차량을 일단 정차한 다음 경찰관의 <u>운전면허증 제시요구에 불응하고 다시 출발하는 과정에서 경찰관이 잡고 있던 운전석 쪽의 열린 유리창 윗부분을 놓지 않은 채 어느 정도 진행하다가 차량속도가 빨라지자 더 이상 따라가지 못하고 손을 놓아버렸다면 이러한 사실만으로는 피고인의 행위가 공무집행방해죄에 있어서의 폭행에 해당한다고 할 수 없다</u>(대판 96도281).

- 원심이 적법하게 채택하여 조사한 증거들에 의하면, ① 피고인은 2011. 8. 13. 3:30경 수원시 장안구 조원동 755 앞길에서 <u>술에 취해 소리를 질러 주위를 시끄럽게 한 사실</u>, ② 신고를 받고 출동한 경찰관이 피고인에게 <u>신분증 제시를 요구하였으나, 피고인은 신분증을 제시하지 않은 사실</u>, ③ <u>이에 경찰관이 피고인을 주거가 불명한 경범죄처벌법위반 범행의 현행범으로 체포한다고 고지한 후 순찰차에 타라고 말을 한 사실</u>, ④ <u>그러자 피고인은 주머니에서 지갑을 꺼내 그 안에 들어있던 운전면허증을 경찰관에게 내민 사실</u>, ⑤ 그러나 경찰관은 이미 현행범 체포가 되었다면서 피고인의 운전면허증을 제대로 확인하지 아니한 채 현장을 떠나려고 하는 피고인을 붙잡아 강제로 순찰차에 태운 사실이 각 인정되는바(위 ③, ④, ⑤의 사실은 수사기록 58면에 편철되어 있는 동영상을 주로 참조함), 이에 의하면, 경찰관이 피고인의 운전면허증을 통하여 그의 주거가 분명한지 여부를 확인할 수 있었음에도 이를 확인하지 아니한 채 피고인을 순찰차에 강제로 태우는 현행범 체포행위를 하였음이 인정된다.
한편 검사는, 경찰관이 신분증 제시를 요구하였음에도 피고인이 이를 거부한 시점, 즉 위 ② 사실이 있었던 때에 현행범 체포를 위한 '주거의 불분명' 상태가 이미 확정되었고 위 ③ 단계에서 체포행위는 완료된 것이므로, 그 이후인 ④ 단계에서 피고인이 신분증을 제시하였더라도 이는 이미 이루어진 현행범 체포의 적법성에 영향을 미치지 않는다는 취지로 주장하나, 우리 형법 내지 형사소송법의 해석상 <u>"체포"란 "피의자를 그의 의사에 반하여 비교적 짧은 기간 동안 수사관서 등 일정한 장소에 인치하는 것"</u>을 의미하므로, <u>순찰차 또는 경찰서 등 일정한 장소에 피고인을 인치하기 위한 유형력의 행사가 있었던 시점, 즉 위 ⑤ 단계에 이르러서야 체포행위의 착수 내지 완료가 있었다고 할 것이고</u>, 따라서 그 이전에 피고인이 신분증을 제시하였다면 적어도 이를 통하여 그의 주거불명 여부를 확인한 후 위 ⑤ 단계로 나아갈지 여부를 결정하였어야 할 것이므로, 검사의 위 주장은 받아들이기 어렵다(수원지법 2012. 11. 8. 선고 2011고정3454).

📖 교통 단속 중 경찰 폭행으로 부상

서울고등법원 민사8부는 손해배상 청구 소송에서 <u>국가가 A씨에게 2억 7천만 원을 지급하라며</u> 최근 원고 일부 승소 판결을 내렸다. 영어 강사로 일하던 A씨는 2012년 3월 서울 강남에서 끼어들기 위반으로 교통 단속에 적발됐다. 경찰관 B씨는 교차로 통행방법 위반으로 범칙금 납부통고서를 발부하기 위해 운전면허증 제출을 요구했다. A씨는 면허증을 제시했으나, B씨가 범칙금을 발부하려 하자 면허증 반환을 요구했다. B씨는 이를 거부하고 PDA에 단속 정보를 입력하려 했고 이 과정에서 두 사람 사이에 실랑이가 벌어졌다. B씨는 오른팔로 A씨의 목을 감싸 안고 발을 걸어 넘어뜨렸고, A씨는 그 충격으로 약 8주간의 치료를 요하는 상해를 입었다. 이 사건으로 B씨는 기소되어 벌금 500만 원의 유죄 판결을 선고받았고, A씨는 국가를 상대로 손해배상 소송을 제기했다. 〈법률신문 20.2.3. 참조〉

❷ 음주단속 중 교통 혼잡에 대한 대응은? 〈25. 2차 발표〉

> 연말연시 음주단속을 시민들에게 미리 예고하고 단속 중인데 교통 지연이 발생하고 있다. 시민이 '시간이 급하다'며 강력하게 항의 중이고 주변 운전자들도 민원 제기하는 중이다. 음주단속으로 교통이 혼잡해지는 상황에서 어떻게 할 것인가?

👤 답변

(1) 상황 판단

① 음주단속으로 인한 교통혼잡이 발생하고 있습니다.

② 음주단속이라는 공공의 안전 확보와 교통정체라는 시민 불편이 충돌하는 딜레마 상황에서, '음주운전 근절'이라는 단속 목적을 달성하면서도 교통혼잡으로 인한 시민 불편을 최소화할 수 있도록 유연하고 효율적인 조치가 필요합니다.

(2) 음주운전 일제단속의 법적 근거

① 도로교통법 : 제44조 ②(음주 단속)

② 헌법재판소 결정례(2002헌마293)

> 일제단속식 음주단속은 그 자체로는 도로교통법 제44조 제2항 전단에 근거를 둔 적법한 경찰작용이다. 그러나 그 경우에도 과잉금지원칙은 준수되어야 하므로, 음주단속의 필요성이 큰, 즉 음주운전이 빈발할 것으로 예상되는 시간과 장소를 선정하여야 할 것이고, 운전자 등 관련 국민의 불편이 극심한 단속은 가급적 자제하여야 하며, 전방지점에서의 사전 예고나 단시간내의 신속한 실시 등과 같은 방법상의 한계도 지켜야 할 것이다.

(3) 현장 대응

① 친절한 설명과 양해 요청 : 항의하는 시민에게 침착하고 공손한 태도로 불편함을 이해한다는 공감을 표현하면서 현재 단속은 사전에 예고하였고 연말연시 음주운전 사고를 위한 것임을 말씀드리면서 음주단속의 정당성과 필요성을 설명하겠습니다.

② 단속 방식 개선

   ㉠ 병목 현상 해소 : 추가로 인력을 배치하여 단속 차로를 더 넓히거나 음주감지기로 적발된 차량은 별도의 측정 구역으로 분리 이동시켜 교통 흐름을 개선시킬 수 있습니다.

   ㉡ 선별 단속 : 모든 차량에 대하여 음주단속을 하기보다는 운전 행태, 차량 상태, 운전자 외양 등을 관찰하여 선별적으로 단속합니다. 택시나 버스 등 영업용 차량은 일반적으로 음주운전 가능성이 낮으므로 우선 통과시키는 것도 방법이 될 수 있습니다.

   ㉢ 시간·장소별 탄력적 단속 : 출퇴근 시간대 등 교통정체 시간에는 선별 단속을 하고, 심야시간대 및 유흥가 인근에는 일제 단속이 바람직합니다.

   ㉣ 단속장소 재선정 : 음주단속으로 교통정체가 심하고 선별단속으로도 문제가 해결되지 않는 경우에는 단속장소를 재선정하여 교통정체를 야기하지 않는 장소로 이동하여 단속합니다.

(4) 사후 조치

① 단속 성과 분석 : 단속 후에는 적발 건수, 단속에 소요된 시간, 민원 건수 등을 종합적으로 분석합니다.

② 장소 선정 재검토 : 해당 장소 및 시간대에 단속하는 것이 부적절하다고 판단될 경우, 다음 단속 시에는 교통량이 분산되는 다른 지점을 선정하거나 단속 시간을 조정하는 등의 개선 방안을 마련합니다.

③ **인력 운용 개선**: 단속 경찰관의 선별 단속 요령에 대한 현장 교육을 강화하고 적정한 단속 인력을 재산정합니다.

후속질문

✦ **만약 현장에서 유튜버가 라이브 방송을 하거나 시민이 촬영을 하고 있는 경우 제지할 수 있는가?**

(1) **일반적인 경우는 적법**: 공공장소에서 경찰관의 직무수행 등을 촬영하는 행위는 정당한 업무 수행에 대한 감시 및 비판의 일환으로 보아 일반적으로 적법하며, 공무집행 중인 경찰관에 대한 민법상 초상권 침해가 인정되기는 어려운 측면이 있으므로 촬영 그 자체를 제지할 수는 없습니다. 저는 유튜버나 시민의 촬영에 감정적으로 대응하기보다 저의 모든 언행이 기록되고 있다는 점을 인지하고 더욱 당당하고 친절하게 법을 집행하겠습니다.

(2) **위법할 수 있는 경우**: 단속 대상인 시민의 얼굴 등 사건 관계인의 개인정보를 동의 없이 촬영하는 행위는 개인정보보호법 위반이 될 수 있으며, 악의적으로 비난하는 행위는 모욕죄, 명예훼손죄에 해당할 수 있고, 신체 특정 부위를 촬영하는 것은 성폭력처벌법위반에 해당할 수 있음을 경고하겠습니다. 사후 법적 조치에 대비하여 경찰 바디캠으로 촬영 중인 사람들에 대한 채증을 하겠습니다. 또한 이들의 근접 촬영 등으로 음주단속 자체가 방해되는 경우에는 경범죄처벌법상의 업무방해죄(폭행이나 협박 없이 공무를 방해하는 경우), 형법상 공무집행방해죄의 적용도 검토하겠습니다.

> **📖 시민이 사건관계인을 촬영하는 행위에 대한 관련 법령**
>
> - 형법 : 업무방해, 모욕, 명예훼손
> - 개인정보보호법 제75조 제2항 제11호 : 공개된 장소에서 정보주체가 촬영을 거부함에도 이동형 영상정보처리기기로 촬영한 자에게는 5천만원 이하의 과태료 부과
> - 경범죄처벌법 : 업무방해, 불안감 조성
> - 스토킹처벌법 : 반복적, 지속적으로 따라다니거나 진로를 막으며 불안·공포심 유발
> - 성폭력처벌법 : 특정 신체 부위를 성적 목적으로 촬영
> - 통신비밀보호법 : 공개되지 아니한 다른 사람들의 대화를 녹음하는 경우
> - 민법상 초상권 침해로 손해배상소송

✦ **본인이 생각하는 음주운전 예방 방안은?**

(1) **단속 강화**: 음주단속 시간을 출근 시간대, 점심 시간대, 야간 시간대 등 취약시간대에 상시 단속하고, 단속 장소도 상업 지역 외에 주거지역이나 고속도로 톨게이트 등 다양한 장소에서 단속합니다. AI 빅데이터 분석 등으로 음주운전 다발 지역과 시간대에 집중단속을 합니다.

(2) **처벌 강화**: 음주운전자에 대한 처벌 강화 및 재범자에 대하여는 가중 처벌하고 범행 도구인 차량을 압수하는 방법도 활용합니다. 또한 음주운전자 외에 동승한 사람 등 방조자에 대하여도 처벌을 강화해야 합니다.

> ✎ 경기남부경찰청은 2025년 한 해 동안 총 345대의 음주운전 차량을 압수하였으며, 음주운전 사고는 28% 줄었다고 밝혔다. 음주운전 차량을 압수하는 기준은 중대 음주운전 사망사고를 낸 경우, 최근 5년간 2회 이상 음주 전력자가 다시 음주운전을 해 중상해 사고를 낸 경우, 최근 5년간 3회 이상 음주 전력자가 또 음주운전에 적발된 경우, 기타 압수가 필요하다고 판단될 경우라고 밝혔다.

(3) **민사적 책임**: 형사 처벌뿐만 아니라 음주운전 사고 시 보험사 가해자 분담금(자기부담금) 상향 등 경제적 손실에 대한 경각심을 높입니다.

⑷ **물리적 차단**: 5년 이내에 2회 음주운전으로 단속되는 경우 음주운전 방지장치를 의무적으로 설치해야만 운전면허를 취득할 수 있습니다. 최근 자율주행 기술을 응용하여 운전자의 시선, 핸들 조작 패턴, 안면 홍조 등을 감지해 음주가 의심될 경우 강력한 경고음을 내거나 비접촉식 알코올 감지 센서(차량 내 공기 중 알코올 농도 측정) 도입 등도 필요합니다.

⑸ **대리운전 및 대중교통 인프라 확충**: 대리운전 시스템을 활성화하고 심야 대중교통 인프라를 확충하는 것도 필요합니다.

⑹ **사회적 인식 개선**: 방송이나 인터넷 등을 통한 음주운전의 위험성을 홍보하고 유흥업소, 식당, 직장, 학교 등 현장 교육 및 홍보를 강화합니다.

❸ 대형 교통사고 현장에서 신속한 현장 대응과 적절한 보고 방안은? 〈25. 1차 발표〉

> 대형 교통사고가 발생한 현장에서 현장 경찰관들이 보고를 거의 하지 않고 현장 대응 중이며 보고 내용도 미흡하다. 일부 경찰관들은 무리하게 현장 대응을 하다가 부상을 당했다. 현장 대응과 신속보고의 균형을 유지할 자신만의 방법을 발표하시오.

👤〔답변〕

⑴ **상황 판단**: 대형 교통사고 현장에서는 현장 대응과 신속보고 사이에 다음과 같은 문제점들이 발생할 수 있습니다.

① 현장 대응 집중으로 인한 보고 미흡: 경찰관들이 인명구조와 현장통제에 집중하다 보니 상부에 보고하는 절차를 소홀히 하게 됩니다.

② 무리한 현장 대응으로 인한 부상: 체계적인 계획없이 즉각적인 대응에만 집중하다 보면 경찰관들이 부상을 당할 위험이 높아집니다.

③ 상황 공유 부재로 인한 혼란: 적절한 보고가 이루어지지 않으면 추가 인력 배치, 장비 지원 등 의사결정이 지연될 수 있습니다.

⑵ **현장 대응 및 신속 보고의 균형 유지 방안**

① 지휘 체계 확립 및 역할 분담 명확화: 사고 현장에 도착하면 먼저 현장 지휘자를 명확히 지정하고 각 팀원에게 <u>보고 담당, 현장 통제, 인명 구조, 증거 보존 등 역할을 명확히 분담</u>하겠습니다. 이는 혼란을 줄이고 각자의 임무에 집중할 수 있도록 하여 현장 대응의 효율성을 높이는 동시에 보고 누락을 방지할 수 있습니다.

② 신속하고 정확한 보고

㉠ '단계별 보고' 시행: 현장도착 즉시 초기보고를 한 후, 현장상황 변화에 따라 '단계별 보고'를 시행하여 초기 보고의 미흡한 부분을 보완하고 진행 상황 및 필요한 지원 사항을 지속적으로 알리겠습니다. 예를 들어 초기에는 인명 피해 규모와 도로 통제 필요성 등 핵심 정보 위주로 보고하고 이후에는 구체적인 부상자 현황, 차량 파손 정도, 추가 지원 필요 여부 등을 상세히 보고하는 방식입니다.

㉡ 사진 및 동영상 전송: 스마트폰을 활용하여 사고현장의 사진 및 동영상을 전송하여 상황실에서 현장상황을 더욱 정확하게 파악하고 적절한 지시를 내릴 수 있도록 하겠습니다. 또한 바디캠(경찰 착용기록장치)를 활용하여 실시간으로 상황실에 현장상황을 전송할 수 있습니다.

  ✎ 경찰청에서 예산 약 200억원을 투입해 2029년까지 바디캠(경찰착용기록장치) 1만 4,000대를 도입할 예정이며 경찰이 촬영한 영상은 연동된 무선 중계기(AP)를 통해 국가정보자원관리원으로 바로 전송된다.

③ 안전을 최우선으로 한 현장 대응 : 무리한 현장 대응으로 인한 경찰관 부상은 현장 대응을 더욱 어렵게 만들기 때문에 경찰관 개인의 안전을 최우선으로 고려하며 현장 대응에 임하겠습니다.

    ㉠ 고가시성 안전장비 착용 : 모든 출동 경찰관은 반사띠가 부착된 형광색 조끼, 반사 기능이 있는 모자, LED 경광봉을 필수적으로 착용합니다.

    ㉡ 2차 사고 방지 및 가능한 범위 소통 : 2차 사고방지를 위하여 사고현장 후방에서 교통을 통제하고 구급차 및 사고현장 정리를 위한 레커차 등의 신속한 진입을 위하여 가능한 범위에서 차량소통을 시행하겠습니다.

        ✎ 2026. 1. 4. 서해안고속도로에서 발생한 교통사고를 조사하던 경찰관 1명과 견인차 기사 1명이 졸음운전을 하던 다른 차량에 의해 사망한 사건이 발생하였다.

    ㉢ 응급구호를 위한 닥터 헬기 요청 : 고속도로에서 대형 교통사고가 발생하여 병원으로 신속한 환자 후송이 어려운 경우에는 상황실을 통하여 고속도로 진입 통제를 요청하고 소방과 공동대응하여 닥터 헬기를 고속도로에 착륙시키는 방법을 검토할 수 있습니다. 실제 고속도로에서 발생한 교통사고에서 아주대병원 닥터 헬기를 통하여 환자를 후송한 사례를 언론보도로 접한 적 있습니다.

(3) 사후 조치

① **사후 검토 회의** : 이번 사건 후 현장 대응과 보고의 효율성을 평가하고 개선점을 도출할 필요가 있습니다.

② **주기적인 훈련 및 사례 연구** : 대형 교통사고 발생 시나리오를 바탕으로 주기적인 보고 및 현장 대응 훈련을 실시하여 실제 상황에서 당황하지 않고 능숙하게 대처할 수 있는 능력을 키우겠습니다.

---

❹ 어린이 횡단보도 교통사고에 대한 조치는? 〈25. 2차 발표〉

> 하교 시간에 교통사고로 아동이 다쳤다는 112신고를 받고 출동했다. 아이는 횡단보도에서 차량에 부딪혔고 주변에 사람들이 몰린다. 현장 경찰관으로서 어떻게 조치할 것인가?

🧑 〈답변〉

(1) 상황 판단

① 사고발생 지역이 어린이보호구역에 해당하는지는 분명하지 않으며, 아이가 횡단보도에서 교통사고가 발생한 상황입니다.

② 피해자에 대한 구조와 교통 통제 및 교통사고조사가 필요한 상황입니다.

(2) 법적 근거

① **형법** : 업무상과실치상죄

② **교통사고처리특례법** : 횡단보도 사고는 12개 중과실에 해당하여 종합보험에 가입되어 있거나 합의가 된 경우(처벌불원)에도 공소를 제기할 수 있습니다.

③ **특정범죄가중처벌법** : 어린이보호구역에서 어린이를 사상케 한 경우

(3) 현장 대응

① **안전 확보**

    ㉠ 교통사고 현장에서 경찰관 안전을 위하여 형광조끼 등 가시성이 좋은 복장을 착용하며, 부상자가 있기 때문에 신속한 119구급대의 공동대응을 요청합니다.

    ⓛ 현장에 출동한 경찰관은 2차 사고 방지를 위하여 사고 장소 후방에 순찰차를 정차하고 라바콘을 설치하고 경광등으로 교통 통제를 합니다.

② 현장 조치

    ㉠ 피해자 구조 : 피해자의 상태를 확인하고, 중상인 경우 함부로 피해자를 옮기기 보다는 119구급대가 도착할 때까지 현 상황을 유지하며, 매우 긴급할 경우 CPR 등 응급조치를 취할 수 있습니다. 아이를 통하거나 아이의 신원을 파악하여 보호자에게 연락합니다.

    ㉡ 군중 통제 : 사고현장 처리 및 교통 혼잡을 막기 위하여 시민들이 몰리는 것을 통제하고 아이의 얼굴과 개인정보보호를 위하여 촬영은 자제하여 줄 것을 요청합니다.

    ㉢ 가해자 확보 : 운전자의 신원을 확보하고 사고 경위를 청취합니다. 이때 운전자가 음주운전의 의심이 있는 경우 음주측정을 할 수 있습니다. 마약 등 약물운전의 의심이 있는 경우 임의동행하여 동의를 받아 간이시약으로 약물검사를 할 수 있으며, 이를 거부할 경우 업무상과실치상죄로 현행범 체포하여 병원으로 이송하여 영장없이 강제채뇨의 방법으로 검사할 수 있습니다(체포현장에서 영장없이 긴급 압수수색검증으로 가능하며, 병원 응급실은 준체포장소로 볼 수 있음).

        ✎ 일반적인 교통사고의 경우 운전자에 대한 신원확보 및 블랙박스 등 증거 확보 후 귀가조치하고 추후 교통사고조사계에서 소환하여 조사한다. 다만, 운전자가 현장을 벗어나려 하거나(도주 우려), 음주나 약물 운전의 의심이 있는 경우에는 현행범 체포할 수 있다.

    ㉣ 증거 확보 : 차량 위치 및 접촉 부위, 피해자 쓰러진 위치, 노면상의 스키드마크 등 흔적 등에 대한 사진을 촬영하고, 주변 목격자나 차량 블랙박스, 인근 CCTV 등을 확보합니다.

⑷ 사후 조치

① 교통사고조사팀에 초동조치 사항을 상세히 보고합니다.

② 어린이 교통사고 예방을 위한 등하교 시간대에 순찰을 강화합니다.

후속질문 ··

✦ **보호자와 연락이 안 되는 경우에는 어떻게 할 것인가?**

보호자와 연락이 되지 않더라도 치료가 우선이므로 119와 함께 병원으로 이동하면서 계속 보호자와 연락을 취하겠습니다. 만약 아이가 심하게 다쳐 대화할 수 없는 상황이라면 아이의 소지품에서 휴대폰이나 이름표나 학교나 학원 등을 확인하여 보호자를 찾겠습니다. 또한 아동의 지문을 휴대용 스캐너(MOFIS)로 채취하여 지문사전등록 여부를 조회하여 보겠습니다. 상당 시간 보호자를 찾을 수 없다면 실종아동등 프로파일링 시스템에 등록하고 인근 지역경찰에 실종신고가 들어왔는지 여부를 확인하겠습니다.

❺ 인도에서 전동킥보드 사고 발생시 조치는?

인도에서 중학생 2명이 탄 전동킥보드가 30대 여성과 부딪힌 사고가 발생했다. 이 사고로 30대 여성 A씨가 넘어지면서 머리 등을 크게 다쳤다. 사고를 낸 중학생(15세) B양은 헬멧을 착용하지 않았다. 현장에 출동한 경찰관으로서 B양의 위반에 대하여 적용할 법령과 향후 사고예방 방안을 발표하시오.

👤 〈답변〉

(1) 상황 판단

① 전동킥보드는 도로교통법상 개인형 이동장치로서 차에 해당하므로 인도로 주행할 수 없으며, 원동기장치자전거 면허 이상의 운전면허가 필요합니다.

② 교통사고는 차의 교통으로 사람을 사상하거나 물건을 손괴하는 것으로서 전동킥보드로 사람을 다치게 한 경우는 교통사고에 해당합니다.

(2) 관련 법령

① 「형법」: 업무상과실치상죄

② 「도로교통법」상 개인형 이동장치의 범칙행위: 무면허(10만원), 인도 통행(3만원), 안전모 미착용(2만원), 승차정원 위반(4만원)에 해당합니다.

③ 「교통사고처리특례법」: 12개 특례사항, 음주측정 불응·방해, 사고 후 도주, 사망의 경우 외에는 종합보험에 가입되어 있거나 합의가 된 경우(처벌불원)에는 공소를 제기할 수 없습니다.

④ 「소년법」: 범죄소년(14-19세 미만)의 사건은 경찰서장이 검사에게 송치하며, 검사가 판단하여 기소 또는 보호처분을 위하여 법원 소년부로 송치합니다.

   🖋 촉법소년 및 우범소년은 경찰서장이 소년부에 송치(검사에게 송치 ×)

(3) 교통사고에 대한 법률 적용

① 개인형 이동장치는 원동기장치자전거 면허 이상의 운전면허가 필요하며 원동기장치자전거의 운전면허는 16세 이상이 취득할 수 있으므로 B는 무면허 운전에 해당합니다.

② B는 차도가 아닌 인도에서 운전하였으므로, 교통사고처리특례법에 따라 비록 피해자와 합의가 된다고 하더라도(일반적으로 개인형 이동장치에 대한 종합보험은 없음) 12개 중과실(무면허, 보도 침범)에 해당하여 업무상과실치상죄로 기소해야 하는 범죄에 해당합니다.

③ 교통사고로 기소하는 경우에는 별도로 범칙금 부과를 하지 아니합니다.

④ 보호자는 청소년과 공동으로 민사상 손해배상책임을 부담합니다.

(4) 교통사고 예방 방안

① 학교 연계 교육: 교육청 및 각 학교와 협력하여 중·고등학생을 대상으로 전동킥보드 관련 개정된 법규(운전 자격, 안전모 착용, 동승 금지, 보도 통행금지 등)를 포함한 의무 교육을 정기적으로 실시합니다.

② 온라인/캠페인 홍보: SNS, 유튜브, 지역 커뮤니티 등을 활용하여 청소년 눈높이에 맞춘 법규 준수 및 안전 운행 관련 콘텐츠를 제작하고 홍보 캠페인을 확대합니다.

③ 상습 위반 지역 집중단속: 학교 주변, 공원, 상업 지구 등 청소년 이용이 잦고 보행자의 통행량이 많은 지역을 중심으로 보도 통행, 무면허, 안전모 미착용, 2인 이상 탑승에 대한 단속을 강화합니다.

④ 공유 업체와의 협력: 공유 전동킥보드 업체에 면허 인증 시스템의 강화를 요청하고, 미인증 시 대여가 불가능하도록 지도합니다.

⑤ 킥보드 없는 거리 설정: 자치단체와 협력하여 구간별 시간대별 전동킥보드 통행을 금지하는 킥보드 없는 거리를 설정하여 운영할 수 있습니다.

제19절 집회 · 시위 등

1 1인 시위 악용에 대한 경찰의 대응 방법은?

답변

1인 시위는 헌법상 보장된 표현의 자유 및 집회의 자유의 중요한 한 형태로서 「집회 및 시위에 관한 법률」 상 시위에 해당하지 아니하여 사전 신고 대상이 아니므로 원칙적으로 폭넓게 보장되어야 합니다. 하지만 이러한 1인 시위의 형식을 악용하여 타인의 법익을 침해하거나 공공의 안녕질서를 현저히 해치는 경우에는 법과 원칙에 따라 신중하게 대응하겠습니다.

(1) 헌법상 기본권 보장 및 '악용'의 의미 명확화

① 1인 시위 자체는 집시법상 신고의무가 없고 소음기준 등이 적용되지 않습니다.

② '악용'이라 함은 1인 시위라는 형식을 빌려 실질적으로는 다른 법률(**예** 형법, 경범죄처벌법, 스토킹처벌법, 도로교통법 등)을 위반하거나 타인의 권리(**예** 사생활의 평온, 영업의 자유, 통행의 자유 등)를 침해하는 것을 의미합니다.

(2) 현장 상황 파악 및 증거 확보: 현장에 도착하면 1인 시위의 구체적인 행태를 면밀히 관찰하고 바디캠, 캠코더, 사진 등을 활용하여 위법 행위 정황을 객관적으로 채증합니다.

① **소음**: 확성기 등을 이용하여 과도한 소음을 발생시켜 주변 상가나 주택가에 피해를 주는가?(경범죄처벌법상 인근소란 등 해당 여부 검토)

② **통행 방해**: 출입구나 통행로를 막아 일반인의 통행이나 차량 운행을 심각하게 방해하는가?(일반교통방해, 업무방해 등 해당 여부 검토)

③ **모욕/명예훼손/협박**: 피켓, 유인물, 구호 등에 특정인에 대한 모욕적인 표현, 허위 사실 적시, 협박성 내용이 포함되어 있는가?(형법상 모욕, 명예훼손, 협박 등 해당 여부 검토)

④ **업무 방해/영업 방해**: 특정 영업장 앞에서 고성, 위력 등을 사용하여 정상적인 업무나 영업 활동을 방해하는가?(업무방해 등 해당 여부 검토)

⑤ **스토킹 행위**: 1인 시위 형식을 빌려 특정인을 지속적으로 따라다니거나 불안감, 공포심을 유발하는가?(스토킹처벌법 해당 여부 검토)

⑥ **사실상의 미신고 집회**: 형식은 1인 시위이나 실질적으로 다수의 인원이 시간과 장소를 정하여 역할을 분담하고 공동의 목적을 가지고 집회 · 시위의 효과를 내려고 하는가?(집시법 위반 여부 검토)

    ✎ 집시법이 적용되는 집회 · 시위인지, 아니면 단순 1인 시위인지는 행위의 태양(양상)과 참가 인원 등 객관적인 측면, 그리고 내적인 유대관계 등 주관적인 측면을 종합하여 전체적으로 다수인이 위력이나 기세를 보여 불특정 다수인의 의견에 영향을 주거나 제압을 가하는 행위로 볼 수 있는지로 판단해야 한다(대판 2009도2821).

(3) 단계적이고 비례적인 조치

① **대화 및 자진 시정 유도**: 먼저 시위자에게 불편 민원이 제기되었음을 알리고 구체적인 불법 행위에 대해 설명하며 자발적으로 시정하도록 요청합니다(**예** "소음이 너무 커서 주택가에서 신고가 들어왔습니다. 소리를 조금만 줄여주시면 감사하겠습니다.", "통행에 불편이 있으니 이쪽으로 약간만 이동해 주십시오.").

② **법규 고지 및 경고**: 자진 시정 요청에 불응하고 위법 행위가 계속될 경우 중단하지 않을 시 법적 조치를 받을 수 있음을 경고합니다.

③ 위법 행위 제지 및 현행범 체포 등 법 집행
  ㉠ 경고에도 불구하고 명백한 불법행위가 지속되거나 발생하면 「경찰관 직무집행법」에 따른 제지 조치를 합니다.
  ㉡ 현행범 체포요건에 해당하면 현행범으로 체포합니다.
  ㉢ 경범죄(인근소란 등)의 경우 통고처분을 할 수 있습니다.
④ 미신고 집회 판단 시 해산 절차 : 만약 다수가 참여하는 미신고 옥외집회·시위로 판단되고 직접적이고 명백한 위험을 초래하는 경우라면 집시법에 따라 해산 절차를 진행합니다.

(4) 이해관계자 소통 및 중재 노력
  ① 시위자와 피해를 주장하는 시민 양측의 입장을 충분히 듣고 가능한 범위 내에서 갈등을 완화하고 상호 이해를 도모하려는 노력을 기울입니다.
  ② 장기적인 갈등 해결을 위해 필요한 경우 지자체, 시민단체, 관련 위원회 등 중재 기관에 대한 정보를 제공합니다.

② 밤 10시에 1인 시위하는 사람의 확성기 소음이 과도하다는 신고가 들어왔다. 조치 방법은?

👤 〈답변〉

밤 10시라는 늦은 시간에 1인 시위자가 확성기를 사용하여 과도한 소음을 발생시킨다는 신고를 접수하면 표현의 자유 보장과 주변 시민들의 평온한 생활 보장이라는 두 가치를 조화시키는 방향으로 신중하게 대응하겠습니다.

(1) 현장 출동 및 상황 파악
  ① 즉시 현장에 출동하여 신고 내용과 같이 실제로 1인 시위자가 확성기를 사용하는지 그 소음의 정도가 밤 10시에 주변 주거 환경의 평온을 해칠 정도로 과도한지 객관적으로 확인하겠습니다(바디캠 등으로 현장상황 기록).
  ② 신고자를 접촉하여 구체적인 피해 상황을 확인하고 소음으로 인해 직접적인 피해를 받는 주민들이 있는지 등을 파악합니다.

(2) 시위자 접촉 및 소음 중단/감소 요청(1단계 : 대화 및 설득)
  ① 시위자에게 현재 시각(밤 10시)과 확성기 사용으로 인한 소음으로 주변 시민들이 불편을 호소하고 있음을 전달하겠습니다.
  ② 늦은 시간이므로 주민들의 휴식을 위해 확성기 사용을 중단하거나 소음을 현저히 낮춰주시기를 정중히 요청하는 등 자발적인 협조를 우선적으로 구하겠습니다.

(3) 법규 위반 고지 및 경고(2단계 : 경고) : 자발적인 소음 중단 또는 감소 요청에 시위자가 불응하고 계속해서 과도한 소음을 발생시킨다면 해당 행위가 「경범죄처벌법」 상 인근소란에 해당될 수 있음을 명확히 고지하고 즉시 중단하지 않을 경우 법에 따라 처벌될 수 있음을 고지하겠습니다.

(4) 법 집행(3단계 : 법 집행) : 경고에도 불구하고 위법한 소음 발생 행위가 명백히 지속된다면 「경범죄처벌법」 위반(인근소란) 혐의로 법적 절차를 진행하겠습니다.
  ① 시위자의 인적 사항을 확인하여 통고처분(범칙금 부과)하거나 즉결심판을 청구할 수 있습니다.

② 만약 시위자가 신분 확인을 거부하거나 소음 발생 외 다른 위법행위(예 공무집행방해, 폭행 등)를 할 경우, 사안에 따라 <u>현행범 체포</u> 등 필요한 법적 조치를 할 수 있습니다.

✐ 신분 확인을 거부하는 경우 주거불명으로 간주되므로 인근소란 혐의로 현행범 체포할 수 있다.

③ 현행범 체포하는 경우 소음 발생에 사용된 <u>확성기를 증거물로 압수</u>할 수 있습니다.

결론적으로 밤 10시 확성기 소음 1인 시위 신고에 대해서는 시위의 자유를 존중하면서도 심야 시간임을 감안하여 「경범죄처벌법」 등 관련 법규에 따라 주민들의 평온한 생활권이 침해되지 않도록 단계적으로 개입하여 소음을 중단 또는 감소시키도록 조치하겠습니다.

❸ 시위 현장에서 1인 유튜버 등장으로 인한 문제점과 대응은?

👤 〈답변〉

시위 현장에 유튜버나 1인 미디어가 등장하는 것은 일반화된 현상입니다. 1인 미디어라는 이름으로 타인의 인격권을 침해하거나 허위사실을 유포하여 명예를 훼손하고, 정당한 공무집행을 방해하거나 위축시키는 행위는 표현의 자유의 한계를 벗어나는 것으로 이에 대해서는 관련 법규(명예훼손, 모욕, 업무방해 등)에 따라 엄정하게 대응할 필요가 있다고 생각합니다.

(1) 긍정적 영향

① 정보 접근성 확대: 기존 언론이 다루지 않거나 다른 시각의 정보를 실시간으로 제공하여 시민들의 정보 접근성을 높일 수 있습니다.

② 시민 감시 기능: 집회/시위 상황이나 공권력 행사를 기록하고 중계함으로써 일종의 시민 감시 역할을 수행할 수 있다는 주장이 있습니다.

③ 대안 언론 역할: 특정 사건이나 이슈에 대해 주류 언론과 다른 목소리를 내는 대안적 언론의 기능을 수행하기도 합니다.

(2) 부정적 영향 및 문제점

① 허위 정보 및 가짜뉴스 확산: 검증되지 않은 정보나 자극적인 내용을 사실인 것처럼 유포하여 사회적 혼란을 야기하고 여론을 왜곡할 수 있습니다.

② 정치적 양극화 및 사회 갈등 심화: 특정 정치 성향에 편향된 채널이 많아 이용자들에게 맞춤형 정보만 제공함으로써 확증 편향을 강화하고 정치적 양극화와 사회 갈등을 부추길 수 있습니다.

③ 시위 선동 및 폭력 조장: 일부 유튜버는 시위대를 자극하거나 불법 행위(예 법원 난입 등)를 부추기는 발언을 하며 현장을 생중계하여 폭력 사태를 유발하거나 확산시킬 위험이 있습니다. 경찰은 이러한 선동 행위에 대해 수사를 진행하기도 합니다.

④ 초상권 침해 및 신상털이: 동의 없이 시위 참가자나 경찰관, 심지어 일반 시민의 얼굴과 신상 정보를 촬영하고 공개하여 '좌표 찍기'나 '사적 제재'를 유도하는 경우가 발생합니다. 이는 명예훼손, 모욕, 초상권 침해 등 법적 문제로 이어질 수 있습니다.

⑤ 정당한 공무집행의 위축 가능성(가장 큰 우려): <u>악의적인 편집, 모욕, 명예훼손, 신상털이 등에 대한 우려가 커지면 현장 경찰관들은 정당한 법 집행을 하는 데 있어 심리적으로 위축될 수밖에 없습니다.</u> 자신의 모든 행동이 실시간으로 중계되며 왜곡되어 비난의 대상이 될 수 있다는 불안감은 경찰관의 적극적이고 신속한 현장판단과 조치를 주저하게 만들 수 있습니다.

⑥ **수익 추구로 인한 선정성**: 조회수나 후원금을 늘리기 위해 의도적으로 갈등을 부추기거나 선정적이고 자극적인 콘텐츠를 생산하려는 경향이 나타날 수 있습니다.

⑦ **현장 질서 방해**: 다수의 유튜버가 촬영 등을 위해 경쟁적으로 좋은 위치를 차지하려 하거나 무리한 취재 활동을 벌여 집회·시위 진행이나 경찰의 질서 유지 활동, 다른 언론사의 취재 활동을 방해하기도 합니다.

⑧ **법적/제도적 규제 미비**: 유튜버는 현행법상 언론사로 분류되지 않아 언론 관련 법규의 적용을 받지 않으며, 방송통신심의위원회의 제재 대상에서도 벗어나는 경우가 많아 허위·왜곡 정보 유포 등에 대한 규제가 미흡하다는 지적이 있습니다.

(3) 1인 유튜버에 대한 법적 대응

① 경범죄처벌법 위반

  ㉠ 인근소란 등(제3조 제1항 제21호): 확성기 등을 사용하여 함부로 큰 소리나 소란을 일으켜 이웃에게 피해를 준 경우

  ㉡ 불안감 조성(제3조 제1항 제19호): 정당한 이유 없이 불안감이나 혐오감을 줄 수 있는 행위(**예** 길막음, 따라다님, 잠복하거나 지켜보기, 시비걸기, 겁주기 등)로 다른 사람을 불안하게 하거나 귀찮고 불쾌하게 하는 경우 (**예** 1인 유튜버가 특정인을 집요하게 따라다니며 촬영하거나 위협적인 언행을 하는 경우)

② 형법 위반: 명예훼손죄(제307조), 모욕죄(제311조), 폭행죄(제260조), 협박죄(제283조), 업무방해죄(제314조), 공무집행방해죄(제136조)

③ 스토킹범죄의 처벌 등에 관한 법률 위반: 특정인에게 반복적·지속적으로 접근하거나 따라다니거나 진로를 막아서거나 정보통신망을 이용하여 글·말·영상 등을 도달하게 하여 불안감 또는 공포심을 일으키는 경우

④ 집회 및 시위에 관한 법률 위반(제한적 적용): 형식상 1인 시위이나 다수의 유튜버들이 사전에 공모하여 시간·장소를 정하고 역할을 분담하여 공동의 목적으로 집단적인 의사를 표현하는 등 실질적으로 집회·시위로 볼 수 있는 경우에는 '미신고 집회 주최 등', '해산 명령 불응' 또는 '확성기 소음 규제 위반 등'으로 적용 가능

(4) **경찰 대응의 어려움**: 경찰은 유튜버의 취재 및 표현의 자유를 보장하면서도 이들의 활동으로 인해 발생하는 불법 행위(폭력 선동, 명예훼손, 업무방해, 초상권 침해 등)를 예방하고 단속해야 하는 어려움에 직면합니다. 또한 유튜버들의 촬영 및 생중계는 경찰 활동을 위축시키거나 왜곡된 정보 확산의 빌미를 제공할 수도 있어 신중한 대응이 요구됩니다.

후속질문

✦ **시위 현장에서 유튜버가 초상권 침해나 허위사실 유포 등 문제를 일으킬 경우, 현장 경찰관으로서 가장 먼저 취해야 할 조치는 무엇이라고 생각합니까?**

현장 경찰관으로서 가장 먼저 해당 유튜버에게 법적 문제(초상권 침해 가능성, 허위사실 유포의 위법성 등)를 명확히 고지하고 자제를 요청하겠습니다. 동시에 불법행위가 명백하고 지속될 경우 즉시 채증을 실시하여 증거를 확보하겠습니다. 공공의 안녕과 질서 유지 그리고 다른 시민의 권리 보호가 우선이므로 경고에도 불응하고 법 위반이 지속된다면 관련 법규에 따라 단호히 제지하고 필요한 법적 절차를 진행하겠습니다.

✦ 공무집행중인 경찰관을 촬영하는 경우 초상권 침해로 형사처벌을 할 수 있나요?

(1) 공무집행 중인 경찰관 촬영과 초상권 침해 가능성

① 원칙적으로 초상권은 모든 개인이 갖는 인격권의 하나이므로 경찰관이라 할지라도 자신의 얼굴 기타 사회 통념상 특정인임을 식별할 수 있는 신체적 특징에 관하여 함부로 촬영 당하거나 공표되지 아니하며 영리적으로 이용당하지 아니할 권리를 가집니다.

② 그러나 경찰관의 공무집행은 공적인 성격을 띠고 있으며 국민의 알 권리, 언론의 자유 그리고 공권력 행사에 대한 감시와 비판의 필요성 등과 관련될 수 있습니다.

③ 판례의 경향: 법원은 공무집행 중인 공무원의 초상권과 국민의 알 권리가 충돌할 경우 해당 공무집행의 내용, 공공성, 촬영 목적, 촬영 방식, 공개 범위 등을 종합적으로 고려하여 위법성 여부를 판단합니다.

    ㉠ 정당한 공무집행 과정에 대한 감시나 증거 확보 목적의 촬영: 일반적으로 위법성이 조각(인정되지 않을)될 가능성이 높습니다. 특히 집회·시위 현장이나 경찰의 물리력 행사 등 공권력의 적법성이 문제 될 수 있는 상황에서의 촬영은 더욱 그러합니다.

    ㉡ 공익적 목적 없이 경찰관 개인을 조롱하거나 모욕할 목적, 또는 사적인 보복 등의 목적으로 촬영하고 이를 무단으로 유포하는 경우: 초상권 침해로 인정될 가능성이 커집니다.

    ㉢ 촬영의 필요성 및 상당성: 단순히 경찰관의 얼굴을 촬영하는 것을 넘어 그것이 공익적 목적 달성에 필요한 범위를 넘어서거나 경찰관의 명예를 훼손하는 방식으로 편집·유포된다면 문제의 소지가 있습니다.

(2) 초상권 침해로 인한 형사처벌 가능성: 초상권 침해 자체를 직접적으로 처벌하는 형법 규정은 현재 우리 나라에 없습니다. 다만, 초상권 침해와 결부되어 다른 형사 범죄가 성립할 수 있습니다.

① 명예훼손죄/모욕죄: 촬영된 영상이나 사진을 인터넷 등에 게시하여 해당 경찰관의 사회적 평가를 저하시키거나 경멸적인 표현을 사용한 경우 성립될 수 있습니다(정보통신망 이용촉진 및 정보보호 등에 관한 법률상 명예훼손 포함).

② 업무방해죄/공무집행방해죄: 촬영 행위가 경찰관의 정당한 공무집행을 현저히 방해하는 수준에 이른다면 성립 가능성이 있습니다(단순 촬영만으로는 성립하기 어렵고 물리적인 방해나 폭행·협박 등이 동반되어야 합니다.).

③ 성폭력범죄의 처벌 등에 관한 특례법상 카메라 등 이용 촬영죄: 만약 촬영이 성적 욕망 또는 수치심을 유발할 수 있는 경찰관의 신체를 그 의사에 반하여 촬영한 경우라면 이 죄에 해당할 수 있습니다.

결론적으로 단순한 초상권 침해만으로는 형사처벌 대상이 되기 어렵지만 그 촬영물로 인해 명예훼손이나 모욕, 또는 공무집행 방해 등의 다른 범죄가 성립된다면 해당 죄명으로 형사처벌대상이 될 수 있습니다. 한편 초상권 침해로 인한 민사상 손해배상청구는 할 수 있습니다.

- 사람은 누구나 자신의 얼굴 기타 사회통념상 특정인임을 식별할 수 있는 신체적 특징에 관하여 함부로 촬영 또는 그림묘사되거나 공표되지 아니하며 영리적으로 이용당하지 않을 권리를 가지는데, 이러한 초상권은 헌법 제10조에 의하여 헌법적으로도 보장되고 있는 권리이다. 사진을 촬영하거나 공표하고자 하는 사람은 <u>피촬영자로부터 촬영에 관한 동의를 받고 사진을 촬영하여야 하고, 이를 공표하고자 하는 경우에는 그에 관하여도 피촬영자의 동의를 받아야 한다.</u> 이 경우 피촬영자로부터 사진촬영에 관한 동의를 받았다는 점이나, 촬영된 사진의 공표가 사진촬영에 관한 동의 당시에 피촬영자가 허용한 범위 내의 것이라는 점에 관한 증명책임은 그 촬영자나 공표자에게 있다(대판 2021다219116).
- 피의자 심문구인용 구속영장 집행 사실을 확인한 언론사 기자들이 원고가 도착할 무렵 건물 현관에 대기하고 있었고, 수사기관 공무원들은 호송차량에서 내리기 전에 이러한 상황을 파악하였음에도 원고의 얼굴을 가릴 수 있도록 하여 주는 등의 필요한 조치를 취하지 아니한 채 원고에 대한 촬영, 녹화, 인터뷰가 가능하도록 방치하는 등 구속 피의자인 원고에 대한 보호의무를 위반하여 원고의 명예와 초상권을 침해하였다(대판 2021다265119, 국가배상책임 인정).
- 공동주택관리법 시행령 제19조 제2항 제3호에 따르면 입주자는 공동주택에 광고물·표지물 또는 표지를 부착하는 행위를 하려는 경우에 관리주체의 동의를 받아야 하는데, 갑은 그러한 동의를 받지 않고 무단으로 현수막을 게시하였던 점, 갑이 게시한 현수막의 내용은 관리주체의 아파트 관리방법에 관한 반대의 의사표시로서 자신의 주장을 입주자들에게 널리 알리기 위한 것이고, 이러한 <u>공적 논의의 장에 나선 사람은 사진 촬영이나 공표에 묵시적으로 동의하였다고 볼 수 있는 점</u>, 갑에 대한 동영상이 관리주체의 구성원에 해당하는 관리소장과 동대표들에게만 제한적으로 전송된 점을 고려하면 갑의 동영상을 촬영한 것은 초상권 침해행위이지만, 행위 목적의 정당성, 수단·방법의 보충성과 상당성 등을 참작할 때 갑이 수인하여야 하는 범위에 속하므로, 위법성이 조각된다(대판 2020다2274550).

4 대형 쇼핑몰 앞에서 1인 시위를 하는 유튜버에 대한 대응 방안은?

서울 강남구의 한 대형 쇼핑몰 앞에서 유튜버 이모씨(29)는 "진실을 밝혀라"라는 피켓을 들고 1인 시위를 벌이며, 이를 자신의 유튜브 채널에 실시간으로 방송하고 있었다. 이씨는 해당 쇼핑몰 운영사가 소비자를 기만하는 허위 할인 행사를 진행했다고 주장하며 약 3주간 매일 오후 2시부터 6시까지 1인 시위를 이어왔다.
- 이씨는 처음에는 쇼핑몰 정문 앞 인도에서 조용히 피켓을 들고 서 있었으나 점차 확성기를 사용하여 주장을 외치기 시작하였다.
- 유튜브 생중계가 인기를 얻으면서 구독자들이 '현장 응원'을 위해 모이기 시작했고 약 15–20명의 지지자들이 함께 구호를 외치기 시작하였다.
- 쇼핑몰 측은 영업 방해와 명예훼손을 이유로 경찰에 신고하였고, 또한 이씨가 쇼핑몰 고객들의 얼굴이 선명하게 보이는 영상을 동의 없이 촬영하여 방송 중이라는 민원도 제기되었다.
- 쇼핑몰 보안요원이 촬영 중단을 요청하자 이씨의 지지자들과 언쟁이 발생했고 일부 지지자들이 보안요원을 향해 위협적인 발언을 하는 상황으로 악화되었다.
이 사례에서 법적 쟁점과 적절한 경찰의 대응에 대하여 발표하시오.

답변

서울 강남구 쇼핑몰 앞에서 발생한 유튜버 이씨의 1인 시위 사례에 대한 법적 쟁점과 경찰의 대응 방안에 대해 발표하겠습니다. 순수한 1인 시위는 적법한 행위로서 헌법에 의하여 보장되는 권리이지만 1인 시위의 범위를 벗어나는 행위와 다른 사람의 동의 없는 촬영은 위법할 수 있습니다. 경찰은 「경찰관 직무집행법」에 의하여 위험방지조치를 하거나 범죄행위 예방 또는 제지할 수 있고 형법 등 관련 법령에 의하여 현행범으로 체포할 수 있습니다.

(1) 상황 판단(적용법조)

① 집회 및 시위에 관한 법률 위반 여부

    ㉠ 1인 시위의 적법성: 1인 시위 자체는 원칙적으로 집시법의 규제를 받지 않으나 시간, 장소, 방법 등이 타인에게 부당한 불편을 초래하거나 공공의 안녕질서를 위협하는 경우 제한될 수 있습니다.

    ㉡ 확성기 사용의 적법성: 확성기 사용으로 인해 주변 상인이나 주민들에게 과도한 소음을 발생시키는 경우 「경범죄처벌법」상 인근소란에 해당할 수 있습니다.

    ㉢ 지지자들의 합류 및 구호 외침: 당초 1인 시위였으나 지지자들이 자발적으로 모여 함께 구호를 외치는 행위는 '옥외집회'로 볼 수 있으며 이 경우 미신고 집회·시위에 해당할 수 있습니다.

> 피켓을 직접 든 1인 외에 그 주변에 있는 사람들이 별도로 구호를 외치거나 전단을 배포하는 등의 행위를 하지 않았다는 형식적 이유만으로 신고대상이 되지 아니하는 이른바 '1인 시위'에 해당한다고 볼 수 없다(대판 2009도2821).

② 형법 위반 여부

    ㉠ 업무방해죄: 이씨의 시위 방식과 지지자들의 행위로 인해 쇼핑몰의 정상적인 영업 활동에 상당한 지장을 초래했다면 업무방해죄가 성립할 수 있습니다. 특히 출입을 막거나 고객의 접근을 방해하는 등의 적극적인 행위가 있었는지 확인해야 합니다.

    ㉡ 명예훼손죄: 이씨가 주장하는 허위 할인 행사 주장이 사실이 아니거나 공공의 이익을 위한 것이 아닌 악의적인 의도로 유포되었다면 쇼핑몰 운영사에 대한 명예훼손죄가 성립할 수 있습니다.

    ㉢ 협박죄 등: 이씨의 지지자들이 쇼핑몰 보안요원에게 위협적인 발언을 한 행위는 협박죄에 해당될 수 있습니다. 당시 발언의 내용, 상황, 상대방이 느낀 공포심 등을 종합적으로 고려하여 판단해야 합니다.

③ 개인정보보호법 위반 여부: 이씨가 쇼핑몰 고객들의 얼굴을 동의 없이 촬영하여 실시간 방송에 송출한 행위는 「개인정보보호법」 위반에 해당될 수 있습니다.

    ✎ 개인정보보호법 제75조 제2항 제11호: 공개된 장소에서 정보주체가 촬영을 거부함에도 이동형 영상정보처리기기로 촬영한 자에게는 5천만원 이하의 과태료 부과

(2) 경찰의 대응 방안: 경찰은 위와 같은 법적 쟁점을 종합적으로 고려하여 다음과 같은 단계적이고 신중한 대응을 해야 합니다.

① 초동 조치

    ㉠ 현장 출동 및 상황 파악: 신고 접수 즉시 현장에 출동하여 시위 상황, 참여 인원, 소음 정도, 충돌 여부 등을 정확하게 파악합니다.

    ㉡ 안전 확보 및 질서 유지: 시위대와 쇼핑몰 관계자, 시민들의 안전을 확보하고 현장의 혼란을 방지합니다.

    ㉢ 증거 확보: 현장 사진, 영상 촬영, 목격자 진술 확보 등 필요한 증거를 수집합니다.

② 법적 조치

    ㉠ 「경찰관 직무집행법」상 위험방지조치 및 범죄의 예방과 제지: 「경범죄처벌법」 인근소란, 업무방해로 인한 물리적 충돌, 보안요원에 대한 폭행이나 협박이 임박한 경우 이를 경고하고 제지할 수 있습니다.

    ㉡ 「형사소송법」상 현행범 체포: 형법상 업무방해죄, 보안요원에 대한 협박죄로 현행범 체포할 수 있으며, 「경범죄처벌법」 인근소란은 주거불명인 경우에 한하여 현행범 체포할 수 있습니다.

ⓒ 「집시법」상 해산조치 : 1인 시위가 옥외집회로 변질되어 직접적이고 명백한 위험을 초래한 경우에는 해산절차를 진행할 수 있습니다.

③ 갈등 해결 노력

　ⓐ 대화 및 중재 시도 : 유튜버 이씨와 쇼핑몰 측의 입장을 경청하고 상호 이해를 바탕으로 원만한 해결 방안을 모색하도록 중재를 시도합니다.

　ⓑ 법률 자문 제공 : 양측에 관련 법률 및 법적 절차를 안내하여 갈등 해결에 도움을 줄 수 있습니다.

④ 지속적인 상황 관리

　ⓐ 정기적인 순찰 강화 : 시위가 지속될 경우 현장주변 순찰을 강화하여 불법행위 발생을 예방하고 만약의 사태에 대비합니다.

　ⓑ 채널 모니터링 : 유튜버 이씨의 방송 내용 변화를 지속적으로 모니터링하여 새로운 법적 문제가 발생할 가능성을 주시합니다.

5 시위 현장에서 동료가 시위대에 맞고 있다면 어떻게 대처할 것인가?

답변

가장 우선적인 목표는 폭행당하는 동료 경찰관의 안전을 확보하고 폭행을 즉시 중단시키는 것입니다. 이는 경찰관으로서 동료를 보호해야 할 의무이자 현장에서 발생하는 명백한 위법 행위(공무집행 방해 및 폭행)를 제압해야 할 임무라고 생각합니다.

(1) **상황 인지 및 즉각적인 경고** : 동료가 폭행당하는 것을 인지하는 즉시 큰 소리로 제가 경찰관임을 밝히고 폭행 행위를 즉시 중단하라고 경고할 것입니다. 명확하고 단호한 목소리로 외쳐서 시위대와 주변 경찰관들에게 상황을 알리겠습니다.

(2) **신속한 접근 및 분리** : 경고에도 불구하고 폭행이 계속된다면 동료에게 가해지는 폭력을 막기 위해 안전하게 접근할 것입니다. 접근 시에는 저 자신의 안전도 고려하며 불필요하게 시위대 전체를 자극하지 않도록 주의합니다. 폭행 가담자를 동료로부터 물리적으로 분리시키고 동료 경찰관이 안전한 위치로 이동할 수 있도록 도울 것입니다.

(3) **무전 보고 및 지원 요청** : 상황 발생 즉시 또는 접근과 동시에 무전으로 현장 지휘부와 주변 동료들에게 상황을 보고하고 긴급 지원을 요청하겠습니다.

(4) **가해자 제압 및 현행범 체포(필요시)** : 폭행을 멈추지 않거나 저항하는 가해자에 대해서는 법적 절차에 따라 제압하고 현행범으로 체포하는 것을 고려할 것입니다. 공무집행 방해 및 경찰관에 대한 폭행은 중대한 범죄 행위이며 현장에서 이를 제압하고 가해자를 격리하는 것은 추가적인 피해를 막고 법질서를 확립하는 데 필수적입니다.

(5) **동료 상태 확인 및 보호** : 상황이 어느 정도 정리되면 폭행당한 동료 경찰관의 상태를 확인하고 안전을 확보하며 응급 처치나 의무 지원을 요청하고 상황에 대한 기록과 보고를 하겠습니다. <u>만약 지휘부의 '대응하지 말라'는 지시가 있었다면 이는 감정적인 대응이나 불필요한 충돌을 자제하라는 의미이지, 명백한 위법 행위이자 동료의 생명/신체에 대한 위협인 '폭행'에 대해서까지 무대응하라는 의미는 아니라고 판단하는 것이 합리적입니다.</u> 위급한 상황에서 동료를 보호하고 위법 행위를 제압하는 것은 경찰관으로서 당연히 수행해야 할 직무라고 생각합니다.

제20절 기타 대응

1 수사 중인 사건의 피의자가 해외로 도피하였다. 국제공조수사 방법은?

답변

수사 중인 사건의 피의자가 해외로 도피한 상황은 수사의 난이도를 급격히 높이는 중대한 사안입니다. 이러한 상황에 직면했을 때 다음과 같은 단계와 방법으로 수사를 진행하고 피의자 송환을 추진하겠습니다.

(1) 국내에서의 신속한 초동 조치 및 수사 방향 설정

① **도피 사실 및 경로 확인**: 가장 먼저 피의자의 출입국 기록, 항공권 예매 내역, 주변인 진술, 금융 거래 내역 등을 종합적으로 분석하여 도피 사실을 명확히 하고 도피한 국가 및 예상 경로를 특정하는 데 주력하겠습니다.

② **법적 절차 진행**

　㉠ **수사중지, 지명수배, 체포영장 발부**: 도주한 피의자에 대하여 수사중지 및 지명수배를 하고 체포영장을 발부받겠습니다.

　㉡ **여권 무효화 조치**: 외교부에 피의자의 여권 무효화를 신청하여 피의자의 해외에서의 합법적인 이동을 제약하고, 불법체류자 신분으로 만들어 해당 국가로부터 강제추방될 가능성을 높입니다.

(2) 국제 공조를 통한 피의자 소재 파악 및 검거

① **인터폴(INTERPOL) 적색수배 요청**: 가장 핵심적인 조치로 경찰청 국제협력관(인터폴국제공조과)를 통해 인터폴 사무총국에 피의자에 대한 적색수배를 요청합니다. 적색수배는 인터폴 회원국 사법당국에 피의자 발견 시 체포하여 본국 송환을 위한 임시 구금을 요청하는 국제수배입니다.

② **도피 국가 사법기관과의 직접 공조**

　㉠ **형사사법공조조약**: 우리나라와 형사사법공조조약이 체결된 국가라면 법무부를 통해 해당 국가에 피의자의 소재 확인, 증거 수집, 관련자 조사 등 수사 협조를 공식 요청합니다.

　㉡ **범죄인인도조약**: 범죄인인도조약이 체결된 국가라면, 피의자 검거 후 신병 인도를 위한 절차를 준비합니다.

　㉢ **미체결 국가의 경우**: 조약이 없더라도 외교 채널을 통하거나 상호주의 원칙에 입각하여 해당 국가 경찰기관에 협조를 요청할 수 있습니다. 경찰주재관이 파견된 국가라면 현지 주재관을 통해 긴밀히 협력합니다.

(3) 국내 송환 절차: 피의자의 신병이 도피 국가에서 확보되었을 경우 국내 송환을 추진합니다.

① **범죄인 인도 청구**: 가장 공식적이고 일반적인 방법입니다. 범죄인인도조약에 근거하여 법무부(국제형사과)를 통해 해당 국가에 피의자의 인도를 정식으로 청구합니다. 해당 국가의 법원에서 인도 심리가 진행되며, 법원의 인도 허가 결정 및 행정부의 최종 승인이 필요합니다. 이 과정은 수개월에서 수년이 소요될 수 있습니다.

② **강제추방 유도**: 피의자가 해당 국가의 출입국관리법을 위반하여 불법체류자 신분이 된 경우(여권 무효화 조치 등 활용), 해당 국가에서 강제추방 하도록 유도하는 방식입니다. 추방 결정이 내려지면, 우리 경찰 호송팀을 파견하여 해당 국가 공항에서 피의자의 신병을 인계받아 국내로 송환합니다. 범죄인 인도 절차보다 신속할 수 있다는 장점이 있습니다.

③ **자진귀국 설득**: 피의자의 가족, 변호인 등을 통해 자진하여 귀국할 경우 형사 절차상 유리한 점(자수 감경 등)을 알리며 설득하는 방법입니다. 이는 심리적인 압박과 회유를 병행하는 방식으로, 성공 시 가장 신속하고 비용이 적게 드는 송환 방법입니다.

④ **수형자 송환**: 만약 피의자가 도피 국가에서 다른 범죄로 유죄 판결을 받고 복역 중이라면 '수형자이 송조약'에 따라 국내로 이송하여 잔여 형기를 집행하게 할 수도 있으며, 국내로 일시 송환하여 국내에 서 재판을 받은 후 다시 상대국으로 보내어 남은 형기를 마치게 하는 방법도 있습니다. 이 경우는 수사가 완료되어 기소된 경우에 가능합니다.

② 캄보디아에 일하러 간 아들이 연락이 안된다는 신고에 대한 조치는?

> "캄보디아에 일하러 간 아들이 연락이 안된다"며 강원도에 거주하는 부모가 112신고를 하였다. 아들(30세)이 3개월 전 캄보디아 프놈펜에 있는 TM(Telemarketing) 회사에 취업한다는 이유로 출국하였는데, 최근 2주 전에 "일이 너무 힘들다"고 마지막 문자 메시지를 보낸 후 지금까지 연락이 안 된다는 것이다. 아들은 캄보디 아로 가기 전에 다른 해외 경험은 없었으며, SNS 광고에 '해외 고액 연봉'이라는 광고를 보고 취업하게 되었 다고 한다. 현장에 출동한 경찰관은 어떻게 조치할 것인가?

👤 답변

(1) 상황 판단

① 최근 사회적으로 이슈가 되고 있는 캄보디아 범죄조직의 납치 감금 사례와 유사합니다. '해외 고액 연봉'이라는 인터넷 광고를 보고 캄보디아에 취업 목적으로 갔다가 보이스피싱 등을 일삼는 범죄조직 에 감금되어 있을 가능성이 높아 보입니다.

② 해외에서 발생한 실종이나 범죄사건에 대하여 대한민국 경찰의 직접적인 수사권이나 공권력 행사가 불가능하여 외교부 및 경찰청을 통하여 현지 캄보디아 경찰과의 공조가 필요한 사건입니다.

③ 최근 캄보디아에서 우리나라 대학생이 범죄조직으로부터 고문을 받고 사망한 사건이 있었는데, 연락 두절된 지 2주가 경과하였다는 점에서 신속한 대응이 필요합니다.

(2) 법적 근거

① 「재외국민보호를 위한 영사 조력에 관한 법률」: 사건사고를 당한 재외국민에 대한 외교부 영사 조력의 근거가 됩니다.

② 「국제형사사법공조법」 및 국제형사사법공조조약(한-캄보디아 2021년 발효): 양국의 사법기관이 수사 정보를 교환할 수 있습니다.

③ 「범죄인 인도법」 및 범죄인 인도조약(한-캄보디아 2011년 발효): 도피 범죄인을 상호 인도할 수 있습니다.

④ 「전자금융거래법」: 대포통장 양도·대여행위(5년이하 징역 또는 3천만원 이하 벌금)

(3) 현장 대응

① 외교부 영사콜센터에 통보

㉠ 신고자로부터 실종자의 인적사항 및 연락처, 출국일자, 취업한 캄보디아 회사(주소, 연락처 등), 취업광고 내용, 실종자와 주고 받은 문자메시지, 송금 내역 등 관련 정보를 입수합니다.

ⓛ 해외에서 발생한 사건사고의 1차적인 지원부서는 외교부이므로 외교부에서 운영하는 영사콜센터에 관련사항을 통보합니다. 영사콜센터에서는 「재외국민보호를 위한 영사 조력에 관한 법률」에 의하여 신고내용을 캄보디아 대사관에 전달하게 되고, 캄보디아 대사관에서는 사건사고를 담당하는 영사(경찰청에서 파견 나간 외교관)로 하여금 사건을 담당하게 하고 영사조력을 하게 합니다.

ⓒ 외교부 영사콜센터에 대한 신고는 실종자의 가족이 직접 할 수도 있습니다.

② 국제 공조

ⓐ 본 사안은 단순 실종사건이 아닌 납치·감금 사건일 가능성이 크므로 경찰서 형사과에 관련 내용을 통보하고, 경찰서 형사과에서는 시·도경찰청을 경유하여 경찰청 국제치안협력국에 보고합니다.

ⓛ 경찰청 국제치안협력국에서는 캄보디아 대사관에 파견 나간 영사(경찰영사)에게 관련사항을 통보하는 한편, 인터폴에도 실종자 수배(황색 수배서) 또는 실종자와 관련된 범죄인의 체포를 위한 적색 수배서 발급을 의뢰합니다.

ⓒ 캄보디아 내 한국인 대상 범죄(특히 사기, 납치 등)에 대응하기 위해 캄보디아 경찰청 내에 '코리아 데스크'를 2025년 11월 설치하고 한국 경찰관이 현지 경찰관과 합동으로 근무합니다. 기존 필리핀에 설치된 코리안 데스크와 유사하지만 더 확대된 규모로 운영되어 사건 접수부터 수사, 피해자 구조까지 전 과정을 함께 진행하는 '코리아 전담반' 형태로 활동 중입니다

ⓓ 국제형사사법공조조약에 의하여 캄보디아 현지 범죄조직의 정보를 입수하고, 범죄인 인도조약에 의하거나(장시간 소요) 여권 무효화 또는 강제추방 형식(단시간 소요)으로 범죄인을 국내로 송환할 수 있습니다.

(4) 후속 조치

① 해외 취업 미끼로 인한 납치·감금 피해 사례 및 예방법을 언론이나 인터넷 등을 통한 홍보로 추가 피해를 예방합니다.

② 신고자에게 아들로부터 송금을 요청하는 전화가 올 경우 곧바로 송금하지 말고 담당형사와 상의 후 송금여부를 결정할 수 있도록 당부합니다. 또한, 아들로 하여금 최대한 대사관이나 현지 경찰에 직접 신고하도록 하고 구조 즉시 한국으로 돌아오도록 설득할 것을 요청합니다.

③ 가족들이 현지 캄보디아 방문을 원할 경우 주캄보디아 대사관에서 원활한 영사 조력이 이루어질 수 있도록 외교부 영사콜센터나 캄보디아 대사관에 협조 요청할 수 있습니다.

❸ 수사부서에 근무하고 있는데 기자로부터 전화가 왔다. 어떻게 대응할 것인가?

👤 답변

제가 수사부서에 근무하던 중 기자로부터 전화가 걸려온다면 「경찰 수사사건 등의 공보에 관한 규칙」(경찰청 훈령)에 근거한 공식적인 대응 절차를 따르겠습니다.

(1) 신원 및 문의 취지 확인: 전화를 한 기자의 이름과 소속 언론사를 먼저 확인하고 문의 취지를 물어보겠습니다.

(2) 공보 원칙 및 담당자 안내(규칙 제9조)

① 수사에 관한 공보는 공보책임자가 전담하며 경찰서의 공보책임자는 수사부서의 장으로서 수사과장 또는 형사과장입니다. 따라서 <u>수사과장 또는 형사과장에게 문의하도록</u> 안내하고 사무실 전화번호를 알려주겠습니다.

② 다만, 일반적인 수사절차에 관한 내용은 일반적 법률 지식 범위 내에서 객관적 정보를 제공할 수 있으며 특정 사건과 연결되지 않는 일반적인 설명에 한정합니다.

(3) **개별적인 의견 표명 및 정보 유출 금지**: '오프더레코드(비보도 전제)'를 조건으로 한 질문이나 개인적인 의견을 묻는 질문에도 "규정상 제가 개별적으로 답변드리거나 사견을 말씀드리는 것은 적절하지 않습니다. 모든 정보는 공식적인 절차와 확인을 거쳐 공보 담당자를 통해 전달됨을 양해해주시기 바랍니다."라고 일관되게 대응하겠습니다.

(4) **내부 보고**: 통화 종료 후, 즉시 해당 통화 내용(언론사명, 기자 성명, 문의 내용 등)을 부서장에게 보고하고(언론보도 예상보고) 공보 담당 부서에도 관련 정보를 전달하여 기관 차원에서 일관되고 적절하게 대응할 수 있도록 하겠습니다.

경찰수사사건등의 공보에 관한 규칙(경찰청훈령)

제9조(공보책임자) ① 정확하고 일관된 수사사건 등의 공보를 위해, 수사부서의 장이 공보책임자로서 공보를 전담한다. 다만, 「수사본부 설치 및 운영규칙」에 따라 수사본부가 설치된 사건과 그 밖에 수사부서의 장이 수사에 전념할 필요가 있는 사건의 경우에는, 수사본부장 또는 경찰관서의 장은 신속한 수사진행과 원활한 수사공보를 위해 해당 사건의 수사부서의 장(「수사본부 설치 및 운영규칙」 제11조의 수사전임관을 포함한다) 이외의 자로서 수사상황을 정확히 파악할 수 있는 자를 별도의 공보책임자로 지정해야 한다.
② 제1항 단서에 해당하는 사건에 대하여 수사결과 브리핑 등 종합적인 내용을 알리는 경우에는 예외적으로 관서장 또는 수사본부장이 직접 공보할 수 있다.
③ 수사사건등에 관한 보다 구체적인 내용을 알려야 할 필요가 있는 때에는 공보책임자가 사건 담당자로 하여금 언론사의 취재에 응하도록 할 수 있다.

---

❹ 층간소음 신고에 어떻게 대응할 것인가?

👤 〈답변〉

층간소음 신고에 대한 경찰의 대응은 단순히 소음 문제 자체를 해결하는 것을 넘어 이웃 간의 갈등이 심화되어 폭행, 협박, 심지어 살인과 같은 강력범죄로 이어지는 것을 선제적으로 예방하는 중요한 역할을 수행한다는 관점에서 접근해야 합니다.

(1) **초기 대응**

① **신속 출동 및 신고 내용 경청**: 층간소음 신고는 단순한 불편함을 넘어 이웃 간 감정적 갈등이 내재된 경우가 많으므로 신속히 출동하여 신고자의 격앙된 감정을 가라앉히고 구체적인 피해 상황과 요구사항을 충분히 경청합니다. 이는 초기 단계에서 감정 폭발을 막는 중요한 예방 조치입니다.

② **현장 상황 및 안전 확인**: 소음 확인과 더불어 혹시 모를 물리적 다툼이나 위협 상황이 있는지 현장 분위기를 면밀히 살핍니다.

(2) **중립적 개입**

① **피신고자 접촉 및 양측 입장 청취**: 소음을 발생시킨 의심 세대를 방문하여 중립적인 태도로 양측의 입장을 듣겠습니다. 경찰관이 객관적인 제3자로서 양측의 이야기를 들어주는 것만으로도 당사자들의 감정이 일부 해소되고 이성적인 대화의 가능성이 열릴 수 있습니다. 이는 갈등 심화를 막는 핵심적인 중재 활동이라고 생각합니다.

② **섣부른 판단 지양**: 어느 한쪽의 잘못으로 단정 짓지 않고 공동주택 생활의 어려움과 상호 배려의 필요성을 강조하며 감정적인 대립을 완화시키려 노력합니다.

(3) **적극적인 중재 및 해결 방안 안내**: 층간소음 자체에 대한 경찰의 직접적인 법적 강제력은 제한적이지만 중재와 안내를 통해 갈등 관리 및 강력사건 예방 효과를 도모합니다.

① 상호 이해 증진 노력: 각자의 고충(예 아래층의 예민함, 위층의 어린 자녀 등)을 서로 이해할 수 있도록 돕고 오해를 풀 수 있도록 중재합니다.

② 대화 유도 및 해결점 모색 지원: 양측이 동의할 경우 경찰관 입회 하에 또는 별도의 시간에 차분히 대화하여 서로 지킬 수 있는 약속(특정 시간대 조심, 소음 저감 노력 등)을 정하도록 유도합니다. 이는 당사자들이 비폭력적인 방식으로 문제를 해결하는 경험을 제공하는 중요한 과정입니다.

③ 전문기관 안내: 경찰의 직접적인 해결이 어렵다는 점을 명확히 알리고, 층간소음 이웃사이센터, 공동주택관리 분쟁조정위원회, 환경분쟁조정위원회 등 전문적인 상담, 측정, 중재 서비스를 받을 수 있는 기관을 적극적으로 안내합니다.

④ 회복적 경찰활동 사례(경찰청 홈페이지)

> 피해자의 아랫집에 사는 가해자가 층간소음 문제로 피해자 집에 킥보드를 던져 현관문을 손괴하였다. 피해자는 신변보호를 신청하였으며 이를 담당한 피해자전담경찰관은 층간소음 문제로 갈등이 지속되어 왔음을 인지하고 재발방지를 위해 회복적 경찰활동에 연계하였다. 양측 가족들이 모두 참여한 대화모임에서 피해자는 계속 울면서 그동안 겪은 두려움과 심리적 고통을 토로했고 가해자는 피해자가 괴로워하는 모습을 보며 자신도 층간소음 피해자였지만 폭력적인 방식으로 문제해결을 시도했던 점에 대해 진심으로 반성하는 모습을 보였다. 대화를 통해 층간소음의 다른 원인도 있었음을 알게 되었고, 향후 층간소음 발생시 제3자를 통해 문제를 해결하는 방식 등에 대해 협의하였다. 이후 가해자는 약속한 대로 현관문을 즉시 교체하였고 피해자는 처벌불원서를 제출하였다. 가해자는 이후 검찰에서 기소유예 처분을 받았다.

(4) **법적 조치 검토**

① 경범죄처벌법 적용 검토: 만약 소음이 '악기·라디오·전축 등의 소리를 지나치게 크게 내거나 큰소리로 떠들거나 노래를 불러 이웃을 시끄럽게 한' 경우 등 「경범죄처벌법」 상의 '인근소란 등'에 명백히 해당하고 그 정도가 심하고 반복된다면 통고처분을 할 수 있습니다. 하지만 일반적인 생활 소음은 이에 해당하기 어렵습니다.

② 별도 범죄 혐의 적용: 만약 폭행, 협박, 재물손괴, 스토킹 등 구체적인 범죄 혐의가 확인되면 즉시 해당 범죄에 대한 수사로 전환하여 법적 절차에 따라 엄정하게 처리함으로써 더 큰 범죄를 예방합니다.

(5) **기록 및 정보 공유**: 출동 내용, 당사자들의 주장, 갈등의 정도, 중재 및 안내 내용, 잠재적 위험 요소 등을 상세히 기록합니다. 반복 신고 시 이 기록은 갈등의 심각성과 패턴을 파악하고 보다 적극적인 개입이나 유관기관 협조를 결정하는 중요한 근거가 됩니다. 필요시 지구대·파출소 내에서 정보를 공유하여 해당 가구에 대한 지속적인 관심을 유도합니다.

결론적으로 경찰관은 층간소음 문제 자체를 직접 해결해 줄 수는 없지만 이웃 간 갈등의 최접점에서 초기 중재자 역할을 수행함으로써 감정적 폭발을 예방하고 상호 대화와 이해를 유도하며 비폭력적인 문제해결 방법을 안내함으로써 층간소음 갈등이 강력범죄로 비화되는 것을 막는 중요한 안전핀 역할을 할 수 있습니다. 따라서 층간소음 신고 대응은 단순 민원 처리가 아닌 적극적인 범죄 예방 활동의 관점에서 접근해야 한다고 생각합니다.

> **층간소음 갈등 겪던 주민이 방화**
>
> 서울 관악구 봉천동의 한 아파트에 살던 60대 남성은 윗집 주민과 '층간소음'으로 인한 갈등을 겪다가 농약 살포기로 추정되는 도구를 이용해 아파트에 불을 질렀다. 이 남성은 유서를 남겼고 사망하였다. 〈한겨레 25.4.22. 참조〉

5 **층간소음 갈등으로 인한 흉기난동에 대한 조치는?** ⟨25. 2차 발표⟩

층간소음 갈등으로 아랫집 사람이 흉기를 들고 난동을 피우고 있다. 긴급출동하여 도착한 현장에는 아파트 복도와 계단 쪽에 이웃 주민들이 몰려 있다. 현장 경찰관의 조치는?

👤 답변

(1) 상황 판단

① 층간소음 갈등으로 인한 흉기 난동은 인명 피해의 위험이 매우 높은 긴급 상황입니다.

② 피혐의자와 이웃 주민을 분리하고 피혐의자를 신속히 제압해야 하는 상황입니다.

(2) 법적 근거

① 형법 : 특수폭행, 특수상해, 특수협박 등

② 경찰관직무집행법 : 제5조(위험발생 방지), 제6조(범죄의 예방과 제지)

(3) 현장 대응

① 현장도착 전 조치 : 피혐의자가 흉기난동을 피운다는 신고이므로 출동 중에 방검복과 방검장갑을 착용하고 방패와 전자충격기를 준비합니다. 또한 여러 주민이 거주하는 장소이므로 만일의 경우를 대비하여 119구급대의 공동대응을 요청하겠습니다.

② 초동조치

㉠ 포위(분리) : 흉기난동자를 포위하고 이웃 주민과 분리시킵니다. 흉기난동으로 주민들이 위험할 수 있으므로 대피하거나 집 안으로 들어가도록 요청합니다.

㉡ 설득(명령) : 무슨 일로 흉기를 들고 난동을 피우는지 물어보고 공감하는 태도로 경청하며 흉기를 내려놓도록 설득하겠습니다.

㉢ 진압 : 설득이 통하지 않을 경우 흉기를 버리도록 명령한 뒤 전자충격기를 이용하여 진압하겠습니다. 대상자가 흉기를 소지하였으므로 물리력 사용 기준에 따라 고위험물리력까지 사용할 수 있지만, 현장이 거주지인 점을 고려하여 총기보다는 전자충격기와 삼단봉 사용이 적절할 것으로 판단됩니다.

㉣ 체포 : 피혐의자가 흉기를 들고 협박이나 폭행 등을 한 경우, 특수협박 또는 특수폭행죄로 현행범 체포하겠습니다.

(4) 사후 조치

① 피해자(윗집 사람) 면담하여 갈등의 원인과 피해 사항을 청취하겠습니다.

② 현장을 목격한 목격자를 확보하고, CCTV나 핸드폰 등으로 촬영된 영상 등이 있는지 확인하여 증거를 확보하겠습니다.

③ 층간소음으로 인한 갈등의 경우 회복적 경찰활동으로 당사자 간에 화해한 사례가 많습니다. 흉기난동까지 벌어진 사건이어서 회복적 경찰활동이 적절한지에 대하여 검토 후 양당사자가 동의할 경우에는 회복적 경찰활동을 시도해 볼 수 있다고 생각됩니다.

✎ 일반적으로 강력범죄에 회복적 경찰활동은 적절하지 않음

④ 층간소음과 관련한 층간소음 이웃사이센터, 공동주택관리 분쟁조정위원회, 환경분쟁조정위원회 등 전문기관을 통하여 상담, 층간소음 측정, 중재 등을 받을 수 있도록 안내하겠습니다.

6 층간소음 갈등으로 아래층에서 고의로 소음을 유발한 경우 조치는?

> 빌라에 거주하는 A씨는 윗층에서 층간소음을 유발한다는 이유로 수개월에 걸쳐 늦은 밤부터 새벽 사이에 반복하여 도구로 천장을 치거나 음향기기를 트는 등으로 윗층을 포함한 주변 이웃들에게 큰 소리가 전달되게 하였다. A씨 이웃의 112 신고에 의하여 출동한 경찰관이 A씨 주거지에서 문을 열어 줄 것을 요청하였으나 A씨는 '영장 들고 왔냐.'고 하면서 대화 및 출입을 거부하였다. 현재 소음은 발생되지 않고 있다. 현장에 출동한 지구대 소속 경찰관으로서 조치 사항은?

답변

(1) 상황 판단

① A씨가 과실로 층간소음을 유발하는 것이 아니라 고의로 층간소음을 유발하는 것은 범죄에 해당하며 형사처벌 대상이 될 수 있습니다.

② A씨가 경찰의 요구에 문을 열어주지 않는 경우, 경찰이 영장 없이 강제로 문을 개방하고 거주지를 수색할 수 있는지에 대하여 법률적 검토가 필요합니다.

③ 이웃 간의 층간소음 문제가 강력범죄로 이어질 수도 있으므로 출동한 경찰관은 적절한 법적조치를 취해야 합니다.

(2) 법적 근거

① 경범죄처벌법(인근소란) : A씨가 고의로 소음을 유발하는 행위는 인근소란에 해당할 수 있습니다.

② 스토킹처벌법 : 고의로 소음을 지속·반복적으로 유발하여 타인에게 불안감이나 공포감을 주는 행위는 스토킹범죄에 해당한다는 대법원 판례가 있습니다.

③ 경찰관 직무집행법 : 제6조(범죄의 예방과 제지) 및 제7조(위험방지를 위한 출입)에 의하여 강제진입할 수 있으나, 현재 소음이 발생되지 않으며 긴급한 사안으로 보기 어려우므로 즉시강제로 강제진입의 필요성은 인정되기 어려워 보입니다.

④ 형사소송법 : 제216조 제1항 제1호에 의하여 영장이 없는 경우에도 현행범 체포 또는 긴급체포를 위하여 주거지에 강제로 들어갈 수 있으나, 사안의 경우 명백하게 A가 소음을 지속·반복적으로 유발하였다는 증거가 부족한 것으로 판단되어 영장주의의 예외가 인정되기는 곤란하다고 생각합니다.

(3) 현장 대응

① 피해자(신고자)에 대한 조치

　㉠ 피해자로부터 피해 내용, 기간, 정도 등을 상세히 청취하여 기록하고, 추후에도 소음이 반복될 경우 기록을 해두었다가 경찰서에서 출석요구시 제출할 것을 당부합니다.

　㉡ 단순 층간소음에 대하여는 경찰이 개입하기 어려우며 고의로 소음을 유발하는 행위에 대하여는 경범죄처벌법 또는 스토킹처벌법으로 처벌이 가능하다는 점과 소음유발자가 A씨가 맞는지 형사처벌 대상이 되는지 여부는 추후 수사로 밝힐 예정임을 안내하겠습니다.

　㉢ 층간소음 문제와 관련하여 층간소음 이웃사이센터, 공동주택관리 분쟁조정위원회, 환경분쟁조정위원회 등 전문적인 상담을 받을 수 있는 기관을 소개하고, 추후 아랫집과 원만한 합의를 위한 '회복적 경찰활동' 제도에 참여할 의사가 있는지 여부도 확인하겠습니다.

　　✎ 회복적 경찰활동 : 경찰수사규칙 제82조에 근거하여 이웃 간의 분쟁이나 청소년 범죄 등 경미한 사안에 대하여 피해자와 가해자의 동의하에 서로 대화할 수 있는 기회를 제공하여 원만한 피해회복을 지원하는 제도이다.

② 가해자에 대한 조치

    ㉠ A씨 집 문밖에서 신원을 밝히고 다시 한번 문을 열도록 요청하겠습니다. "지금 협조해 주시면 간단하게 이야기를 하고 끝낼 수가 있지만 거부하면 나중에 경찰서에서 출석요구를 받고 출석해야 됩니다."라고 안내를 하겠습니다.

    ㉡ A씨가 결국 문을 열어주지 않을 경우, A가 고의로 소음을 유발하고 있다는 범죄 혐의를 인정하기 곤란하여 강제개문은 위법할 수 있으므로 관련 내용을 잘 기록하여 경찰서 담당부서(형사과)로 인계하겠습니다.

    ㉢ 만약 A씨가 문을 열어줄 경우 고의로 소음을 발생시킨 사실이 있는지 여부를 조사하고 명시적인 동의를 얻어(동의서 서명 또는 영상촬영) 집 안에서 들어가서 벽이나 천장을 친 흔적 등이 있는지 여부를 조사하겠습니다.

③ 증거 확보

    ㉠ A씨의 동의로 집 안을 둘러볼 수 있다면, 집 천장이나 벽 등을 확인하고 필요시 촬영하도록 하겠습니다.

    ㉡ 피해자로부터 지속적으로 A씨가 소음을 유발하였다는 영상·녹음 자료가 있는지 시간대를 기록한 소음일지 등이 있는지 확인하여 확보하겠습니다.

    ㉢ 다른 이웃들로부터도 A씨의 소음 유발 관련 자료가 있는지 확인하겠습니다.

⑷ 후속 조치

① A씨가 문을 열어주지 아니한 경우에는 추후 경찰서 형사과에서 압수·수색영장을 발부받아 A씨 주거를 강제수사할 수 있을 것으로 생각합니다.

② 양 당사자가 동의한다면 재발 방지와 신속한 피해회복을 위하여 회복적 경찰활동을 진행할 수 있습니다.

고의로 층간소음을 유발하는 행위는 스토킹범죄에 해당

빌라 아래층에 살던 피고인이 불상의 도구로 여러 차례 벽 또는 천장을 두드려 '쿵쿵' 소리를 내어 이를 위층에 살던 피해자의 의사에 반하여 피해자에게 도달하게 하였다는 공소사실로 스토킹범죄의 처벌 등에 관한 법률 위반죄로 기소된 사안에서, 피고인의 행위는 층간소음의 원인 확인이나 해결방안 모색 등을 위한 사회통념상 합리적 범위 내의 정당한 이유 있는 행위라고 볼 수 없고, 객관적·일반적으로 상대방에게 불안감 내지 공포심을 일으키기에 충분하며, 위와 같은 일련의 행위가 지속·반복되었으므로 '스토킹범죄'를 구성한다(대판 2023. 12. 14. 선고 2023도10313).

CHAPTER 04 전문지식 및 시사

제1절 형사소송법

✎ 이 절의 형사소송법 사례는 정주형 교수의 「통합사례 형사소송법(2025년)」을 참고하였다.

❶ 함정수사로 나타난 마약 판매자를 체포하고 현장에서 압수 · 수색할 수 있는가?

> 사법경찰관 甲은 마약 복용자 乙에게 마약 판매자를 접선해 달라고 부탁하였다. 丙이 약속 장소에 나타나 乙에게 돈을 받고 알약을 건네주는 순간 甲은 丙을 체포하려 하였다. 그러자 丙이 알약을 입안에 집어넣었고, 甲은 곧바로 丙의 입을 강제로 벌려 알약을 꺼냈다. 이후 甲은 丙을 영장없이 체포하고 알약에 대해서는 지체없이 압수 · 수색영장을 청구하여 발부받았다. 알약은 국립과학수사연구소의 성분분석 결과 마약으로 판명되었다. 甲이 丙을 체포한 행위는 적법한가?

(1) **문제점**: 甲이 丙을 영장 없이 체포한 행위의 적법성과 관련하여 현행범체포 또는 긴급체포의 요건을 갖춘 것인지가 문제됩니다. 다만 선행절차가 위법하면 후행절차는 당연히 위법하므로 선행하는 함정수사의 적법성을 우선적으로 검토할 필요가 있습니다.

(2) **함정수사의 적법성**

　① 법적 성격: 함정수사는 수사의 신의칙에 반하지 않는 일정 범위 내에서 임의수사로서 허용됩니다.

　② 함정수사의 허용범위: 수사기관이 사술 · 계략을 사용하여 범의를 유발시킨 함정수사는 위법합니다(대판 82도884).

　③ 사안의 경우 丙은 마약판매업자로서 애초부터 마약매매의 범죄의사를 가지고 있었고 사법경찰관은 그에 대해 범죄의 기회만을 제공한 것이고 특별히 사술 · 계략을 사용한 경우도 아니므로 <u>이와 같은 기회제공형 함정수사는 적법하다고 생각합니다.</u>

(3) **체포의 적법성**

　① 현행범 체포에 해당하는지 여부

　　㉠ 현행범 체포가 적법하려면 현행범인 또는 준현행범인으로서 ⓐ범죄의 명백성 ⓑ체포의 필요성(판례) ⓒ비례성이 요구되고 ⓓ절차적 요건으로서 피의사실의 요지, 체포의 이유와 변호인을 선임할 수 있음을 말하고 변명할 기회를 주어야 합니다.

　　㉡ 설문에서 丙은 乙에게 돈을 받고 마약을 꺼냄으로써 마약매매죄의 범인임이 명백하고 丙의 도주 우려도 인정되며, 비례성의 원칙도 충족된다고 볼 수 있습니다. 따라서 미란다 원칙을 고지하는 등 적법절차를 준수하였다면 <u>현행범 체포는 적법합니다.</u>

② 긴급체포에 해당하는지 여부

　㉠ 긴급체포가 적법하기 위해서는 ⓐ사형, 무기 또는 장기 3년 이상의 징역·금고에 해당하는 범죄로서 ⓑ범죄혐의의 상당성, 즉 객관적 혐의가 인정되고 ⓒ체포의 필요성(도망 및 증거인멸의 우려)과 ⓓ긴급성 즉 피의자를 우연히 만난 경우와 같이 영장을 청구할 시간적 여유가 없는 경우이어야 하며 ⓔ피의사실, 체포이유, 변호인선임권을 고지하고 변명의 기회를 부여하는 등 적법한 절차를 거쳐야 합니다.

　㉡ 설문에서는 마약류관리에관한법률에 따라 범죄의 중대성이 인정되고 丙이 마약을 입속에 넣는 등 객관적 혐의 및 증거인멸과 도주의 우려가 있고, 긴급성도 인정되는바 미란다원칙을 고지하는 등 적법절차를 준수한 것을 전제로 <u>긴급체포도 적법한 것으로 판단됩니다</u>.

⑷ **사안의 해결** : 사법경찰관 甲의 함정수사는 적법하고 연이은 체포 역시 현행범 체포 또는 긴급체포의 요건을 갖춘 것으로 보이므로 적법한 것으로 판단됩니다.

후속질문

✦ **사법경찰관이 丙의 입을 벌리고 알약을 압수한 행위는 적법한가?**

⑴ **문제점** : 사법경찰관이 丙의 입을 벌리고 알약을 끄집어 낸 행위는 영장 없이 이루어진 압수·수색으로서 형사소송법 제216조 내지 제218조의 요건을 갖추지 못하면 위법합니다.

⑵ **영장주의 예외규정의 충족여부**

① 제216조 제1항 제2호(체포장소에서 압수수색)의 예외

　㉠ 사법경찰관은 긴급체포나 현행범 체포 현장에서 영장 없이 압수·수색할 수 있습니다. 이 경우 압수 계속 필요시 지체없이 48시간 내에 압수·수색영장을 청구하여야 합니다(제217조 제2항).

　㉡ 체포와의 시간적 접착성과 관련하여 <u>판례(대판 2014도16080)는 체포착수설의 입장으로서</u>, 사법경찰관 甲은 丙에 대하여 체포에 착수한 이후에 알약을 압수하였고 지체없이 압수·수색영장도 청구하였으므로 제216조 제1항 제2호의 요건을 충족하였습니다.

　　✎ 체포착수설 : 범인을 체포한 이후에 체포장소에서 영장 없이 압수·수색·검증이 이루어져야 하지만, 체포에 착수하였다면 현실적으로 체포가 완료되지 않은 상태(범인이 도주한 경우)에서도 현장에서 압수·수색·검증을 할 수 있다.

② 제216조 제3항(범죄장소에서 압수수색)의 예외 : 범행 중 또는 범행 직후의 범죄장소에서 긴급을 요하여 판사의 영장을 받을 수 없는 때에는 영장 없이 압수·수색을 할 수 있으며, <u>이 경우 지체없이 사후영장을 발부받아야 합니다</u>. 사안에서 알약을 거래하는 장소는 범죄장소로 볼 수 있으며, 긴급을 요하고 사후영장도 청구하였으므로 제216조 제3항의 요건을 충족한 것으로 판단됩니다.

⑶ **사안의 해결** : 설문의 압수는 제216조 제1항 제2호, 제216조 제3항, 제217조 제1항의 요건을 갖추어 적법한 것으로 판단됩니다.

❷ 성매매할 것처럼 가장하여 대화를 비밀 녹음한 후 성매매알선범을 체포할 수 있는가?

> 사법경찰관 P와 Q는 甲이 운영하는 주점에서 사복을 입고 손님 행세를 하며 '여자가 그립다'는 등의 얘기를 하였다. 甲은 P에게 '여자 생각이 있느냐'라고 하면서 P와 Q를 유인하였고, P는 甲과 내실로 가서 성매매 대금을 흥정하였다. P는 이 모든 과정을 보이스펜을 이용하여 몰래 녹음하였다. 甲은 현금 30만원을 지불하고 성매매를 할 수 있다고 하면서 여성 A, B를 소개하였다. 이에 P는 甲을 성매매알선 혐의로 현행범 체포하였다. 이 경우 P와 Q가 행한 함정수사는 적법한가? 또한 P가 보이스펜을 이용하여 녹음한 행위는 적법한가?

(1) 함정수사의 허용범위 : 설문에서 P와 Q의 함정수사는 이미 범죄의사가 있는 甲을 상대로 한 기회제공형 함정수사로서, 성매매알선을 유도한 측면이 있어도 이를 사술·계략이 사용된 경우라고 볼 수 없어 적법한 행위로 판단됩니다.

(2) 영장 없는 비밀녹음의 적법성

① 영장 없는 비밀녹음의 법적 성격 : 통신비밀보호법은 누구든지 타인 간의 공개되지 않은 대화를 지득하는 것을 금지하고 이를 강제수사로 규정하고 있습니다.

> **통신비밀보호법 제3조(통신 및 대화비밀의 보호)** ① 누구든지 이 법과 형사소송법 또는 군사법원법의 규정에 의하지 아니하고는 우편물의 검열·전기통신의 감청 또는 통신사실확인자료의 제공을 하거나 공개되지 아니한 타인간의 대화를 녹음 또는 청취하지 못한다.

② 비밀녹음의 정당성

㉠ 대법원은 수사기관이 일반적으로 허용되는 상당한 방법으로 범행현장에서 현행범인 등 관련자들과 수사기관의 대화를 녹음한 경우라면 공개되지 아니한 타인 간의 대화를 녹음한 경우에 해당하지 않기 때문에 적법하다고 판단하고 있습니다.

> 수사기관이 적법한 절차와 방법에 따라 범죄를 수사하면서 현재 그 범행이 행하여지고 있거나 행하여진 직후이고 증거보전의 필요성 및 긴급성이 있으며, 일반적으로 허용되는 상당한 방법으로 범행현장에서 현행범인 등 관련자들과 수사기관의 대화를 녹음한 경우라면 위 녹음이 영장 없이 이루어졌다 하여 위법하다고 단정할 수 없다. 이는 설령 그 녹음이 행하여지고 있는 사실을 현장에 있던 대화상대방, 즉 <u>현행범인 등 관련자들이 인식하지 못하고 있었더라도, 통신비밀보호법 제3조 제1항이 금지하는 공개되지 아니한 타인 간의 대화를 녹음한 경우에 해당하지 않는 이상 마찬가지이다.</u> 다만 수사기관이 일반적으로 허용되는 상당한 방법으로 녹음하였는지는 수사기관이 녹음장소에 통상적인 방법으로 출입하였는지, 녹음의 내용이 대화의 비밀 내지 사생활의 비밀과 자유 등에 대한 보호가 합리적으로 기대되는 영역에 속하는지 등을 종합적으로 고려하여 신중하게 판단하여야 한다(대판 2020도9370).

㉡ 설문에서 비록 甲은 P가 녹음하고 있다는 사실을 알지 못하였으나 P는 원래부터 대화에 참여한 자에 해당하고 객관적·외형적으로 볼 때 甲의 동의하에 해당 장소에 출입하였습니다. 또한 성매매알선의 범죄가 현재 이루어지고 있고 증거보전의 필요성 및 긴급성이 인정되는 이상 P의 비밀녹음은 수사비례의 원칙을 준수한 것으로서 적법한 것으로 판단됩니다.

(3) 사안의 해결 : P의 함정수사는 단지 기회제공형으로서 사술·계략이 사용된 것으로 볼 수 없고 P의 비밀녹음 역시 임의수사로서 범죄의 현재성, 증거보전의 필요성, 긴급성, 상당성을 모두 갖추었다고 볼 수 있으므로 함정수사는 적법하며 비밀녹음도 적법합니다.

❸ 피의자의 애인을 미행하여 피의자를 발견하고 임의동행한 경우의 적법성

> 사법경찰관 甲은 살인사건의 피의자로 지목된 乙의 소재가 불분명하자 그의 애인인 丙을 미행하였다. 甲은 丙을 미행하던 도중 丙의 집에서 乙이 나오는 것을 발견하고 乙에게 접근하여 자신의 신분증을 제시하면서 살인사건과 관련하여 조사할 것이 있다고 말하며 경찰서로 임의동행을 요구하였다. 乙은 '왜 자신이 살인범으로 의심을 받느냐'며 동행을 거절하였으나, 주변에 사람이 모여드는 상황에서 甲이 '여기서 이러면 동네 망신이고 체포도 가능하다'라고 말하자 乙은 어쩔 수 없이 甲을 따라 동행하게 되었다. 甲은 경찰서에 도착한 직후 乙을 피의자로 신문하였다.
> (I) 甲의 丙에 대한 미행은 정당한가?
> (II) 乙에 대한 임의동행은 적법한가?

1) 설문(Ⅰ)에 대하여

⑴ **문제점** : 사법경찰관 甲이 행한 수사가 정당한지 여부는 미행이라는 수사기법의 법적 성격이 무엇이며 만일 임의수사라면 수사비례의 원칙을 준수하였는지를 살펴보아야 합니다.

⑵ **미행의 법적 성격**

　① 임의수사와 강제수사의 구별 : 임의수사와 강제수사의 구별기준에 대하여 실질설에 따를 때, 미행의 허용여부는 수사 상대방이 피의자 또는 참고인인지 여부, 동의여부, 과정의 공개여부, 신뢰할 수 있는 공공기관이나 단체에 의해 행해졌는지 여부, 강제력이나 의사에 반하는지 등을 종합적으로 고려하여 판단하여야 합니다.

　② 사안의 적용 : 수사기관이 행하는 미행은 상대방의 의사에 반하는 면이 있습니다. 그러나 미행은 직접적인 강제력이 행사되지 않고 기본권침해 또한 경미하며, 범죄의 밀행성에 비추어 미행의 필요성 또한 인정된다는 점에서 임의수사로서 허용된다고 보아야 합니다.

⑶ **미행의 정당성** : 수사기관은 수사에 관하여 필요한 조사를 할 수 있으나(형소법 제199조 제1항 본문), 임의수사라고 하여 무제한적으로 허용되는 것은 아니고 필요한 한도 내에서만 행하여져야 합니다. 즉 수사비례의 원칙을 준수하여야 합니다. 설문에서 사법경찰관 甲은 살인죄라는 중대한 범죄수사와 관련하여 피의자 乙의 소재가 불분명하자 그의 애인인 丙을 미행한 것으로서, 이는 소재불명의 피의자 소재를 확인하기 위한 불가피한 조치로서 비례성 또한 준수한 것으로 판단됩니다.

⑷ **사안의 해결** : 사법경찰관 甲이 행한 丙에 대한 미행은 임의수사로서 수사비례의 원칙 또한 준수하고 있으므로 그 수사기법은 정당한 것으로 판단됩니다.

2) 설문(Ⅱ)에 대하여

(1) 문제점: 甲이 행한 乙에 대한 임의동행의 적법성과 관련하여서는 경찰관직무집행법이나 주민등록법상의 임의동행이 아니라면 수사상 임의동행을 인정할 수 있는지 여부와 임의동행이 허용된다고 볼 경우 그 한계를 준수한 것인지 등을 살펴보아야 합니다.

(2) 행정법상 임의동행에 해당하는지 여부

① **경찰관 직무집행법상의 임의동행**: 경찰관직무집행법 제3조 제2항은 거동불심자에 대한 직무질문과정에서 현장에서 질문하는 것이 당해인에게 불리하거나 교통에 방해가 될 때 경찰관서 등으로의 임의동행을 인정하고 있습니다. 대법원은 행정경찰 목적의 경찰관직무집행법상 임의동행과 수사목적의 임의동행을 구분하고 있습니다(대판 2005도6810). 경찰관직무집행법상의 임의동행은 수사개시 전 수사 단서의 확보를 위한 한도에서만 사용할 수 있으며 이미 수사를 개시할 수 있는 단계에 이르렀다면 형사소송법(수사준칙)상 임의동의행의 절차(동행거부 및 임의퇴거할 수 있음을 고지)를 따라야 합니다. 따라서 乙은 이미 수사대상이 된 사람으로서 경찰관직무집행법상의 거동불심자라 할 수 없으므로 경찰관직무집행법상 임의동행의 대상이 되지 않습니다.

② **주민등록법상의 임의동행**: 주민등록법 제26조는 신원불명자로서 주민등록증 제시요구에 거부하고 범죄혐의가 있는 자에 대한 임의동행을 허용하고 있습니다. 이는 행정상 신원확인을 위한 목적에 한정되는 것으로서, 설문과 같이 乙을 '살인사건과 관련하여 조사' 할 목적으로 동행을 요구하는 것(수사상 임의동행)은 주민등록법상 임의동행의 대상이 되지 않습니다.

(3) 수사상 임의동행의 허용여부 및 한계

① **수사상 임의동행의 허용여부**

   ㉠ 수사상 임의동행이 적법하기 위해서는 오로지 피의자의 자발적 의사에 의한 동행이 이루어졌음이 담보되어야 하며, 동행의 시간과 장소, 동행의 방법과 동행거부의사의 유무, 동행 이후의 조사방법과 퇴거의사의 유무 등을 종합하여 판단해야 합니다.

   ㉡ 수사상 임의동행의 절차적 요건으로서 ⓐ상대방에게 동행을 거부할 수 있다는 것과 동행하는 경우에도 ⓑ언제든지 자유롭게 동행 과정에서 이탈하거나 동행 장소에서 퇴거할 수 있다는 것을 고지해야 합니다(수사준칙규정 제20조).

   ㉢ 설문에서 乙은 최초 甲의 동행요구에 거부하였지만 주변에 사람이 몰려들고 甲 역시 '여기서 이러면 동네망신이고 체포도 가능하다'라고 말하자 어쩔 수 없이 甲을 따라 동행하였다는 점에서 임의성을 인정하기 곤란하며, 또한 살인 혐의로 특정된 범죄의 수사 목적으로 임의동행을 요구하였으므로 수사준칙상 고지의무를 결략한 위법한 행위로써 강제연행에 해당합니다.

(4) 영장주의 예외인 체포에 해당하는지 여부: 甲이 乙을 강제연행할 당시 乙은 범죄의 실행 중이라거나 실행 직후인 현행범인이 아니고 형사소송법 제211조 제2항 소정의 준현행범인으로도 볼 수 없어 현행범 체포의 대상으로 볼 수 없습니다. 또한 살인죄는 중대범죄로서 긴급체포의 요건을 충족할 여지도 있으나 甲이 乙을 연행함에 있어 미리 피의사실, 체포이유, 변호인선임권 등 제200조의5가 정한 미란다원칙을 고지한 바 없으므로 긴급체포로서의 요건도 갖추지 않았습니다.

(5) 사안의 해결: 사법경찰관이 乙을 임의동행한 것은 행정법상 임의동행의 대상이 아니고 수사상 임의동행으로서 임의성과 절차적 한계를 벗어났으며 현행범 체포나 긴급체포의 요건도 충족하고 있지 못합니다. 따라서 甲의 임의동행은 위법한 것으로 판단됩니다.

④ 사인의 체포 및 불심검문 중 도주하는 범인을 체포한 경우의 적법성

사법경찰관 甲은 순찰 도중 피해자가 '강도다'라고 소리 지르고 A와 B가 달아나는 것을 보았다. A와 B가 각각 다른 방향으로 달아나기 때문에 甲은 지나가는 乙에게 B를 잡아달라고 부탁하고 甲은 A를 따라갔으나 1킬로미터 정도 쫓아가다가 놓치고 말았다. 그러나 乙은 B를 1킬로미터 정도 추격하여 그를 붙잡았다. 한편 甲은 1시간 정도 지난 후 약 2킬로미터 정도 떨어진 곳에서 우연히 다시 A를 발견하고 소매치기 범인과 인상착의가 비슷하다고 생각하고 불심검문을 하자 A는 이에 불응하고 도망하였다. 甲은 A를 붙잡아 영장 없이 체포하고 그곳에서 1킬로미터 정도 떨어진 경찰서로 연행한 후 A가 가지고 있던 가방을 수색하여 가방 안에 들어 있던 소매치기용 칼 등을 압수하였다.
(Ⅰ) 甲과 乙의 A와 B에 대한 각 체포 행위는 적법한가?
(Ⅱ) 甲의 압수·수색 행위는 적법한가?

1) 설문(Ⅰ)에 대하여

(1) **문제점**: 사법경찰관 甲의 A에 대한 체포가 적법하기 위해서는 긴급체포 또는 현행범 체포의 요건을 갖추어야 합니다. 사인인 乙의 B에 대한 체포에 있어서는 현행범 체포만이 검토될 수 있습니다.

(2) **甲의 A에 대한 체포의 적법성**

① 긴급체포(형소법 제200조의3)

㉠ 긴급체포가 적법하기 위해서는 ⓐ사형·무기 또는 장기 3년 이상의 징역·금고에 해당하는 범죄로서 ⓑ범죄혐의의 상당성, 즉 객관적 혐의가 인정되고 ⓒ체포의 필요성(도망 및 증거인멸의 우려)과 ⓓ긴급성, 즉 피의자를 우연히 만난 경우와 같이 영장을 청구할 시간적 여유가 없는 경우이어야 하며 ⓔ피의사실, 체포이유, 변호인선임권을 고지하고 변명의 기회를 부여하는 등(제200조의5, 미란다원칙) 적법한 절차를 거쳐야 합니다.

㉡ 그런데 설문에서 사법경찰관 甲은 A를 체포할 시점에서 A가 단지 강도범과 인상착의가 비슷하다고 생각하였을 뿐 객관적 혐의를 발견한 것은 아닙니다. 따라서 범죄혐의의 상당성이 인정되지 아니하여 甲은 A에 대하여 적법한 <u>긴급체포를 할 수 없습니다.</u>

② 현행범 체포(형소법 제212조)

㉠ 요건: 현행범 체포가 적법하기 위해서는 현행범인 또는 준현행범인으로서 ⓐ범인·범죄의 명백성이 인정되고 ⓑ체포의 필요성이 인정되며(판례) ⓒ체포의 비례성을 갖추어야 한다(제212조, 제211조). 설문의 경우 ⓑⓒ의 요건은 특별히 문제되지 않는바 ⓐ요건과 관련하여 현행범인 또는 준현행범인임이 명백한지를 살펴볼 필요가 있습니다.

㉡ 현행범인 또는 준현행범인: 현행범인이란 범죄의 실행 중 또는 실행 직후인 자를 말하고, 준현행범인이란 누구냐고 묻자 도망하려 할 때에 해당하는 사람과 같이 제211조 제2항 각호가 정하는 자를 말합니다.

㉢ 사안의 경우: 설문에서 甲은 A가 범행을 한 직후에 체포한 것이 아니라 체포에 실패한 이후 1시간 정도 지난 후 2킬로미터 떨어진 지점에서 A를 다시 체포한 것인바 이를 범죄의 실행직후인 자로 보기는 어렵습니다. 그러나 A는 제211조 제2항 제4호(누구냐의 물음에 도망)의 준현행범인으로서 甲의 A에 대한 <u>현행범체포는 적법하다고 생각됩니다.</u> A는 객관적 혐의는 없지만 경찰관직무집행법 제3조 제1항 소정의 거동불심자로서 甲의 A에 대한 불심검문에 불응하여 도주하려 하였기 때문입니다.

③ 소결 : A는 준현행범인에 해당하는바 제200조의5가 정한 미란다원칙을 고지하는 등 절차요건을 준수하였을 것을 전제로 甲의 A에 대한 체포는 적법하다고 판단됩니다.

(3) 乙이 B를 체포한 행위

① **영장주의 예외규정** : 乙은 사인이므로 현행법상 사인이 체포할 수 있는 근거로는 현행범 체포(제212조)가 유일합니다.

② **현행범인인지 여부** : 현행범인은 범죄의 실행 중 또는 실행 직후인 자를 말합니다. 통상적으로 현행범인의 체포를 위하여는 체포자가 직접 범죄를 지각한 자임을 요합니다. 여기서 설문과 같이 범인체포를 위하여 추적을 타인에게 의뢰하는 계속추적이 허용되는가가 문제되는데, 추적의뢰의 필요성이 인정되고 추적의 개시와 계속이 연결되어 전체로서의 1개의 체포행위로 볼 수 있고 추적시간이 현행범인으로 볼 수 있는 시간 내인 경우에는 계속추적에 의한 체포도 적법합니다(설문에서 B는 범죄의 실행직후인 자로 보아야 하며, 이를 범인으로 호칭 추적되는 자(준현행범인)로 볼 여지도 있으나, 乙은 범행을 직접 목격한 사법경찰관 甲의 인식을 승계한 것에 해당하므로 범죄의 실행직후인 자(현행범인)로 포섭하는 것이 타당합니다).

③ **사안의 적용** : 설문에서 乙에 B에 대한 현행범 체포는 범죄의 실행 직후인 자에 대한 체포로서 적법한 것으로 판단됩니다. 비록 乙은 B가 범죄의 실행직후라는 점을 직접 인식하지는 못했으나 범죄의 실행직후임을 파악한 사법경찰관 甲의 부탁을 받고 계속 추적하였기 때문입니다.

(4) **사안의 해결** : 甲의 A에 대한 체포는 준현행범인에 대한 현행법체포로서 적법하고, 乙의 B에 대한 체포는 범죄의 실행 후인 자에 대한 현행범 체포로서 적법합니다.

2) 설문(Ⅱ)에 대하여

(1) **영장주의 예외규정** : 사법경찰관 甲의 가방 수색과 소매치기용 칼에 대한 압수·수색은 수사단계의 강제압수로서, 압수장소가 범죄장소가 아니고 긴급체포가 성공한 경우도 아니므로 제216조 제1항 제2호의 현행범체포 현장에서 압수수색의 요건이 문제됩니다.

(2) 제216조 제1항 제2호

① 사법경찰관은 현행범을 체포하는 현장에서 영장이 없더라도 압수수색을 할 수 있습니다. 다만 압수계속 필요시에는 지체없이 48시간 내에 압수·수색영장을 청구하여야 합니다(제217조 제2항).

② 체포와 압수의 시간적 접착성과 관련하여서는 학설이 대립되나 체포가 성공한 설문에 있어서는 어떠한 견해에 따르더라도 압수수색이 가능하며, 압수의 범위와 관련하여서는 체포 사유가 된 소매치기 범행과 관련한 가방의 수색이나 흉기인 칼을 압수할 수 있습니다.

③ 다만, 연행된 경찰서를 체포장소로 볼 수 있느냐가 문제되는바 설문과 같이 교통에 방해되거나 프라이버시 보호가 필요한 경우에 있어서는 연행된 장소에서의 압수수색도 가능하다고 보아야 합니다(이에 대하여 긍정설, 부정설의 대립이 있으며 명확한 대법원 판례는 찾을 수 없음).

(3) **사안의 해결** : 甲의 A에 대한 소매치기용 칼에 대한 압수수색은 제216조 제1항 제2호를 충족하여 적법한 것으로 판단됩니다.

제2절 경무 분야(조직, 인사, 교육, 장비 등)

❶ 최근 경찰 조직 개편(형사기동대, 기동순찰대, 중심지역관서)에 대하여 말해보시오.

답변

2023년 신림역 칼부림 사건, 서현역 흉기 난동 사건, 관악산 등산로 살인 사건 등 이상동기범죄가 연이어 발생하여 국민 불안감이 높아짐에 따라 2024년 초에 시·도경찰청 소속으로 기동순찰대와 형사기동대를 신설하였고, 2024년 7월부터 초동대응 강화를 위한 중심지역관서제를 운영하고 있습니다.

✎ 형사기동대 : 시·도경찰청 광역수사단(수사부) 소속
   기동순찰대 : 시·도경찰청 범죄예방과 소속

(1) 형사기동대

① 문제점

㉠ **경찰서 형사과와의 역할 중복 및 갈등 가능성** : 형사기동대의 수사 대상 범죄나 활동 범위가 일선 경찰서 형사과의 업무와 겹칠 경우 사건 관할 문제, 공조의 어려움, 책임 전가 등의 문제가 발생할 수 있습니다.

㉡ **일선 경찰서 수사력 약화 우려** : 형사기동대 구성 시 각 경찰서에서 경험 많은 베테랑 형사들이 차출되는 경우가 많아, 정작 지역 주민들의 민생 침해 사건을 주로 다루는 일선 경찰서의 수사력이 약화될 수 있다는 우려가 큽니다.

㉢ **실적 위주 운영 및 부실 수사 가능성** : 단기간 내 가시적인 검거 실적을 보여줘야 한다는 압박감으로 인해, 중요하지만 시간이 오래 걸리는 사건보다는 검거가 용이한 사건에 집중하거나 무리한 수사를 진행할 가능성이 있습니다.

② 개선 방안

㉠ **명확한 역할 분담 및 협력 체계 구축** : 형사기동대의 주력 수사 분야와 활동 범위를 명확히 규정하고 경찰서 형사과와의 사건 이첩, 정보 공유, 공조 수사 등에 대한 구체적인 지침을 마련하여 협력 시스템을 강화해야 합니다.

㉡ **균형 있는 인력 배치 및 교육 강화** : 일선 경찰서의 수사 공백을 최소화하도록 인력 배치를 신중히 하고 형사기동대 소속 형사들에게는 전문 분야 교육과 더불어 인권 교육 및 적법절차 준수 교육을 지속적으로 강화해야 합니다.

㉢ **질적 성과 중심의 평가 시스템 마련** : 단순 검거 건수 위주의 평가에서 벗어나 중요 사건 해결 기여도, 수사의 질, 피해자 보호 노력 등을 종합적으로 반영하는 균형 잡힌 성과 평가 시스템을 구축해야 합니다.

(2) 기동순찰대

① 문제점

㉠ **지구대·파출소 인력 부담 가중**: 기동순찰대 운영을 위해 일선 지구대/파출소의 인력이 차출되면서, 해당 지역의 치안 공백이나 남은 인력의 업무 부담이 커질 수 있습니다.

> ✎ 코드0 사건이 떨어질 때 지구대가 대응하기 어려울 경우 집단 대응하겠다는 목표를 가지고 발족했는데, 지방 경찰의 경우 코드0 사건은 일부 지역과 특정 시간대에만 발생하고 오히려 지구대 경찰관들의 발목을 붙잡는 대부분의 사건은 기타 사건, 코드1 혹은 코드2 사건이다. 지구대는 인력이 모자라서 한 순찰차가 여러 긴급·비긴급 사건을 2–3개씩 물고 다니는 상황에 기동순찰대는 강력 사건만 지원하여 효율성이 떨어진다는 의견이 있다.

> ✎ 사건은 현장 정리만 한다고 해서 끝나는 게 아니다. 일단 지구대로 복귀해서 사건에 대한 조서와 초동 조치 보고서를 작성한 후 사건 관계자를 경찰서나 집으로 인계하는 과정에서 가장 큰 시간이 걸리는데, 기동순찰대는 지구대·파출소에 사건을 인계하고 직접 마무리를 하지 않는다는 점에서 실질적으로 도움이 되지 않는다는 의견이 있다.

㉡ **지구대/파출소와의 역할 모호성 및 협력 부족**: 기동순찰대의 순찰 구역이나 주요 임무가 지역 지구대/파출소와 명확히 구분되지 않아 현장에서 업무가 중복되거나 책임 소재가 불분명해지는 등 혼선이 발생할 수 있습니다. 또한 정보 공유나 사건 처리 공조가 원활하지 않을 수 있습니다.

㉢ **지역 밀착형 순찰 기능 약화 가능성**: 기동순찰대는 관할 구역이 넓고 이동이 잦아 특정 지역의 특성이나 주민과의 깊이 있는 관계 형성이 어려울 수 있습니다. 이로 인해 지역 문제해결 중심의 공동체 치안 활동(지역사회 경찰활동)이 약화될 수 있다는 우려가 있습니다.

㉣ **'보여주기식' 운영 우려**: 가시적인 순찰 활동 자체에만 집중하여 실질적인 범죄 예방 효과나 지역 문제해결보다는 형식적인 순찰에 그칠 수 있다는 비판이 제기될 수 있습니다.

② 개선 방안

㉠ **명확한 임무 설정 및 역할 분담**: 기동순찰대의 핵심 임무(예 특정 시간/장소 집중 순찰, 112신고 다발 지역 초동 조치 지원, 기초질서 유지 활동 강화 등)를 명확히 규정하고, 지구대/파출소와의 역할 분담 및 협력 방안을 개선해야 합니다. 특히 112신고가 집중되는 야간 및 심야시간대에 근무가 강화되어야 합니다.

> ✎ 야간 10시 또는 12시에 대부분 퇴근

㉡ **지역 문제해결 중심의 임무 부여**: 단순 순찰을 넘어 관할 지역의 범죄 데이터 분석 결과를 바탕으로 특정 시간대, 특정 범죄 유형 예방 등 구체적인 목표를 설정하고 활동하도록 해야 합니다. 지역 치안 문제해결 기여도를 성과 지표에 반영하는 방안도 고려할 수 있습니다.

㉢ **협력 및 소통 시스템 강화**: 기동순찰대와 지구대/파출소 간 실시간 정보 공유 시스템(예 순찰 경로, 특이사항 보고 등)을 구축하고, 정기적인 합동 순찰이나 간담회 등을 통해 유기적인 협력 관계를 만들어야 합니다.

(3) 중심지역관서

중심지역관서: 2024년 7월부터 전국적으로 시행된 중심지역관서제는 지구대·파출소 등 <u>지역관서 두세 곳을 묶어 치안 수요가 많은 한 곳을 '**중심관서**'로 지정해 인력과 장비를 집중 배치하는 제도입니다. 나머지는 관서장 1명 또는 소수 인원이 평일 주간에만 근무하는 '**공동체관서**'로</u> 운영됩니다. 중심 지역 관서 제도는 지구대와 파출소를 통합하여 범죄 위험도가 높은 지역에 경찰력을 집중시키는 방식으로, 사건 발생 시 초기 대응을 강화하고 효율적인 치안 활동을 도모하는 것을 목표로 합니다. 하지만 일부 지역에서는 치안 공백 발생 우려, 상주 인력 부족, 주민들의 불안감 증가 등의 단점이 지적되기도 합니다.

① **장점**

  ㉠ **운영 효율성 증대 및 자원 집중** : 소규모 관서를 여러 개 운영하는 것보다 하나의 큰 관서를 운영하는 것이 시설 관리, 행정 처리 등에서 효율적일 수 있습니다. 또한 <u>한정된 경찰 인력과 장비(순찰차 등)를 거점 관서에 집중시켜 보다 효율적으로 배분하고 활용</u>할 수 있습니다.

  ㉡ **중요 사건 대응력 강화** : 특정 시간대나 특정 사건 발생 시 더 많은 경찰관을 동시에 동원하기 용이합니다. 이는 112신고 폭주 시간대나 중요 강력 사건 발생 시 신속하고 효과적인 초동 조치에 유리할 수 있습니다.

  ㉢ **지휘 효율성 및 근무 여건 개선 가능성** : 지휘관이 더 많은 인력을 한 곳에서 지휘·감독하기 용이하며 근무 인원이 많아지면 교대 근무 편성이나 휴가 사용 등이 비교적 용이해져 근무 여건이 개선될 소지도 있습니다.

  ㉣ **표준화된 서비스 및 전문성 향상 기회** : 더 넓은 지역을 관할하며 다양한 사건을 접할 기회가 많아지고 관서 내 인원이 많아짐에 따라 특정 업무(예, 민원 상담, 분실물 처리 등)에 대한 전문성을 가진 인력을 배치하거나 표준화된 서비스를 제공하기 용이할 수 있습니다.

② **문제점**

  ㉠ **지역 밀착성 약화** : <u>동네에 있던 파출소의 존재 자체가 주는 심리적 안정감이나 범죄 예방의 상징적 효과가 사라지는 것에 불만을 제기하는 주민들이 있습니다.</u> 기존의 작은 파출소가 담당하던 지역 주민들은 경찰관서와의 물리적 거리가 멀어지면서 심리적 거리감도 느끼고 경찰의 보호를 받지 못한다는 불안감을 가질 수 있습니다.

  ㉡ **주민 접근성 저하** : 주민들이 경찰관서를 방문하여 민원을 처리하거나 신고, 상담 등을 하기가 더 불편해질 수 있습니다. 특히 교통 약자나 노인 등에게는 큰 부담이 될 수 있습니다.

  ㉢ **지역 정보 수집 및 공동체 치안 약화** : 담당 경찰관이 넓은 지역을 맡게 되면서 특정 지역의 세세한 사정이나 주민들과의 유대 관계 형성이 어려워질 수 있습니다. 이는 지역 주민들로부터 얻는 범죄 정보나 협력 관계 구축에 어려움을 초래하여 공동체 치안 활동을 약화시킬 수 있습니다.

  ㉣ **근무교대시 치안공백 우려** : <u>근무교대가 중심 관서에서 이루어지다보니 원거리에서 근무하던 인력이 중심 관서로 이동하고(30분 전후 소요) 새로운 근무자가 중심 관서에서 근무지로 이동(30분 전후 소요)하는 과정에서 치안 공백이 우려됩니다.</u>

  ㉤ **원거리 지역 신속 출동 문제** : 관할 구역이 넓어지면서 중심 관서에서 거리가 먼 지역에서 사건·사고 발생 시 현장 도착 시간이 지연될 수 있습니다. 이는 '골든타임' 확보에 불리하게 작용할 수 있습니다.

③ **개선 방안** : 결론적으로 중심지역관서 모델은 효율성과 대응력 강화라는 장점이 있지만, 지역 밀착성 약화와 치안 공백 우려라는 단점을 어떻게 보완하느냐가 성공의 관건이라고 할 수 있습니다. 따라서 이 모델을 도입하거나 운영할 때는 주민 의견을 충분히 수렴하고, 주민 소통 활성화 등 단점을 보완하기 위한 노력이 반드시 병행되어야 합니다.

② MZ 공무원들의 이직률이 높은 이유와 해결 방안은?

답변

MZ세대 경찰공무원의 높은 이직률은 주로 과중한 업무 부담과 스트레스, 수직적이고 경직된 조직 문화, 공정한 보상 및 성장 기회에 대한 기대치 불일치, 그리고 워라밸(일과 삶의 균형) 중시 가치관 등 복합적인 요인에 기인한다고 생각합니다. 이에 대한 해결방안으로는 실질적인 근무 여건 개선, 수평적이고 소통하는 조직 문화 조성, 공정한 평가 및 보상 시스템 구축, 그리고 개인의 성장 비전 제시 등이 필요합니다.

(1) **MZ세대 특성**: MZ세대 경찰관들은 다음과 같은 측면에서 경찰 조직에 긍정적인 영향을 미치고 중요한 역할을 수행할 잠재력을 가지고 있습니다.

① **개인의 행복 및 성장 추구**: 조직이나 집단에 맹목적으로 충성하기보다는 개인의 만족감, 행복, 자아실현을 중요하게 생각합니다. 자신의 성장을 위한 경험과 학습 기회를 중요하게 여기며 의미 있는 일을 통해 만족을 얻으려 합니다.

② **워라밸(Work-Life Balance) 중시**: 일과 개인의 삶을 분리하여 균형을 이루려는 욕구가 강합니다. 정시 퇴근, 자유로운 휴가 사용 등 개인적인 시간을 확보하는 것을 중요하게 생각하며 과도한 업무나 불필요한 야근을 비합리적이라고 여길 수 있습니다.

③ **디지털 네이티브(Digital Native)**: 디지털 환경에 익숙한 MZ세대는 사이버 범죄 수사, 디지털 포렌식, 빅데이터 분석을 통한 범죄 예측 및 예방, SNS를 활용한 대국민 소통 및 홍보 등에서 뛰어난 역량을 발휘할 수 있습니다. 이는 급변하는 치안 환경에 효과적으로 대응하는 데 필수적입니다.

④ **다면적 소통 선호**: 다양한 플랫폼과 미디어를 통해 복합적인 방식으로 소통합니다. 인스타그램, 트위터, 유튜브 등을 활용하고 텍스트 메시지 속에 이모티콘, GIG, 밈(meme) 등을 사용하여 실시간-비실시간 혼합 소통을 하며, 소통 목적별로 채널을 구분하기도 합니다.

⑤ **공정성과 투명성 중시**: MZ세대는 과정의 공정성과 결과의 투명성을 중요하게 생각합니다. 이러한 가치관은 수사 과정에서의 인권 감수성을 높이고 조직 운영의 투명성을 강화하며 궁극적으로 국민의 신뢰를 높이는 데 기여할 수 있습니다.

(2) **이직률이 높은 이유(조직 부적응 이유)**

① **수직적이고 경직된 조직 문화**: MZ세대는 비교적 수평적인 소통과 개인의 자율성을 중시하는 경향이 있으나, 경찰 조직 특유의 상명하복 문화, 권위적인 분위기, 경직된 의사결정 과정 등에 답답함을 느끼고 적응에 어려움을 겪을 수 있습니다.

② **발전(성장) 기회 부족 및 미래 비전 부재**: 본인이 원하는 전문 분야 교육 기회가 부족하거나 체계적인 경력 개발 경로가 불투명하다고 느낄 때 조직 내에서의 성장 가능성에 회의를 느끼고 이직을 고려할 수 있습니다.

③ **업무 부담 과중 및 높은 스트레스**: 112신고 폭주, 주취자 등 악성 민원 응대, 교대 근무로 인한 불규칙한 생활, 강력 사건 및 비극적 현장 노출 등 높은 강도의 업무와 감정 노동으로 인한 신체적·정신적 소진(번아웃)이 심각한 수준입니다.

④ **보상 및 인정 체계에 대한 불만**: <u>업무의 위험성과 강도에 비해 급여나 수당 등 경제적 보상이 충분하지 않다</u>고 느끼거나, 노력이나 성과에 대한 인정과 피드백이 부족하다고 느낄 수 있습니다. 또한 연공서열 위주의 승진 시스템 등에 대한 불만도 존재할 수 있습니다.

⑤ **워라밸(Work-Life Balance) 중시 가치관과의 충돌** : 개인의 삶과 여가, 자기 계발을 중시하는 MZ세대의 가치관과 잦은 비상 근무, 불규칙한 퇴근, 자유롭지 못한 휴가 사용 등 경찰 업무의 특성이 충돌하면서 만족도가 저하될 수 있습니다.

⑥ **기대와 현실의 괴리** : 경찰이라는 직업에 대한 이상적인 기대와 달리 실제 현장에서 겪는 어려움이나 조직 내부의 비효율성 등에 실망감을 느낄 수 있습니다.

⑶ 해결 방안

① 수평적 · 소통 중심 조직 문화 조성
  ㉠ 상하 간 열린 소통 채널 활성화(멘토링, 간담회, 온라인 건의함 등)
  ㉡ 불필요한 의전 및 권위주의적 관행 개선
  ㉢ 젊은 세대의 의견을 경청하고 정책 결정 과정에 반영 노력
  ㉣ 칭찬과 격려 등 긍정적인 피드백 문화 확산

② 성장 비전 제시 및 교육 기회 확대
  ㉠ 개인의 적성과 희망을 고려한 전문 분야 교육 기회 확대
  ㉡ 다양하고 명확한 경력 개발 경로 제시 및 상담 지원
  ㉢ 선배 경찰관과의 멘토링 활성화를 통한 경험 전수 및 비전 공유

③ 실질적인 근무 여건 개선
  ㉠ 적정 인력 충원을 통해 과도한 업무 부담 완화
  ㉡ 예측 가능하고 공정한 교대 근무 시스템 운영 및 휴가 사용 보장
  ㉢ 심리 상담 지원 확대 등 정신 건강 관리 프로그램 강화
  ㉣ 노후 장비 교체 및 편의 시설 확충

④ 공정한 보상 시스템 구축
  ㉠ 직무의 위험성, 난이도 등을 고려한 합리적인 보수 체계 개선 노력
  ㉡ 성과와 역량 중심의 투명하고 공정한 평가 및 승진 시스템 운영
  ㉢ 다양한 형태의 포상 및 인센티브 제도 활성화

⑤ 워라밸 보장 노력 강화
  ㉠ 대체 인력 확보 등을 통한 휴가 사용 활성화
  ㉡ 유연 근무 제도 도입 검토(내근 부서 등 가능한 범위 내)
  ㉢ 직장 어린이집 확충 등 보육 지원 강화

MZ세대 경찰관의 이직 문제는 단기적인 대책만으로는 해결하기 어려우며 조직 문화 개선을 포함한 근본적이고 종합적인 변화 노력이 필요하다고 생각합니다. 이들이 자부심을 가지고 장기적으로 근무할 수 있는 환경을 만드는 것이 중요하다고 생각합니다.

❸ '정년연장'에 대해 어떻게 생각하는가?

👤 〈답변〉

경찰공무원의 정년을 현재 60세에서 공무원 연금 수급 개시 연령인 65세에 맞추어 연장하는 것은 퇴직 후 소득 공백 문제를 해결하고 경찰관들의 안정적인 노후 생활을 보장하기 위해 반드시 필요하다고 생각합니다. 이는 단순한 복지 차원을 넘어 개인의 생계 안정과 사회 전체의 고령화 추세에 대응하기 위한 현실적인 방안입니다.

✎ 논의 중인 법률안: 개정안은 공무원의 정년을 2027년까지 63세, 2028년부터 2032년까지는 64세, 2033년부터는 65세로 단계적으로 상향하는 내용을 담고 있다. 정년이 연장되지 않는다면 2022년 이후로 퇴직하는 공무원 10만3,488명이 1~4년 연금 공백 기간을 갖게 된다.

정년 연장이 필요한 주된 이유는 다음과 같습니다.

⑴ **'소득 절벽' 해소 및 생계 안정**: 현재 시스템 아래에서는 60세에 정년퇴직한 후 연금을 수령하는 65세까지 약 5년간의 소득 공백이 발생합니다. 이 기간 동안 많은 경찰관들이 경제적 어려움에 직면할 수 있으며 이는 평생을 국가와 국민을 위해 헌신한 공직자에 대한 적절한 예우라고 보기 어렵습니다. 정년을 연금 수급 개시 연령과 일치시킴으로써 이러한 '소득 절벽' 문제를 근본적으로 해결하고 퇴직 경찰관들이 안정적인 노후를 준비할 수 있도록 해야 합니다.

⑵ **사회적 변화 및 기대 수명 증가 반영**: 100세 시대라고 불릴 만큼 기대 수명이 크게 늘었고 건강 수준도 향상되어 60대에도 충분히 활동할 수 있는 인구가 많아졌습니다. 60세 정년은 이러한 사회 변화를 제대로 반영하지 못하는 측면이 있습니다. 연금 수급 연령에 맞춰 정년을 연장하는 것은 변화된 사회 현실에 부응하는 합리적인 조정입니다.

⑶ **숙련된 인력 활용 지속**: 정년 연장을 통해 풍부한 경험과 노하우를 가진 숙련된 경찰 인력을 치안 현장에서 더 오래 활용할 수 있습니다. 이는 급변하는 치안 환경에 효과적으로 대응하고 후배 경찰관들에게 지식과 경험을 전수하는 데에도 긍정적인 역할을 할 수 있습니다. 비록 체력이 중요한 업무도 있지만 모든 경찰 업무가 고도의 신체 능력을 요구하는 것은 아니며 경험과 지혜가 더 중요한 분야도 많습니다. 물론, 정년 연장에 따른 우려 사항(신규 채용 감소와 청년 일자리 문제, 조직 활력 저하, 승진 적체 심화, 경찰업무의 신체적 부담, 세대 갈등 가능성 등)이 제기될 수 있습니다. 하지만 이러한 문제들은 단계적인 정년 연장 시행, 고령 친화적 직무 개발 및 재배치, 임금피크제 도입, 건강 관리 지원 강화 등의 보완적인 정책 설계를 통해 충분히 관리하고 완화해 나갈 수 있다고 생각합니다. 무엇보다 정년과 연금 수급 연령의 불일치로 인해 발생하는 개인의 경제적 고통과 불안정성을 해소하는 것이 더 시급하고 중요한 과제라고 생각합니다.

④ 경찰관 자살 증가 문제, 외상 후 스트레스 장애 문제에 대한 대응 방안은?

👤 답변

경찰관 자살 증가와 외상 후 스트레스 장애(PTSD)는 직무 특성상 높은 스트레스와 트라우마 노출에서 비롯된 문제로 생각됩니다.

(1) **현황** : 2023년 경찰관 자살자는 24명으로서 자살률(인구 10만명당 자살자 수)은 18.1명입니다. 이는 전체 국민 중 30세~60세의 자살률 30.1명의 절반 정도의 수준이지만 전체 공무원의 자살률 15명 정도보다 높은 수준입니다. 경찰관 자살자 수는 꾸준히 증가추세입니다.

　✎ 연도별 경찰관 자살자 수 : 2019년 20명, 2020년 24명, 2021년 24명, 2022년 21명, 2023년 24명, 2024년 22명으로 연 평균 22.5명 자살

(2) **원인**

　① **직무 스트레스** : 강력범죄, 사고 현장, 응급 상황 대응으로 인한 트라우마와 과중한 업무 부담이 늘고 있습니다.

　② **조직문화** : 위계적 구조와 소통 부족으로 심리적 고립감이 증가하고 있습니다.

　③ **PTSD 관리 부족** : 2024년 기준 경찰 마음동행센터는 전국에 18개소가 있으며, 2023년 마음동행센터를 이용한 경찰관은 1만 8,962명으로 전체 경찰관의 약 14%가 이용하는 등 이용자가 점점 증가하고 있음에도 상담사는 각 센터별 2명에 불과합니다.

　④ **사회적 요인** : 악성 민원, 소송, 대중의 부정적 인식으로 인한 심리적 압박이 커지고 있습니다.

(3) **대응방안**

　① **전문 심리 지원 확대**

　　㉠ 경찰 마음동행센터를 전국적으로 확충하고 PTSD 전문 상담사를 증원해야 합니다.

　　㉡ 익명 상담 플랫폼과 24시간 핫라인을 운영해 접근성을 높여야 합니다.

　② **업무 환경 개선**

　　㉠ 교대 근무 조정과 인력 충원을 통해 업무 부담과 수면 부족 문제를 완화시켜야 합니다.

　　㉡ 악성 민원 대응 매뉴얼과 법적 지원 체계를 강화해 심리적 안정을 제공해야 합니다.

　③ **조직문화 혁신**

　　㉠ 동료 간 멘토링과 팀 빌딩 프로그램을 통해 소통 활성화가 이루어져야 합니다.

　　㉡ 수직적 문화를 개선하기 위한 리더십 교육과 익명의 피드백시스템 도입이 필요합니다.

　④ **예방 교육 강화**

　　㉠ 자살 예방과 PTSD 인식 교육을 신임 교육부터 정기적으로 실시해야 합니다.

　　㉡ 스트레스 관리 기법과 트라우마 대처 훈련을 포함하여 교육해야 합니다.

결론적으로 경찰관 자살과 PTSD 문제는 직무 스트레스와 조직적 요인이 복합적으로 작용한 결과입니다. 체계적인 심리 지원, 업무 환경 개선, 조직문화 혁신, 예방 교육을 통해 문제를 해결할 수 있습니다. 경찰관으로서 입직 후 동료의 정신 건강을 살피고 국민 신뢰를 받는 건강한 경찰 조직을 만드는 데 기여하겠습니다.

▄▄ 2023년 자살률 ✎ 자살률: 인구 10만명당 자살자 수

전체 국민	27.3명
전체 국민 중 30세 ~ 60세 자살률	평균: 30.1명
전체 공무원 자살률	15명 정도
경찰 공무원 자살률	18.1명(132,330명 중 24명 사망)

> **▄▄ 마음동행센터**
>
> 경찰관들의 심리적 소진과 트라우마 회복을 돕기 위해 전국에 설치된 심리 상담 지원 기관으로, 직무 스트레스 해소, 외상 후 스트레스 장애(PTSD) 예방 및 치료, 위기 개입 상담 등을 제공하며, 병원 등과 협력하여 운영된다. 특히 이태원 참사 등 대형 사건 이후 경찰관들의 심리 회복을 위해 힐링 캠프, 집단 상담 등 다양한 프로그램도 운영하고 있다. 전국에 18곳이 운영되고 있으며 상담사 인력은 36명으로 부족한 실정이다.

❺ AI 기술이 경찰 활동에 어떻게 기여할 수 있다고 생각하는가?

👤〈답변〉

AI 기술은 방대한 데이터 분석을 통한 범죄 예측 및 수사 효율성 증대, 지능형 순찰 및 관제 시스템 구축, 민원 응대 자동화 등 경찰 활동의 다양한 영역에서 혁신을 가져올 큰 잠재력을 지니고 있습니다. 이를 통해 제한된 경찰 자원을 효율적으로 활용하고 보다 과학적이며 선제적인 치안 활동을 가능하게 할 수 있습니다. 하지만 동시에 데이터 편향성 문제, 프라이버시 침해 우려, 기술의 오류 가능성, 책임 소재의 불분명함 등 해결해야 할 중요한 윤리적, 기술적, 법·제도적 과제들도 안고 있습니다.

(1) AI 기술의 경찰 활동 기여 방안

① 범죄 예방 및 예측

㉠ 프리카스(Pre-CAS): 치안 통계, 인구 사회적 요인, 공공 데이터를 결합하여 범죄 위험도를 분석합니다. 위험도가 높은 시간대와 장소(핫스팟)를 쪼개어 순찰 경로를 최적화합니다.

㉡ 지능형 CCTV: 단순 영상 녹화를 넘어 인공지능이 폭행, 배회, 침입 등 12가지 이상의 이상 행동을 감지하여 관제센터에 알림을 보냅니다.

② 수사 효율성 증대

㉠ KICS-AI(AI 기반 수사 지원 시스템): 수사관들이 수만 장의 진술조서를 요약하거나, 방대한 법령 및 유사 판례를 10초 이내에 검색할 수 있도록 돕습니다. 2025년 11월부터 전국 경찰서에 전면 가동되었습니다.

㉡ 딥페이크 및 가짜뉴스 탐지: 생성형 AI로 만든 허위 영상이나 음성(딥보이스)을 판별하여 디지털 성범죄나 보이스피싱 수사에 활용합니다.

㉢ 지능형 포렌식: 수만 개의 디지털 증거물 속에서 범죄와 관련된 데이터나 특정 인물의 동선을 AI가 빠르게 추출합니다.

③ 실종자 수색

㉠ AI 실종자 동선 추적: 실종자의 사진 정보를 CCTV 분석 시스템에 입력하면 AI가 동선을 실시간으로 분석하여 소재를 파악합니다. 최근 한국에서 이 시스템을 활용해 신고 접수 3시간 만에 실종자를 찾은 사례가 있습니다.

ⓛ 실종 수색 드론 : 사람이 접근하기 힘든 산악 지대나 수변 구역을 AI 드론이 비행하며 사람의 형상을 자동으로 식별해 수색 효율을 높입니다.

④ 업무 효율화 및 행정 부담 경감 : 단순 반복적인 민원 상담이나 문의에 대해 챗봇 등을 활용하여 자동으로 응대하고 각종 보고서 작성을 보조하거나 자동화하여 경찰관들이 핵심 업무에 집중할 수 있도록 지원할 수 있습니다.

⑵ AI 도입에 따른 주요 과제

① 데이터 편향성 및 공정성 문제 : AI가 학습하는 데이터에 내재된 편향(특정 인종, 지역 등에 대한 편견)이 알고리즘에 반영되어 차별적인 예측이나 판단을 내릴 수 있습니다. 이는 공정성 문제를 야기하고 특정 집단에 대한 불신을 심화시킬 수 있습니다.

② 프라이버시 침해 우려 : CCTV 영상 분석, 안면 인식 기술 등의 광범위한 활용은 개인의 사생활을 과도하게 침해할 수 있다는 심각한 우려가 존재합니다. 데이터 수집 및 활용에 대한 엄격한 규제와 감독이 필요합니다.

③ 기술의 오류 및 신뢰성 문제 : AI 시스템은 완벽하지 않으며 오인식이나 잘못된 예측 등 오류가 발생할 수 있습니다. 이러한 오류가 잘못된 체포나 수사로 이어질 경우 심각한 인권 침해를 야기할 수 있으므로 기술의 신뢰성 확보와 검증이 매우 중요합니다.

④ 투명성 및 설명 가능성 부족 : 일부 AI 알고리즘(특히 딥러닝)은 어떤 근거로 특정 결정을 내렸는지 설명하기 어려운 '블랙박스' 문제를 가집니다. 의사결정 과정의 투명성 확보 및 설명 가능성 연구가 필요합니다.

⑤ 책임 소재의 불분명성 : AI 시스템의 오류로 인해 문제가 발생했을 경우 개발자, 운영자, 사용자(경찰) 중 누구에게 책임을 물어야 할지 법적, 윤리적 기준이 아직 명확하지 않습니다.

⑥ 법·제도적 기반 마련 및 윤리 기준 정립 : AI 기술의 발전 속도에 맞춰 관련 법률과 제도를 정비하고 경찰 활동에서의 AI 활용에 대한 명확한 윤리적 가이드라인을 수립해야 합니다.

프리카스(Pre-CAS) : 범죄 위험도 예측 분석 시스템(Predictive Crime Risk Analysis System)

AI와 빅데이터를 활용해 우범지역을 찾고 범죄 위험도를 예측하는 시스템이다. 범죄 통계, 112 신고, 인구, 기상 등 다양한 데이터를 분석하여 2시간 단위로 범죄 위험 등급을 산출하고, 고위험 지역에 경찰력을 우선 배치하거나 순찰 경로에 반영하여 범죄를 예방하는 데 사용된다. 범죄위험도가 높은 장소와 경로는 순찰차 내비게이션에 자동으로 전달하여 범죄취약지에 대한 선제적인 순찰이 가능하다.

---

6 4차 산업혁명이란?

답변

4차 산업혁명은 인공지능(AI), 빅데이터, 사물인터넷(IoT), 로봇공학 등 첨단 정보통신기술(ICT)이 기존 산업 및 사회 시스템 전반에 융합되어 혁신적인 변화를 일으키는 차세대 산업혁명을 의미합니다. 3차 산업혁명이 컴퓨터와 인터넷을 기반으로 한 '디지털 혁명'이었다면, 4차 산업혁명은 디지털, 물리적, 생물학적 영역 간의 경계가 허물어지는 '기술 융합'이 핵심입니다. 주요 특징으로는 AI를 통한 초지능성, 사물인터넷을 통한 초연결성을 바탕으로 빅데이터 분석을 통해 맞춤형 예측과 서비스가 가능해지는 것을 들 수 있습니다.

❼ 공직자의 SNS 활동범위와 한계는?

👤〈답변〉

공직자의 SNS 활동은 헌법상 보장된 기본적인 표현의 자유를 누리면서도 공무원이라는 신분 때문에 따르는 법령상의 의무(품위 유지, 정치적 중립, 비밀 엄수 등)와 책임의 범위 내에서 신중하게 이루어져야 합니다. 즉 개인적인 소통이나 정책 정보 공유 등 긍정적인 활용은 권장될 수 있으나 공직의 공정성, 신뢰성, 그리고 공무원의 품위를 훼손할 수 있는 활동은 명확히 제한됩니다.

(1) SNS 활동 범위(허용 또는 권장될 수 있는 활동)

① 사적인 소통 및 교류 : 가족, 친구, 동료 등 지인들과의 일상적인 소통 및 관계 유지

② 건전한 취미 및 관심사 공유 : 사회 통념상 용인되는 범위 내에서의 개인적인 관심사나 취미 활동 공유

③ 정책 정보 전달 및 소통(중립적 방식) : 정부 정책이나 공익 정보를 객관적이고 중립적인 방식으로 전달하고, 국민과 건전하게 소통하는 활동

④ 공익 캠페인 참여 및 홍보 : 정부나 공공기관에서 추진하는 공익 캠페인에 동참하고 이를 알리는 활동

⑤ 일반적인 사회 현상에 대한 의견 개진(신중하게) : 정치적 중립성이나 품위를 훼손하지 않는 범위 내에서 사회적 이슈에 대한 개인적인 견해를 밝히는 것

⑥ 경찰관 SNS 가이드라인 준수

(2) SNS 활동의 한계(제한 또는 금지되는 활동)

① 정치적 중립 의무 위반

　㉠ 특정 정당이나 정치인에 대한 공개적인 지지 또는 비방

　㉡ 선거 운동 관련 활동(법령 허용 범위 외)

　㉢ 정치적으로 편향된 게시물 공유 또는 '좋아요' 등으로 동조 표시

② 품위 유지 의무 위반

　㉠ 비속어, 욕설, 혐오 발언, 차별적인(성차별, 인종차별 등) 내용 게시

　㉡ 음란하거나 폭력적인 콘텐츠 게시 또는 공유

　㉢ 공직 사회 전체의 명예나 신뢰를 실추시킬 수 있는 부적절한 언행

③ 비밀 엄수 의무 위반

　㉠ 직무 수행 중 알게 된 비밀(법령상 비밀, 정책 결정 과정의 내부 정보 등) 누설

　㉡ 민원인 등 직무 관련자의 개인 정보 유출

④ 직무 공정성 훼손 우려

　㉠ 담당 직무와 관련하여 특정인에게 유리하거나 불리한 발언

　㉡ 이해충돌의 소지가 있는 활동이나 발언

⑤ 타인의 명예훼손 및 권리 침해

　㉠ 사실 확인 없이 타인을 비방하거나 명예를 훼손하는 내용 게시

　㉡ 타인의 저작권, 초상권 등 권리를 침해하는 행위

⑥ 직무 태만 : 근무 시간 중 과도한 사적 SNS 활동

결론적으로 공직자의 SNS 활동은 '사적인 공간'임과 동시에 언제든 '공개될 수 있는 공간'이라는 인식을 가지고, 자신의 발언이나 활동이 공직자로서의 신분과 공직 전체의 신뢰에 미칠 영향을 항상 고려하며 책임감 있게 행동해야 합니다.

8 경찰이 수능일 수험표 가져다주는 것을 어떻게 생각하는가?

답변

매년 수능일에 반복되는 경찰의 수험생 지원 활동(수험표 전달, 긴급 이송 등)에 대해 국민 편의를 위한 긍정적인 시선도 있지만 이러한 활동이 경찰 본연의 역할과 책임, 한정된 치안 자원의 효율적 배분 그리고 다른 시민들과의 형평성이라는 관점에서 볼 때 경찰의 직접적인 임무로 삼기에는 부적절한 측면이 있다고 생각합니다.

(1) 수능일 경찰 지원 활동

① **관행적 활동**: 수능 당일 경찰차를 이용한 지각 수험생 이송이나 수험표 등 분실물을 찾아 전달해 주는 경찰의 편의 제공 활동은 매년 나타나는 익숙한 풍경입니다.

② **지원 규모**: 2024년 수능 당일 기준, 전국적으로 수험생 154명을 경찰차로 이송했고 수험표 찾아주기 등을 포함해 총 187건의 편의를 제공했습니다.

(2) 비판적 시각(주로 경찰 내부 중심)

① **핵심 임무와의 괴리**: 이러한 활동은 경찰관 직무집행법에 명시된 국민 생명·재산 보호, 범죄 예방·수사, 교통 단속 등 경찰의 본질적인 임무가 아니며 개인의 준비 소홀 등 '개개인의 책임 문제'로 봐야 한다는 의견입니다("경찰이 콜택시냐"는 자조 섞인 반응).

② **치안 공백 및 자원 배분 문제**: 한정된 경찰 인력과 순찰차 등 장비가 수험생 지원에 투입될 경우 동시간대 발생하는 다른 긴급 신고나 사건·사고에 대한 신속한 대응이 어려워지고 치안 공백이 발생할 수 있다는 심각한 우려가 제기됩니다.

③ **형평성 문제**: 다른 중요한 시험 응시자들은 특별한 편의를 요구하지 않는 상황에서 유독 수능 수험생에게만 이러한 지원을 제공하는 것은 형평성에 어긋난다는 지적이 있습니다.

(3) 옹호론 및 반론

① **'잠깐의 도움'이라는 시각**: '이른 아침 잠깐 동안' 이루어지는 활동이며 경찰이 충분히 감당할 수 있는 수준의 봉사라는 반론입니다.

② **본연 임무에 영향 없다는 주장**: 수험생 지원 활동 때문에 범죄자를 잡지 못하는 등 핵심적인 치안 임무를 소홀히 하는 것은 아니라는 의견입니다.

(4) 전문가 제언 및 향후 과제

① **공론화 및 사회적 합의 필요**: 경찰 서비스 제공의 적절성 및 그 범위에 대해 공론장에서 진지하게 논의할 필요가 있습니다. 국민의 생명을 담보하는 일 외에, 경찰관이 아니어도 할 수 있는 일에 대해서는 재고해야 합니다.

② **경찰 내부 성찰 및 업무 범위 재정립**: 경찰 내부에서도 스스로 문제 제기를 하고 논의하여 주민 편의 서비스 측면의 타당성과 핵심 임무 집중의 필요성 사이에서 국민과 경찰 모두 공감할 수 있는 합리적인 업무 범위를 설정하려는 노력이 필요합니다.

결론적으로 수험생을 돕고자 하는 경찰관 개개인의 선의와 노력은 존중받아 마땅하지만 조직적인 차원에서 경찰력을 투입하는 것은 신중해야 한다고 생각합니다. 경찰은 한정된 자원을 최대한 효율적으로 활용하여 범죄와 사고로부터 국민의 안전을 지키는 본연의 핵심 임무에 더욱 집중하는 것이 바람직합니다. 수험표 전달과 같은 문제는 사회적인 관심과 배려 속에서 경찰 외적인 지원 시스템을 통해 해결책을 모색하는 것이 장기적으로 더 올바른 방향이라고 생각합니다.

9 경찰에 직장협의회가 필요하다고 생각하느냐 아니면 필요 없다고 생각하느냐?

답변

저는 경찰 직장협의회가 필요하다고 생각합니다.

(1) **공식적인 소통 창구**: 직장협의회는 일선 경찰관들의 근무 환경, 업무 능률 향상 그리고 각종 고충 사항에 대해 기관장 또는 지휘부와 공식적으로 협의할 수 있는 중요한 소통 창구 역할을 합니다. 개인적으로 말하기 어려운 의견이나 다수의 공통된 의견을 효과적으로 전달하고 개선을 요구할 수 있는 통로가 됩니다.

(2) **근무 여건 개선 및 사기 진작**: 현장의 목소리를 반영하여 근무 시간, 복지, 안전 장비 등 실질적인 근무 여건을 개선하기 위한 논의를 진행함으로써 경찰관들의 사기를 높이고 직무 만족도를 향상시키는 데 기여할 수 있습니다. 이는 결국 치안 서비스의 질 향상으로 이어질 수 있다고 생각합니다.

(3) **조직 내 갈등 예방 및 완화**: 구성원들의 불만이나 고충이 쌓이기 전에 협의회를 통해 공론화하고 해결 방안을 모색함으로써 조직 내 잠재적인 갈등을 예방하고 건전한 조직 문화를 조성하는 데 긍정적인 역할을 할 수 있습니다.

(4) **법적 보장 및 시대적 흐름**: 「공무원의 직장협의회 설립 및 운영」은 법률로 보장된 권리이며 조직 운영의 민주성과 투명성을 높이는 시대적 흐름에도 부합한다고 생각합니다.

다만 경찰 조직의 특성상 직장협의회가 지나치게 대립적이거나 업무 효율성을 저해하지 않도록 운영되어야 하고, 비밀 유출 또는 정치적 중립성을 해치지 않는 방식으로 운영되어야 한다고 생각합니다. 또한 법률상 단체교섭권이나 쟁의권이 없어 그 역할에 한계가 있다는 점도 인지하고 있습니다.

10 순직경찰 자녀에 대한 지원 '100원의 기적'에 대하여 어떻게 생각하느냐?

답변

(1) **'100원의 기적'에 대한 설명**: '100원의 기적'은 2023년 3월부터 경찰청에서 주관하여, 매월 직원들의 급여에서 자동이체되는 방식으로 100원 또는 1,000원씩 모금하여 순직 동료의 미성년 자녀가 성년이 될 때까지 유가족을 지원하는 제도입니다. 2025년 4월 기준 10만여명의 동료들이 자발적으로 동참하여 12억 상당의 금액이 모금되어 103명의 지원순직 경찰관의 미성년 자녀에게 매월 70만원에서 300만원까지 지원하고 있는 것으로 알고 있습니다.

(2) **'100원의 기적'에 대한 긍정적 평가**: 경찰 '100원의 기적'은 매우 숭고하고 의미 있는 활동이라고 생각합니다.
   ① **깊은 동료애의 발현**: 비록 적은 금액일 수 있지만, 동료 경찰관들이 자발적으로 마음을 모아 순직한 동료의 자녀들을 돕는다는 것은 그 어떤 것보다 값진 동료애와 연대 의식의 상징이라고 생각합니다.
   ② **희생에 대한 존중과 책임**: 국민을 위해 희생하신 동료의 숭고한 넋을 기리고 남겨진 가족, 특히 자라나는 아이들을 우리 조직 공동체가 함께 책임지고 보듬겠다는 약속이자 의지의 표현이라고 생각합니다.
   ③ **실질적인 도움과 희망**: 상징적인 의미를 넘어 순직 유자녀들이 경제적인 어려움을 조금이나마 덜고 학업을 계속하며 건강하게 성장하는 데 실질적인 힘이 되어 준다는 점에서 매우 가치 있는 활동입니다.

'100원의 기적'은 경찰 조직의 자랑스러운 문화이자 동료애의 상징이라고 생각합니다. 앞으로 더욱 활성화되어 순직 경찰관 유자녀들에게 든든한 울타리가 되어주고 나아가 국민들에게도 경찰의 따뜻한 모습을 보여주는 계기가 되기를 바랍니다.

✎ 25. 5. 전국경찰직장협의회에 따르면 최근 3년간 순직 처리된 인원이 32명, 승인을 받지 못한 인원은 11명으로서 3명 중 1명꼴로 순직 처리를 인정받지 못하고 있다고 한다.

제3절 생활안전 분야

1 셉테드의 정의, 사례와 새로운 활용 방안은?

답변

셉테드(CPTED: Crime Prevention Through Environmental Design, 환경 설계를 통한 범죄예방)는 건축 및 도시 환경 설계를 통해 범죄 발생 기회를 사전에 차단하고 지역 주민들의 범죄 불안감을 줄여 안전한 생활 환경을 조성하려는 범죄예방 전략입니다. 이는 단순히 CCTV나 가로등 설치를 넘어 자연적 감시, 접근 통제, 영역성 강화, 활동 지원, 유지 관리라는 핵심 원리를 종합적으로 적용하는 것을 목표로 하며 이미 공원, 주택가, 학교 등 다양한 공간에 적용되고 있습니다. 앞으로 셉테드는 스마트 기술, 빅데이터, 주민 참여 등과 융합하여 더욱 과학적이고 공동체 중심적인 방향으로 발전해 나갈 것으로 기대됩니다.

(1) 셉테드(CPTED)의 정의 및 핵심 원리

① 자연적 감시: 가시성을 높여 범죄자가 쉽게 노출되도록 설계한다(**예** 건물 배치 시 창문이 길이나 공공장소를 향하도록 설계, 조명 개선, 낮은 담장, 조경 관리로 시야 확보).

② 자연적 접근 통제: 외부인의 불필요한 접근을 자연스럽게 차단하거나 어렵게 만든다(**예** 출입구 최소화 및 명확화, 보행로와 차도 구분, 울타리나 조경을 이용한 진입로 통제).

③ 영역성 강화: 사적 공간과 공적 공간의 경계를 명확히 하여 주민들의 책임 의식과 주인의식을 높인다(**예** 펜스, 문주, 안내 표지판 설치, 사적 공간임을 알리는 디자인 요소 활용, 청결한 환경 유지).

④ 활동의 활성화: 공공장소에 다양한 공적 활동을 유도하여 '거리의 눈'을 늘리고 공간의 활용도를 높인다(**예** 공원 내 운동 시설·벤치 설치, 커뮤니티 프로그램 운영 공간 마련).

⑤ 유지 관리: 깨끗하고 정돈된 환경은 범죄 심리를 위축시키므로 시설물의 지속적인 유지 보수가 중요하다(**예** 파손된 시설 즉시 보수, 주기적인 청소 및 환경 정비).

(2) 셉테드 적용 사례

① 어두운 골목길 환경 개선: 밝은 색 도색, 고효율 LED 조명 및 반사경 설치, 비상벨 설치, 주민 참여 벽화 그리기 등

② 여성 안심 귀갓길 조성: 노면 표시, 조명 강화, CCTV 집중 설치, 순찰 강화 등

③ 공원 및 놀이터 안전 강화: 시야를 가리는 수목 정비, 충분한 조명 확보, CCTV 설치, 이용자 편의 시설 배치로 활동성 증진

④ 아파트 등 공동주택 설계: 지하 주차장 조명 강화 및 기둥 사각지대 최소화, 동 출입구 보안 강화, 단지 내 커뮤니티 공간 활성화

⑤ 학교 주변 환경 개선: 통학로 안전 확보, 학교 담장 투시형으로 교체, 배움터 지킴이 운영 공간 마련 등

(3) 실제 적용 사례

① 서울 마포구 염리동 '소금길 프로젝트': 범죄 취약지역이었던 좁은 골목에 LED 조명, CCTV, 벽화, 안심벨을 설치하여 범죄율이 33% 감소했습니다.

② 동대문 경찰서의 벽화 그리기: 골목길에 학생들이 제안한 시안을 건물주의 허락을 받아 그리는 방식으로 진행되었으며, 벽화를 그린 후 불량 청소년들이 모여서 담배를 피우는 일이 많이 사라졌다고 합니다.

(4) 셉테드의 새로운 활용 방안(미래 방향)

① 스마트 셉테드(Smart CPTED)

ㄱ IoT 센서 연동 : 동작 감지 스마트 조명, 비명 소리 감지 시스템, 환경 센서(온도, 소음 등)와 연동된 지능형 방범 시스템을 구축합니다.

ㄴ AI 기반 지능형 CCTV : 단순 녹화를 넘어 AI가 이상 행동(배회, 침입 등)을 자동 감지하여 관제 센터에 알립니다.

ㄷ 빅데이터 활용 : 범죄 데이터, 유동 인구 데이터 등을 분석하여 셉테드 적용 효과를 측정하고 취약 지역에 대한 맞춤형 솔루션을 개발합니다.

② 주민 참여형·사회적 셉테드 강화 : 물리적 설계뿐 아니라 주민 공동체 활성화, 사회적 유대감 강화 프로그램을 셉테드와 연계하여 '사회적 감시망'을 강화하는 방향으로 발전합니다.

③ 가상현실(VR)·증강현실(AR) 활용 : 셉테드 설계 단계에서 VR/AR 기술을 활용하여 실제 환경을 시뮬레이션하고 디자인 효과를 미리 검증하며 주민 의견을 수렴합니다.

④ 다양한 공간 및 범죄 유형으로의 확장 : 공공 데이터 개방에 따른 개인 정보 유출 방지 설계, 무인 점포 보안 설계, 디지털 소외 계층 고려 설계 등 새로운 사회 변화에 맞는 셉테드 적용 연구합니다.

⑤ 범죄 예방과 도시 재생의 연계 : 셉테드 사업을 단순 방범 시설 설치를 넘어, 낙후된 지역의 환경 개선 및 활성화를 도모하는 도시 재생 사업과 연계 추진합니다.

2 회복적 경찰활동이란?

답변

회복적 경찰활동은 처벌 중심의 접근에서 벗어나 범죄나 갈등으로 인한 피해를 실질적으로 회복하고 관계를 개선하는 데 중점을 두며 구체적으로는 경찰이 직접 또는 전문기관 연계를 통해 피해자와 가해자 간의 대화를 촉진하여 문제해결을 도모하는 방식으로 나타납니다. 특히 소년범죄, 경미한 폭력 및 재산 범죄, 이웃 간 분쟁 등에서 활발히 시도되고 있습니다.

(1) 회복적 경찰활동의 근거(경찰수사규칙)

> **제82조(회복적 대화)** ① 사법경찰관리는 피해자가 입은 피해의 실질적인 회복 등을 위하여 필요하다고 인정하면 피해자 또는 가해자의 신청과 그 상대방의 동의에 따라 서로 대화할 수 있는 기회를 제공할 수 있다.
> ② 제1항에 따라 대화 기회를 제공하는 경우 사법경찰관리는 피해자와 가해자 간 대화가 원활하게 진행될 수 있도록 전문가에게 회복적 대화 진행을 의뢰할 수 있다.

(2) 적용 대상 : 회복적 경찰활동은 중대 강력범죄 등의 사건에는 적합하지 아니한 경우가 있으며 사건의 경중, 당사자(특히 피해자)의 자발적인 참여 의사, 절차 진행의 안전성 확보 등이 중요한 전제 조건이 됩니다.

(3) 사례 유형

① 청소년범죄 선도 프로그램

ㄱ 사례 : 청소년들이 저지른 경미한 절도나 기물 파손 사건에서 경찰관(또는 회복적 대화 전문가)이 중재하여 피해자와 가해 학생(및 부모)이 만나 대화하는 자리를 마련합니다. 이 과정에서 가해 학생은 자신의 행동이 미친 영향을 직접 듣고 진심으로 사과하며 피해 배상(예 수리비 변제, 노력 봉사) 방안을 함께 논의하고 약속합니다. 경찰은 이 결과를 사건 처리(예 훈방, 즉결심판 청구, 불송치 결정 등)에 참고할 수 있습니다.

ⓛ 효과 : 처벌만으로는 얻기 힘든 피해자의 정신적 피해 회복, 가해자의 진정한 반성 및 책임감 함양, 재발 방지 약속 등을 이끌어 낼 수 있습니다.

② 학교폭력 회복적 대화

　㉠ 사례 : 학교전담경찰관(SPO)이 학교폭력 사안을 인지했을 때 사안의 경중 및 관련 학생·학부모의 동의 하에 '관계회복 서클'이나 '대화 모임'을 진행합니다. 피해 학생의 감정과 요구를 충분히 표현하게 하고, 가해 학생이 자신의 잘못을 인정하고 사과하며 재발 방지를 약속하도록 돕습니다. 학교, 상담 기관 등과 협력하여 진행되기도 합니다.

　ⓛ 효과 : 단순히 가해 학생을 처벌하는 것을 넘어 피해 학생의 상처 치유와 안전 보장, 학생들 간의 관계 개선, 학교 공동체의 평화 회복에 기여할 수 있습니다.

③ 이웃 갈등 중재

　㉠ 사례 : <u>층간 소음, 주차 시비, 경미한 폭행 등</u> 이웃 간 갈등으로 112신고가 반복될 때 담당 경찰관이 양측의 이야기를 충분히 듣고 자율적인 해결을 유도하거나 동의 시 지역 사회의 분쟁조정위원회나 전문 상담 기관에 연계하여 회복적 대화를 통해 갈등의 근본 원인을 해소하고 상호 이해를 증진하도록 돕습니다.

　ⓛ 효과 : 법적 절차로 가기 전에 갈등을 원만히 해결하고 이웃 관계를 회복하여 유사 문제의 재발을 막고 공동체 갈등 관리 능력을 향상시킬 수 있습니다.

④ 전문기관 연계 및 협력

　㉠ 사례 : 경찰은 회복적 사법(정의) 지원센터, 청소년 상담복지센터, 가정폭력 상담소 등 지역 사회의 전문기관과 협력하여 회복적 절차가 필요하다고 판단되는 사건의 당사자들에게 관련 정보를 제공하고 전문적인 도움을 받을 수 있도록 연계합니다.

　ⓛ 효과 : 경찰은 수사에 집중하고, 회복적 절차는 전문성을 갖춘 기관에서 담당함으로써 보다 효과적인 지원이 가능해집니다.

📖 경찰청 홈페이지 내용

1. 회복적 정의 : 응보적 정의에 기초한 전통적 형사사법 체계는 △정작 당사자인 피해자가 사법절차에서 소외된다는 점 △피해자가 가해자로부터 사과를 받고 피해를 회복할 기회조차 갖지 못하는 점 △가해자가 자신을 오히려 피해자로 인식하는 현상이 나타나기 쉽다는 점에서 많은 비판을 받아왔습니다. 이에 대한 대안으로 회복적 정의 패러다임이 등장하였습니다. 회복적 정의란, 잘못된 행동(범죄)을 바로잡고 그 피해가 최대한 치유되도록 관련된 사람들이 함께 피해를 확인하고 책임과 의무를 규명해 나가는 일련의 모든 과정을 의미합니다.

2. 회복적 경찰활동이란?

　① 지역사회에서 갈등·분쟁 또는 범죄가 발생했을 때 경찰이 범인을 검거하고 처벌하는 데에 그치지 않고 <u>가해자, 피해자 등이 함께하는 회복적 대화모임을 통해 피해회복·재발방지 등</u> 근본적인 해결방안을 모색하도록 지원함으로써 지역사회를 안전하고 평온하게 지켜나가는 경찰활동입니다.

　② <u>회복적 대화모임 결과는 보고서 형태로 수사서류에 첨부되어 경찰단계 종결 또는 검찰·법원 단계에서 양형 참고자료 등으로 활용될 수 있으며 경미한 사안은 피해자의 의사를 반영하여 즉결심판 청구·훈방 등</u> 조치될 수도 있습니다.

　③ '23년 회복적 경찰활동은 258개 전 경찰서에서 시행됩니다.

3. 회복적 경찰활동이 필요한 이유 : 사건발생 초기 당사자 간 갈등이 심화되기 전에 피해회복과 재발방지 방안을 함께 모색함으로써 <u>신속한 피해회복 및 가해자 선도</u>에 효과적입니다. 검찰·법원 단계까지 형사절차가 장기화되면서 발생하는 <u>사건지연, 가해자에 대한 부정적인 낙인효과, 피해자에 대한 2차 피해를 최소화합니다.</u>

4. 회복적 경찰활동이 적합한 사건 : 단순 처벌만으로는 피해회복·재발방지 등 근본적인 문제가 해결되지 않아 당사자간 대화로 관계회복 등이 필요한 모든 사건에 대해 회복적 경찰활동을 진행할 수 있으며 <u>학교폭력·가정폭력·층간소음·이웃 간 분쟁 등 공동체 내에서 갈등·범죄가 발생한 경우 회복적 경찰활동이 특히 효과적일 수 있습니다.</u>

5. 회복적 경찰활동 운영 사례

① 학교폭력 : 고3인 피해자는 동급생인 친구로부터 학교폭력을 당해 117 신고를 하였다. 학교전담경찰관은 가·피해 학생 간 갈등이 1학년 때부터 오래 지속되어 온 사실을 알게 되었으며, 앞으로의 학교생활을 위해 두 친구의 관계회복이 필요하다고 생각하여 회복적 대화모임에 연계하였다. 가해자는 대화모임을 통해 1학년 때부터 무심코 피해자를 불러내고 때렸던 행동들이 피해자를 무척 힘들게 했다는 것을 깨닫게 되었다. 피해자는 가해자가 이전에 학교에서 한 사과를 경찰공무원을 준비하는 데 걸림돌이 될까봐 수습 차원에서 한 것으로 느껴져 받아들일 수 없었는데, 이제는 가해자의 진심이 느껴진다며 사과를 받아들였다. 사건은 불기소(공소권 없음)처분되었고, 이후 두 친구 모두 별 탈 없이 학교생활한 후 졸업하였다.

② 층간소음 : 피해자의 아랫집에 사는 가해자가 층간소음 문제로 피해자 집에 킥보드를 던져 현관문을 손괴하였다. 피해자는 신변보호를 신청하였으며 이를 담당한 피해자전담경찰관은 층간소음 문제로 갈등이 지속되어 왔음을 인지하고 재발방지를 위해 회복적 경찰활동에 연계하였다. 양측 가족들이 모두 참여한 대화모임에서 피해자는 계속 울면서 그동안 겪은 두려움과 심리적 고통을 토로했고, 가해자는 피해자가 괴로워하는 모습을 보며 자신도 층간소음 피해자였지만 폭력적인 방식으로 문제해결을 시도했던 점에 대해 진심으로 반성하는 모습을 보였다. 대화를 통해 층간소음의 다른 원인도 있었음을 알게 되었고, 향후 층간소음 발생 시 제3자를 통해 문제를 해결하는 방식 등에 대해 협의하였다. 이후 가해자는 약속한 대로 현관문을 즉시 교체하였고, 피해자는 처벌불원서를 제출하였다. 가해자는 이후 검찰에서 기소유예 처분을 받았다.

③ 절도 : 생계가 어려운 가해자(남)는 직장 근처 편의점에서 점주 몰래 물건을 몇 차례 절취하여 신고되었다. 경찰관은 가해자가 경제적 어려움을 겪고 있는 사회적 약자인 점, 피해자가 법적 처벌보다는 가해자가 사회에 잘 적응하길 바라는 마음이 더 큰 점을 확인하고 회복적 대화모임에 연계하였다. 대화모임을 통해 피해자는 자신이 입은 피해에 대해 편하게 얘기하였다. 가해자는 자신의 행위로 인해 피해자가 며칠 동안 CCTV를 확인하는 등 어려움이 있었던 점을 알게 되고 진심으로 사과하였다. 그리고 가해자는 피해자에게 절취한 물품값을 배상하였으며 재발방지도 약속하였다. 이후 사건은 즉결심판 청구되었다. 피해자는 가해자가 사건 이후에도 편의점을 계속 방문하고 있는데 대화모임 이후 가해자와의 대면이 편해졌다며 만족해했다.

④ 존속폭행 : 평소 가족과 다툼이 잦았던 가해자(여, 중학생)는 사건 당일 화를 참지 못하고 자신의 잘못을 훈계하는 어머니를 수회 폭행하였다. 이후 사건을 진행하던 학교폭력전담경찰관이 모녀지간 관계회복을 위해 회복적 대화모임으로 연계하였다. 어머니는 자신의 아픔보다는 딸에 대한 걱정이 컸으나, 이를 어떻게 풀어나가야 할지 몰라 혼란스러워 했다. 어머니는 진행자의 도움을 받아 대화모임에서 그간 딸에게 느낀 점을 진솔하게 표현했으며 딸은 그간 어머니가 얼마나 힘들었는지 이야기를 들으며 자신의 잘못을 반성하는 모습을 보였다. 모녀는 앞으로 함께 살며 상대방에게 하지 말아야 할 수칙을 정하였으며 딸은 자신의 폭력성향 해소를 위해 상담치료도 받기로 하였다. 사건은 가정보호사건으로 송치하였고 모녀는 관계개선을 위한 프로그램에도 참여하였으며 향후 동일한 사례가 재발하지 않았다.

⑤ 폭행 : 술을 마신 성인 2명이 거리에서 담배를 피우는 중학생 피해자들(5명)을 보고 훈계하는 과정에서 피해자들에게 욕설과 밀치는 등의 폭행을 하여 112신고가 되었다. 대화모임에는 가해자 및 피해자와 피해자들(학생)의 학부모가 함께 참여하였다. 대화모임이 시작되자 사건 충격으로 말하기를 두려워했던 피해자들(학생)은 용기내어 자신들이 입은 피해에 대해 하나둘 얘기하기 시작했다. 한 아이는 맞던 친구를 도우려다 이유 없이 맞아 어른이 무서워졌다고 했고 또 다른 아이는 가정폭력 가정에서 힘들게 자라왔는데 이번 일을 계기로 심리적 트라우마가 심해졌다고 호소하였다. 가해자들과 학부모 모두 숙연해졌으며 가해자들은 자신들의 행위가 잘못된 훈계방식이었음을 깨닫고 학생들에게 진심으로 사과하였다. 가해자는 모든 피해자에게 치료비를 지급하였고 피해자 측에서 처벌을 원하지 않아 사건은 내사종결되었다.

❸ 현재 시행되고 있는 경찰의 피해자 보호제도는?

답변

경찰의 피해자 보호 제도는 범죄 발생 초기단계에서 피해자의 신체적·정신적 안전을 확보하고 법적 권리를 보장하는 데 중점을 두고 운영됩니다. 이는 ①현장에서의 즉각적인 안전 조치 시행 및 지원, ②수사 과정 전반에서의 피해자 권리 고지 및 정보 제공, ③피해자 중심의 세심한 사건 처리, ④심리·의료·법률 등 전문적인 지원을 받을 수 있도록 관련 기관에 적극적으로 연계하는 활동을 포괄합니다. 이러한 활동은 피해자 보호 전담 경찰관을 중심으로 보다 체계적으로 이루어지고 있습니다.

⑴ 초기 현장 대응 및 신변 안전 확보

① **신속 출동 및 위험 분리** : 범죄 신고 접수 시 신속하게 현장에 출동하여 피해자의 안전 상태를 최우선으로 확인하고 필요한 경우 즉시 가해자와 분리 조치합니다.

② **응급조치 시행(가정폭력, 아동학대, 스토킹 등)** : 관련 법률에 따라 폭력 행위 제지, 접근 금지, 주거지 등에서의 퇴거 등 현장에서 즉시 가능한 응급조치를 시행합니다.

③ **임시조치 신청 지원 및 신변안전조치 요청 접수** : 피해자의 안전을 위해 법원에 임시조치(접근금지 등) 신청을 지원하거나 보복 우려 시 주거지 순찰 강화, 스마트워치 지급, 임시 숙소(쉼터) 연계 등 신변안전조치를 취합니다.

④ **의료 지원 연계** : 피해자가 신체적·정신적 치료를 받을 수 있도록 의료기관 정보를 제공하고 필요 시 동행 등을 지원합니다.

⑵ 수사 과정에서의 권리 보장 및 정보 제공

① **권리 고지** : 피해자에게 진술권, 정보 접근권, 신변 보호 요청권, 배상 신청 방법 등 법적으로 보장된 권리를 명확히 설명하고 안내합니다.

② **사건 진행 상황 통지** : 피해자의 요청 시 수사 진행 상황, 가해자 구속·석방 여부 등 주요 정보를 통지합니다.

③ **지원 제도 안내** : 범죄피해자 구조금 제도, 각종 지원센터(스마일센터, 해바라기센터 등) 연락처 등 이용 가능한 지원 제도 정보를 제공합니다.

(3) 피해자 중심의 사건 수사

① 세심한 피해 조사 : 피해자의 심리 상태를 고려하여 안정된 환경에서 조사하고 2차 피해가 발생하지 않도록 주의합니다(필요시 영상 녹화, 진술 조력인 활용 등).

② 비밀 보장 및 익명성 확보 : 피해자의 신원 등 개인 정보가 불필요하게 노출되지 않도록 관련 규정을 준수합니다.

(4) 전문 지원 기관 연계

① 원스톱(One-stop) 지원 연계 : 피해자가 심리 상담, 치료, 법률 지원, 경제적 지원, 보호 시설 입소 등 필요한 서비스를 통합적으로 받을 수 있도록 <u>스마일센터(법무부 운영, 범죄피해 트라우마 지원)</u>, 해바라기센터, 가정폭력/성폭력 상담소, 대한법률구조공단 등 전문 기관과 적극적으로 연계합니다.

② 유관기관 협력 : 아동보호전문기관, 지자체 등과 정보를 공유하고 협력하여 피해자 보호 및 지원 계획을 함께 수립하고 실행합니다.

> **범죄피해자 안전조치(경찰청 홈페이지)**
>
> 1. 범죄피해자 안전조치 대상자 : 범죄신고 등과 관련하여 보복을 당할 우려가 있는 범죄 피해자, 신고자, 목격자, 참고인 및 그 친족 등이며, 그 외에 반복적으로 생명 또는 신체에 대한 위해를 입었거나 입을 구체적인 우려가 있는 사람도 해당됩니다.
> 2. 요청 절차 : 경찰서에 이미 사건을 접수하여 수사가 진행 중인 상황이라면 사건담당자와 상담 후 '범죄피해자 안전조치 신청서'를 작성하여 사건담당자에게 신청하면 되고, 진행 중인 사건 없이 바로 범죄피해자 안전조치를 신청하는 경우에는 가까운 경찰서 민원실을 방문하여 안내 및 상담을 받은 후 '범죄피해자 안전조치 신청서'를 작성하여 접수하면 됩니다.
> 3. 안전조치 유형 : 경찰의 범죄피해자 안전조치 유형은 <u>대상자의 주거지 순찰강화, 임시숙소 제공, 신변경호, 전문 보호시설 연계, 위치추적장치 대여</u> 등이 있습니다. 이중 대상자의 위험성 및 여건 등을 고려하여 가장 적합한 보호조치 유형이 선택되며, 필요시 다수의 보호조치를 동시에 활용하기도 합니다.

> **해바라기 센터**
>
> 해바라기센터는 성폭력 · 가정폭력 피해자들에게 원스톱 지원을 제공한다. 지원 내용은 상담 · 법률지원, 의료지원(응급처치, 증거채취), 수사지원(진술녹화, 수사상담), 심리지원, 동행지원 등이다. 전국 지역별 병원에 설치되며 24시간 경찰관이 상주 근무한다.

> **스마일 센터**
>
> 법무부 산하 범죄피해자 전문 지원기관으로서, 살인 · 강도 · 폭력 · 성폭력 · 방화 등 강력범죄로 인하여 정신적 충격을 받고 일상적인 생활이 어려운 피해자와 가족이 이용할 수 있으며 24시간 전화접수 상담이 가능하다. 지원 내용은 심리치유 서비스 제공, 단기 임시 주거시설 제공, 수사 · 재판 과정에서 필요한 서류 제출 및 법률상담 등이며, 경찰을 통해 지원 의뢰하거나 본인이 직접 신청할 수 있다.

제4절 수사 분야

❶ 수사권 조정으로 수사업무가 증가함에 따라 수사업무를 기피하는 현상이 심화되고 있다. 이에 대한 대책은?

👤 답변

수사권 조정 이후 경찰의 수사 책임과 업무량이 크게 늘어나면서 일선 경찰관들이 수사 부서 근무를 기피하는 현상이 심화되고 있다는 점은 경찰 내부의 주요 현안 중 하나입니다. 이는 과중한 업무 부담, 책임에 대한 부담감, 상대적으로 열악한 처우 등에 기인합니다.

(1) 수사 인력의 획기적 증원 및 재배치

① **절대적인 인력 부족 해소** : 늘어난 수사 물량에 맞춰 수사 경찰관 정원을 대폭 늘리는 것이 가장 근본적인 해결책입니다.

   ✎ 2022년 기준 전체 경찰관 13만 2,402명 중 <u>수사경찰은 3만 4,679명</u>인데 수사권 조정 이후 수사업무량은 약 30% 정도 증가한 것으로 보고 있으나, 수사경찰 현원은 수사권 조정 이전(2020년) 3만 1,199명에서 수사권 조정 이후(2021년) 3만 3,423명으로 소폭 증가하는 데 그쳤다.

   ✎ 2024년 12월 현재 인력 현황(경찰청) : <u>지역경찰-5만명, 수사경찰-3만 3천명, 교통경찰-7천명, 경찰기동대 -1만 6천명</u>

   ✎ 고소·고발 반려제 ; 폐지(2023.11.) 이후 고소·고발 사건 접수는 2배 가량 급증하였다.

② **효율적 재배치** : 비수사 부서나 행정 지원 부서 인력을 수사 부서로 전환 배치하고 수사관이 수사 외적인 행정 업무 부담을 덜도록 지원 인력을 확충해야 합니다.

③ **퇴직 경찰관 활용** : 특정 분야(예, 경제 수사, 회계 분석, 디지털 포렌식 등)의 전문성을 가진 퇴직 경찰관을 '전문임기제 공무원' 또는 '시간선택제 공무원'으로 채용하여 경제 수사팀 등에서 근무하게 할 수 있습니다.

(2) 수사 경찰관 처우 개선

① **승진 기회 확대** : 수사 부서 근무자에 대한 승진 T/O(정원)를 확대하고 전문성과 성과에 기반한 특진 제도를 활성화하여 경력 관리에 대한 비전을 제시해야 합니다.

② **보수·수당 체계 개선** : 수사 직무의 중요성과 어려움을 반영하여 별도의 직무 등급이나 수당 체계를 신설하는 방안도 고려할 수 있습니다.

(3) 근무 환경 개선 및 복지 지원 강화

① **적정 근무 시간 보장** : 만성적인 초과근무 문제를 해결하고 충분한 휴식을 보장하여 '워라밸'을 개선해야 합니다. 교대근무 모델 개선 등이 필요합니다.

② **업무 스트레스 관리** : 수사 과정에서 겪는 정신적 스트레스 해소를 위한 전문 심리 상담 지원을 확대하고 트라우마 관리 프로그램을 체계화해야 합니다.

③ **수사 환경 현대화** : 노후 된 사무 공간을 개선하고 수사에 필요한 최신 장비와 시스템(디지털 포렌식 장비, 통합 사건 관리 시스템 등)을 적극 지원해야 합니다.

⑷ 수사 전문성 강화 및 경력 관리 지원

① 체계적인 교육 시스템: 실무 중심의 전문 수사 교육을 강화하고 분야별 전문수사관 인증 제도를 활성화하여 수사관으로서의 자긍심과 전문성을 높여야 합니다.

② 수사 전문 경과(트랙) 운영: 수사 분야를 전문적인 경력 경로로 인정하고 해당 분야에서 장기적으로 성장할 수 있는 비전을 제시하는 인사 시스템을 구축해야 합니다.

③ 책임 부담 완화: 수사 과정에서의 절차적 정당성 확보를 위한 법률 지원을 강화하고 고의나 중과실이 아닌 이상 결과에 대한 과도한 책임 추궁을 지양하는 조직 문화 조성이 필요합니다.

⑸ 업무 프로세스 개선 및 효율화

① 불필요한 업무 제거: 과도한 서류 작업이나 형식적인 절차를 간소화하고 수사 본연의 업무에 집중할 수 있도록 해야 합니다.

② 디지털 수사 시스템 고도화: 전자사건기록시스템, AI기반분석도구 등을 도입하여 수사 효율성을 높여야 합니다.

이러한 방안들은 단기적인 처방과 중장기적인 개선 노력이 병행되어야 할 것입니다. 궁극적으로는 수사 부서가 기피 대상이 아니라 전문성을 인정받고 보람을 느낄 수 있는 매력적인 보직이 되도록 종합적인 접근이 필요합니다.

📖 수사관 자격관리제 등급별 주요 내용

구분	주요 내용
책임수사관	• 해당 분야(수사·형사·사이버)에 대한 전문지식과 경험 보유(수사경력 10년 이상) • 사건으로 인한 피해의 정도가 중대하거나 피해범위가 광범위하여 사회적 이목과 관심이 집중되는 등 사회에 미치는 영향력이나 파장이 큰 사건을 지휘·지도하거나 직접 처리
전임수사관	• 피해 정도가 크고 복잡한 중요사건을 주도적으로 처리할 수 있는 형사법적 지식과 경험을 갖춘 수사관(수사경력 7년 이상) • 일반수사관을 대상으로 수사 지도 또는 교육
일반수사관	• 수사부서에 전입하여 사실관계나 법리적용이 단순한 사건을 처리하면서 분야별 실무경험과 지식을 축적 • 책임·전임수사관의 지도하에 일반사건을 수사
예비수사관	• 기초적인 형사법적 지식을 갖추고, 수사부서 전입 前 수사실무 교육 등을 통해 간접적으로 수사업무를 경험하는 수사경과자

📖 '통합수사팀' 기피 현상 심화

2024년 7월 경찰 내부망에 한 경찰관은 29년째 수사업무를 맡고 있다며, "하루에도 수 없이 쏟아지는 고소, 고발, 사이버 등 민원사건으로 오늘도 통합수사팀은 한숨만 쉬고 있다."고 토로했다. 그는 통합수사팀을 "말만 '통수팀'이지, 사이버팀, 지능팀, 경제팀 직원들을 모두 모아 사건을 한꺼번에 통합, 배당 처리하는 방법"이라고 설명했다. 통합수사팀은 당초 모호한 사건 경계를 없애 수사 효율성을 높이자는 취지로 신설되었으나 최근에는 모두가 기피하는 부서로 전락했다. 〈아시아투데이 24.8.4. 참조〉

2 **경찰관 직무수행 과정에서 피의자 인권과 피해자 인권 중 어느 것이 더 우선하는가?**

답변

경찰관의 직무수행 과정에서 피의자의 인권과 피해자의 인권은 모두 헌법과 법률에 의해 보장되는 중요한 기본권이며 어느 하나를 경시할 수는 없습니다. 경찰관은 이 두 권리가 조화롭게 보호될 수 있도록 법과 원칙에 따라 균형 있게 직무를 수행해야 합니다.

최근 우리 사회와 법 제도는 과거 형사사법 절차에서 상대적으로 소외되었던 피해자의 고통에 주목하고 그들의 권리 보호와 지원을 대폭 강화하는 방향으로 나아가고 있습니다. 이는 「범죄피해자 보호법」의 시행 및 강화, 성폭력·아동학대·스토킹 등 특정 범죄에 대한 피해자 보호 제도 확충, 피해자 지원 기관의 확대 등 다양한 노력으로 나타나고 있습니다.

3 **최근 늘어나는 사기 범죄의 현황은?**

답변

최근 우리나라에서 사기 범죄가 급증하며 심각한 사회 문제로 대두되고 있습니다. 특히 보이스피싱, 스미싱, 투자 사기, 전세 사기, 중고거래 사기 등 그 수법이 날로 지능화되고 다양해지면서 많은 국민들이 피해를 보고 있습니다.

⑴ **최근 사기 범죄 발생 및 검거 현황**

  ① 발생 현황 : 경찰청 통계 등에 따르면 사기 범죄 발생 건수는 꾸준히 증가하는 추세입니다. 2023년 사기 범죄 발생 건수는 약 35만 건에 육박하며 역대 최고치를 기록하는 등 심각한 증가세를 보였습니다. 이는 전체 범죄 중에서도 매우 높은 비중을 차지합니다. 특히 통신매체나 온라인 플랫폼을 이용한 비대면 사기, 교묘한 투자 사기 등이 크게 늘어난 것으로 분석됩니다.

  ② 검거율 : 사기 범죄의 검거율은 다른 강력 범죄(살인, 강도 등)에 비해 상대적으로 낮은 편입니다. 2023년 기준 사기 범죄 검거율은 약 60% 후반에서 70% 초반 수준으로 알려져 있습니다. 이는 범행 수법의 지능화, 비대면·익명성 기반 범죄, 해외 서버 이용 및 국경 간 범죄 등 추적 및 검거의 어려움이 크기 때문입니다. 특히 보이스피싱 등 해외 총책 검거는 더욱 어려운 실정입니다.

⑵ **사기 범죄 증가 원인**

  ① 신종수법 등장 : AI를 이용한 목소리 변조/합성, 해킹을 통한 개인정보 탈취 후 맞춤형 접근, 교묘한 심리 기만 수법 등 범죄 기술이 매우 정교해지고 있습니다. 기관 사칭, 가짜 투자 플랫폼 제작 등 피해자가 속기 쉬운 환경을 조직적으로 만듭니다.

  ② 인터넷을 이용한 비대면 사회 가속화 : 인터넷, 스마트폰, SNS 등 비대면 플랫폼의 발달은 범인에게 익명성을 보장하고 국경을 넘나드는 범죄를 용이하게 했습니다. 또한 코로나19 이후 비대면 거래가 일상화되면서 범죄의 표적이 될 기회가 늘어났습니다.

  ③ 추적 곤란(범죄수익 등) : 차명계좌(대포통장), 가상자산 등을 이용한 자금 세탁으로 범죄 수익금 추적 및 피해 회복이 매우 어렵습니다.

④ **해외 기반**: 해외에 서버나 콜센터를 두는 경우가 많아 국제 공조가 필수적이지만 현실적인 어려움이 따릅니다. 또한 범죄의 심각성에 비해 처벌이 가볍다는 인식(솜방망이 처벌 논란)도 범죄 억제력을 약화시키는 요인으로 지적됩니다.

⑤ **경제적 요인**: 경기 침체, 취업난 등 경제적 어려움은 단기간에 고수익을 얻으려는 심리를 자극하여 투자 사기 등에 취약하게 만들고 동시에 범죄를 통해 쉽게 돈을 벌려는 유인을 높입니다. 최근의 전세 사기 급증도 부동산 시장 불안정과 연관이 깊습니다.

⑥ **정보 비대칭 및 취약 계층 존재**: 금융·법률 지식이 부족하거나 사회적 경험이 적은 청년층, 정보 접근성이 낮은 고령층 등 취약 계층을 노리는 범죄가 많습니다.

▥ 2024년 사기범죄 현황

- 경찰청 범죄통계에 따르면 2024년 한 해 동안 발생한 사기 범죄는 42만 9,949건으로, 전년 대비 22.9% 급증했다. 10여 년 전까지만 해도 사기 발생 건수는 20만 건대 중반에서 큰 변동이 없었다. 그러나 5년 동안 41%나 급증했다. 같은 기간 <u>전체 범죄 발생 건수는 소폭 감소했으며</u>, 강력 범죄, 절도 범죄, 폭력 범죄 등 대부분의 주요 범죄는 5년 전과 비슷하거나 감소했다. <u>오직 사기 범죄만 두드러지게 증가하였다.</u>
- 사기 사건은 주로 안면이 있는 사람을 표적으로 하는 범죄였으나, <u>통신 수단 발전과 함께 '비대면' 형태의 사기가 급증하고 있다.</u> 경찰청 관계자는 "예전에는 일대일 관계에서 돈을 빌리거나 투자를 받은 뒤 변제하지 않는 유형이 주를 이뤘지만, <u>최근에는 개인의 일상이 정보통신망 중심으로 바뀌면서 '보이스피싱', '투자 리딩방 사기', '로맨스 스캠' 등 전기통신이나 정보통신망을 이용한 불특정 다수를 대상으로 하는 새로운 유형의 사기가 계속 등장하고 있다"</u>고 설명했다.
- 5년 전인 2019년 사기 범죄 검거율(검거 건수/발생 건수)은 73.9% 수준이었으나, 지난해 4분기에는 60.2% 까지 떨어졌다. 이는 강력범죄(94.5%), 절도범죄(65.2%), 폭력범죄(88.3%) 등 다른 범죄에 비해 훨씬 낮은 검거율이다. 〈뉴시스 25.3.17. 참조〉

---

④ MZ 조폭의 동향과 대응방안은?

👤〔답변〕

최근 소위 'MZ 조폭'으로 불리는 젊은 세대 조직폭력배들이 과거 선배 세대와 달리 <u>전통적인 유흥업소 갈취나 폭력 행사보다는 온라인 도박사이트 운영, 보이스피싱, 주식 및 가상자산 사기, 투자 사기 등 지능적이고 사업화된 형태로 범죄 영역을 확장하고 있다</u>는 분석이 많습니다. 이들은 SNS를 통해 세력을 과시하고 조직원을 모집하며 합법을 가장한 사업체를 운영하거나 온라인 플랫폼을 적극 활용하는 등 기존 조폭과는 다른 양상을 보이고 있습니다.

⑴ **MZ 조폭의 특징**

① **덩치 큰 '관리조직'에서 영악한 '점조직'으로 변화**: 과거의 조폭들은 특정 지역을 꽉 잡고 유흥업소나 상권을 관리하며 '보호비'를 받는 것이 주된 일이었습니다. 위계질서가 엄격한 단일 대형 조직이었고, 아는 사람의 추천으로 조직원을 뽑았죠. 하지만 세상이 변하고 경찰의 단속이 심해지면서 이들은 배고픈 처지가 되었습니다. 반면, 요즘 MZ 조폭들은 다릅니다. 이들에게 '조직 계파'는 그저 껍데기일 뿐입니다. 실제로는 돈이 된다면 지역이나 계파를 따지지 않고 또래끼리 뭉쳐 '별동대' 같은 점조직을 만듭니다. 인원도 온라인을 통해 모으고, 하는 일도 온라인 사기 범죄에 집중되어 있어 훨씬 지능적이고 광역화된 모습을 보입니다.

② **국경을 넘나드는 '초국가적 사기 범죄'의 위협**: 이제 조폭의 무대는 국내에 머물지 않습니다. 캄보디아나 태국 같은 동남아시아 국가에 거점을 두고 한국인을 대상으로 피싱이나 스캠 범죄를 저지릅니다. 단순히 돈을 뜯어내는 수준을 넘어, 이제는 '사람'을 노리는 중범죄로 진화했습니다. 온라인으로 사람을 유인해 현지에서 감금하고, 고문하며 범죄를 강요하는 일이 빈번하게 일어나고 있습니다. 최근 5년간 700명이 넘는 한국인이 이런 범죄에 연루되었고, 캄보디아 현지에서 접수된 납치·감금 사건 중 상당수가 아직 해결되지 못한 채 남아있는 실정입니다.

⑵ **경찰의 대응**

① **국제공조**: 이런 초국가적 범죄를 뿌리 뽑기 위해 가장 중요한 것은 한국과 캄보디아 양국 수사기관의 빈틈없는 공조입니다. 범죄자들이 "해외에 있으면 안전하다"는 생각을 아예 하지 못하도록, 양국이 함께 압박 수사를 진행해 검거에 대한 실질적인 두려움을 심어줘야 합니다. 나아가 중국을 포함한 동남아 국가들과 '공동 대응 협의체'를 만들어 범죄 단체가 아예 발붙일 수 없는 환경을 조성해야 합니다. 이를 위해서는 국제 사회에 이 문제의 심각성을 알리고, 현지 정부가 적극적으로 움직이도록 강력한 외교적 압박을 가하는 노력도 병행되어야 합니다.

② **경찰의 '조폭 관리 기준' 대전환**: 범죄가 지능화되고 합법적인 사업체로 위장하는 만큼, 경찰의 대응 방식도 완전히 바뀌어야 합니다. 과거의 기준으로는 소규모로 쪼개진 MZ 조폭들을 잡아내기 어렵습니다. 따라서 조폭 관리 기준을 대폭 확대하여 정보 수집력을 강화하고, 변화된 범죄 양상에 맞춰 조직폭력의 정의와 대응 체계를 재설정해야 합니다.

---

5 **마약이 사회문제가 되고 있는데 근절 방안에 대해 말해보시오.**

답변

최근 마약류 확산은 우리 사회의 건강과 안전을 심각하게 위협하는 중대한 문제입니다. 단순히 개인의 문제를 넘어 강력 범죄, 보건 문제, 사회적 비용 증가 등 연쇄적인 문제를 야기하므로 근절을 위한 다각적이고 강력한 대책이 시급하다고 생각합니다. 마약 문제 근절은 어느 한 부분의 노력만으로는 해결하기 어려우며, 크게 '공급 차단', '수요 억제', '치료 및 재활'이라는 세 가지 축을 중심으로 한 범사회적인 총력 대응이 필요합니다.

⑴ **강력한 공급 차단(경찰의 핵심 역할)**

① **첨단 수사 기법 동원 및 국제 공조 강화**: 경찰의 가장 중요한 역할은 마약류 공급을 원천적으로 차단하는 것입니다. 지능화되는 마약 밀반입 및 유통 수법에 대응하기 위해 다크웹, 가상자산 추적 등 첨단 수사 역량을 강화해야 합니다. 또한 인터폴 등 국제기구 및 외국 수사기관과의 공조를 통해 해외 마약 조직 및 국내 유입 경로를 차단하는 데 총력을 기울여야 합니다.

② **국내 유통망 소탕**: 제조·판매·유통 조직에 대한 집중 단속과 함정수사 등을 통해 국내 유통망을 뿌리 뽑아야 합니다. 특히 최근 급증하는 온라인 비대면 거래 단속을 위한 전문 인력과 시스템 확충이 시급합니다.

③ **국경 및 항만 관리 강화**: 세관, 해양경찰 등 유관기관과의 긴밀한 협력을 통해 국경 단계에서의 밀반입 차단 역량을 높여야 합니다.

(2) 선제적인 수요 억제

① 실효성 있는 예방 교육 및 홍보 강화: 특히 청소년 등 마약류에 취약한 계층을 대상으로 마약의 폐해와 위험성을 알리는 맞춤형 예방 교육을 강화해야 합니다.

② 사회적 경각심 제고: 마약은 '한 번의 호기심'으로도 인생을 망칠 수 있다는 사회적 경각심을 높이는 대국민 홍보 및 캠페인을 지속적으로 전개해야 합니다.

(3) 중독자 치료 · 재활 및 사회 복귀 지원

① 전문 치료 시스템 확충

② 사회 복귀 지원: 치료를 마친 중독자들이 건강하게 사회에 복귀하여 다시 마약에 손대지 않도록 직업 훈련, 심리 상담 등 사회적 지지 시스템을 강화해야 합니다.

(4) 법 · 제도적 기반 강화 및 범사회적 협력

① 처벌 강화 및 법규 정비(마약수사에 대하여도 디지털 성범죄 수사와 같이 수사 비공개 · 위장 수사 도입이 필요하다는 주장)

② 범정부적 협력 체계 구축

③ 시민사회의 참여 유도

---

6 공인탐정제도 도입 시 장점과 문제점을 설명하고 도입 여부에 대한 본인의 의견은?

답변

탐정제도 도입에 대한 여러 우려가 있는 것은 사실이지만, 저는 철저한 법적 규제와 관리 · 감독 시스템을 전제로 제도를 도입한다면 국민 편익 증진과 효율적인 사회 시스템 구축 등 긍정적인 효과가 더 크다고 판단되어 생각하여 탐정제도의 도입이 필요하다고 생각합니다.

(1) 탐정제도 도입을 찬성하는 주요 이유(장점)

① 국민의 다양한 권리 구제 요구 충족: 경찰은 범죄 수사라는 본연의 임무에 집중해야 하므로 모든 민사 분쟁이나 개인적인 어려움까지 해결해 주기에는 현실적인 한계가 있습니다. 탐정제도는 이러한 경찰력의 공백을 메워 범죄와 관련 없는 실종자 찾기, 민사 소송 증거 수집, 보험 사기 조사 등 국민들이 일상에서 겪는 다양한 문제해결에 실질적인 도움을 줄 수 있습니다. 이는 곧 국민의 권익 보호 강화로 이어질 것입니다.

② 경찰력의 효율적 운용 기여: 탐정이 비범죄성 · 민사 사안의 사실 확인 등을 담당하게 되면 경찰은 강력범죄, 민생침해 범죄 등 핵심적인 치안 활동에 더욱 역량을 집중할 수 있게 되어 전반적인 치안 서비스의 질이 향상될 수 있습니다.

③ 음성화된 시장 양성화 및 관리: 현재도 '심부름센터', '민간조사' 등의 형태로 음성적인 정보 조사가 이루어지며 불법 행위나 사생활 침해 문제가 발생하고 있습니다. 탐정제도를 법제화하여 국가가 공인하는 자격 제도를 만들고 엄격하게 관리한다면 오히려 이러한 음성 시장을 양성화하고 불법 행위를 효과적으로 통제할 수 있습니다.

④ 새로운 전문직 일자리 창출: 공인된 자격을 갖춘 탐정이라는 전문 분야를 통해 관련 산업 발전과 함께 양질의 일자리를 창출하는 효과도 기대할 수 있습니다.

⑤ 수사전문 퇴직 경찰관들에게 새로운 일자리 기회 제공 : 수사 분야에서 오랜 경험과 전문성을 쌓은 퇴직 경찰관들에게는 자신의 경력을 살릴 수 있는 새로운 일자리 기회가 될 수 있다는 기대감으로 <u>현재 수사부서에서 근무하거나 지원하려는 경찰관들에게 일정 부분 긍정적인 동기 부여가 될 가능성</u>이 있다고 생각합니다.

(2) 탐정제도 도입 시 우려되는 문제점

① 사생활 침해 및 불법 정보 수집 우려 : 이것이 가장 큰 우려 사항입니다. 이를 방지하기 위해 탐정의 자격 요건을 매우 엄격하게 설정하고(예 전과 조회, 전문 교육 이수 등) 법률을 통해 허용되는 업무 범위와 정보 수집 방법을 명확히 규정해야 합니다. 통신비밀보호법, 개인정보보호법 등 관련 법률을 위반할 경우 자격 취소는 물론 강력한 형사 처벌 조항을 마련해야 합니다.

② 정보 악용 및 범죄 연루 가능성 : 탐정이 수집한 정보가 악용되지 않도록 정보 관리 및 폐기에 대한 엄격한 규정을 만들고 이를 감독할 독립적인 관리·감독 기구를 설립·운영해야 합니다.

③ 공권력과의 혼선 및 수사 방해 우려 : 탐정의 업무 범위를 민사 및 비범죄성 사안으로 명확히 한정하고 경찰의 수사 활동에는 절대 개입할 수 없도록 법제화해야 합니다. 경찰과의 필요한 정보 공유나 협조는 정해진 절차와 시스템을 통해서만 이루어지도록 해야 합니다.

결론적으로 발생 가능한 부작용들에 대한 철저하고 실효성 있는 법적·제도적 장치가 마련된다는 전제 하에 탐정제도는 국민의 권익을 보호하고 사회적 필요에 부응하며 경찰력 운용의 효율성을 높이는 긍정적인 제도로 자리매김할 수 있다고 생각합니다.

후속질문

✦ 공인탐정제도가 도입되면 경제적 여유가 있는 사람들만 탐정을 고용하여 자신에게 유리한 정보를 얻고 그렇지 못한 사람들은 정보 접근에 더욱 불리해져 사회적 불평등이 심화될 수 있다는 우려도 있습니다. 이러한 문제에 대해서는 어떻게 생각합니까?

공인탐정 서비스 이용의 경제적 불평등 문제는 충분히 제기될 수 있는 우려입니다. 이를 완화하기 위해 첫째, 공공성을 지닌 특정 사안(예 사회적 약자 대상 범죄 피해, 공익 침해 사안 등)에 대해서는 법률구조공단과 연계하거나 정부 지원을 통해 공인탐정 서비스를 이용할 수 있도록 하는 방안을 고려할 수 있습니다.
둘째, 공인탐정협회 등을 통해 표준 보수 규정을 마련하고 과도한 수임료를 방지하는 자율적 노력과 함께 필요시 저소득층을 위한 무료 변론과 유사한 형태의 공익적 탐정 활동을 장려하는 제도적 지원도 생각해 볼 수 있습니다.

✦ 퇴직 경찰관들이 공인탐정으로 많이 활동하게 될 경우, 전관예우나 현직 경찰과의 유착을 통해 부당하게 정보를 얻거나 사건에 영향을 미치려 할 가능성은 없을까요? 이러한 부작용을 막기 위한 방안은 무엇이라고 생각하십니까?

퇴직 경찰관의 공인탐정 활동 시 전관예우나 유착 가능성은 경계해야 할 부분입니다. 이를 방지하기 위해 첫째, 퇴직 후 일정 기간 동안 자신이 근무했던 경찰관서와 관련된 사건의 탐정 업무를 맡지 못하도록 하는 제한 규정을 둘 수 있습니다.
둘째, 공인탐정의 업무 수행 내역과 정보 취득 경로 등을 투명하게 기록하고 관리하도록 하며, 부당한 정보 거래나 청탁 시도에 대해서는 엄중한 처벌과 함께 자격을 박탈해야 합니다.
셋째, 현직 경찰관에 대한 윤리 교육을 강화하여 퇴직 동료와의 부적절한 관계 형성을 차단하고 공무상 비밀 누설 시 처벌을 강화해야 합니다. 독립적인 감독기관의 철저한 감시 또한 필수적이라고 생각합니다.

7 안락사 또는 존엄사에 대한 찬반 의견은?

👤 답변

안락사 또는 존엄사의 문제는 개인의 자기결정권, 고통받는 환자에 대한 연민, 인간 존엄성의 의미와 생명의 존엄성이라는 가치가 첨예하게 대립하는 복잡한 사안입니다. 현재 한국에서는 연명의료 중단(존엄사, 소극적 안락사)은 합법화되었으나 적극적인 안락사 및 의사 조력 자살은 허용되지 않고 있으며 이에 대한 사회적 합의를 이루기 위한 깊이 있는 논의와 신중한 접근이 요구되고 있습니다.

(1) 용어의 정의

① **적극적 안락사** : 환자의 고통을 덜어주기 위해 생명을 인위적으로 종결시키는 행위로 의료진이 직접 약물 등을 주입하여 숨지게 하는 방식이다(불법).

② **의사 조력 자살** : 의사가 환자에게 스스로 생명을 끊을 수 있는 약물 등을 제공하고 환자 본인이 직접 약물을 복용하거나 주입하는 방식입니다(불법). 적극적 안락사의 한 형태로 보기도 한다.

③ **존엄사(소극적 안락사, 연명치료중단)** : 좁게는 무의미한 연명치료를 중단하고 자연스러운 죽음을 맞는 것을 의미하고, 넓게는 의료적으로 도움을 받는 모든 방식의 죽음을 의미하기도 한다. 우리나라에서는 일반적으로 연명치료중단에 한해서만 존엄사로 부르고 있다(합법).

(2) 대한민국 현황 : 현재 '호스피스·완화의료 및 임종과정에 있는 환자의 연명의료결정에 관한 법률'(연명의료결정법)에 따라 회생 가능성이 없고 치료에도 불구하고 상태가 악화되는 임종 과정에 있는 환자에 한해 무의미한 연명치료(심폐소생술, 인공호흡기 착용 등)를 중단하는 것(소극적 안락사, 존엄사)은 합법적으로 허용됩니다. 하지만 의료진이 직접 약물을 주입하는 적극적 안락사나 의사가 약물을 처방하여 환자 스스로 삶을 마감하는 의사 조력 자살은 현재 불법이며 이에 대한 사회적 논의가 진행 중입니다.

(3) 적극적 안락사/의사 조력 자살 합법화 찬성 입장

① **자기결정권 존중** : 삶의 마지막을 스스로 선택할 권리는 인간의 기본적인 자기결정권에 해당한다고 봅니다. 회복 불가능한 질병으로 극심한 고통을 겪는 환자가 명확한 의사 능력을 가지고 원할 경우, 자신의 죽음을 선택할 권리를 존중해야 한다는 입장입니다.

② **고통 경감 및 인간 존엄성 유지** : 참을 수 없는 육체적·정신적 고통 속에서 생명을 연장하는 것만이 능사는 아니며, 때로는 고통에서 벗어나 품위 있게 삶을 마무리하는 것이 인간의 존엄성을 지키는 길일 수 있다고 주장합니다. 최선의 완화의료로도 조절되지 않는 고통이 존재할 수 있음을 인정합니다.

③ **연민과 인도주의** : 극심한 고통 속에 죽어가는 환자를 방치하는 것보다, 환자의 고통을 끝내주는 것이 더 자비롭고 인도적인 행위일 수 있다는 관점입니다.

④ **환자와 가족의 부담 감소** : 장기간의 투병 생활로 인한 환자 본인의 고통뿐 아니라 간병 등으로 인한 가족들의 정신적, 경제적 부담을 덜어줄 수 있다는 현실적인 측면도 고려됩니다.

(4) 적극적 안락사/의사 조력 자살 합법화 반대 입장

① **생명 존엄성 및 신성함 훼손** : 인간의 생명은 그 자체로 존엄하며 신성한 가치를 지니므로 어떤 이유로든 인위적으로 생명을 단축시키는 행위는 허용될 수 없다는 입장입니다. 이는 종교적·윤리적 신념에 근거하는 경우가 많습니다.

② **'미끄러운 경사길' 우려** : 일단 특정 조건 하에 허용되면 점차 그 대상과 범위가 확대되어 생명경시 풍조를 낳고 사회적 약자(노인, 장애인, 빈곤층 등)에게 죽음을 강요하거나 압박하는 수단으로 악용될 수 있다는 '슬리퍼리 슬로프(slippery slope)' 이론을 제기합니다.

③ **오용 및 남용 가능성**: 환자 본인의 진정한 의사가 아닌 가족의 부담이나 사회적 압력, 우울증 등 일시적인 심리 상태에 의해 잘못된 선택을 할 수 있습니다. 또한 재산 상속 등을 노린 악용 가능성도 배제할 수 없습니다. 의사 결정 과정의 자발성과 합리성을 완벽하게 담보하기 어렵다는 점을 지적합니다.

④ **의사의 역할과 윤리적 딜레마**: 생명을 살리는 것을 본분으로 하는 의사에게 죽음을 돕는 역할을 부여하는 것이 의사의 소명에 반하며 의사-환자 간의 신뢰관계를 훼손할 수 있다는 우려입니다.

⑤ **완화의료 및 호스피스 발전 저해**: 적극적 안락사나 조력 자살이 쉬운 선택지가 되면 고통 완화와 삶의 질 향상을 위한 완화의료 및 호스피스 시스템 발전의 동력이 약화될 수 있다고 봅니다. 고통 관리 기술은 계속 발전하고 있으며 이를 통한 지원이 우선되어야 한다는 입장입니다.

⑥ **오진 가능성 및 새로운 치료법 개발**: 현대 의학으로도 오진의 가능성은 존재하며 회복 불가능하다고 판단했던 질병에 대한 새로운 치료법이 개발될 가능성도 있습니다. 성급한 결정이 회복의 기회를 박탈할 수 있다는 점을 우려합니다.

❽ 구조거부죄(착한 사마리아인법) 신설에 대한 찬반 의견은? ⟨25. 1차⟩

👤 답변

'착한 사마리아인 법'은 일반적으로 두 가지 의미로 사용됩니다. 하나는 위험에 처한 사람을 구조하는 과정에서 발생한 피해에 대해 구조자의 민사상 또는 형사상 책임을 감면해주는 법(선한 구조자 보호법)이고 다른 하나는 위험에 처한 타인을 구조할 수 있음에도 불구하고 구조하지 않은 행위(구조 거부 또는 구조 불이행)를 처벌하는 법(구조의무법 또는 구조거부죄)입니다.

현재 우리나라에는 선한 구조자를 보호하는 응급의료법 등의 조항은 있으나 일반인이 위험에 처한 타인을 구조하지 않았다고 해서 형사 처벌하는 일반적인 '구조거부죄'는 도입되어 있지 않습니다. 따라서 '착한 사마리아인 법'에 대한 찬반 논의는 주로 **일반인에게도 법적인 구조 의무를 부과하고 불이행 시 처벌하는 법률을 도입할 것인가에 대한 논쟁**을 의미하는 경우라고 할 수 있습니다.

응급의료에 관한 법률

제5조의2(선의의 응급의료에 대한 면책) 생명이 위급한 응급환자에게 다음 각 호의 어느 하나에 해당하는 응급의료 또는 응급처치를 제공하여 발생한 재산상 손해와 사상(死傷)에 대하여 고의 또는 중대한 과실이 없는 경우 그 행위자는 민사책임과 상해(傷害)에 대한 형사책임을 지지 아니하며 사망에 대한 형사책임은 감면한다.

1. 다음 각 목의 어느 하나에 해당하지 아니하는 자가 한 응급처치
   가. 응급의료종사자
   나. 「선원법」 제86조에 따른 선박의 응급처치 담당자, 「119구조·구급에 관한 법률」제10조에 따른 구급대 등 다른 법령에 따라 응급처치 제공의무를 가진 자
2. 응급의료종사자가 업무수행 중이 아닌 때 본인이 받은 면허 또는 자격의 범위에서 한 응급의료
3. 제1호나목에 따른 응급처치 제공의무를 가진 자가 업무수행 중이 아닌 때에 한 응급처치

🖋 '착한 사마리아인 법'이라는 명칭의 유래 : 신약성경 누가복음 10장에 나오는 '선한 사마리아인의 비유'에서 직접적으로 비롯되었습니다. 어떤 사람이 예루살렘에서 예리코로 내려가다가 강도를 만나 거의 죽게 되어 길에 버려졌습니다. 당시 사회적으로 존경받던 제사장과 레위인은 그를 보고도 그냥 지나쳤습니다. 하지만 당시 유대인들에게 멸시받던 한 사마리아인은 그를 불쌍히 여겨 다가가 상처를 치료해 주고 자신의 가축에 태워 주막으로 데려가 돌보아 주었으며 비용까지 지불했습니다. 이처럼 '선한 사마리아인의 비유'는 자신에게 아무런 이득이 없고 심지어 위험하거나 번거로울 수 있는 상황에서도 곤경에 처한 낯선 사람을 외면하지 않고 도움을 베푸는 이타적인 행동의 상징이 되었습니다. 이러한 정신을 반영하여 위험에 처한 사람에 대한 구조 행위를 장려하거나(구조자 보호법) 혹은 구조하지 않는 행위를 비난하거나 처벌하는(구조 의무법) 법률들에 '착한 사마리아인 법'이라는 이름이 붙게 된 것입니다.

(1) 찬성(구조거부죄 도입 주장)

① **인간 존엄성 및 생명 보호 강화**: 위험에 처한 사람을 구할 수 있음에도 외면하는 것은 인간의 존엄성을 훼손하고 생명을 경시하는 행위이므로 법적으로 최소한의 구조 행위(예, 신고)를 의무화하여 소중한 생명을 보호해야 한다는 입장입니다.

② **사회 연대 의식 및 공동체 윤리 강화**: 개인의 이기주의나 방관주의를 넘어 어려움에 처한 이웃을 돕는 것이 공동체 구성원의 당연한 도리임을 법으로 규정함으로써 사회 전체의 연대 의식과 도덕 수준을 높일 수 있다고 봅니다.

③ **방관으로 인한 비극 예방**: '나 하나쯤이야' 하는 생각으로 여러 사람이 방관하다가 결국 피해자가 사망하거나 심각한 피해를 입는 안타까운 사례를 예방할 수 있습니다. 법적 의무는 최소한의 개입(신고 등)이라도 유도하는 효과가 있을 수 있습니다.

④ **법과 도덕의 조화**: 위험에 처한 사람을 돕는 것은 도덕적으로 당연한 행위이며 이러한 최소한의 도덕적 요구를 법적 의무로 규정하는 것이 법과 도덕의 괴리를 줄이는 길이라고 주장합니다.

⑤ **해외 입법례**: 프랑스, 독일 등 여러 유럽 국가에서는 이미 구조 불이행을 처벌하는 법률을 시행하고 있으며 이를 참고할 수 있다는 의견입니다.

(2) 반대(구조거부죄 도입 반대 또는 신중론)

① **개인의 자유 및 자기결정권 침해**: 법은 일반적으로 타인에게 해를 끼치는 '행위(작위)'를 처벌하는 것이 원칙이며 특정 행위를 '하지 않음(부작위)'을 이유로 처벌하는 것은 개인의 자유로운 선택과 행동의 자유를 과도하게 침해할 수 있다는 입장입니다. 구조 행위는 도덕적 의무일 수는 있으나 법적 강제 사항이 되어서는 안 된다고 봅니다.

② **법 적용 기준의 모호성**: '위험의 정도', '구조 가능성', '자신에게 위험이 없는 상황' 등 법 적용 요건을 객관적이고 명확하게 규정하기 어렵습니다. 이로 인해 법 집행 과정에서 혼란이 발생하거나 자의적인 판단이 개입될 소지가 크다는 비판입니다.

③ **구조자의 위험 부담 및 책임 전가**: 구조 행위에는 예상치 못한 위험이 따를 수 있습니다. 법적 처벌을 피하기 위해 무리하게 구조에 나섰다가 구조자 본인이 위험에 처하거나 오히려 상황을 악화시킬 수도 있습니다. 또한 구조 실패 시 책임 소재를 둘러싼 논란이 발생할 수 있습니다.

④ **도덕적 행위의 자율성 훼손**: 타인을 돕는 행위는 자발적인 선의와 양심에 따라 이루어질 때 가치가 있는 것인데 이를 법으로 강제하면 순수한 도덕적 동기가 약화되고 처벌을 피하기 위한 최소한의 형식적인 행동만 남을 수 있다는 우려입니다.

⑤ **입증의 어려움**: 구조가 가능했음에도 고의로 외면했다는 사실을 객관적인 증거로 입증하기가 매우 어려워 실제 처벌로 이어지기 어렵거나 억울한 처벌을 낳을 수도 있습니다.

제5절 │ 시사

❶ 최근 교통사고 사망자가 감소하였다. 그 이유는 무엇이라고 생각하는가?

👤〈답변〉

(1) 주요 동향

① 장기적인 감소 추세: 교통사고 사망자 수는 2013년을 기점으로 12년 연속으로 감소하고 있습니다. 2024년 사망자는 2,521명으로 2023년의 2,551명보다 약 1.2% 감소하였습니다.

② 분야별 차이: 전체 사망자 수는 감소하고 있지만 세부적으로는 차이가 나타나기도 합니다. 예를 들어 2023년 통계에서는 자전거, 음주운전, 어린이 관련 사망자는 큰 폭으로 감소한 반면 고령 운전자 관련 사고나 고속도로에서의 사망자는 증가하는 경향을 보이기도 했습니다.

(2) 사망자 감소 이유: 이러한 사망자 감소 추세는 차량 안전 기술의 발전, 도로 환경 개선, 강력한 법규 시행 및 단속, 그리고 시민들의 교통안전 의식 향상 등 다각적인 노력의 결과로 분석됩니다. 다만 OECD 주요 국가들과 비교했을 때 우리나라의 인구 10만 명당 또는 자동차 1만 대당 교통사고 사망자 수는 여전히 높은 편에 속하므로 지속적인 관심과 노력이 필요합니다.

❷ 고령운전자의 사고가 증가하고 있다. 이에 대한 대책은?

👤〈답변〉

우리나라는 2024년 12월에 65세 이상 고령자가 인구의 20%를 넘는 초고령사회에 진입하였습니다. 전국의 고령 운전자는 약 500만 명으로 추산되며 가해자가 고령 운전자인 교통사고의 사망자는 2022년(735명), 2023년(745명), 2024년(761명)으로 3년 연속 증가하였습니다. 전체 교통사고 사망자는 매년 감소해 작년 2,521명으로 역대 최저치를 기록했는데 고령 운전자 가해 사고 사망자는 계속 늘어나고 있습니다. 고령 운전자 교통사고 증가는 어르신들의 이동권 보장과 사회 전체의 교통안전이라는 두 가치를 조화시켜야 하는 중요한 문제입니다.

✎ 2024년 고령 운전자에 의한 사망사고(761명)는 전체 사망사고(2,521명)의 30% 차지

(1) 운전자 적성 평가 및 면허 관리 강화

① 정기 적성검사 내실화: 일정 연령 이상 고령 운전자에 대해 운전에 필요한 인지능력, 신체능력(시력, 청력 등)을 실질적으로 평가할 수 있도록 적성검사 주기 단축 및 검사 항목을 강화해야 합니다.

② 조건부 면허 제도 도입 검토: 운전 능력 평가 결과에 따라 야간 운전 금지, 고속도로 운전 금지, 운행 가능 지역 제한, 첨단 안전장치 장착 차량 한정 등 특정 조건에서만 운전을 허용하는 조건부 면허 도입을 신중히 검토할 필요가 있습니다(2027년 도입 추진).

③ 면허 자진 반납 제도 활성화: 운전 능력 저하를 스스로 인지한 어르신들이 안전하게 운전을 중단할 수 있도록 면허 반납 시 대중교통 이용 지원(교통카드 제공 등)이나 지역화폐 지급 등 실질적인 인센티브를 확대하고 관련 절차를 간소화해야 합니다.

(2) 고령 운전자 맞춤형 교육 및 지원 확대

① 의무 안전 교육 강화 : 면허 갱신 시 고령 운전자를 대상으로 하는 안전 교육을 실질적이고 효과적으로 강화해야 합니다. 노화에 따른 신체 변화, 안전 운전 요령, 최신 교통 법규, 차량 안전 기능 활용법 등을 포함해야 합니다.

② 찾아가는 컨설팅 및 상담 : 운전 능력 진단 및 안전 운전 컨설팅, 면허 반납 상담 등을 제공하는 찾아가는 서비스나 온라인 상담 창구를 활성화합니다.

③ 건강 상태 연계 관리 : 정기 건강검진 결과 중 운전에 영향을 미칠 수 있는 질병(치매, 시력 저하 등) 정보를 본인 동의하에 면허 관리 기관과 연계하여 안전 관리에 참고하는 방안도 고려할 수 있습니다.

(3) 안전한 도로 및 차량 환경 조성

① 고령자 친화적 도로 환경 개선 : 어르신 보호 구역 확대, 신호 시간 연장, 도로 표지판 글씨 크기 확대 및 시인성 개선, 도로 조명 강화 등 고령 운전자와 보행자 모두에게 안전한 도로 환경을 조성합니다.

② 첨단 안전장치 장착 차량 보급 지원 : 자동긴급제동(AEB), 차선이탈경보(LDW) 등 첨단 운전자 보조 시스템(ADAS)이 장착 또는 페달 오조작 방지 장치(PMPD) 설치시 보조금 지원 등 방안이 있습니다.

(4) 대체 이동 수단 확충 및 접근성 개선

① 대중교통 편의성 증진 : 저상버스 확대, 농어촌 지역 공영버스 노선 확대 및 운행 횟수 증편, 어르신 교통비 지원 확대 등 대중교통 접근성과 편의성을 높여 운전 의존도를 낮춥니다.

② 수요응답형 교통(DRT) 등 활성화 : 병원 방문 등 특정 목적의 이동을 지원하는 수요응답형 교통 서비스 나 지역사회 기반의 교통 약자 이동 지원 서비스를 확대합니다.

결론적으로 어느 한 가지 대책만으로는 고령 운전자 사고 문제를 해결하기 어려우므로 어르신들의 이동권을 존중하면서도 교통안전을 확보할 수 있도록 정부, 지자체, 경찰, 도로교통 관련 기관, 그리고 운전자 본인과 가족 모두의 관심과 노력이 필요하다고 생각합니다.

❸ 어린이보호구역 24시간 속도 규제에 대한 장단점은?

답변

(1) **24시간 획일적 규제 반대 입장** : 어린이보호구역 24시간 속도 규제에 대해 반대하는 입장을 중심으로 찬성과 반대 양측의 주장을 정리해 말씀드리겠습니다. 제 입장은 어린이 안전이라는 취지에는 깊이 공감 하나 현행 24시간 일률 규제 방식은 실효성 및 효율성 측면에서 개선이 필요하다고 생각합니다.

① 현행 24시간 규제의 문제점

㉠ 비효율성 및 불합리성 : 어린이 통행이 현실적으로 거의 없는 심야나 새벽 시간대까지 동일하게 낮은 속도(예 30km/h)를 강제하는 것은 불필요한 교통 흐름 저해를 유발하며 시간대별 상황을 고려하지 않은 비합리적인 규제라는 비판이 있습니다.

㉡ 규제 실효성에 대한 의문 : 찬성 측은 상시 안전 확보를 강조하지만 실제 통행량이 미미한 시간대의 속도 제한이 어린이 사고 감소에 얼마나 실질적으로 기여하는지에 대한 명확한 데이터나 근거가 부족하다는 지적이 있습니다. 오히려 운전자의 피로도를 높이거나 다른 요인에 의한 사고 가능성 을 간과할 수 있습니다.

ⓒ 운전자 수용성 저하 및 부작용 : 현실과 동떨어진 규제라는 인식이 확산될 경우 운전자들의 자발적인 준법 의지를 약화시키거나 단속 회피 심리를 부추길 수 있습니다. 이는 장기적으로 교통 법규 전반에 대한 불신이나 불만으로 이어질 수 있습니다.

ⓔ 안전 확보 방식의 경직성 : 24시간 일률 규제만이 어린이 안전의 유일한 해법이라는 시각은 다양한 도로 환경과 시간대별 특성을 반영하지 못하는 경직된 접근입니다. 이로 인해 더 효과적일 수 있는 다른 안전 강화 방안(예, 시설 개선, 탄력 운영)에 대한 논의나 투자가 위축될 수 있습니다.

② 어린이 안전 확보를 위한 합리적 대안

ⓐ 탄력적 규제 시스템 도입 : 등하교 시간, 주간 등 실제 어린이 통행이 많은 시간대에는 엄격하게 규제하되 심야 등 통행량이 거의 없는 시간대에는 규제를 완화하는 가변 속도 제한 시스템 등을 적극 검토해야 합니다.

ⓑ 물리적 안전 환경 조성 집중 : 과속방지턱, 횡단보도 안전 시설(노란 횡단보도, 대기 공간 등), 방호 울타리, 구간 단속 카메라 등 사고를 실질적으로 예방하는 인프라 투자를 대폭 강화해야 합니다.

ⓒ 선택과 집중을 통한 단속 및 계도 : 사고 다발 시간대 및 구간, 상습 위반 행위에 대해 단속 및 계도 역량을 집중하는 것이 효율적입니다.

ⓔ 운전자 교육 및 인식 개선 병행 : 처벌과 규제뿐 아니라 어린이 보호구역의 중요성과 안전 운전 방법에 대한 체계적인 교육 및 홍보를 강화하여 운전자의 자발적인 인식 개선을 유도해야 합니다.

결론적으로 현행의 획일적인 24시간 규제 방식은 재검토되어야 합니다. 대신 실질적인 사고 예방 효과와 사회적 수용성을 높일 수 있는 데이터에 기반한 합리적이고 유연한 방식으로 개선하는 것이 바람직하다고 생각합니다.

👤 〈답변〉

(2) **24시간 획일적 규제 찬성 입장** : 어린이보호구역 24시간 속도 규제에 대해 찬성하는 입장에서 말씀드리겠습니다. 저는 이 규제가 어린이 교통안전을 최우선으로 확보하기 위한 필수적인 조치로 필요하다고 생각합니다.

① 찬성 핵심 논거(어린이 안전 최우선 확보)

ⓐ 상시적 위험 노출 : 어린이는 정규 등하교 시간뿐만 아니라 학원, 놀이터 이용, 주말 활동 등 예측 불가능한 시간과 요일에 보호구역을 통행합니다. 따라서 특정 시간대에 국한하지 않는 24시간 보호 체계가 아이들의 안전을 지키는 데 반드시 필요합니다.

ⓑ 사고 발생의 비예측성 : 교통사고는 언제 어디서든 예기치 못한 순간에 발생할 수 있습니다. 심야나 새벽이라 할지라도 어린이가 보호구역 내에 있을 '가능성'이 조금이라도 존재한다면 운전자의 서행은 사고 예방의 가장 기본적이고 확실한 방법입니다.

ⓒ 운전자 행태 변화 유도 : 24시간 일관된 속도 규제는 운전자에게 어린이보호구역 내에서는 '항상' 서행해야 한다는 명확하고 강력한 메시지를 전달합니다. 이는 안전 운전 습관을 자연스럽게 형성하도록 유도하며, 시간대별로 규제가 달라지는 복잡한 방식보다 단순하고 명확한 규칙이 혼란을 줄이고 더 높은 안전 효과를 가져올 수 있습니다.

② 반대 측 우려에 대한 찬성 측 입장

    ㉠ **교통 흐름 및 효율성 문제 관련**: 일부 시간대의 교통 불편함이 발생할 수 있다는 점은 인지합니다. 하지만 단 한 명의 어린이라도 그 생명과 안전을 지키는 것은 그 어떤 교통 효율성이나 운전자의 작은 편의와도 비교할 수 없는 최상위 가치입니다. 안전을 위한 최소한의 불편은 우리 사회 전체가 기꺼이 감수해야 할 책임이라고 생각합니다.

    ㉡ **규제 실효성 문제 관련**: 설령 심야 시간대 어린이 통행 빈도가 낮다고 할지라도 그 시간대에 발생하는 단 한 건의 치명적인 사고라도 예방할 수 있다면 규제의 실효성은 충분하다고 보아야 합니다. 또한 24시간 일관된 규제는 운전자의 경각심을 상시 유지시켜 오히려 주간 시간대의 규제 준수율을 높이는 긍정적인 간접 효과도 기대할 수 있습니다.

    ㉢ **운전자 수용성 문제 관련**: 모든 정책에는 일부 반대 의견이 있을 수 있습니다. 중요한 것은 지속적인 홍보와 교육을 통해 어린이 안전의 중요성에 대한 국민적 공감대를 넓혀가는 것입니다. 우리 아이들의 안전이라는 대의 앞에서는 개인의 작은 불편함은 충분히 양보하고 이해할 수 있어야 한다는 사회적 합의를 만들어 가야 합니다.

결론적으로 어린이보호구역 24시간 속도 규제는 일부에서 제기하는 불편함이나 비효율성에 대한 우려에도 불구하고 우리 사회가 미래 세대인 어린이의 안전을 지키기 위해 반드시 선택하고 유지해야 할 필수적인 정책이라고 생각합니다.

❹ 중국인 등 외국인에 의한 테러위협, 안보정보 유출 문제에 대한 대책은?

〈답변〉

최근 외국인 또는 외국 연계 세력에 의한 테러 위협 및 안보 정보 유출 문제의 심각성과 위협은 대한민국의 안보와 국익에 매우 심각하고 실질적인 도전이며 이에 효과적으로 대응하는 데에는 몇 가지 현실적인 문제점과 법리적 한계가 존재합니다. 따라서 이러한 문제점을 명확히 인식하고 극복하기 위한 다층적이고 종합적인 대책 마련이 시급합니다.

(1) 대응의 문제점

① 법 적용의 한계(중국 관련 등)

    ㉠ **형법 적용 제한**: 형법 제98조(간첩)는 '<u>적국을 위하여</u> 간첩하거나 적국의 간첩을 방조한 자는 사형, 무기 또는 7년 이상의 징역에 처한다.'고 규정하고 있는데 중국과 같이 '적국'에 해당하지 않는 국가의 간첩행위에 대하여는 적용할 수 없습니다(국회에서 개정안 논의 중).

    ㉡ **국가보안법 적용 제한**: 국가보안법 제4조(목적수행)는 '<u>반국가단체</u>'의 행위에 대하여 적용할 수 있으므로 중국과 같이 반국가단체로 규정되지 않은 국가에 대하여는 적용할 수 없는 문제점이 있습니다.

② **위협의 지능화 · 고도화**: 국가적 지원을 받는 것으로 의심되는 세력 등은 첨단 해킹 기술, 내부자 포섭, 합법 위장 접근 등 매우 지능적이고 고도화된 수법을 사용하므로 이를 완벽히 탐지하고 차단하는 데 큰 어려움이 있습니다.

③ **내부자 관리의 한계**: 금전적 유혹, 개인적 불만 등 다양한 동기로 인한 내부 구성원의 정보 유출 시도를 100% 예방하고 적발하기는 현실적으로 불가능에 가깝습니다.

④ **부처 간 협력 및 정보 공유 미흡**: 관련 정보를 가진 국정원, 경찰, 군, 검찰, 정부 부처 등 기관 간 칸막이로 인해 유기적인 정보 공유와 신속한 공조 대응이 원활하지 못한 경우가 발생할 수 있습니다.

(2) 필요한 대응 방안

① **법·제도적 기반 강화**: 군사기밀보호법, 산업기술보호법, 부정경쟁방지법 등의 처벌 수위를 강화하고 형법/국보법 적용이 어려운 부분에 대한 처벌 공백을 메울 수 있도록 관련 법률을 지속적으로 정비·보완해야 합니다.

② **정보 및 방첩 역량 극대화**: AI, 빅데이터 기반의 위협 예측 및 분석 시스템을 고도화하고 사이버 공간에서의 방첩 및 감시 역량을 획기적으로 강화해야 합니다.

③ **국제 공조 강화**: 우방국 정보·수사기관과의 신뢰성 있는 정보 공유 채널을 확대하고 초국가적 위협에 대한 공동 대응 및 공조 수사를 활성화해야 합니다.

④ **내부 보안 시스템 개선**: 공직자 및 핵심 분야 종사자에 대한 채용 시 재직 중 보안 신원조사를 내실화하고 기술적으로 핵심 서버 및 데이터베이스 접근 통제 강화, 유출 탐지 및 차단 시스템 고도화 등 기술적 보안 조치를 최고 수준으로 강화해야 합니다.

⑤ **사회적 방위 태세 확립 및 국민 인식 제고**: 안보 위협의 실체와 심각성에 대한 국민적 경각심을 높이는 교육 및 홍보를 강화하고 의심 사례 발생 시 안심하고 신고할 수 있는 시스템을 활성화해야 합니다.

⑤ 외국인 범죄 동향은?

답변

최근 특히 문제가 되는 유형으로는 국제 연계 마약류 범죄, 보이스피싱 등 국경을 넘나드는 조직적 사기 범죄, 그리고 일부 강력 범죄 및 외국인 조직 폭력 등을 들 수 있습니다. 이러한 범죄들은 사회에 미치는 해악이 크고 국민 불안을 야기하므로 각 유형별 특성을 고려한 전문적이고 강력한 대응책 마련과 국제 공조 강화가 시급하다고 생각합니다.

(1) **마약류 범죄**: 국제 마약 조직과 연계되어 대규모로 밀반입되거나 국내 체류 외국인들이 점조직 형태로 유통망을 형성하여 판매 및 투약하는 사례가 급증하고 있습니다. 인터넷, SNS 등을 이용한 비대면 거래 방식으로 진화하며 확산 속도가 매우 빠릅니다.

(2) **조직적 사기(보이스피싱 등)**: 해외에 콜센터 등 범죄 기반을 두고 내국인을 대상으로 하거나 외국인 조직원이 국내에서 인출, 송금, 중계기 관리 등 역할을 분담하며 조직적으로 가담하는 형태가 많습니다. 막대한 금전적 피해를 야기하고 범죄 수익이 해외로 유출되는 심각한 문제입니다.

(3) **강력 범죄 및 조직 폭력**: 살인, 강도, 성폭력 등 중대 강력 범죄에 외국인이 피의자로 연루되는 사례가 발생하여 사회적 충격을 주고 있습니다. 또한 특정 국가 출신 외국인들이 집단화하여 자국민 또는 내국인을 상대로 폭력을 행사하거나 이권 다툼을 벌이는 등 조직 폭력 양상을 보이는 경우도 문제입니다.

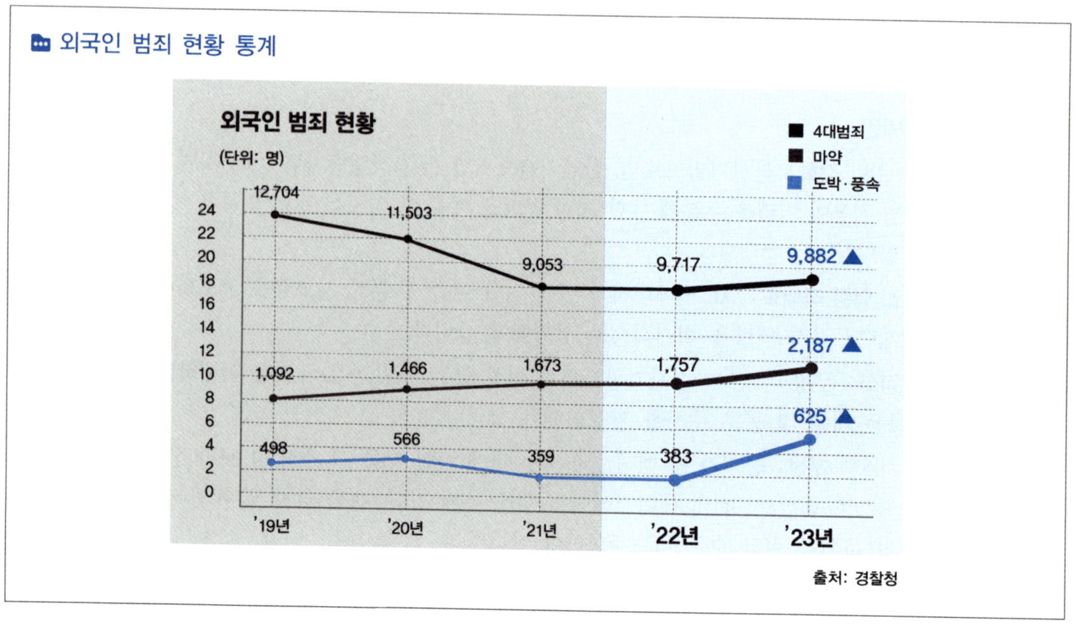

6 고령화 사회의 문제점과 해결 방안은?

답변

<u>우리나라는 2024년 12월 23일 현재, 65세 이상 인구수가 전체 주민등록 인구의 20%를 넘어서, 초고령 사회에 진입하였습니다.</u> 초고령사회에서 경찰은 노인 대상 범죄 예방 및 피해자 보호를 강화하는 동시에 고령 운전자 교통사고나 노인 성범죄 등 노인이 가해자가 되는 새로운 치안 문제에도 효과적으로 대응해야 합니다. 모든 범죄에 대해 연령을 불문하고 법과 원칙에 따라 엄정하게 대처하되 필요한 경우 고령 가해자의 특수성(건강, 인지 능력 등)을 고려한 섬세한 접근과 예방적 노력을 병행해야 한다고 생각합니다.

(1) **노인 대상 범죄 예방 및 피해자 보호 강화**

　① 맞춤형 범죄 예방 : 노인 대상 사기, 학대, 절도 등 예방 교육을 강화합니다.

　② 취약 노인 보호 : 독거·치매 노인 등 대상 순찰 강화 및 지역사회 연계에 따른 적절한 보호를 합니다.

　③ 노인 학대 적극 대응 : 신속한 초동 조치, 유관기관 공조를 강화합니다.

　④ 피해 노인 지원 연계 : 심리·법률·의료 등 지원 기관 연계를 강화합니다.

(2) **노인 관련 사건·사고 대응 역량 강화**

　① 실종 노인 신속 발견 : 사전등록제 활성화, 위치추적 활용, 지역사회 공조를 강화합니다.

　② 고독사 등 변사 처리 : 존엄성 존중 및 복지를 연계합니다.

(3) 노인이 가해자인 범죄에 대한 대응

① 노인 절도 범죄 대응 : 주로 '생계형 절도'가 발생합니다.

  ㉠ 선제적 예방 강화 : 노인 대상 교육 확대, 독거노인 등 취약계층 관리

  ㉡ 사건 처리 시 특수성 고려 : 생계형 절도에 대하여 처벌은 최소화하고 복지·일자리 등 유관기관 연계로 실질적 지원, 정신건강 문제는 전문기관 연계하여 치료·상담 지원

  ㉢ 재범 방지 및 사회복귀 지원 : 상담 프로그램 및 사회 정착 지원

② 고령 운전자 교통사고 문제 대응 : 노인 운전자의 안전 운전 교육 및 홍보를 강화합니다.

  ㉠ 면허 관리 제도 지원 협조 : 조건부 면허 제도, 면허 갱신 주기 단축, 자진 반납 활성화 등

  ㉡ 사고 분석 및 환경 개선 : 노인보호구역 확대 및 정비, 교통 안전 시설 개선 등

③ 노인 성범죄 등 기타 범죄 대응

  ㉠ 법과 원칙에 따른 엄정 수사 : 가해자의 연령과 상관없이 성범죄를 포함한 모든 범죄 행위에 대해서는 피해자 보호를 최우선으로 법과 원칙에 따라 철저히 수사합니다.

  ㉡ 특수성 고려 및 관계 기관 연계 : 다만 수사 및 사후 처리 과정에서 가해 노인의 치매 등 심각한 인지 능력 저하나 정신 질환 등이 확인될 경우에는 사건 처리와 별도로 보호자 통보, 의료기관 또는 노인보호전문기관 등 관련 기관과의 연계를 통해 적절한 보호 또는 치료 조치가 이루어질 수 있도록 지원하는 역할도 필요합니다.

(4) 사회 질서 유지 및 공동체 치안 강화

① 세대 갈등 예방 및 관리 : 공정한 관리 및 대화 노력을 지원합니다.

② 지역사회와의 협력 강화 : 유관기관·단체와의 네트워크 구축 및 공동으로 노력합니다.

③ 경찰 내부 역량 강화 : 고령화 사회 특화 교육(노인 심리, 치매, 노인 학대 등) 지속합니다.

결론적으로 초고령사회에서 경찰은 노인 세대를 보호의 대상으로만 보는 시각에서 벗어나, 때로는 법 집행의 대상이 될 수도 있습니다. 따라서 피해자 보호에 만전을 기하는 동시에, 노인이 가해자인 범죄에 대해서도 법과 원칙에 따라 엄정하게 대응하되 그 과정에서 필요한 경우 연령적·건강적 특수성을 고려하는 섬세함을 발휘해야 한다고 생각합니다.

📖 노인 범죄 증가

경찰청에 따르면, <u>2023년 기준으로 61세 이상 고령층이 전체 절도 범죄 피의자의 30.8%를 차지하며 가장 높았다.</u> 전문가들은 절도 범죄 피해 금액의 75.8%가 100만 원 이하인 점을 고려할 때, 생계형 범죄에 내몰린 고령층이 증가한 것으로 분석했다. 〈국민일보 25.5.12. 참조〉

코칭 경찰면접

부록

① 인성검사의 원리

인성검사는 개인의 비교적 안정적인 사고, 감정, 행동 패턴, 즉 '성격(Personality)'을 체계적으로 측정하고 이해하기 위해 설계된 도구입니다. 그 원리는 주로 다음과 같은 심리학적, 통계적 원칙에 기반합니다.

(1) 특성 이론 기반

① 대부분의 인성검사는 성격이 여러 가지 '특성'의 조합으로 이루어져 있다고 가정합니다. 예를 들어 외향성, 성실성, 정서적 안정성 등과 같은 비교적 안정적이고 개인 간 차이를 보이는 차원들이 존재한다고 봅니다.

② 검사는 이러한 각 특성의 수준을 측정하는 것을 목표로 합니다.

(2) 행동의 일관성 및 예측 가능성 가정

① 개인의 성격 특성은 특정 상황에서 나타나는 행동이나 반응 방식에 일관되게 영향을 미친다고 가정합니다. 예를 들어 '성실성'이 높은 사람은 일반적으로 계획적이고 책임감 있는 행동을 보일 가능성이 높다고 봅니다.

② 이를 바탕으로 검사 결과를 통해 특정 상황(예 직무 환경)에서의 개인의 행동이나 적응 수준을 예측하고자 합니다. 이것이 바로 예측 타당도의 개념입니다.

(3) 자기 보고(Self-Report) 방식 활용

① 가장 일반적인 인성검사 방식은 개인이 스스로 자신의 행동, 생각, 감정에 대해 주어진 문항에 응답하는 것입니다.

② 이는 개인이 자기 자신에 대해 가장 잘 알고 있다는 가정에 기반하지만 동시에 사회적 바람직성 편향 (좋게 보이려는 경향), 자기 인식 부족 등의 한계도 가질 수 있습니다. 이를 보완하기 위해 후술할 타당도 척도 등이 사용됩니다.

(4) 측정의 표준화

① 모든 응답자에게 동일한 문항, 동일한 시간 제한(있을 경우), 동일한 지시 사항을 제공하고 채점 및 해석 과정을 일관되게 적용합니다.

② 표준화를 통해 개인 간의 점수를 객관적으로 비교할 수 있게 됩니다.

(5) 규준(Norms) 기반 해석

① 개인의 점수 자체만으로는 의미를 해석하기 어렵습니다. 따라서 특정 집단(예 특정 연령대, 직업군, 전체 성인 등)의 평균적인 반응 경향 즉 '규준'과 비교하여 개인의 상대적인 위치를 파악합니다.

② 예를 들어, '외향성' 점수가 80점이라고 할 때, 이것이 높은지 낮은지는 해당 검사의 규준 집단 평균 및 분포와 비교해야 알 수 있습니다(예 상위 10%에 해당).

⑹ **심리측정학적 원리 적용**

① 신뢰도 : 검사가 얼마나 일관되고 안정적으로 측정하는지를 의미합니다. 같은 사람에게 시간 간격을 두고 검사를 반복했을 때(검사–재검사 신뢰도) 또는 검사 내 유사 문항들 간의 일관성(내적 합치도) 등이 높아야 신뢰성이 높다고 봅니다.

② 타당도 : 검사가 측정하고자 하는 성격 특성을 실제로 얼마나 정확하게 측정하는지를 의미합니다. 내용 타당도(문항이 특성을 잘 반영하는가), 준거 관련 타당도(검사 점수가 실제 행동이나 성과와 관련 있는가), 구성 타당도(검사가 이론적 구성 개념을 잘 측정하는가) 등이 중요합니다.

⑺ **통계적 분석 및 문항 구성**

① 문항 개발 시 통계적 기법(**예** 요인 분석)을 사용하여 특정 성격 특성을 측정하는 문항들을 묶고 변별력이 낮거나 다른 특성과 혼동되는 문항은 제거하는 등 정교화 과정을 거칩니다.

② 응답 왜곡 가능성(**예** 너무 좋게 보이려는 경향, 무작위 응답)을 탐지하기 위한 타당도 척도를 포함하여 결과의 신뢰성을 높입니다(**예** 일관성 척도, 사회적 바람직성 척도 등).

요약하자면 인성검사는 개인의 성격을 여러 안정적인 '특성'으로 구분하고 표준화된 질문에 대한 개인의 응답 패턴을 통해 각 특성의 상대적 수준을 측정합니다. 이는 심리측정 이론에 기반하여 신뢰도와 타당도를 확보하고 규준 집단과의 비교를 통해 결과를 해석하며 궁극적으로는 특정 목적(**예** 채용, 상담, 자기 이해)에 맞게 개인의 행동이나 적응을 예측하거나 이해하는 데 사용되는 원리입니다.

② 주의할 점

⑴ **솔직하고 일관성 있게 답변하세요.**

① 정답은 없습니다 : 인성검사는 지식이나 능력을 평가하는 시험이 아니라, 개인의 성향, 행동 패턴, 가치관 등을 파악하기 위한 도구입니다. '정답'을 찾으려 하거나 특정 직무에 맞춰 이상적인 모습을 꾸미는 것은 지양해야 합니다.

② 자신을 그대로 보여주세요 : 평소 자신의 생각이나 행동 방식에 대해 솔직하게 답하는 것이 가장 중요합니다. 의도적으로 자신을 포장하려 하면 오히려 답변의 일관성이 떨어져 신뢰도를 잃거나 결과가 왜곡될 수 있습니다.

③ 일관성 유지 : 검사에는 유사하거나 의미가 반대되는 문항들이 포함되어 응답의 일관성을 확인합니다. 각 문항을 주의 깊게 읽고 전체적으로 자신의 모습과 일치하도록 일관되게 답변해야 합니다.

⑵ **문항을 주의 깊게 읽고 이해하세요.**

① 문항의 의미 파악 : 각 문항이 무엇을 묻고 있는지 정확히 이해한 후 답변도록 합니다. 비슷해 보이는 문항이라도 미묘한 차이가 있을 수 있습니다.

② 부정문/긍정문 확인 : '전혀 그렇지 않다', '매우 그렇다' 와 같은 척도나 '아니다', '거의 없다' 와 같은 부정 표현에 유의하여 실수하지 않도록 합니다.

(3) 너무 깊게 생각하거나 고민하지 마세요.

① **첫 느낌, 평소의 나**: 질문을 읽고 떠오르는 첫 느낌이나 평소 자신의 모습에 가장 가깝다고 생각되는 답변을 선택하는 것이 좋습니다. 특정 상황을 가정하거나 너무 복잡하게 생각하면 오히려 답변이 어려워지고 일관성을 잃기 쉽습니다.

② **시간 안배**: 문항 수가 많으므로 한 문항에 너무 오래 시간을 끌지 않도록 주의해야 합니다. 대체로 즉각적인 반응이 더 솔직한 경향을 반영한다고 봅니다.

(4) 극단적인 답변은 신중하게 선택하세요.

① '매우 그렇다' 또는 '전혀 그렇지 않다'와 같은 극단적인 답변을 연속적으로 너무 많이 선택하는 것은 응답의 진실성이나 일관성에 대한 의문을 유발할 수 있습니다.

② 자신의 성향이 실제로 그렇다면 솔직하게 답하는 것이 맞지만 의도적으로 특정 이미지를 만들기 위해 극단적인 답을 남발하는 것은 피하는 것이 좋습니다.

(5) 모든 문항에 답변하세요.

① 시간 부족이나 기타 이유로 답변하지 못한 문항이 많으면 검사 결과를 제대로 분석하기 어렵거나 **결과가 무효 처리될 수 있습니다**. 가능한 모든 문항에 빠짐없이 답변하도록 합니다. 정말 판단하기 어려운 문항이라도 가장 가깝다고 생각되는 쪽을 선택하는 것이 좋습니다.

② 250문항을 30분 내에 마킹해야 하므로 문제를 읽고 바로 싸인펜으로 마킹해야 합니다. 문제지에 답을 표시한 후 옮겨적으려 하면 시간이 부족합니다. 많은 사람들이 시간 내에 문제를 다 읽지 못하여 빈칸으로 두고 나오는 경우가 있으니 시간 안배에 특히 유의해야 합니다.

(6) 최상의 컨디션에서 응시하세요.

① **집중할 수 있는 환경**: 조용하고 방해받지 않는 환경에서 검사에 응시하는 것이 중요합니다.

② **충분한 휴식**: 피곤하거나 스트레스가 많은 상태에서는 집중력이 떨어지고 응답의 일관성에도 영향을 줄 수 있습니다. 비교적 컨디션이 좋을 때 응시하는 것이 바람직합니다..

③ **안정된 인터넷 환경(온라인 검사 시)**: 온라인으로 진행될 경우 인터넷 연결이 안정적인지 미리 확인하여 중간에 끊기는 일이 없도록 합니다.

(7) 검사의 목적을 이해하세요.

인성검사는 단순히 '좋고, 나쁨'을 가리는 것이 아니라 지원자와 직무/조직 간의 적합성(Fit)을 확인하기 위한 과정입니다. 자신에게 잘 맞는 환경을 찾는 기회라고 생각하고 편안한 마음으로 임하는 것이 좋습니다.

❸ 일관성에 관하여

인성검사에서 응답의 일관성은 검사 결과의 신뢰도와 타당도를 판단하는 매우 중요한 요소입니다. 평가자(또는 시스템)는 응답자가 얼마나 진솔하고 일관되게 자신을 표현했는지를 파악하기 위해 여러 가지 방법을 사용합니다.

(1) 평가 방식

① 유사 문항 반복 측정

ㄱ. 검사 내에는 의미상 유사하거나 같은 특성을 측정하는 문항들이 다른 표현으로 포함되어 있습니다.

> **예** • "나는 새로운 사람들과 만나는 것을 즐긴다."(척도 : 매우 그렇다)
> • "나는 낯선 사람들과 대화하는 것이 편안하다."(척도 : 그렇다)
> • "나는 혼자 있는 시간보다 사람들과 어울리는 시간이 더 좋다."(척도 : 보통이다)

ㄴ. 위와 같이 유사한 내용을 묻는 문항들에 대해 응답자가 일관된 경향(예, 모두 긍정적이거나 모두 부정적인 방향)으로 답하는지 확인합니다. 만약 한 문항에는 '매우 그렇다'고 답하고 유사한 다른 문항에는 '전혀 그렇지 않다'고 답하는 등 응답 편차가 크다면 일관성이 부족하다고 판단될 수 있습니다.

② 반대 의미 문항 활용

ㄱ. 하나의 특성에 대해 긍정적인 방향과 부정적인 방향의 질문을 모두 포함시킵니다.

> **예** • "나는 계획을 세우고 체계적으로 일하는 것을 좋아한다."(척도 : 매우 그렇다)
> • "나는 즉흥적으로 일을 처리하는 것을 더 선호한다."(척도 : 전혀 그렇지 않다)

ㄴ. 만약 위 두 문항 모두에 '매우 그렇다' 또는 '전혀 그렇지 않다'와 같이 논리적으로 모순되는 방식으로 응답한다면, 응답의 신뢰도에 의문이 제기될 수 있습니다. 이는 응답자가 질문 내용을 제대로 읽지 않았거나, 특정 방향으로만 답하려는 경향이 있거나, 의도적으로 자신을 포장하려 했을 가능성을 시사합니다.

③ 타당도 척도 활용

ㄱ. 많은 표준화된 인성검사에는 응답의 일관성이나 진실성을 측정하기 위한 별도의 '타당도 척도'가 포함되어 있습니다.

ㄴ. 일관성 척도 : 위에서 설명한 유사/반대 문항들에 대한 응답 패턴을 종합적으로 분석하여 일관성 점수를 산출합니다. 이 점수가 특정 기준을 벗어나면 결과의 신뢰도를 낮게 평가하거나 무효 처리할 수 있습니다.

ㄷ. 비전형 척도 : 매우 드물거나 사회적으로 거의 일어나지 않는 행동/생각에 대한 문항(예, "나는 한 번도 거짓말을 해본 적이 없다")을 포함시켜 이러한 문항에 비정상적으로 많이 '그렇다'라고 답하는 경우 응답의 진실성이나 성실성을 의심합니다. 이 역시 일관성 부족과 연관될 수 있습니다.

(2) 일관성 평가 결과의 영향

① 신뢰도 하락 : 일관성이 부족하면 검사 결과를 신뢰하기 어렵다고 판단합니다.

② 결과 무효 처리 : 심각하게 일관성이 부족하거나 타당도 척도에서 문제가 발견되면 검사 결과 자체가 무효 처리될 수 있습니다.

③ 부정적 해석 : 응답자가 불성실하거나, 자기 인식이 부족하거나, 의도적으로 자신을 왜곡하려 했다고 해석될 수 있어 평가에 불리하게 작용할 수 있습니다.

따라서 인성검사에 응시할 때는 각 문항을 주의 깊게 읽고 자신의 생각이나 평소 행동에 대해 솔직하고 일관되게 답변하는 것이 중요합니다. 특정 이미지를 만들려고 의식하기보다는 진솔하게 답변하는 것이 오히려 더 좋은 결과를 얻는 방법일 수 있습니다.

01 다음 보도자료를 통해 추론할 수 있는 내용으로 가장 적절한 것은?

> 경찰청 국가수사본부는 3월 24일부터 10월 31일까지 민생침해형 사이버 사기 <금융범죄>를 집중적으로 단속할 예정이다. 최근 기술 발전으로 생필품은 물론 금융상품·가상자산까지 비대면 거래가 가능해지는 등 생활·경제활동 양식 변화가 빠르게 진행되면서 비대면·고액 거래에 대한 국민의 경각심은 낮아졌지만 금융·가상자산 가치는 급격히 상승하였다.
>
> 이에 피해자 개인·금융 정보를 받아 다른 범행에 이용해 피해자에게 형사책임을 전가하거나 또 다른 피해자에게는 다른 수법의 사기 범행으로 2차 피해를 가하는 사례가 발견되는 등 범죄 수법이 빠르게 악성화되고 있다. 경찰청은 이러한 수법 변화에 대응하기 위해 △조직적·악성 사기를 중점 단속 대상으로 선정하고 시도경찰청 반부패·경제범죄수사대, 사이버수사대 등 전문 수사 인력을 투입하는 등 강도 높고 종심 깊은 수사를 통해 민생침해형 사이버사기·금융범죄를 엄단할 예정이다.

① 과거에는 비대면 거래가 가능한 금융상품이 없었다
② 최근 가상자산의 가치가 하락하여 비대면 거래가 위축되고 있다
③ 민생침해형 사이버 사기는 대부분 조직적인 형태로 이루어진다
④ 기술 발전이 항상 범죄 예방에 긍정적인 영향을 미치는 것은 아니다

02 다음 중 접속사의 사용이 올바르지 않은 것은?

① 비록 날씨가 춥지만 그는 외출했다
② 그는 배가 고프지만 밥을 먹었다
③ 눈이 와도 출근은 해야 한다
④ 그는 열심히 공부했고 시험에 합격했다

03 대원 (가)와 (나)는 같은 출동팀이고, (나)는 (다)보다 먼저 출동했다. 다음 중 참일 가능성이 가장 높은 것은?

① (가)는 (다)보다 늦게 출동했다
② (나)는 (가)보다 먼저 출동했다
③ (다)는 (가)보다 먼저 출동했다
④ (다)는 마지막에 출동했다

04 다음은 일정한 규칙을 가지고 있다. (괄호) 속에 들어갈 숫자로 적절한 것은?

| 1 | 3 | 3 | 2 | 4 | 8 | 5 | ( ) | 30 |

① 4   ② 5
③ 6   ④ 7

05 다음은 일정한 규칙을 따르고 있다. (괄호) 속 숫자로 가장 적절한 것을 고르시오.

$$31 \triangleright 3 \triangleright 1$$
$$27 \triangleright 9 \triangleright 0$$
$$76 \triangleright 6 \triangleright 4$$
$$44 \triangleright ( ) \triangleright 4$$

① 2   ② 3
③ 5   ④ 7

정답 및 해설

01 ④ 02 ② 03 ④ 04 ③ 05 ③

01 ④ 지문에서 "최근 기술 발전으로 … 비대면 거래가 가능해지는 등 … 비대면·고액 거래에 대한 국민의 경각심은 낮아졌지만 … 범죄 수법이 빠르게 악성화되고 있다"는 내용으로 미루어 볼 때, 기술 발전이 범죄 수법 악화에 기여하고 있음을 추론할 수 있다. 이는 기술 발전이 항상 긍정적인 영향만 미치는 것은 아님을 시사한다.

02 ② "–지만"은 대조나 반대의 의미를 연결할 때 사용한다. 주어진 보기에서 "배가 고프다"와 "밥을 먹다"는 인과관계이므로 "배가 고파서 밥을 먹었다." 또는 "배가 고프기 때문에 밥을 먹었다"등의 문장으로 수정되어야 한다.

03 ④ (가)와 (나)는 같은 출동팀이므로 비슷한 시간대에 출동했을 가능성이 높다. (다)보다 (가), (나)가 먼저 출동했으므로 (다)가 마지막 출동일 가능성이 가장 높다.

04 ③ 다음은 일정한 규칙성으로 몇 항씩 묶어 나눈 수열인 군수열이다. 3개씩 묶음으로 1×3=3, 2×4=8, 5×( )=30을 의미한다.

05 ③ 다음 규칙은 나눗셈과 나머지에 대한 것으로, 31÷3=10…1(나머지 1), 27÷9=3(나머지 없음), 76÷6=12…4(나머지 4) 이다.
그러므로 44÷( )=▲…4(나머지 4)가 나오기 위해서는 44에서 4를 뺀 40의 공약수(1, 2, 4, 5, 8, 10, 20, 40) 중, 나머지 4보다 큰 5, 8, 10, 20, 40가 해당되며, 보기 ③번의 5가 정답이다.

06 장비 A와 B의 각각의 점검 시간 합이 90분이다. A는 B보다 두 배 시간 소요되었다면, A와 B 각각의 점검 소요 시간은?

① A = 30분, B = 60분
② A = 45분, B = 45분
③ A = 50분, B = 40분
④ A = 60분, B = 30분

07 민원이 폭주하여 대기시간이 길어진 상황이다. 민원인이 불만을 토로할 때 적절한 태도는?

① 무시하고 업무를 계속한다
② "지금 이 상황이 보이지 않으세요?"라고 반문한다
③ 사과하고 대기시간을 설명한다
④ 책임을 다른 부서로 넘긴다

08 A 순경은 같은 부서의 박경장이 4월부터 육아휴직을 들어가며 주요 행정 업무를 인수인계받았다. 그러나 인수인계 자료에 포함되지 않은 추가 업무가 계속 발생해 처리에 곤란을 겪고 있다. 이 상황에서 A 순경의 가장 적절한 대응은 무엇인가?

① 다른 동료에게 해당 업무를 대신 맡아 달라고 부탁한다
② 상사에게 자료가 없어 업무 처리가 어렵다고 보고하고 업무에서 배제해 달라고 요청한다
③ 본인이 아는 업무는 먼저 처리하고, 모르는 사항은 전 담당자에게 문의한다
④ 친한 동기에게 상황이 힘들다고 하소연한다

09 당신은 교통사고 현장에 가장 먼저 도착한 경찰관이다. 피해자가 의식을 잃은 상태이다. 가장 먼저 해야 할 일은?

① 목격자를 찾는다
② 사고 사진을 찍는다
③ 주변 차량 통제를 한다
④ 구급차를 부른다

10 다음 문장들을 논리적인 순서로 배열할 때 가장 적절한 순서는?

A. 경찰은 시민의 안전을 지키는 역할을 한다.
B. 또한 긴급 상황에서는 신속하게 대응해야 한다.
C. 이를 위해 다양한 범죄 예방 활동을 수행한다.
D. 따라서 경찰의 역할은 매우 중요하다.

① A – B – C – D
② A – C – B – D
③ B – A – C – D
④ C – B – A – D

부록

정답 및 해설 06 ④ 07 ③ 08 ③ 09 ④ 10 ②

06 ④ A+B=90
A=2B
A=60(분), B=30(분)

07 ③ 민원인의 입장에 대해 고려하여야 한다. 사과와 함께 예상시간을 안내한다.

08 ③ 경찰은 현장에서 예상치 못한 업무를 마주할 수 있다. 주어진 자료로 우선 할 수 있는 업무를 처리한 후, 추가 정보가 필요한 업무에 대해서는 적절한 방식으로 확인하는 자세가 필요하다. 전임자에게 문의하는 것은 효율적인 문제해결 방식이다.

09 ④ 위급한 상황이므로 피해자의 생명을 지키기 위한 안전 확보와 치료를 최우선하여야 한다.

10 ② A : 주제 제시 – "경찰은 시민의 안전을 지킨다."
C : 이를 위해 어떤 활동을 하는지 구체화 – "범죄 예방 활동 수행"
B : 추가적인 역할 설명 – "긴급 상황 대응"
D : 결론 – "그래서 경찰의 역할은 중요하다."

11 출동기록표에서 출동 건수가 가장 많은 시간대는?

시간대	출동 빈도	평균 처리시간	시간대	출동 빈도	평균 처리시간
0-3시	2	20분	12-15시	2	24분
3-6시	3	32분	15-18시	7	22분
6-9시	12	38분	18-21시	11	40분
9-12시	2	30분	21-24시	4	30분

① 0-6시
③ 12-18시

② 6-12시
④ 18-24시

12 A시 경찰서 관할 인구는 10만 명이며 이 지역의 연간 범죄 발생률은 인구대비 0.8%이다. 전체 발생한 범죄 중 75%가 검거된다고 할 때, 연간 미검거된 범죄 건수는 얼마인가?

① 200건
③ 300건

② 250건
④ 350건

13 다음 도형의 변화하는 특징의 파악하여 (?) 위치에 나올 도형을 찾아라.

 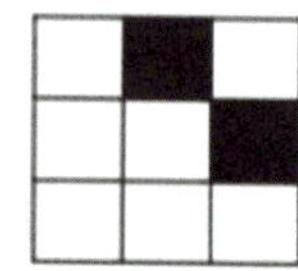 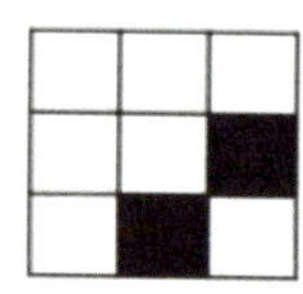 

① 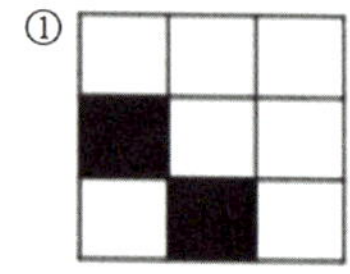 ② 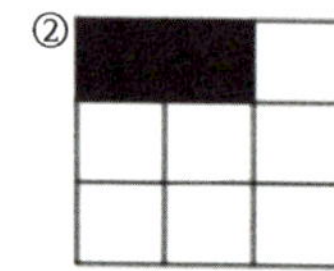 ③ 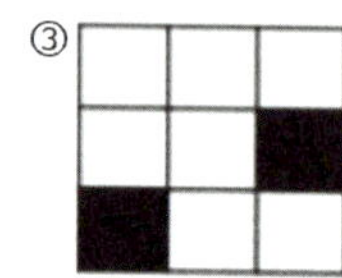 ④  ⑤ 

14 다음은 일부 광역시의 범죄 통계이다. 대전광역시의 주민등록인구는 약 145만 명이고, 연간 범죄발생건수는 39,982건이다. 인구 1,000명당 범죄발생건수는 얼마인가?(계산 결과는 소수 첫째 자리까지 반올림하시오.)

행정구역	인구 천명당 범죄발생건수	범죄발생건수(건)	주민등록인구(명)
서울특별시	27.1	257,969	9,509,458
대전광역시	( )	39,982	1,452,251
대구광역시	28.5	67,915	2,385,412
부산광역시	30.0	100,439	3,350,380

① 25.3
② 27.5
③ 28.6
④ 29.3

15 당신은 사건 현장을 통제 중이다. 이때 피해자의 가족이 큰 소리로 항의하며 안으로 들어 가겠다고 주장한다. 어떻게 대응하는 것이 가장 적절한가?

① 물리력을 써서 통제한다
② 신속한 현장 처리를 위해 무시하고 일에 집중한다
③ 감정적으로 대응하되 법적 조치를 경고한다
④ 유가족의 감정을 이해하며 통제의 필요성을 충분히 설명하고 설득한다

정답 및 해설　11 ④　12 ①　13 ①　14 ②　15 ④

11 ④ 출동 빈도가 가장 높은 시간대는 18-24시로 총 15회이다. 주어진 표에서 확인 가능한 18-21시 11회, 21-24시 4회를 확인할 수 있다.

12 ① 10만*0.008=800
　　800*(1-0.75)=200

13 ① 시계방향으로 90도씩 회전하고 있다.

14 ② 39,982÷1,452=27.535…

15 ④ 공감능력, 감정조절, 시민 대응 태도 평가하기 위함이다.

박용증

주요 약력

- 현) 박문각 경찰면접 전임강사(2022~)
- 현) 하우패스 경찰승진 경찰실무종합(2024~)
- 전) 박문각 경찰학 전임강사(2021~2023)
- 전) 동원대, 신안산대 경찰행정학과 겸임교수(2022~2023)
- 전) 서울경찰청 채용 면접위원(2018~2019)
- 수사실무, 경무·생안·교통·정보·112 과장 등
- 홍콩·필리핀 대사관 경찰주재관
- 경찰간부후보생 43기 수료
- 한양사이버대학원 경찰법무학과 석사
- 동국대 경찰행정학과 졸업

주요 저서

- 아두스 경찰학(박문각, 2021~2023)
- 아두스 경찰실무종합(베리타스, 2020~2025) 등
- 박문각 경찰 코칭 경찰면접

장민영

주요 약력

- 현) 해커스공무원학원(대구) 장민영면접팀 총괄 (2023~)
- 현) 한국바른채용인증원 면접위원·CiC역량면접코치 (2022~)
- 현) 청주한교고시 경찰·소방면접 대표강사 (2020~)
- 현) 공공기관 및 기업체 외부면접위원 활동 (2018~)
- 현) 영남이공대학교 경영계열 겸임교수 (2014~)
- 현) 교육브랜드 'The CoP'대표 (2014~)
- 고려대학교 교육대학원 기업교육 석사수료

주요 저서

- 이기적in NCS직업기초능력평가(영진닷컴, 2018~2020)
- NCS 소통과 인성 커뮤니케이션(커리어스티어링, 2016)
- 박문각 경찰 코칭 경찰면접

코칭 경찰면접

초판 발행 | 2025. 9. 10.　**2판 인쇄** | 2026. 3. 25.　**2판 발행** | 2026. 3. 30.

편저자 | 박용증·장민영　**발행인** | 박 용　**발행처** | (주) 박문각출판

등록 | 2015년 4월 29일 제2019-000137호

주소 | 06654 서울특별시 서초구 효령로 283 서경 B/D 4층　**팩스** | (02) 584-2927

전화 | 교재 주문·내용 문의 (02) 6466-7202

저자와의
협의하에
인지생략

정가 32,000원

ISBN 979-11-7519-790-9